农业政策性金融演进与国际比较

中国农业发展银行课题组　著

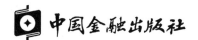
中国金融出版社

责任编辑：童祎薇

责任校对：孙　蕊

责任印制：张也男

图书在版编目（CIP）数据

农业政策性金融演进与国际比较/中国农业发展银行课题组著.
—北京：中国金融出版社，2020.4
ISBN 978 - 7 - 5220 - 0470 - 9

Ⅰ.①农…　Ⅱ.①中…　Ⅲ.①农村金融—政策性金融—研究—
中国　Ⅳ.①F832.35

中国版本图书馆 CIP 数据核字（2020）第 010171 号

农业政策性金融演进与国际比较
Nongye Zhengcexing Jinrong Yanjin yu Guoji Bijiao

出版
发行　中国金融出版社

社址　北京市丰台区益泽路 2 号
市场开发部　（010）66024766，63805472，63439533（传真）
网 上 书 店　http://www.chinafph.com
　　　　　　（010）66024766，63372837（传真）
读者服务部　（010）66070833，62568380
邮编　100071
经销　新华书店
印刷　保利达印务有限公司
尺寸　169 毫米 × 239 毫米
印张　43.25
字数　676 千
版次　2020 年 4 月第 1 版
印次　2020 年 4 月第 1 次印刷
定价　128.00 元
ISBN 978 - 7 - 5220 - 0470 - 9
如出现印装错误本社负责调换　联系电话（010）63263947

前　言

从 19 世纪 30 年代德国威斯特伐利亚省助银行作为政府实施农业农村发展战略的政策工具发挥作用，农业政策性金融已经走过 180 多年的历史。进入 21 世纪，全球经济金融经历了剧烈动荡起伏，社会各界重新关注政策性金融的功能和作用。伴随中国跃居世界第二大经济体，中国农业发展银行在 2016 年成为全球最大的以服务"三农"为主业的农业政策性金融机构。在"两个一百年"奋斗目标重要历史交汇期，如何把握历史机遇，更好发挥农业政策性银行作用，将党的十九大提出的乡村振兴战略由蓝图变为现实，需要历史思维和世界眼光，需要海纳百川、为我所用，坚定地走好中国特色农业政策性金融之路。

中国农业发展银行成立"农业政策性金融演进与国际比较"课题组，研究确定全书的主体框架和基本理论体系，组织赴相关国家考察农业政策性金融机构情况，组织研究国内外农业政策性金融数百万字的著述、文献、法案和报告，多次组织本领域权威专家、农发行总行负责人、部分省级分行和总行相关部门负责人进行研究论证，课题组成员聚焦全书重点难点问题反复研究论证，最后，形成了目前的研究成果。

本书选取国际上典型的农业政策性金融机构作为重点研究对象，突出理论性、实践性、针对性，试图探寻其产生与发展的驱动力量和演进脉络，归纳其基本的构成要素、运营规律和实践路径，总结其经验与不足，进一步思考和探索如何更好地推进我国农业政策性金融高质量发展。在内容和结构上，本书力求突出以下五个特点：

一是样本涵盖面广。本书综合考虑国家的代表性、典型性以及农业政策性金融机构数据资料可获得性，共涉及 26 个国家的农业政策性金融机构相关资料，并对美国、德国、法国、加拿大、日本、韩国、俄罗斯、南非、巴西、墨西哥、印度、泰国等 12 国农业政策性金融机构设专章作了介绍，涵盖了亚洲、欧洲、非洲、北美洲、南美洲五大洲的发达国家与发展中国家，包括高、中高、中低、低四类收入类型，基本能够反映全球的整体情况和趋势。

二是内容全面具体。本书分为上下两篇，共 22 章，上篇（演进发展篇）从构成要素横向对比和演进变化纵向归纳两个视角，系统总结了各国农业政策性金融的运营规律，重点围绕农业政策性金融机构的发展演变、职能定位、业务范围、资金来源、运作模式、风险防控、监管模式、评价考核、外部关系等方面进行研究分析，总结农业政策性金融机构演进发展的规律和趋势。下篇（国别研究篇）围绕 12 个代表性国家的农业政策性金融机构，从历史演变、治理结构、业务范围、资金来源、风险防控、外部关系等多个方面进行了系统梳理。上下两篇既各有侧重，又紧密衔接，对世界各国农业政策性金融作了全面翔实的介绍。

三是资料数据较新。针对当前该领域研究成果数据资料相对陈旧，尤其是缺乏近 5 年最新数据的现状，本书课题组通过赴国外调研考察，联系各国农业政策性金融机构驻华办事处，查询各金融机构官网公开的数据、年报及联合国粮食及农业组织（FAO）等公开数据库，多渠道、全方位了解最新数据资料，选取的数据基本上为近 5 年数据资料。

四是力求客观准确。本书在上篇注重用最新数据说话、用各国事例佐证，在下篇主要通过"白描"方式，客观介绍各国农业政策性金融机构相关情况，努力为读者描绘一幅直观完整、客观准确的农业政策性银行图像，让读者自己去了解把握农业政策性金融机构存在发展的理论基础与实践依据，感悟农业政策性金融机构履职与演进的内在逻辑和外在条件。

五是创新研究方法。本书从历史与现实、经济与社会、理论与实践的广阔视角，注重采取多种研究方法，全面系统梳理研究各国农业政策性金融。坚持文献研究法，搜集、整理各国农业政策性金融机构最新的一手材料，研读相关研究文章，归纳农业政策性金融机构演进发展的一般规律。坚持比较分析法，对比世界各国不同时期的支农重点、资金来源、风险管理等，探究各国农业政策性金融机构的普遍特征。坚持总结归纳法，归纳代表性国家农业政策性金融机构的运营规律，深入探讨不同趋势和特征背后的驱动因素和经济社会背景，总结其经验与不足。

　　本书课题组成员如下：组长解学智（中国农业发展银行党委书记、董事长），副组长钱文挥（中国农业发展银行党委副书记、副董事长、行长）、徐一丁（中国农业发展银行党委委员、副行长），课题组主要成员李振仲、王吉献、郭峰、郭彬、常洁、牛倩。

　　在研究编写过程中，中国农业发展银行总行负责人林立、何兴祥、王昭翮、孙兰生、朱远洋、周良伟、李小汇，以及原负责人鲍建安、姚瑞坤、殷久勇为本书编写、论证和修改作出了重要贡献，总行研究院部分其他同志和部分分支机构的同志也参与了资料搜集整理和研究论证等工作，在此一并表示感谢。

　　由于时间仓促和我们的水平、资料所限，书中难免存在不足，敬请各位读者批评指正，我们将在以后的研究和再版中不断修订完善。

中国农业发展银行课题组
2020 年 1 月

导　　论

　　农业政策性金融是个非同寻常的存在，产生发展于现代经济制度却服务最传统的农业，作为市场经济的产物却由政府主导设立并运作，各国普遍设立却属整体上的小众金融，天然地有着与商业性金融不同的特征与发展规律。进入 21 世纪，全球经济金融经历了剧烈动荡起伏，社会各界开始重新审视并关注政策性金融特别是农业政策性金融的功能和作用。追根溯源，正是由于农业的基础地位、弱质性和多功能性，需要政府予以支持和保护。农业政策性金融作为基本的支农手段，集政府主导性、银行信贷性、财政拨付性于一体，决定了各国普遍设立农业政策性金融机构实施对农业的支持和保护。在一些大国，农业政策性金融已逐步成为国家农业支持保护制度的核心制度安排，在其农村金融体系中发挥着不可替代的主体与骨干作用。

　　从世界范围来看，无论是发达国家还是发展中国家，普遍建立了农业政策性金融参与支持和保护本国农业。总体上看，发达国家大多建立相对复杂、功能完备的农业政策性金融机构或体系。美国政府建立以银行为主的完善的农业政策性金融体系①，为农业农村提供全方位、广覆盖的政策性

---

　　① 美国涉农政策性金融机构主要包括政府金融机构（Government – Financing Agency）和政府资助企业（Government Sponsored Enterprise，GSE）两大类别。其中，政府金融机构主要指由美国政府出资成立并运营管理、以某些金融手段为农业农村农民提供服务的机构，既包括商品信贷公司、农场服务局（前身是农村电气化管理局）、农村发展局（前身是农民家计局）、联邦农作物保险公司、联邦农业抵押公司等专门支农机构，也包括小企业署（SBA）等跨行业服务机构。政府资助企业通常是联邦政府特许经营的私营企业，享受政府资助或税收减免等扶持政策，承担某些公共职能，为某些特定领域提供优惠的金融服务，既包括农场信贷系统等专门支农企业，也包括联邦家庭贷款银行系统（FHLBs）、房地美（Freddie Mac）、房利美（Fannie Mae）等存在涉农业务的企业。两类政策性金融机构，加上商业银行、储贷机构、私人借贷和人寿保险公司等商业性金融机构，共同构成覆盖全美的农村金融服务体系，为农业、农村和农民提供全方位的金融服务。由于小企业署、联邦家庭贷款银行系统、房地美、房利美等不属于专门支农的政策性金融机构，本书没有将其列入农业政策性金融体系。具体详情请参见本书第十一章"美国农业政策性金融体系"。

1

金融支持。发展中国家多数成立单独的农业政策性金融机构承担政策性业务。根据汉斯（Hans Dieter Seibel）等的研究，58 个发展中国家建立了 56 家农业政策性银行[①]，这些机构中有的职能相对单一，有的集多种功能于一体[②]。尽管各国经济发展水平、制度环境以及资源禀赋存在差异，农业政策性金融所承担的职能和运作方式也不尽相同，但作为政府的市场化政策工具，其在执行国家涉农公共政策、实现战略目标、弥补"三农"领域融资市场失灵，以及实施逆周期调节等方面均发挥着显著的作用；同时作为市场经济中的微观银行主体，在职能定位、治理机制、运作模式、外部关系等方面也积累了丰富的实践经验。

中国作为一个人均资源相对贫乏的农业大国，农业农村农民问题始终是关系党和国家事业全局的根本性问题。新中国成立以来，党和政府始终高度重视，着力解决农业农村农民问题，我国农业农村发展发生了历史性变革。特别是党的十八大以来，在以习近平同志为核心的党中央坚强领导下，坚持农业农村优先发展，我国"三农"工作取得了新的历史性成就，为党和国家事业发展全局提供了有力支撑。农发行作为中国唯一的农业政策性银行，自 1994 年成立以来，始终高举中国特色社会主义伟大旗帜，坚持政策性银行办行方向，强化支农职能，改革创新体制机制，接续探索办行规律，为我国"三农"发展和全面建成小康社会作出不可替代的重要贡献，自身也跨入大型银行之列，高质量发展迈出实质性步伐，为世界农业政策性银行支持"三农"发展提供了中国样本和实践典范。

当今世界正经历百年未有之大变局，我国也正处于实现中华民族伟大

---

① 汉斯等的论文中，列出 58 个发展中国家的 75 家与农业有关的银行，我们把 19 家商业银行（commercial bank）以外的银行都看作政策性银行，其中包括 39 家农业发展银行（development bank）、9 家顶级银行（apex bank，主要指批发银行）、1 家小额信贷机构（microfinance institution）及 7 家其他金融机构。个别国家拥有 2 家及以上的农业政策性银行。Hans Dieter Seibel, Thorsten Giehler, Stenfan Karduck. Reforming Agricultural Development Banks：17 - 23。

② 如南非土地和农业发展银行（Land and Agricultural Development Bank of South Africa）在满足农民、公司和合作社之外的融资需求之外，全资拥有两家保险公司，以补充其金融服务的业务种类。加纳农业发展银行（Agricultural Development Bank）则是兼具零售业务、批发业务、投行业务的全能银行（universal bank）。参见 https：//adbonlineghana. com/about - us/historical - milestones/index. html。俄罗斯农业银行（Russian Agricultural Bank）全资成立了一家保险公司，并逐渐向银行、保险和证券融合的集团化方向发展。

复兴的关键时期。建设社会主义现代化强国,实现"两个一百年"的奋斗目标,最突出的短板在"三农"。金融是现代经济的核心与血脉,加快农业供给侧结构性改革,构建新型农业支持保护体系,实施乡村振兴战略,推进生态文明建设,实现农业农村现代化,需要金融的大力支持,尤其对农业政策性金融提出了新的更高要求。新时代如何更好发挥农业政策性银行的作用,整合财政和金融资源,加大对农业农村的支持力度,需要有世界眼光和国际视野。

正是出于新形势新机遇新征程的多视角考虑,本书选取 21 个国家的 26 家农业政策性金融机构进行研究(见表1)。抽取的国家涵盖了亚洲、欧洲、非洲、南美洲、北美洲五大洲的发达国家与发展中国家,包括高、中高、中低、低四类收入类型,将其作为重点研究对象。突出理论性、实践性、针对性,系统梳理农业政策性金融发展历史、业务动态、资金来源、风险防控、评价考核、外部关系等,探寻产生与发展的驱动力量和演进脉络,理清农业政策性金融的来龙去脉,归纳基本构成要素、运营规律和实践路径,总结经验与失误,进一步思考和探索如何更好地解决我国政策性金融支农课题,以供政界、业界、学术界共同探索,从各个角度形成合力,推进新时代中国农业政策性银行发挥更大的作用。

表1　　　　　代表性国家农业政策性金融机构的基本情况

国家类型	国家	发达程度	银行/机构中文名称	银行/机构英文名称
高收入国家	美国	发达国家	商品信贷公司	Commodity Credit Corporation
	美国	发达国家	农场信贷系统	Farm Credit System
	美国	发达国家	农场服务局	Farm Service Agency
	美国	发达国家	农村发展局	Rural Development Administration
	美国	发达国家	联邦农作物保险公司	Federal Crop Insurance Corporation
	美国	发达国家	联邦农业抵押公司	Federal Agricultural Mortgage Corporation
	德国	发达国家	德国农业土地抵押银行	Landwirtschaftliche Rentenbank
	法国	发达国家	法国农业信贷银行	Credit Agricole
	加拿大	发达国家	加拿大农业信贷公司	Farm Credit Canada
	日本	发达国家	日本政策性金融公库	Japan Finance Corporation
	韩国	发达国家	韩国农协银行	National Agricultural Cooperative Federation

续表

国家类型	国家	发达程度	银行/机构中文名称	银行/机构英文名称
中等高收入国家	俄罗斯	发展中国家	俄罗斯农业银行	Russian Agricultural Bank
	南非	发展中国家	南非土地和农业发展银行	Land and Agricultural Development Bank of South Africa
	巴西	发展中国家	巴西开发银行	The Brazilian Development Bank
	墨西哥	发展中国家	国家农业、农村、林业和渔业发展基金①	National Funds for Farming, Rural, Forestry and Fisheries Development
	泰国	发展中国家	泰国农业与农业合作社银行	Bank for Agriculture and Agricultural Co-operatives
	马来西亚	发展中国家	马来西亚农业银行	Agrobank
	土耳其	发展中国家	土耳其农业银行	Ziraat Bank
中等低收入国家	印度	发展中国家	印度农业与农村发展银行	National Bank for Agriculture and Rural Development
	加纳	发展中国家	加纳农业发展银行	Agricultural Development Bank
	摩洛哥	发展中国家	摩洛哥国家农业信贷银行	Crédit agricole du Maroc
	巴基斯坦	发展中国家	巴基斯坦农业发展银行②	Zarai Taraqiati Bank Limited
	菲律宾	发展中国家	菲律宾土地银行	Land Bank of the Philippines
	越南	发展中国家	越南社会政策银行	Vietnam Bank for Social Policies
低收入国家	坦桑尼亚	发展中国家	坦桑尼亚农业发展银行	Tanzania Agriculture Development Bank
	埃塞俄比亚	发展中国家	埃塞俄比亚发展银行	Development Bank of Ethiopia

首先，本书致力于为新时代更好发挥我国农业政策性银行作用提供国际智慧。如何更好发挥农业政策性银行作用是一个历史性的课题。农业政策性金融起源于发达国家，普遍存在发展于各国，一百多年的历史，积累了丰富的运作经验，有着生动的支农实践。研究对比各国农业政策性金融，梳理主要国家普遍遵循的规律性认识，寻找履职发展的内在驱动因素和必然演进路径，汲取经验与教训，择优汰劣、扬长补短，探索新的支农

---

① 国内一般翻译为墨西哥农业发展银行，简称墨西哥农发行，本书沿用旧译名称。

② 2002 年 12 月 14 日改名为扎瑞塔奇提银行（Zarai Taraqiati Bank Ltd.，ZTBL）。为了方便，本书仍沿用旧译名称。

路径，创新优化产品服务，增强支农能力，全力服务国家粮食安全、乡村振兴、经济转型升级和高质量发展，更好地发挥其在农村金融中的骨干和支柱作用。

其次，本书致力于为我国"完善农业支持保护制度"提供政策性金融图鉴。党的十九大在部署实施乡村振兴战略时明确要求完善农业支持保护制度。从国际经验看，对于农业大国而言，无论如何都要有清晰的农业支持政策，更要有农业政策性金融作为重要的实施载体，才能构建完整高效的国家农业支持保护制度，对财力相对不足的欠发达经济体来说尤为如此。对于我国来说，加快构建提质导向型的农业支持保护政策体系，国家对农业的支持保护可分为三个层次、四类基础性资源配置平台，即财政属性、金融属性、保险属性的支持层次，财政、农业政策性金融、商业性金融、涉农保险资源配置平台。农业政策性银行作为政策工具，是国家农业支持保护制度的关键一环，居于核心地位，可以连接和跨越其他三个支持层次，既配合财政提高支持总量、优化支持结构，又主导实施金融层次的国家支农政策、弥补市场机制不足，为市场机制配置涉农商业性金融资源创造条件，还可以参与发起设立农业再保险，支持、配合再保险更好地服务国家粮食安全和农业高质量发展，进而发挥农村资金投入机制的兜底作用，确保国家农业支持保护体系功能完整、有序运转。国际上农业政策性银行广泛的支农领域、健全的支农功能以及与此相关的制度安排，提供了可资借鉴的思考方向和全景图鉴。

再次，本书致力于为建设现代化高质量发展的农业政策性银行提供探索路径。伴随我国经济从高速增长阶段转向高质量发展阶段，我国农业政策性银行也开启了高质量发展的新征程。成立25周年的中国农业发展银行，百尺竿头更进一步，办成百年老店，就要既立足国情又放眼世界，既坚持中国特色又借鉴国际经验，既坚持制度自信又注重博采众长。农业政策性金融的发展历史，特别是从20世纪末到21世纪初期，主要国家普遍采取的完善治理与运营机制、注重提升金融效率、明确功能目标、推进可持续发展等一系列改革创新措施，有利于我们增加感性认识，激发理性思维，提供探索发展的新思路。梳理这些有益的改革探索实践，对于坚持政策性银行办行方向、建设现代化农业政策性银行、实现高质量发展具有重要的借鉴意义。

最后，本书致力于为社会各界增强对农业政策性金融的认识提供有益参考。希望我们的研究在中央有关部门、监管机构决定农业政策性银行未来方向时，能够提供部分决策参考；在推进内外部改革时，能够在大的方向上提供改革指引，发挥一定的作用；能够为学术研究提供参考，能够对农业政策性金融实践有所启发，给从业者提供一些工作思考和启发借鉴，共同推动我国农业政策性银行事业持续健康发展。

为此，本书运用实地调研、文献研究、比较分析、总结归纳等研究方法，课题组到有关国家农业政策性金融机构作了实地调研，查阅了大量的文献和资料，选取代表性国家农业政策性金融机构进行分析，以期能够全面科学地对各国的农业政策性金融机构进行研究、对比和归纳。本书由"农业政策性金融"这一框架性概念的衍生为始，就国际农业政策性金融的发展历程、职能定位、业务范围、资金来源、运作模式、风险防控、评价考核、监管模式、外部关系等方面进行系统梳理和对比分析，试图归纳出相关模式、规律与经验。

本书分上下两篇，共二十二章。

上篇为演进发展篇，通过横向的对农业政策性金融构成要素逐一进行分析对比和纵向的演进变化分析归纳两个维度，系统归纳总结农业政策性金融运营的普遍规律和个性特征。本篇主要分为十章，具体安排如下：

第一章，农业政策性金融的概念、功能和基本类型，界定本书研究的农业政策性金融概念、内涵，探讨农业政策性金融的要素、特征与功能，归纳代表性农业政策性金融机构的存在形态和分布状况。

第二章，农业政策性金融的产生与发展，探究农业政策性金融的萌芽与起源，归纳不同时期代表性国家农业政策性银行组建方式和时代特征，总结回顾发展历史轨迹，探讨分析演变趋势。

第三章，农业政策性金融机构所有权形式、治理与控制，归类介绍农业政策性金融机构的所有权形式、机构模式与治理结构，简要分析比较不同国家内部治理的异同。

第四章，农业政策性金融产生与发展的驱动因素，分别从市场失灵、政府失灵、国际贸易规则、反贫困、逆周期调节等方面，论证农业政策性金融产生、变革与发展的内在动力与外部因素。

第五章，农业政策性金融的产品、服务与发展逻辑，重点介绍农业政策性银行产品与服务的业务边界，梳理主要金融产品和服务领域、信贷重点支持领域和产品，归类融资期限与利率，分析农业政策性金融产品服务的发展逻辑与规律。

第六章，农业政策性金融的资金来源，讨论农业政策性金融机构融资的理论逻辑，从政府干预和市场化两个方面梳理了各类融资渠道和模式，分析了资金来源渠道的特点与变化、不同国家之间的异同，以及对政策性银行融资能力与业务扩张的约束与支撑。

第七章，农业政策性金融风险防控，讨论农业政策性金融风险的特殊性，归纳风险产生原因和容忍度，介绍农业政策性金融风险防控机制、组织体系、风险偏好和风险文化，归纳农业政策性金融风险评价指标及整体状况。

第八章，农业政策性金融成效评价，通过数据描述和案例分析，总结农业政策性银行经营效果与支农成效的评价维度和方法，从服务农业农村发展、支持农业农村公益性基础性领域、发挥普惠金融作用、发挥逆周期调节作用等方面评价农业政策性金融的社会效益和现实成效，深入分析影响农业政策性金融机构可持续发展的局限和措施，详细介绍了代表性国家农业政策性银行成效评价体系，分析比较各国农业政策性银行的经营绩效，归纳不同业务模式与结构的支农效果与作用。

第九章，农业政策性金融机构的外部关系，讨论农业政策性金融机构与政府及部门、中央银行、商业性金融和其他政策性金融的关系，介绍外部监管的特点及与商业性金融的差别，法律对农业政策性金融机构的约束与保护等。

第十章，农业政策性金融发展的国际借鉴，根据前九章的讨论，归纳总结农业政策性金融改革发展的经验与教训，适度回应对农业政策性金融若干重大问题的讨论，为我国农业政策性金融创新发展提供参考与借鉴。

下篇为国别研究篇，主要从国别空间的角度，根据掌握的最新的第一手材料，集中选取美国、德国、法国、加拿大、日本、韩国、俄罗斯、南非、巴西、墨西哥、印度、泰国等12个代表性国家的农业政策性金融机构予以介绍分析，从历史演变、治理结构、业务范围、资金来源、风险防控、外部关系等多个维度进行了系统梳理，努力为读者描绘一幅直观完整的农业政策性金融图像，让读者自己去了解把握农业政策性金融存在发展的理论基础与实践依据，感悟农业政策性金融机构履职与演进发展的内在逻辑和外部条件，从而产生共鸣。

当然，我们深刻意识到本书无法覆盖所有农业政策性金融值得研究的内容。但是，我们很荣幸成为政策性金融的探路者之一，并非常期待更多的同行者与我们分享观点与智慧，共同努力推动一个新学科的建设，为世界金融史添上重要一笔。我们深信，在全球化的背景下，大家更多地去关注和思考我国农业政策性银行的改革创新发展，共同破解新时代更好发挥农业政策性银行作用的历史性课题，必定成为实现中华民族伟大复兴的中国梦的强大驱动力。

目　　录

上篇　演进发展

下篇　国别研究

上篇　演进发展

第一章 农业政策性金融的概念、功能和基本类型

农业是国民经济的基础，也是相对弱势的产业，还具有承载传统文化、保护生态环境等功能，在世界各国均受到政府不同程度、不同形式的支持和保护，其中金融特别是农业政策性金融发挥了重要作用。农业政策性金融将政府的政策意图、市场理念和银行手段有机结合起来，是世界上主要国家比较普遍、有效的组织模式。本章主要阐述农业政策性金融的基本理论，以期为研究农业政策性金融演进和国际比较奠定理论基础。

第一节 农村金融、政策性金融概述

顾名思义，农业政策性金融是金融体系的重要组成部分，具有涉农性和政策性两大特性，兼具农村金融和政策性金融特征，可以理解为两个金融类型的交集（见图1-1）。为了便于理解农业政策性金融的基本理论，本节先介绍农村金融和政策性金融及其相关概念。

图1-1 两类金融交集

一、农村金融的概念和特征

（一）农村金融的概念界定

通俗来讲，金融是指货币资金的融通。《新帕尔格雷夫货币金融大辞

3

典》对金融的概念作出界定，指出金融基本的中心点是资本市场的运营、资本资产的供给和定价。金融的概念有广义和狭义之分。广义上说，泛指一切与信用货币的发行、保管、兑换、融通有关的经济活动，包括货币市场、资本市场、保险市场、外汇市场、黄金市场和金融衍生品市场等；狭义来说，仅指货币资金的借贷，包括货币市场和资本市场。

农村金融是指农村范畴的资金融通。该概念在我国被广泛应用，是党的十一届三中全会以后的事情。国内外学者对农村金融给出不同定义[①]，一般来说，农村金融有狭义、中义和广义三种理解。狭义上来说，农村金融是指农业信贷，即以农业为服务对象，以金融机构存款和贷款为主要手段所提供的筹融资服务活动。早期农村金融仅指农业信贷。广义上来说，农村金融是指在农村地区以及与农业有密切关系的各个领域中，以信用手段为农民、农业和农村经济服务而筹集、分配和管理农村货币资金的活动[②]。本书所讲的农村金融，为了便于论述，取其中义，服务对象较狭义概念更广，不仅限于农业，而是涉及第一、第二、第三产业；业务范围较广义概念则窄一些，仅限于信贷和与其相关的银行业务及相关的投资、保险等业务，对证券、信托等金融业务不再涉及。具体来说，其核心内涵主要包含以下两个方面：

1. 服务领域涉及地域和产业两个层面，原则上来说，农村金融服务领域包括农村地区有关生产生活、基础设施建设、文化建设、乡村治理等。

---

① 20世纪80年代，很多学者对农村金融作出定义，基本是按照在金融前冠以"农村"进行定义的。比如"是农村的货币资金融通"［参见巩泽昌、徐唐龄. 全面评价农村金融的经济效益［J］. 财经理论与实践，1982（3）：14－19；张琳. 银行经营管理专题讲座第五讲：我国农业信贷业务的经营管理［J］. 金融研究，1986（5）：60－64］、"是农村货币资金运动中的信用关系"（参见王世英. 农村金融学［M］. 北京：中国金融出版社，1992：1）等。宁波大学熊德平教授在其著作《农村金融与农村经济协调发展研究》（社会科学文献出版社，2009：66－80）及其相关论文中认为，这种定义方式"农村"指向不明，既可以理解为存在于农村地理空间，也可以理解为服务农村经济，还可以理解为从属于农村经济主体；将金融界定为"货币资金的融通"流于形式，没有把握"金融的实质并不是资金的借贷，而是财产的借贷或财产的跨时交易活动""金融就是信用转让"的金融本质属性。针对这种定义缺陷，熊德平教授从交易视角对农村金融概念作了界定，认为农村金融不论其数量、规模、现代化程度，以及其表现形式和组织方式，其本质都是信用关系制度化的产物，是不同产权主体在信息、信任、信誉和制度约束基础上，通过信用工具将分散资金集中有偿使用，以实现规模经济的信用交易活动，以及组织这些活动的制度安排所构成的经济系统及其运动形式的总称。

② 董晓林，张龙耀. 农村金融学［M］. 北京：科学出版社，2019：2.

但除此之外，发生在农村地区之外的有关涉农产业，如城镇有关农产品加工流通企业，也属于农村金融服务对象。这是其涉农性特征的重要表现。本书不主张采取农民身份标准，拥有土地的农民很多方面的融资行为不应归为农村金融范畴，比如农民购买城市住房贷款；而农场主在自有土地上自建住房贷款则被认为是农村金融活动。

2. 服务方式采用信用手段，货币在不同经济主体之间的让渡是以偿还和增值为条件的。这是其金融性特征的重要表现。

（二）农村金融的特征

农村金融具有金融的一般特征，比如信用性、收益性、流动性等。除此之外，基于服务农业农村经济等实际，它还有以下特点：

1. 高风险性。金融具有风险性特征，农村金融在这方面更为突出，这与农业生产的弱质性、低收益、高风险密切相关。农业生产易受各种自然灾害影响，农民总体收入水平低且波动性大，加上农业生产的区域集中性，更增加了融资风险。农业信贷缺少传统意义上的担保品，存在信息不对称、信用环境不健全等问题，也增加了贷款违约的可能性。同时，农村金融风险传导更快，货币资金链一旦出现断裂甚至崩盘，很快从一个农户到另一个农户、从一个企业到另一个企业，从一些企业到众多企业，从经济再到社会，形成传递放大效应，甚至可能引发金融危机、经济危机和社会危机[①]。

2. 季节性、周期性和时效性。由于农业生产具有季节性和周期性特征，在农村特别是典型的传统农区，整体上的融资需求呈现出稳定的季节性和周期性特征，其贷款需求往往并不与自然年度一致，主要集中在每年的播种季节。同时，农业生产具有较强的时效性特征，瓜果蔬菜成熟后必须及时进入市场流通环节，时间长了就会腐烂、价值减损甚至消失；养殖的牲畜到养肥后就要及时卖出，否则维持牲畜生存的物质和时间成本将不再产生边际收入[②]。因此，收获季节也成为资金需求的旺季。

3. 外部性。农村金融具有典型外部性，特别是在市场培育初期，农村

---

① 唐青生. 农村金融学 [M]. 北京：中国金融出版社，2019：22 – 23.
② 张建波. 中国农村金融供给状况及制度创新 [M]. 北京：经济科学出版社，2016：21.

金融缺乏市场主体、市场环境和信用体系，需要早期涉足的农村金融机构不断培育、筛选客户并提供金融规则培训、开发新型贷款产品等，从而有效拓展金融服务边界。此后竞争者自由加入，在不支出任何成本的情况下可免费获得拓展边界的外部性效应。农村金融的外部性使得在市场培育初期很多金融机构不愿意涉足，这就急需政策性金融发挥引领引导功能。

（三）世界各国农村金融制度模式

从世界各国情况来看，不同国家在农村金融制度方面差别较大，主要有以下几种模式：

1. 以美国、印度等大国为代表的多元复合信用型农村金融制度。采用该模式的国家，一般来说社会经济结构比较复杂，农村资金需求种类较多，需要由多种信用渠道、多种金融机构提供资金。该模式的农村金融制度具有金融机构齐全、信贷资金来源广泛等特点，在组织体系上一般是合作金融机构、政策性金融机构和商业性金融机构并存，多种金融机构形成了分工协作、互相配合的农村金融体系。我国目前农村金融制度属于该模式。

2. 以德国为代表的合作金融型农村金融制度。德国是信用合作制的发源地。德国农村合作金融主要包括三个层次，从最底层的组织说起，第一层是 2500 家基层合作银行，从原来的城市信用合作社和农村信用合作社演变而来；第二层是两家区域性合作银行①——德南中心合作银行和德西中心合作银行；第三层是德意志中央合作银行（DG 银行）。三个层次都是独立的企业法人，共同形成一个组织体系完整、层次分明的管理体系。

3. 以英国为代表的商业银行型农村金融制度。英国是世界上金融业最发达的国家之一，商业银行十分发达，分支机构遍布农村各地。因此，农场主需要资金时，可以向当地商业银行申请贷款。这就形成了英国以商业银行为主、其他金融机构为辅的农村金融体系，其他金融机构包括农业抵押公司、清算银行、土地改良公司和农村信用合作社等。

---

① 德国原有三家区域性中心合作银行，即德南中心合作银行、斯图加特中心合作银行、德西中心合作银行，2000 年 4 月，德南中心合作银行、斯图加特中心合作银行合并改造为股份制性质的德南中心合作银行。

4. 以苏联为代表的国家集中型农村金融制度。采用这种模式的国家，主要是实行高度集中的计划经济体制的社会主义公有制国家。具体分为两种方式：一是苏联采取的中央银行兼办农村金融业务模式，苏联农业银行是财政部的附属机构，主要办理农业投资拨款，并不是完全意义的银行，于 1959 年撤销。在以后 30 年中，苏联的农业拨款和贷款业务统一由中央银行办理。二是一家面向农业的国家专业银行及其领导下的农业信用合作社服务农业模式。

二、政策性金融的概念、特征

从国内外研究文献检索情况看，主要是中国、日本、韩国三个国家在严格意义上使用"政策性金融"这一概念①。由于各民族历史、社会文化、习惯沿革、法规等差异，国内外对政策性金融有多种称谓，比如国家金融、政府金融、公共金融、制度金融、特殊金融、财政投融资、公共投资、开发金融、公库、共同基金等②。据专家考证，在全球范围内首次提出"政策性金融"概念的，是 1985 年白钦先在全国首届中青年金融体制改革理论与实践研讨会上的获奖征文《中国金融体制改革的理论与实践》③。1989 年，白钦先在专著《比较银行学》中设专章研究政策性金融，明确提出中国政策性金融业务与商业性金融业务分离分立的主张，将其提升到国家战略选择的高度④。

政策性金融是一种特殊的金融制度安排，是政府从实施特定战略、弥补市场失灵等角度作出的重要制度设计。20 世纪 90 年代以来，很多学者对政策性金融的概念作出界定，比如日本学者小滨裕久、奥田英信等⑤，国内

---

① 英文文献中，多将政策性金融称为 policy‑based finance，将政策性金融机构译为 policy‑based financial institution。

② 王伟. 中国农村政策性金融的功能优化与实证分析 [M]. 北京：中国金融出版社，2011：7.

③ 王伟，秦伟新. 市场决定视角下政策性金融机构改革创新研究 [M]. 北京：经济科学出版社，2019：6，47.

④ 蒙格斯报告，白钦先专栏（第 2 期）政策性金融理论的建立和发展。

⑤ 日本学者小滨裕久、奥田英信等人提出，政策性金融是指为了实现产业政策等特定的政策目标而采取的金融手段，也即为了培育特定的战略性产业，在利率、贷款期限、担保条件等方面予以优惠，并有选择地提供资金。参见小滨裕久，奥田英信，池田洁，饱启一朗. 韩国的工业化与政策性金融 [J]. 世界经济评论，1994（10）.

学者白钦先①、杨涛②、王伟③、封北麟④等。国际货币基金组织（IMF）从机构范畴和功能角度，将政策性银行定义成为实现公共目的等特定目标而成立的政府控股或持有经营权的银行⑤。从各种概念界定看，既有共通性，比如基本都是从政府支持、经营目标、服务对象、融资优惠等因素进行界定，又各有差异和侧重。

我们认为，政策性金融是指在政府通过出资、担保或其他政策支持下，为了实现国家特定的社会经济政策目标，以利率、期限、规模等方面优惠条件，不以追求利润最大化为经营目标，对特定产业、地区或群体提供融资支持的资金融通行为。具体来说，除金融一般特征外，还具有以下四个方面的特征：

1. 政府作为后盾，提供注资、担保、政策等支持。从各国政策性金融机构来看，大多数均由政府全资设立，提供履职发展所需的政策支持。比如日本原政策性金融体系"两行十库"⑥、美国进出口银行、韩国开发银行；有的是政府参与部分资本，联合商业银行和其他金融机构共同设立，比如法国对外贸易银行，由法国央行——法兰西银行（持股 24.5%）、信托储蓄银行（持股 24.5%），以及几家商业银行和其他金融机构共同投资组成；有的是政府通过另一机构间接所有，比如泰国产业金融公司（IFCT）由一家

① 白钦先从商业性金融对称的角度来定义政策性金融：指在一国政府的支持和鼓励下，以国家信用为基础，严格按照国家规定的范围和对象，以优惠的存贷款利率或条件，直接或间接为贯彻、配合国家特定经济和社会发展政策而进行的一种特殊性资金融通行为。它是一切规范意义上的政策性贷款，一切带有特定政策性意向的存款、投资、担保、贴现、信用保险、存款保险、利息补贴、债券发行、外汇储备投资等一系列特殊性资金融通行为活动的总称。

② 杨涛认为，政策性金融是指在政府支持下成立，在法律规定的特定范围内开展业务，不单纯以追求盈利为目的，旨在促进国家经济发展和社会进步的特殊金融机构的金融活动。

③ 王伟认为，政策性金融是以金融资源配置的社会合理性为目标，以政府政策性扶植的强位弱势产业、强位弱势地区、强位弱势领域、强位弱势群体为金融支持对象的一种特殊性资金融通行为和制度安排。

④ 封北麟认为，政策性金融行为是指政府通过国家信用方式，以实现产业政策等目标为目的，将部分闲散资金集中统一管理，采用多种投融资方式，追求社会效益，推动社会经济发展的经济活动。

⑤ Fiechter et al.，2004.

⑥ "两行十库"的两行为日本开发银行、日本输出入银行；十家公库为国民金融公库、住宅金融公库、农林渔业金融公库、中小企业金融公库、北海道东北开发金融公库、公营企业金融公库、中小企业信用保险公库、医疗保障金融公库、环境卫生金融公库、冲绳振兴开发金融公库。具体详情请参见第十五章"日本农业政策性银行"第一节"日本政策性金融体系概览"。

政府银行 Krung Thai Bank 持有 13% 的股份①；有的是政府提供特殊信用保证，比如美国联邦存款保险公司。还有一些发达国家的政策性金融机构长期以来运营状况良好、积累较丰，全部或部分退还了政府原来的资本，成为政府扶植、服务公众利益的特殊公法法人，比如美国的一些联邦专业政策性金融机构②。

2. 服务领域特定化、有限性并动态调整，发挥结构调整、金融诱导③等功能。政策性金融设立的初衷，主要是为了补充市场机制不足，因此其作用区域主要是市场失灵区域，包括市场不选择或滞后选择但具有显著社会效益的区域，即大多数商业性金融机构通常无法正常提供、不愿提供或提供数量不足。比如农业、进出口贸易、中小企业、高科技开发、环境保护、区域开发等。与此相对应，在实践操作层面，各国普遍限定政策性金融机构的业务范围，其中有些国家以专门立法形式作出界定，比如《日本政策投资银行法》《德国复兴信贷银行法》《韩国产业银行法》分别规定了日本政策投资银行（DBJ）、德国复兴信贷银行（KFW）和韩国产业银行（KDB）的业务范围④。一些国家的相关法规甚至限定一般必须是在从商业性金融机构得不到或不易得到所需融通资金的条件下，才能够从某些政策性金融机构获得融资⑤。还有的国家，由政府下达具体的支持计划给政策性金融机构，要求后者必须提供金融服务。与此同时，很多政策性金融机构在不同的经济发展阶段，业务范围也在动态调整，比如日本开发银行在 20 世纪 60 年代至 90 年代，随着国家产业政策的不断调整，其业务范围也经历

---

① 白钦先. 各国政策性金融机构比较［M］. 北京：中国金融出版社，2006：19.

② 白钦先，王伟. 政策性金融概论［M］. 北京：中国金融出版社，2013：54.

③ 分别由日本学者小樟吉野、日向野于 1984 年、1986 年提出。

④ 《日本政策投资银行法》规定 DBJ 的任务是，帮助日本在第二次世界大战后重建工业，并促进日本经济的多元化。《德国复兴信贷银行法》规定 KFW 的任务是，作为"马歇尔计划"的特殊资金渠道帮助德国在第二次世界大战后重建经济。《韩国产业银行法》规定 KDB 的任务是，通过为大型工业项目提供融资加速韩国的工业和经济发展。参见：王学人. 政策性金融论［M］. 北京：中国金融出版社，2014：172。

⑤ 比如日本中小企业金融公库规定："中小企业者振兴事业所需长期资本，在向一般金融机构融通发生困难时，由该公库给予资助。"此外，环境卫生金融公库、农林渔业金融公库、住宅金融公库、冲绳振兴开发金融公库等均有类似的规定。美国小企业管理局甚至要求借款人提供足够的证据证明其不能从其他金融机构获得资金，才给予资助。

了几次大的调整变化①。

3. 不以追求盈利最大化为经营目标。与商业性金融追求利润最大化相反，为了解决商业性金融在盈利导向下造成的市场失灵和资源配置不合理问题，实现社会公平合理和持续协调进步的社会合理性目标，政策性金融充当政府发展经济、促进社会发展稳定和调节管理宏观经济的金融工具，就不能单纯以追求利润最大化为经营目标，而是在商业性金融不愿或无力承担的领域，以非盈利动机的政策性目标为根本宗旨，不计较盈利多少，保障相关区域、产业群体等得到资金支持。

4. 融资条件具有优惠性。政策性金融的服务对象一般是弱势产业、落后地区和贫困人口，盈利能力、担保资源和抗风险能力普遍不足。为了促进这些特定产业、地区和群体发展，实现国家社会经济政策目标，政策性金融一般给予一定融资优惠，主要体现在以下几点。

第一，利率优惠。政策性金融机构不追求高盈利，相对商业性金融机构而言，一般以相对较低的利率向贷款对象放款，有的甚至低于筹资成本。以日本为例，各政府金融机构的贷款利率都由各有关法律或业务方法书决定，从政策立场出发，日本开发银行、国民金融公库、农林渔业金融公库、住宅金融公库、冲绳振兴开发金融公库等有关利率均被置于相对较低的水平②。

第二，贷款期限相对较长。中长期贷款在政策性金融业务中占很大比例，很多政策性金融机构仅提供或主要提供中长期贷款。比如印度土地开发银行专门提供 5～10 年或更长期限的贷款，而不提供季节性贷款。日本环

---

① 20 世纪 60 年代，日本产业政策的主要任务是促进贸易和资本的自由化，建立了与之相适应的产业结构。相应地，日本开发银行加大了对构成产业构造高度化的特定机械工业以及与此相关联的石油化学、合成纤维等新兴产业的投资。20 世纪 70 年代是日本产业结构调整时期，在继续维持经济发展的同时，如何克服由经济高速发展带来的环境污染、地区发展不平衡等问题，成为政策支持的重点。相应地，日本开发银行融资的重点转为城市开发、地区开发、能源保障、高科技开发等领域。20 世纪 80 年代后，尤其是 90 年代，日本开始寻找新的产业政策，一方面重点继续推进地区经济社会的均衡发展，另一方面不断调整产业结构。相应地，日本开发银行的重点是生活、社会基础设施、环境、能源等对策。1999 年 10 月，日本开发银行重组，建立日本政策性投资银行，该银行的主要目标是推动能源工业，特别是经济和社会持续发展，实现提高国民生活水平、地方经济独立发展的目标。参见：王伟，张令骞. 中国政策性金融的异化与回归研究 [M]. 北京：中国金融出版社，2010：244.

② 白钦先. 各国政策性金融机构比较 [M]. 北京：中国金融出版社，2006：36.

境卫生金融公库设备贷款期限为 10 年，建造浴池贷款期限为 20 年，农林渔业金融公库贷款期限为 10 ~ 45 年，住宅金融公库贷款期限最长为 35 年。法国国家信贷银行提供 5 ~ 20 年长期贷款，法国农业信贷银行对中长期贷款实行优惠低息，期限 10 ~ 15 年①。

　　第三，单笔贷款额度相对较大。相比商业性金融而言，政策性金融平均单笔贷款额度要大得多，以满足相关产业、地区、群体等资金需要。

　　第四，贷款可获得性高。这在发展中国家更为典型。在资金相对短缺的情况下，对有些信贷风险相对较高、商业性金融不愿或难以介入的领域，政策性金融适度保障资金供应，体现了对这些产业、地区、群体的资金支持。尤努斯乡村银行对需要政策性贷款扶植的农村弱势地区的弱势穷人发放贷款，体现了政府的扶贫政策意图，属于农业政策性金融的范畴②。

　　需要指出的是，政策性银行是政策性金融的主要组织形式，但不是唯一形式。政策性金融具有多种承载主体，既可以专门组建政策性银行集中经营，也可以由商业银行（有些商业银行通过承担社会责任间接从事了很多农村政策性金融业务）、政府部门（比如美国农场服务局和农村发展局）和相关公司（比如美国商品信贷公司等）承担。实践中，有学者认为，国内外实践证明，专门组建政策性银行专营政策性业务，效果会更直接、更明显，尤其是在贫穷落后的农村地区、中小企业、中低收入者住房保障等领域及遭受自然灾害等关键时期③。当然，政策性业务并不完全等同于政策性银行业务范围，很多政策性银行除承担政策性业务外，为了更好地发挥其功能，还承担一些非政策性业务。

第二节　农业政策性金融的概念、特征和功能

　　农业政策性金融是农村金融和政策性金融的重要组成部分，具备两种

---

① 白钦先 . 各国政策性金融机构比较［M］. 北京：中国金融出版社，2006：35.

② 王伟 . 中国农村政策性金融的功能优化与实证分析［M］. 北京：中国金融出版社，2019：29.

③ 王伟，张令骞 . 中国政策性金融的异化与回归研究［M］. 北京：中国金融出版社，2010：3.

金融形态的特征和属性，属于最典型、最普遍、最具生命力的政策性金融形态。在上节对农村金融和政策性金融概念特征分析研究的基础上，本节对农业政策性金融的概念、特征和功能作重点介绍。

一、农业政策性金融的概念

农业政策性金融，又称农村政策性金融，是专注专业服务一国农业农村领域的政策性金融制度①。已有文献中，关于"农业政策性金融"的概念，多是基于"政策性金融"定义强调其在农业领域的特定支持作用，目前尚未形成统一权威的概念界定。下面，是比较具有代表性的几种定义。

白钦先认为，农业政策性金融是指一个国家或地区为促进本国或本地区农业和农村经济发展及农民生活水平提高而设立的政策性金融形式。②

贾康认为，农业政策性金融是以政府发起、组织为前提，以国家信用为基础，以配合、执行政府农业和农村产业政策、区域发展政策为主要目的，不以盈利为主要目标，在农业及相关领域从事资金融通，支持、保护农业生产，促进农业、农村经济发展和农民增收的一种特殊的金融行为和金融形式。③

邹新阳认为，农村政策性金融是政府以发展农村经济、提高农业竞争力为目的，以国家信用为基础而进行的专门为贯彻、配合政府经济政策的特定业务领域内直接或间接的资金配置活动④。之后，有学者则强调农业政策性金融对"强位弱势"群体的支持，并提出相关定义⑤。

---

① 在日语中也经常使用"农业政策金融""农村开发金融"这些术语。参见加藤讓先生退官记念出版会编，『農業発展と政策金融』，楽游書房，1985；泉田洋一，低金利時代の農業政策金融，『変わる食料　農業政策』，大明堂，1996；日暮賢司，農業政策金融の課題と再編への考察，農村研究，第97号，2003；農林漁業金融公庫，農林漁業金融公庫五十年史．株式会社第一印刷所，2004。

② 白钦先．各国政策性金融机构比较［M］．北京：中国金融出版社，2006：62．

③ 贾康．中国政策性金融向何处去［M］．北京：中国经济出版社，2010：179．

④ 邹新阳．农村金融论［M］．北京：科学出版社，2017．

⑤ 如王伟（2011）在其专著《中国农村政策性金融的功能优化与实证分析》中提出，"所谓农业政策性金融，应该是在一国政府的支持和鼓励下，以国家信用为基础，以农村金融资源配置的社会合理性为最大目标，以政府政策性扶持的农村地区强位弱势产业、强位弱势群体为金融支持对象，以优惠的存贷款利率或信贷、保险（担保）的可得性和有偿性为条件，在专门法律的保障和规范下而进行的一种特殊性资金融通行为和制度安排"。

基于各国理论界和实务界的讨论，结合农村金融和政策性金融的概念，本书所指的农业政策性金融是，在农村地区以及与农业有密切关系的各个领域中，为了实现国家特定的社会经济政策目标，在政府出资、信用担保及其他政策支持下，不以追求利润最大化为经营目标，以利率、期限、规模等方面优惠条件，对特定产业、地区或群体提供融资支持的资金融通行为，包括业务体系和组织体系两个层面。从业务体系而言，本书所指的农业政策性金融主要限于信贷业务，以及与此相关的投资、担保中介、金融租赁、保险（再保险）等方面业务；从组织体系而言，本书重点介绍承担上述农业政策性金融服务职能的银行、合作信用机构、包括公司和政府部门在内的非银行金融机构等，作为一个集合性的概念，我们统称为农业政策性银行或农业政策性金融机构。

二、农业政策性金融的构成要素

农业政策性金融作为一种特殊的金融形态，其构成要素有着与商业性金融共同的基本特征，以及与其概念内涵一致的特殊性。白钦先将其概括为九大构成要素，分别是组织形式、框架结构、运行机制、业务活动、管理制度、构造方式、发展战略、运行环境和总体效应[①]。我们认为，农业政策性金融主要有主体、对象、行为和机制几个核心构成要素。

（一）主体要素：组织形式

组织形式是指农业政策性金融体系中的机构类别、存在形态、组织模式及组织关系等，是解决"谁来干"的问题。从世界各国农业政策性金融实践看，主要包括银行类、保险（再保险）类、担保类、兼有融资和保险功能混合体类机构，具体的存在形式有国家控股的政策性银行，执行农业政策性业务的国有公司、基金，政府独立职能部门[②]，以合作性质为基础的混合性机构。农业政策性金融体系包括单一型及伞形（或金字塔形）两种[③]。其中，单一型是指全国由单一机构负责提供农业政策性金融服务，伞

---

① 白钦先. 各国政策性金融机构比较 ［M］. 北京：中国金融出版社，2006：66 – 71.

② 很多时候与有关公司是一套人马、两块牌子。

③ 王伟. 论政策性金融的内涵和外延 ［J］. 金融理论与实践，1996（4）：15 – 16.

形（或金字塔形）是指由国家政府部门或者总行垂直领导，下设各个层次的分行机构组成伞形或金字塔形的农业政策性金融机构，该种类型的农业政策性金融体系在各国实践中最为常见。从内部看，主要是指其法人治理结构以及与此相关的内设部门、制度办法等形成的既协同协作又制约制衡的运营机制。

（二）对象要素：融资方式

合理高效的融资机制，即解决"用什么"的问题，是保障农业政策性金融体系有效履职和顺利运行的基本前提。农业政策性金融机构通常由国家财政提供资本金主导建立，依托国家信用，由国家有关部门包括财政部、中央银行等提供资金，或国家规定特殊的筹资渠道，或进行市场化融资。目前，各国尤其是金融市场体系成熟的发达经济体，其农业政策性银行普遍倚重市场化手段，通过吸收存款、发行债券、公开募股集资等方式拓展融资渠道，降低对政府财政资金和央行借款的依赖，以开展多元化、市场化的业务。

（三）行为要素：业务经营

农业政策性金融的业务经营根据国家政策意图确定，由支持农业农村经济活动的各种业务组成，是解决"干什么"的问题。农业政策性金融业务经营包含支持领域、支持对象、支持角度、支持力度等，是国家农业支持保护制度的一个侧面，反映一国政府对农业农村经济的支持状况。总体上看，发达国家农业政策性金融业务经营活动的边界要远远超过发展中国家，这意味着发达国家政府对农业经济活动的支持力度远远超过发展中国家。[①]

农业政策性金融业务经营强调政府干预机制和弥补商业性金融缺口机制，首先是业务领域问题，既涉及与商业金融分工协作、边界区隔，又关系与财政联合支持、配套替代等，更不用说财政、金融支农供给严重不足的困难情况，总的原则是更好满足支农需要。其次是业务领域普遍动态调整，及时反映"三农"需要与国家政策指向。再次是普遍成立专门机构专

---

① 白钦先等. 各国农业政策性金融体制比较［M］. 北京：中国金融出版社，2006：67.

职办理农业政策性金融业务，这是由现代经济与金融的复杂性决定的。最后是业务经营的原则，进入 21 世纪后，更加注重执行政策与市场化原则的有机结合，有效控制风险、实现可持续发展。

（四）机制要素：保障监督机制

正确处理农业政策性金融机构与政府的关系，既保证实现政府目标，又不滞碍金融机构经营活力。政府一般都给予农业政策性金融机构一定的税收优惠或者免税政策、融资支持，实行差别化考核与监管等，为其发展提供良好的经济和社会环境。建立和完善针对农业政策性金融的专门法律及风险控制、产权关系等保障体系，维护农业政策性金融持续稳定发展。例如，美国的《农场信贷法》、韩国的《农业协同法》、日本的《政策性金融公库法》等清晰界定农业政策性金融机构与政府等的关系，明确本国农业政策性金融机构的合法权益，同时规范农业政策性金融机构的经营行为，政府基本不干预其日常经营，在界定的业务范围内，银行拥有经营自主权。

三、农业政策性金融的特征

纵观国际实践和农业政策性金融发展历史，世界各国农业政策性金融在机构名称、组织形态、资金来源等微观层面并无统一模式。各国在经济发展阶段、农业发展过程中不断调整和改革政策性金融支持体系，形成各具特色的农业政策性银行。但从宏观视角来看，各国农业政策性金融在许多层面不约而同、不谋而合，呈现出一定的规律性特征。

已有研究将农业政策性金融机构的特征归纳为"政策性""有偿性""融资优惠性"[1]，"金融性""专业性"[2]，"非营利性""公共性""制度载体多元性"[3] 等，将其与涉农商业性金融、财政支持政策进行了有效区分。事实上，农业政策性金融在近几十年的发展经营过程中，注入了新的实践元素与特征。本书在已有研究基础上，结合农村金融和政策性金融的特征，

---

　　[1]　白钦先等 . 各国农业政策性金融体制比较［M］. 北京：中国金融出版社，2006：62.

　　[2]　王学人 . 政策性金融论［M］. 北京：中国金融出版社，2014：40.

　　[3]　王伟，秦伟新 . 市场决定视角下政策性金融机构改革创新研究［M］. 北京：经济科学出版社，2019.

将其核心特征归纳、提炼为四点：政策性、金融性、公共性和不追求盈利最大化。

（一）政策性

所谓政策性是指农业政策性金融机构作为国家宏观调控工具，兼具财政和金融属性，其经营活动充分反映政府对农业农村特定领域和群体的支持等政策意图，保证市场经济运行机制下公平的实现。政府通过农业政策性金融弥补主要追求效率的市场竞争带来的城乡要素资源分配不合理、产业发展不均衡不协调等问题。这种政策性集中体现在：

1. 政府主导。政策性金融机构多由政府或政府机构出资建立、参股从而保证所有或控股，体现国家意志，办理国家规定业务，执行中央政府交办的政策和任务，实现国家特定的政策目标、产业扶持和发展意图。

2. 资金运用的定向性。即农业政策性银行的贷款投放和支持领域，与国家农业支持保护政策和乡村发展战略高度契合，聚焦农业政策热点并致力于解决农业农村发展的"瓶颈"问题。各国农业政策性银行不仅关注微观层面的农业生产经营性贷款，更关注宏观层面的农业基础设施建设、国家粮食安全等农业领域核心问题，进而极大地保障国家农业农村的持续健康发展。

3. 农业金融产品的优惠性。相较于其他涉农金融机构，包括农业银行、农村信用合作社、提供农村金融服务的综合性银行等，农业政策性银行享有国家赋予的筹资特许便利，能够把金融机构的短期存款和社会资金转化为长期存款，成为汇集各种社会资金反哺"三农"的基础性平台，提供农业贷款利率低于市场利率水平、担保条件相对宽松、期限较长，为农业发展提供稳定的资金来源。

4. 服务对象的普惠性。政策性金融"服务领域特定化、有限性并动态调整"，在农业农村领域突出体现为普惠性。普惠金融也称包容性金融，其核心是有效地、全方位为社会所有阶层和群体提供金融服务，尤其是那些被传统金融忽视的农村地区、贫困群体和小微企业。其中"三农"领域是普惠金融最重要的着力点。农业政策性金融根植"三农"、服务"三农"，其服务对象主要是农民贫困群体、农业弱势产业、农村落后地区，通过定向供给信贷资源等方式，提升"三农"领域经济主体金融资源的可获得性，从而促进金融的普惠性。

（二）金融性

所谓金融性是指农业政策性银行是按照市场化规则运作，提供涉农资金融通的专业性金融机构，与政府机构有着本质区别。农业政策性银行以融资为杠杆，发挥政府组织协调优势，促使资金流向农业发展的薄弱环节和重点领域。相对于财政直接补贴等方式，政府以农业政策性银行为融资中介，推动农村金融市场建设和制度建设，培育市场投融资主体，解决制约农业农村发展繁荣的资金约束问题，是一种实现政策目标的高效手段。这种金融性集中体现在：

1. 充分发挥一般性金融的基本功能。农业政策性金融机构通过提供农业政策性信贷、农业信贷担保、农业政策性再保险等综合性金融服务，充分发挥金融在农业领域的资金融通、风险管理、支付清算等功能，缓解农业农村发展面临的融资难、融资贵等问题。

2. 市场效率原则。农业政策性金融机构要按照市场化的效率原则，设计治理架构和业务流程，突出货币信用有借有还的金融属性，满足财务上的可持续性。也就是说，农业政策性金融的治理要清晰界定与政府的关系，给予农业政策性金融机构充分的自主权；按照经济金融规律办事，以价值规律为基础设计业务经营机制和流程。农业政策性银行按照市场规则筹集资金，既降低对国家资金的依赖，保障支农资金来源的可持续性，又加强银行自身与市场的密切联系，在解决市场化筹资与政策性贷款矛盾的过程中，真正贯彻金融偿还性原则。

3. 经营活动与商业金融联系密切，运用资本市场原理发行金融债券筹措资金，商业性金融机构是主要的投资者主体；批发、转贷或委托代理农业政策性金融业务，商业性金融机构都是天然的合作伙伴。

（三）公共性

所谓公共性是指农业政策性金融作为国家财政的延伸，提供的金融服务和金融产品是一种类公共物品，具有一定的非排他性，以保障社会福利最大化。农业政策性金融机构作为服务的供给者，填补了农村商业金融的空白，让更多农业部门的参与主体获得融资服务。这种公共性集中体现在：

1. 政府提供注资、担保、政策等支持，是公共性特征的体现。

17

2. 国家信用，即国家主权级别信用活动，这是与商业性金融的根本区别。

3. 对农业公共品的支持。农业政策性银行对水利建设、农村道路建设、生态保护、农业科技研发等农业公共品提供资金支持，以有效弥补该领域金融供给的不足。

4. 资金来源的财政支持性，即由国家财政提供必要的全部或部分信贷资金，以支持其有效履职和健康发展。这一特殊性决定了其与商业性金融机构的重要区别——公共性。

（四）不追求盈利最大化

不追求盈利最大化是政策性银行的重要特征。相较于农业政策性金融的前三个宏观特征，不追求盈利最大化则是考虑农业政策性金融机构微观经营成果方面的特征。

1. 农业政策性银行不追求盈利最大化，也就是一般意义上的非营利性，是针对片面追求利润指标而言，是指在"政策性"定义域内的非主动竞争性自然盈利[1]。因此，这并不意味着可以无视贷款项目的收益性，不讲财务效益，甚至定位为亏损银行。俗话说"亏本的买卖做不长"，政策性金融机构也要坚持资产质量效益相统一、经济效益社会效益相统一，办成一家持续健康发展的银行。一方面，农业政策性银行通过金融手段提供资金支持，但其经营理念并不是唯市场导向追求超额利润，而是注重社会公平与效率有机结合，充分利用政府资金撬动金融资源，从经济稳定发展和社会公平的角度实现金融资源的合理配置。另一方面，农业政策性银行在具体经营过程中，产品定价须充分考虑会计盈利原则，即贷款收益[2]应补偿资金成本、管理费用并覆盖风险因素，确保资金高效率利用，努力实现良好的市场业绩，以农业政策性资金的良性循环和可持续发展更好地发挥支农作用。

2. 重点服务涉农领域的产业、企业等经济实体和特定人口，本身就属于长周期、高风险、低收益，既不允许也不可能追求盈利最大化，与以盈

---

[1] 王伟. 中国政策性金融与商业性金融协调发展研究 [M]. 北京：中国金融出版社，2006：19.

[2] 指综合性收益。

利最大化目标背道而驰。

3. 保本微利本质上是宏观上让利于农、微观上保持财务收益原则的有机结合，二者相辅相成，互为因果，缺一不可。

四、农业政策性金融的功能：传统归纳与新的考量和补充

农业政策性金融作为关系国计民生、支持农业农村发展的政策性产物，需要在考虑政府与市场边界、财政与金融能力边界等基础上明确其功能定位[①]，这对其更好地发挥支农作用具有前瞻性和方向性指导意义。

关于农业政策性金融的功能，白钦先最早进行了系统性归纳总结，指出农业政策性金融除了具有一般金融功能以外还具有"直接推进与强力拉动功能""逆向选择与补充辅助功能""积极诱导与虹吸扩张功能"等[②]。之后，有学者对其功能进行了补充，将农业政策性银行的功能归纳为农产品价格支持功能、农业生产扶植性功能、社会稳定功能等[③]。2006年，白钦先基于功能演进视角并将政策性金融功能的扩展提升描述为"基础功能—主导功能—衍生功能"[④]。王伟在专著中提出了农村政策性金融的十大功能要素，分别是导向功能、扶植功能、农业基础建设开发功能、农产品价格支持功能、农村扶贫开发功能、农村专业性服务与协调功能、农业政策性保险（担保）功能、农村金融市场补缺性功能、首倡诱导与虹吸扩张性功能和有限金融性功能[⑤]。

从农业政策性金融的国际实践看，各国的农业政策性金融机构（体系），普遍扮演国家的农业支持保护制度核心银行角色，其功能在农业发展和金融体系创新的过程中演变升级，从最初的农业发展到农村，再到经营性涉农金融服务。基于此，本书在已有研究归纳提出的核心功能基础上，

[①] 农业政策性金融的功能定位决定其与商业性金融的业务边界，反过来，两者的业务边界划定又影响农业政策性金融的功能。

[②] 白钦先等. 各国农业政策性金融体制比较 [M]. 北京：中国金融出版社，2006：63 – 66.

[③] 王伟，秦伟新. 市场决定视角下政策性金融机构改革创新研究 [M]. 北京：经济科学出版社，2019.

[④] 白钦先，谭庆华. 政策性金融功能再界定：功能演进视角 [J]. 生产力研究，2006 (11)：5 – 8，294.

[⑤] 王伟. 中国农村政策性金融的功能优化与实证分析 [M]. 北京：中国金融出版社，2019：34 – 36.

结合新的演化与发展，加入新的考量与补充，将其定义为金融替代功能、联合保障功能、先导衔接功能、弥补市场缺陷（补短板）功能、逆周期调节功能、信用增进功能。

（一）金融替代功能

金融替代功能是指在商业性金融基础性金融服务没有覆盖到的空白区域领域，农业政策性金融作为资源配置和金融运营体系的重要组成部分，代替商业性金融在农业农村领域提供无差别的金融服务。农业政策性金融的金融替代功能集中体现在：

1. 首先是地理空间的概念，在没有商业银行机构的偏远山区农区牧区，代替商业银行为农牧民提供开户、存款、汇款及小额度的生产生活贷款等基础性金融服务。

2. 填补商业性金融在农业农村某些领域的空白。农业政策性金融机构将大量的信贷资金配置到农业农村中高风险、长周期、低收益率而商业银行不愿意介入或不能介入的领域、产业和群体，补充商业性金融在农业农村支持保护功能上的缺失。比如在粮棉油收购等领域，农业政策性金融发挥商业性金融无法发挥的作用。

3. 在农业农村领域的业务和服务多元化，综合性银行、全能银行①成为新趋势。农业政策性金融机构发展到新的阶段，在保持传统农业政策性信贷业务的基础上，通过吸收存款、发行债券等市场化方式筹集资金能力增强，并开始聚焦零售银行业务②，涉足农业信贷担保、农业保险、农业股权投资、风险管理等领域，向综合性银行或全能银行发展，提供全方位的涉农金融服务，金融替代功能进一步增强。

（二）联合保障功能

联合保障功能是指以农业政策性金融的准财政属性为基础，发挥与政府财政支持的协同作用，在国家农业支持保护体系中，与政府农业财政补

---

① 例如，从 20 世纪 70 年代开始，法国农业信贷银行成为独立于法国政府的有限公司，形成以资本运作为核心的金融集团经营模式，成为以服务客户为中心的全能银行。

② 例如，韩国农协银行 2012 年从韩国农协中央会独立出来之后，成为执行农业政策性金融业务的综合性银行，在零售银行业务方面发展迅速。

贴联合为本国农业农村发展提供最基本的保障，把资金支持维持在一个合理的水平上，或保持一个合理的投入增长水平，保证农业农村经济发展的基础需要。突出体现在：

1. 农业政策性银行在政府信用授权下，提供必需的资金支持，以弥补国家财政支农投入的不足，比较典型的是提供粮食收购和储备信贷资金，支持国家和企业储备经营粮食，实现农民种粮收入，维护市场平衡和价格基本稳定，确保本国粮食生产的可持续和粮食安全[①]。与此同时，政府在一定程度上对其资金的运用进行监督和管理，确保政府保障粮食安全等政策目标的实现。

2. 农业政策性银行对于需要一个较长时期建设的涉农公益性项目发放垫付性贷款，提早筹措、提前建设、及早投入使用，提高效率效益。

3. 农业政策性银行将资金投向农业农村地区，可以配合、执行政府有关农业农村的相关产业政策和乡村发展振兴规划，补充国家财政支持，促进农业农村经济社会健康发展。

总之，国家财政通过对农产品价格支持、收入支持等方式实现对农业的直接补贴，农业政策性银行通过市场化手段实现对农业发展的间接补贴，两者有效协同，构成国家农业支持保护体系的双核心。在此基础上，联合扩大支持覆盖从农业到农村，集中解决事关全局的粮食安全、农业现代化、生态环境等问题，提升农业发展质量和竞争力，缓解农民增收和环境承载压力。

（三）先导衔接功能

先导衔接功能是指农业政策性金融发挥先导作用，先期介入相关领域，主导国家农业农村金融支持政策的实施，为市场机制配置商业金融资源创造条件，引导更多的商业性金融资金进入农业农村发展领域，起到"四两拨千斤"的作用；发挥连接国家财政政策和商业性金融支农之间的桥梁作用，有效承接国家财政支农政策，配合财政提高支持总量、增加"绿箱"内容优化支持结构；参与运营农业再保险，规范、支持和引导农业保险更

---

① 此外，部分国家的农业政策性金融机构（如美国商品信贷公司、韩国农协组织）直接从事农产品的销售和存储等，为农产品提高产量、稳定价格和有效流通等提供保障。

好地服务国家粮食安全，进而发挥农村资金投入机制的兜底作用，确保国家农业支持保护体系功能完整、有序运转。

在此，农业政策性金融与财政的关系应当是垫付、配套、跟进与替代。与商业性金融的关系应当是分工合作、优势互补，共同满足不同层次的"三农"金融服务需求；为商业银行支农"开路、架桥"，创造条件；与商业银行业务适当交叉、适度竞争①。与农业再保险的关系应当是投资参股、融资支持、代理资金拨付与支付结算、信息共建共享。

（四）弥补市场缺陷（补短板）功能

弥补市场缺陷功能，即补齐市场短板功能，是指农业政策性金融代表政府"有形的手"通过金融手段实现社会资金的合理公平配置，弥补市场经济运行机制在社会资金配置方面的失灵，把竞争机制适度引入公共领域，缓解可能存在的政府失灵问题，补齐涉农领域的短板。农业政策性金融在弥补市场缺陷、应对政府失灵方面的功能直接体现在以下方面：

1. 缓解信息不对称导致的农户和涉农企业贷款难、贷款贵问题。农业本是弱质产业和低利行业，加之农户和涉农企业的征信信息较难获取、缺少可抵押品，使商业银行很难判断农民和农村企业的信用状况，存在严重的信息不对称，导致其对农户和涉农企业产生金融排斥，以及由此而来的风险定价导致的融资成本高问题。农业政策性金融正是用于解决这一难题而产生发展的政策工具。

2. 弥补农业公共品供给不足缺陷。农业水利设施、农村路网、农业技术推广服务等具有公共品属性，且具有资金需求量大、建设周期长、收益率较低、风险较高的特征。商业性金融机构按照"盈利性、安全性、流动性"原则经营，较少涉足这类领域，导致其供给不足。农业政策性银行在增进社会整体福利的目标指引下，将大量的信贷资金以优惠利率水平、贷款期限和融资条件等配置到农业公共品的建设中，保障农业农村的可持续发展。

3. 在纯粹政府财政救助效果不佳、政府干预无法达到预期目标，比如

---

① 农业属于金融供给明显不足的领域，业务适当交叉、适度竞争，有利于增强农业农村金融供给能力，改善金融服务，降低融资成本。

扶贫领域，通过农业政策性金融机构引入市场机制和适度竞争的产业支持，发挥"造血"功能，增强内生活力和动能，实现可持续发展。

（五）逆周期调节功能

农业政策性金融的逆周期调节是指充分发挥兼具财政与金融特征的政策工具作用，紧紧围绕逆周期信贷调节工作重点，平滑信贷投放，促进货币信贷适度增加，助力实现总量调节和风险防范的有机结合，缓和经济周期性波动，减少负面冲击和影响，主要体现在以下几个方面：

1. 支持粮食等重要农产品收购、储备、进出口等，平抑市场季节性波动。

2. 支持粮食等重要农产品生产能力建设、农业科技创新等，支持藏粮于地、藏粮于技，减缓粮食及农业生产的周期性波动。

3. 支持农业农村应急体系建设，投放应急贷款，尽快恢复生活生产秩序，应对大灾造成的短期影响和局部冲击。

4. 配合中央银行，综合运用发行债券、再贷款、存款等融资工具，在市场流动性充裕甚至过剩时期，发债筹资并归还再贷款，实现资金回笼；在宏观经济下行周期，主要利用再贷款等政策，支持收储、农业农村公共设施、准公共设施建设等，并通过投贷结合方式，直接和间接增加信贷投放，扩大社会需求。

5. 通过农业保险和再保险，支持农业生产经营主体减少灾害损失，稳定收入，增强投入能力和生产能力。

（六）信用增进功能

信用增进[①]功能是农业政策性银行以国家信用为基础，协同政府建立和完善农业金融信用体系，与政府共建农村金融制度体系和风险分担机制，有效防范风险，引导更多资金投入农业农村。同时，农业政策性金融资金

---

① 根据中国人民银行 2012 年发布的《信用增进机构业务规范》和《信用增进机构风险管理规范》，信用增进是指以保证、信用衍生工具、结构化金融产品或者法律、法规、政策以及行业自律规范文件明确的其他有效形式提高债项信用等级、增强债务履约保障水平，从而分散、转移信用风险的专业性金融服务。基础性信用增进方式包括抵（质）押（以动产或不动产为担保）和担保（第三方担保、再担保、反担保、远期收购承诺等）。

先行投入的领域，意味着国家政策的优先扶持方向，有利于增强对该领域投入资金的信心。具体通过增进农业经营主体或者农业商业性金融机构的信用，缓解农业领域融资约束问题。

一方面，农业政策性金融机构依托国家信用，面向市场融资。农业政策性银行作为政府主导出资设立的机构，是完成国家特殊任务的特殊公共法人机构，其信用是国家信用或国家信用的一部分[1]。这使其能够在国家信用基础上通过吸收存款、发行债券等市场化方式筹集资金。另一方面，农业政策性银行通过提供信贷担保、抵（质）押[2]等方式，增进农户和涉农企业的信用，缓解其融资难问题。同时，农业政策性银行将农业信贷资金批发或转贷给商业性金融机构[3]，再由这些机构将资金零售给小额贷款农户，弥补市场信用缺失导致的农业信贷资金供给不足问题。

第三节　世界各国农业政策性金融的分类及代表性机构：存在形式

由于每个国家的经济社会状况、自然资源条件及农业部门发达程度不相同，不同国家农业政策性金融的存在形态各不相同，但也具有相同的规律性特征以及功能（详见第二节）。为了系统性比较国际农业政策性金融的各个层面，本书首先将典型国家农业政策性金融的分布状况进行了系统性描述和分类（见表1-1）。

需要说明的是，农业政策性金融业务首先并主要集中于信贷业务，该类业务相较于农业贷款担保、农业保险、农业投资等业务，起步较早、规模较大、运行较为成熟，也更为普遍，在农业农村领域的金融支持体系中发挥主导性作用。因而，农业政策性金融机构以农业政策性银行为主要存在形式，基于金融机构名称、股权结构、组织形式和职能范围等方面，我

---

① 李扬. 国家目标、政府信用、市场运作——我国政策性金融机构改革探讨 [J]. 经济社会体制比较，2006（1）：14-19.

② 例如，美国1988年成立联邦农业抵押公司，营造农业信用二级市场。详见本书第十一章"美国农业政策性金融体系"部分。

③ 例如，印度在1975年成立农业转贷款公司，1982年成立印度农业与农村发展银行承接农业转贷款公司的转贷款职能。详见本书第二十一章"印度农业与农村发展银行"部分。

们将农业政策性金融的存在形态分为四类，具体如表1-1所示。

表1-1　　　　　　　代表性国家农业政策性金融基本情况

类别	国家	银行/机构名称
国家控股的农业政策性银行	坦桑尼亚	坦桑尼亚农业发展银行
	印度	印度农业与农村发展银行
	加纳	加纳农业发展银行
	泰国	泰国农业与农业合作社银行
	中国	中国农业发展银行
	俄罗斯	俄罗斯农业土地抵押银行
	马来西亚	马来西亚农业银行
	土耳其	土耳其农业银行
	摩洛哥	摩洛哥国家农业信贷银行
	巴基斯坦	巴基斯坦农业发展银行
	南非	南非土地和农业发展银行
	菲律宾	菲律宾土地银行
	德国	德国农业银行
国家控股的准农业政策性金融机构	美国	美国商品信贷公司
		美国农场服务局和农村发展局
	加拿大	加拿大农业信贷公司
	墨西哥	墨西哥国家农业、农村、林业和渔业发展基金
执行农业政策性金融业务的国家政策性银行/机构	巴西	巴西开发银行
	日本	日本政策性金融公库
	越南	越南社会政策银行
	埃塞俄比亚	埃塞俄比亚发展银行
执行农业政策性金融业务的合作银行	美国	美国农场信贷体系
	韩国	韩国农业协会
	法国	法国农业信贷银行

资料来源：根据各国农业政策性金融实践整理而成。

　　第一，国家控股的农业政策性银行。国家控股的农业政策性银行是指专注于农业部门的、由国家控股的、提供政策性融资等业务的银行，主要分布在发展中国家，从名称上看可以分为三类。第一类是名称中带有"农业"和"发展"的农业政策性银行，比如加纳农业发展银行、坦桑尼亚农业发展银行、印度农业与农村发展银行、泰国农业与农业合作社银行①等。第二类是名称中只有"农业"的农业政策性银行，如俄罗斯农业银行、巴基斯坦农业发展银行、土耳其农业银行、德国农业银行、马来西亚农业银行、摩洛哥国家农业信贷银行等。第三类是名称中既不包含"农业"也不包含"发展"的农业政策性银行，以土地银行为主，包括南非土地和农业发展银行、菲律宾土地银行等。

第二，国家控股的准农业政策性金融机构。国家控股的准农业政策性金融机构是指专注于农业部门的、由国家控股的、提供政策性融资等业务的非银行金融（政府）组织，基本以公司形式为主。比如美国商品信贷公司，加拿大农业信贷公司，墨西哥国家农业、农村、林业和渔业发展基金等。美国农场服务局、英国农业支付署等以"局""署"（Agency）等政府机构的形式存在，与其他农业政策性金融机构一样，提供农业政策性金融服务。

第三，执行农业政策性金融业务的国家政策性银行/机构。如果国家没有设立专注于农业部门的政策性银行，往往需要依靠国家开发银行等政策性金融机构来开展农业政策性融资等业务。巴西开发银行、埃塞俄比亚发展银行等国家开发银行，均提供针对农业部门的政策性信贷等服务。日本政策性金融公库是综合性政策性金融机构，其农林渔业食品事业部是提供农业政策性金融服务的重要部门之一。越南社会政策银行是一个针对"穷人"群体的国家政策性银行，为农民和贫困家庭提供优惠贷款等政策性服务。

第四，执行农业政策性金融业务的合作银行。合作银行也是农业政策性融资等业务的载体，其成立、改革和运营往往都离不开政府的指导和帮助。美国农场信贷体系是合作银行的典型，其下设的四家系统银行，包括合作银行、农业银行、第一农业信贷银行、得克萨斯农场信贷银行，均是按照"用户所有、用户控制和用户利益"的原则组织的。此外，韩国农协中央会下的韩国农协银行和法国农业信贷银行均是以合作制的形式组织起来的，开展低息/贴息贷款等农业政策性金融业务。

---

① 泰国农业与农业合作社银行是国家控股银行，名称中带有"合作"是因为其服务对象主要为合作社。

综上所述，发展中国家的农业政策性银行往往更加专注于农业部门，名称中通常带有"农"字，不含"农"字的越南社会政策银行也是从越南农业和农村发展银行中分离出来的，而埃塞俄比亚发展银行自成立以来，有60%以上的时间名称中带有"农"字，具体将在下一章中详细介绍。发达国家的农业政策性银行往往与"合作"紧密联系，美国、韩国、法国的农业政策性银行都是合作制，德国的合作金融机构比德国农业土地抵押银行历史更加悠久。

第二章 农业政策性金融的
产生与发展

农业政策性金融源于政府对经济活动的干预，反映了政府支持农业的
态度和决心，与国家经济社会的发达程度密切相关。当一个国家人口增长，
经济发展到一定水平，农业部门的融资活动会出现内生性的约束，需要政
府进行外源性的辅助和支持，农业政策性银行往往成为政府推行政策性融
资等扶持业务的基础载体。

第一节 农业政策性金融的起源

对于农业政策性金融的起源并无一致的定论。因为不同研究对农业政
策性金融特别是机构的定义并不一致，理论界定的要素条件存在差异，所
以反映在农业政策性金融的诞生上，便有若干个不同的金融机构及对应的
时间节点①。

一般认为，农业政策性机构萌芽于西欧空想社会主义的合作思想所催
生的合作信用制度。合作信用对农业农村分散经营的天然适应，使其自然

---

① 白钦先等认为，1849 年德国成立雷发巽（Raiffeisen）乡村信用合作社，在信用合作史上具
有开端意义。1876 年德国各地信用合作社联合起来，组成信用合作社的中央机构——德国农业中央
储蓄金库，后来改称德国雷发巽银行。参见：白钦先，徐爱田，王小兴. 各国农业政策性金融体制
比较［M］. 北京：中国金融出版社，2006：72 - 75.

臧明仪等认为，1894 年，法国政府通过法令成立一批农业信贷地方互助金库，被认为是最早的
政策性金融机构。参见：臧明仪. 中国政策性金融理论与实践研究［D］. 北京：中共中央党校博士
学位论文，2006.

李志辉等认为，农业政策性银行的萌芽首先出现在法国，1926 年成立的法国农业信贷银行，是
早期带有政策性特征的银行。参见：李志辉. 中国开发性金融理论、政策与实践［M］. 北京：中国
金融出版社，2010.

而然地发展成为联系政府与农民的政策通道，政府带有政策企图的金融行为逐渐通过合作信用系统实施，政府也逐步或主动或被动地介入其中，使合作信用体制成为政策性金融的最早载体。最初的土地抵押信用合作制度始于德国。普鲁士战争之后，百业凋零，民生疲敝，贵族地主大多债台高筑、束手无策。为解决农村资金短缺问题，解除高利贷的盘剥①，复兴农业生产，弗雷德里克二世②于 1767 年颁布实施德国土地抵押信用合作（Land-schaften）制度，西力西亚合作协会于 1770 年开始营业，成为最早成立的土地抵押信用合作协会。协会成员主要由借款的大地主组成，政府授权协会以社员拥有的土地担保发行债券，将筹得的资金贷放给社员。自此以后，农村土地抵押信用制度渐次推行至德国全境，成为农业政策性金融的最早萌芽③。土地抵押信用合作协会为农民提供长期信用贷款，对德国农村土地改造运动作出了重要贡献。

与此同时，由于土地抵押信用合作协会对借款者设定资格门槛较高，多数土地面积较小的农民难以获得援助，新解放的农奴更不可能得到贷款④。为应对人口增加急需复垦土地而工商资本又不愿投资的困境，19 世纪中叶，德国由邦政府或省政府或区政府成立相应的公共土地信用机构，包括土地信用银行、土地改良银行、地租银行，为农民提供购地贷款、土地改良资金、垫付地租等。而德国土地信用银行的前身省助银行，于 1831 年在普鲁士威斯特伐利亚省创设，因此，德国威斯特伐利亚省助银行成为历史上最早的农业政策性金融机构⑤。到 1850 年已经普遍存在于普鲁士联邦，随后该省助银行改组为省立土地信用银行。

---

① 普鲁士战争结束后，弗雷德里克二世下令全国停止借款付息六年，信用破坏殆尽。

② 旧译腓特烈二世。

③ 土地抵押信用协会为非营利机构，不能看作普通信用合作机构。参见：陈振骅．农村信用 [M]．北京：商务印书馆，1935：90。

④ 据德国商务部 1887 年报告，拥有 18 英亩至 34 英亩土地的农民，都不能享受土地抵押信用协会的借款便利。参见：陈振骅．农村信用 [M]．北京：商务印书馆，1935：119。

⑤ 陈振骅．农村信用 [M]．北京：商务印书馆，1935：128.

第二节　代表性国家农业政策性银行的建立方式和时间

农业政策性金融的产生与组建植根于所在国家的历史、文化和制度，有着赖以存在的政治、经济和社会基础，看似无一定之规，追根溯源，却又有着自身的发展逻辑。

一、农业政策性银行建立方式

农业政策性银行通常由政府或央行等机构发起设立，因各国农业发展水平、金融环境以及政府参与经济方式的差异，在组建方式上既有共性又各具特点，大体可分为以下几类。

1. 政府主导改革农业合作性金融组织建立农业政策性银行。以美国合作银行、法国农业信贷银行和韩国农协银行为代表，这类农业政策性银行以执行农业政策性金融业务的合作银行形态存在，其组建是在政府主导下，通过对本国既有的农业合作性金融组织进行改革合并完成的。早期设立的农业政策性银行大多如此，并主要分布于欧美大陆国家。

美国于 1989 年成立的合作银行，其历史可以追溯到 1916 年政府为促进开垦土地而出资建立的农场信贷系统[①]。

法国农业信贷银行起源于 19 世纪后期建立的农业互助信贷组织。[②] 韩国农协银行发端于 100 多年前的地方金融组合，前身为 1956 年成立的韩国农业银行[③]。

2. 政府直接出资建立国家控股的农业政策性银行。第二次世界大战以

---

① 该系统包括在每个区设立的联邦土地银行、联邦中期信贷银行、合作社银行以及单独设立的中央合作社银行。20 世纪 80 年代之后，农场信贷系统遭遇危机，政府主导对其进行改革，实施兼并重组，合并 11 家合作社银行，组建合作银行。11 家合作社银行中包含中央合作社银行，另外两家机构分别于 1995 年、1999 年并入合作银行。

② 1885 年法国首次在农业合作社基础上建立农业信贷银行——波利尼区农业信贷银行；1894 年为了缓解自然灾害和国外竞争压力，对葡萄种植业等农业领域进行资金扶持，按照互助原则建立了一批地方农业信贷银行；1899 年，建立农业信贷地区金融金库；1920 年，为了实现对地方和地区性农业信贷银行的统一管理和清算，法国成立国家农业信贷管理局（CNCA）；1926 年，该机构正式改名为法国农业信贷银行。

③ 参见第十六章有关内容。

后成立的农业政策性银行大多属于这种方式。日本政府于 1953 年全额出资设立政策性金融机构——农林渔业金融公库，是日本政策性金融体系"两行十库"① 之一。2008 年该公库与其他三家政策性公库合并成立日本政策性金融公库②，原农林渔业金融公库作为其农林渔业食品事业部运行。俄罗斯政府于 2000 年 3 月 15 日成立俄罗斯农业银行。巴基斯坦农业发展银行于 1961 年在合并农业开发金融公司和农业银行基础上建立，为农业和农村家庭手工业提供贷款，分支机构遍及全国。德国 1949 年成立农业土地抵押银行，向欧盟内参与农业、农业相关部门和农村地区融资的银行提供再融资服务。

3. 政府直接出资建立包含执行农业政策性金融业务的国家政策性银行。以巴西开发银行为主要代表，巴西没有专职的农业政策性银行，而是由政府出资设立政策性金融机构，由该机构负责提供国家需要的农业政策性金融服务。巴西开发银行源于 1952 年巴西政府为了加速工业化发展而出资组建的巴西经济发展银行，1982 年变更为现在的名称。建立之初主要是为基础设施建设项目提供资金，之后通过实施一系列农业计划支持本国农场融资、畜牧养殖业发展，以及农业科技创新，为农业农村发展提供金融支持。与巴西类似，越南组建社会政策银行，埃塞俄比亚建立发展银行，作为国家政策性银行提供农业政策性金融服务。

4. 从中央银行或政府农业信贷部门独立出来建立国家农业政策性银行。以印度为代表，印度农业与农村发展银行的前身，可以追溯至 1935 年成立印度储备银行时内设的农业信贷部门，当时由该部门承担农业政策性金融业务。随着国内农业农村信贷政策支持需求的增加，印度储备银行又于 1963 年成立农业转贷款公司，1979 年成立农业农村发展信贷审查委员会，专门负责农业农村发展方面的信贷安排。1982 年，印度政府和印度储备银行在上述三个机构的基础上，共同出资组建独立的农业与农村发展银行，承接了原来 3 个机构的农业信贷、农业转贷款、农业贷款审查等业务。

需要说明的是，以上仅是农业政策性银行的主要组建方式。除此之外，有的国家还通过建立控股的非银行金融（政府）机构等方式，向社会提供

---

① 参见本书第一章第一节注释。
② 又译日本政策金融公库。

农业政策性金融服务。比如美国商品信贷公司和加拿大农业信贷公司，美国农业部下设的农场服务局和农村发展局等政府金融机构。

二、农业政策性银行组建时间

从国际视野来看，发达经济体较早进入城镇化和产业分工，农业的弱质性导致的资金短缺问题，需要政府介入在商业资本之外寻求解决办法。欧美资本主义国家在20世纪30年代就建立了相对完整的农业政策性银行体系，以解决农业部门的融资约束问题。发展中国家则大多在第二次世界大战以后，国家政权获得独立，为了解决国内粮食问题，追求经济发展与赶超，而成立农业政策性金融机构。无论是发达国家还是发展中国家，农业政策性银行体系建立之后，均经过了较长时间的改革和调整，其名称、定位、业务功能等均出现变化。本书搜集了21个代表性国家的26家农业政策性银行，其成立时间如表2-1所示。

表2-1　　　　　代表性国家农业政策性银行成立时间

银行/机构名称	成立时间	银行/机构名称	成立时间	银行/机构名称	成立时间
埃塞俄比亚发展银行	1909年	南非土地和农业发展银行	1912年	韩国农业协会	1961年
坦桑尼亚农业发展银行	2015年			法国农业信贷银行	1894年
		俄罗斯农业银行	2000年	德国农业土地抵押银行	1949年
巴基斯坦农业发展银行	1961年	马来西亚农业银行	1969年		
印度农业与农村发展银行	1982年	土耳其农业银行	1863年	美国农场信贷系统	1916年
		墨西哥国家农业、农村、林业和渔业发展基金	2003年	美国商品信贷公司	1933年
加纳农业发展银行	1965年			美国联邦农作物保险公司	1938年
越南社会政策银行	2002年				
巴西开发银行	1952年	加拿大农业信贷公司	1959年	美国联邦农业抵押公司	1988年
菲律宾土地银行	1963年				
摩洛哥国家农业信贷银行	1961年	日本政策性金融公库	2008年（农林渔业金融公库成立于1953年）	美国合作银行	1989年
泰国农业与农业合作社银行	1966年			美国农场服务局和农村发展局	1994年

表2-1中所列示的成立时间并不完全体现该国农业政策性银行最初建

立的时间，而是反映一个国家现存的、最具代表性并且符合农业政策性金融构成要素的银行的成立年份。很显然，一些国家最初建立农业政策性银行的时间可以追溯到更早的时期。

总体来看，发达国家和发展中国家成立时间差异较大。德国最早于18世纪建立合作信用制度。法国1894年通过梅利纳法案成立农业信贷地方银行，荷兰农业政策性的合作银行（Rabobank）从1896年开始建立，比利时的合作银行（Crelan）可以追溯到1937年成立的国家农业信贷研究所（INCA）。美国从1916年开始建立农场信贷系统，20世纪30年代基本完成联邦土地银行、联邦中期信贷银行和合作银行的建立；根据罗斯福新政时期《农业调整法》，1933年先后成立若干政府金融机构，包括商品信贷公司、农民家计局、农村电气化局、联邦农作物保险公司等，形成了比较完整的农业政策性金融体系。亚洲的发达国家多是在第二次世界大战后开始建立较为成熟的农业政策性银行体系。日本虽然在20世纪20年代就成立了农林金库，但是直到20世纪50年代才形成了相对完整的农林渔业金融公库。韩国是在1961年朴正熙军事政变后，将韩国原农协与农业银行合并成立韩国农协中央会，农业银行作为农协内部的信贷部门运行，初步建立农业政策性金融体系。

发展中国家农业政策性银行成立时间跨度较大。汉斯（Hans Dieter Seibel）等人基于联合国粮农组织（FAO）和德国技术合作公司（GTZ）共同整理的农业银行数据库（AgriBank – Stat），对发展中国家的农业政策性银行基本状况进行了分析①。该数据包含55个发展中国家的73家与农业紧密相关的银行机构，数据中所有银行将至少10%的资产组合分配给农业部门，大多数银行都是农业发展银行、半数以上银行由国家完全控股、基本上可以反映一个国家最具代表意义的一个或几个农业政策性银行。其中，有69家银行能够查找到成立时间，在此基础上加入坦桑尼亚、俄罗斯和巴西三个国家的农业政策性银行数据，最终整理得到发展中国家农业政策性银行成立的时间分布如图2-1所示。

---

① 该数据库的资料基本是2002年前获取的，涵盖亚太、非洲、拉美等地区的57个发展中国家（还含有2005年被宣布为发达国家的韩国和塞浦路斯），具体描述参见汉斯等人2005年撰写的报告 *Reforming Agricultural Development Banks* 第20-22页。

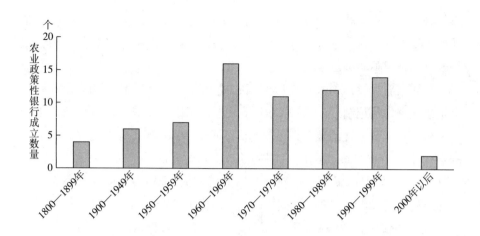

资料来源：AgriBank – Stat 数据库和作者整理。

图 2 –1　发展中国家农业政策性银行成立时间与数量

从时间分布上可以看到，发展中国家的农业政策性银行成立时间有以下特点：（1）1950 年之前成立的仅有 13.8%；（2）成立的巅峰期在 20 世纪 60 年代，这时第二次世界大战结束后大批殖民地国家独立，国内农业生产恢复，经济发展战略实施，催生了对农业政策性金融服务的需求；（3）成立高潮持续到 20 世纪 90 年代，20 世纪末大多数发展中国家已经建立了农业政策性银行；（4）21 世纪后成立的农业政策性银行包括坦桑尼亚农业发展银行和俄罗斯农业银行。

第三节　农业政策性银行发展的历史轨迹

农业政策性银行一百多年的发展过程中，随着政治、经济、社会以及金融制度的变化进行改革和调整。本书根据已有文献资料，选择农业政策性银行改革发展的三个重要历史节点，即第二次世界大战结束、经济滞胀和 2008 年国际金融危机，分析 20 世纪以来的革新、演化与发展。

一、发达国家农业政策性金融体系建立和逐步完善（20 世纪 50 年代之前）

20 世纪 50 年代之前，是欧美发达国家建立和初步完善农业政策性金融体系的时间。这一时期，欧美发达国家完成原始积累，城镇化进程和农村人均耕地面积增加导致农业部门资金紧张，需要政策性金融服务填补农业部门的融资缺口，20 世纪初，美国、法国、德国、荷兰、比利时等国家已经建立了农业政策性金融机构。第一次世界大战和第二次世界大战时期，欧洲作为主战场，农业生产经营停滞，战争改变了很多国家的农业政策性金融运营方式。比如，第一次世界大战时期，法国政府要求农业信贷银行为战争期间闲置的土地提供开发资金，以恢复战争前附近农场的生产；第二次世界大战时期，发行 5 年期票据，将农村储蓄资金汇集到财政部。

在此阶段，美国作为两次世界大战的最大受益者，农业生产能力大幅提高，农场信贷系统的农业银行在此阶段积累了大量的利润，于 20 世纪 40 年代末开始偿还政府的启动资本金。同时，为了更好地助力 1933 年提出的农产品最低价格收购制度，1948 年商品信贷公司明确其业务目标，包括稳定、支持和保护农场收入以及农产品价格，保障食品、饲料和纤维等农产品充足供给、有序分配和供需平衡等。但是，商品信贷公司通过发放无追索权贷款、收购、储备等方式缓解农产品供给过剩、价格下降等问题，导致农业产能过剩继续增加，出现粮满为患的现象。

二、第二次世界大战后农业政策性银行新的发展（20 世纪 50～70 年代）

第二次世界大战结束之后，世界各地掀起了殖民国家独立的高潮，大量独立国家建立了农业政策性银行[①]。由此，农业政策性银行进入新的发展时期，为促进粮食产量增收、消除饥饿和贫困作出了重要贡献。而发达国家的农业政策性银行在经历一个时期的发展之后，由于经济恢复发展，财政状况好转且支农力度加大，加上农业政策性银行发展面临一些新的问题和挑战，率先进入改革时期。

---

① 20 世纪五六十年代，有一个观点是促进经济增长，有必要使政府在一些战略性产业中提供支持，政府应该在这些方面发挥主导作用。

（一）发展中国家集中建立农业政策性银行

对很多欠发达经济体来说，它们的金融行业并不是很强健，其金融体系需要进一步完善，需要政策性银行提供政策性金融服务，特别是在那些粮食自给自足困难的国家，尤其需要农业政策性银行的服务支持。在此阶段，巴西、巴基斯坦、加纳、菲律宾、摩洛哥等发展中国家建立了自己的农业政策性银行，有效地拓宽了农业部门的融资渠道，进而促进了国家农业的综合发展和经济增长。

（二）部分发达国家在第二次世界大战后退出农业政策性银行的初始资本投入

集中体现为：1950 年后，法国政府取消了对农业信贷银行的预付投资；日本农林中央金库在 1959 年全部偿还政府启动资金而被私有化；美国 1953 年重组农场信贷管理局，将农场信贷系统从农业部分离出来，农场信贷系统于 1968 年还清政府启动资金，完全由客户和持股人拥有。此外，法国农业信贷银行向着规模化、商业化、国际化转型，通过设立专门子公司，逐步涉足股权投资、资产管理、保险等领域而向全能银行转变。

（三）发达国家出现地价上升、粮食过剩等问题，农业政策性银行亟待转变职能

以美国为例，一方面，美联储自 1971 年开始推行低利率政策，美国农场信贷系统的低利率贷款导致农地贷款大幅度增加，系统的贷款规模翻番，土地价格暴涨；另一方面，受最低保护价格支持政策影响，出现粮食供给过剩。美国于 1973 年开始实施目标价格和差额补偿制度，鼓励农场自行储备粮食，但仍未阻止 20 世纪 70 年代后期的经济滞胀现象。

三、各国农业政策性银行改革和调整（20 世纪 80 年代至 21 世纪初期）

这一时期，特别是第二次世界大战后三十余年，经济高速发展在提高社会整体福利的同时也带来了一系列的经济或金融危机，严重影响金融体系的持续经营和农业部门的融资能力。各国开始对包括农业政策性银行在

内的政策性金融机构进行调整和改革，以加强风险应对能力，增强可持续发展能力①。同时，各国农业政策性金融机构也开始拓宽资金来源，探索业务多元化、市场化和国际化的可持续发展道路。

（一）减少政府干预，提供扶持性环境

发展中的市场失灵以及政府失灵，使得各国重新审视政策性银行如何发挥作用，政府并不能很好地参与到银行业务中，应该从农业政策性银行经营活动中撤出，不再直接下达年度经营计划等，转而建立良好的公司治理结构，明确职能目标，清晰界定与政府的关系，银行拥有经营自主权，更加注重实现政府与市场、行政主导与商业化运作的有效结合，维护市场机制作用，为更好发挥政策性金融职能创造良好的环境。与此同时，德国、日本②、韩国③的农业政策性银行进行了收缩与转型，主要原因是这些国家的政策性金融机构规模太大，政策性银行业务对商业性银行业务产生了挤出效应，改革的主要目的是合并其主要政策性金融机构，农业政策性金融业务更加集中。

（二）农业政策性银行增强内外合力，提升风险防控能力

各国农业政策性银行重视对风险的防控，通过外部支持、组织调整等方式降低农业政策性银行的各类风险。

以美国为代表，各国对农业政策性金融（体系）进行了一系列调整和改革，以有效控制系统性风险：（1）美国相继成立了农场信贷系统保险公司、金融救助公司等机构，以缓解流动性风险对农场信贷系统投资者的影响，提升其风险防控能力。同时，对联邦土地银行、联邦中期信贷银行等金融机构进行兼并整合以减少操作风险。（2）日本在经历1990年的经济危机后，为了保障资产质量，调整计划管理方式与服务对象，改革财政投融

---

① 根据国际货币基金组织的调查，2003年在125个国家的120个政策性金融机构中，有三分之一的机构不良贷款比例高于10%，三分之一的机构亏损。国际货币基金组织驻中国原首席代表Ray Brooks在政策性银行改革与转型国际研讨会上的发言，2006年4月28日，北京。

② 参阅第十五章日本"两行十库"改革。

③ 韩国开发银行、进出口银行、外汇银行、国家农业合作联盟、渔业合作联盟、为中小企业融资的政府控股金融机构全部私有化。

资制度等，强化市场约束，有效地控制银行内部风险。（3）墨西哥在经济危机后，依靠国际货币基金组织等提供临时贷款缓解了债务问题。针对原国家农村信贷银行风险管理薄弱、征信管理缺失、行政管理成本较高等问题，墨西哥政府在 2003 年建立国家农业、农村、林业和渔业发展基金，为农村经济发展提供融资服务。

（三）拓宽资金来源，探索业务多元化和国际化发展

这一时期，许多国家的农业政策性银行开始尝试获取更加市场化的资金来源，开展多样化业务，探索市场化运作模式，增强市场与业务发展的联系与约束，提高风险控制能力。集中体现在以下方面。

1. 拓宽资金来源，提升资金自筹能力。各国农业政策性银行在此时期开始通过吸收存款、国外借款、发行债券、发行股票、发行票据等方式拓宽资金来源，提升资金筹集能力。比如，美国农场信贷系统于 1988 年成立联邦农业抵押公司，打造农业信用二级市场，放贷机构可以在此打包出售农地抵押贷款，农业抵押公司将农地抵押贷款打包发行相应的债券。这使得放贷机构及时获得流动性支持，拓宽农业信贷资金来源，分散潜在的风险。韩国农协中央会吸收个人和居民存款能力增强，70% 的农业政策性贷款通过吸收存款提供，对政府财政划拨资金的依赖度降低。日本农林中央公库于 20 世纪 90 年代成立信托公司，对普通投资者、信农联和信渔联发行优先股和股票，并且 80 年代末已经在欧洲共同体市场发行票据。法国农业信贷银行于 2001 年在股票市场上市，加拿大农业信贷公司自 1991 年以来一直参与资本市场，债务发行业务增长较快。

2. 开展多样化业务，探索业务国际化。在此时期，随着农业政策性银行资金筹集能力增强，以法国农业信贷银行为代表的农业政策性银行的业务多元化、国际化趋势增强。比如，20 世纪 80 年代，法国农业信贷银行开始涉足保险领域，创建寿险、财产险和意外险子公司等，业务更加多元化。在国外开设第一批办事处，开启国际化道路。韩国农协中央会在此时期开始民主化和高度自治，扩大金融服务的范围，在全国各地增设分支机构，到 2000 年已经成为韩国首屈一指的金融机构。巴西开发银行为了缓解国际经济危机对本国经济的影响，自 20 世纪 80 年代开始向本国企业尤其是小企业提供股权投资，同时设立亚马孙基金等支持农业以及本国经济的发展。

3. 开展商业性业务。有限的商业性业务，一方面可以更多地关注体验市场需求和市场信息，避免长期游离市场之外，另一方面可以增加银行盈利，减轻国家财政负担。

（四）重视农业的多功能性，开发、推广助力农业环境保护的金融产品

在欧盟共同农业政策《2000 年议程》的引导下，全世界开始重视农业多功能性[①]和农业环境保护，建立农业生态补偿机制，银行业也积极加入环境保护队伍，最典型的就是花旗银行、荷兰银行等私人银行建立的赤道原则[②]。在此期间，农业政策性银行也越来越重视发展农业环境保护业务，提供农业生态政策性金融补偿。美国商品信贷公司从 20 世纪末《联邦农业完善和改革法》开始，扩大业务范围，为保护储备计划提供资金成为其使命之一。日本农林渔业金融公库为鼓励有机农业发展，对有机农业农户提供专项低利率贷款，并通过设立农业投资基金、提供信贷担保等方式支持农业环境保护。德国土地抵押银行从 2005 年开始，增加对环境保护和消费者保护、可再生能源等方面的业务产品，并通过联邦各州的促进机构为市政投资提供资金。

总体而言，各国农业政策性银行在该时期关注农业的生态性，创新性推出与农业环境相关的金融业务和金融产品。

四、金融危机后农业政策性银行稳定发展（2008 年至今）

2008 年国际金融危机后，各国农业政策性银行在持续增强风险控制能力的同时，进行反经济周期信贷调节，而其业务结构和经营模式的改革发展仍旧延续 20 世纪 80 年代的方向。

从 2007 年开始，美国次级债券引发的金融危机席卷全球金融市场，全球多数国家的金融体系都受到了一定程度的影响。一方面，巴塞尔协议Ⅲ在此背景下出台，多数名称中带有"银行"的农业政策性金融机构都在此

---

① 农业多功能性是指农业具有经济、生态、社会和文化多方面的功能。
② 赤道原则是参照国际金融公司绩效标准建立的一套旨在管理项目融资中环境和社会风险的自愿性金融行业基准，截至 2017 年底，来自 37 个国家的 92 家金融机构采纳了赤道原则。

协议下进行资产结构调整、资本金补充，完善风险控制框架以更合理有效地控制风险。比如，墨西哥农发行在世界银行支持下，于2014年建立包括法律框架、信用风险手册、信用评估和监测工具在内的严格程序化的风险管理制度框架。另一方面，在国际金融危机的背景下，商业性金融业务在农村地区开始收缩，需要政策性金融进行干预和补充，许多农业政策性银行承担起反周期调节的作用。例如，巴西开发银行向农业部门提供信贷资金，以减少经济波动。

实际上，从20世纪90年代末开始，特别是在2008年国际金融危机之后，国家发展银行再次受到青睐。比如，欧洲国家发展银行再次在各地风靡。欧盟委员会强调指出，国家发展银行在促进长期融资、抵御宏观经济顺周期性、促进绿色经济和创新方面可以发挥关键作用。欧盟也支持其成员国设立国家发展促进银行或相关机构（National Promotional Banks and Institutions，NPBIs)[①]。可以预计，国家发展促进银行的设立、运营，对农业和农村地区的发展必然会有持续健康的推动作用。

五、总体趋势：共性和分化

纵观百余年的发展历史，我们可以清晰地感受到各国农业政策性银行在执行国家经济发展战略、促进农业发展方面发挥越来越重要的作用。总体来看，各国农业政策性金融有很多共同的发展特点，也有不同的发展趋势，出现分化。

（一）农业政策性银行发展共性方面

农业政策性金融的基本性质，决定并体现为共同的发展特征。集中体现在：

1. 农业政策性银行资产规模增加，成为国家农业支持保护制度的双核心之一，在农村金融体系中发挥骨干作用，还有的已纳入系统重要性银行

---

① MUSLENER U, THIEMANM M, VOLBERDING P. National Development Banks as Active Financiers: The Case of KFW. in Stephany Griffith - Jones and José Antonio Ocampo (eds), The Future of National Development Banks. Oxford University Press, 2018; European Commission. Working together for jobs and growth: The Role of National Promotional Banks (NPBs) in supporting the Investment Plan for Europe, COM/2015/0361, Brussels, 2015.

管理。通过兼并收购、业务扩张、政府注资、发行债券、公开上市等方式，农业政策性银行资产规模不断增加，一些机构已经发展成为国内一流规模的大银行。

2. 更加关注农村经济社会发展问题，金融服务从粮食延伸到农业，从农业延伸到农村，甚至发展到担保、投资、保险等业务领域，金融产品和服务更趋多元，综合支农能力和水平大幅提升。

3. 更加重视控制金融风险，依托国家信用，吸取经济/金融危机教训，通过强化治理体系和治理能力、完善内部控制和外部支持等，持续推动风险管理能力提升。

4. 更加重视金融科技的应用，普遍把金融科技引入优化的办公管理、金融服务、风险防控等，以现代金融科技支撑创新与发展。

（二）农业政策性银行发展的分化

源于各国经济发展阶段、人口和土地资源禀赋等方面的差别，以及历史上形成的对待市场的态度，农业政策性金融也不可避免地出现分化，呈现不同的特点。

1. 具体存在形态分化。发达国家的农业政策性金融体系较为复杂，往往是多机构的一个混合体，以集团或农场信贷系统的形式出现。发展中国家的农业政策性金融存在形态较为单一，主要以政府出资、国家控股的农业发展银行存在。

2. 资金来源结构分化。发达国家农业政策性银行开始寻求市场化的资金来源、经营模式，并主动参与国际事务、开发国际市场。发展中国家农业政策性银行的市场化进程比较慢，依靠政府、央行和国际组织的资金来源仍然是主流。

3. 经营模式分化。20世纪90年代之后，在经济全球化和金融自由化趋势下，发达国家农业政策性机构混业经营趋势明显，在原有的农业信贷业务基础上，拓展农业保险、农业发展基金、农业信贷担保等业务，农业政策性金融体系日益健全，为提高本国农业竞争力提供有力支持。发展中国家农业政策性金融尚处于分业经营阶段，在发挥支农作用方面，则以提供农业政策性信贷资金为主。

4. 重点支持对象分化。近年来，发达国家农业政策性银行的客户群体开始向青年农民倾斜，支持新型/青年农民利用农业技术到农场创业，从价格支持向保险收入转型，更多利用"绿箱"支持政策，提升本国农业现代化和农民收入水平。发展中国家农业政策性银行更多地关注贫困农民、妇女等弱势群体，以及农村基础设施建设，以减少经济发展带来的"马太效应"。

第三章　农业政策性金融机构
所有权形式、治理与控制

农业政策性银行的特殊性决定了它们在所有权形式、结构模式、公司治理与控制等方面与商业性金融机构具有很大不同。各国通过将国内政治经济情况、农业农村实际与金融发展现实有效融合，借助政府不同程度地参与和管控，形成了既有共同特点又各具特色的农业政策性银行公司治理结构。政府在其中发挥较大甚至决定性作用，以促进农业政策性金融机构更好地贯彻本国农业农村战略安排，投入并吸引更多社会资金支持该领域发展，"不仅能够对关系专用型投资产生激励性影响，还会影响风险的水平和分布"①。

第一节　所有权形式

政府所有或控股是最常见的农业政策性金融机构所有权形式。因此，大部分国家农业政策性金融机构都是政府出资，全额或逐渐追加拨付，根据股权占比或经营管理权，归属不同的政府部门，同时也有其他存在形式（见表3－1）。

---

① 史蒂夫·N. 杜尔劳夫. 新帕尔格雷夫经济学大辞典（第二版）［M］. 北京：经济科学出版社，2016：222－227.

表 3 - 1 农业政策性金融机构所有权形式

所有权结构＼金融机构	财政部控股	央行控股	农业部控股	农业合作经济组织控股	其他类型
美国商品信贷公司			○		
美国合作银行				○	
日本政策性金融公库					○
德国农业土地抵押银行			○		
法国农业信贷银行					○
韩国农协银行				○	
俄罗斯农业银行	○				
印度农业与农村发展银行	○	○			
墨西哥国家农业、农村、林业和渔业发展基金		○			
巴西开发银行	○				
泰国农业与农业合作社银行	○				
南非土地和农业发展银行	○				
加拿大农业信贷公司			○		

资料来源：各国农业政策性金融机构年报。

一、财政部控股

财政部是该类金融机构最大股东，负责其董事会任命、监管、绩效考评等多方面事务。目前，较为典型的是泰国农业与农业合作社银行、南非土地和农业发展银行、印度农业与农村发展银行等。泰国财政部持有泰国农业与农业合作社银行 99.78% 的股份，剩余股权由泰国境内部分农业合作社、农户和泰国农业与农业合作社银行员工持有；该行董事长由泰国财政部部长兼任，副董事长和其余董事由部长会议任命；泰国财政部对该行履行主要出资人义务，每年委托第三方评级公司对其进行绩效考评，结果直接影响该行的员工工资和奖金情况①。南非土地和农业发展银行 2008 年前归南非农业部管辖，之后管辖权力移交给南非财政部，财政部不仅负责制

---

① 详情请参见本书第二十二章"泰国农业与农业合作社银行"第六节"监管及支持政策"相关内容。

定该行有关农业、土地改革和附带事项的政策，而且有权任命董事会成员，任期由财政部部长决定，但一般不得超过 5 年，董事会成员单独和集体对财政部部长负责。印度农业与农村发展银行 1982 年成立伊始，资本金由印度储备银行（RBI）和印度政府共同持有；随后，印度储备银行和印度政府的持股比例经过多次调整，截至 2018 年 3 月末[①]，该行股份全部转移到印度政府[②]，但仍受印度储备银行监管。

二、央行控股

央行泛指中央银行或中央储备银行，是各国最高级别的金融调控机构。为更好地运用货币信贷资金进行政策性支农，有的政策性银行正式成立前即是央行的附属机构，成立后也归属中央银行，例如印度农业与农村发展银行前期，即以印度中央储备银行农业信贷部门形式发挥作用。墨西哥农业发展银行，即国家农业、农村、林业和渔业发展基金，由墨西哥政府出资于 2003 年在墨西哥央行内部成立，专为农村经济发展提供信贷资金。

三、农业部控股

农业部作为一国制定、执行、调控农业政策的部门，由农业部控股农业政策性金融机构也是较为普遍的做法。一方面，农业部全面掌握农业情况，方便及时作出调控政策；另一方面，农业部连接政府财政资金，可有效提出意见建议并付诸行动，因此，农业政策性金融机构归属农业部控股管理顺理成章。例如，德国农业土地抵押银行资本存量由德国农业和林业部门 1949 年至 1958 年提供的资金构成。再如美国政府充分利用政策性金融支农工具，在不同时期先后出资成立商品信贷公司、农民家计局、农村电气化局、联邦农作物保险公司等，并归口美国农业部控股管理；之后，根据农业和经济发展需要，将农民家计局和农村电气化局进一步改革、重组、

---

① 财政年度末。

② 1982 年成立时，印度农业与农村发展银行最初资本金为 10 亿卢比，由印度储备银行和印度政府共同持有。随后，印度储备银行和印度政府的持股比例有所调整，分别持有 3/4 和 1/4 的股份。2008 年 5 月，印度联邦内阁批准了印度储备银行将其持有的农业与农村发展银行股份转让给印度政府的提议，并于 2010 年调整印度储备银行和印度政府的持股比例为 0.5% 和 99.5%。截至 2018 年 3 月末，印度政府持有 100% 的印度农业与农村发展银行股份（Disclosures as per schedule I of revised guidelines for issue and listing of debt securities. NABARD, 06 Aug 2019）。

整合为农场服务局，作为美国农业部下属机构，与农村发展局、农场信贷系统等一起为美国农业发展作出举足轻重的贡献[①]。

四、国有资产管理局控股

有的国家农业政策性银行由多家政府机构共同持有股权，比如俄罗斯农业银行，它成立于 2000 年 3 月 15 日，成立目的在于满足国内农业日益增加的贷款需求。俄罗斯农业银行是全资国有银行，初始注册资本 3.7 亿卢布，由俄罗斯联邦通过国有资产管理局、财政部和存款保险局加以控制，三者分别持有该银行 75.63%、6.5% 和 17.87% 的股份。联邦国有资产管理局拥有该行 100% 的表决权股份，代表俄罗斯联邦在银行活动上的立场。

五、农业合作经济组织控股

农业合作经济组织是农民为了改善生产、生活条件，谋取共同的经济、社会利益，通过资金、劳力、技术或生产资料入股的方式，在平等互助的基础上，自愿联合建立起来的一种合作经济组织。在一些农业合作经济组织起步较早、发展成熟的国家，合作组织对于推动农业金融具有一定的能力，甚至有些国家农业合作经济组织自身也在从事农业金融业务，政府在此基础上进行支持指导，发挥农业政策性金融机构的作用，韩国农协银行就是较为典型的例子[②]。韩国农协中央会（以下简称韩国农协）是由韩国政府成立的农民合作组织，其金融事业部门是韩国起主导性作用的政策性金融机构，2012 年 3 月，韩国农协银行从农协中央会正式分离，成为农协中央会控股 2/3 股权的独立银行[③]，政府为农协银行提供了大量的资金和社会性援助，农协银行的政策性贷款业务以基层农协信用部为依托，起到了很好的支农与调整农业结构的作用。

---

① 详情请参见本书第十一章"美国农业政策性金融体系"第一节"美国农业政策性金融体系综述"有关内容。
② 严格意义上讲，农业合作金融机构并非政策性金融机构，只是作为农业政策实施的载体和通道，作为农业政策性金融手段执行的代理机构。
③ 杨团等. 韩国农协 2012 考察报告 ［R］. 2012.

六、政府 + 农业合作经济组织控股

政策性金融在政府的主导下，根据国家经济社会发展的需要，通过财政资金辅助农村合作金融的不足，提出相应的支持领域、支持重点与支持策略。日本在亚洲地区较早引入政策性金融概念，并发展成独具特色的政策性金融机构。日本在第二次世界大战后为快速振兴经济建立了由合作金融和政府金融两部分组成的日本农村金融体系，为之后"两行十库"的政策性金融体系打下了良好的基础。日本政策性金融机构以政府金融机构为主，以部分合作性质金融机构为辅[1]；在管理上，政策性金融机构由大藏省（财政部）管理。以农林渔业金融公库[2]为例，由于政策性金融机构无吸收公众存款职能，其运营资金由日本财政投融资借款和日本邮政储蓄资金而来，农协等合作经济组织是公库的贷款委托代理机构；日本政府对其行政干预较为明显，公库的信贷业务要接受政府管理和监督，贷款计划须经国会审议批准，且收到政府相关部门通知后才能执行，并按季度向主管大臣报告计划执行情况。

七、股权商业化与混合所有制类型

政府与市场的相互调和，催生出了独具特色的股权混合所有型政策性金融机构。该类机构参与市场较多，在管理层级上，以财政部为代表的政府性股东更加注重方向性的引领和政策层面的支持；在具体运营上，更多依靠社会性股东的专业化管理；在业务操作上，更加强调竞争的公平性和注重发挥市场机制作用，除了在一些非营利或低收益的政策性业务领域，政府向其提供财政（利息）补贴或税收优惠之外，其他方面与商业性金融机构基本一致。这种所有权形式在充分调动各方积极性的同时，有效发挥各方优势，确保国家战略实施和高效管理。

---

① 　白钦先，王伟. 政策性金融概论［M］. 北京：中国金融出版社，2013：203.

② 　已于 2008 年 10 月同国民生活金融公库、中小企业金融公库、国际协力银行合并为日本政策性金融公库，具体详情请参见本书第十五章"日本农业政策性银行"第三节"日本政策性金融机构概况"。

法国农业信贷银行之前由政府所有①，2001年上市后该行除总行（国家银行）和几家子公司外，其他（地区银行和地方银行）均为合作性质银行②，每个机构都有独立自治权。目前法国农业信贷银行形成了独具特色的股权商业化与混合所有制治理结构：在机构功能上，集政策性金融、商业银行和合作组织于一身；在内部管理上，既保障了合作金融社员的参与决策权，又实现了严格的商业银行纵向管理，甚至经历了从政府机构转型为上市公司的过程，体现了所有权和经营权分配的多样化格局。

此外，也有一些国家的农业政策性金融机构在股票交易所上市融资，股权结构为混合所有制。比如加纳农业发展银行于2016年12月在加纳股票交易所上市，上市后加纳政府占32.30%的股权，贝尔斯达资本有限公司（Belstar Capital Limited）占24%，喜达屋发展有限公司（Starmount Development Company Limited）占11%，SIC金融服务（SIC Financial Services）占10%，加纳银行（Bank of Ghana）占9.50%，EDC投资有限公司（EDC Investment Limited）占6%，散户投资者和内部员工持股7.20%。

第二节　结构模式

各国农业政策性金融机构的结构模式，均与本国经济社会发展、农业农村情况、国家治理状况等密切相关，且随着金融不断创新发展，各机构的运作模式在不同发展阶段也会随之调整完善，从而形成较为多元的结构模式。特别是发达国家，由于较早建立农业政策性金融体制，经过多年的演进，形态各异。发展中国家农业政策性银行建立较晚，受国情农情和资本实力的制约，机构组织模式相对单一，较多采用总分支机构结构模式。

一、总分支机构结构模式

大部分发展中国家的农业政策性金融体系采用该模式，总行设立各职

---

① 法国农业信贷银行成立时由法兰西银行和国家预算拨款，1966年前该行筹集到的资金需流转财政部，由财政部负责管理并担保其风险，以担保金的名义冻结一部分资金后，其余部分投资返还给该行，并由其分配给地区银行，自1988年起独立于法国政府，成为有限公司。2001年上市后，该金融机构的经营完全商业化，形成以资本运作为核心的金融集团经营模式，业务涉及公司银行、投资银行、零售银行、保险、资产管理等，实现了业务发展的多元化、国际化及商业化。

② 具体详情可参见本书第十三章"法国农业信贷银行（集团）"第二节"治理机制"。

能完整的银行部门体系，分支行在各府、省、州、邦、市、县等区域设置对应总行的各职能部门。总行对分支机构有资金调拨、调剂、指导、督查等职能，往往也是该机构的规章制度制定机构，分支机构大多依靠其多网点优势，直接为客户提供各类金融服务。优点是控制能力强，政策贯彻执行坚决到位。比如印度农业与农村发展银行、泰国农业与农业合作社银行、南非土地和农业发展银行、俄罗斯农业银行、越南社会政策银行等，均是总分支机构结构模式。

俄罗斯农业银行拥有 66 个区域分行、1255 个销售点、671 家授权代表处和 5500 多台自助终端网络，是俄罗斯第二大网络销售终端，为俄罗斯超过 600 万客户提供金融服务，其中该行 75% 以上的分支机构遍布在居民不足 10 万人的中小社区。俄罗斯农业银行总行设有内部审计服务部门，每年会对分支机构进行内部检查。越南社会政策银行与俄罗斯农业银行类似，是具有财务自主权和运营可持续的法人实体，总行设有十余个职能部门，负责指导越南社会政策银行系统的所有活动，由 63 个省级分行/交易中心/培训中心/信息技术中心组成的省级分支机构，负责指导越南社会政策银行的基层活动，一个省级分行由 1 名主任领导、若干副主任和 5 个业务部门协助，使每个业务条线从总行延伸至省、区、社区。

二、单一机构结构模式

这类农业政策性金融机构仅有一个主导机构，未设置或者设置很少分支机构。作为政策性金融机构，往往充当主导地位，协助带动农业农村发展，并通过单一机构的设置，保证了较高服务效率和管理效率。比如巴西开发银行，总部设在巴西利亚，在里约、圣保罗以及累西腓设有办公室，但里约的工作人员占 95%。德国农业土地抵押银行，总部位于法兰克福，没有任何分支机构，2019 年末全行共计 300 余人，服务区域不仅包括德国，还包括欧盟其他国家。该行按公司制组建，管理机构包括管理委员会、监事会和股东代表大会。德国农业土地抵押银行是一种再融资性质的金融机构，之所以不设置分支机构，与其业务模式密不可分。该行不直接发放贷款，而是采取转贷给商业银行、储蓄银行、合作银行的模式，由相关银行向最终借款方提供贷款，并向德国农业土地银行提供抵押。该行不接受存款，通过发债筹集资金，与其他商业银行一起发放贷款，由商业银行承担信贷风险。

三、金字塔结构模式

这种机构一般设有多级机构且均为独立的法人机构，每级机构都有相当的自主权，实行多级核算、多级营业、多级管理，职能和权责清晰明确，有时存在自下而上的交叉持股。组织模式为金字塔形时，在每一个连续的层级上只需要比下一个层级更少的行为人①。比如法国农业信贷集团，该机构有三级机构且均有独立的法人，实行三级核算、三级营业、三级管理。通过股份制改革，目前法国农业信贷集团是一家在金融、商业和法律上统一但决策分散的集团，下辖三个层级，由高到低依次为国家银行（中央农业信贷银行）、39 家地区银行（区域性银行）和 2447 家地方银行（地方农业互助信贷银行）。三级机构职责清晰，有效促进法国农业信贷体系和谐发展。国家银行是地区银行的中央银行，主要发挥政策协调、业务指导作用，并在地区银行负责人选举方面享有监督权；地区银行利用地方银行吸收的存款向本地区发放贷款，多余的存款交付国家银行统一调拨使用；地方银行利用网点众多的优势吸收存款，并对本地区的贷款申请进行审核，负责贷款投放。②

四、多元复合型结构模式

为适应本国国情农情，有些发展成熟的农业政策性金融机构趋于多元而富有自身特色的复合型结构。

（一）美国

美国的农业政策性金融体系复杂庞大，由行使不同职能的多家相互独立的机构构成，既包括政府经营管理的金融机构，又包括政府资助的合作性金融机构。在这一体系中，农场服务局、农村发展局既是美国农业部下设的组织机构，又属于政府金融机构，利用政策性金融手段提供融资服务。

---

① 史蒂夫·N. 杜尔劳夫. 新帕尔格雷夫经济学大辞典（第二版）[M]. 北京：经济科学出版社，2016：26 – 27.

② 三级机构详细职能作用请参见本书第十三章"法国农业信贷银行（集团）"第二节"治理机制"。

各政策性金融机构各司其职，每家都有特定的政策目标、基本职能、服务领域和金融产品，在功能上互为补充，并不存在一个主导的机构，不同性质的机构仅仅具有业务关联，一般不具有监督和被监督、管理和被管理的关系。

以农场信贷系统为例，从其发展的历史不难看出，根据法案①，美国政府按地理区域划分为 12 个信贷区，每个信贷区各成立 1 个联邦土地银行、联邦中期信贷银行、合作银行、生产信贷公司和若干农场信贷协会，每类银行下设附属的会员机构，如联邦土地银行下设联邦土地银行协会、中期信贷银行下设生产信贷协会、合作银行下设农业合作社等。这一独特的结构与美国联邦储备银行体系一样，是独一无二的美国地方分权体制的反映②。

（二）日本

日本政策性金融公库成立前，农林渔业金融公库实行"一级法人、两级（本店及支店）管理"的运营模式，省（县）级以下的业务由以农林中央金库为核心的 200 多家农业合作社性质的金融机构代理。当时日本地方级的农业合作社广义上包含地方农民、渔民和林业主，狭义上包含农业合作社、渔业合作社和林业合作社。这些小合作社再组成地方性合作组织，加之国家级合作组织，三层合作社体系通过资本认购、管理和业务联系互相依存，为日本农业经济发展打造了完备体系。农林中央金库在整个体系中占据资金供给和调剂余缺的核心地位。

（三）韩国

韩国目前未专门设置农业政策性银行，相关金融业务主要由韩国农协银行提供，韩国农协银行作为韩国农协内部的信贷业务部门存在。韩国农协内部有三级体系，由基层到中央分别为村农协、县（市）农协和国家农协③。2012 年成立了由农协全资控股的韩国金融控股集团和经济控股集团，

---

① 详情请参见本书第十一章"美国农业政策性金融体系"第一节"美国农业政策性金融体系综述"。

② 白钦先，曲韶光. 各国政策性金融机构比较［M］. 北京：中国金融出版社，1993.

③ 国家农协，全称国家农业合作联盟，英文名 National Agricultural Cooperative Federation（NACF），即韩国农协中央会。

这两个机构与农协中央会都为独立法人。其中韩国金融控股集团旗下包括韩国农协银行在内的 7 家金融机构。韩国农业政策性金融业务自上而下运作，农协银行起中心作用，向下延伸，借助基层农业合作经济组织深入农户，为政策性金融的实施和最终惠及农村、农民提供了高效而低成本的渠道。

第三节　公司治理与控制

随着时代文明的发展，公司治理被认为是一种对现代化机构进行科学管理和控制的体系，同时也明确了董事会、管理层、股东等公司参与者的责任和权力分布，以及决策机构在开展业务时应遵循的规则和程序[①]。对于农业政策性金融机构而言，大部分农业政策性银行的股东是政府，因此大多数国家的农业政策性银行的董事会主席、董事会成员都由政府官员担任或者任命。对比各国农业政策性金融机构，很少有国家真正通过政府机关式的方式进行运作，相反，大部分国家对本国的农业政策性金融机构采取了公司法人的治理模式，通过股东大会、董事会、监事会、高管层等现代管理手段将金融机构的监督决策职能和业务经营职能分开。

一、股东大会

股东大会是银行机构的最高权力组织机构，由全体股东组成，对机构的重大事项进行决策，有权选任和解除董事，并对公司的经营管理有广泛的决定权，是一种定期或临时举行的由全体股东出席的会议。因为农业政策性金融的特殊性，大多数机构所有权归政府，农业政策性金融机构设有股东大会的情况不太常见，但对于公司治理现代化程度高、商业化程度高的农业政策性金融机构而言还是很有必要，比如德国农业土地抵押银行、法国农业信贷银行、韩国农协银行和俄罗斯农业银行[②]。

设有股东大会的农业政策性银行均将股东大会作为其最高权力和决策

---

① OECD. Principles of corporate governance［EB/OL］. http：//www. oecd. org/dataoecd/32/18/31557724. pdf.

② 即使如此，这些农业政策性金融机构的股东大会也与商业银行有着很大的差别，比如，俄罗斯农业银行由联邦国有资产管理局行使股东大会权力。

机构。法国农业信贷银行明确其董事人选需提交股东大会审议，目前在任的 21 位董事中有 18 位由股东大会选举产生，其他 3 位为列席人员。因俄罗斯联邦是俄罗斯农业银行的唯一股东，其中国有资产管理局占 75.63% 的份额，因此国有资产管理局行使股东大会的权力，代表俄罗斯联邦在俄罗斯农业银行活动上的立场。德国农业土地抵押银行因未设董事会，只有管理委员会、监事会和股东大会，监事会主席或副主席主持股东大会但没有表决权，股东大会的职责包括审计管理委员会和监事会年度工作报告，审议决定利润分配，制定本行经营方针，并就促进农业和农村地区事务、农业和商业政策的问题提供咨询建议，彰显了股东大会作为最高权力组织机构的权威。

二、董事会

董事会制度是现代公司治理的重要组成部分。无论是发达国家还是发展中国家，大多数的农业政策性金融机构均设有董事会。

（一）董事会职责

董事会是最重要的决策和管理机构，向股东大会负责（如有），对内掌管机构事务、对外代表机构的经营决策和业务执行。根据公司法，董事会主要职责一般还包括召集股东大会并执行股东大会决议，决定机构的经营计划、内部管理机构设置、公司章程和各项基本管理制度、财务预算决算、利润分配、涉及高管的人力资源安排等重大事项。董事长需要负责协调董事会和高管层之间、董事会与各委员会（如有）之间的沟通。比如加拿大农业信贷公司的董事会主要职责就是确保公司能够持续专注于自己的愿景、使命和价值观，正确履行落实政府公共政策的职能角色，负责公司整体治理，参与战略规划流程并批准公司战略方向和行动计划，制定适当权限和控制措施，妥善管理风险，并对经营进行监督。法国农业信贷银行依据法律法规，明确董事会应批准并确定董事长和首席执行官提出的战略方向，批准战略性投资计划，确定内部财务组织的一般原则并监督集团的运作，尤其是在风险防控方面的运作。

在很多情况下，农业政策性金融机构通过在董事会下设各种委员会充分履行其职责，从而有效突破董事会制度的制约①。董事会下设的专业委员会一般由董事会设立，也可由公司董事组成，是代为行使董事会部分权力或者为董事会行使权力提供帮助的董事会内部常设机构②。其中执行委员会、审计委员会、薪酬委员会是各家机构广泛设立的专业委员会，同时也有机构设立了相关业务委员会、风险管理委员会等更细化、更专业的委员会（见表3-2）。

表3-2　　　　　　　　农业政策性金融机构董事会委员会

农业政策性银行名称	董事会下设的委员会
美国商品信贷公司	咨询委员会
美国合作银行	评估、审查委员会；总裁决策审议会；人事委员会；企业管理委员会
日本政策性金融公库	审计和监督委员会；评估与审查委员会；CEO咨询委员会；公司治理委员会
德国农业土地抵押银行	—
法国农业信贷银行（集团）	风险委员会；薪酬委员会；美国风险委员会；提名和治理委员会；审计委员会；战略和社会责任委员会
韩国农协银行	监事委员会；风险管理委员会；提名委员会；薪酬管理委员会
俄罗斯农业银行	修订委员会；战略与企业发展委员会；信贷委员会；初级信贷委员会；财务委员会；资产负债管理委员会；技术委员会；分支机构网络委员会；问题贷款管理委员会；公司道德与纪律委员会；风险管理委员会；合规委员会
印度农业与农村发展银行	—
巴西开发银行	咨询委员会；审计委员会；财务委员会
墨西哥国家农业、农村、林业和渔业发展基金	两级公司信用委员会；区域级小组委员会；整体风险管理委员会（CAIR）

---

①　董事会承担着公司重大决策的任务，同时也要监督公司管理层，但董事会大多是会议体执行机关，董事会的权力只有在董事会会议上才能充分行使，即董事会行使权力必须召集董事会会议，由全体董事在董事会会议上集体讨论并形成董事会决议，这也是董事会制度的最大制约。为突破这一制约，设立董事会委员会在一定程度上可有效突破董事会制度的局限（谢增毅，2005）。

②　谢增毅. 董事会委员会与公司治理［J］. 法学研究，2005（5）：10.

续表

农业政策性银行名称	董事会下设的委员会
泰国农业与农业合作社银行	审计委员会；风险管理委员会；雇员关系委员会；主席委员会；提名和补偿委员会；上诉小组委员会；法律咨询小组委员会；公司治理、公司社会责任和创新小组委员会；审查小组委员会；信息和通信技术管理小组委员会
南非土地和农业发展银行	人力资源委员会；信贷与投资委员会；风险与治理委员会；社会与道德委员会；审计与财务委员会
加拿大农业信贷公司	审计委员会；公司治理委员会；人力资源委员会；风险委员会
加纳农业发展银行	风险与信用委员会；审计委员会；人力资源与治理委员会；信息技术、研究与战略委员会
坦桑尼亚农业发展银行	业务委员会；人力资源和行政委员会；审计、风险与合规委员会
纳米比亚农业银行	财务、风险、审计和合规委员会；信贷及投资委员会；人力资源委员会
越南社会政策银行	董事会监督委员会
土耳其农业银行	信用委员会；审计委员会；监督管理委员会；薪酬委员会
马来西亚农业银行	董事会信贷与投资委员会；董事会风险管理委员会；董事会审计委员会；提名委员会；薪酬委员会；董事会资讯科技委员会
埃塞俄比亚发展银行	合规和风险管理以及内部审计部门；道德和合规管理办公室

注：俄罗斯农业银行、越南社会政策银行、埃塞俄比亚发展银行数据来自2017年年报，其余国家农业政策性银行数据来自2018年年报。

资料来源：各国农业政策性金融机构年报。

（二）董事会规模与结构

董事会的规模及构成不尽相同，在一定范围内，董事会的规模越大，公司治理的水平越高，但是董事会规模过大，会导致议事拖拉、政策冲突，反而会降低公司治理的效率①。目前，已知的农业政策性金融机构中拥有最少董事会成员的是纳米比亚农业银行，仅有 5 人；最多的是韩国农协银行，曾一度达到 29 名，但根据 2015 年修订的法案，将从 2016 年到 2020 年陆续减少至 14 名。其余机构的董事会成员人数多分布在 7 ~ 15 人，详情请参见表 3 – 3。

表 3 – 3　　　　　农业政策性金融机构董事会规模与结构

农业政策性银行名称	是否设有董事会	董事会人数
美国商品信贷公司	是	8
美国合作银行	是	24
日本政策性金融公库	是	18
法国农业信贷银行（集团）	是	21
韩国农协银行	是	29
俄罗斯农业银行	是	7
印度农业与农村发展银行	是	14
巴西开发银行	是	8
墨西哥国家农业、农村、林业和渔业发展基金	是	15
泰国农业与农业合作社银行	是	18
南非土地和农业发展银行	是	13
加拿大农业信贷公司	是	12
加纳农业发展银行	是	8
越南社会政策银行	是	14
埃塞俄比亚发展银行	是	7
坦桑尼亚农业发展银行	是	9
纳米比亚农业银行	是	5
巴基斯坦农业发展银行	是	9
土耳其农业银行	是	9
马来西亚农业银行	是	15

注：巴基斯坦农业发展银行数据来自 2016 年年报，俄罗斯农业银行、越南社会政策银行、埃塞俄比亚发展银行数据来自 2017 年年报，其余国家农业政策性银行数据来自 2018 年年报。

资料来源：各国农业政策性金融机构年报。

---

① Eisenberg T, Sundgren S, Wells M. Large Board Size and Decreasing Firm Value in Small Firms: Evidence from Listed Chinese Companies, 1998 (48): 35 – 54.

（三）董事会成员构成

大多数政策性金融机构的董事会成员均来自政府相关部门，最常见的为财政部、农业部和央行，占50%以上[1]。这些官员基本上都为兼职成员，但都在董事会上具有重要发言权，从专业角度出发，在机构决策部署时相互制衡，从而使决策更为科学完善。

三、高级管理层

在各国农业政策性金融机构中，高级管理人员往往以行长、首席执行官、总裁、总经理、副行长、执行副总裁、首席财务官、首席风险官、首席运营官、董事会秘书等形式存在，是具体负责执行机构经营管理的核心人员，是完成董事会目标的执行者。根据目前情况来看，有以下几个共性。

（一）行长负责制

泰国农业与农业合作社银行、巴西开发银行、韩国农协银行是典型的行长负责制机构，韩国农协银行行长负责农协银行的日常管理工作，在行长之下设经营委员会、合规负责人和信息安全部，在对行长负责的前提下分别负责经营管理策划、反洗钱和内控合规、信息保护等工作。按照《泰国农业与农业合作社银行法案》要求，泰国农业与农业合作社银行行长须为该行董事及秘书长，行长必须是泰国国籍，须具备足够的银行、经济、农业、合作社或法律的知识和经验，且要全职从事该行工作，行长受董事会任命，是所有官员和雇员的上级官员，在管理好银行各项活动上对董事会负有责任，并有责任按照银行的政策和规定管理银行的活动。

（二）董事长兼任首席执行官（CEO）负责制

加拿大农业信贷公司董事会主席兼公司首席执行官，除此之外，还有首席财务官、首席运营官、首席风险官、首席信息官、首席人力资源官、

---

① 除南非土地和农业发展银行、日本政策性金融公库未有相关信息以外，德国农业土地抵押银行未设置董事会，加拿大农业信贷公司、韩国农协银行、法国农业信贷银行（集团）和巴西开发银行董事会成员中没有政府官员，其余各家政策性金融机构均有来自财政部、农业部或央行的官员。

首席营销官和公司法务秘书共计 8 名高管构成高管执行层，主要负责业务绩效和企业决策，包括战略愿景、投资策略、企业资源分配、重大战略问题等。除了总裁和首席执行官之外，所有执行高管的薪酬均需由董事会批准。

（三）首席执行官负责制

南非土地和农业发展银行、法国农业信贷银行则是首席执行官负责制。南非土地和农业发展银行的首席执行官是银行董事会成员之一，也是银行的一名执行董事，由农业部部长和董事会协商后任命，根据董事会的决定，首席执行官负责该银行的日常事务，管理该行的员工。法国农业信贷银行的主要执行机构是执行委员会，拥有制定决策的权力，首席执行官是高级管理层，有权在任何情况下以公司的名义行事。

四、监事会或其他制度委员会

现代公司治理中为保护股东利益，同时为防止董事会独断专行，由股东（大）会选举的监事或由银行（公司）员工民主选举的监事组成的监事会应运而生。监事会对业务活动进行监督和检查，是股份公司的常设监督机构，比如德国农业土地抵押银行、日本政策性金融公库、俄罗斯农业银行等。

比较特殊的是，对一些农业政策性金融机构来说，监事会成为董事会上的决策层。俄罗斯农业银行在董事会之上设置监事会，监事会负责审议和批准长期战略指导方针、关键绩效指标、风险管理方法和内部控制框架，控制银行执行机构的绩效，监事会中有农业部和财政部官员任职，董事会实际上是经营管理层，政府通过控制监事会从而影响董事会。德国农业土地抵押银行的监事会主要负责对管理委员会持续性的经营业务进行监督，监事会下设薪酬委员会、审计委员会、风险委员会和专家委员会；监事会由外部利益相关方人员组成，与管理委员会成员不能交叉任职，目前共有18 名成员。监事会每半年至少召开一次会议，并负责任命、解聘管理委员会成员以及监督管理委员会相关业务经营活动，同时负责提出年度利润分配建议及修订公司章程等事宜。

也有一些国家在董事会之外设置了特别的监督机构，与董事会平行，典型案例是日本与韩国。2008 年之前，日本的农林中央金库除董事会之外另设了三个专门委员会，即授权代表委员会、监管委员会和审计官审计委员会，从而强化监督与决策职能。韩国综合农协的最高管理机构、代表大会、审计官与董事会平行，合作社监管委员会与董事会主席平行，共同对业务进行领导和监督。[①]

除了独立设置监事会之外，有的农业政策性金融机构还在机构内设置功能各异的监督委员会，几乎所有国家的农业政策性金融机构都在董事会下设了审计委员会、监督管理委员会等专门的委员会，这有助于董事会对机构的高级管理层、机构的经营决策和财务活动等重要情况进行监督。

五、公司治理法律基础

农业政策性金融机构的公司治理结构往往都有各项立法作出法律依据，这是机构健康、可持续发展的重要保障（见表3-4）。

表3-4　　　　农业政策性金融机构公司治理的立法依据

农业政策性金融机构	专门法律
美国商品信贷公司	6340号行政令《成立商品信贷公司》《商品信贷公司章程法》
美国合作银行	《农场信贷法》
日本政策性金融公库	《农林渔业金融公库法》《株式会社日本政策性金融公库法》
德国农业土地抵押银行	《德国农业土地抵押银行管理法》
法国农业信贷银行（集团）	1894年11月通过的法案及《商典法》
韩国农协银行	《农协法》
俄罗斯农业银行	《联邦股份公司法》
印度农业与农村发展银行	《国家农业与农村发展银行法》
巴西开发银行	1952年1628号法令、1971年5662号法令
墨西哥国家农业、农村、林业和渔业发展基金	《农村金融组织法》
泰国农业与农业合作社银行	《农业与农业合作社银行法案》
南非土地和农业发展银行	《土地和农业发展银行法》
加拿大农业信贷公司	《农场信贷法案》

---

① 白钦先等. 各国农业政策性金融体制比较［M］. 北京：中国金融出版社，2006.

　　表3-4中各项法律对机构的所有权性质、机构管理层的人员构成等都作了详细规定。比如美国商品信贷公司的《商品信贷公司章程法》规定联邦政府成为唯一股东，并赋予其七项特殊权利；泰国农业与农业合作社银行的《农业与农业合作社银行法案》明确泰国农业与农业合作社银行董事长由泰国财政部部长兼任，副董事长和其余董事由部长会议任命，同时明确董事会成员的配置；南非《土地和农业发展银行法》规定了董事会成员的任命，以及其他董事成员的配置和具体责任；法国的《商典法》则要求法国农业信贷银行严格区分董事长和首席执行官的角色，把指导、决策、控制职能与执行职能彻底分开等。

第四章　农业政策性金融
产生与发展的驱动因素

农业政策性金融产生和发展有着深刻的经济金融社会根源，研究其肇始及立足的市场失灵与政府干预理论、资源配置理论、准公共产品理论、金融约束理论、强位弱势群体理论[①]等，归根结底，还是如何实现社会资源合理配置这一永恒的经济课题，追求"实现社会公平合理和持续协调进步的社会合理性目标"成为农业政策性金融产生发展的驱动力量。市场缺陷与政府干预、资源配置主体与资源配置目标在农业领域的错位产生了农业政策性金融，这也是农业政策性金融不可或缺、不可替代、长期存在的深刻根源。此外，随着经济社会发展，在内外部因素驱动下，农业政策性金融逐步实现战略转型，持续拓宽业务领域，进一步完善功能，在世界各国普遍发展壮大起来。

第一节　弥补市场失灵催生农业政策性金融

从经济学视野对政策性金融的产生与发展进行理论和实证研究，都绕不开市场失灵这一重要诱因，正是由于市场失灵和政府干预的交互驱动，政策性金融应运而生并演进为理想政策工具。

一、市场失灵理论的提出和发展

英国古典经济学家约翰·穆勒（John Stuart Mill）早在 19 世纪中期提出

---

① 参见：白钦先，王伟. 政策性金融概论［M］. 北京：中国金融出版社，2013：24；贾康等. 战略机遇期金融创新的重大挑战：中国政策性金融向何处去［M］. 北京：中国经济出版社，2010：10.

的关于公共物品、外部性等问题的观点标志着对市场失灵认识的开始①。"市场失灵"（Market Failure）一词的正式提出，来自美国经济学家弗朗西斯·M. 巴托所著《市场失灵的剖析》（*The Anatomy of Market Failure*）一文。真正的市场失灵理论的产生，不可回避地有两个阶段：19 世纪末期的边际革命和福利经济学的产生。理解市场失灵的最好办法是先理解市场成功，即聚集理想化的竞争市场使资源均衡配置达到帕累托（Pareto）最优状态的能力。按照现代福利经济学定理，假如有足够多的市场、所有消费者和生产者都按照竞争规则行事，假如存在均衡，那么在这种均衡状态下的资源配置就达到帕累托最优状态。当市场不符合此项定律的结论时，即市场在资源配置方面是低效率的时候，就出现了市场失灵②。在《现代经济学词典》中，对市场失灵含义的解释如下：私营市场完全不能提供某些商品或不能提供最合意或最适度的产量。任何领域，在市场失灵状态下，通过市场手段进行资源配置都不能达到最有效率及最优状态，这往往是由竞争不完全、信息不对称、市场不完备导致的。市场失灵扭曲社会资源的合理流动，形成地区之间、部门之间和行业之间强者恒强、弱者恒弱的"马太效应"，拉大经济差距"鸿沟"。鉴于此，如果我们要在这种根本性市场失灵的情况下做到资源有效配置，就必须接受自私自利的行为和探讨一些非市场性的可供选择办法③。弥补市场失灵，是政府"看得见的手"进行干预的主要依据、基本动因和逻辑起点，成为世界各国较为普遍的现实选择。

二、农业领域中的市场失灵现象

市场失灵在经济社会方方面面都有反映，农业领域尤甚，这源于农业生产经营、农业自身积累、农业资金周转的长期性、波动性、分散性等固有特质。农业领域的市场失灵会导致粮食危机、公共产品缺失、负外部性（环境破坏）、周期性经济危机、分配不平衡等问题，使政府干预成为必然并有足够空间。

---

① ［美］斯蒂夫·C. 梅德玛. 困住市场的手：如何驯服利己主义［M］. 启蒙编译所，译. 北京：中央编译出版社，2014：41.

② ［美］史蒂夫·N. 杜尔劳夫. 新帕尔格雷夫经济学大辞典（第二版）［M］. 第五卷. 北京：经济科学出版社，2016：265.

③ 同注②，267 页。

（一）农业弱质性导致金融资源供给不足，需要政府适度调控

从理论和实践的视角，把农村金融市场看作一个不充分竞争市场是解决这一问题的关键。

1. 市场不完备、竞争不充分是市场失灵的主要特征。农业是世界各国的基础产业，也是受自然力与环境影响巨大、物质再生产与环境再生产相统一、兼具高风险与低积累率的弱质性产业，受各方面因素制约明显，特别是大多数发展中国家农业基础设施落后、防灾抗灾能力差、对自然依赖程度高，农业生产和农户经营面临的自然风险和市场风险往往难以预料，投资风险大、资金周转慢、收入效益低，加之农村金融市场存在的资源垄断性，农业生产项目很难获得商业银行的信贷支持。

2. 信息不对称是影响资金融通的关键因素。如上所述，金融机构对于"农业是弱质性产业"的认识是明确的，信息是对称的，商业银行向农业领域投资总体动力不足。具体而言，相对于城市金融市场，农村金融市场的信息不对称程度更加严重。农村经济的货币化程度相对较低，农民的市场交易信息记录缺失，涉农企业规模小、经营不规范、财务制度不健全，农业经营主体的信用状况、贷款风险程度难以判断；农村地区缺乏可抵押物，主要是土地、房屋、生产设备和农业机械等变现能力差，难以评估和执行。银行需要通过烦琐的贷款程序甄别农民和涉农企业的信用风险，地理位置的分散性又增加了管理成本。信息不对称会产生事前逆向选择和事后道德风险问题，导致农村金融市场供给不足与金融排斥并存。

（二）农业公共产品需要政府支持，以保证有效供给

在市场经济条件下，市场和政府分配的产品分为纯公共产品、私人产品和准公共产品三类，市场机制在公共产品领域作用不大或难以发挥调节作用，被认为是市场失灵的主要内容。

1. 农业的基础性地位决定必须确保农业产品有效供给。农业是国民经济的基础，粮食生产关乎国计民生，促进农业生产、确保粮食安全直接关系到国家经济社会稳定发展。而农业发展弱质性明显，尤其是粮食作物，附加值低、生产周期长、抗风险能力较弱。在市场准则下，私人部门供给追求利润最大化和风险偏好与农业生产的弱质性相对立，单纯依靠市场无

法保障粮食有效供给。

2. 农业的基础性地位决定农业水利等基础设施、农业科研和技术推广服务等具有农业公共产品属性。该类公共产品资金需求量大、建设周期长、收益率较低、风险较高，导致追求利润最大化的商业银行不愿提供或很少提供贷款支持。如果没有政府介入，公共产品会一直处于缺失状态或者供给不足，进而无法保障农业可持续发展。

（三）传统农业生产的负外部性需要政府有效规制

近年来，农业发展的生态功能逐渐被各国政府重视，农业土地成为生态环境保护的重要领域。然而，在传统农业生产过程中，农民为提高粮食产量、提升农产品品质，开始大量使用农药、农业化学制剂等。化肥等过量使用使土壤板结、酸化加剧，同时对地下水造成污染，乃至对消费者的身体健康构成威胁。加之，农业环境破坏的负效应难以衡量和追责，导致传统农业生产对环境和社会整体福利产生的负外部性加剧，故而在全球农业发展粮食产量持续提升的背景下，伴随着农业生态环境污染加剧的风险，需要政府加强农业生态补偿机制建设，引导发展绿色农业。

三、市场失灵驱动下农业政策性金融的产生发展

市场是经济组织不断演进的空间，正如罗伯茨·J.（Roberts J.）所言：重要的是市场的深度，而这种深度便体现为经济组织形式在不断演进中的建立和完善①。市场失灵很大程度上是由市场结构不完善造成的，矫正农业领域的市场失灵，可以驱动农业政策性金融的产生、改革与发展。农业政策性金融作为政府宏观调控、提升农业领域金融资源配置效率的重要载体，以一种介于市场和政府之间的"两只手并用"的方式，缓解市场失灵对农业发展的抑制效应。

（一）粮食安全问题促进各国农业政策性银行加速建立

在 20 世纪前半个世纪，随着人口的增加与战争的破坏，粮食安全成为

---

① ［英］伊特韦尔. 新帕尔格雷夫经济学大辞典［M］. 第三卷. 北京：经济科学出版社，1992：353.

重要的国际问题之一，缓解粮食生产经营所需的资金短缺，成为解决各国人民温饱问题的基本前提。欧美资本主义国家在20世纪30年代前就建立了相对完整的农业政策性银行体系。发展中国家则大多是在第二次世界大战以后，为解决国内粮食问题，促进农业综合发展，建立农业政策性金融机构。如日本第二次世界大战后组建农林渔业金融公库（AFC）、韩国建立农协银行，巴西、巴基斯坦、加纳、菲律宾、摩洛哥等大多数发展中国家均在此阶段建立农业政策性银行。

（二）信息不对称问题推动各国加快农业政策性银行建设

农业领域信息不对称的存在，一方面意味着商业性金融难以介入，另一方面表明农业部门的贷款业务盈利难度大。为破解这一"囚徒困境"，各国加快建立农业政策性银行，以缓解农业部门的融资约束问题，弥补商业性金融在农业领域的信贷供给不足。各国农业政策性银行自成立以来，不以盈利为最终目标，自主承担农业贷款风险，不断加大信息科技和服务功能创新，在国家财政或央行支援下，为农业生产经营提供低利率贷款支持，提高农业部门融资的长期可获得性、便利性，降低融资成本。

（三）农业公共产品供给不足吸引农业政策性银行介入支持

农业政策性银行在农业公共产品项目支持上可以充分发挥其公共性、专业性和非营利性优势。首先，农业政策性银行依托国家信用筹集资金能够获得低成本的资金来源，提供相对优惠的贷款利率。其次，农业政策性银行在国家财政支持下可以提供规模大、期限长的稳定资金支持。大多数农业政策性银行自成立以来就关注农业公共产品的供给问题，美国、韩国、日本、俄罗斯、泰国、土耳其、马来西亚、埃塞俄比亚等国的农业政策性银行为农业基础设施提供融资服务；与国际农业合作组织联系紧密的农业政策性银行，比如美国、日本、韩国、印度、泰国等国的农业政策性银行，提供农业技术咨询、培训等业务，有效填补农业公共产品领域的空白。

（四）传统农业生产的负外部性激励农业政策性银行进行绿色金融产品创新

最近几十年，在国际组织引导下，各国政府开始重视农业环境整治和绿色金融产品的推行，农业政策性银行也逐渐扩展与环境保护相关的业务。各国农业政策性银行通过绿色金融产品、支持环保计划等方式促进农地、森林、湿地、空气、水等资源得到有效保护。比如美国在1997年正式实施"环境质量激励计划"（EQIP）的农业生态环境改善项目，并于2002年通过《美国农业法》授权商品信贷公司提供长期的农产品抵押贷款和价差补贴；日本于1992年确立了环境保全性农业生产方式的政策，农林渔业金融公库对从事有机农产品加工、环保型农户等提供低利率、期限长的政策性贷款支持，并通过利息补贴、损失补贴、债务担保、成立农业投资基金等方式加强对农业环境保护的支持；21世纪以来，巴西开发银行向符合可持续发展标准的领域加大支持力度，管理着亚马孙基金、巴西商船基金和气候基金3只专门的绿色基金；墨西哥农业发展银行2013年成立以来，先后开办农村基础设施建设融资、森林资源开发融资、改善农村环境预授权融资等业务，加大对环境保护的支持力度。

第二节　应对政府失灵推动农业政策性金融调整完善

在现实的宏观经济系统之中，市场这只"看不见的手"和政府这只"看得见的手"都并非万能的。对于兼具市场性与政策性双重属性的农业政策性金融而言，应对可能存在的政府失灵问题，便成为其另一项存在意义和驱动因素。

一、政府失灵理论的提出和发展

政府失灵（Government Failure）这一概念，早期的古典经济学并未明确提出。20世纪30年代的大萧条之后，欧美主要国家在凯恩斯主义的指导下对国民经济广泛实施政府干预，一时间政府在宏观调节和推动增长方面的作用得到了学界与政界的高度信任，政府干预被视为破解公共品、垄断、外部性、信息不对称等因素造成的市场失灵问题的钥匙[①]。但随着公共选择

---

① 客观地说，这一时期的政府干预政策的确起到了帮助全球从大萧条和第二次世界大战的沉重破坏中迅速恢复的关键作用。20世纪60年代，时任美国总统理查德·尼克松甚至公开宣称"现在我们都是凯恩斯主义者"。参见：方福前. 当代西方经济学主要流派 [M]. 北京：中国人民大学出版社，2019.

学派在 50 年代的理论界崭露头角，以及滞胀问题在 70 年代的宏观经济实践中席卷全球，政府干预的至高地位逐渐被打破，政府失灵问题开始成为诸多研究的热点。

通常来讲，政府作为"看得见的手"在宏观经济调控过程中对市场失灵情形进行必要的补位，以保障资源实现最优配置，但是，调控政策同样有其自身的局限性。正如诺贝尔经济学奖获得者罗纳德·科斯（Ronald H. Cosae）所言："没有任何理由认为，政府在政治压力影响下产生而不受任何竞争机制调节的，有缺陷的限制性和区域性管制，必然会提高经济运行的效率……直接的政府管制未必会带来比市场和企业更好的解决问题的结果"[①]。以今天的视角回顾，可以看到正是理论与实践过程中不断深化的对于政府干预局限性的认识，推动了政府失灵概念的提出与发展。另一位诺贝尔经济学奖得主保罗·A. 萨缪尔森在其代表作《经济学》中，对政府失灵的概念首次进行了明确的表述，并指出，当"国家干预不能提高经济效率或收入再分配存在不公平"时，政府失灵便会产生[②]。之后的公共选择学派在此基础上进一步系统化了针对政府失灵问题的研究，布坎南、缪勒等经济学家借助个体主义方法论，从新政治经济学的角度对于政府失灵的前提假设、类型、成因等内容进行了广泛的讨论[③]。时至今日，政府失灵这一概念已与市场失灵一道成为经济理论分析和政策研究中不可或缺的考察因素。在农业政策性金融领域，同样需要注意政府失灵的影响以及应对。

二、农业领域中的政府失灵现象及其原因分析

（一）政府失灵的主要表现形式

无论是发达国家还是发展中国家，农业生产活动总会面临广泛的信息不对称问题。在一些幅员辽阔的国家，不同区域因为土壤、气候、水资源

---

① R. 科斯，A. 阿尔钦，D. 诺斯. 财产权利与制度变迁——产权学派与新制度学派译文集 [M]. 上海：上海人民出版社，2004：22 – 23.

② 保罗·A. 萨缪尔森，威廉·诺德豪斯. 经济学（第 19 版）[M]. 北京：商务印书馆，2014：517 – 518.

③ 张建东，高建奕. 西方政府失灵理论综述 [J]. 云南行政学院学报，2006（5）：82 – 85.

条件乃至人文环境的差异，还会呈现出显著的区域异质性。这些问题都会给政府农业政策的制定和执行带来挑战，并进一步导致各种类型的政府失灵现象。

1. 政府干预行为无法达到预期目标。这是常见的政府失灵现象，具有多种表现形式：

（1）主观上，一些国家的行政管理部门缺乏竞争性人事任免制度，可能导致决策人员判断能力不足，或执行人员贯彻不到位。

（2）另一种更为重要的主观情形是道德风险问题。在信息不对称程度相对较高的农业农村部门，政府本该发挥弥补市场失灵的职责，却可能因寻租行为而使市场扭曲变得更为严重。例如，支农资金经手各级地方政府时，有可能被截留挪用或者拨付不及时，导致政府干预的失效。

（3）客观上，随着具体问题的复杂程度和政策目标群体的异质性程度提升，以统一形式推行的政策将面临越发显著的困难。如果过于依赖"一刀切"的粗放政策，支持的力度和方式会难以实现完美覆盖，甚至南辕北辙。

（4）另一种客观情形是过强的外部因素影响。例如，某些农业项目涉及环境污染或生态破坏问题，只凭农业主管部门，无法形成有效的决策规划；又如，还有一些项目涉及农产品关税或价格保护的国际贸易问题，相对弱势的政府在争端中往往力不从心①。

2. 政府干预行为只能部分达到预期目标，或达到目标时的效率较低、成本较高。理论上，这是减少市场失灵的必然代价。政府作为公共品的提供者，不以盈利为主要目的、更多地考虑其他社会目标的特性，将内生地导致其大多数活动的直接经济效率较低，一些官僚体系较为庞大的国家还面临着较高的行政管理成本。这些情况都会在一定程度上给公共品的效益—成本关系带来负面影响。在农业农村部门，最为显著的例子是支农和扶贫资金的使用效率问题：很多直接拨付的财政资金利率低、数额大、周期长，从资金发放者的角度看，不仅难以确保项目资金的自身循环，还易发生呆坏账从而造成亏损，给财政带来更多负担。

3. 政府干预行为达到预期目标，但存在过度干预。以下两种情形从结

---

① 陈秀山. 政府失灵及其矫正 [J]. 经济学家，1998（1）.

果上看都可以归纳为过度干预，不过表现形式各自有别。

（1）政府干预"越位"。通过行政手段调控宏观经济具有直接、快速的特点，如果目标群体面临的问题较为单一，理论上政府干预是可以达到预期目标的。但实践中，政府与市场之间的边界较难精确判断，而为确保完成前期设定的政策目标，政府的经济活动往往会以"大水漫灌"的形式越过这道边界。这种"越位"现象会使政策的范围和力度超过弥补市场失灵的合理程度，给市场上的价格信号带来不必要的扭曲，甚至过犹不及，带来一系列未预期到的副作用。以农业领域中的现象举例，长期的直接财政补贴或扶贫资金有可能形成过度保护，导致目标群体产生对补贴资金的依赖，削弱自主经营的意愿，助长低效率和不正之风[①]，干扰农业结构调整及支持政策转型。

（2）政府干预交叉重复。就农业部门而言，各国的支持政策一般是多重维度的。但不同的政策往往涉及农业、国土资源、城乡建设等多个主管部门，在支农资金的运用方向、具体项目的区位规划等方面，难免出现不同程度的交叉重复。这种情况无疑造成支农资金在管理和协调上的困难。

（二）政府失灵的成因

导致政府失灵的因素是多方面的。从理论上看，以下四点尤为重要：

1. 公共品的天然属性。

（1）公共品的成本收益难以精确衡量。对于一般的供给者，可以通过衡量自身的边际成本与边际收益确定最优的供给水平；但政府作为公共品的供给者，其不以盈利为首要目标的特征导致了公共品成本与收益的割裂，因而对于部分公共品来说，难以精确厘定市场需要的规模和价格水平。前述干预效率低下、干预"越位"和交叉重复等政府失灵的情形，与这一点直接相关。

（2）对于公共品，经济主体普遍存在"搭便车"行为。这是"理性人"假设下无可厚非的个体利益最大化行为，但在现有的公共决策机制下，

---

① 白钦先，王伟. 政策性金融概论［M］. 北京：中国金融出版社，2013：197.

这种内在倾向很容易造成主体在决策前隐藏偏好①，导致决策出台之后无法与真实需求匹配。这是造成政府干预无法或只能部分达到预定目标的重要原因。

2. 政府部门缺乏竞争。

（1）政府开展的直接经济活动具有垄断性。政府作为提供公共品、制定监管规则的唯一主体，在开展经济活动时很容易面临缺乏竞争的局面。这会导致政府部门缺少控制成本的内在激励，进一步引发干预效率低下的政府失灵现象。

（2）政府部门内部管理缺乏竞争机制。政府机构的人员任用擢升机制大多采取任命而非竞聘方式，考核评价机制一般也不如市场化机构严格。这会造成较为普遍的缺乏效率式政府失灵，较为严重时甚至会由决策执行能力不足而导致政府干预无法达到目标。

3. 政府具有天然扩张的倾向。根据公共选择理论代表人物威廉·W. 尼斯坎南的研究②，政府官员的个人目标如薪金、社会名望、权力等，大多与其所在机构的预算规模正相关；而政府官员追求自身利益最大化的结果会导致政府规模的不断扩张。政府干预过度、交叉重复、由道德风险导致无法达到预定目标等情形，都有可能从这种天然倾向中衍生出来。

4. 政府决策的生效存在时滞。政府是国家权力机构，决策的制定与执行需要遵循法定流程以确保公正性和公信力。然而在多变的经济环境中，过于严苛的决策机制会产生不容忽视的时滞效应，使政策初衷与经济实际运行情况脱节③：轻则导致干预效果只能部分达到目标，或由于经济已开始自行调整而使原有政府干预幅度过大；重则可能使政府干预完全失效。

---

① 公共品面向的人数量越多，单个主体的偏好表达对于整体需求的影响就越不显著。而偏好的表达往往需要占用主体一定的时间精力。这方面的成本—收益决策同样会使主体表现出"搭便车"行为。参见：The New Palgrave Dictionary of Economics, 3rd edition [M]. London：Macmillan Publishers Ltd. , 2018：10981.

② NISKANAN W A. Bureaucracy and Representative Government [M]. Chicago：Aldine – Atherton, 1971：38.

③ 杨秋宝. 市场经济中的政府失效分析 [J]. 经济学家, 1994 (6)：9 – 12.

三、应对政府失灵是农业政策性金融调整完善的驱动因素

（一）农业政策性金融具有应对政府失灵的多重优势

传统的农业支持政策中，政府依靠财政补贴直接干预农业生产的方式存在一定弊端。农业生产者补贴、农产品价格支持等措施固然是农业生产领域重要的"自动稳定器"，但也必然伴随着对农产品价格信号的扭曲，过度使用此类政策工具还会带来更为沉重的财政负担。从单纯依赖农业补贴、价格支持等传统支农措施的局面中走出来，探索更具市场特征的政策工具，是现实中较为迫切的诉求。

前述分析表明，政府作为宏观经济系统的最高调节者和规则制定者，必须正视政府失灵问题的潜在诱因，充分发挥市场机制在资源配置中的决定性作用。理想的应对思路是处理好政府与市场的平衡，尽可能同时解决市场失灵和政府失灵这对矛盾。在农业领域，农业政策性金融正是政府与市场的良好结合点。作为贯彻执行政府农业经济政策的重要工具，农业政策性银行可以合理地填补农业部门中直接财政支出和商业性融资之间的"空白地带"。因此，农业政策性银行逐渐在实践中受到各国政府的倚重。

以农业政策性银行作为承担支农职责的主体，具有多方面的优势。这些优势使农业政策性银行成为应对前述各类政府失灵现象的理想工具。

1. 以现代企业管理制度开展经营管理，可以改善无法达到预期目标的政府失灵现象。多数国家的农业政策性银行设立了董事会、监事会制度，接受本国金融当局的日常监管审核，遵守以巴塞尔协议为指导的资本监管体系。这些机制能够提高涉农资金使用的透明度，内生地改善其中的道德风险问题。同时，农业政策性银行的激励考核机制可以从微观层面上保证自身拥有较高的决策执行能力，有效避免决策失误。

2. 带有一定程度商业性质的金融产品服务，可以改善低效率、高成本的政府失灵情形。农业政策性银行在保持财政资金本质的同时，能够充分利用杠杆作用，放大支农资金规模；在信贷资金配置方面，则通常采用市场机制决定发放对象、发放规模、利率期限等要素，把更高的效率引入农业支持体系。这无疑是最为关键的矫正机制。

此外，20 世纪七八十年代之后，伴随政策性银行合并、撤销等改革，有的国家农业政策性银行在保持基本支农功能的前提下，进行了机构收缩，一定程度上减少了原有机构人浮于事、层层审批等弊端①。改革使农业政策性银行的行政管理和业务运行成本得到有效控制，对于此类政府失灵现象同样是重要的改进。

3. 农业政策性银行专业经营、边界明晰，可以改善过度干预的政府失灵情形。一方面，各类与涉农资金相关的业务由农业政策性银行集中负责、专业经营，可以改善以往多头监管的局面；另一方面，农业政策性银行的业务范围通常被政府限制在农业和农村领域，不会对目标群体之外的主体造成不必要的市场扭曲。这种机制可以在很大程度上避免干预过度和交叉重复的政府失灵现象。

（二）应对政府失灵在实践中驱动着农业政策性银行的发展转型

欧美主要国家在 20 世纪七八十年代遭遇的滞胀问题，向数十年来依赖政府干预拉动经济增长的凯恩斯主义范式提出了正面挑战，各国普遍开始对政府失灵进行反思，并由此促成了各国农业政策性银行的转型趋势。从这一时期开始，各国农业政策性银行对组织形式、业务模式和金融工具进行了广泛的探索与创新，或转型为市场化运作，或在保持原有定位的基础上调整、规范原有的业务范围。由此看来，应对政府失灵无疑是农业政策性金融发展演变的重要驱动因素之一。

美国联邦农作物保险公司的转型可称为农业政策性金融市场化运作的典型案例②。自 1938 年成立后，联邦农作物保险公司长期以政府直接提供农作物保险作为自身的业务模式，但相应地，农户的参保率也一直难以达到预期目标。这是前述政府失灵的典型"症状"。为扭转这一局面，1980 年的《联邦农业保险法》开始引入私营主体，以充分激活社会资金、更好发挥政府资金作用，提升农场主参保意愿。1998—1999 年的过渡期后，联邦

---

① 白钦先，王伟. 政策性金融概论［M］. 北京：中国金融出版社，2013：199 - 200.

② 1996 年出台《联邦农业完善与改革法》后，美国农业部新设立了风险管理局（Risk Management Agency，RMA），在机构以及人员配置上与联邦农作物保险公司合二为一。参见：USDA. Risk Management Agency，Summary of Business (2017b)；Rosch et. al. Federal Risk Management Tools for Agricultural Producers：An Overview［R］. USDA Economic Research Report Number 250，June 2018：12.

农作物保险公司更是取消了自身的农业保险直接业务，原保险市场由私营险企全面接手，联邦农作物保险公司通过再保险规范、支持和引导商业保险，共同达成预期政策目标。经过这两次转型，美国农户的参保率大幅上升，农业保险已然成为美国农业政策体系的重要支柱之一。

其他发达国家中，法国农业信贷银行也在 20 世纪 70 年代后开始积极探索引入商业化的经营模式，并涉足农业信贷之外的业务，以减少政府直接干预对农业生产和贸易造成的扭曲，强化全方位支农能力和可持续发展优势。比如农业保险方面，法国农业信贷银行于 1986 年创立 Predica 公司，开始经营人寿保险业务；1990 年创立 Pacifica 公司，经营财产险和意外险业务。投资银行业务方面，法国农业信贷银行于 70 年代设立投资研究联盟（Union d'études et d'investissements, UI），进行股权投资；1996 年收购东方汇理银行（Banque Indosuez），进一步拓展自身的投资银行业务。发展中国家当中，泰国农业与农业合作社银行在其第二个十年发展阶段（1977—1986 年），也着力于拓展支持范围、完善经营机制，一方面较大程度地丰富农业金融产品的种类，另一方面联合私营机构和其他政府部门，为农民和合作社提供优质的农业生产资料和基础设施，凸显了改革转型的后发优势。

第三节　世界贸易组织规则下农业政策性金融面临的机遇与挑战

农产品价格支持、农业生产补贴等方式是各国普遍采用的传统农业保护支持政策，但这些政策在一定程度上导致了贸易和生产扭曲，阻碍了国际农产品贸易自由化。1994 年乌拉圭回合谈判达成的《世界贸易组织农业协定》（以下简称《农业协定》）制定了约束各成员农业国内支持（Domestic Support）政策的多边贸易规则[1]，旨在缓解农业补贴和高关税壁垒对农业生产和贸易的扭曲，建立自由公平的贸易体系[2]。在世界贸易组织

---

①　参见世界贸易组织官网关于农业支持政策的论述（https：//www.wto.org）。

②　WTO 的总体目标是通过增加市场准入，建立更加公平、更有竞争力的贸易体系，提升世界各国农民的收入水平。在 WTO 框架约束下，各国推进农业支持政策改革。2015 年 WTO 成员达成新的协定，各成员取消农业出口补贴，并为其他形式的农业出口支持政策制定了约束规则。参见 WTO 官网关于农业支持政策的论述（https：//www.wto.org）。

（WTO）框架指引和约束下，各成员推进农业支持政策改革，国际农业支持政策呈现新趋势。在此背景下，农业政策性金融作为支持农业发展的重要政策工具，其自身发展面临机遇，也充满挑战。

一、WTO 规则下各国农业支持政策的转型调整

（一）WTO 规则鼓励各成员支农政策由"黄"转"绿"

WTO 根据《农业协定》对各成员农业支持政策采用"分箱而治"的方法，以"是否对贸易和生产发生扭曲作用"作为判别是否予以削减的标准，将国内农业政策支持措施主要划分为"黄箱""绿箱""蓝箱""发展箱"四类，规定了各类措施的具体使用标准和条件。

1. "黄箱"政策。"黄箱"政策主要包括对农产品价格直接干预和补贴的支持政策，如目标价格政策、生产资料补贴、营销贷款等。根据《农业协定》，凡是不符合"绿箱"、"蓝箱"和"发展箱"的措施和条件的所有利于本国农业生产者的国内支持政策都视为"黄箱"[①]。由于这类政策的贸易扭曲作用最大、最容易引起贸易摩擦，WTO 设定了"黄箱"政策的"微量允许标准"。如果超过"微量允许标准"则计入"黄箱"综合支持量（AMS），作为予以削减的基础[②]。

2. "绿箱"政策。这类政策的判定基本依据如下：对农产品贸易和生产没有扭曲，或者影响非常小，即"绿箱"政策应满足对价格扭曲程度非常微弱、费用不转嫁给消费者的基本要求，且这类政策的支持水平不受限制。根据《农业协定》[③]，"绿箱"政策主要包括四大类：向农业和农村提供的综合服务支持（如农业研究、病虫害控制、培训服务、基础服务设施建设等）；国家粮食安全的公共储备；基于营养的国内食物援助；对生产者的（产

---

① WTO《农业协定》附件 2 第 7 条第 2 款规定。

② 发达国家基于特定产品的"黄箱"支持"微量允许标准"为特定产品当年产值的 5%，发展中国家的标准为 10%，中国标准为 8.5%。我国目前的直接补贴和价格支持政策，绝大部分都可划归到"黄箱"政策范畴内。

③ 参见《农业协定》附件 2 第 2~3 款，其中列举了"绿箱"政策的 12 种措施，并规定了具体标准和条件。

量脱钩）直接补贴（例如收入保险、灾害救济补贴、农业环境补贴等）①。

3. "蓝箱"和"发展箱"政策。"蓝箱"是与农业生产限制相关的直接支持政策。比如限制农业生产计划下提供的直接补贴等，不计入综合支持量，免于削减承诺。"发展箱"则是针对发展中成员通过农业投资补贴等直接或者间接的方式鼓励本国农业、农村发展的援助措施，其支持水平也不属于 AMS 承诺削减的部分。该措施仅是对不发达成员的差别待遇，不具有普遍性。

如上所述，根据《农业协定》，以价格支持为代表的"黄箱"政策对农业贸易和生产扭曲程度最大，属于 WTO 严格限制的农业支持政策；而以农业保险为代表的"绿箱"政策，可以在不造成贸易扭曲的前提下促进农业、农村发展，属于目前 WTO 鼓励各成员普遍采用的农业支持政策，对其支持水平和政策空间不设置限制。"蓝箱"和"发展箱"政策虽然不受限制，但是不具有普遍性。

（二）WTO 框架指引下国际农业支持政策呈现新趋势

WTO 各成员在《农业协定》框架约束下，开始调整本国农业支持政策体系从"黄箱"逐渐转向"绿箱"，在合规基础上为本国农业发展提供支持和保护。总体来看，国际农业支持政策在政策支持工具和农业支持领域呈现新的趋势。

1. 政策工具呈现从价格支持转向收入支持、收入保险支持的新趋势。在农业政策工具方面，各国逐步取消以价格支持为主的支持体系，转向以收入支持和收入保险支持为主的农业政策体系。

以美国为代表，20 世纪 90 年代以来，政府的农业支持政策从对生产资料和产品市场的直接干预和保护转向了以保护农民收入为核心的公共风险管理，加强对农业的全面风险管理，在减少对市场干预的同时，保护农民收入。（1）WTO 规则限制下，美国适当削减以直接支付和价格支持为代表的"黄箱"政策。1933 年美国出台第一部《农业法》（*Agricultural Adjustment Act*），形成了以农产品价格支持与供给调控为核心、以农作物商品项目（Crop Commodity Program）为主的政策体系。WTO《农业协定》正式实施

①　齐皓天. WTO 规则视角下美国农业国内支持的合规性研究［D］. 武汉：华中农业大学博士学位论文，2016.

后，美国作为农业强国和对农业补贴最多的国家之一，农业支持政策也要受到 WTO 规则的限制①，美国适当削减"黄箱"政策。尤其是在 2014 年，美国《农业法》直接取消了针对农场主的固定直接支付，该项支持政策②是一种与当期产量、价格脱钩的补贴，政府按照预先设定的标准对特定产品提供固定补贴③。（2）自 1996 年开始转向以农作物商品项目和农业保险为两大支柱的农业政策体系。其中，农作物商品项目主要补偿农民收入的浅度损失（Shadow Loss），农业保险则补偿农民收入的深度损失（Deep Loss）④。两者共同实现对农业生产经营风险深度和广度的覆盖，从而保护农民收入，促进农业生产。2014 年《农业法》在取消农业固定直接支付的同时，保留了原有法案的所有农业保险项目，并新增两项农业保险项目。2018 年 12 月 20 日，美国总统特朗普签署了新《农业法》，延续并优化了美国农业公共风险管理政策体系⑤。

2. 政策支持领域从农业领域拓展到农村领域。为适应 WTO 农业贸易规则，各成员普遍增加对农村基础设施建设、农业生态环境保护的补贴，拓展国内支持政策的"绿箱"空间，由此开始将农业支持保护政策从对农业部门的支持，拓展为对农村区域和农业部门两方面的支持。

以欧盟为例，其从 20 世纪 90 年代开始调整农业支持政策，建立以农业直接支付和市场支持政策为第一支柱、以农村发展政策（包括欧盟所有非市场的农业补助）为第二支柱的支持保护政策⑥。1992 年欧盟启动了以增强

---

① 典型的案例是 2002 年 9 月巴西向 WTO 诉美国向本国棉农提供 30 亿美元/年的非法高额补贴，2009 年 8 月 WTO 裁决美国违反 WTO 规则，授权巴西对美国采取制裁措施。

② 类似于我国曾经实施的"粮食直补"政策。

③ 何小伟，王克. 从农业直补到保险的间接补贴 [J]. 中国保险，2017（11）：30－34.

④ MOTAMED M, HUNGERFORD A, ROSCH S, et al. Federal Risk Management Tools for Agricultural Producers: An Overview. U. S. Department of Agriculture, Economic Research Service, ERR － 250, 2018; O'DONOGHUE E J, HUNGERFURD A E, COOPER J C, et al. The 2014 Farm Act Agriculture Risk Coverage, Price Loss Coverage, and Supplemental Coverage Option Programs′Effects on Crop Revenue. U. S. Department of Agriculture, Economic Research Service, ERR － 204, 2016.

⑤ 赵将，张蕙杰，段志煌. 美国农业风险管理政策体系构建及其应用效果——兼对 2018 年美国新农业法案动向的观察 [J]. 农业经济问题，2019（7）.

⑥ 李登旺等. 欧盟农业补贴政策改革的新动态及其对我国的启示 [J]. 中国软科学，2015（8）：12－21.

区域内农业综合竞争力和自然资源可持续发展为目标的共同农业政策改革①，其农业支持政策改革集中体现在以下方面：（1）加强农业基础设施建设，增强农业竞争力。根据统计，欧盟成员国在支持农村地区基本服务、改善农村居住环境等方面提供的资金占农业发展资金的1/3②。（2）加强对青年农民的支持，建立以市场为导向的现代化农业结构。欧盟农业政策的支持对象从经营小农产的大量农民转向受过良好训练的青年农民，以引导农业结构调整，促进农业现代化。（3）注重对水源、土壤以及农业生态系统的保护，实现自然资源的可持续管理。农业生态环境保护措施的资金支持占欧盟农业发展综合资金总量的将近一半③，同时，欧盟建立农业补偿支付机制，由政府财政提供不与产量直接挂钩的生态补偿额度，鼓励生产者调整农业生产方式和种植结构，以提供更多的农业生态产品，实现环境效益和经济效益的有机统一④。

二、在 WTO 框架下农业政策性金融面临新的发展机遇

加入 WTO 后，各成员尤其是发展中国家的农业发展环境发生了巨大变化，在参与国际市场分工的同时面临更加激烈的国际市场竞争。国内农产品市场受到国外农产品进口的强力冲击，在国内农业国际竞争力不足、保障粮食安全任务艰巨等多重背景下，政府对本国农业发展的保护和支持，显得尤为重要和迫切。加之，WTO 规则对农业"黄箱"政策空间进行了严格限制，意味着各国政府依靠既有的以直接补贴和价格支持为主的支持政策空间不足，政府保护和支持本国农业发展难度增加。

在该背景下，农业政策性金融作为政府支农的金融手段，为支农提供了新思路、新途径，战略性地位凸显。集中体现在，按照 WTO 规则，各成员向各缔约方开放金融市场。而根据 WTO 关于金融服务的规定，国家给予政策性银行的特殊待遇（补贴、充实信贷基金等）将不适用于国民待遇条

---

① EU Overview of CAP Reform 2014 – 2020 ［OL］. http：//ec，europa. eu/agriculture/policy – perspectives/policy – briefs31 – European Commission.

② EU – 10 and the CAP – 10 years of success ［OL］. http：//ec，europa. eu/info/files/food – farm-ing – European Commission.

③ 同注②。

④ 吴喜梅，杜立津. 欧盟农业生态补偿支付机制对我国的启示 ［J］. 环境保护，2014，42（24）：65 – 68.

款，外资银行和其他商业银行不能享受①。基于此，农业政策性银行享受特殊待遇，为政府保护和支持农业发展提供新途径。具体而言，农业政策性银行的贷款业务涵盖农业生产、农产品贸易和流通、农产品加工、农村基础设施建设等诸多领域，对农产品价格的影响很小，成为弥补国家财政支农政策的重要支农方式。政府通过农业政策性银行实现政府对本国农业的支持和保护，同时又不违背 WTO 的贸易规则。同时，相较于农村信用合作社或者提供农村金融业务的商业银行，农业政策性银行属于不对外开放的金融领域，享受外资银行和其他商业银行不能享受的特殊待遇，这促使其在农村金融领域有更大的发展空间。

三、WTO 规则倒逼农业政策性金融改革创新

WTO 规则对农业政策性金融的管理机制、支持领域和支持方式提出更高层次的要求，倒逼其进行组织机构改革和业务创新。

（一）推进制度建设和创新，提升农业政策性金融业务合规性

WTO 规则为各国农业政策性金融的制度建设和管理提供了框架和范本，引导各国进一步推动农业政策性金融的制度建设。按照国际惯例和现代金融制度的要求，各国建立完善的农业政策性金融规章制度。尤其是针对农业政策性金融建立专门法律，明确政策性金融机构的经营原则、经营范围、监督管理等，促使农业政策性金融机构在专门法律要求下，完善治理结构，提升本国农业政策性金融业务的合规性。

（二）推进农业政策性金融业务改革和创新，用好"绿箱"政策空间

各国支农政策的转型倒逼农业政策性金融探索新的业务模式。为了使政府在减少对市场干预的前提下，实现对本国农业的支持和保护，农业政策性金融需要进行业务改革和创新，深度挖掘 WTO"绿箱"政策中相关政策性金融业务，拓展政府支农政策空间。

---

① 王伟. 中国农业政策性金融的功能优化与实证分析［M］. 北京：中国金融出版社，2011：51－52.

（三）从农业直接补贴转向农业收入保险为主的间接补贴

为了适应 WTO 规则，农业政策性金融需要寻找一种更加温和、间接的方式执行支农任务，建立以农业政策性保险为代表的补贴方式。按照 WTO 规则，农业保险属于不受限制的"绿箱"范畴。通过建立农业政策性保险和再保险体系，完善农业大灾保险、收入保险（不与产量挂钩）制度，将农业领域的直接补贴改为收入保险的间接补贴，在提升农业生产风险管理水平的同时，保障农民收入。

（四）从农业生产补贴转向农业农村领域的综合性补贴，提升本国农业现代化水平和国际竞争力

结合 WTO 中"绿箱"政策的具体措施，农业政策性金融的支持领域拓展至农村路网等基础设施建设、农业生态环境补贴、国家粮食收储、农民职业培训、农业技术研发等。具体通过提供定向信贷支持、建立农业发展综合性基金、发行绿色债券等方式，创新金融服务和产品，承担更多支农任务，更好地促进农业发展。

第四节　反贫困为农业政策性金融注入新使命

长期以来，贫困问题一直是困扰世界各国尤其是发展中国家社会稳定发展的严峻问题，被联合国列为社会发展问题的三大主题之首①。从地理分布角度看，全球贫困人口主要集中在农村地区，因此，发展农业生产对发展中国家减贫来说至关重要。多年来，国际社会为消除贫困作出积极努力，联合国等国际组织及发展中国家采取了一系列减贫措施。农业政策性金融作为服务弱势群体的特殊制度安排，在近年来世界反贫困实践中发挥着不可或缺的重要作用。

---

① 1995 年 3 月，联合国社会发展世界首脑会议在哥本哈根举行，会议讨论的三大主题是：消除贫困、减少失业和增强社会和睦。

一、国内外文献关于金融反贫困作用的理论观点

20 世纪 70 年代，美国两位经济学家麦金农（McKinnon）和肖（Shaw）提出金融发展学说和理论，开启了对经济增长和金融发展关系研究的新篇章。二人分别出版著作《经济发展中的货币与资本》和《经济发展中的金融深化》，从不同角度对发展中国家金融发展和经济增长的辩证关系作出研究，提出了"金融深化论""金融抑制论"。在他们看来，发展中国家的经济欠发达应归咎于金融的抑制，因此主张深化金融或在有关国家推行金融自由化。从目前研究来看，主要有两种不同观点：一种认为金融发展会促进贫困问题解决；另一种认为金融发展反而会阻碍农村经济的增长。

金融促进反贫困理论观点认为，金融的发展能够减少贫困发生率。持该观点的国内外学者主要有以下几位：

斯蒂格利茨认为，市场的不完善是贫困产生的基本原因，尤其在发展中国家，金融市场的不完善会阻止穷人借贷，进而阻碍投资所带来的未来收入，加上信息不对称和存在高昂、固定的小规模借贷成本，穷人不能从正规金融部门得到必需的金融服务[1]。

印度学者 Burgess 和 Pande 针对印度农村经济的发展情况研究了其与农村金融的关系，选取 1977—1990 年印度农村银行的数据，结果显示金融机构在农村的普及度越高，农村地区贫困发生率将会降低。Burgess 的研究结果显示农村银行数量每增加百分之一，就会降低百分之零点三的农村贫困发生率。[2]

Honohan 采用中国、俄罗斯、英国、韩国的数据考察金融发展与绝对贫困水平之间的关系，经过回归分析发现，金融中介发展能够促进经济的增长，并降低每天生活低于 1 美元的人口比例；金融部门发展率每变化 10%，将带来 2.5% ~ 3% 的贫困减少。

从国内研究看，苏基溶和廖进中利用面板数据得出中国的金融发展可

---

① 王伟. 中国农村政策性金融的功能优化与实证分析 [M]. 北京：中国金融出版社，2011：14.

② BURGESS R，PANDE R. Do Rural Banks Matter? Evidence from the Indian Social Banking Experiment，CMPO Working Paper Series No. 04 – 104，2003.

以有效增加贫困家庭的收入并且对于收入分配不平等的现象有所改善。① 丁志国、谭伶俐和赵晶（2011）的研究表明农村金融发展对于农民贫困的减缓起着直接效应与间接效应并存的作用，而且间接效应比直接效应更显著。②

也有学者认为，金融发展反而会阻碍农村经济的增长，与贫困减缓负相关③，但这并非普遍接受的主流观点。

二、农村贫困现象的致贫因素分析

表面上看，贫困现象是局部群体穷苦与窘迫的生活状态，而本质上则是一种复杂的社会问题，具有深刻的历史和现实原因。很多学者从不同视角阐述和分析贫困地区和贫困人口致贫原因④。农业政策性金融支持解决农村贫困问题，需要把握这一社会问题的复杂多样性。具体来说，农村贫困的致贫因素主要包括以下方面。

（一）农村资金严重不足

面对农业农村旺盛的金融需求，金融供给明显不足。既有供给总量不

---

① 苏基溶，廖进中. 我国农村金融发展与收入分配、贫困关系的经验分析——基于动态面板数据的研究［J］. 财经科学，2019（12）.

② 丁志国，谭伶俐，赵晶. 农村金融对减少贫困的作用研究［J］. 农业经济问题（月刊），2011（11）.

③ 一种观点认为，因为每个国家的国情和市场经济发展情况不相同，所以金融发展对于消除贫困产生的效果有所不同。比如，Arestis 和 Caner（2004）从农村地区的金融准入标准出发，分析了一些欠发达国家地区的环境和条件限制使金融服务的推进较为艰难，因此贫困群体所享受的金融服务也是有限的甚至是低水准的，这反而影响了这一群体的经济权益。另一种观点认为，收入差距扩大会使经济增长对贫困减缓的积极作用被抵消，比如 Ravallion（2001）持该观点。还有一种观点认为，在开放竞争的金融体系中，金融仅仅是主要让富人受益，而不利于贫困的减少，比如，Ranjan 和 Zingales（2003）持该观点。

从国内研究看，也有一些学者得出农村金融可能会对农民收入产生抑制作用的结论。贾立和王红明（2010）围绕农村金融发展对于农村经济的影响，选取 1978—2008 年我国西部农村地区发展过程中有关数据，研究表明农户收入与农村金融发展有一定联系，但是农村金融效率增长却会使农民收入降低。张敬石和郭沛（2011）运用 VAR 模型对农村内部收入差距与农村金融发展之间的关系进行了研究，得出的结论是农村金融规模不断扩大对于减小内部差距没有积极作用，但是农村金融效率的提升对其有一定的改善作用。

④ 马克思曾经指出，"消除贫困的根本出路就是铲除私有财产制度，在生产力度高度发达的基础上建立一个没有剥削的公有财产制度的社会"。冈纳·缪尔达尔认为，"社会不平等是经济不平等的一个主要原因，同时经济不平等又加剧了社会不平等……而社会和经济的不平等之间的联系是一个国家贫困的一个主要原因。"这些观点深刻阐述了造成贫困现象的宏观、制度层面原因。

足，也有供给结构问题。从一些发展中国家情况来看，农村存款通过相应的金融机构虹吸效应流向了城市，成为农村地区资金的"抽水机"，加上贫困地区存款本来就十分稀缺，造成农村严重失血、贫血。究其原因，主要有以下几个方面：

1. 没有或很少有金融机构，缺乏金融意识与活动，民间借贷资金有限，利率高昂，贫困人口借贷多是生活所迫而非生产经营所需。

2. 融资规模小，农户居住分散，单位管理成本高，一定程度上影响了金融机构放贷的积极性。金融界长期以来有一个"二八定律"，即银行80%的利润来源于20%的客户。

3. 农业生产自然风险和市场风险都很高，农业生产资金回流慢、周期长，受自然灾害影响因素多，经营效益不稳定，经营信息难以掌握，财务透明度低，这些因素都导致了农村金融相对风险比较高。

4. 农村担保资源不足，比如农业主要产出的经济作物、家禽、牲畜价值波动大，商业评估成本较高。无征信，无贷款；没贷款，不征信。这种典型的金融市场悖论造成农村地区市场主体征信数据覆盖不足，降低"三农"金融服务的可获得性、便利性。

（二）自然环境恶劣

贫困地区大多自然条件恶劣，资源承载力严重不足，抵御自然灾害能力较弱。比较典型的自然恶劣地区有以下几种：

1. 深山石山地区。有的地处大山深处，交通不便，农户种植的农产品品种单一，基本上是自给自足，或囿于有限地理半径内的小规模交换。

2. 边远高寒地区。这类地区一般包括高海拔和高纬度地区两类，特征是温度低，冻土常年不化。常年低温既影响了农作物正常生长，同时也影响了这些地区居民的生活质量。

3. 高温干旱地区。比如一些热带沙漠地区，这些地区降水量小且集中在夏季，没有足够的水源保障农作物生长。

4. 荒漠化地区。荒漠化是全球面临的重大生态问题，世界上许多地方的人民饱受荒漠化之苦。

5. 水土流失严重地区。这类地区土壤被河流冲走带到下游低洼处沉积，造成耕地资源减少，土地沙化，资源容量下降，旱涝等自然灾害频发，植被稀疏，生态环境恶化。

（三）基础设施薄弱①

基础设施对反贫困的重要性不言而喻，特别是开发公路、铁路等交通网络打破区域闭塞意义尤为重大。农村地区基础设施薄弱，主要体现在道路交通落后，贫困地区交通整体状况、村庄公路里程和道路等级都落后于普通农村地区；有的地方存在饮水质量问题，饮用不健康的水质引发一些疾病，使得农村地区发病率高于其他地区；医疗基础设施和相应医护人员不足，医疗器械、卫生状况、卫生条件不达标，外加交通设施不方便，使得贫困地区农户有病也无法得到及时有效的医治，造成因病贫困。

贫困乡村基础设施落后，除了自然条件造成的区域封闭性，主要原因是投入总量不足，其中金融支持不足是重要方面。农村用于基础设施建设的费用大多来自政府的财政支出和各村自筹资金，一些金融机构支持农村基础设施建设的产品相对较少。

（四）教育文化水平落后

从社会学角度看，贫困不仅是一种经济现象，也是一种文化现象。贫困地区自然环境恶劣，生活条件艰苦，教育文化设施落后，师资不足，造成贫困农村人口受教育程度不高、文化素质偏低，一些先进的思想和科技知识传播受到限制。这种贫困文化使农村弱势群体脱离社会生活的主流而陷入自我封闭或孤立的境地②，如果缺乏外力干预，这种情况甚至会在代际传递，形成贫困的恶性循环。

三、农业政策性金融是推进反贫困事业的重要力量

农业政策性金融体现政府意志，延伸财政职能，实现战略支撑，弥补财政金融资源的不足，支持的农业项目一般地位重要、影响深远，在反贫困过程中，主要在以下方面发挥作用。

---

① 王伟. 农村政策性金融制度的社会建构研究 ［M］. 北京：经济科学出版社，2017：124 - 126.

② 同注①，122 - 124 页。

（一）聚合资金扶贫帮贫

农业政策性金融机构具有专业优势和聚合效应，可以聚集有限的金融资源，集中力量支持扶贫，在反贫困事业中承担重要责任。发达国家比如日本针对扶持贫困地区发展成立了北海道东北开发金融公库，农村金融公库也有针对人口过疏地区的贷款支持政策。20 世纪 70 年代以来，亚洲、非洲和拉丁美洲一些发展中国家开始关注农村贫困群体，其农业政策性金融机构通过发放针对农村贫困人口的特殊贷款，为支持农村贫困地区道路改网改造、农田水利建设、农业产业升级等提供中长期低息贷款，配合国家扶贫战略履行反贫困职责。比如，泰国农业与农业合作社银行是发展中国家政策性银行提供扶贫支持的典范。自 1966 年成立之后，面向贫困人群的金融服务始终是其重要的探索方向，多年来，把工作重点放在提高短期和中期贷款的时效性、提高信贷支持对农村地区的覆盖程度两方面，目的在于尽量抑制市场上以过高利率发放的非正式贷款，降低农村弱势群体的融资难度和融资成本。南非土地和农业发展银行则以间接支持的方式提供了另一种政策性金融反贫困的范式，其面向贫困人群的"批发融资机制间接贷款"，特点在于间接性，即由普通中介金融机构向贫困地区贫困人口提供商业信贷服务，南非土地和农业发展银行则向金融机构提供低成本的批发性资金。2019 年，南非土地和农业发展银行在该贷款项目中共与 9 家中介金融机构达成合作，支持超过 700 户小农户，创造了 16000 多个永久性和季节性就业岗位。

（二）引导商业性金融和社会资金参与反贫困

农村金融具有典型的外部性，贫困地区基础设施薄弱、产业发展滞后、自我造血能力不足，制约了商业性金融机构和社会资金投入。政策性金融机构基于不追求利润最大化的经营定位，发挥信贷杠杆作用，通过信贷支持改善农村地区交通、通信等基础设施，培育产业发展环境，引导商业性金融和社会资金调整投资预期、加大对贫困地区的资金投入。很多国家注重发挥农业政策性金融的先导引导功能。比如，美国商品信贷公司 1979 年以来实施信贷保证计划，吸引和引导商业性金融机构从事农产品贷款活动。泰国央行要求所有商业银行至少将其存款的 20% 投资于农业，可直接投入，也可通过泰国农业与农业合作社银行的先导性贷款来实现。商业银行大都选择后一种方式。摩洛哥农业发展基金专门负责处理国家对私人农业项目投资资金的引导性资助事务，鼓励私人对农业开发的投资；后来为加大对私人投资的资金支持力度，又建立了国家农业信贷银行（CNCA），从银行信贷与政府补贴两个渠道鼓励和引导私人投资。此外，印度农业与农村发展银行、南非土地和农业发展银行的职能包括对私营部门向农业部门投资起到杠杆作用，引导商业金融投资进入农业部门[①]。

（三）信贷支持基础设施建设

农村贫困地区开发的首要任务是通过开发基础设施打通区域闭塞，基础设施建设耗资大、周期长且抵押担保品不足，一般来说商业性金融介入支持不多，而这些国家政府财力十分有限，这就需要农业政策性金融作为先导，主动介入、积极支持。从实践来看，农业政策性金融产生的初衷，在很大程度上也是为了改善农业生产基础设施，大部分国家的政策性金融机构涉及支持农村基础设施建设。比如，印度农业与农村发展银行的贷款期限多为中长期，一般只为较大的农业基本建设项目提供贷款，如兴修水利、推广农业机械、土地开发等。印度农业中间信贷和开发公司，也主要为大型农业基础项目提供贷款，其中以水利贷款最多，农业机械贷款次之。亚洲开发银行是重要的区域开发性政策性银行，在其农业贷款政策中，一项重要内容就是支持农业基础设施建设，向灌溉、防洪、水土保持、土壤改良提供资助，以改善农业生产的基本条件，还支持乡村公路网等基础设施建设。这些农村基础设施建设贷款极大地促进了农村贫困地区改善环境、发展产业、提升农民生活水平。[②]

（四）提供教育培训、咨询服务等智力支持

农业政策性金融机构除发放政策性贷款外，还可以有效发挥专业优势，特别是人才、科技、管理等方面优势，帮助政府机构，在教育培训、咨询

---

① 王伟. 农村政策性金融制度的社会建构研究［M］. 北京：经济科学出版社，2017：124 – 126.

② 同注①，207 – 208 页。

服务、政策制定等方面助力"三农"发展。实践中，很多国家的农业政策性金融机构在这方面也积极探索。比如，韩国农协银行为农民提供技术教育、农业管理、法律服务、环境保护等专业性服务，对政府农业贸易政策、政府在农村部门和地区政策中的潜在影响等进行战略研究。泰国农业与农业合作社银行加强与泰国农业部合作，帮助农民建立农产品销售合作社，以提高农民在购买生产资料、农机设施和销售农产品时的议价能力，从而实现小农和贫困人口的增收节支。① 印度农业与农村发展银行在政府授权下，负责印度涉农信贷领域的政策、计划和经营等所有重大问题，采取多种措施保证机构建设和改善农村信贷系统服务能力，监督、恢复和改组信贷机构，培训人员；促进在农村金融、农业和农村发展方面的研究工作等②。

第五节　逆周期调节赋予农业政策性金融发展新动能

在市场经济条件下，任何经济模式都呈现复苏、繁荣、衰退和萧条的阶段性周期循环。所谓逆周期调节，就是在一个周期的上行阶段"及时刹车"，在下行阶段"强力助推"，从而熨平经济运行过程中的过度周期性波动，重点、难点、着力点在于后者。③ 近年来，逆周期调节日益受到世界各国高度重视，成为重要的经济管理工具④。其中，农业领域很多行为易受周期性波动影响，特别是当经济周期与生产周期叠加是逆周期调节的重点领域。这就对农业政策性金融执行国家意志、服务宏观政策提出了新任务新要求，也在很大意义上推动了其不断探索完善、改革发展。

---

　① 新修订的泰国《农业与农业合作社银行法》第 31 章规定，在银行的借贷活动中，对于提高农民的知识水平、农民的生活质量和对农民辅助活动的贷款总量在总贷款量中的比例最高为 20%。

　② 王伟. 农村政策性金融制度的社会建构研究［M］. 北京：经济科学出版社，2017：211.

　③ 这一思想在我国古代就已有之，司马迁在《史记·货殖列传》中就有"旱则资舟，水则资车"的表述，体现了朴素的逆周期调节思想。

　④ 2008 年国际金融危机爆发后，美联储出台了量化宽松政策，欧元区也实施了"长期再融资计划"。

一、农产品价格的逆周期调节推动农业政策性金融产生

由于自然条件的周期性和农作物生长的季节性，农产品的收获表现出明显的季节周期性[1]。相对稳定的农产品需求与高度集中的农产品收获的矛盾，造成了农产品供给和需求的普遍不均衡及其价格的周期性波动。农产品价格的剧烈波动往往会极大地损害农业生产者的利益，其中最为典型的例子就是"谷贱伤农"。在粮食丰收的年份，粮食产量的增加导致自身价格普遍下降，最终出现粮食收入反而比歉收年份还低的情况[2]，极大地挫伤农业生产者的积极性，降低农业生产者在粮食种植方面的投入。

但是，充足的粮食供给是国民生存的基础条件，粮食安全关系到整个国家的安全和政治稳定，因此需要通过稳定粮食价格稳定农业生产者收入，减少农业物质资源和人力资源的流失，维持安全水平的粮食生产。这也是很多国家成立专门的农业政策性金融机构的初衷，例如，美国政府于1933年成立的商品信贷公司[3]，通过贷款、补贴、贴息等方式支持农产品生产、销售和储备，稳定农场收入和农产品价格。墨西哥农发行致力于巩固农村融资体系，保障农业生产活动，降低国际价格波动影响，提高农村生活水平。

二、农业生产的逆周期调节推动农业政策性金融的业务拓展

农产品价格逆周期调节的实施，深化了对农业生产周期性的认识。农业生产的周期性不仅包括农产品收获的季节性，还包括农机的采购、良种的购买、农药和化肥的使用等整个流程的周期性。农产品价格的波动会伤害农业生产者的利益，农业生产资料的价格波动也是如此。在农产品收获

---

① 生产技术的创新使反季节农产品成为可能，但反季节农产品只能限定在具有较高经济价值的特殊领域，总体而言，农产品的收获具有明显的季节性。

② 粮食的需求量是相对稳定的，价格的小幅下降不会带来明显的需求增加。当粮食产量大幅增加后，农民为了尽快出售粮食，竞相降价导致粮食价格大幅下降，最终粮价下降的幅度超过粮食增产的幅度，就出现了粮食增产不增收的情况。

③ 1933年，罗斯福新政时期颁布《农业调整法》，提出农产品价格支持计划。为了保护农业生产者利益，美国政府不仅先后成立了商品信贷公司、农民家计局、联邦农作物保险公司等，还搭建起了整个农场信贷系统。其中，商品信贷公司负责为农产品的生产、销售、储备提供财政补贴和借贷服务，稳定、支持和保护农场收入和农产品价格，帮助食品、饲料和纤维等农产品保持充足供给、有序分配和供需平衡。

阶段，集中上市导致价格大幅下降，农业生产者能够获得的收入显著降低。不仅如此，在生产准备阶段，农机、化肥、农药等的集中购买带动农资价格上升，将显著增加农业支出。虽然农产品价格的逆周期调控稳定了农业的产出端，在一定程度上保护了农业生产者的利益，但增加的农业收入很快又流失到农业的投入端，农业生产者本身的利益增加反而有限。

为了更好地维护农业生产者的利益、提高农业产业的收入水平，很多农业政策性金融机构的服务领域逐渐向整个农业生产领域扩展。例如，加拿大农业信贷公司的业务范围已经覆盖整个农业部门，不仅为包括家庭农场在内的农业经营活动提供融资，而且向所有与农村地区相关的中小企业提供专业化和个性化的金融产品和服务，成为农业金融领域的主要资金供应者。泰国农业与农业合作社银行也是如此，不仅为农民、农民团体、农民合作组织提供贷款，而且在农民、农民团体、农民合作组织从其他渠道借款时为其提供担保等多种形式的服务。

三、宏观经济的逆周期调节推动农业政策性金融的规模扩张

农业政策性金融机构因政府与市场的合理分工而产生[①]，又维护着政府与市场的合理分工[②]，是政府实现农业农村政策目标的金融化工具，丰富了政府调控市场运行的手段[③]，将政府对市场的特定逆周期调节由干预变为补充。商业性金融机构和政策性金融机构合理分工、功能互补，既充分利用市场机制的效率优势，又合理弥补市场不足，从而保障宏观经济平稳运行。由美国次贷危机引发的国际金融危机，促使经济学家和政府官员重新审视自由市场制度，发掘宏观经济逆周期调节的各种力量，并开始广泛关注农业政策性金融的宏观逆周期调节作用。各国纷纷强化农业政策性银行职能，通过增加注资和拓展业务范围的方式扩大其规模，并将其作为应对危机、稳定增长的重要途径。

经济周期是市场经济与生俱来的基本特征，商业银行作为市场经济的重要组成部分，遵从利润最大化的市场逻辑，行为具有天然的顺周期特征：

---

① 农业政策性银行具有弥补市场失灵的作用。

② 农业政策性银行同时具有缓解政府失灵的作用。

③ 关于政府调控市场的主要方式，参见[美]乔纳森·格鲁伯. 财政学（第4版）[M]. 北京：机械工业出版社，2015：4-5.

在经济衰退期，减少信贷供给；在经济繁荣期，增加信贷供给。商业银行的顺周期性正是市场经济本身周期性的体现。根据维克赛尔（K. Wicksell）和伯南克（B. Bernanke）的理论，商业银行甚至还会产生经济周期的放大效应①，给金融体系乃至宏观经济的稳定带来挑战。为了实现宏观经济的平稳运行，政府可以利用财政政策、货币政策等对市场进行调节②，降低市场的波动程度，防止经济的大起大落。在政府调控的过程中，农业政策性银行既可以充当财政政策的工具，又可以承担货币政策的传导作用。其特殊的定位和性质尤其强化了"稳增长、调结构"的作用。农业农村领域往往是国民经济的薄弱环节，属于商业性金融理性忽视的领域，长期得不到充足有效的资金支持。而农业政策性银行恰恰服务于这个薄弱领域，具有鲜明的针对性。

在经济承受较大下行压力的情况下，有针对性地降低农业政策性银行的准备金率和再贴现率，可以实现货币政策的定向宽松，既有利于防止信贷资金流入过剩领域，又能够增加对经济薄弱环节的支持，促进产业结构、城乡结构和区域结构的协调平衡。此外，对于充分发挥财政政策的功能，农业政策性银行同样具有不可替代的作用。农业政策性银行的本质是银行，以财政资金补充农业政策性银行资本金③，能够充分利用其内在的杠杆功能。它也可以通过筹集更大规模的可贷资金，用于农业农村领域的投资建设，可以在更大程度上提升"稳增长、调结构"的水平。更重要的是，农业政策性银行始终坚持的财务可持续性对地方政府的支出效率具有很强的

①　瑞典学派创始人维克赛尔提出累积过程理论，即导致经济波动放大的典型过程之一：如果商业银行体系的业务扩张使货币资金利率低于自然利率，企业家将扩大融资和生产的规模；经济由此扩张，并最终超过意愿购买水平所能承受的限度；由此引起的紧缩又会使货币资金利率再次低于自然利率水平，导致带有循环性质的累积过程出现。参见：维克赛尔. 利息与价格 [M]. 北京：商务印书馆，2013。此外，伯南克等经济学家在20世纪90年代提出的金融加速器理论，也充分刻画了金融部门放大经济波动的内在困境。当经济下行时，企业的获利降低、资产净额减少，可用于抵押的资产价值缩水，外部融资变得更为困难；资本投入的减少将导致未来产出进一步下降，如果最初的经济下行影响范围足够大，则企业经营活动会出现集体萎缩，最终引发宏观经济的进一步下行。参见：BERNANKE B S, GERTLER M, GILCHRIST S. The financial accelerator and the flight to quality [R]. NBER Working Paper, 1994.

②　[美] 格里高利·曼昆. 宏观经济学（第七版）[M]. 北京：中国人民大学出版社，2011：269 – 275.

③　财政资金转贷无法充分利用农业政策性银行的杠杆作用。

监督和约束作用。地方政府决定着财政支出的具体方向，中央（联邦）政府采取直接转移支付的方式，难以广泛监督众多地方支出的使用。如果地方政府通过农业政策性银行筹集农业农村建设资金，则必须准确分析投资项目的经济效益，以降低信贷资金的还款风险，从而实现效率监督的功能，有利于实现国民财富的真正积累①。

---

① 根据凯恩斯主义的政策主张，在萧条时期兴办公共工程，即使在这种工程毫无用处的同时支付工人报酬，也会推动经济的增长。最极端的情形是让工人把地挖开再把坑填上。但是，推动经济增长的同时，同样需要考虑政府支出的合理性，将财政支出用于形成具有经济价值的物质资本和人力资本，才能更有效地积累国民财富。

第五章 农业政策性金融的
产品、服务与发展逻辑

农业政策性金融机构产生以来，其产品和服务在不断演变。由于各国实际情况不同，各国农业政策性银行之间的产品和服务也不尽相同。但总体看来，目前各国农业政策性银行的产品形成了以信贷业务为主，担保、保险、发放补贴、咨询培训等其他支农业务为辅的状况。

第一节 产品与服务的边界

农业政策性银行与商业银行有着不同的业务范围，构成彼此区分的产品和服务边界，我们尝试从三个方面进行理解。

一、理论边界

在普遍联系的经济社会之中，个体活动具有广泛的外部性。根据科斯定理，在理想条件下，可以通过产权交易将外部性问题内生化，但其成立前提在现实中难以确保。因此，如果没有权力机构进行干预，无法反映在个体成本或收益之中的外部性部分很可能会造成市场信号的扭曲，最终导致资源错配。农业农村部门的经济活动正是外部性的集中体现。农业农村部门还面临广泛的信息不对称问题，农民仅依靠自身经验难以正确形成预期和应对方案，而且农业生产一般需要较长的种养殖周期，一旦供给随市场需求调整就会滞后，带来高昂的经济社会成本。农业生产不仅是形成农业主体经济收入的手段，作为国民经济的第一产业，更是影响国计民生和社会稳定的关键。对于承担如此重大意义，却往往在资本积累和融资门槛方面处于弱势地位的农业农村部门，国家需要给予制度化的支持和保护，以引导农业产出和农村部门的发展水平达到社会的合意程度。也就是说，由于以营利性为基本目标的传统商业性金融难以对农业农村部门的所有合理金融需求进行全面覆盖，因此在传统商业性金融之外，理论上所有能够以金融产品服务的形式存在的交易活动，都应该归属农业政策性金融产品服务的范畴。这是一个方面。

另一方面，现代市场经济条件下，国家对农业的支持和保护在性质上属于政府行为，是一种财政行为或准财政行为，相应地，支持和保护方式也被限于财政转移支付和作为财政职能延伸的农业政策性金融的信贷投入。在国家财力允许和不强调完整农业结构的小国，多以财政为主①。对于大国及欠发达经济体来说，无论是建立发展完整的农业产业体系，还是实施对"三农"可持续的支持保护政策，引入市场机制提高支农政策效率，财政很多情况下都心有余而力不足，需要农业政策性金融发挥作用。国家把财政承担的部分可金融化实施的支持领域，转化为农业政策性金融功能范畴，以保证国家农业支持保护制度功能完整、正常运转。

简单归纳，商业性金融有效边界之外的合理涉农金融服务需求，加上应由财政承担而未能承担或效率较低且可金融化替代的支农范畴，构成农业政策性金融产品和服务的理论边界，包含区域、领域、产业、服务对象四个维度。

二、历史边界

农业政策性金融在萌芽和初创时期，政府主要目的是解决农业生产资金极度短缺的问题，贷款重点支持农民购买土地、生产资料、缴纳地租，以及修建水利工程、灌溉系统、平整土地等，既是单纯的农业生产贷款，也是综合性的农业经营和基础设施贷款，与商业性资金并没有本质区别和业务分界，不同之处仅在于政府主导、资金保证和一定的优惠性。

三、实践边界

除了部分发达国家由财政单独承担国家农业支持保护体系建设，不设农

---

① 比如瑞士，全境以高原、山地为主，风景优美，但农业只占国民生产总值的4%左右，国家富饶，财政单独承担国家农业支持保护制度建设，不设立农业政策性银行。

业政策性银行，或设立政策性银行并立法明确界定农业政策性金融与商业性金融的边界，或因农业政策性银行实现涉农金融服务需求全覆盖、政策性与商业性界限模糊之外，在大多数国家尤其是欠发达国家，农业农村金融供给明显不足，首先强调的是普惠性供应，解决金融服务有没有、好不好的问题。农业政策性银行虽与商业性金融服务边界有所区分，但也存在重叠，以营造业务适当交叉、适度竞争的氛围，进一步提高农业农村金融供给，改善金融服务，降低融资成本[①]，并不突出强调以竞争与否作为农业政策性金融与传统商业性金融的边界划分。农业政策性银行的金融产品服务在与商业性金融产生实践边界交叉的同时，仍保持着自身逻辑的有序和一致。

第二节　主要金融产品和服务领域

在具体形式上，农业政策性银行的产品服务与商业银行较为类似。贷款、担保、投资、保险、金融租赁、发放补贴、咨询顾问以及基本结算、现金管理、银行卡、网上银行等，都是各国农业政策性银行常见的业务类型。

一、贷款业务

贷款是农业政策性银行最主要的业务形态，也是各国从国家层面支持农业农村发展的主要手段之一。本节将以较多篇幅对各国农业政策性银行的贷款业务进行探讨。

（一）贷款业务的两类模式

各国农业政策性银行实践中，贷款业务逐渐产生了模式上的分化。一类是传统的直接贷款或称一级贷款。农业政策性银行通过服务网点、网上银行、移动终端等有形或无形的渠道，直接向客户提供贷款服务。另一类是间接贷款或称二级贷款。银行主要借助代理、中介以及转贷款的形式，以自身网点为辅，间接向客户提供贷款服务。

[①]　竞争形成金融分层，大、中、小、社区性金融机构各具优势、各擅胜场，逐步建立与自身服务能力及特点相适应的业务市场和中心客户群体，既解决金融服务全覆盖问题，又避免一窝蜂全大户的困境。

相较于直接贷款模式，间接贷款具有以下独特优势：

1. 能够缓解农业政策性银行网点、人员相对不足的困难。一般来说，政策性银行在网点设置和人员配备方面与普通商业银行有较大的差距。限于农业政策性金融服务领域和主体的特殊性，若只利用自身资源开拓业务，触及的客户范围将大大受限，难以体现农业政策性金融的普惠特点。间接贷款模式则可以充分调动外部展业渠道，有效弥补这一不足。

2. 能够延伸贷款业务的广度。在直接贷款模式下，很多农业政策性银行具有特定的客户对象，比如仅面向企业开展服务，或设定部分准入门槛等。而代理、转贷等形式可以将农业政策性银行的原有服务范围进行延伸，使更多具备资格的主体获得金融支持。

3. 能够降低平均运营成本，提升支农资金效率。借助间接贷款模式，农业政策性银行可以大幅扩大贷款业务规模，但行政管理、薪酬支出、风险控制等方面的成本却只需少许增加，因而可以在整体上提高支农信贷的资金效率。

4. 能够分散风险。如果只开展直接贷款业务，农业政策性银行面临的风险将会集中于自身系统之内，不利于实现农业政策性金融对于资金安全的要求。在间接贷款模式下，其他外部金融机构在承担面向最终客户的贷款业务的同时，也能够帮助农业政策性银行分担相应的风险，从而有助于在整体上改善支农资金的风险特征。

另外，间接贷款模式也有不足之处。表 5-1 对两种贷款模式各自的优势和劣势进行了归纳。

表 5-1　　　　　　　　两种贷款模式的对比

	直接贷款	间接贷款
定义	直接向最终客户提供贷款	向其他金融机构提供融资，由其他金融机构向最终客户提供贷款
优势	减少中介费用支出； 增加贷款业务的深度	缓解网点、人员相对不足的困难； 延伸贷款业务的广度； 平均运营成本较低； 利于分散风险
劣势	平均运营成本较高； 难以覆盖更多区域与客户； 风险较为集中	中介费用将转嫁给最终客户； 部分潜在客户由于价格等因素而被排斥，贷款深度难以增加

正因为直接贷款和间接贷款各有优劣，将两种贷款模式有效结合，才能充分发挥二者的比较优势，从整体上对信贷业务进行帕累托改进，最大限度地实现农业政策性银行的支农目标。

（二）贷款业务开展情况

1. 以直接贷款业务为主的农业政策性银行。目前，几乎所有可归为农业政策性银行的金融机构都拥有一定规模的直接贷款业务，不过单纯以直接贷款业务为主的情形相对较少，较为典型的是发达国家中的美国商品信贷公司，通过美国农场服务局的 51 个州一级办公室和 2100 多个农业部服务中心，开展营销援助贷款（Marketing Assistance Loans，MAL）、农场储备设施贷款（Farm Storage Facility Loan，FSFL）等直接贷款业务，在农产品收获季节为生产者提供临时融资支持，或帮助社区、农民、农场主及企业减轻灾害损失、恢复生产。法国农业信贷银行作为法国政府执行"政策性贷款"的机构，借助兼营商业性金融业务获得的利润，支持其大规模的农业直接信贷业务。新兴市场国家中的韩国农协银行所开展的农业综合资金贷款、面向年轻人的回归农业和农村贷款、农业基础创业贷款、食品产业贷款、尖端农业贷款等，均为直接贷款模式。

2. 兼营直接贷款与间接贷款的农业政策性银行。大多数农业政策性银行除直接发放贷款外，也有相当部分的信贷业务通过代理、转贷等形式开展，比如发达国家中的日本政策性金融公库以及新兴市场国家中的坦桑尼亚农业发展银行、墨西哥农业发展银行、印度农业与农村发展银行、南非土地和农业发展银行、巴西开发银行、泰国农业与农业合作社银行、土耳其农业银行、越南社会政策银行等。在这些银行中，比较典型的代表包括：

（1）巴西开发银行。为达到服务全国、支持涉农中小微企业的目的，该行授权 50 多家商业银行及其他金融机构代理其信贷业务。截至 2018 年 9 月，该行间接贷款占全部贷款的比重已达到 41%[①]。

（2）泰国农业与农业合作社银行。该行的间接贷款模式中，负责转贷的金融机构主要是遍布泰国各地的农业合作社和农协等特色组织。这些间接贷款还可以细分为四种类型：转贷给会员的基金放款、购买农业生产资

---

① 资料来源：巴西开发银行 2019 年财报。

料和设备再转售给会员的贷款、购买和销售会员农产品的贷款、供合作社提高生产效率的贷款。

（3）南非土地和农业发展银行。该行通过其商业开发部门（Commercial Development and Business Banking，CDBB）向营业额不超过5000万兰特的各类农户提供一揽子金融服务，其中的间接贷款业务通过服务水平协议（Service Level Agreement，SLA）和批发融资机制（Wholesale Financing Facility，WFF）来实现。截至2019年3月，该行SLA和WFF机制下的贷款占比达到61%[①]。

（4）墨西哥农业发展银行。作为墨西哥最普遍的农业资金来源之一，墨西哥农发行通过约100个分支机构向各类涉农小微企业、个体农户等主体发放直接贷款，同时也通过其他农村金融中介机构（PFI）发放间接贷款，即向综合性银行、金融中介机构发放打包贷款。世界银行2015年调查报告显示，2014年末，该行合作机构数量442家，发放间接贷款总数430000多笔，累计资金规模约12亿美元。

3. 以间接贷款为主的农业政策性银行。少数农业政策性银行主要采取间接贷款模式。美国农场信贷系统银行除合作银行（Cobank）直接面向全美的涉农企业、农民合作社、基础设施供应商等提供贷款、租赁、出口融资及其他金融服务外，其他诸如农业银行（Agribank）、第一农业信贷银行（Agfirst）、得克萨斯农场信贷银行（FCB of Texas）3家银行只能向农业信贷协会提供信贷资金，由这些协会把信贷资金发放给借款人。德国农业土地抵押银行采用转贷模式进行贷款，由其转贷给地方商业银行或公共机构，再由商业银行等机构向最终借款方提供贷款，商业银行向土地抵押银行提供抵押。

（三）贷款业务的主要特点

1. 贷款是农业政策性银行的主要业务形态。贷款是金融机构最为传统的业务之一，若以现代意义上的商业银行而言，已有数百年的历史。农业政策性银行离不开"银行"这一本质属性，在开展支农业务时，组织形式、经营流程、风险管理等方面已经到商业银行长期打磨的贷款业务自然是便

---

① 资料来源：南非土地和农业发展银行2018—2019年财报。

于直接运用的业务形态。因此，不论是发达国家还是发展中国家，贷款都是被广泛应用的政策性支农措施。表 5 - 2 列举了主要农业政策性银行的贷款总额占自身资产的比重，从表中数据可以看到，除了集团化发展的法国之外，其他各家农业政策性银行这一指标均超过了 60% 的水平。

表 5 - 2　　　　　　　主要农业政策性银行贷款占资产比重　　　　单位：%

农业政策性金融机构	年份	贷款/总资产
德国农业土地抵押银行	2018	66.6
法国农业信贷银行（集团）	2018	48.2
俄罗斯农业银行	2018	80.3
巴西开发银行	2017	63.2
加拿大农业信贷公司	2018	95.3
美国农场信贷系统	2018	78.5
泰国农业与农业合作社银行	2018	78.5

资料来源：根据各家银行披露的年报整理。

2. 农业政策性银行贷款业务资金成本较低。与其他融资方式相比，贷款本身即具有融资成本低的特点。此外，大部分国家如德国、法国、印度、韩国、巴西、加拿大等，历史上或当前对其国内农业政策性银行都采取低利率或贴息等利率优惠政策。因此，作为弱势群体的农民客户能够以更低的融资成本获得资金支持。

3. 农业政策性银行贷款业务具有普惠特征。相较于股票、债券、信托等借助资本市场或其他金融机构的融资方式，农业政策性银行贷款还具有门槛较低、要求相对宽松的优势。鉴于农业农村部门广泛存在的信息不对称性以及农业主体在自有资本积累方面的相对弱势，贫困地区的涉农企业和人员、青年农民等主体难以达到传统资本市场所要求的融资条件，处于正规金融服务的边缘地带甚至绝缘地带。但在国家和农业政策性银行两个层面的支持下，这类主体中的很大一部分都可以进入支农贷款的覆盖范围。

4. 农业政策性银行贷款业务具备较高的支农效率。通过贷款形式，支农资金可以直接、简单、快捷地发挥作用，相比其他融资形式中间环节更少，操作也相对简便。如此不仅可以缩短融资流程、匹配农业生产的时效要求，也可以有效减少中间环节中的寻租行为。

97

二、产业投资基金①

产业投资基金是农业政策性银行较为新颖的业务模式。其主要目的在于通过股权投资的形式对农业农村部门提供支持，解决传统贷款方式无法有效处理的问题。

（一）产业投资基金开展情况

目前为止，农业政策性金融在产业投资基金方向的业务探索仍然不是很多，主要发生在美国、法国、加拿大等发达国家的实践中。典型案例如2014年美国合作银行与其他7家（目前为8家）农场信贷机构共同创建的农业企业优势资本基金（Advantage Capital Agribusiness Fund），总规模1.55亿美元，目前已向16家涉农企业投放共计1.16亿美元的股权投资。②

此外，由于在实践中往往同时肩负向环境保护等重点领域提供金融支持的职责，部分国家的农业政策性银行也有在这些方面开展产业投资基金的探索。比如法国农业信贷银行、巴西开发银行、加拿大农业信贷公司等，都曾设立致力于本国绿色发展、热带雨林保护、温室气体排放控制等方面的产业投资基金。

（二）农业政策性银行产业投资基金的主要特点

1. 多在发达国家尝试开展。产业投资基金的可持续运行，对一国金融市场的发育程度有较高的要求。发达国家金融市场发展起步早、实践经验较为丰富，相关金融法规健全规范，企业信息披露机制完善，相对而言具有更多的合理投资标的。这些对于保证产业投资基金的资金安全和运用效率有着重要的意义。

2. 业务回报方式及风险状况与传统贷款业务不同。与传统的贷款业务

---

① 一些国家的农业政策性金融机构，比如印度农业与农村发展银行，设立农村基础设施基金、长期灌溉基金、仓储建设基金、开发基金等，用于直接发放贷款，提供低成本的建设贷款等，根据用途，我们把此种类型也归入贷款业务，而不归入投资基金业务。与此同时，印度农业与农村发展行还向邦政府提供长期贷款，用于投资购买合作信贷机构的股本，但其本身不做股权投资。

② 资料来源：美国合作银行官方网站（https://www.cobank.com/corporate/industry/rural-community-investment）。

相比，产业投资基金的一个重要差异在于权益性。贷款业务有约定的期限和利率，如果没有发生债务违约情形，农业政策性银行将按贷款协议收到既定的本息，同时承担相对有限的风险；而产业投资基金是一种风险共担、收益共享的融资模式，主导设立基金的农业政策性银行将会面临不确定的回报率以及更高的潜在风险。

3. 能够提升投资对象的公司治理水平。在传统贷款业务中，对于企业客户的经营水平、信贷资金运用状况、偿还意愿等信息，发放贷款的主体处于相对劣势。由于债务性资金在企业经营管理中不具备表决权，银行的贷前审核、贷后管理等措施往往只能起到避免或控制损失的作用，在主动改善贷款对象的经营管理水平方面则难以和权益性投资的积极效果相比。而产业投资基金投入初始资金后，还会持续地参与乃至主导目标企业的经营管理活动及重大决策，可以更为有效地改善信息不对称状况、缓解委托代理问题，提升投资对象的公司治理水平。这也是部分农业政策性银行开展产业投资基金实践的关键原因之一。

三、担保业务

商业银行的担保业务是指为客户的债务清偿能力提供担保，承担客户违约风险的业务[1]。农业政策性银行的担保业务与之类似，亦旨在为具有融资需求的主体提供增信，降低其获得资金支持的门槛。

（一）担保业务开展情况

各国农业政策性银行大多都有一定规模的担保业务。在高收入国家中，美国农场信贷系统和信贷协会向借款人提供贷款，农场服务局则向借款人提供最大额度不超过 95% 的担保服务[2]；德国农业土地抵押银行与德国担保银行合作推出了"农业担保"项目，以支持农业和食品行业的融资需求[3]；日本农林渔业金融公库可以通过资金回笼为长期从事林业工作的经营主体提供融资担保[4]；法国农业信贷银行于 2015 年专门组建了全资子公司 Fon-

---

① 庄毓敏. 商业银行业务与经营 ［M］. 北京：中国人民大学出版社，2019：216.
② 资料来源：美国农场服务局 2018 年年报。
③ 资料来源：德国农业土地抵押银行官网。
④ 资料来源：日本农林渔业金融公库 2018 年年报。

caris，其主要职能之一即为地方银行的风险敞口提供担保，可以为后者分担50%的信用风险[①]。在中等收入国家中，俄罗斯农业银行的担保业务主要面向国内出口商[②]；韩国农协银行的担保业务主要面向农业、林业和渔业经营主体[③]；泰国农业与农业合作社银行的担保业务主要面向需从其他渠道借款的农民、农民团体、农民合作组织[④]；墨西哥农发行的担保业务主要面向扶贫项目和土著人口项目（扶贫贷款）。以上均为农业政策性银行担保业务的主要范例。

（二）担保业务的主要特点

担保类中间业务在普通商业银行中有多种形式，例如银行承兑汇票、备用信用证、各类保函等，都可以计入担保业务的范畴。相比之下，农业政策性银行的担保业务种类较为单一，而对于业务对象的资质则多有限制，一般不向农业领域以外的主体提供担保服务。

四、保险（再保险）业务

农业生产活动周期较长，易受气候、虫害疫病等自然因素影响，风险相对较高；而农业农村部门的主体往往自有资金贫乏，难以承受大规模灾害带来的损失。因此，保险业务是农业政策性金融在贷款业务之外的重要补充，也是农业政策性银行重要的风险缓释手段，更是重要的农业政策性金融业务。

（一）保险（再保险）业务开展情况

1. 直接保险。农业保险业务在发达国家的开展由来已久，美国和加拿大在 19 世纪末已经有商业银行开展这方面的尝试。虽然当时限于保险精算和数据采集技术的瓶颈而未能获得成功，但也为后来的农业保险可持续经营提供了有益的探索。20 世纪 30 年代，美国联邦农作物保险公司（Federal Crop Insurance Corporation，FCIC）成立，标志着农业保险正式进入政策性金

---

① 资料来源：法国农业信贷银行官网。
② 资料来源：俄罗斯农业银行 2018 年年报。
③ 资料来源：韩国农协银行 2018 年年报。
④ 资料来源：泰国农业与农业合作社银行 2018 年年报。

融领域。成立初期，联邦农作物保险公司的业务范围很窄，作物承保面积较为有限。为提高农民参保率，美国联邦政府于 1980 年颁布新的《联邦农业保险法》，明确提出提高农业保险地位，扩大保障范围至美国所有重要的农业县。1996 年后，联邦农作物保险公司进入转型期，逐步将直接保险业务交由私营保险公司，自身的机构和人员配置则与新设立的风险管理局（Risk Management Agency，RMA）合二为一。此后，联邦农作物保险公司的主要职责变为监管、发放补贴，以及向私营保险公司提供再保险支持。

其他发达国家中，法国农业信贷银行在保险业务运营的模式上以互助合作为主，合作成员之间按照比例赔付损失份额，政府则向互助合作保险体系发放补贴、提供优惠利率贷款，并通过担保、再保险、特大灾害补偿等方式予以扶持①。加拿大农业信贷公司与加拿大永明人寿保险公司（Sun Life Assurance Company of Canada）合作，由后者提供背书，向其客户及其家人、合伙人的企业开展人身和意外保险服务②。新兴市场国家中，南非土地和农业发展银行（Land and Agricultural Development Bank of South Africa）设立了土地银行保险公司（Land Bank Insurance Company）和土地银行人寿保险公司（Land Bank Life Insurance Company），分别针对农作物灾害风险和土地银行客户及农民个体的人身安全风险提供保险服务。

2. 再保险。农业生产过程中，气象灾害或虫害疫病一旦发生，波及范围往往较广，提供原保险服务的保险公司难以实现风险的有效分散。商业再保险固然是应对大规模损失的常规解决方案，但商业再保险公司同样需要以盈利为首要目标，农业生产领域的风险规模和风险集中程度使再保险公司面临高昂的成本，导致农业再保险的覆盖程度不足。因此，由政府或政策性金融机构主导，面向原保险提供者开展政策性再保险支持，是整个农业保险体系的必要补充。

美国联邦农作物保险公司主导的农业再保险体系是这方面最为成熟的范例。根据《标准再保险协议》（Standard Reinsurance Agreement，SRA）的规定，美国政府分别从州和联邦两个层次对私营保险公司提供再保险支持：首先，美国各州政府设有风险分配基金（Assigned Risk Fund）和商业性基

---

① 资料来源：法国农业信贷银行 2018 年年报。
② 资料来源：加拿大农业信贷银行 2018 年年报。

金（Commercial Fund），在不超过规定水平的前提下，满足条件的私营保险公司可以向其进行分保，并根据业务结构和保单特点自行决定向两类基金分保的比例。联邦农作物保险公司对私营险企的经营费用发放补贴，并允许私营险企把保单的一部分向其进行分保，以实现风险共担、利润共享。其次，在联邦政府一级，美国根据不同地区气候条件和农业生产特点，将各州分为高风险、中等风险和低风险三组①，不同组别对应不同的自留保费承保收益比例；联邦政府按照 6.5% 的比例分摊各保险公司自留业务的累积承保损益。如果所有保险公司汇总至联邦政府层面的自留业务承保损益为正，联邦政府还会将其中的 1.5% 返还给在高风险州开展农业保险的私营保险公司，相当于在州一级和联邦一级实现双层的风险共担、收益共享。

（二）保险（再保险）业务的主要特点

1. 银行与保险相对关系的多样化。综观各国农业政策性银行的保险业务实践，可以看到其中以不同的方式糅合了"银行"与"保险"这对概念。这种灵活性也是农业政策性银行旗下保险业务的主要特点。从农业政策性银行的视角出发，可以将这对概念的相互关系分为四类：

（1）由农业政策性银行直接开展保险业务，或设立保险子公司经营保险业务。前者如巴基斯坦农业发展银行，在其农业贷款计划中即包含了农作物保险计划②；后者如上文提到的南非土地和农业发展银行，以两家子公司分别经营农作物保险和农业主体的人身保险。

（2）农业政策性银行与外部保险公司合作提供保险服务。比如加拿大农业信贷公司的保险业务，由加拿大永明人寿保险公司提供背书。

（3）保险公司直接参与贷款发放。20 世纪 20 年代以前，保险公司曾是加拿大农业领域的重要资金来源。但目前这种形式比较少见。

（4）由政府设立专门的农业政策性保险公司。与农业政策性金融机构配套，最为典型的是 20 世纪 90 年代改制以前的美国联邦农作物保险公司。

---

① 资料来源：VERGARA O, SEAQUIST J, ZUBA G, et al. Impact of the New Standard Reinsurance Agreement（SRA）on Multi – Peril Crop Insurance（MPCI）Gain and Loss Probabilities［C］. Agricultural & Applied Economics Association's 2011 AAEA & NAREA Joint Annual Meeting, 2011（7）：7 – 8.

② 资料来源：土耳其农业银行官网。

2. 美国联邦农业保险体系的特点。上述各类模式多受各国具体经济社会状况所影响，因此不易有高下之分。但总的来说，美国联邦农业保险体系是其中最为成熟完善的模式。纵观其发展历程，大致有三处具有借鉴意义的特点。

（1）以扩大农民参保率和保障范围为主要脉络。为解决成立初期参保率长期较低的问题，美国联邦政府在1980年《联邦农业保险法》中承诺提供私营保险公司的经营费用补贴和参保农民的保费补贴，并在后续的农业法案中不断提升保费补贴比例。同时，在1994年《联邦农业保险改革法》中引入了强制保险机制，若农场主拒绝参与农业保险计划，将无法享受农产品价格支持、特定贷款等优惠项目。历次农业法案的修订和农作物保险体系的相应变化，促进了参保率的显著上升。

（2）以商业化运营为变革方向。在20世纪30年代成立后的四十年间，联邦农作物保险公司一直负责开展直接保险业务；进入80年代后，多元化的经营主体被引入农作物保险体系，私营保险公司和联邦农作物保险公司形成"双轨制"运行机制；1996年之后，随着风险管理局的成立，农作物保险体系的直接保险业务已完全由私营保险公司负责。这种变革历程的背后，是对市场机制的信任。私营保险公司受制于市场竞争，往往具有更高的经营效率和业务拓展意愿。如果能够从监管层面确保其经营活动的合规性，并从整体上对系统内的风险进行有效管理，以商业化运营为变革方向是具有充分的经济合理性的。

（3）重视政策性农业再保险的作用。如果没有政策性再保险支持，直接保险和商业再保险业务在大规模自然灾害面前将承担过于沉重的赔付成本，农业生产者的风险保障水平将受到直接影响。美国的政策性农业再保险体系为这一问题提供了良好的解决思路。早在20世纪40年代中期，联邦政府就已颁布《标准再保险协议》，对农业再保险的基本框架进行界定。1980年以后，该协议经历了多次修订与补充，在指导实践方面的作用逐渐加强，大大促进了私营保险公司参与农业保险计划的内在激励，提高了农业生产者的参保意愿。

五、金融租赁业务

与贷款业务相比，金融租赁业务的本质区别在于标的资产的所有权。

农业领域中，可以参与金融租赁的标的资产主要为农业运输车辆、农业机械设备、农业生产设施等。

（一）金融租赁业务开展情况

目前开展金融租赁业务的农业政策性银行为数不多，较为完善的案例是美国农场信贷系统向企业和个人提供的金融租赁服务。在这一模式中，客户可以自行选择设备制造商和供应商，协商确定价格后，再由租赁公司介入融资支持；农场信贷系统则向客户提供多种形式的租赁解决方案。租赁期限一般取决于租赁设备的预期用途和使用寿命，通常可在 36~60 个月，根据客户需求而有一定的灵活性。美国农场信贷系统的租赁手续流程效率较高，较小金额的交易一般在 24~48 小时内即可完成审批，较大金额的交易则大约需要一周①。法国农业信贷银行、德国农业土地抵押银行等，也有一定规模的金融租赁业务。

（二）金融租赁业务主要特点

农业生产具有长周期的特性，但一个作物种植周期之中，农民只在少数特定的时间点上对一些专业农用机械产生实际需求。如果由农民直接购入专业设备，必定会在其余的时间造成资产闲置，使原本并不宽裕的自有资金更加贫乏。由农业政策性银行开展租赁业务，则可以帮助农业生产者解决购置大型设备时难以一次性承担过高支出的难题，而且具有改善现金流、避免设备过时而导致的生产率下降、获得税收优惠等额外优势。

六、发放补贴和代理业务

（一）发放补贴和代理业务的开展情况

1. 发放补贴。发放补贴对于农业政策性银行而言属分内之事、基本职责，是体现其政府主导的政策性特征的关键环节。农业政策性银行所发放的补贴，往往与其贷款业务有密切联系。不过，鉴于各国农业政策的演变

---

① 根据美国合作银行网站（https：//www.cobank.com）相关信息整理。

历程各自有别，目前可归为农业政策性银行的金融机构中，并非所有机构都有发放补贴的业务。

美国商品信贷公司、泰国农业与农业合作社银行、土耳其农业银行等在发放补贴方面较有代表性。美国商品信贷公司是美国联邦政府收入支持计划的主要参与者，通过弹性生产合同补贴、直接支付和反周期补贴支付项目发放农业补贴；泰国农业与农业合作社银行特别设立了公共服务账户（Public Service Account，PSA）作为政府补贴资金的发放渠道，并将自身核心业务账户和公共服务账户明确分离、单独核算，以保障资金安全，避免道德风险；土耳其农业银行对于土耳其谷物管理委员会等农业部门的农业拨款负有监督责任，同时也负责补贴款项的实际拨付。

2. 代理业务。代理业务是普通商业银行的常见业务，农业政策性银行也有此方面的实践。一般而言，农业政策性银行的代理业务多为通过自身支付结算手段协助地方政府收缴费用等具有辅助性质的业务。

代理业务方面较有代表性的是韩国农协银行和巴基斯坦农业发展银行。韩国农协银行是韩国唯一将营业网点布局到农村地区和偏远地区的金融机构，因此成为代理韩国地方政府税务工作的重要平台，多达95%的地方政府委托韩国农协银行收缴地方税[1]。巴基斯坦农业发展银行的代理业务定位于农村居民的生活服务，通过全国范围内的500多个分支机构，可以为广大农村客户代理缴纳水电费、煤气费和电话费等日常支出。

（二）发放补贴和代理业务的主要特点

这两类业务在一定程度上都具有利用银行资金账户开展中介业务的性质，不过从资金运动规律来看，二者的方向大致相反：农业政策性银行通过发放补贴，把资金输送至农业农村部门主体；通过代理业务，把从农业农村部门主体处收缴的资金输送至其他主管机构[2]。

---

① 谢升峰等. 普惠金融统筹城乡发展的国际经验及启示——以日韩模式与印巴模式为例［J］. 国家行政学院学报，2014（4）：112－115.

② 需要注意的是，补贴资金来源既可以是农业政策性银行的自有资金，也可以是政府的财政性资金，而后者具有更多的"代理"性质。因此，一些研究文献会把农业政策性银行借助自身账户发放政府补贴资金的模式（比如泰国农业与农业合作社银行）归为代理业务的范畴。为突出与普通商业银行代理业务的比较，本书未采取这种区分方式。

七、咨询培训业务

这是农业政策性银行比较普遍的服务项目，实践中也较为庞杂，在此只做简单的情况介绍和分类。

（一）咨询培训业务的开展情况

按照服务对象及性质划分，可以作出如下归类：

1. 面向政府的顾问服务。农业政策性银行的政府顾问服务一般体现为定期发布宏观经济、农业产业等相关方向的研究报告，为政府决策制定过程提供参考支持。例如，巴西开发银行向政府提供的私有化业务顾问服务、土耳其农业银行为农业部门提供的财务管理辅助和农业产业状况专题报告等。印度农业与农村发展银行更设有专门从事农业农村发展和相关领域咨询服务的全资子公司——印度农业与农村发展银行咨询服务公司，该公司法定资本为 2.5 亿卢比，在全国 30 多个邦设有分支机构，400 多名员工中来自印度农业与农村发展银行内部的专家学者多达 20%。

2. 面向企业或个人客户的信息、咨询服务。此类服务的具体形式一般为定期向客户发布气象灾害、农产品价格等信息，以及农业领域的研究报告；提供财务、金融方面的咨询服务。前者如加拿大农业信贷公司发布的农产品信息报告、巴西开发银行发布的国际大宗产品价格信息报告等；后者如泰国农业与农业合作社银行提供的财务顾问服务、韩国农协银行提供的金融咨询服务和农业企业风险咨询服务等。

3. 面向企业或个人客户的系统、软件服务。此类服务旨在帮助不熟悉计算机系统的客户提高经营管理效率。精细农业的发展趋势对于计算机技术在农业生产经营过程中的应用提出了新的要求，部分国家农业政策性银行开展的系统软件服务正是弥补农业客户相关知识匮乏的重要创新。典型案例如韩国农协银行开发的销售信息综合计算方法，不需要会计账簿，只根据栽培品目和种植规模即可得出销售额、成本利润等信息；加拿大农业信贷公司开展的管理软件业务（AgExpert），可以为经营农业或食品加工的企业客户开发包括农业分析软件、田地管理专家、土地商业管理软件等在内的专业软件包[①]。

---

① 王芳．加拿大涉农金融支持体系研究［J］．世界农业，2015（11）：125 – 130.

4. 面向企业或个人客户的培训服务。培训服务是政策性银行彰显其政策性本质和社会责任的重要体现，多数国家的农业政策性银行都有开展。例如加拿大农业信贷公司将培训项目作为七大业务范围之一①；印度农业与农村发展银行兼具农村金融教育培训职责，并设有银行家农村发展研究所博尔普尔校区、芒格洛尔校区、勒克瑙校区及印度农业与农村发展银行职工学院等四个培训机构②。

（二）咨询培训业务的主要特点

农业生产周期长、风险复杂，处于信息劣势地位的农业生产者面临更多不确定性，再加上许多发展中国家农村人力资本积累程度相对较低，农业农村部门主体对于咨询培训服务的需求较其他产业主体更为迫切。因此，咨询培训业务在农业政策性银行业务构成中的重要性也比其他金融机构更高。

咨询培训业务充分体现了农业政策性银行作为各类信息汇集点的特征。一方面，宏观经济政策与农业政策信息会直接传导至农业政策性银行，后者或直接接受自身监管部门政策指示，或为提升经营效率和资金安全性而对其他政策信息有第一手的研判；另一方面，由于直接面向广大农业农村客户开展业务，农业政策性银行对各类主体的信用特征、融资需求、经营能力、还款意愿等信息有系统的搜集整理。这是政府部门或者其他金融机构难以媲美的信息优势，而利用此优势开展咨询、顾问以及培训业务，无疑会更有针对性，产生良好的培训效果。

八、商业性零售业务

在发展中国家，随着农业政策性金融实践经验的积累，部分农业政策性银行对普通商业银行的业务也有涉足，比如存款业务、账户业务、汇兑业务甚至银行卡业务等③。

---

① 资料来源：加拿大农业信贷公司 2018 年年报。

② 资料来源：根据印度农业与农村发展银行官方网站（www.nabard.org）整理所得。

③ 在一些发展中国家，传统商业银行网点往往不能覆盖部分偏远的农村地区，由政府主办的农业政策性银行向农民客户提供的此类基础性金融服务，很大程度上是对原有商业银行服务的缺位或不足产生的替代和补充。

（一）商业性零售业务的开展情况

目前看来，农业政策性银行兼营商业性零售业务的情形，既在发达国家中有较多体现，也在新兴市场国家中有一定程度的实践。

发达国家中，法国农业信贷银行可以作为典型范例。除承担国家农业贴息贷款的发放责任外，法国农业信贷银行的主要业务还包括商业贷款、储蓄、债券、资产管理和私人银行、房地产、公司和投行业务等。

新兴市场国家也有不少类似范例。根据市场需要，俄罗斯农业银行快速开拓住房按揭贷款、消费贷款、宅基地贷款和信用卡等零售服务，2018年俄农行零售部门贷款规模达到4342亿卢布，较前一年大幅增长19.5%，零售贷款总额居全国第五位；韩国农协银行逐渐被韩国政府赋予更多的商业性金融职能，包括存款、发行支票、汇款等，以帮助其扩大资金规模，提升自身可持续经营能力；巴西开发银行于2017年10月推出了针对农村个体企业主的银行卡（BNDES Agro Card），可以为客户提供原材料采购、农业生产资料购置以及农业生产服务等多元化服务；墨西哥农业发展银行从基础信贷、循环信贷、美元融资和商业化支持融资等四个方面对商业性信贷业务进行了拓展；泰国农业与农业合作社银行的商业性零售业务范围同样较宽，包括汇款、支票发行、担保函发行、房地产估价、贷款分析等；加纳农业发展银行在1970年被授予全部商业银行权限，目前商业贷款、存款及其他形式的零售银行业务已成为加纳农业发展银行的三大业务。此外，马来西亚农业银行、印度农业与农村发展银行、土耳其农业银行等机构也有广泛开展存款业务，以拓宽自身资金来源渠道。

（二）商业性零售业务的主要特点

需要注意的是，对于同时开展商业性零售业务的农业政策性银行，其兼营两类业务的历史原因并不相同。一类情况是部分国家没有单独设立纯粹的政策性金融机构，因此农业政策性金融业务与普通商业银行业务之间不存在严格的分离；另一类情况则是原有农业政策性银行根据市场需求向商业性零售业务进行转型；还有一类情况是在位置偏远、交通不便的乡村，一些国家的农业政策性银行设置营业机构，对当地居民提供存取款和汇兑结算等服务，弥补商业银行金融服务的不足。不论何种情形，都印证了前文论证边界问题时得出的结论：与其以单一而固定的视角对农业政策性银行产品服务的边界进行界定，不如以区间性、动态性的思想来看待之。如此，方有更强的实践指导意义。

第三节　信贷重点支持领域与产品

随着不同时期经济发展和产业政策的调整，农业政策性银行支持领域也越发广泛。从贷款投向的区域看，有偏僻的乡村，也有位于城市周边的社区。从贷款涉及的行业看，有农林牧副渔第一产业，也有与农业生产、农民收入和乡村保护相关的电力、热力、燃气及水生产和供应业，田林路和住宅建设的建筑业，交通运输、仓储和邮政业，还有信息传输、软件和信息技术服务业，文化、体育和娱乐业等。从贷款用途看，有支持农业再生产或扩大再生产的资金需要，也有改善人居环境和满足个人生活消费的资金需要。如今农业政策性银行的支持领域几乎涵盖了农业生产的各个环节和农业农民农村经济社会生活的方方面面。

一、粮食等重要农产品生产流通加工

支持粮食等重要农产品生产流通和加工，是绝大多数农业政策性银行成立的初衷，也是这些农业政策性银行的基础性主体业务。经过各国农业生产模式、农产品流通体制和农产品加工的优化整合，农业政策性银行既对粮食等重要农产品生产流通加工的一体化经营设计了全产业链贷款，也根据农业生产的重要节点和主要生产要素的投入，设计了相应的具有专门用途的贷款产品，以满足不同经营主体、不同生产环节、不同生产方式的资金需要。

（一）农产品全产业链贷款

这类贷款多属于大宗农产品融资，主要用于集农产品种植、销售和加工于一体的农业经营者的资金需要。美国农场信贷系统银行发放的中期和短期贷款，可用于农场、牧场，以及农场牧场内的加工业、商业和服务业的资金投入。法国农业信贷银行为具有工商业特点的农业联益公司、农业加工业和食品业提供支持，业务范围覆盖农业全产业链。墨西哥农业发展银行根据农产品生产商和下游供应商之间形成的产业链关系，按照供应商的需求和创造的现金流，支持生产商以销定产的农产品生产资金需要。在转贷款中，德国农业土地抵押银行的农业综合企业价值链贷款覆盖整个欧盟。

（二）生产领域贷款

主要目的是稳定或提高粮食等重要农产品生产能力，改善农业种植结构，增加农民收入。

1. 生产设施贷款。各国农业政策性银行都把支持重点放在保护或提高本国粮食等重要农产品生产能力的基础设施方面。通常的做法是发放中长期贷款支持农民购买和治理土地。日本农林渔业金融公库、泰国农业与农业合作社银行、俄罗斯农业银行和南非土地和农业发展银行等都有保障农业用地的贷款，墨西哥农发行提供咖啡园种植改建融资。比较典型的是德国农业土地抵押银行的贷款，用途包括稳定和提高粮食生产的耕地平整治理、农田道路修筑、农田水利设施建设整修等。

2. 生产资料贷款。对于农业生产中必需的种子、化肥、农药和生产过程中的人工费用等，在一个生产周期内能够收回投资的生产资料资金需要，各国的农业政策银行都采取发放短期贷款的方式予以支持。

3. 农业结构调整贷款。因市场需求的变化或者国家发展战略的调整等原因促使农民调整种植结构，生产特色农产品需要增加的资金，农业政策性银行也会及时跟进提供贷款支持。如丹麦抵押银行的花卉生产贷款、日本农林渔业金融公库的园艺贷款都属于此类。

（三）流通领域贷款

农产品特别是粮食是事关国计民生的特殊商品，世界各国为了保证粮食安全及社会稳定，均建立了一套粮食收储管理制度，制定了具体的运作机制与措施，一定程度上还把农业政策性银行作为粮食宏观调控的工具，赋予其支持粮食等重要农产品流通的政府职能，发挥逆周期调节作用，保护生产者的合理收益。各国的农业政策性银行根据国情，开发相应的贷款产品，把粮食和重要农产品的收储和销售作为重点支持范围。

1. 收购贷款。主要是为生产者存储粮食、贸易商从生产者手上收购粮食和加工者采购粮食所需资金提供的贷款。国际上农业政策性银行的粮食收购贷款大致可以分为两大类：一类是按市场化原则运作的收购贷款，主要按照客户的授信额度发放，这是大部分农业政策性银行的做法；另一类是为保护生产者利益发放的收购贷款，这类贷款基本上是无需担保的信用贷款。美国商品信贷公司负责向与其签订合同的粮食生产者发放营销援助贷款，粮食生产者的粮食临时存储于商品信贷公司（或生产者手中）换取同价值的信贷资金。如法国制定有粮食收购的"干预价格"，保护农民收入不受价格较大波动影响，法国农业信贷银行对国家按照"干预价格"收购的粮食提供贷款。当粮食市场价格能够保证生产者有一定收益时，美国商品信贷公司和法国农业信贷银行就督促借款人销售粮食并收回贷款；价格较低时，借款人被允许放弃粮权而不再归还贷款。

2. 政府储备粮贷款。对政府掌控的粮食储备所需资金，有一些国家采取招标方式遴选金融机构贷款，但大部分国家是指定农业政策性银行独家办理政府储备粮贷款。美国的联邦储备粮需要的资金就是指定商品信贷公司贷款；日本农林渔业金融公库负责对政府储备大米发放贷款。政府储备粮贷款也用于政府储备粮轮换的资金需要，如印度规定政府储备粮必须采取先购进粮食再销售库存的方式轮换，对于购进粮食用于政府储备需要的资金，由印度农业与农村发展银行发放贷款解决。

3. 出口金融服务。为促进农产品走向国际市场，各国农业政策性银行都主动提供金融服务，金融服务产品有贷款和非贷款品种两类。非贷款品种包括为农产品出口提供的贸易融资、票据贴现、担保承诺、同业类贷款等。例如，美国农场信贷系统为出口商发放农业出口贷款；巴西开发银行在巩固巴西世界最大动物蛋白出口国地位方面扮演了关键的角色；俄罗斯农业银行为出口商提供外贸支持、外汇兑换、现金和结算、信用证、外汇风险对冲和银行担保等各类产品和服务；韩国农协银行通过与全球各大银行结成战略联盟，不断拓展进出口结算业务；日本农林渔业金融公库积极促进农林渔业经营者和国内食品加工企业的出口产品融合，推进国内农产品加工行业面向海外销售。

4. 仓储设施贷款。由于存储粮食等重要农产品的盈利水平比较低，农业政策性银行发放的用于仓储设施建设的贷款，一般是期限较长、利率较低的中长期贷款。如印度农业与农村发展银行对邦政府或邦政府担保的公司发放的仓储建设基金贷款，利率在银行基准利率6.75%的基准上下浮1.5个百分点；美国商品信贷公司为农场主提供低息融资，用于修建或改造粮仓、干草仓、散装罐和冷藏设施。

5. 物流体系贷款。这类贷款主要用于满足农产品市场体系建设、重要物流节点物流基础设施建设、农村流通连锁配送的资金需要。特别是俄罗斯、美国和巴西等公路运输比较发达的国家的政策性银行，对服务于乡村的大型超市和农场主购买大型运输车辆都给予重点支持。

（四）加工领域贷款

这类业务比较普遍，各国农业政策性银行都开展了这项业务，有些机构市场份额还比较高。比如法国农业信贷银行在 2015 年法国农产品加工市场贷款的业务份额达到了 35%。加工领域的贷款既有用于支持农产品加工经营活动中固定资产投资的长期贷款，也有用于生产经营活动中支付流动性生产经营成本的短期流动资金贷款。

1. 食品加工贷款。各国农业政策性银行重点支持以粮食等重要农产品为原料的食用和饲用加工行业，以保障口粮需要和满足养殖行业的饲料需求。这类贷款对食品加工中的卫生和安全要求很严，符合卫生标准和安全生产流程是贷款的必要条件。

2. 畜牧渔业生产贷款。这类贷款主要用于保障居民动物蛋白需要的畜牧养殖、海洋资源开发和渔业捕捞与加工的资金需要。日本农林渔业金融公库还为从事禽畜养殖和渔业生产的附加值较高的加工企业、大规模家族经营、新增务农企业等提供贷款，支持这些客户与水稻等种植业联合，用于扩大规模、降低成本和"六次产业"① 类项目。德国土地抵押银行的水产养殖和渔业贷款是其六条业务促进线之一。

3. 林业和特色农作物发展贷款。这是用于支持林业及特色农作物生产

---

① "六次产业"是在 20 世纪 90 年代，东京大学名誉教授、农协综合研究所所长今村奈良臣针对日本农业发展的窘境首先提出的一个概念，意思是将农业、水产业等第一产业扩展至食品加工（第二产业）、流通销售（第三产业）等方面，即通过传统农业向第二、第三产业延伸，发展"六次产业"就是要通过传统农业向第二、第三产业延伸，追求农产品的高附加值，进而增加农民收入。因为将一、二、三相加或相乘都是六，所以有了"六次产业"的说法。新的产业中，农民不仅可以从事农林水产等第一产业，还可以入主食品加工等第二产业以及流通、销售等第三产业，从而获得加工收入和流通利润等高附加值。"六次产业"的形态非常丰富，如农产品的品牌化、直销店、饭馆、观光农业等。发展"六次产业"的根本目的是振兴农业、农村，改变农业发展前景，所以要坚持以农业为主体，第二、第三产业附着其上，相互融合，从而使原本作为第一产业的农业成为综合产业，形成农产品生产、加工、销售、服务、观光等的一体化。

和加工基地建设、林下种植、林业及特色农作物开发利用等方面的贷款。如墨西哥农业发展银行的森林资源开发融资、甘蔗种植融资和咖啡园种植改建融资，日本农林渔业金融公库林业贷款。

二、农村基础设施

对农村基础设施的支持也是农业政策性银行业务发展的重要方向。贷款的用途包括水利基本建设、农村公路修建、电网改建和信息网络建设、清洁能源开发、住宅、特色乡村保护和旅游开发、教育、医疗和公共服务等人居环境和生活设施的各个方面。主要的信贷服务产品有以下四类。

（一）基础设施建设贷款

直接向列入农村基础设施建设范围内的项目法人提供中长期和短期贷款。比如美国农村发展局帮助农村地区建造和改善家庭住房与必要的社区设施。该局直接提供住房贷款，用于帮助低收入个人或家庭获得农村地区的住房，资金可用于购买、建造、修理、翻新或搬迁住房，或购置和准备场地，包括提供水和排污设施等方面；社区直接贷款可用于医院、诊所、疗养院或辅助生活设施等保健设施建设，也可用于市政厅、法院、机场机库或街道的改善，幼儿中心、社区中心、游乐场或过渡房屋的修建等。中长期贷款期限都根据项目预估现金流确定，期限一般较长，利率相对商业性金融的贷款有所优惠。

（二）基础设施建设基金

通过发行基金的方式，向农村基础设施建设提供信贷资金支持。比如印度农业与农村发展银行的长期水利灌溉基金，向邦政府提供农村基础设施发展基金贷款和长期水利灌溉基金贷款等。韩国农协银行与政府共同出资设立"青年农民智慧农场综合基金"。该基金是一项面向有发展前途的青年农民推广的政策性贷款项目，对象是首次安装智能农场设施的农校毕业生农户。该行为智能农场提供免费的管理咨询。

（三）基础设施转贷款

不直接对项目法人贷款，而是对第三方发放贷款，由第三方出资支持农村基础设施建设。如印度农业与农村发展银行向邦合作银行、区域农村银行、邦属公司和非政府组织提供贷款。德国农业土地抵押银行向农村地区的地方政府发放贷款，支持建设地方政府大楼和教育机构、供水和污水处理以及修建道路。

（四）基础设施建设银团贷款

对所需资金比较多的农村基础设施建设项目，农业政策性银行牵头或配合其他商业银行一起提供贷款支持。德国农业土地抵押银行通过与德国联邦各州的本地银行签订全球融资协议促进农村发展，2018年，农村发展促进项目的新业务增长9.6%，达到20亿欧元。南非土地和农业发展银行对政府担保的农村基础设施建设发放银团贷款。

三、农业现代化

支持农业发展的现代化已经成为各国农业政策性银行的重要工作内容，对于该领域的支持在不同的金融机构有着不同特点。

（一）科技创新贷款

主要用于农业科技研发期间的资金需要。特别是与农业、农村相关的生物工程、基因工程、种子培育和农工业机械技术等科研项目的贷款风险较大，政府在资金来源和利息方面一般给予适当政策优惠。比如德国土地抵押银行对农业创新项目提供低息融资。

（二）科技成果推广转化贷款

主要支持农业科技成果产业化。如韩国农协银行在农业的"第六产业化"[①] 中积极作为，为智能农场等尖端农业提供资金服务。巴西开发银行则

---

① 2015年初，韩国农林畜产食品部公布了农业"未来增长产业化计划"，第一次提出了农业"第六产业化"这一全新概念。所谓"第六产业化"，是指把农业向第二产业、第三产业延伸，打造以农业为核心的产业融合，最终实现农业生产、服务、加工、销售、咨询一条龙，增加农民收入，扩大农业产业，吸引更多人，特别是年轻人回归农业、回到农村的目的。

大力支持"国家储备乙醇计划"①和甘蔗产业技术革新。通过支持转基因等技术的应用，巴西甘蔗产业产量增长超过 40%，全球六家规模最大的二代乙醇生产企业中巴西企业有两家。

（三）农业机械贷款

对改善农业生产方式的农业机械研发、购买发放贷款。如俄罗斯农业银行积极参与国家汽车工业发展计划，提高汽车产业的竞争力；积极支持推广农用机械项目，促进农业的现代化②。依据 1972 年 3 月 24 日欧洲共同体六国农业部长达成的总协定，法国推出了农业现代化计划，法国农业信贷银行对农业生产和农业装备给予信贷支持是其首要任务。

（四）农业规模经营贷款

法国农业信贷银行发放贷款支持土地整治，把同一村镇或邻近村镇的农业用地连为一体，通过土地合并取消小块土地经营。加拿大农业信贷公司购买与农业相关业务、农业以及食品加工业企业的股份。

（五）农业信息化贷款

2016 年韩国农协银行进行农业贷款创新，推出智能农场贷款，旨在促进将 ICT 技术③融入智能农场等农业设施的应用中。韩国农协银行以 1% 的低利率提供了 397 亿韩元的此类贷款，不仅用于与智能农场相关的新农场建设和购买技术先进的农场，还用于翻新和营运资金。

四、农村生态环境保护

随着人们对于生态环境保护的重视，农村生态环境的保护也逐渐成为农业政策性银行支农领域的重要一环。大部分农业政策性银行将农业资源可持续利用和农村生态环境保护作为支持的重要领域。

---

① 1975 年以来，巴西政府提出"国家储备乙醇计划"，用于减轻国际油价高企对巴西经济的冲击。乙醇等生物燃料的兴起，对巴西甘蔗产业带来了极大的需求。

② 资料来源：俄罗斯农业银行 2018 年年报。

③ ICT 是信息（Information）、通信（Communication）和技术（Technology）英文单词的首字母组合，是信息技术和通信融合的新技术。

（一）资源环境保护贷款

这类贷款支持的项目不侧重于农业和农村经济发展，贷款的主要用途是资源环境的保护，如土壤改良、河道疏通、河滨绿化、水库堤坝整修、湿地修复、荒山和沙漠化治理等。在法国一系列乡村整治法案实施中①，法国农业信贷银行被赋予重要职能，重点支持创建地区或国家公园、建立自然保护区、兴办大型地区整治工程等。美国商品信贷公司对太阳能、沼气、风力发电等项目建设投放贷款，减少排放以保护环境。

（二）森林资源保护贷款

日本、巴西和墨西哥等国家的农业政策性银行设立了专项贷款产品，用于天然森林区的重新造林和维护，支持林业和农业结合轮作，农业、林业、牧业结合，天然林区的旅游业，与林业项目相关的替代能源，森林工艺品的生产和销售，商业林场的建立、维护和收益等。

（三）退耕休耕环境保护资金支持

美国商品信贷公司在执行美国政府的保护储备计划（CRP）时，不仅对湿地、河滨、草地等项目给予资金扶持，还把退耕休耕、湿地恢复和增强、草原洼地保护作为重点支持范围。

（四）污水与垃圾处理贷款

美国农村发展局的水及废物处理贷款可用于饮用水的来源、处理、储存和分配，污水收集传送处理及处置，固体废物的收集处置，雨水收集、输送和处置等方面。

（五）可持续发展贷款

通过可持续发展贷款，达到促进改善动物福利、减少排放和提高能效的目的。2018 年，德国农业土地抵押银行发放可持续发展贷款 18 亿欧元，

---

① 法国政府推进地区平衡发展的措施包括：1963 年建立领土整治和地区行动评议会；1967 年划定改革区域；1970 年建立自然保护总署、乡村空间委员会等。

其中 14 亿欧元用于太阳能、沼气和风力发电等项目的推广。

五、特定群体与特定区域扶持

由于历史、资源条件、地理位置等方面的原因，各群体和区域之间发展的差异较大，同时出于产业发展的考虑，部分农业政策性银行对特定群体与特定区域进行扶持。

（一）青年农民创业贷款

这类贷款的主要目的是扶持和帮助青年农民和青年企业家发展壮大。印度农业与农村发展银行对青年农民培训给予支持。加拿大农业信贷公司有青年农民贷款、农业创业贷款和青年企业家贷款。日本农林渔业金融公库建立青年就业基金。

（二）小微企业贷款

支持小企业发展壮大是农业政策性银行的业务重点。俄罗斯农业银行与俄罗斯经济发展部门签署支持中小企业协议，在国家担保体系下为中小企业提供无担保/部分无抵押贷款。美国农村发展局为符合条件的商业活动和支出提供小额贷款，包括但不限于周转金、债务再融资、采购设备和用品等。

（三）服务扶贫开发

为消除贫困，对贫困人口搬迁、就业培训和创业等提供资金支持是各国农业政策性银行的共同做法。墨西哥农业发展银行服务国家发展战略，对贫困地区的生产者发放扶贫贷款；南非土地和农业发展银行设立了南非农林渔业部扶贫基金，支持贫困人口采购农业生产工具保持生产，应对粮食危机；印度农业与农村发展银行的小额信贷使贫困人口直接受益。

（四）特定人群贷款

为支持农村妇女、土著人口和黑人等弱势群体的就业，一些国家的农业政策性银行积极发放特定人群贷款。比如巴基斯坦农业发展银行为所有具有技术知识和偿还能力的有信誉的农村妇女提供优惠的农业和非农业活动的资金。越南社会政策银行专门针对贫困家庭、学生及少数民族开发贫困贷款、学生贷款及少数民族发展贷款，为其提供生活与生产资料，有力地促进了弱势群体的发展①。南非土地和农业发展银行设立了黑人农业经济增强基金。

（五）区域发展贷款

为解决北海道人口过疏问题，日本农林渔业食品事业部针对北海道地区发放贷款，主要用于解决企业和农户在农业用地、农业设施、农村道路、农业生产基地开发、果树、家畜、农田水利基本建设与改造等方面资金的需求。另外，针对由于意外的自然灾害、环境变化等因素造成的经营状态不稳定，该事业部也向农业生产经营者提供农业灾害援助贷款。

六、应急体系建设

作为特殊的金融机构，为了稳定生产生活的需要，部分农业政策性银行在业务方面对于应急体系的搭建给予支持。

（一）应急贷款

主要用于应对自然灾害、突发事件的救援、恢复生产生活等方面的资金需要。比如墨西哥农业发展银行的应急援助贷款用于受自然灾害、需紧急提供技术援助的项目，其目的是支持重新启动生产活动，保证项目和客户当前和未来的业务连续性。日本农林渔业金融公库在灾害导致客户经营遇到风险时，以长期营运资本贷款的形式，为农业、林业和渔业经营者提供动态资金支持。

（二）应急状态服务

在应急状态下提供必要的金融服务。比如土耳其农业银行在发生农业自然灾害后承担起代理支付政府对农民的自然灾害救助补偿款的任务，使土耳其农业银行构成了该国农业应急体系的一部分②。

---

① 资料来源：越南社会政策银行2018年年报。
② 资料来源：土耳其农业银行2018年年报。

（三）应急备用服务

一部分农业政策性银行还主动为客户提供应急备案服务。比如法国农业信贷银行建立事前、事中、事后三位一体的农业生产者扶持和危机管理机制，引导农民建立"五年期农业储蓄账户"，推行"退休计划"和"Floriagri 人寿保险"，鼓励农民根据自身意愿和安排有计划储蓄，增强风险抵御能力。在危机发生过程中，利用各领域的专业知识指导农业生产和经营领域的活动。在危机发生后，与政府部门、行业协会和农业工会等部门沟通协调，具有收购企业的优先权。同时利用国家负担利息、免税、内部调整、合并贷款、重建贷款等方式化解危机。

第四节　融资期限及利率水平

农业政策性银行服务于农业农村农民生产生活的各个领域，总的来说，贷款以中长期为主，利率通常较低，体现了政策性特征。在阐述贷款总体情况的基础上，本节从农业政策性银行的贷款类型出发，按照农业企业日常经营类贷款、与农业周期相关的贷款、投资类贷款、公益及社会责任类贷款四种类型阐述贷款期限及利率。

一、贷款的总体情况

农业政策性银行为不同客户提供不同期限及利率的贷款以支持其农业生产经营活动。总的来说，农业政策性银行的贷款以低利率的中长期贷款为主，贷款期限较一般商业银行更长，最长可达 40~50 年，贷款利率体现农业收益特点，一般较商业银行更低，且政府会通过直接利率优惠、提供利息补贴、对利息收入进行税收减免等措施实施利率优惠政策。

（一）贷款期限

在贷款期限方面，农业政策性银行贷款期限整体较长，中长期贷款占总贷款比重较大。比如，日本政策性金融公库农林渔业食品事业部贷款平均期限 12.9 年，5 年以内贷款占全部贷款比重为 21.1%，5 年以上贷款占比 78.9%；南非土地和农业发展银行贷款期限在 1 年以上的占总贷款的

67.4%，其中5年以上的长期贷款占比52.44%；加拿大农业信贷公司贷款期限在1年以上的占总贷款的80.6%；土耳其农业银行、俄罗斯农业银行及马来西亚农业银行1年以上贷款占总贷款的比重也均在80%左右（见表5-3）。农业政策性银行的中短期贷款主要用于日常生产经营、调节农业生产销售周期等；而中长期贷款则主要用于投资领域、公益及社会责任领域等。

表5-3　　部分农业政策性金融机构不同贷款期限占总贷款比重①　　单位：%

农业政策性金融机构	1年以内贷款占总贷款比重	贷款期限超过1年贷款占总贷款比重	
		1～5年贷款占比	5年以上贷款占比
加拿大农业信贷公司	19.40	70.60	10
南非土地和农业发展银行	32.60	14.96	52.44
日本政策性金融公库农林渔业食品事业部	—	21.0	78.90
土耳其农业银行	20.60	79.40	
俄罗斯农业银行	16.00	84	
马来西亚农业银行	16.68	83.32	
巴基斯坦农业发展银行	57.03	42.97	

资料来源：各机构网站公布的年报。

短期贷款。农业政策性银行的短期贷款期限一般在1年以内，主要用于满足农户及农业企业日常生产经营中对流动资金的需求，以促进农业生产等。农业政策性银行对申请短期贷款的农民和农业企业资格设定了一定限制，以更好地服务农业农村农民，控制贷款风险，提高支农效率。例如，泰国农业与农业合作社银行要求其贷款客户必须拥有泰农行认定的"真正的"农民身份；必须有足够的农田耕作经验或农业领域培训经历；必须是"永久的"居民，即在泰农行分支机构所辖业务区域内开展主要农业活动的居民；必须能提供充分合理的农产品销售年度报告以证明其收入足以偿付贷款。

中期贷款。农业政策性银行的中期贷款期限一般为1～5年，主要用于

---

① 加拿大农业信贷公司及南非土地和农业发展银行为2018—2019财年数据，土耳其农业银行、俄罗斯农业银行、马来西亚农业银行为2018年数据，巴基斯坦农业发展银行为2016年数据，日本政策性金融公库为2018年末数据。

调节农业生产销售周期，支持农产品价格，及针对农业生产周期超过短期贷款的情况提供周转资金等。例如，法国农业信贷集团向其会员提供中期低息贷款，以充当生产周期超过短期贷款时限的周转资金，购买除地产之外的不动产或动产；还向非会员发放就职贷款、农业生产者组合贷款、农业受灾者贷款、特别畜牧贷款、农场现代化特别贷款等。农业政策性银行的中期贷款利率较短期贷款略高，例如南非土地和农业发展银行 2019 年中期贷款利率为 11.8%，较短期贷款高 0.7 个百分点。

长期贷款。农业政策性银行长期贷款期限通常较一般商业银行更长，最长可达 40~50 年，比如日本政策性金融公库农林渔业食品事业部的林业贷款，期限一般为 50 年左右。这类贷款主要用于投资，规模通常较大，需要较长的时间才有可能达到收支平衡并盈利，其贷款利率与其具体的贷款用途、贷款主体信用等级及自身条件有关，但由于政府补贴等优惠政策，利率较商业银行而言普遍较低。客户为获得农业政策性银行的长期贷款通常需要提供抵押担保等增信措施，例如美国农场信贷系统的长期不动产贷款必须由不动产作为第一留置权进行抵押担保，墨西哥农业发展银行用于固定资产的基础信贷也要求提供抵押或质押的担保，俄罗斯农业银行 97%的公司贷款有抵押品担保，并要求为抵押物主体投保。此外，部分农业政策性银行要求贷款客户提供一定比例的自有资金，例如墨西哥农业发展银行针对渔业和水产养殖提供的固定资产和船舶维护类贷款，要求贷款自有资金不少于总项目的 30%。

（二）贷款利率

在贷款利率方面，利率优势是政策性银行区别于商业银行的一个显著特征。农业作为弱质性产业和低利行业，具有生产周期长、资金周转慢、集约化程度低、受自然条件影响大等特点，农业收入也呈现长期性和风险性特征，需要借助低利率资金进行融通。农业政策性银行提供的低利率贷款与农业生产经营特征相匹配，有利于国家宏观政策对行业以及产业进行引导，并对弱势产业及相关的从业群体进行扶持。不同国家的农业政策性银行利率政策不尽相同，但总体来说，与本国的商业银行相比较低，且普遍设置了一些利率优惠政策。例如，巴西开发银行的利率大部分在巴西长期利率（TJLP）价格基础上加点确定，从 2005 年以来一直低于本国的债券平均成本（DFPD），且 TJLP 长期低于本国基准利率。美国商品信贷公司的贷款利率与商业银行相比较低，以 2017 年数据为例，1 年及以下期限的贷款利率高于联邦基准利率（0.75%）约 1 个百分点，3 年期贷款利率与联邦基准利率较为接近，但远低于商业银行 10%①左右的 2 年期个人贷款利率水平。由于筹资成本较低且享受减免税政策，大多数情况下美国农场信贷系统的贷款利率会低于商业银行。美国农业部 1977—1995 年分析数据显示，20 世纪 80 年代初期前后，市场利率高且波动较大，农场信贷系统采用平均成本定价法，贷款利率明显低于商业银行，大致低 80～500 个基点。

不同的国家对利率的优惠政策也不尽相同，具体可以分为直接实行利率优惠、实行利息补贴机制、对利息等收入采取税收优惠等措施。

1. 直接实行优惠利率。直接给客户执行优惠利率是农业政策性银行最常见的利率政策，体现国家支农意志，传导扶持政策信息。农业政策性银行能够执行优惠利率的内在原因在于其非盈利最大化经营目标，外因则是其资金来源的成本较低，通常为政府、财政等提供的低息资金。同时，农业政策性银行通常为主权评级，在发债等方面评级较高，筹集的资金也相对便宜。例如，德国农业土地抵押银行以基本覆盖筹资成本的优惠利率将中长期资金投放给合作银行、储蓄银行或私营银行等商业银行，再由这些银行通过严格规范的程序转贷给农民，确保最终借款的农民获得优惠贷款。

2. 实行利息补贴机制。利息补贴是较为常用的利率优惠手段之一。利息补贴具有直接性、精准性的特点，操作目标明确，可调整余地大。补贴的方式包括直接向贷款人进行补贴、向金融机构进行补贴等。俄罗斯农业银行、印度农业与农村发展银行等都比较有代表性。俄罗斯货币市场利率较高，虽然近年来大幅降低，仍然高达 17% 左右。为有效引导信贷资金投入农业领域，俄罗斯政府向贷款人提供利息补贴。一般短期贷款的利息补贴是市场利率的 2/3，有的甚至全额贴息，贴息一部分由联邦政府提供，另一部分由地方政府安排预算，贴息直接支付给贷款人。2017 年，俄罗斯农业部和俄罗斯农业银行共同实施"农业企业贷款补贴计划"，俄农行以优惠利率向农业生产者和企业发放贷款，从联邦预算中获得利息损失补贴。印

---

① 来源于 Wind 数据库，美国商业银行 24 个月个人贷款利率（2019 年 11 月 30 日），2017 年贷款利率为 9.76%～10.57%。

度针对农村基础设施基金进行贴息，印度农业与农村发展银行以 8% ~ 8.5% 的利率放款给村镇银行、合作银行或其他金融机构，若农户贷款在 3000 卢比以下，可以 7% 的利息从银行贷款，如果按时还本付息，将得到印度政府 3% 的利息补贴，即农户可以 4% 的利息获得贷款，在放款过程中，印度政府还直接提供 2% 的利息补贴给放款银行或机构。

3. 对利息等收入采取税收优惠。一些国家的税务部门对农业政策性银行的利息收入等营业收入采取一定的税收优惠。加拿大农业信贷公司很大程度上不受所得税以及其他地方税收的影响。德国政府给予德国农业土地抵押银行全额免税的优惠政策。美国农场信贷系统也享受免税政策，联邦土地银行协会（FLCA）不动产贷款免交全部所得税，生产信贷协会（PCAs）非不动产贷款免交联邦和州所得税。

二、不同类型贷款的期限与利率

针对不同用途的不同贷款，匹配需要扶持的产业和对象特征，存在期限与利率的差别。

（一）农业企业日常经营类贷款

该类贷款是为解决农业企业日常流动资金周转问题而向其提供的贷款，类似企业流动资金贷款，通常周期较短，以中短期为主。例如泰国农业与农业合作社银行的农场相关活动贷款，主要用于帮助解决农民生产经营相关的资金短缺，其用于资金周转的短期生产贷款期限通常为 12 个月。墨西哥农业发展银行为农业企业的日常生产提供基础信贷产品，用于满足营运资金需求时，贷款期限控制在 24 个月以内。

（二）与农业周期相关的贷款

农业生产具有周期性的特征，农业政策性银行为促进农产品生产、支持农产品价格、平滑农产品周期而提供的贷款，可以提高农产品市场的稳定性，保护农业生产者的利益。该类贷款以中短期贷款为主，期限在 1 年半以内的居多。

1. 支持农业季节性生产的贷款。由于农产品生产具有季节性，因此许多农业政策性银行就支持农产品季节性生产设立了短期贷款。例如，泰国农业与农业合作社银行为满足特定产品生产所需的季节性支出（如土地预耕、种子、肥料购买和劳动力雇佣的支出）而设立了农产品短期贷款，通常该贷款必须在 12 个月内偿付，若有特殊情况，偿付期限可延长至 18 个月。印度农业与农村发展银行就农作物生产向合作银行和区域农村银行提供季节性农业经营短期作物贷款，并规定了该类作物贷款期限不能超过 18 个月。

2. 调节农业销售周期的贷款。除为季节性生产提供资金外，调节农业销售周期、支持农产品价格也是农业政策性银行的重要职责，该类贷款通常期限在 1 年以内。例如，除支持棉花价格贷款的期限为 10 个月外，美国商品信贷公司为支持大部分农产品价格而发放的贷款期限均为 9 个月，适用范围包括小麦、饲用粮（大麦、玉米、高粱、燕麦和黑麦）、大米、棉花（陆地棉、特长棉和种子）、烟草、蜂蜜、花生、大豆、糖（甜菜和甘蔗）和牛奶等。泰国农业与农业合作社银行为避免因农产品价格和供给波动给农民带来损失而专门安排的农产品延迟销售贷款，期限通常为 6 个月，可以支持农民避开农产品价格低谷期，实现延迟销售，平滑农产品集中销售带来的价格不正常波动。

在利率方面，农业政策性银行对与农业周期相关的贷款通常执行优惠利率，利率水平整体较低。对于支持农业季节性生产及调节农业销售周期类的贷款，由于期限较短，部分农业政策性银行实行利率较基准下浮政策以体现政策支持。而对于生产周期较长的农产品，由于收回成本时间和效益周期随生产周期而相应拉长，农业政策性银行也对其提供低利率贷款以解决发展中的资金约束问题。南非土地和农业发展银行通过中介机构向初级农业加工领域市场化小农户发放的贷款，其利率受到南非农业、土地改革和农村发展部的限制。目前，中介机构对小农户发放该类贷款的利率定价为 4%，低于南非土地和农业发展银行的融资成本[1]。而同期印度农业与农村发展银行对邦合作银行、区域农村银行等提供的季节性农业经营短期作物贷款则执行基准利率下浮的优惠政策，该类贷款的利率水平大致处于 4.5%，较同一时期印度银行基准利率下浮 2.25 个百分点。

---

① 资料来源：Land Bank Integrated Report FY2019：72.

（三）投资类贷款

农业农村领域的投资类贷款通常用于支持农业生产者对机器设备、土地等农业生产资料以及基金等金融中介机构的资金需求。投资类贷款以中长期贷款为主，投资类贷款利率与贷款主体的自身状况及具体用途有关。

1. 机器设备类贷款。农业政策性银行为购置、维护、升级机器农业相关设备等用途提供中长期贷款，贷款通常最长不超过 15 年。例如，泰国农业与农业合作社银行为家畜饲养机械的购置或升级提供中期信贷，这类贷款通常需要在 3 年内偿付，在特殊情况下可以延长至 5 年。墨西哥农业发展银行为甘蔗机械设备保养和维修提供的贷款最长期限为 36 个月，而其为渔业和水产养殖融资提供的固定资产和船舶维护类贷款期限最长 10 年。法国农业信贷银行用于增加牛、羊种畜的数量和改进饲料生产设备贷款的最长期限也为 10 年；为农业设备和农业投资提供中期信贷资金支持，期限 2 ~ 15 年不等，特殊情形下可达 18 年。此外，南非土地和农业发展银行为所有农民提供用于购买农用设备和工具的中期分期销售融资，类似于商业银行提供的分期付款购买协议，贷款期限为 4 ~ 12 年。

2. 土地类贷款。土地作为农业生产过程中的重要生产资料，对农民生产具有重要意义，农业政策性银行向农业生产者提供土地类贷款，有助于农业生产者扩大生产规模，实现规模化经营。由于农业生产周期较长，资金周转较慢，该类贷款通常以中长期为主，其贷款利息则与贷款主体的自身条件相关。例如，美国农场信贷系统提供长期不动产贷款用于购买土地、改良土壤、购置建筑物或者为以前的房地产或非房地产贷款进行再融资等，期限一般为 5 ~ 40 年，目前以 20 ~ 30 年为主。法国农业信贷银行在提供可以用来购买农林土地资料的非低息长期贷款的基础上，还为满足特殊条件的农民提供用于获得土地、购买开业用房等的长期个人低息贷款。该银行根据农民已经拥有的土地面积等条件将能享受低息贷款的人群分为三类，提供期限在 20 ~ 25 年的贷款，并提供 5 ~ 10 年不等的优惠期限。

3. 基金等中介类贷款。部分农业政策性银行向基金等中介机构提供直接贷款，以支持其发挥金融中介作用。该类贷款通常期限较长，贷款利率根据贷款主体的信用等级及其实际支持领域而有所不同。通常来说，由于风险溢价的存在，向无政府担保的公司提供的贷款利率比向政府及其担保公司提供的要高。印度农业与农村发展银行通过农村基础设施基金向邦政府和邦属公司提供低成本农村基础设施信贷资金支持，该行根据不同的基金业务品种及贷款对象在基准利率基础上进行下浮或上浮调整。以其仓储设施基金（WIF）和食品加工基金（FPF）来说，如贷款主体为邦政府或邦政府担保的公司，这两类基金的贷款利率在银行基准利率6.75%的基础上下浮1.5个百分点，即执行5.25%的贷款利率；如果贷款主体无邦政府的担保，仓储设施基金的贷款利率将在仓储设施基金贷款的现有贷款利率（PLR）7.75%的基础上根据风险评估，进行0.25个百分点、0.5个百分点或0.75个百分点的上浮，而食品加工基金的贷款利率将在食品加工基金现有贷款利率7.25%的基础上根据风险评估，进行0.1个百分点、0.2个百分点或0.35个百分点的上浮①。

（四）公益及社会责任类贷款

农业政策性银行作为国家实施资源配置的手段，为农业农村领域中商业银行不愿意支持的公益及社会责任事业提供信贷资金，该类贷款可以具体分为环境保护类贷款、改善农村生活条件类贷款及应急类贷款等，总的来说贷款周期更长，利息较低，且用于公益工程建设时贷款周期较一般贷款更长，可达到40~50年。

1. 环境保护类贷款。农业政策性银行对环境保护领域发放的贷款以长期低息贷款为主。例如，美国商品信贷公司根据1981年《农业和食品法》，为农业生产者提供自然资源保护和环境治理信贷服务，具体包括土壤、水保护贷款，这类贷款期限不能超过10年，利率由美国财政部确定。而法国农业信贷银行针对可能成为地方银行或地区银行会员的公共或私人团体发放长期低息贷款，该贷款用于绿化工程时贷款期限为50年，具有利息低的特点，1976年的法案规定该贷款利率为6.75%，可在6.25%~7.25%之间浮动。

2. 改善农村生活条件类贷款。农业政策性银行为改善农村生活条件提供信贷资金，以促进整个农村社会发展，提高农民生活水平。该类公益性贷款通常具有较一般贷款更长的期限，最长可达40年，此外由于其主要体

---

① 2019年初数据，参见本书第二十一章。

现国家对农村及农民的支持意愿，贷款利率较低。例如，美国农村发展局针对建造和改善必要的社区设施、设备等用途的社区直接贷款期限最长可达40年；法国农业信贷银行的长期集团低息贷款用于乡村电气化工程或饮水工程时，贷款期限为40年。

3. 应急类贷款。农业受自然影响较大，较容易遭遇自然灾害等导致的农业危机，进而导致农民贫困。针对这一情况，农业政策性银行为履行政府职责、承担社会责任，设置了相应的应急贷款。该类贷款的期限及利率通常根据受损失的性质和严重程度而有所不同，但总体来说该类贷款以中长期贷款为主，且由于有政府补贴，利率较低。

针对在生产过程中遭受自然灾害的情况，印度农业与农村发展银行可视情况将其季节性农业经营短期作物贷款转换为中期贷款，以便给因自然灾害而受损的农民提供救济。法国农业信贷集团则针对不同类型的受灾提供不同期限的贷款，对一般类型的农业受灾，贷款期限最长4年；对多年生作物受灾或连续受灾，期限可延长至7年；而用于补偿土地、作物、牲畜及房舍所受损失的贷款，期限可长至15年。在利率方面，收获受灾、非多年生作物受灾损失相当于价值的25%~50%者，利率为6%；多年生灌木作物受灾、收获受灾、非多年生作物受灾损失超过其价值的50%者，救灾贷款利率为5%；两茬收获连续受灾，利率为5%；土地、庄稼、牲畜和住房受灾利率为4%[1]。德国农业土地抵押银行为减轻农业危机的经济影响提供特别优惠贷款，并通过低利率融资、额外降息或促销补贴等方式以保持低利率，曾被用于支持2009—2010年世界经济危机导致的农产品价格下跌危机、2012年霜冻导致的作物歉收危机、2016年的牛奶危机等。[2]

第五节　产品与服务的演进

无论在高收入国家、中等收入国家还是低收入国家，农业政策性银行的产品与服务会随着经济的发展、政府农业农村政策的调整而呈现不断变化的过程，围绕着"支农服务"不断地演进发展，主要呈现以下几个特征。

---

① 参见本书第十三章。
② 参见本书第十二章。

一、适应农业发展阶段及政策需要，及时跟进调整产品和服务

纵观世界各国，农业政策性银行的产品与服务并非一成不变，而是随着农业发展阶段及政策变化，及时跟进调整。在不同的历史发展阶段，各国政治经济状况、农业发展水平、社会制度及外部环境不尽相同，因此，各国需要根据农业内外部环境变化，相应调整农业发展政策，对农业政策性金融提出需要针对性解决的新课题。农业政策性银行配合政府农业政策重点及目标，随之调整产品和服务，以响应国家战略和农业农村发展需求。在不同时期，各国农业的重点任务不同，作为贯彻国家意志的农业政策性银行的业务重点也会调整。

从各国农业政策性银行的发展历程中，我们可以清楚地看出其产品与服务的历史变迁。以美国商品信贷公司为例。为应对 1929—1933 年经济大萧条，帮助农业走出危机，美国政府采取了颁布《农业调整法》等一系列政策措施。为有效执行《农业调整法》等①政策意图，1933 年成立商品信贷公司，主要为农产品提供价格支持贷款，包括为农产品及设施的购买、销售和借贷等业务，为食品、饲料、纤维等农产品提高产量、稳定价格、保障供应和有效流通提供服务等。第二次世界大战期间及战后一段时期，该公司主要为国外政府、红十字会、盟国、联合国善后救济总署、军队以及其他政府机构采购大量农产品，为战争提供支持。此时，该公司增加了供应、补贴、国外采购、出口和依法授权的贷款等新职能。20 世纪 90 年代中期以来，美国联邦政府开始取消农产品目标价格和差额补贴，该公司业务几乎涉及所有主要农产品以及石油等重要战略物资，包括收入支持和灾害援助、环境保护、农产品经营和食品援助、国外市场发展、出口信用等，由直接收入支持向收入保险支持发展。

在同一时期，随着政府对农业政策的调整，农业政策性银行的产品与服务也会进行相应调整。如 2017 年 1 月 1 日，德国政府实施新的《德国可

---

① 6340 号行政令共列出设立商品信贷公司所依据的 7 项法案：《农业调整法》《工业复兴法》、1933 年《联邦紧急救济法》《金融复兴公司法》《联邦农场信贷法》、1933 年《农场信用法》《紧急救济和重建法》。其中，《农业调整法》是主要依据。

再生能源法案》（EEG）[①]，规定收费价格通过拍卖确定。与之相对应，德国农业土地抵押银行可再生能源项目的新业务贷款大幅下降，发放的贷款总额由 2017 年的 17 亿欧元下降到 2018 年的 4.465 亿欧元[②]。巴西开发银行也是如此。自 1975 年以来，巴西政府实施"国家储备乙醇计划"，对甘蔗产业的需求有极大的推动作用。2004 年到 2010 年，巴西开发银行投放超过 550 亿雷亚尔支持甘蔗产业发展。2005 年初，普京总统签署了"农业振兴计划"，俄罗斯农业银行立即响应，为农业企业和生产合作化组织提供了大量贷款。纵观各国农业政策性银行产品和服务的调整，均与本国政府的政策密切相关，可以说农业政策性银行的产品和服务是政府政策调整的晴雨表，是政府农业农村政策实施的先导银行。

二、面对新形势新任务，积极发展多元化经营

随着金融全球化的发展，国际投融资的自由度越来越高。银行业面临前所未有的激烈竞争，农业政策性银行也不例外。为探索新的生存之道、降低融资成本，大部分农业政策性银行选择了多元发展道路，业务也越来越多样化，甚至形成了全能性银行或称综合性银行。

农业政策性银行多元化甚至全能化的一个表现是逐步实现对农业的所有环节、所有对象及领域的全覆盖。从各国农业政策性银行的发展演变历程中，我们可以清晰地看到农业政策性银行从单一业务逐步实现了多元化发展。如德国农业土地抵押银行 20 世纪 40 年代到 70 年代的业务主要集中于农业基础设施建设和从事农产品生产加工中小企业的发展；20 世纪 70 年代中后期至 80 年代末，主要业务是促进农村土地集中、乡村重建升级、扩大农场规模和资助青年农民创业；20 世纪 90 年代，业务重点聚焦于支持新建地区的农业企业发展；进入 21 世纪后，业务范围已拓展到农业农村发展的各个领域。

农业政策性银行多元化甚至全能化的另外一个表现是产品和服务的种

---

① 《德国可再生能源法修正案》于 2016 年 10 月通过，该修正案引入了针对所有大型可再生能源发电容量的拍卖，以使德国能源供应格局以合理的成本可持续地发展并促进新技术的发展。该修正案预示着能源转型进入新阶段，即不再由政府决定，而是在未来由市场通过专门的竞售体系确定可再生能源资金的相关状况。

② 资料来源：2018 年德国农业土地抵押银行年报：7。

类越来越丰富，除了一般农业贷款外，还提供保险、担保、咨询、投资、再保险等业务。这一特征在高收入国家表现得尤为明显，原因在于现代农业得到极大的发展、农业经营主体的整体素质进一步提高，使农业政策性银行的产品服务更加偏向于为农业农村发展提供全方面的保障。例如，从1998年起，美国联邦农作物保险公司代表政府对私营保险公司的经营管理费用和损失给予补贴，提供再保险服务。法国农业信贷银行建立之初是专注于农业农村领域的专业性银行，20世纪70年代通过设立专门子公司，逐步涉足股权投资、资产管理等领域，开启了向全能银行的转变；1986年从事人寿保险业务，进入保险市场。1988年成为独立于政府的有限公司，拥有更多元化的业务发展空间；1996年，其业务扩展至公司银行和投资银行领域，目前该行已经成为多种业务间相互补充的全能银行。

三、根据农业特点，不断设计开发新的产品品种

根据农业生产需要，各国农业政策性银行不断设计开发适应本国农业生产特点的政策性产品。农业政策性银行根据农业生产特殊性的要求，及时设计有针对性的金融产品，以满足客户多元化需求，更有效地发挥对农业生产的扶持功能。例如南非土地和农业发展银行为满足季节性贷款需求开展生产贷款，其用途为支付农业生产所需的各项成本，包括购买化肥、农药、种子和燃料等。加拿大农业信贷公司不断开发新的贷款产品，满足本国农业生产的新需求。就贷款产品而言，包括农业起步融资、土地贷款、林业贷款、果树贷款、多目的贷款、畜牧贷款、固定额度贷款、设备贷款等。贷款产品不仅种类非常丰富，而且每种贷款产品又衍生出许多新产品，如农业起步融资又包括第一步贷款、过渡贷款、发薪日贷款、现金流优化贷款、"1 – 2 – 3 成长贷款"等。

四、重视金融科技的应用，产品与服务逐步进行转型升级

新的金融科技浪潮下，金融业也发生了新变化。随着金融科技、信息科技的发展，农业政策性银行业务的服务渠道网络化和科技化趋势日益明显。纵观各国农业政策性银行，特别是高收入国家，科技投入逐年增加，在产品、营销、渠道、风控等多方面应用先进技术，全方位布局向智慧银行转型升级。

　　目前，高收入国家的农业政策性银行通过金融与技术的深层次融合，以大数据、云计算、区块链和人工智能等主要技术为支撑，推进技术升级，推动创新业务模式和服务方式，不断优化业务流程，打破传统经营方式，变革了传统发展模式。美国联邦农业抵押公司建立承销平台 AgPower 系统①，实现了平均贷款周转时间不到两天。该系统还可以让客户实时获得贷款细节，也可以直接与承销商进行沟通，为客户提供全天候便捷安全服务。2017 年 2 月，巴西开发银行推出旨在服务中小微企业的 APP 渠道，可以在手机和平板电脑上使用，大大方便了客户，缩短了办理业务的时间；2017年 7 月，该银行上线 MSME Developer Channel②，将代理商联结起来，进行网上融资，优化了自动类贷款流程。新的服务方式依托金融科技信息技术，进一步优化风险技术、降低运用成本，提升银行的服务质量与效率。

---

　　① AgPower 是联邦农业抵押公司专有的在线贷款发起系统，专门为与该公司合作的贷款方建立。这个系统易于使用的承销工具，可以指导贷款方为承销和信贷审批提供所有必要数据。

　　② MSME Developer Channel 是专门针对中小企业（MSEs）的在线平台，是巴西开发银行在这一领域运作中的一个战略里程碑。

第六章　农业政策性金融的
资金来源

　　充足稳定的资金来源是金融机构稳健经营的前提和基础，农业政策性银行也不例外。为了不折不扣地执行本国政府的政策，必须具备有效筹集履职所需资金的能力。资金筹集是手段，达成政策意图是目的。因此，政策性金融机构融资业务的目标是在特定的时间，以适当的成本筹集到数量充足、期限合理的资金。

第一节　农业政策性金融机构筹资的理论逻辑

　　从纯粹经济学意义上讲，农业属于典型的弱质产业，投资回报率低、利润空间小，而且风险大，补偿风险需要较高的风险溢价，微薄的会计利润扣除风险溢价甚至可能出现亏损。因此，作为整体，农业领域的投资不符合利润最大化的资本逻辑，从而被商业银行理性地长期忽视。与此同时，农业的极端重要性又恰恰是各国政府不能忽视的，必须给予充足稳定的资金支持。为了确保支持农业农村发展的效果和资金使用的效率，具有财政金融双重属性的农业政策性银行应运而生，将其业务范围集中限定于商业性金融有效边界之外，借助其市场化运作达成政策目标。这也是农业政策性银行普遍存在的根本逻辑。农业政策性银行经营范围的政府规定性，决定了农业政策性融资业务由资产业务驱动的根本特征，也决定了农业政策性银行筹资活动的政策性[①]特征。

---

　　① 完全市场化的筹资应用于非市场化的农业政策性领域，难以实现财务的可持续，这已经被商业银行对农业政策性领域有选择地忽视所证明。

农业政策性金融机构根据国家规定开展业务，不能完全自主选择经营范围和服务对象，经营的双重乃至多重目标，使其政策、风险与收益之间因系统性因素的影响存在不对称不匹配，弱质性更为突出，经营将面临更大的不确定性。为了有效履行职责，同时维持自身的财务可持续性[①]，一方面，农业政策性银行必须筹集到符合需要的相对低廉的稳定的信贷资金；另一方面，各国均赋予农业政策性银行以国家信用，并从多个渠道直接给予政策性融资支持。

但是，不同渠道的资金来源具有不同的容量和政策强度。一般而言，资金的政策性越强，成本就越低，容量也就越有限。农业政策性银行将优先使用政策性更强的低成本资金，直至低成本的资金完全使用。由于不同融资渠道的成本存在较大差异，农业政策性银行的融资呈现出一定的阶梯形特征[②]。因此，在很大程度上，融资需求总量决定了融资的结构。在实践中，不同的农业政策性银行可供选择的融资渠道存在差异，融资渠道的非成本特征[③]也并不相同，最终导致各国农业政策性银行资金结构的多样化。

从根本上讲，农业政策性银行的融资结构受到经济边界和任务边界的双重约束。考虑到完全市场化筹资对农业政策性金融机构财务可持续性的长期影响，政府提供的强政策属性的资金总量往往决定了农业政策性银行资金来源的经济边界，而农业政策性领域的资金需求决定了农业政策性银行的任务边界。农业政策性银行的融资总量取决于双重边界的较小者，从而决定了农业政策性银行最终的融资结构。普遍的观察结果是，农业政策性金融机构大多是混合融资结构。单纯依赖国家提供强政策资金来源的农业政策性金融机构，总体规模一般都比较小。规模相对较大的农业政策性银行，更多以国家信用为基础建立了市场化自主筹资机制，通过发行债券、储蓄等筹集信贷资金，国家提供的强政策性资金反倒成为非常时期的补充来源。

农业政策性金融机构资金来源存在结构性差异。总的来看，各国农业政策性金融机构主要有以下资金来源：权益资本、财政融资、央行融资、

---

① 商业银行利润最大化的经营逻辑将导致银行规模保持在融资边际成本等于资产边际回报的水平。不同于商业银行，政策性银行财务可持续的经营逻辑将导致银行规模超过边际成本等于资产边际回报的水平，通过压缩利润空间扩大履行政策性职能的范围。

② 优先利用特定低成本渠道融资，完全占用该渠道的资金容量后再拓展到其他高成本渠道。

③ 非成本特征是指除了资金成本以外的融资速率、融资空间、主动或被动等其他特征。

国际借款、客户存款、债券融资、同业融资以及其他来源（见表6-1）。

表6-1　　　主要国家农业政策性金融机构的资金来源（2018年）

资金来源＼农业政策性金融机构	权益资本		负债						
	资本金	留存收益	财政融资	央行融资	国际借款	客户存款	债券融资	同业融资	其他来源
美国商品信贷公司	○	○	○					○	○
美国合作银行	○	○					○		○
德国农业土地抵押银行	○	○					○		○
法国农业信贷银行（集团）	○	○		○		○			○
加拿大农业信贷公司	○	○	○				○		○
日本政策性金融公库	○	○	○				○		○
韩国农协银行	○	○	○	○		○			○
俄罗斯农业银行	○	○				○	○		○
南非土地和农业发展银行	○	○			○				○
巴西开发银行	○	○	○		○				○
墨西哥农业、农村、林业和渔业发展基金	○	○	○		○				○
印度农业与农村发展银行	○	○	○			○	○		○
泰国农业与农业合作社银行	○	○		○		○	○	○	○
巴基斯坦农业发展银行	○	○		○		○			○
越南社会政策银行	○	○	○	○		○	○		○
土耳其农业银行	○	○	○			○			○
马来西亚农业银行	○	○	○			○			○
加纳农业发展银行	○	○	○	○				○	○
纳米比亚农业银行	○	○			○				○
埃塞俄比亚发展银行	○	○	○			○			○
坦桑尼亚农业发展银行	○	○	○		○				○

注：日本政策性金融公库和俄罗斯农业银行留存收益为负。

资料来源：根据各机构年报整理。

第二节　政府直接干预的资金来源

我们把农业政策性银行的资金来源划分为政府直接干预和通过市场筹集两类。政府直接干预是指政府直接提供资金，主要包括政府提供资本金、财政融资。由于中央银行属于政府机构，我们把央行融资也作为这一类资金来源。农业政策性金融机构的国际借款主要来自外国政府和国际性金融机构，因此一并纳入。

一、资本金

资本不仅是一种资金来源，而且体现着所有权和控制权，以及背后的价值取向①。政府资本是体现政策支持、强化国家管控的最有效手段。农业政策性金融机构成立初期，政府提供的资本金通常是主要的资金来源②，构成履行职能的原始资本。在农业政策性金融演进过程中，有的政府资本逐渐退出，甚至完全去国有化③；相反，有的政府资本的份额逐渐增大，直至完全国有。

许多发达国家的农业政策性金融体系自下而上建立。在农村资金匮乏、融资成本高昂的情况下，农户个体为减少交易成本自发成立信用合作社，政府因势利导将这些信用合作组织作为执行特定农业政策的重要载体，以注入资本金的形式支持其发展。等到信用合作组织成长到一定规模后，再通过资本回购等方式将所有权交还信用合作组织，这种情况在德国、法国、美国和日本非常典型。

在合作组织的发源地德国，1895 年政府出资建立普鲁士中央合作银行（Preussiche Central Genossenschaftskasse），将其作为地区性农业信用合作机

---

①　本书重点介绍的农业政策性金融机构涵盖以公司制为基础的银行、以合作制为基础的银行和以政府机构为基础的农业农村服务部门。而以合作制为基础的政策性银行体系较为特别，一般都由中央机构、地区机构、基层机构构成，其中基层机构由农户和农业经营组织组成。以美国农场信贷系统为例，系统银行给下辖的信贷协会提供资金和服务，信贷协会同时是系统银行的股东，分享系统银行的利润；而农村居民、涉农企业及组织等，既是信贷协会的信贷客户又是其股东。各方面的合作遵循国际通行的"合作社七原则"。在 2005 年，农场信贷管理局研究确定了系统成员必须遵循的三个核心合作原则，即用户所有、用户控制和用户利益，并将其作为整个农场信贷系统合作实践的基础。

②　在本书的农业政策性金融机构样本中，由政府提供全部或部分资本金的占比为 100%。

③　以往的研究通常将其称为私有化，但是该私有化是与政府出资的公有化相对应的，表现为集体性质的合作化或公众持股，因而，更为确切的说法应当是去国有化。

构的流动性管理中心，支持信用合作社发展个人贷款。从 1905 年开始，区域农业合作银行开始入股普鲁士中央合作银行。随着越来越多的区域合作银行成为股东，普鲁士中央合作银行开始从纯粹的政府机构转变为政府与合作社合办的半官方金融机构。经历第二次世界大战停办和战后合作体系重建①，其主要股本不再由政府持有，而由数量众多的合作社持有。到 1998 年，德国政府持有的股份由合作银行接收，完全去国有化。

美国农业政策性银行体系借鉴了德国的经验。农场信贷系统（Farm Credit System）的若干银行，如联邦土地银行（Federal Land Banks，FLBs）②、联邦中期信贷银行（Federal Intermediate Credit Banks，FICBs）③ 最初都由美国财政部代表联邦政府出资设立。20 世纪 40 年代，农场信贷系统发起了归还政府资本的运动。通过股份回购，联邦土地银行于 1947 年还清政府启动资本金。农场信贷系统则于 1968 年清偿所有联邦资本，变成完全由合作社成员所有。

日本农林中央金库（The Norinchukin Bank）④ 由政府于 1923 年出资 20 亿日元设立，专门负责农村信贷业务。随着金库业务逐步发展，资金力量不断增强，1959 年偿还全部政府资金后，变成私有化民办机构。其后以发行普通股、优先股、永久性次级贷款和下属贷款的形式筹集资本⑤。

相反，在另外一些国家的实践中，政府出于强化农业政策性金融机构职能的目的，不仅在特殊情况下给予救助和支持，而且持续增加资本金注入，将其作为实施宏观货币政策和产业政策的重要工具。

泰国农业与农业合作社银行（Bank for Agriculture and Agricultural Cooperatives，

---

① 1932 年普鲁士中央合作银行更名为德国中央合作银行。1949 年成立德国合作银行（DG Bank），承担了德国中央合作银行的职责。

② 1916 年 7 月《联邦农场信贷法》（Federal Farm Loan Act）授权成立的 12 个联邦土地银行，每个初始资本为 75 万美元，以美国财政部购买联邦土地银行股票的方式提供。

③ 1923 年 3 月，新修订的《农业信贷法》授权，在联邦土地银行所在城市成立 12 个联邦中期信贷银行，每个中期信贷银行资本金 500 万美元，由美国政府拨付。

④ 在日本农林渔业金融公库成立前，该机构被认为是执行农业政策性金融职能的辅助机构，在日本农林渔业金融公库成立后，作为日本农林渔业金融公库在省（县）级以下业务最主要和核心的委托代理机构，是日本农业政策性金融体系的重要组成部分。虽然被称为"日本农林中央金库"，但在特定语境下，指代三个层级的金融机构，第一层是基层农协的信用组织，第二层包括都、道、府、县的信用联合会，第三层是中央的农林金库。

⑤ 永久性次级贷款和下属贷款被看作高级二级资本（Upper Tier II capital）。参见：白钦先等. 各国农业政策性金融体制比较［M］. 北京：中国金融出版社，2006：113 - 115.

BAAC，以下简称泰农行）资本金主要来自财政部，财政持股 99.7%。在 1997 年亚洲金融危机的冲击下，泰农行遭受的损失高达 100 亿泰铢，资本充足率一度降至 3%。为稳定金融系统和农业经济，泰国政府对泰农行进行额外注资，使其资本充足率很快返回至 8% 的水平。近年来，泰国政府以每年 10 亿~20 亿泰铢的财政预算持续注入资本金，2018 年泰农行的资本充足率达到 11.82%。

印度农业与农村发展银行（以下简称印度农发行）成立初期的资本为 10 亿卢比，由印度政府和储备银行共同出资，分别持股 99.5% 和 0.5%。由于政府持续注资[①]，截至 2018 年 3 月 31 日，实收资本已达 1058 亿卢比，资本充足率 18.85%[②]。2017—2018 年度，印度储备银行将全部持股划转给印度政府。为实现印度政府提出的 2022 年前农民收入翻番的目标，2018 年初印度议会审议同意印度农发行法定资本为 3000 亿卢比[③]。

俄罗斯农业银行在 2000 年成立，当时注册资本 3.7 亿卢布。2002 年和 2005 年政府分别增资 9.94 亿卢布和 6.2 亿卢布[④]。埃塞俄比亚发展银行 2014 年注册资本金 18 亿比尔，到 2017 年已增至 75 亿比尔[⑤]。加纳农业发展银行注册资本金在 2010 年、2014 年、2018 年分别为 0.5 亿赛地、0.75 亿赛地和 5.52 亿赛地[⑥]。源源不断的资本投入，降低了农业政策性金融机构的资金成本，保证了稳健经营。

如果说中等收入国家、低收入国家的农业政策性金融机构更加依赖政府资本，美国商品信贷公司和加拿大农业信贷公司[⑦]则是发达国家中完全由

---

① 如 2016 年、2017 年、2018 年分别注资 30 亿卢比（约合 0.42 亿美元）、140 亿卢比（约合 2.0 亿美元）、388 亿卢比（约合 5.4 亿美元）。

② NABARD 2017 – 2018 Annual Report［R］. https：//www. nabard. org/financialreport. aspx? cid = 505&id = 24：129.

③ NABARD Archive News.

④ 资料来源：俄罗斯农业银行官网。

⑤ 资料来源：埃塞俄比亚发展银行 2014 年及 2017 年年报。

⑥ 资料来源：加纳农业发展银行 2018 年年报。

⑦ 加拿大农业信贷公司为加拿大政府全资所有，是一家国有企业（crown corporations），不受加拿大所得税法案（Income Tax Act）的约束。Finn Poschmann（2013）指出，crown corporations 是由政府所有的企业，成立的主要目标是要实现一系列公共政策目标，在金融领域的国企，主要是解决企业信贷缺乏的问题。关于税制，参见：Office of the Auditor General of Canada, Farm Credit Canada Special Examination Report – 2012.

政府控股的典型。作为日本财政投融资体系的重要组成部分，日本农林渔业金融公库①也完全由政府所有和控制。

美国商品信贷公司承担稳定、支持和保护农业价格与收入，保障农产品充足供应、有序分配和供需平衡的职能，是美国政府实施农业干预政策的重要金融工具。联邦政府出资 300 万美元于 1933 年 10 月成立，后政府增资至 1 亿美元②。

加拿大政府对农业的介入是逐渐深入的。1912—1922 年省级政府介入农业信贷领域；1927 年联邦政府介入农业信贷领域，并于 1929 年成立农业贷款委员会；1959 年又成立由加拿大政府全资所有的加拿大农业信贷公司，接手加拿大农业贷款委员会的职责。

政府是农业政策性金融机构在危机时期资金来源的"最后守夜人"。20 世纪 90 年代，加拿大农业信贷公司陷入财务危机，加拿大政府为其提供资金支持。日本政府在 2000—2004 年为农林渔业金融公库注资 2922 亿日元填补赤字。20 世纪 80 年代美国农场信贷系统爆发危机，美国联邦政府曾提供数十亿美元的救助资金。

二、财政融资

农业政策性金融机构在发展过程中都有依靠财政融资的经历。在本书的研究样本中，通过财政融资的占比为 71.43%。其中，高收入国家中占比为 57.14%，中等收入国家中占比为 75%，低收入国家中占比为 100%③。

财政融资在农业政策性金融机构发展中发挥重要作用，但演进趋势呈现分化状态。农业政策性金融机构中，有的始终将财政融资作为最主要的资金来源，以美国商品信贷公司最为典型；有的则大量增加财政融资的比重，以加拿大农业信贷公司为代表；有的对财政的依赖逐渐减少，但财政

---

① 日本农林渔业金融公库与日本农林中央金库是两个不同的组织。

② 1936 年 4 月，国会指示金融复兴公司购买商品信贷公司 9700 万美元股票，将其资本金增至 1 亿美元；1938 年 3 月，又指示公司股票持有者（农业部、农场信贷管理局、金融复兴公司）将股本转交联邦政府，由财政部代表政府接受公司股票。1939 年 7 月 1 日，公司转归农业部管理。1948 年 7 月，依据《商品信贷公司章程法（1948 年）》，公司由特拉华州公司转变为一家联邦政府公司，农业部代表联邦政府成为公司唯一股东。

③ 高收入国家、中等收入国家、低收入国家的划分，参见世界银行资料（https：//datahelp-desk. worldbank. org/knowledgebase/articles/906519－world－bank－country－and－lending－groups）。

融资仍在资金来源中占据优势，比如日本农林渔业金融公库①；有的逐渐减少财政融资的数量以至终止，典型的有法国农业信贷银行、德国农业土地抵押银行。

表 6 – 2　　　　　　　　　财政融资占比一览　　　　　　　单位：%

年份	农业政策性 金融机构 美国商品 信贷公司	美国 合作银行	日本 政策性 金融公库	马来西亚 农业银行	巴西 开发银行	坦桑尼亚 农业银行	加纳农业 发展银行
2010	94.70	0	—	—	90.25	9.00	4.39
2014	94.70	0	—	9.00	89.89	17.00	3.81
2018	97.70	0	89.41	5.00	88.06	68.10	2.27

资料来源：根据各行网站数据整理。

　　财政预付款曾是法国农业信贷银行最重要的资金来源②，然而从 1967 年起，直接或间接来源于政府的资金逐渐终止，该行通过市场化途径实现了资金的自给自足。与法国类似，德国农业土地抵押银行的公共资金来源于 1973 年终止，开始完全通过资本市场融资。

　　在美国，政府对商品信贷公司的主导权不仅表现为政府全额控股，还反映在财政融资的占比上。财政借款是美国商品信贷公司占绝对优势的融资来源，2018 年在负债总额中占比高达 97.7%③。美国农场服务局④、农村发展局⑤的资金也主要来源于农业部的预算。同时，商品信贷公司等政府金融机构形成的亏损和风险，也由联邦政府安排财政预算给予补贴。

　　日本农林渔业金融公库成立之初，运营资金主要来自日本财政投融资借款，由大藏省⑥资金运用部门分配。自 2001 年起，公库尝试以发行债券等方式拓展资金来源，由政府提供担保。但财政投融资借款仍占资金来源

---

　　① 2008 年改革成为日本政策性金融公库农林渔业食品事业部。

　　② 财政预付款其后被政府公共基金取代。

　　③ 2010 年和 2014 年，财政借款占比均为 94.7%。

　　④ 按照 2019 年美国农业部的预算规模，农场服务局直接预算支持和担保的农场所有权和经营贷款额度约为 76 亿美元。

　　⑤ 按照 2018 年美国农业部的预算规模，2018 年农村发展局为农村居民提供超过 350 亿美元的财政和技术援助。

　　⑥ 2001 年，日本改革中央政府机构，大藏省改为财务省。

的绝对比重，2018 年占比 89.41%。

在韩国，为保障农业政策性贷款的可持续性，政府依法为韩国农协银行提供资金①。韩国政府提供农业政策性专项资金给农协中央会②，农协中央会将相关款项拨付给农协银行，由农协银行向农民和涉农企业提供政策性贷款。

马来西亚农业银行政策性业务所需资金完全由政府部门无息或低息优惠供给③。坦桑尼亚农业发展银行 2010 年财政借款占总资金的 9%，2014 年增长到 17%，2018 年占 68.1%（见表 6-2），对财政借款的依赖性大幅提升。越南社会政策银行的财政借款占 2018 年融资总额的 6% 左右④。加纳农业发展银行的财政借款在 2010 年、2014 年和 2018 年分别占融资总额的 4.39%、3.81% 和 2.27%⑤，比例有所下降。

在政府推行的一些计划和战略中，农业政策性金融机构作为实施主体能够得到政府财政借款的特别支持，使财政融资在资金来源中占据较大比例。例如，加拿大农业信贷公司的融资纳入"加拿大国有企业借款计划"（Crown Borrowing Program）⑥，可按照与企业成本相符的价格直接从加拿大政府借款⑦；2018 年、2019 年来自该计划的资金分别占其资金总额的 98.8% 和 98.7%。巴西开发银行是巴西"增长加速计划"（PAC）和"投资维护计划"（PSI）的参与者，执行计划的资金全部来自财政借款；2017 年末，财政借款占巴西开发银行负债的 51.7%，占全部资金来源的 48%⑧。

---

① 根据《农协法》第 153 条，允许韩国农协银行从政府、地方自治机构、韩国银行或其他农业组织借入资金。

② 在 2012 年韩国农协银行独立之前，韩国农协中央会负责提供农业政策性信贷业务。

③ 商业性业务所需资金则从吸收公众存款中组织供给。

④ 资料来源：越南社会政策银行 2018 年年报。

⑤ 资料来源：加纳农业发展银行 2010 年、2014 年及 2018 年年报。

⑥ "加拿大国有企业借款计划"于 2007 年设立，主要为加拿大三大国有企业提供资金支持。三家国有企业分别是加拿大住房抵押公司（Canada Mortgage and Housing Corporation，CMHC）、加拿大商业发展银行（Business Development Bank of Canada，BDC）和加拿大农业信贷公司。在该计划推出前，加拿大农业信贷公司主要从资本市场筹资。2008 年 4 月 1 日，该计划正式放款的首月就发放了 38 笔共计 46 亿美元的借款。

⑦ 资料来源：加拿大财政部网站（https：//www.fin.gc.ca/treas/evaluations/cbp-pese-eng.asp）。

⑧ 2018 年末降为 38.3%，原因在于，为降低政府的债务水平，自 2015 年起，巴西开发银行开始偿还财政资金。截至 2018 年末，巴西开发银行共向联邦政府偿还了 3100 亿雷亚尔的资金。

作为俄罗斯"国家农业综合企业发展计划"的主要实施机构，2008 年至 2012 年，俄罗斯农业银行从该计划获得的财政资金总额超过 17 万亿卢布（约合 2556.8 亿美元）[①]。坦桑尼亚农业发展银行在 2018 年从"市场基础设施、价值增值和农村金融支持计划"（MIVARF）中获得的政府借款占负债的比例达 68.1%[②]。

三、央行融资

作为金融系统的最终借款人，中央银行资金也是农业政策性金融机构的重要资金来源。在本书的样本中，利用央行资金的农业政策性金融机构占比 33.33%。其中，在高收入国家中占比 28.57%，在中等收入国家和低收入国家中占比分别为 33.33% 和 50%。总的来看，高收入国家农业政策性金融机构的央行资金占比较低，而在部分中等收入以及低收入国家的农业政策性金融机构中，央行资金占比仍然占据较大比重，但呈现下降趋势。

法国农业信贷银行成立不久，法国政府便要求法兰西银行向其注资[③]。近年来，法国农业信贷银行的央行融资在负债总额中的占比已经相当低，2010 年、2014 年和 2018 年分别为 0.06%、0.36% 和 0.06%[④]。2010 年，巴基斯坦农业发展银行的央行融资占全部资金的比例高达 53.46%，到 2018 年，该比例则降至 4.42%[⑤]。越南社会政策银行 2014 年央行融资占比为 21.94%，2018 年降至 6.13%[⑥]。泰国农业与农业合作社银行的央行融资占比 2014 年为 1.5%[⑦]，2017 年为 0.01%（见表 6-3）。但也有部分国家的央行融资始终保持较高比例，比如埃塞俄比亚发展银行，2014 年央行融资占比为 63%，2017 年仍保持在 60%[⑧]，成为该行的首要融资渠道。

---

① 资料来源：俄罗斯农业银行官网。
② 资料来源：坦桑尼亚农业发展银行 2018 年年报。
③ 法国农业信贷银行成立于 1894 年，法兰西银行于 1897 年向其注资。
④ 资料来源：法国农业信贷银行 2010 年、2014 年及 2018 年年报。
⑤ 资料来源：巴基斯坦农业发展银行 2010 年及 2018 年年报。
⑥ 资料来源：越南社会政策银行 2014 年及 2018 年年报。
⑦ 资料来源：泰国农业与农业合作社银行 2014 年及 2017 年年报。
⑧ 资料来源：埃塞俄比亚发展银行 2014 年及 2017 年年报。

表6－3 央行融资占比一览 单位：%

年份 ＼ 农业政策性金融机构	法国农业信贷银行	巴基斯坦农业发展银行	越南社会政策银行	泰国农业与农业合作社银行	埃塞俄比亚发展银行
2010	0.06	53.46	—	—	—
2014	0.36	—	21.94	1.50	63.00
2018	0.06	4.42	6.13	0.01	60.00

注：泰国农业与农业合作社银行和埃塞俄比亚发展银行2018年一栏为2017年数据。

四、国际借款

农业政策性金融机构的国际借款主要是一些国际援助。对于部分农业政策性金融机构而言，其他途径的融资难以满足本国农业农村发展的需要，国际借款就成为相当重要的资金渠道。利用国际借款的农业政策性金融机构数量并不多，样本中仅有7个，分别是印度农业与农村发展银行、南非土地和农业发展银行、巴西开发银行、墨西哥农业发展银行①、埃塞俄比亚发展银行、坦桑尼亚农业发展银行以及纳米比亚农业银行。总的来看，高收入国家的农业政策性金融机构不依赖这一融资渠道，国际借款的主要需求方是中低收入国家的农业政策性金融机构。

表6－4 国际借款占比一览 单位：%

年份 ＼ 农业政策性金融机构	印度农业与农村发展银行	坦桑尼亚农业发展银行	埃塞俄比亚发展银行
2010	0.40	—	—
2014	0.30	—	10.61
2018	0.23	31.35	11.04

注：印度农业与农村发展银行和埃塞俄比亚发展银行2018年一栏为2017年数据。

许多国家的国际借款具有特殊目的，如为了应对特殊经济形势。巴西开发银行自1953年就开始在国际市场上发行债券，与国际多边金融机构或

---

① 即墨西哥农业、农村、林业和渔业发展基金（National Funds for Farming, Rural, Forestry and Fisheries Development）。为保证表述的简洁性，书中多称墨西哥农业发展银行或墨西哥农发行。

政府机构合作，将国际借款用于创新创业、可再生能源等特定领域。2017年末，国际借款占巴西开发银行全部资金的5%。

墨西哥农业发展银行的国际借款源于1982年的债务危机和1994年的经济危机。墨西哥与国际货币基金组织、世界银行、美洲开发银行、美国及其他国家签订"一揽子计划"综合性贷款。2019年6月底，该行负债中，绝大多数都是对美洲开发银行（IDB）、墨西哥发展银行（NAFIN）、世界银行和国家农村发展信托基金（FIRA）的负债，约占其负债总额的98.4%。

坦桑尼亚农业发展银行2016年接受非洲开发银行贷款，2017年担任坦桑尼亚政府基金的管理人，接受国际农业发展基金、小型农场主信贷保证计划基金（Smallholder Farmers Credit Guarantee Scheme）所提供的资金。2018年坦桑尼亚农业发展银行的国际借款占资金总额的31.35%。埃塞俄比亚发展银行的国际借款在2014年和2017年的融资比重分别达到10.61%和11.04%[①]，成为该行融资的重要补充。

第三节　市场化的资金来源

市场化的资金来源是指通过市场手段筹集而来的资金，主要包括客户存款、发行债券和同业融资等。市场化筹资并不排斥政府支持，而是将隐性的政府支持融入市场，更多时候，政府支持是市场化筹资数量及稳定性的重要保障。

一、客户存款

在农业政策性金融机构资金来源的演变过程中，以存款和债券为代表的市场化融资往往与政府资金有着此消彼长的关系，政府资金占比逐渐下降[②]，而市场化融资逐渐成为主流。其中，客户存款往往通过基层分支机构筹集，而债券则通常由总部组织发行，因而机构越多的越倾向于存款，

---

① 资料来源：埃塞俄比亚发展银行2014年及2017年年报。
② 包括依赖政府资金的农业政策性金融机构的占比和政府资金在农业政策性金融机构资金来源中的占比两方面。

层级越高、机构越单一的越倾向于发债，这是由交易成本的差异所造成的。

部分农业政策性银行拥有众多分支机构，有利于广泛吸收个人、企业和其他组织的存款。在我们的样本中，利用客户存款的农业政策性银行占比为61.90%。其中，高收入国家、中等收入国家和低收入国家中的占比分别为28.57%、83.33%和50%。总的来说，大多数农业政策性银行都具有一定比例的客户存款。

韩国、日本、法国的农业政策性金融机构拥有遍布全国、分层设置、服务众多客户的庞大信用合作社体系，因而客户存款成为它们最主要的资金来源。韩国农协银行拥有全国最大的分支机构网络，连续7年位居韩国榜首①，2018年吸收来自政府、企业和居民的存款量达到205.77万亿韩元，占资金来源的81.47%。

在日本农业政策性金融体系中，日本农林金库的资金主要来源于农村存款。基层农协筹集存款，并将定期存款的30%、活期存款的15%上存信农联，信农联再上存中央金库②。即使完全由政府控制的日本农林渔业金融公库，作为其主要资金来源的财政资金，追根溯源，也是由全国2万余个邮局办理的邮政储蓄业务筹集而来的。

法国农业信贷银行的资金规模与客户存款有着很高的关联性，而客户存款的增长与机构的设立相伴相生③。法国农业信贷银行在三级金字塔结构间实行资金融通，遍及全国的地方银行极大地调动了农村和城市地区的储蓄，筹集的存款资金上存地区银行直至国家银行，构成体系内的资金调拨机制。2018年存款占其资金来源的比重达到45%④。

---

① 截至2018年底，韩国农协银行在全国设有843个营业网点、295个办事处以及3个海外办事处，可以广泛吸收企业和居民存款。同时，设有6222个自助存取款终端，方便居民存取款业务。

② 日本政策性金融中的合作金融体系由三级机构组成，即基层农协、以基层农协为会员的信农联，以及作为最高机构的农林中央金库。

③ 法国农业信贷集团有2432家地方银行和39家地区银行，业务遍及47个国家和地区，为5100万客户提供服务。特别是在法国国内，每3个人有1个是其客户，每2家企业有1家是其客户，每10个农民中有9个是其客户。

④ 资料来源：法国农业信贷银行2018年年报。

表 6 - 5　　　　　　　　客户存款融资占比一览　　　　　　单位：%

农业政策性金融机构 / 年份	德国农业土地抵押银行	法国农业信贷银行	俄罗斯农业银行	巴基斯坦农业发展银行	印度农业与农村发展银行	泰国农业与农业合作社银行	马来西亚农业银行	加纳农业发展银行	埃塞俄比亚发展银行
2010	7.51	39.60	47.50	10.00	51	—	76.70	87.00	—
2014	5.40	38.89	44.34	68.40	49	93.94	70.90	80.00	1.92
2018	3.93	45.00	81.50	44.85	52	94.87	57.20	62.00	1.13

注：德国农业土地抵押银行 2010 年一栏为 2011 年数据，俄罗斯农业银行、泰国农业与农业合作社银行、埃塞俄比亚发展银行 2018 年一栏为 2017 年数据。

俄罗斯农业银行庞大的分支网络和众多的销售与服务渠道[①]，为服务农村地区提供有力支持，也为吸收个人、政府和公共组织存款，吸纳制造业、建筑业、农业、金融服务业和养老金等各个来源的资金创造极大便利。2018 年，客户存款增加 2175 亿卢布，增长率为 9.9%，客户存款在融资总额中占比达 78%。

但也有部分银行可利用的客户存款占比非常低。例如，南非土地和农业发展银行因机构人员较少[②]，其客户存款在资金来源中占比不足 1%。

部分国家为解决农村金融需求难以满足的问题，专门出台政策要求商业银行必须将储蓄形成资金的一定比例用于农业农村领域，如果达不到规定比例，商业银行要将投放不足的资金差额转存农业政策性金融机构，由农业政策性金融机构代为办理农业农村信贷业务，为农业政策性金融机构开辟了额外的资金来源。例如，泰国央行 1975 年颁布《农村信贷投资法》，明确要求各商业银行将所吸收存款的一定比例用于农业信贷[③]，如果商业银行的农业贷款比例达不到该法案要求，就必须以同业存款的形式将差额转存到泰国农业与农业合作社银行，并由后者以 1 年期定期存款的利率水平向农民或农业合作社投放。这项机制在泰农行资金筹集的过程中曾发挥重要的作用，20 世纪 70 ~ 80 年代一度成为泰农行的首要资金来源。

印度储备银行同样要求商业银行按比例提供"优先领域贷款"，不足部

---

① 俄罗斯农业银行拥有 66 个区域分行，为全国 600 多万客户提供银行服务，是俄罗斯第二大区域分行网络，拥有超过 1255 个销售点（Points - of - Sale）和俄罗斯第二大销售终端网络。此外，还有 671 家授权代表处可在分行网络未覆盖的中等城市提供服务。目前，俄罗斯农业银行 75% 以上的分支机构遍布在居民不足 10 万的中小社区。

② 下设 9 家省级分行和 16 家卫星办公室，现有员工 490 人，其中总部员工 328 人。

③ 这一比例在 1975 年开始实施时为 5%，后期增高至 20%。

分转存印度农业与农村发展银行，作为农村基础设施基金的直接资金来源[①]。除此之外，印度农发行的短期合作农村信贷（转贷款）基金也是由未履行"优先领域贷款"的在册商业银行转存而来；长期农村信贷基金则由国家农村信贷委员会按优先领域贷款业务不足的程度提供，由印度农发行为合作银行和农村区域银行提供短期、长期贷款[②]。

农业政策性银行作为政府的银行，政府规定将一些公共基金交由其管理，成为其特有的资金来源渠道。例如，巴西开发银行自成立至 20 世纪 60 年代，主要资金来源是经济振兴基金，由政府强制的额外所得税款和强制存款构成。1964 年巴西还成立了农工业再发展基金、技术人才基金、巴西工业产品进出口基金和流动资金融资特别基金，均由巴西开发银行负责运营。1974 年，巴西政府决定将原来分别由巴西联邦储蓄银行和巴西银行管理的社会一体化计划基金和国家公务员储蓄计划基金划归巴西开发银行管理。韩国农协银行是国内唯一为政府和公共部门提供金融服务的银行，是韩国最大的政府机关金库管理银行。2018 年，韩国农协银行已经与包括韩国内政部在内的 58 家政府机构续签服务协议。目前，韩国中央和地方政府存款由该银行一家进行专门管理，该银行成为政府收缴地方税的重要平台，全国 95% 以上的地方税由政府委托该银行收缴。

中等收入国家中，土耳其农业银行的客户存款在 2018 年负债总额中占比 69.72%[③]。巴基斯坦农业发展银行的客户存款占比在 2010 年、2014 年和 2018 年分别为 10%、68.4% 和 44.85%[④]。马来西亚农业银行 2010 年、2014 年与 2018 年的客户存款占比分别达到 76.7%、70.9% 与 57.2%[⑤]。加纳农业发展银行的客户存款在 2010 年、2014 年和 2018 年占比分别为 62%、80% 和 87%[⑥]。越南社会政策银行 2014 年和 2017 年的客户存款比例分别为 5.78% 和 12.6%[⑦]，是融资渠道的重要补充。

---

① 截至 2018 年 8 月 31 日，农村基础设施基金已募集资金达 2800 亿卢比。
② 此外还有茶叶、咖啡和橡胶专项存款。2018 年，印度农发行客户存款在资金来源中的占比达到 52%。
③ 资料来源：土耳其农业银行 2018 年年报。
④ 资料来源：巴基斯坦农业发展银行 2010 年、2014 年及 2018 年年报。
⑤ 资料来源：马来西亚农业银行 2010 年、2014 年及 2018 年年报。
⑥ 资料来源：加纳农业发展银行 2010 年、2014 年及 2018 年年报。
⑦ 资料来源：越南社会政策银行 2014 年及 2017 年年报。

在低收入国家中，埃塞俄比亚发展银行在 2014 年和 2017 年的客户负债占总负债的比例分别为 1.92% 和 1.13%[①]。

此外，由于法律规定，一些农业政策性金融机构不吸收存款，如美国农场信贷系统，美国商品信贷公司，日本农林渔业金融公库，加拿大农业信贷银行，墨西哥农业、农村、林业和渔业发展基金，坦桑尼亚农业发展银行等。

二、债券融资

债券融资是金融机构参与资本市场的主要特征，目前已经成为农业政策性金融机构的重要融资渠道。利用债券融资的农业政策性金融机构占样本总量的 71.43%。具体来看，在高收入、中等收入以及低收入国家样本中，该比例分别为 85.71%、75% 以及 0，因而债券融资主要是中高收入国家农业政策性金融机构的融资来源。

目前所了解到的最早的农业政策性银行债券发行在德国[②]。1767 年，德国开始实施土地抵押信用合作协会（Landschaften）制度，最初成立的土地抵押信用协会于 1770 年开始营业。政府授权合作社以社员拥有的土地为担保发行土地债券，将获得的低利息资金转借给社员。

美国农场信贷系统的放款银行无权吸收存款[③]，资金来源主要依靠信贷系统的专门融资机构——联邦农场信贷银行融资公司（Federal Farm Credit Banks Funding Corporation）面向全球市场发行证券[④]。2018 年，债券融资占美国合作银行融资总量的比例达到 98.57%[⑤]。此外，美国金融救助公司对农场信贷系统特殊时期的救助资金也来源于发行债券[⑥]。

德国农业土地抵押银行没有任何分支机构，既不接受客户存款，也不

---

① 资料来源：埃塞俄比亚发展银行 2014 年及 2017 年年报。

② 此时的农业政策性银行还不能被称为完全意义上的政策性银行，而只是政策性银行的雏形。

③ 虽然美国农场信贷系统有庞大的合作组织体系和数量众多的会员，但会员对资金来源的贡献表现为购买合作系统股票，最少购买 1000 美元的股票，或相当于贷款额 2% 的股票。

④ 联邦农场信贷银行融资公司由美国国会批准成立，归系统银行所有，接受农场信贷管理局的监督。

⑤ 美国合作银行即美国农场信贷合作银行，是农场信贷系统重要的放款银行。

⑥ 1988 年联邦政府依法创建了金融救助公司（Financial Assistance Corporation，FAC），属于农场信贷系统机构之一，专门为陷入财务困境的系统银行提供资金支持。1987 年《农场信贷法》规定，在美国财政部担保下，由金融救助公司发行总计不超过 40 亿美元的 15 年期债券，向农场信贷系统提供救助，以购买优先股的形式向财务困境中的银行注资。

直接经营信贷业务，贷款普遍采用转贷模式，因而债券发行成为其最主要的资金来源①。该行发行的债券由德国联邦政府担保，并由特别担保准备金提供进一步担保。充足的担保使债券的信用评级保持 AAA，风险加权系数为零②，确保债券融资长期保持较低成本。2018 年，德国农业土地抵押银行的债券融资占比达到 86.17%③。

日本农林渔业金融公库是财政投融资体系的成员，不通过公众存款融资。伴随日本邮政储蓄机构的改革和农业生产资金需求量的日益上升，原有筹资渠道单一、资金数量偏少等弊端逐渐显现。2001 年，公库开始尝试面向市场发行政府担保债券。2018 年，债券融资占公库负债的比例达到 9.42%。日本农林中央金库④的资金部分来源于信农联上存资金，但作为总部和整个日本农林金库体系的代表，也通过发行农村债券筹集资金。

正如前文所述，以存款或债券作为主要资金来源渠道与机构分布和层级有关。此外，债券可以迅速和大量调动资金，这在紧急情况下尤显其优势。比如法国在第二次世界大战期间开始发行 5 年期债券，将农村储蓄资金汇集到财政部，并通过 5 年期债券和长期债券在战后筹集了大量资金用于重建。美国为应对 20 世纪 80 年代农场信贷系统危机而成立的金融救助公司，也是通过发行债券筹集资金，救助陷入困境的系统机构，债券由财政部担保。

在中等收入国家中，债券融资是印度农业与农村发展银行、马来西亚农业银行、越南社会政策银行等的重要融资渠道。在 2010 年、2014 年和 2018 年，债券融资占马来西亚农业银行负债的比例分别为 76.73%、70.90% 和 57.20%⑤。印度农业与农村发展银行 2010 年、2014 年和 2018 年债券融资在负债中的占比分别为 21.82%、14.20% 和 21.34%⑥。越南社会

---

① 德国农业土地抵押银行的资金来源：在经合组织国家银行间市场发行的商业票据和其他借款；公开市场交易和欧洲中央银行系统（ESCB）经常性融资便利；记名债券和票据，无记名债券和票据、期票，其他类型债券；等等。但债券发行以外来源的资金占比非常低。
② 即在信用风险标准化方法（CRSA）下，德国和其他欧盟国家的银行不需要持有资本，以抵偿对该银行的债权。
③ 资料来源：德国农业土地抵押银行 2018 年年报。
④ 日本农林中央金库属于日本政策性金融体系中的合作金融机构，不同于作为政策性金融机构的日本农林渔业金融公库。
⑤ 资料来源：马来西亚农业银行 2010 年、2014 年及 2018 年年报。虽然比重在统计年度有所下降，但债务融资仍然是马来西亚农业银行最重要的融资来源。
⑥ 资料来源：印度农业与农村发展银行 2010 年、2014 年及 2018 年年报。

政策银行 2014 年和 2017 年通过债券市场融资比重分别达到 26.70% 和 26.81%[①]。土耳其农业银行 2018 年的负债中，11.71% 来源于债券融资[②]（见表 6-6）。

表 6-6　　　　　　　　债券融资占比一览　　　　　　单位：%

农业政策性 金融机构 年份	美国合作 银行	德国农业土 地抵押银行	法国农业 信贷银行	日本政策性 金融公库	俄罗斯 农业银行	印度农业与 农村发展银行
2010	—	78.24	13.40	7.57	0	21.82
2014	98.42	83.35	14.19	8.45	0	14.20
2018	98.57	86.17	11.38	9.31	9.30	21.34

农业政策性 金融机构 年份	巴基斯坦 农业发展银行	越南社会 政策银行	泰国农业与 农业合作社银行	土耳其农业银行
2010	0.30	—	—	—
2014	1.11	26.70	1.37	—
2018	0.38	26.81	0.82	11.71

注：德国农业土地抵押银行 2010 年一栏为 2011 年数据；巴基斯坦农业发展银行 2018 年一栏为 2016 年数据，日本政策性金融公库、俄罗斯农业银行、越南社会政策银行、泰国农业与农业合作社银行 2018 年一栏为 2017 年数据。

部分农业政策性金融机构通过债券市场筹集资金，但债券融资还远不能构成其重要的融资途径。巴基斯坦农业发展银行 2010 年、2014 年和 2016 年的债券融资比重分别为 0.38%、1.44% 与 0.30%[③]。2017 年和 2014 年，泰国农业与农业合作社银行的债券融资分别占其总负债的 0.82% 和 1.37%[④]。

俄罗斯农业银行的情况比较特殊，俄罗斯农业银行早在 2005 年已经首次发行欧洲债券 3.5 亿美元，但债券发行业务非常不稳定，甚至一度中断。2010 年和 2014 年俄罗斯农业银行债券融资比重已跌到零，而在 2017 年债券融资比例又上升为 9.3%。

---

① 资料来源：越南社会政策银行 2014 年及 2017 年年报。
② 资料来源：土耳其农业银行 2018 年年报。
③ 资料来源：巴基斯坦农业发展银行 2010 年、2014 年及 2016 年年报。
④ 资料来源：泰国农业与农业合作社银行 2014 年及 2017 年年报。

低收入国家的金融市场化程度低，成为农业政策性金融机构债券融资的限制因素。坦桑尼亚农业发展银行和埃塞俄比亚发展银行均未通过债券市场进行融资。

三、同业融资

金融同业间相互融通资金是金融市场的重要特征。出于资金成本的考虑，商业性金融机构的同业融资一般是以解决短期资金需求为目的。在农业政策性金融机构的资金来源中，同业融资也发挥着重要的作用。将同业融资作为常用手段的农业政策性金融机构在样本中的占比为52.38%。在高收入国家、中等收入国家以及低收入国家的样本中，开展同业融资的农业政策性金融机构分别占57.14%、58.33%和0。但各国农业政策性金融机构的同业融资规模普遍不大，融资占比通常不高于10%，作为一种重要补充融资手段存在。

在高收入国家中，美国商品信贷公司和美国合作银行都不直接开展同业融资[1]。德国农业土地抵押银行同业融资占比在2010年、2014年和2018年分别为4.74%、2.64%和2.77%[2]。法国农业信贷银行的同业融资占比在2010年、2014年和2018年分别为41.30%、28.63%和5.51%[3]，同业融资比重大幅度降低（见表6-7）。

表6-7　　　　　　　　　　同业融资占比一览　　　　　　　单位：%

年份 \ 农业政策性金融机构	德国农业土地抵押银行	法国农业信贷银行	俄罗斯农业银行	越南社会政策银行	泰国农业与农业合作社银行	土耳其农业银行	加纳农业发展银行
2010	4.74	41.30	19.99	1.96	—	—	21.19
2014	2.64	28.63	22.70	32.86	2.20	—	11.5
2018	2.77	5.51	3.30	36.98	2.09	13.5	1.46

注：越南社会政策银行2010年一栏为2012年数据，俄罗斯农业银行、越南社会政策银行和泰国农业与农业合作社银行2018年一栏为2017年数据。

---

[1]　美国合作银行的融资由联邦农场信贷银行融资公司开展，但由于二者均为美国农场信贷系统内部成员，构成分工合作的有机整体，因此未将二者之间的资金转移定性为同业融资。

[2]　资料来源：德国农业土地抵押银行2010年、2014年及2018年年报。

[3]　资料来源：法国农业信贷银行2010年、2014年及2018年年报。

在中等收入国家中，土耳其农业银行和马来西亚农业银行将同业融资作为一项重要的融资来源，2018 年的融资占比分别为 13.5%[①]和 22.45%[②]。南非土地和农业发展银行非常依赖以同业融资为主的商业资金，2018—2019 年度商业资金在资金来源中占比高达 95%。俄罗斯农业银行在 2010 年、2014 年和 2017 年的同业融资占比分别为 19.99%、22.70% 和 3.30%[③]，融资比重有所下降，且降幅较大。越南社会政策银行的同业融资在 2012 年、2014 年和 2017 年的比重分别为 1.96%、32.86% 和 36.98%[④]，融资占比大幅提升，成为该行资金来源的重要组成部分。泰国农业与农业合作社银行 2014 年、2017 年的同业负债比重分别为 2.20% 和 2.09%[⑤]，一直保持在较低水平。加纳农业发展银行 2010 年、2014 年和 2018 年同业融资比重分别为 21.19%、11.5% 和 1.46%[⑥]，同业融资比例下降较大。

在低收入国家中，埃塞俄比亚发展银行基本不进行同业融资，仅在 2014 年有 0.35% 的资金通过金融同业获得[⑦]。坦桑尼亚农业发展银行完全不向金融同业获取资金。

四、其他来源

农业政策性金融机构的其他融资渠道主要是能够带来资金流的特殊会计科目，包括应付应计制产生的科目[⑧]、市场化运营产生的科目[⑨]等。通常情况下，其他资金被动形成且占比不大，只能作为补充来源。比如泰国农业与农业合作社银行 2018 年其他资金占比仅为 2%。但是特定市场化运营水平很高的银行，深度参与本国甚至国际金融市场，可以产生相当比例的其他主动性金融负债。例如，法国农业信贷集团 2018 年保险公司技术准备金占比为 19.95%，公允价值计量且其变动计入当期损益的金融负债占比也达到 14.04%。

---

① 资料来源：土耳其农业银行 2018 年年报。
② 资料来源：马来西亚农业银行 2018 年年报。
③ 资料来源：俄罗斯农业银行 2010 年、2014 年及 2017 年年报。
④ 资料来源：越南社会政策银行 2012 年、2014 年及 2017 年年报。
⑤ 资料来源：泰国农业与农业合作社银行 2014 年及 2017 年年报。
⑥ 资料来源：加纳农业发展银行 2010 年、2014 年及 2018 年年报。
⑦ 资料来源：埃塞俄比亚发展银行 2014 年年报。
⑧ 包括应付职工薪酬、应交税费、应付利息、其他应付款、递延所得税负债等。
⑨ 包括交易性金融负债、卖出回购金融资产款、持有待售负债等。

第四节　资金来源的国际比较

农业政策性金融机构是独立收支、独立核算的特殊政府机构或特殊公共法人，具备会计主体的基本特征，因此对其披露的财务报告进行分析，特别是对资产负债表中负债及所有者权益项目的分析，可以在很大程度上反映农业政策性金融机构的资金来源情况[①]。

一、资金来源规模的国际比较

无论在绝对规模上，还是在相对规模上，各国农业政策性金融机构差异都非常大。这与各国的经济规模、发展水平、各农业政策性金融机构的职能定位和发展阶段都密切相关。

（一）绝对规模

从绝对规模上来看，法国农业信贷集团是负债规模最大的农业政策性金融机构，其负债规模达1.73万亿美元，而纳米比亚农业银行的负债则仅有0.36亿美元，两者之间相差4.8万倍，差距非常悬殊（见图6-1）。

在所有者权益规模方面，总体而言，随着负债规模的减小，所有者权益的规模也逐步减小，但二者间的关系并不恒定（见图6-2）。尽管法国农业信贷集团仍以727亿美元稳稳占据领先位置，而日本政策性金融公库、韩国农协银行、俄罗斯农业银行、纳米比亚农业银行等不同规模的银行，排序都发生了一定的调整。负债规模排序与权益规模排序的差异，表明负债及所有者权益的相对规模存在较大变化，需要进一步予以关注。

（二）相对规模

负债及所有者权益的相对规模是指二者间的比例关系。通过计算各国

---

① 根据资产负债表的结构，企业的资金运用情况通常列报在资产负债表的左侧，表现为各式各样的资产；企业的资金来源情况通常列报在资产负债表的右侧，表现为多种形式的负债或所有者权益。

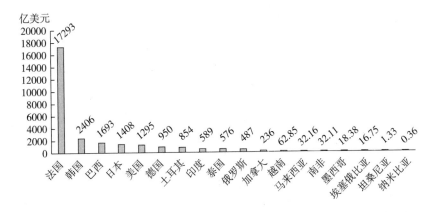

注：因部分国家存在或曾经存在多家农业政策性金融机构，有必要说明，本图中的日本是指日本政策性金融公库，美国是指美国合作银行。图6-2、图6-3、图6-4、图6-5、图6-6中也是如此。

图6-1　部分国家农业政策性金融机构负债规模（2018年）

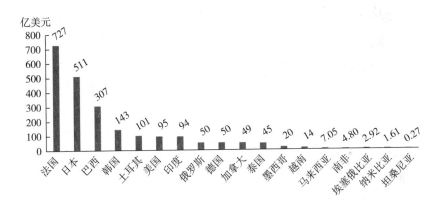

图6-2　部分国家农业政策性金融机构所有者权益规模（2018年）

农业政策性金融机构的资产负债率①（见图6-3），可以发现：绝大部分（83%）农业政策性金融机构的资产负债率处于80%以上；相当部分（33%）甚至处于90%以上，且以发达国家为主，比如法国农业信贷集团、

---

① 能够反映负债和所有者权益比例关系的指标通常包括资产负债率（资产负债率＝负债规模/资产规模）、权益乘数、产权比率等。其中，资产负债率和权益乘数是间接指标，产权比率是直接指标。鉴于三者在分析中的作用等价，且资产负债率的使用频率更高，该处选择计算资产负债率。

德国农业土地抵押银行、韩国农协银行、美国合作银行等；相比之下，许多发展中国家农业政策性金融机构资产负债率水平大部分在90%以下，比如南非土地和农业发展银行、印度农业与农村发展银行、巴西开发银行等。

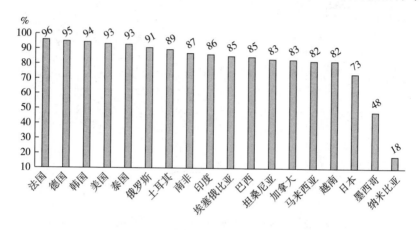

图6-3　部分国家农业政策性金融机构资产负债率（2018年）

根据资本成本理论，利润留存提取公积的内源性筹资方式是成本最低的融资方式。因此，经营良好的商业企业往往将内源性融资放在优先考虑的位置。然而，农业政策性金融机构属于不以利润最大化为目的的非营利企业，以逐年留存收益的方式积累资本难以具有普遍性。而且，政策性金融机构的业务变更是外生的和非预期的，政策目标的调整往往可能要求业务在短时间内大幅扩张，而盈余公积数量少、耗时长，不具备应对外生业务冲击的弹性。因此，为保障职能履行和业务拓展，必须通过外源性融资获取所需资金。而外源性股权融资往往意味着政府注资，取决于政府决策而不受政策性金融机构掌控，所以，具备融资弹性、成本合理的外源性债务融资理所当然成为政策性金融机构的主流选择。

农业政策性金融机构的资产负债率保持在较高水平，具有一定的积极意义。首先，负债具有直接的杠杆作用，通过维持较高的负债水平，农业政策性金融机构能够充分调动社会资金，扩大对农业农村的支持范围和规模。其次，农业政策性金融机构的信贷业务往往集中于公益性或准公益性项目，投资回收期限长，投资收益率低，在资本金有限的情况下，只有充分利用债务融资，才能支持更多低收益长周期的公益性项目。

当然，较高的资产负债率通常也意味着较高的流动性风险①和更高的保本风险。特别是在经济景气下行导致资产收益率低于债务融资成本的情况下，较大规模的负债意味着更多的实际经济利益流出。因此，面对不稳定的经济增长前景，风险管理水平不高的农业政策性金融机构风险承受能力面临的挑战更大。在后危机时代，全球经济复苏缓慢，国际贸易不确定性增加，相比发达国家而言，发展中国家的农业政策性金融机构理应采取相对保守的策略，保持相对较低的资产负债率②。

二、资金来源结构的国际比较

国民经济的发展水平、政府部门的管理能力、金融市场的发展状况以及国际交流的开放程度等，都不同程度影响甚至决定着各国农业政策性金融机构的融资方式。由于不同国家在经济、政治、金融、历史等方面的诸多差异，各国农业政策性金融的资金来源多种多样，且结构各异。

（一）债务融资结构的比较

依靠负债进行外部融资，是由农业政策性金融机构的金融属性决定的。但是，考虑到各国的基本国情和各国农业政策性金融机构的经营特点，不同国别的农业政策性金融机构的负债结构存在很大差异。差异的来源可以分为两个维度：其一是农业政策性金融机构负债渠道本身的差异，比如客户存款是泰国农业与农业合作社银行的重要资金来源，而德国农业土地抵押银行不吸收客户存款；其二是农业政策性金融机构对特定负债渠道的依赖程度不同，比如债券融资几乎是美国合作银行的唯一负债形式，而在韩国农协银行中占比不足1%。

另外，受各国会计准则差异的影响，负债项目的表述和披露方式也存在一定差异。为便于从金融学科角度进行分析，根据"实质重于形式"的

---

① 股权融资不存在到期偿还的问题，因而没有清偿风险。但债权融资不同，债务到期必须还本付息。资金安排不合理或自身经营不善，往往容易产生清偿风险。

② 与此同时，债务融资边际成本的上升，也促使发展中国家的农业政策性金融机构保持相对较低的资产负债率。

原则，本节将各国农业政策性金融机构的负债科目分为财政资金①、央行融资②、客户存款③、债券融资④、同业融资⑤、国际借款、其他负债⑥等。在上述负债分类的基础上，结合各国农业政策性金融机构关于负债情况的披露，可以形成农业政策性金融机构负债结构国际比较的直观展示（见图6-4）。

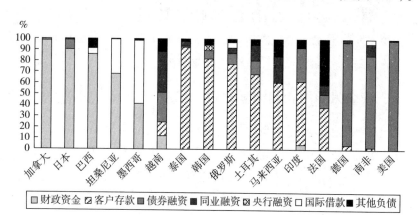

图6-4 部分国家农业政策性金融机构的债务结构（2018年）

---

① 财政资金是指农业政策性金融机构从政府财政部门获得的各种形式的资金。部分国家农业政策性金融机构的财政资金包含在客户存款中，尤其是市场化程度较高的国家。但是，在部分国家的农业政策性金融机构中，财政资金占有很大比重或具有重要意义，予以单独披露。为了反映这一重要情况，本书保留了"财政资金"科目，并将政府性基金纳入其中。

② 央行融资是指农业政策性金融机构从本国中央银行获得的各种形式的资金，通常反映在"央行资金"（Resources of Central Bank）、"向政府或央行借款"（Borrowings from the Government and State Bank）等科目中。

③ 客户存款是指农业政策性金融机构吸收的个人或企业存款，涵盖"吸收存款"（Deposits Received）、"消费者账户"（Customer Accounts）、"储蓄存款"（Deposit/Deposits from Customers）、"消费者资金"（Customer Resources）等科目披露的内容。

④ 债券融资是指农业政策性金融机构通过一级市场向投资者发行债券的融资渠道，包括"应付债券"（Bonds Payable）、"债券发行"（Bonds Issued）、"债务发行及其他借款"（Debts Issued and Other Borrowed Funds）、"可交易债券发行"（Marketable Security Issued）、"公司债"（Debentures）等负债科目反映的内容。

⑤ 同业融资是指农业政策性金融机构在本国市场向其他银行或非银行金融机构筹集的负债资金，包括从其他机构借入的或其他机构转存的各种资金，具体包括"同业及其他金融机构存放款项"（Due to Banks and Other Financial Institutions）、"银行借款"（Due to Other Banks）等科目的内容。

⑥ 其他负债主要包括与经营事项相关的"应付利息"、与税收相关的"应交税费"和"递延所得税负债"、与未决事项相关的"预计负债"、与套期保值相关的"交易性金融负债"等科目。一般来说，该类负债规模很小，不构成主要资金来源，因此不作深入讨论。

不同农业政策性金融机构的负债结构存在相当大的差异。根据主要负债资金来源的差异，大体可以分为四类。

第一类是依赖财政资金的农业政策性金融机构，如加拿大农业信贷公司、日本农林渔业金融公库和巴西开发银行[①]，财政融资占比分别为98.53%、98.41%和86.2%。

第二类是依赖客户存款的农业政策性金融机构，比如泰国农业与农业合作社银行、韩国农协银行[②]、俄罗斯农业银行等，客户存款占负债总额的比例分别为92.47%、81.47%和77.23%。事实上，有近一半的农业政策性金融机构，其客户存款占负债总额的比例超过50%。

第三类是依赖债券融资的农业政策性金融机构，比如美国合作银行、德国农业土地抵押银行、南非土地和农业发展银行，其中美国合作银行的债券融资占比接近100%，德国农业土地抵押银行为97.16%，南非土地和农业发展银行也高达83.59%。相比之下，印度农业与农村发展银行、越南社会政策银行和法国农业信贷集团的债券融资占比要小得多。而巴西开发银行等则完全不开展债券融资。

第四类是其他农业政策性金融机构，比如高度依赖国际借款（占比高达57.16%）的墨西哥农发行等。

政策性金融机构自诞生起就深深烙刻着政府的印迹，政府的意图贯穿于政策性金融机构投融资活动的始终。因此，农业政策性金融机构依靠财政资金符合政策性的基本逻辑。但是，尽管财政资金在农业政策性金融机构的实践中仍然发挥着重要作用，但更多的农业政策性金融机构（60%以上）主要依赖客户存款、债券融资等市场化筹资途径已经成为不争的事实。

在市场化筹资途径中，客户存款是一项被动负债，金融机构自身对客户存款规模缺乏主导权，缺乏融资方向和融资速率上的可操作性。通常情况下，客户存款的增长相对缓慢[③]。因此，客户存款可以作为相对稳定的资金来源，但难以满足业务快速拓展的需要。对于政策性金融机构而言，过

---

① 巴西开发银行的政府资金包含劳工救济基金（FAT）等政府性基金。

② 韩国农协银行的客户存款中包含政府机构存款。

③ 个别情况下，甚至还可能出现非计划性的下降。

度依赖客户存款可能限制其公共性职能的发挥。

债券融资是一种主动融资，在融资规模、融资时间和融资期限等方面，融资主体具备相当的主动性。农业政策性金融机构可以根据自身业务发展需要发行债券，有计划地筹集资金以支持资产业务的扩张，甚至能够在短期内迅速筹集重大项目所需的巨额资金。对于政策性金融机构而言，债券发行可以享有国家主权信用支持，在资本市场上融资的成本相对低廉，具备支持公益性投资的可行性。当然，不可否认的是，过度依赖债券融资会导致融资成本过高，甚至可能出现利率倒挂现象。

根据交易成本理论，各种融资方式的成本在各实施主体自身约束条件下将达到均衡状态。债券融资的利息成本高，但单次筹资规模可以很大，无须通过分散的渠道零星筹集，运营成本低；存款的利息成本低，但对资金所有者来说不是非常有利的投资方式，往往需要广泛设置机构从广大居民、企业中筹集，运营成本相对较高。农业政策性金融机构采取存款或债券融资，或兼而有之，也是政府、监管部门和农业政策性金融机构自身在各种约束条件和成本均衡状态下选择的结果①。

（二）所有者权益结构的比较

总的来看，与负债情况类似，各国农业政策性金融机构不仅所有者权益的规模有较大差异，而且所有者权益的结构也不尽相同②（见图6-5）。

在大部分（73%以上）农业政策性金融机构中，资本金占所有者权益的比例超过50%，部分国家的资本金占比甚至超过90%，例如俄罗斯农业

---

① 债券融资和央行再贷款的组合方式具有一定优势：在经济形势良好的情况下，市场资金相对充裕，债券融资的成本相对较低；在经济存在下行压力的情况下，作为货币政策的重要工具，农业政策性金融机构成为中央银行释放流动性的重要途径，央行再贷款的成本较低。

② 所有者权益是资产扣除负债后由所有者享有的剩余权益。根据所有者权益的形成来源，可以将所有者权益分为资本金和留存收益两部分。本节正是从资本金与留存收益的比例上讨论所有者权益的结构。在实际统计过程中，资本金包括以"实收资本"（Paid-in Capital）、"股本"（Stock Capital）、"股权资本"（Share Capital）、"注册资本"（Chartered Capital）、"所有者权益"（Shareholder's Equity）等项目披露的内容。留存收益是经营过程中累积的未分配利润之和，包括"资本公积"（Capital Reserves）、"盈余公积"（Surplus Reserves）、"未分配利润"（Undistributed Profit）、"一般风险准备"（General Risk Reserves）、"信用风险准备"（Credit Risk Reserves）、"重估储备"（Revaluation Reserves）、"可供出售储备"（Available-for-Sale Reserve）、"储备基金"（Reserve Funds）等项目反映的内容。

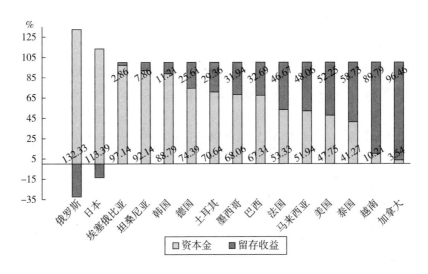

图 6 – 5 部分国家农业政策性金融机构所有者权益结构

银行、日本政策性金融公库、埃塞俄比亚发展银行、坦桑尼亚农业发展银行资本金与所有者权益之比分别为 132.33%、113.39%、97.14% 和 92.14%。其中，俄罗斯农业银行与日本政策性金融公库由于累计亏损，留存收益为负（分别为 – 32.33% 和 – 13.39%）①，成为农业政策性金融机构中的亏损特例。对应地，有些农业政策性金融机构的所有者权益主要由留存收益构成，资本金占比非常小，例如加拿大农业信贷公司、越南社会政策银行的留存收益占比分别为 96.46% 和 89.79%。

留存收益在各国农业政策性金融机构中普遍存在，而留存收益来自经营利润。农业政策性金融机构普遍盈利的现象，有助于更新对农业政策性金融机构非盈利性的理解。一般的观点将农业政策性金融机构不追求盈利最大化理解成"保本微利"②。"保本微利"是一个容易引起误解的概念。有必要强调，所谓的"保本微利"只能是不追求扣除风险、技术等补偿后的经济利润，即经济利润略高于零。"保本微利"必定产生会计利润。此

---

① 俄罗斯农业银行的特殊情况在于，其所持有价证券大幅缩水（"可供出售有价证券重估储备"列报为负），致使所有者权益不仅没有实现增长，反而出现留存收益抵减资本金的情况。因此，对以间接融资为主要特征的农业政策性金融机构而言，必须在防控风险的基础上拓展业务职能，更好服务自身职能定位，审慎参与风险较大的证券投资。

② 白钦先，王伟. 政策性金融概论［M］. 北京：中国金融出版社，2013：99.

时，会计利润主要由资金的风险补偿和资本的机会成本构成。此外，还应该包括技术进步和管理提升对企业运营效率提升的补偿。正是由于会计利润的存在，非营利机构才能获得持续提升运营效率和风控水平的激励。

三、资金来源成本和期限的国际比较

农业政策性金融机构的成本和债务期限是衡量其服务能力的重要指标。债务成本越低，总筹资成本越低，农业政策性金融机构保持财务可持续所需的贷款利率也越低，能够服务的公益性投资规模也就更大[1]。债务期限越长，流动性风险越低，资产负债管理的压力也越小，为公益性投资提供的资金也就越稳定。

（一）债务成本

负债是农业政策性金融机构资金来源的重要组成部分[2]，因此，债务成本在很大程度上决定了农业政策性金融机构的总体筹资成本[3]。从实际情况来看，南非土地和农业发展银行、巴西开发银行的债务成本较高，债务成本率（税前）分别为8.40%和7.53%；相反，日本政策性金融公库、泰国农业与农业合作社银行的债务成本很低，债务成本率（税前）分别为0.32%和0.42%，均不超过1%（见图6-6）。

总的来看，各国农业政策性金融机构的债务成本与国民经济发展水平相关，随着国民经济发展水平的提高，农业政策性金融机构的债务成本可能更低。发达国家农业政策性金融机构的债务成本率（税前）一般低于2.5%，而发展中国家一般在3%以上。原因在于，一方面，发达国家的资

---

[1] 公益性投资的边际收益存在差异，对于公益性项目实施主体而言，贷款利率越低，边际收益高于贷款利率的公益性投资规模越大。

[2] 超过三分之一的农业政策性金融机构其资产负债率达90%以上，绝大部分在80%以上，详见前文关于资产负债率的有关讨论。

[3] 债务成本是指因举债筹资而付出的代价，可采用税前债务成本度量：债务成本率（税前）=利息支出总额/负债总额。一般而言，不同类别、不同期限的负债具有不同的资金成本。
总体筹资成本一般以加权平均资本成本（Weighted Average Cost of Capital, WACC）度量：$WACC = (E/V) \times R_e + (D/V) \times R_d \times (1 - T_c)$。式中，$WACC$ 为加权平均资本成本；R_e 为股本成本；R_d 为债务成本（税前）；E 为股本总额；D 为债务总额；V 为股本总额与债务总额之和；E/V 为股本占融资总额的百分比；D/V 为债务占融资总额的百分比；T_c 为企业税率。

本相对充裕，资本的边际报酬率相对较低；另一方面，农业政策性金融机构债券发行的信用等级一般与国家主权信用等级挂钩，而较高等级的主权信用有助于降低债券的风险溢价，因此发达国家的农业政策性金融机构一般可以享有更低的债券利率。

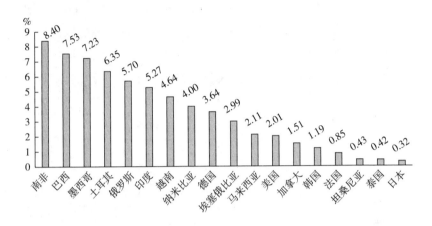

图 6 - 6　部分国家农业政策性金融机构债务成本（税前，2018 年）

发展中国家的农业政策性金融机构应当充分利用国际资本市场，广泛筹集低成本资金，服务本国农业农村发展。事实上，在国内资金成本较高且资本项目相对开放的特定发达国家，这种方式已经成为农业政策性金融机构的常规做法。例如韩国农协银行除在本国市场开展融资业务外，还广泛利用日本、美国、新加坡、中国、中国香港、印度尼西亚、巴拿马等国家和地区的金融市场，开展多种形式的融资、担保等业务。

（二）债务期限结构

负债的期限结构是影响银行财务可持续性的重要因素。一般来说，银行负债的平均到期时间越长，服务长期项目投资的能力越强。对于农业政策性金融机构而言，就越有可能为农业农村公益性项目提供稳定低廉的资金支持，有效履行农业政策性金融职能。总的来看，在债务期限结构方面，各国农业政策性金融机构也存在较大差异①。

---

①　只有少数农业政策性金融机构披露了详细的负债期限结构，难以对各国农业政策性金融机构进行全面系统的比较分析，本节仅以典型代表为例。

加拿大农业信贷公司的负债高度依赖财政资金，资金来源非常单一，在农业政策性金融机构中较为特殊。与此同时，加拿大农业信贷公司的债务期限结构表现为明显的递减分布，随着到期期限的延长，债务占比逐年下降，且主要负债集中在 1 ~ 5 年，1 年内到期负债占比 31.9%，服务农业长期投资的能力相对欠缺。但是，由于加拿大农业信贷公司的贷款期限主要集中在 1 ~ 5 年，债务与资产相对匹配，因此流动性管理的压力不大。从这个角度来看，加拿大农业信贷公司保持了相对合理的债务期限结构。

表 6 - 8　　加拿大农业信贷公司债务期限结构（2019 年）　　单位：百万加元

到期期限		金额			占比（%）
		政府资金	票据资金	合计	
1 年以内		9285	509	9794	31.9
1 ~ 5 年	1 ~ 2 年	5302	19	5321	17.3
	2 ~ 3 年	6232	290	6522	21.2
	3 ~ 4 年	3871	—	3871	12.6
	4 ~ 5 年	2433	—	2433	7.9
5 年以上		2804	—	2804	9.1

资料来源：加拿大农业信贷公司 2018—2019 年年报。

与加拿大农业信贷公司相比，美国合作银行（CoBank）债务期限结构的分布形态也呈现类似的递减分布，但分布的偏态更加明显，主要负债集中于 1 年以内，不仅服务长期投资的能力相对欠缺，而且面临更高的流动性管理压力。

表 6 - 9　　　　美国合作银行债务期限结构（2018 年）　　单位：百万美元

到期期限		金额	占比（%）
1 年以内		57814	45.7
1 ~ 5 年	1 ~ 2 年	28175	22.3
	2 ~ 3 年	10919	8.6
	3 ~ 4 年	5342	4.2
	4 ~ 5 年	5087	4.0
5 年以上		19062	15.1

资料来源：CoBank. 2018 Annual Report ［EB/OL］. https：// www. cobank. com/ - /media/files/financials/2018/cobank - 2018 - annual - report. pdf.

俄罗斯农业银行的债务与前面两者形态截然不同，期限结构表现为明显的递增分布，随着到期期限的延长，债务占比逐步上升，主要债务集中于 5 年以上。因此，俄罗斯农业银行支持长期投资的能力更强，短期流动性管理的压力更小。

表 6－10　　　　俄罗斯农业银行债务期限结构（2018 年）　单位：百万卢布

到期期限		金额	占比（%）	
1 年以内	3 个月以内	57814	4.6	21.6
	3～12 个月	28175	17.0	
1～5 年		10919	37.3	
5 年以上		19062	41.1	

资料来源：BankFocus.

第五节　资金来源的特点与演变

农业政策性金融机构资金来源的演变，是政府战略、业务目标、成本约束、时间限制、市场环境等因素共同作用的结果。农业政策性金融机构资产业务的指定性，导致其融资活动具有典型的业务驱动型特征。因此，业务范围的不断扩张推动融资渠道不断拓展，促使农业政策性金融机构逐步从更多地依赖政府走向更加依赖市场。从实践看，市场化筹资也离不开政府的支持；在一些特殊领域，政府仍然牢牢把握着资金来源的控制权。

一、资金来源的拓展：业务驱动型融资

农业政策性金融机构为实现政府目标而存在，其资金来源的拓展呈现出明显的业务驱动型特点。在一些国家，农民出于"互助"而组建众多信用合作社，即使其目的并非实现政府目标，但政府通过利用其组织特点降低与农民的交易成本，以立法形式赋予其农业政策性金融职能，并通过相关法律的新增和修订不断调整其业务范围，使之成为农业政策性金融体系不可分割的一部分。在自身发展需求和政府战略需要的融合中，农业政策性金融机构放贷规模不断扩张，驱使其寻求更多稳定的资金来源。政府初始投入的资本金有限，需要财政资金发挥信贷支撑作用，仍然不能满足业务发展需要时，则拓展市场融资渠道，这已成为许多农业政策性金融机构

资金来源的演进路径。

二、资金来源的结构：政府控制与市场决定

早期的农业政策性金融机构在资金来源上极端依赖政府，政府提供的资本金和财政借款保障了其正常运营和功能发挥。在寻求资金来源稳定增长的过程中，市场化融资渠道逐渐从萌芽成为主流，形成政府资金和市场资金在融资结构上的此消彼长。但是，不能简单地认定融资渠道的市场化是农业政策性金融机构的筹资趋势。总的来看，市场化融资逐渐增长，但在很多方面市场化融资不能代替政府资金。政府资金可以成为特定农业政策性金融机构稳定的资金来源，这在市场经济发达、金融市场完善的发达国家也是如此，尤其以日本政策性金融公库、美国商品信贷公司和加拿大农业信贷公司最为典型。

表 6-11　　农业政策性金融机构政府持股情况一览（2018 年）

农业政策性金融机构	政府是否持股	政府持股比例（％）	金融机构	政府是否持股	政府持股比例（％）
美国商品信贷公司	是	100	韩国农协银行	是	33.3①
美国合作银行	否	—	俄罗斯农业银行	是	100
德国农业土地抵押银行	是	100	南非土地和农业发展银行	是	100
法国农业信贷银行	否	—	巴西开发银行	是	100
加拿大农业信贷公司	是	100	墨西哥农业、农村、林业和渔业发展基金	是	100
日本政策性金融公库	是	100	印度农业与农村发展银行	是	100
日本农林中央金库	否	—	泰国农业与农业合作社银行	是	99.78②

注：①其余 66.7％由全国农业合作社联盟（NACF）持股。

②其余 0.22％的股份由泰国境内的部分农业合作社、农户和泰农行员工等主体持有。

（一）服从于政府的战略目标是决定农业政策性金融机构资金构成的首要因素

政府资金在农业政策性金融机构资金来源中的地位是由政府的战略目标导向决定的。对于高收入国家来说，金融市场已经十分发达，市场化筹资十分便利，但政府仍保留对农业政策性金融机构资金来源的主导权，意

在维持特定农业领域的控制权，比较典型的是美国。美国商品信贷公司是美国农业政策制度安排中的重要一环，一直承担着农产品价格管理和农业收入支持的功能[①]，支撑着美国作为世界农产品第一大出口国和粮食第一大援助国的农业大国地位，其资金来源始终纳入政府预算。加拿大农业信贷公司的资金则基本依靠财政借款，主要服务于家庭农场[②]，聚焦于对初级农产品的支持[③]，是加拿大成为世界农产品第二大出口国和粮食第二大援助国的强力支撑。粮食安全是各国农业政策性金融机构的首要支持领域，尤其与大国政治联系在一起时，政府没有也不会把融资的主导权让位给市场。服务于"全国经济振兴计划""追赶计划"的巴西开发银行，承担制定和实施国家经济发展政策，为本国主要的基础设施项目、基础工业和农业机械化提供资金的重大使命，政府借款和公共基金在其资金来源中占据绝大部分[④]。从上述分析来看，政府资金的支持力度，很大程度上取决于农业政策性金融机构服务领域的战略性程度。

（二）发展阶段相近的农业政策性金融机构融资渠道趋同

总的来看，中等收入国家的农业政策性金融机构拥有更加多元化的融资渠道，政府资本金、财政融资、客户存款、债券发行、同业融资等都占有一定比例；而高收入和低收入国家群体仅拥有其中的某几项。从历史上看，高收入国家的农业政策性金融机构也有相对"面面俱到"的时期，随着业务规模的不断壮大和管理手段的不断丰富，市场化资金占比逐步上升，政府资金占比逐步下降甚至退出。目前，美国合作银行、德国农业土地抵押银行、法国农业信贷集团等已经高度依赖市场化资金。与此同时，埃塞俄比亚、加纳、坦桑尼亚、纳米比亚等低收入和中等偏下收入国家的农业政策性金融机构，受限于本国发展程度不高的金融市场，没有办法开展规

---

①　商品信贷公司原为联邦政府全额所有，后于1994年划归农场服务局管理。农场服务局负责管理价格和收入支持项目、灾害救助项目和两类资源保护项目，同时负责所有项目的财务预算管理。

②　《农场信贷法案》对加拿大农业信贷公司的最新职能界定为："首要聚焦农业经营，包括家庭农场等领域，向包括家庭农场在内的农业经营活动以及与农村地区相关的中小企业提供专业化和个性化的金融产品和服务。"

③　2019年加拿大农业信贷公司投向初级农产品的贷款占贷款总额的82%。

④　2018年，巴西开发银行的资金来源中政府借款和公共基金占比为88%。

模化的债券融资。但随着这些国家金融市场的不断完善，债券融资也将成为一个重要选择。

（三）政府隐性和间接的资金支持是市场化筹资的重要保障

通过对多国农业政策性金融机构的研究可以看出，市场化筹资不是完全脱离政府的纯市场行为，在融资市场上广泛存在着政府对农业政策性金融机构间接和隐性的支持[1]。例如，韩国政府将韩国农协银行作为国内唯一政府和公共部门金融服务银行及地方税委托收缴行[2]。德国政府为农业土地抵押银行的债券发行提供主权担保，使其债券信用评级长期保持AAA，在信用风险标准化方法中的风险加权系数为零[3]，融资成本始终保持较低水平。巴西联邦宪法规定社会一体化计划基金和公务员储蓄计划基金的40%交由巴西开发银行使用，政府还授权巴西开发银行管理巴西海运基金和一些基础设施投资基金。坦桑尼亚农业发展银行也被政府指定为政府基金的管理人，管理多项国际机构基金，这些基金构成其资金来源的重要组成部分。法国政府对法国农业信贷银行的长期债券持有人和储蓄存款持有人给予利息减税、免税优惠。政府支持始终是农业政策性金融机构充足资金来源的有力保障。

（四）市场化的资金来源需要市场化的资金管理

除了不允许采取特定市场化筹资方式[4]的，以及受限于国内金融市场化程度不高的以外，大部分农业政策性金融机构主要依靠市场化手段进行融资。农业政策性金融机构的市场化融资往往与一国金融市场的发展和开放相伴而行，有些本身就是本国金融市场发展的重要推动力[5]。实践中，政策性金融的市场化往往从资金来源端发起，资金来源端的市场化程度远高于资金运用端。因此，市场化资金占比高的农业政策性金融机构，需要将资

---

[1] 相对于政府提供资本金、财政借款等直接支持手段而言。

[2] 2018年韩国95%以上的地方税由政府委托该行收缴。

[3] 在资本充足率统一要求下，德国和其他欧盟国家的银行持有该行债券不需要持有相应资本。

[4] 比如法律规定（或本身经营导向决定）：美国农场信贷系统、美国商品信贷公司不吸收存款，日本农林渔业金融公库、加拿大农业信贷银行不吸收存款，墨西哥农业、农村、林业和渔业发展基金不吸收存款和发行债券。

[5] 比较典型的是法国农业信贷集团，其始终是法国金融市场的重要参与者和推动者。

产负债管理纳入战略规划，统筹考虑资产负债的期限、成本的匹配，强化流动性管理，有选择性地利用金融衍生工具防控风险，使资金管理能力始终跟得上规模和质量的需要。

三、筹资机制的设计：缓解资金来源的市场化与资金运用的政策性之间的矛盾

为达到风险、成本、收益的合理匹配，农业政策性金融机构的资金来源与资金运用之间应具有强烈的指向性，即按照政策性程度分类配比。对于部分农业政策性金融机构，不存在市场化筹资与政策性使用的矛盾①，资金来源始终控制在政府手里，用于实现政府的政策目标。但是，对大多数农业政策性金融机构而言，业务范围覆盖农业农村的广阔领域，对于这类机构，需要从制度设计上分类施策。在需要国家全力保障的重点领域，比如粮食安全，仍然由政府保障资金供给。对于其他业务领域，可以借鉴国际上的有效做法，由政府提供隐性和间接的资金支持，确保资金规模、成本和稳定性优于商业银行。按与政府的关联程度，资金来源的政策性可以排序如下：（1）政府注资；（2）纳入政府预算，由财政融资；（3）参与政府特殊借款计划；（4）由政府授权，管理特定公共基金；（5）由政府指定，作为政府部门资金、财政补贴资金、税收征缴资金等的代理行；（6）以法律形式明确债券发行由政府提供担保；（7）对债券和储蓄存款持有人给予利息减免优惠。上述办法在满足农业领域的基础和保障性资金需求之后，可以根据业务的政策性强度适当用于其他领域。

从各国实践看，不存在完全放任市场的农业政策性金融机构。农业政策性金融机构应按照政策性的强度将资产业务划分等级，进行分级管理和核算，确保政策性强度在资金来源端与资金运用端的匹配，这或许是为缓解市场化筹资与政策性使用的矛盾而值得研究和尝试的方向。

---

① 这些机构往往聚焦于具有重大战略意义的一个或几个特定农业领域。

第七章　农业政策性金融风险防控

农业政策性金融通常面临比商业性金融甚至其他政策性金融更为严峻的风险。农业政策性金融的风险管控，既有风险管理的普遍性，又有自身的特殊性。在实践中，各国普遍重视农业政策性金融的风险控制问题，几乎所有农业政策性金融机构都把风险防控纳入发展规划，在治理体系上构筑多层次的风险管理架构，在战略上确定风险偏好，在管理方法上重视各类风险管理工具和信息技术的应用，培育和传播风险文化，将风险控制在合理水平，实现安全稳健运营。

第一节　农业政策性金融风险的特殊性

农业政策性金融风险主要是信贷风险，从本质上讲都是资金损失的不确定性，与商业银行并无差别。农业政策性信贷风险与服务领域聚焦"三农"、政府指令关联度高、不以利润最大化为目的等特征密切相关，其形成和表现具有一定的特殊性。

一、风险易发性强

农业整体上属于弱质产业，受自然环境约束大，特别是气候等自然灾害会影响既定区域内的众多农业生产者，较一般行业更易发生大规模风险。商业资金的趋利性导致农业投入短缺，农村地区金融供给不足是全世界普遍存在的问题。而农业政策性金融机构作为"政府的机构"，不能完全自主选择业务范围和服务主体，业务领域往往跨出涉农商业金融有效边界之外，不仅要对粮食安全提供战略性支持，还要对农业低收入从业者、农村贫困户等弱势群体，生态保护等公益性领域提供成本可承受的金融服务，其政策、风险与收益之间因系统性因素的相互扰动而存在不对称、不匹配，从而面临更大的风险。

二、风险集中度高

业务集中性风险是指将资产集中在某一行业或某一地区而造成的风险不能有效分散的问题。农业政策性金融专注于农业农村领域的专业性特征也导致其面临业务的集中性风险，在遭遇农产品价格危机、气候危机等重大事件时会引发贷款风险的集中爆发。针对业务集中性风险，许多农业政策性金融机构不得不通过对单一产品和单一借款人设置限额、对产业链全域支持、扩大借款人的地区分布和专业分布等手段一定程度分散农业行业的非系统性风险[1]，但很难有效规避整个农业行业的系统性风险。

三、政府补偿是管控风险的重要方面

农业政策性金融在运营过程中还可能遇到利益补偿机制缺失的风险。风险和收益相匹配是金融的基本原理，金融机构以此进行贷款定价。然而农业政策性金融作为政府的调控工具，往往在贷款定价上实行"让利于农、让利于企、让利于贫困区域"政策，对农业农村提供长期低息贷款，以减少贷款主体资金成本。但作为金融机构，农业政策性金融也需要实现一定盈利才能具有可持续性。对此，很多国家政府对农业政策性银行给予高政策性业务必要的利息和费用补贴，作为风险补偿的一种手段，这也成为农业政策性金融不可或缺的收入来源。然而，这种补贴不到位，会对农业政策性金融经营造成难以预期的影响，成为一种特殊的风险来源。[2]

---

①　例如，南非土地和农业发展银行对每种商品和债务人制定了信贷限额，并定期监控、每季度提交报告。加拿大农业信贷公司也对农业、农业综合企业、农业食品的各个部门采取总额限制，以多样化其业务及资产。俄罗斯农业银行则通过贷款给整个产业链（包括生产、存储、加工和销售等）、向不同地区不同专业的借款人提供贷款、限制单一借款人额度等方法降低业务集中性风险。

②　在实践中，南非土地和农业发展银行就面临这一风险。该行曾于2012—2016年收到来自农业、土地改革和农村发展部提供的1.5亿兰特补助金，用于对转贷款业务下的批发融资机制进行贷款利息和中介机构运营费用补贴，但此后该银行未收到其他补助金。由于缺少持续性补助，该机制已暂停发放新贷款。自财政补贴暂停以来，南非土地和农业发展银行利用自身利润对贷款利息提供持续补贴，2019财年补贴额度为5870万兰特，2018年为7400万兰特。

四、风险容忍度相对较高

农业政策性金融风险的特殊性客观存在，是从成立时起由其业务的政策性决定的。各国农业政策性金融机构，普遍重视和强化风险管理的战略性和科学化，在风险战略中设定更符合实际的风险偏好和风险容忍度，政府主管部门和监管机构在监管和考评时往往也会充分考虑、区别对待①。

第二节　农业政策性金融风险防控机制

农业政策性金融承担政府政策目标的实施，为确保安全、有效运行，由政府推动建立一套完善、缜密的风险防控体系，在一些国家特别是美国，已经非常成熟。同时农业政策性银行面对数量众多、分散、弱势的农业经济组织和农户，需要采取更加人文和贴近的手段，帮助它们防范经营风险，进而达到信贷资金安全的目的。这些既有宏观布局又有微观渗透的政策措施和运行机制，共同构成了具有农业政策性金融特点的风险防控体系。

一、国家层面推动建立的风险防控体系

美国农业政策性金融体系的设立、演变和发展是国家战略、农民利益、政治角逐等因素综合博弈的结果。在应对经济危机、生态危机、战争、农业灾害、农产品市场剧烈变动、农场主破产风潮等重大事件中，美国政府不断强化农业体系的稳健性，克服和防范农业经营中的风险，并通过金融手段实现风险集中管理，在国家层面形成既协调统一又职能独立的庞大农业政策性金融体系（见图 7-1）。

其中，商品信贷公司②主要通过贷款、补贴、贴息等方式支持农产品生

---

① 例如墨西哥农业发展银行 2015—2017 年的不良贷款率在 4% 左右，2018 年达到 7.90%；南非土地和农业发展银行 2017 年和 2018 年的不良贷款率分别为 7.10% 和 6.70%；俄罗斯农业银行 2016 年、2017 年不良贷款率达到 11.20% 和 10.40%；而日本农林渔业金融公库的不良贷款率在 2002—2007 年的 6 年时间内，最低时曾达到 9.3%，最高时 2007 年达到 23.72%。

② 根据 1994 年《农业部重组法》，商品信贷公司划归农场服务局管理。

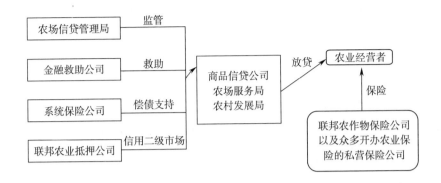

图 7 - 1　美国农业政策性金融风险体系运作机制

产、销售和储备，承担稳定、支持和保护农场收入与价格、保障农产品充足供应、有序分配和供需平衡等职能。农场服务局和农村发展局主要利用政策性金融手段，为难以从农场信贷系统和商业性金融机构获取融资的客户提供金融服务，以改善农业生产、农村基础设施和农民生活状况。它们与农场信贷系统一道构成美国农业政策性金融的放贷主体。

农场信贷系统是美国最大的涉农贷款投放主体，在农村金融体系中占有重要地位。目前，美国农场信贷系统形成包括系统银行、信贷协会、筹资公司、抵押公司、保险公司在内的完整信贷体系。

农场信贷管理局是农场信贷系统的监管机构①，具有与其他联邦金融机构相同的权力，既负责监管每家系统机构的特殊风险，又负责监管整个系统的全面风险②。农场信贷管理局负责批准农场信贷系统的政策、法规、章程及检查和执行活动，对农场信贷系统及联邦农业抵押公司进行检查和监督；定期提供农产品价格、土地价值、金融形势等分析报告，向系统机构提示可能出现的风险；要求各系统机构制定计划、政策、程序和管控措施有效识别和管理风险。

---

① 根据 1987 年《农场信贷法》修订法案，农场信贷管理局从农场信贷管理系统中分离出来。

② 农场信贷管理局的检查办公室和二级市场监督办公室则分别主要负责农场信贷系统及联邦农业抵押公司的监督和检查工作。其中，检查办公室根据《农场信贷法》和适用的法规，检查和监督每个农场信贷系统的相关机构，监控系统的状况以及系统当前和新出现的风险，并制定监督策略，以确保农场信贷系统以安全合理的方式运行，实现其公共政策目标。二级市场监督办公室负责对联邦农业抵押公司进行检查、监管和监督，以确保联邦农业抵押公司遵守适用的法律和法规，并保障其安全性、健全性及国会授权的公共政策目标的实现。

金融救助公司承担"最后守夜人"的角色，向陷入财务困境的农场信贷系统提供救助[①]。在应对 20 世纪 80 年代大量农场主破产、农场信贷系统不良贷款大幅攀升的债务危机中，提供了大约 12.6 亿美元的援助资金，帮助农场信贷系统渡过难关。

美国政府成立农场信贷系统保险公司[②]，以保护农场信贷系统债券投资者利益。作为流动性风险管理的专门职能机构，其负责运营和管理农场信贷保险基金，确保在农场信贷系统发生危机时能够及时兑付债券本息。截至 2017 年底，保险基金规模达到 48.5 亿美元，为 2660 亿美元系统银行债务提供风险保障。

联邦农业抵押公司[③]营造了一个农业信用二级市场，放贷机构可以向公司出售不动产贷款（农地抵押贷款），公司将不动产贷款打包发行相应的债券，并承诺向投资者支付债券本息，相当于农业抵押公司购买不动产贷款并为之提供担保，使放贷机构及时获得流动性支持。

联邦农作物保险公司虽然不在农场信贷系统之内，但作为美国农业政策性金融风险控制体系的重要组成部分，规范、支持和引导私人商业保险

---

① 为应对 20 世纪 80 年代初期美国农场债务危机，1987 年《农场信贷法》修订法案提出了一系列改革措施，成立金融救助公司，在美国财政部担保下，由金融救助公司发行总计不超过 40 亿美元的 15 年期债券，向农场信贷系统提供救助，通过购买遇到财务困难的机构优先股而向该机构注入资金。1992 年 12 月 31 日以前，金融救助公司向农场信贷系统提供了大约 12.6 亿美元的援助资金。2005 年 6 月，金融救助公司还清了债务，并于同年 9 月接受了最终审计。2006 年 12 月 31 日，在完成法定使命，且确认遵守法律法规、安全稳健运营之后，农场信贷管理局宣布取消金融救助公司。

② 系统保险公司是一家由联邦政府控制的独立实体，其负责运营管理农场信贷保险基金，尽可能减少基金损失，确保农场信贷系统能够持续地提供信贷服务。1989 年，美国财政部拨付了 2.6 亿美元作为保险基金的种子资金，同年农场信贷系统银行开始支付年度保费，作为保险基金的主要来源。此外，保险公司还通过投资美国国债维持和补充保险基金。2017 年，系统保险公司从系统银行获得 3.41 亿美元保费收入。自系统保险公司成立以来，系统银行所发行的债券从未违约，所以保险基金还没有为系统银行支付过债券本息。保险基金主要用于回购金融援助公司的股票和支付股票收益。2005 年，保险基金支付 2.31 亿美元用于偿还金融援助公司的债务。2010 年、2012 年、2018 年保险基金分三次向剩余的金融援助公司股东总计支付了 5580 万美元，从而注销了所有剩余的金融援助公司股票。

③ 依据 1987 年《农场信贷法》，联邦农业抵押公司（Federal Agricultural Mortgage Corporation, Farmer Mac）于 1988 年成立，是一家政府资助企业（GSE），财务保持独立，不承担任何农场信贷系统机构的债务。

公司为农民和农业实体提供保险，间接帮助贷款发放机构防范化解信用风险[①]。

此外，根据《农场信贷法》规定，每家系统银行都对其他银行的债券本息承担连带责任，一旦保险基金耗尽，任意一家银行无法支付债券本息，农场信贷管理局将召集系统其他银行代为偿付债务[②]。

从1916年农场信贷系统始建，到目前已有百年历史。不同时期设立的职能互补的风险管理机构为整个系统的稳健运营发挥了保驾护航的作用，凸显了美国政府对农业政策性金融的高度重视，彰显了美国政府在构建农业政策性金融风险防控体系中的主导地位。

二、贴近民间的风险防控策略

风险防控的技术性与人文性相结合，是以服务广大农民为宗旨的农业政策性金融进行风险管理的显著特点。这种贴近民间的风险防控策略主要基于保障和援助，包括各种保险、增信、储备金，以及综合性一揽子信用支持和解决方案。

较商业银行而言，农业政策性金融的服务群体更容易受到自然灾害等不确定因素的影响，向服务对象的农民和农业合作社提供保险是一些政策性银行常用做法。加拿大农民可以获得农业信贷公司提供的各类农业保险，对借款人自己以及家庭起到保护作用，其中"支付保护保险"为投保人的贷款偿还提供保障，"平衡保险"为投保人仅仅支付利息的贷款提供保险[③]。美国商品信贷公司为农民提供价格损失保障（PLC）和农业风险保障（ARC）项目，农民可以从中二选一，旨在为生产者的每英亩收入损失或每单位价格损失提供收入支持。泰国农业与农业合作社银行向负有债务的农

---

①　1938年，《联邦农作物保险法》授权成立联邦农作物保险公司，负责管理"联邦农作物保险计划"，为美国农民和农业实体提供农作物保险保护。1980年《联邦农作物保险法》规定，联邦农作物保险公司除自身经营保险业务以外，允许私营保险公司销售联邦农作物保险，并代表政府对私营保险公司的经营管理费用和损失给予补贴，提供再保险服务。根据1994年《农业部重组法》，联邦农作物保险公司并入农场服务局；根据1996年《联邦农业完善和改革法》，单独设立，更名为风险管理局。

②　2017 Annual Report of Farm Credit System：11.

③　白钦先，徐爱阳，王小兴. 各国农业政策性金融体制比较［M］. 北京：中国金融出版社，2006：154.

民提供农作物保险、人身终身储蓄存款等金融服务，旨在为其家庭提供持续保障，以稳定还款来源。韩国全国农业合作社联盟①提供合作性保险业务以补偿社员和顾客无法预料的损失，同时还为他们提供一种长期储蓄的渠道。

为解决农户资产不足抵押问题，同时保障贷款安全，一些国家的农业政策性银行设计和提供一系列增信机制，提高贷款的可获得性。韩国全国农业合作社联盟为农民提供信用担保服务，大力发展针对农业、林业和渔业的信贷担保基金②。南非土地和农业发展银行的贷款标准充分考虑农业经营的具体情况、农民的管理能力以及农民获得资源的途径，设立风险基金，在低风险、中等风险和高风险客户之间设置防火墙，以防范银行资产变成坏账的风险，使高风险的客户也能获得与低风险的客户相同的贷款类别③。泰国农业与农业合作社银行对小型农民提供贷款时不需要传统的抵押，而仅仅通过连带责任集团即可④；1999 年公布的法律明确财政部对泰国农业与农业合作社银行的借款提供担保⑤，有效扩大了获得低利率贷款的农民数量和贷款金额。

日本农业合作社金融系统还设计了相互援助制度。农协将每年吸收存款的 10% 作为专项资金储备，由农林中央金库统一管理，当农协的经营出现问题时，农林中央金库向它提供低息贷款，帮其渡过难关。日本农业合

---

① 本书介绍的韩国农业政策性金融为韩国农协银行（NH Bank）。韩国农协银行是韩国农协金融集团（NHFG）的子公司，而农协金融集团又是韩国农业合作社联盟（NACF）的全资子公司。

② 白钦先，徐爱阳，王小兴. 各国农业政策性金融体制比较［M］. 北京：中国金融出版社，2006：176.

③ 白钦先，徐爱阳，王小兴. 各国农业政策性金融体制比较［M］. 北京：中国金融出版社，2006：182.

④ 泰国农业与农业合作社银行对一般信贷业务的贷款要求至少得到以下一种保证即可：（1）统一组织的农民客户有义务为他们的贷款偿还签订连带责任协议；（2）至少是 2 个分支机构的客户，或者是由泰国农业与农业合作社银行批准的人员提供担保；（3）无阻碍的不动产抵押，且这些资产的市场评估价值不低于贷款价值的 2 倍；（4）政府证券担保或用在该银行的存款担保。参见：白钦先，徐爱阳，王小兴. 各国农业政策性金融体制比较［M］. 北京：中国金融出版社，2006：213，217.

⑤ 该担保有倍数限制规定，即借款与实收资本、该银行股份资本盈余、储备和留存收益的比例不超过 12 倍，以前不超过 4 倍。

作社金融系统建立了储蓄保险系统（Savings Insurance System）①，只针对农协的存款者提供保险服务，农户只要在农协存款，就自动与保险机构建立保险关系，当农协的经营出现问题、停止兑付存款或宣告破产时，保险机构直接向储户支付保险赔付金。

法国农业信贷集团针对农业生产者建立了事前、事中、事后三位一体的农业生产者扶持和危机管理机制。在危机发生之前，引导农民建立"五年期农业储蓄账户"，推行"退休计划"和"Floriagri人寿保险"，鼓励农民有计划地储蓄，增强风险抵御能力。在危机发生过程中，利用专业知识指导农业生产和经营活动，时刻警惕各类系统性风险和突发性风险事件，通过储蓄、保险、短期贷款和中长期贷款组合应对农产品市场的大幅波动。在危机发生后，加强与政府部门、行业协会和农业工会等部门的沟通协调，取得收购风险企业的优先权。同时利用国家负担利息、免税、内部调整、合并贷款、重建贷款等方式化解危机。

摩洛哥国家农业信贷银行在解决长期严重干旱造成的农户贷款拖欠问题中建立了一系列的贷款回收特别措施。除了政府重新安排计划注销贷款利息和管理费用于减轻借款人的负担，摩洛哥国家农业信贷银行还增加坏账准备金，建立应对自然灾害的保险基金②，用于弥补银行遭受自然灾害风险贷款的重组费用，并与合作性公司协作建立实验性保险体系，最初对摩洛哥16个省的共10万英亩麦类作物提供保险。

第三节　风险防控的组织体系

各国农业政策性金融机构持续致力于构建并完善自身的风险防控组织体系，力求建立多层次、相互衔接、有效制衡且适合自身需要的风险治理架构，以提高风险防控能力和水平。

---

① 这是一个根据法律建立的公共系统，类似于其他类银行的存款保险系统，保险基金主要来自农业合作社、渔业合作社、信农联、信渔联以及日本农林中央金库交纳的保险费。参见：白钦先，徐爱阳，王小兴. 各国农业政策性金融体制比较［M］. 北京：中国金融出版社，2006：116－117.

② 该保险基金于1993年9月建立，基金主要来源于政府拨款、赠予和收回的坏账。每年增加该基金数额1.5亿迪拉姆，直至达到10亿迪拉姆为止。

一、风险管理委员会及其职责

在本书的研究样本中，许多农业政策性银行在董事会下设置了专门的委员会对风险进行监督。在此基础上，还有的政策性银行在高级管理层下针对各类风险设置了相关委员会，在执行层面对不同种类的风险进行管理。

1. 大部分农业政策性金融机构的董事会负责对全行整体风险管理框架进行监督，下设相关管理委员会帮助其履行监督职责，确保风险管理与公司战略保持一致，并与经营活动有效结合。例如，加拿大农业信贷公司董事会风险委员会主要负责监督风险管理政策的遵守情况及与资本要求相关的系统和计划的有效性，确保风险管理活动与运营管理相分离。南非土地和农业发展银行董事会下设两个与风险管理有关的委员会，即信贷与投资委员会和风险与治理委员会，共同负责管理银行风险管理框架、治理架构、风险偏好和容忍框架，批准银行风险管理计划，审查和监督组织中所有风险的管理。法国农业信贷集团董事会风险委员会负责审查集团和股份有限公司的总体战略和风险偏好，协助董事会评估执行管理层和风险管理部门负责人对风险战略的执行情况，检查薪酬政策和激励是否与集团风险敞口、资本状况、流动性状况、预期利润相一致等。泰国农业与农业合作社银行风险管理委员会经董事会任命，由银行委员会代表、总裁和高级管理人员组成，主要负责确定风险管理和内部控制政策、战略和框架，检视风险因素，根据政策和战略方向对风险管理进行监控，对内部控制系统进行充分性审查和评估，使风险水平处于可接受的范围之内。

2. 部分发达国家的农业政策性金融还在高管执行层面设置了不同委员会分别对各类风险进行管理。例如，法国农业信贷集团在执行委员会下设置由首席执行官或副首席执行官领导的跨职能决策委员会，包括集团风险管理委员会，负责批准总部级别的风险战略和贷款决策，审查主要风险和敏感问题，提供集团实体的流程和评级模型的反馈意见，该委员会还下设安全委员会、风险监测委员会和地区银行风险监测委员会三个子机构。加拿大农业信贷公司的高管执行层是风险管理策略的执行机构，下设资产负债管理委员会、企业风险管理委员会、操作风险管理委员会、风险模型治理委员会、信贷政策委员会、信贷委员会、风险投资委员会等，负责制定并监督风险管理流程和实践。其中，资产负债委员会负责指导业务和财务绩效与策略和风险偏好的关系，制定资本和资产负债管理策略、总量、边际、贷款定价，以及年度目标等；企业风险管理委员会负责在公司内部倡导风险管理文化，批准风险管理模型，向首席风险官提供风险管理建议；操作风险管理委员会负责对操作风险管理框架提出修改建议，验证风险管理控制措施的有效性并管理操作风险处理计划；风险模型治理委员会则负责对公司的预测和决策模型进行监督，评估模型是否满足业务目标及实施准备情况；信贷政策委员会负责监督贷款、租赁和产品政策的制定，确保符合风险承受能力；信贷委员会负责批准大型信贷工具和预先授权的贷款；风险投资委员会负责批准对第三方基金经理开展风险投资的资本承诺。

3. 还有一些农业政策性金融机构则通过监事会等机构在集团层面对风险进行管理。例如，德国土地抵押银行在监事会下设审计委员会和风险委员会，每季度负责通报风险情况，并向监事会通报重大风险事件。管理委员会①设立首席风险官（CRO）职位，全面负责风险管理，并定期向管理委员会通报风险状况。俄罗斯农业银行监事会负责审批银行风险管理政策、审批风险和资本管理策略、审议银行承担的风险报告，把控整体风险。作为集体执行机构的管理委员会②则负责批准风险防控系统、资本充足性评估等关键文件，对引入和运行风险管理体系进行监督，定义风险管理体系和风险偏好等。

二、风险管理部门及其职责

综观各国农业政策性金融的实践，我们发现，"风险管理委员会 + 风险管理部门 + 风险执行部门"是一种广泛存在的风险管理组织体系，通常被称为风险管理的三道防线。其中，风险执行部门是第一道防线，主要是在实操层面对风险进行评估和管理，例如基层的放贷员开展尽职贷前审查和贷后监管。风险管理部门作为第二道防线，往往在风险管理委员会（第三道防线）的领导下，主要承担帮助管理层确定、理解和控制风险的职责，

---

① 德国土地抵押银行管理委员会主要负责处理银行内外日常经营管理事务，由内部高级管理层构成，代表德国土地抵押银行行使相关权利和义务。

② 管理委员会是俄罗斯农业银行唯一的集体执行机构，除风险相关职责外，管理委员会还履行与实现关键业务目标有关的一般职责，完成股东提出的长期目标，监控银行的经营环境，加强银行的企业文化等。

防范各类风险对银行经营的冲击，并负责制定具体的风险管理细则。例如，墨西哥农业发展银行的整体风险管理部门（UAIR）主要负责识别、计量、监测和控制日常授信过程中可能面临的风险，通过开发、运用基于技术的方法和模型，最大限度地降低风险评估的主观性。法国农业信贷集团风险管理部门的主要职责是确保集团面临的风险与条线所定义的风险战略相一致，与集团的增长和盈利目标相适应。在实践中，该部门与财务、战略和合规等职能部门和业务部门合作，协调风险识别流程和集团风险偏好框架的实施；定义或验证分析、测量、监测信贷风险、市场风险和操作风险的方法和程序；参与对条线业务发展战略的批判性分析；就业务部门头寸引起的风险或业务战略所预期的风险向执行管理层提供独立意见；识别并分析集团实体的风险，在风险信息系统中收集相关数据；等等。德国土地抵押银行的第二道防线由风险管理、信贷、财务和内部审计等部门共同构成。其中，风险管理部门负责监测和传达风险状况，并参与有关风险的重要管理决策；信贷部门配合风险控制部门制定信用风险战略，加强不良贷款管理，监测信贷风险限额的执行情况和贷款组合的总体情况；财务部门负责管理市场和流动性风险；内部审计部门对业务活动和流程的适当性进行审查和评估。日本农林渔业金融公库则指定各类风险的主管部门，设置了五个专门委员会，制定风险管理政策及各种风险的防控措施。

三、条线和子公司的风险管理

业务经办部门和子公司作为直接面对市场和客户的风险执行部门，是农业政策性金融风险管理第一道防线，处于业务流程的最前端，同时承担直接管理风险的第一责任，有必要对业务条线和子公司的风险管理职责进行规范，从源头防范风险。例如，泰国农业与农业合作社银行将产生风险或直接受到特定风险影响的部门视为风险评估者，要求其制订风险管理计划并提供相关建议，定期监测风险评估结果，使特定风险处于可控水平。法国农业信贷集团的每个条线和子公司均制定了符合自身情况的风险偏好表，并据此进行风险管理和永久控制。

此外，有些农业政策性金融机构还会在条线内部设置专门的风险管理人员。例如法国农业信贷集团在每个条线和子公司内，都设置了一名官员负责永久控制和管理风险。南非土地和农业发展银行为加强风险管理部门与各业务条线的联系，在每个业务部门都设立了风险联络员，作为业务部门与风险管理部门之间重要的沟通纽带。

第四节 风险偏好和风险文化

风险偏好是农业政策性金融机构在其战略目标框架内愿意承担的风险类型和风险总量。确定风险偏好是风险管理内控流程的初始环节，决定了风险管理的总基调和基本方法，是银行治理框架中不可或缺的战略组成部分。风险偏好通常由决策层确定，并通过一系列定量指标和定性事项进行定义。

一、风险偏好的确定

农业政策性金融的风险偏好通常是由相关风险管理委员会制定并上报董事会或决策层确定的，董事会通常负责批准并发布正式的风险偏好说明。风险管理委员会还负责评估、监测和控制银行面临的各类风险，以确保银行承担的风险在现有的风险偏好限制和阈值之内。

法国农业信贷集团的风险管理委员会通过参考一系列财务政策和风险管理政策审查和拟定风险偏好。董事会负责批准风险偏好并发布正式声明，该声明涵盖集团的战略、商业目标、风险管理和全球财务管理等内容，且与集团中期计划的战略目标、预算过程和各业务领域的资源分配相互协调。其风险偏好的目标是促使董事和高级管理层就所承担的风险进行反思和对话，明确既定策略的可接受风险水平，将风险和收益纳入战略计划和决策过程，在触发风险偏好警报后能预测战略性指标的过度恶化程度，并提高恢复能力，促进与第三方就财务能力和风险管理的沟通。

与法国不同，加拿大农业信贷公司的风险偏好是由加拿大《农场信贷法》《金融管理法》及其股东的各种指令确定的。董事会每年都会通过风险偏好框架重申并批准风险偏好，发布风险偏好声明。该公司的风险偏好声明包括三个核心原则，即愿意承担对客户、本公司、加拿大农业和食品行业有利的风险，接受农业和食品行业参与者长久存在的风险，避免危害本公司、客户或所服务行业可持续性的风险。

南非土地和农业发展银行通过三个步骤确定其风险偏好，并进一步制定控制措施。首先，对业务环境进行分析和风险评估，识别潜在的风险来源。其次，进行风险分析，计算风险事件的概率及潜在影响，并按优先级对风险事件排序。最后，制作企业风险等级矩阵，按事件发生概率和影响严重性对事件进行分类，并基于此制定控制措施。

二、风险偏好指标

风险偏好指标通常可以分为两类：一类是定性指标，例如监管评级、声誉风险等；另一类是定量指标，可以分为收益类指标、风险类指标和资本类指标等[①]。一些国家的农业政策性金融机构将一系列定量指标和定性事项作为风险偏好指标。例如，加拿大农业信贷公司的风险偏好指标包括有关策略性、财务性和操作性的容忍度和限制度指标；德国土地抵押银行的风险偏好主要通过风险极限及预警指标反映。

作为系统重要性银行，法国农业信贷集团是为数不多在其年报中披露风险偏好指标体系的农业政策性金融机构。其风险偏好关键指标包括法国农业信贷银行的外部评级、偿付能力、流动性、商业风险、利润、信用风险等。同时基于信用风险、市场风险、操作风险等指标确定预警阈值和风险范围。对于集团尚未量化的风险，其定性标准主要基于公司的企业社会责任政策，体现集团对支持可持续发展和控制包括非金融风险在内的所有风险的关注。

三、风险文化

一些国家的农业政策性金融机构十分注重风险文化的培育与传播，通过多种有效途径提高全体员工的风险防控意识，培养风险管理人才。法国农业信贷集团在风险管理部门设置职业和人才委员会，负责制订重要职位的接任计划，丰富人才发展途径，提高其他业务部门对风险管理部门从业经历的重视程度；为员工提供量身定制的风险管理培训以提高风险防控意识；提高全体员工的风险知识和风险管理参与度，并将风险管理转化为日常工作的一部分。加拿大农业信贷公司对其风险文化和思维方式进行主动

---

① 王巍．我国证券公司风险偏好体系研究［C］．中国证券业协会．创新与发展：中国证券业2015 年论文集，2015：1410 – 1419.

管理，分析和定义员工行为的基本驱动因素，并将其分为四个关键领域：风险能力和技能、组织结构、内在和外在动机，以及关系和互动。高级管理层与董事会一同对四个关键领域进行评估、审查和讨论。韩国农协银行十分注重人才素质建设，定期对工作人员进行风险培训，坚持推行先发制人的风险管理文化。印度农业与农村发展银行十分注重风险防控文化的形成，通过与客户、合作伙伴及利益相关方的定期互动，不断提高员工的风险意识和防控能力，区域发展经理的重要职责之一就是对农户、合作社或互助小组开展贷后管理和专业指导。

第五节　风险管理工具和方法

农业政策性金融机构在经营过程中面临着信用、市场、流动性、操作及合规等一系列风险，这些风险互相影响、互相交织。为了应对这些风险的冲击，许多国家的农业政策性金融机构运用一系列工具和方法对风险进行评估、计量、监测和控制，以有效管理风险。

一、风险管理工具

有效的风险管理工具不仅能显著降低银行风险、提供价值保护，也能优化资源配置、提高运行效率。越来越多国家的农业政策性金融机构注重使用信息技术、运用统计学方法、实施流程管理以及利用衍生金融工具，提高风险管理能力。

（一）信息技术

将人工智能、信息科技与风险管理相结合，是农业政策性金融机构不断提升风险防控的信息化和科技化水平的有效途径之一。

印度农业与农村发展银行根据巴塞尔协议 III 和印度储备银行的要求和指南，引入一套更为健全的全面风险管理软件"综合风险管理解决方案"（IRMS），进一步强化现有风险管理框架。法国农业信贷集团则按照巴塞尔协议关于全球系统性金融机构风险监管指标的要求引入了一套更为稳健的信息技术（IT）和全球风险整合系统。

在信用风险管理方面，墨西哥农业发展银行使用人工智能公司提供的未来风险动态模型（RDF）制作在险价值（VaR）报告，该模型模拟宏观经济情景对贷款违约概率进行估算，还可用于对贷款组合的敏感性分析和压力测试。美国第一农业信贷银行①通过使用 SunGard 优化分析工具套件，支持农业信贷协会进行信用分析和贷款流程管理，提高自动化水平，减少错误发生率。此外，部分农业政策性金融机构通过引入新技术新方法完善评级机制，强化信用风险管理。韩国农协银行引进 CSS 顾客信用分数评价系统，通过身份证识别确定一个人的信用登记、可借款额度、借款利息等。日本农林渔业金融公库对客户的评级分为模型评级、外部形式调整、形式调整、第一次定级及第二次定级五个步骤，利用自己开发的专门软件在第一步的模型评级中对客户进行初次评级。俄罗斯农业银行对容易发生风险的零售贷款部门建立一套现代化的管理体制实施内部评级，并于 2017 年启用俄罗斯联邦的统计评级模型和信贷限额系统，引入了自动化 IT 解决方案，通过对借款人工作或家庭所在地的照片图像进行人工智能分析，验证贷款申请的真实性；2018 年对客户信用记录评估算法进行升级，调整客户支付能力的评估方法。印度农业与农村发展银行为所有客户引入信用风险评级模块，通过违约预测机制识别、跟踪和监测特别账户（SMAs）及不良资产（NPAs）情况，规范管理风险敞口，确保对贷款组合风险进行标准化处理。

在操作风险管理方面，泰国农业与农业合作社银行研发了业务连续性管理（BCM）风险管理工具，在面临风险威胁或危机时，能够持续为客户提供服务，并将业务连续性管理体系升级成为数据存储工具，保证数据分析的连续性。开发损失数据库（Loss Data），用于存储操作风险的受损数据，为后续深入分析和经验总结提供重要支持。

（二）压力测试

压力测试也是农业政策性金融机构重要的风险管理工具之一。根据国际货币基金组织的定义，压力测试是指利用一系列方法评估金融体系承受罕见但是仍然可能的宏观经济冲击或者重大事件的过程②。由于农业容易受到自然灾害等尾部风险冲击，压力测试在农业政策性金融机构的风险管理

---

① 美国农场信贷系统的 4 家系统银行之一。

② 巴曙松，朱元倩. 压力测试在银行风险管理中的应用［J］. 经济学家，2010（2）：70 - 79.

中显得尤为重要。法国农业信贷集团要求在集团范围内对信贷、金融服务、经营过程中产生的风险进行充分的压力测试。泰国农业与农业合作社银行设计并推出针对流动性危机具体情形的压力测试、针对整体系统性危机的压力测试，以及同时针对两种情形的压力测试。墨西哥农业发展银行按月对流动性风险进行压力测试，加强极端情况下的流动性风险管理。

（三）制度流程

制度流程体现了风险管理的刚性约束。印度农业与农村发展银行制定并根据实践反复修订企业风险管理政策[①]，为全行风险管理工作提供前瞻性政策依据。为了达到巴塞尔协议Ⅲ的要求，在2017—2018年制定了"企业范围业务连续性管理计划"[②]，建立风险防控长效机制。日本农林渔业金融公库在全系统实行审贷分离制度和轮岗交流管理制度，在总部设立信贷业务部、审查部、信用风险管理部和调查室，分别负责贷款管理、贷款审查、信用评级与资产审核，以及贷款调查工作，在分部则设立审查处和贷款管理处；风险工作人员实行3年一次全系统交流。韩国农协银行开发出"无需会计账簿"，这是一套综合计算系统，根据栽培品目和农业经营规模就可计算出农户销售额、销售成本、利润等信息，贷款审查人员无须具备专业的农业知识便可审核农户项目计划。日本农林渔业金融公库针对第一次定级为"非正常债权"或贷款余额在3000万日元以上的债权，在评级中引入"行业指标"标准，考虑拟贷款人所在行业整体经营状况和特点，使评级更加全面有效。法国农业信贷集团建立了实时更新的标准化和过程控制的程式化路径，专门用于分析集团盈利和风险，并实现对地区、个人和部门的集中度、利率、汇率以及流动性风险的监测。俄罗斯农业银行2017年在信用风险相关决策过程中引入新的职能角色——"欺诈分析师"，最大限度降低借款人潜在欺诈行为造成的风险。

（四）衍生金融工具

部分发达国家的农业政策性金融机构利用衍生金融工具减轻其面临的

[①] NABARD, Risk Management Department, NABARD Department.

[②] Muscat, Oman. Risk and Business Continuity Management, KPMG Business Academy.

风险。例如，加拿大农业信贷公司在其董事会批准的限制范围内，基于财务部门指定的准则，使用衍生金融工具对利率和汇率波动风险进行管理。此外，该公司为预防使用衍生金融工具带来的额外风险，要求只能与具有高信用评级的交易对手建立衍生金融工具，且衍生金融工具不能用于投机目的①。法国农业信贷银行则通过购买信用违约互换（CDS）等信贷衍生金融工具、使用套期保值策略等，降低其信用风险敞口，缓释和分散交易对手方风险，减少潜在的风险集中问题。

二、信用风险管理

信用风险是指借款人因各种原因未能及时、足额偿还债务，进而导致银行流动性和收益受到影响的风险。由于信用风险是银行最为重要的风险来源之一，信用风险管理是风险管理的核心，对于各国农业政策性金融机构防控风险、稳健经营至关重要。各国农业政策性金融机构普遍从信用风险管理的全流程出发，在信贷管理的各个环节加强风险防控。

（一）严格贷款对象的贷前审查

各国农业政策性金融机构都对贷款对象设置了准入标准，加强对借款人背景的调查，根据贷款对象风险评估结果决定是否放贷，以及以何种贷款费率和贷款额度放贷。俄罗斯农业银行在贷款审查时对客户所有信贷方面的可获得信息进行评估，使用流动抵押品和担保缓释信贷风险，在信贷定价时充分考虑风险溢价，对集团客户设定贷款限额。墨西哥农业发展银行在向农村金融中介机构发放批发贷款前，会对其进行长达一年的包含多个步骤的审查评估：由银行信用官员进行预评估，签约的独立公司对其组织结构、风险、行政和财务、战略和运营以及财务绩效等方面展开初步评估，信用分析员进行再审查，墨西哥联邦国防部进行法律审核，最后由信用委员会进行信用评估。

（二）加强贷后监管

1. 建立信用风险评级及预警机制。部分农业政策性金融机构建立了定

---

① FARM CREDIT CANADA, 2018 – 2019 Annual Report, pp. 227 – 239.

期评级的风险预警机制。例如法国农业信贷集团，其地区银行运用内部评估方法（IAA 模式），以财务评级和定性评价相结合的方式，按月对企业进行自动风险评级。日本农林渔业金融公库实行客户准入评级，并在贷款发放一年后，对贷款使用情况及贷款人的经营情况进行详细核实，由信用风险部门重新进行评级。

2. 开展现场及非现场检查。大部分农业政策性金融机构在贷款发放后均会通过各种手段持续监测贷款对象。例如，墨西哥农业发展银行每年两次访问每个农村金融机构成员。印度农业与农村发展银行通过远程查阅材料、报表等方式识别关键问题；邦级分行指定官员和区域发展经理定期进行实地考察，监测项目进展情况，并与区域级项目工作人员接洽沟通；银行每季度举行一次决策委员会会议，定时召开补充审查会议，加强信用风险管理。

（三）不良贷款处置

在不良贷款处置方面，由于农业政策性金融机构的扶持性特征，当借款人由于不可抗力无法还款时，农业政策性金融机构会在一定程度上放宽还款条件，减免或暂停债务偿还。日本农林渔业金融公库对不良贷款采用信用升级、贷款回收、坏账消化三种处理办法。其中信用升级是指通过提供技术支持和金融支持改善客户经营状况，提高客户信用级别，降低债权风险；贷款回收是当贷款对象未按期还款时，公库发出催收通知，经过调查确认其经营困难，但愿意继续经营偿还贷款，公库将帮助其制订经营改善计划，变更贷款条件，延长贷款期限或只还息不还本的期限；坏账消化则是指用准备金冲抵无法收回的坏账。泰国农业与农业合作社银行 2017 财年不良贷款总额比前一年高出 5 万亿泰铢，主要是由于自然灾害和产品价格波动影响了农民的债务偿还，该行对此采取延长还款期限和重组农民债务的方式暂停债务的偿还，在风险可控的范围内实现政策性目标。

三、市场风险管理

市场风险是指由市场价格或者与收益率相关的非预期变化造成的损失。这类风险往往由利率、债券价格、汇率和商品价格的变动引发，因此可以进一步细分为利率风险、汇率风险、价格风险等。大部分农业政策性金融机构使用在险价值（VaR）等指标对市场风险进行日常评估，采用一系列市场风险管理工具和策略对冲和分散市场风险，降低市场风险敞口，避免极端风险情况发生。

墨西哥农业发展银行及俄罗斯农业银行等都使用在险价值指标对市场风险进行日常评估。墨西哥农业发展银行运用历史法及蒙特卡罗模拟法两种方法，每日计算在险价值最大潜在损失，针对潜在的极端风险每月进行压力测试及敏感性测试，并对在险价值进行回测。俄罗斯农业银行在使用在险价值指标的同时，通过设置止损限制、分散和对冲风险敞口等方式对市场风险进行管理，针对极端风险使用 Expected Shortfall（ES）指标预估在险价值超出预期时的损失数额。印度农业与农村发展银行利用压力测试、资本计算、银行账簿利率风险和证券估值等一系列风险管理工具对投资组合的市场风险进行管理。

除利用风险指标及工具进行管理外，有些农业政策性金融机构建立了完善的市场风险管理系统。例如，法国农业信贷集团针对市场风险设置了特定的管理系统，该系统具有独立于业务层级的风险识别、测量及监控程序，负责对冲集团内的所有市场风险。有些农业政策性金融机构则按照市场风险细分情形进行管理。例如，泰国农业与农业合作社银行分别针对利率风险、汇率风险、价格风险等制定了相应的管理办法。在利率风险方面，通过分析重新定价的缺口，确定浮动利率和固定利率，并对贷款和存款的投资组合进行管理，使利率结构更加一致，以支持来自长期利率的波动；在汇率风险方面，保持每种货币的净持仓量和总限额，以满足业务运作的需要；在价格风险方面，审慎决定债券安全投资组合政策。俄罗斯农业银行则针对利率风险采用差距法（GAP Method）和系数法（Coefficient Method）进行评估，并提高风险敞口控制系统的自动化程度，以进一步提升利率风险的管理水平。

四、流动性风险管理

当银行无法以合理的价格得到足够的资金以满足债务偿还或客户随时提取资金的要求时，流动性风险就随之产生。为管理流动性风险，许多农业政策性金融机构会对现金流量进行分析预测，并通过计算流动性指标、采取资产负债管理（ALM）、进行压力测试等方法管理流动性风险，合理摆布资金。

例如，俄罗斯农业银行对流动性的内部动态指标，特别是资产负债期限错配缺口进行计算和分析。法国农业信贷集团实施资产负债管理，将客户资源的盈余及缺口集中到资源池，统筹调配资源，促进流动性的集中管理和现金的控制管理。印度农业与农村发展银行每月召开一次资产负债委员会会议，审查资产负债情况，按照支持的产品生命周期政策管理资产和负债。俄罗斯农业银行和泰国农业与农业合作社银行都对流动性风险进行压力测试，泰国农业与农业合作社银行还专门设计并推出了针对流动性危机具体情形的压力测试、针对整体系统性危机的压力测试，以及同时针对两种情形的压力测试。

但也有一些农业政策性金融机构由于业务的特殊性采取特殊的流动性管理手段，例如，加拿大农业信贷公司主要依靠加拿大国有企业借款计划获得稳定的资金来源，并依据该计划对流动性进行管理，同时采取加大对高流动性债券和短期债券投资的方法增加高流动性资产，预防流动性危机。

五、操作风险管理

操作风险是指由内部流程、资源、系统、外部事件以及未能遵守法律法规或者因诉讼而导致直接或者间接损失的可能性。农业政策性金融机构主要从人员、流程及系统三方面入手管理操作风险。

在人员方面，泰国农业与农业合作社银行积极开展人力资源管理培训以提高员工个人发展的潜力和操作效率，使员工具备农业企业财务顾问的专业知识。俄罗斯农业银行在组织结构各层面营造操作风险管理的内部文化，加强员工风险意识。

在流程方面，俄罗斯农业银行制定和完善操作风险管理流程和规范，对所有重大业务条线的操作风险进行识别、评估和控制。墨西哥农业发展银行构建了一系列流程用于识别和评估操作风险，对于每一个操作损失事件，整体风险管理部门都会分析原因，并将事件特征、对机构的影响及纠正措施等信息记入数据库，建立风险矩阵。

在系统建设方面，俄罗斯农业银行于 2018 年运行一套操作风险程序，用于更新、披露、收集和处理操作风险有关数据。法国农业信贷集团下属实体每年都会制作一张风险地图用于识别和评估操作风险。印度农业与农村发展银行采用全面内部控制机制，通过建设企业管理解决方案、业务保障、贷款集中管理、会计管理、财务管理和资产负债管理六大系统，为全面管控操作风险提供保障。

六、合规风险管理

合规风险是指银行因未能遵循法律法规、监管要求、规则、自律性组织制定的有关准则，以及适用于银行自身业务活动的行为准则，而可能遭受法律制裁或监管处罚、重大财务损失或声誉损失的风险。为进行合规风险管理，部分农业政策性金融机构设置了内部合规目标及相关合规规章制度，降低因合规问题导致的影响，维护银行声誉。

法国农业信贷集团在满足法律法规要求和利益相关者期望的基础上，制定集团合规目标，使合规性成为提升客户满意度、促进发展和业务可持续的独特资产；设计并上线违规风险管理系统，旨在准确识别、评估、监测和控制违规风险并确定应对措施。印度农业与农村发展银行每月召开风险管理委员会会议，按季度召开违约预测和监测委员会会议，有效预判并管控合规风险。日本政策性金融公库农林渔业食品事业部在严格遵守各项法规的基础上，构建充分理解社会规范的合规性制度，制定合规指南作为入门指导，针对暗箱操作等行为施行内部通报制度，员工可以直接举报问题行为，与警局等相关机构携手妥善应对反社会势力，以明确的态度斩断、排除与反社会势力的关系，维护公众对日本公库的信任。

第六节 风险状况

对农业政策性金融机构的风险状况采用外部评级、不良贷款率、资本充足率等指标进行判断。从结果来看呈现较为明显的两极分化，高收入国家的农业政策性金融机构的风险要普遍低于其他国家。

一、整体风险情况

农业政策性金融机构往往有政府背书，享有国家信用，因此信用评级通常与国家主权评级相一致，信用风险较低，这保证其在国际市场上能获取充足稳定的低成本资金。信用评级情况在不同收入国家之间有较大差异。例如，由于加拿大及德国主权信用较好，穆迪、标普和惠誉三家国际评级机构给予加拿大农业信贷公司和德国土地抵押银行最高评级 Aaa 和 AAA，而国际评级机构穆迪和惠誉对俄罗斯农业银行评级则为 Ba1 和 BB＋，对巴西开发银行评级为 Ba2 和 BB－（见表 7－1）。

表 7－1　　　　　部分农业政策性金融机构的长期信用评级

评级公司 农业政策性金融机构	穆迪评级	穆迪对其国家 主权评级	标普评级	标普对其国家 主权评级
加拿大农业信贷公司	Aaa	Aaa	AAA	AAA
德国土地抵押银行	Aaa	Aaa	AAA	AAA
俄罗斯农业银行	Ba1	Ba1	BB＋	BB＋
巴西开发银行	Ba2	Ba2	BB－	BB－

资料来源：加拿大农业信贷公司数据来自加拿大农业信贷公司 2018—2019 年年报；德国土地抵押银行数据来自其 2018 年年报；俄罗斯农业银行数据来自俄罗斯农业银行 2018 年年度报告；巴西开发银行数据来自巴西开发银行网站，BNDES Investor Presentation，2018：9。

高收入国家的农业政策性金融机构高度重视流动性风险管理，并通过持有高质量的流动资产提供足够的流动性缓冲，满足运营需求，总体流动性水平较高。例如，加拿大农业信贷公司维持的高质量流动资产至少可以满足预计 30 天的资金需求。南非土地和农业发展银行自愿采用类似巴塞尔协议的流动性覆盖比率（LCR）降低再融资风险，并满足 150% 的运营需求。截至 2019 年 3 月底，南非土地和农业发展银行的流动性覆盖比率为 549.8%，同比增幅达 335.5%。法国农业信贷集团 2018 年流动性覆盖比率为 133.4%，超出其目标比率 23.4 个百分点。

表 7－2　　　部分高收入国家农业政策性金融机构的流动性覆盖比率　单位：%

年份 农业政策性金融机构	2017		2018		2019	
	实际比率	目标比率	实际比率	目标比率	实际比率	目标比率
南非土地和农业发展银行	85	60	214.30	70	549.80	80
法国农业信贷银行（集团）	133	110	133.4	110	—	—

资料来源：南非土地和农业发展银行数据来自 Land Bank 2019 Integrated Annual Report，法国农业信贷集团数据来自 Crédit Agricole Group Transparency：Update A01 of the 2018 Registration Document Crédit Agricole Group Financial Statements 2018。

二、不良贷款率及监管指标

（一）不良贷款率

大部分农业政策性金融机构的不良贷款率被控制在合理可控的范围内，

但也有部分农业政策性金融机构的不良贷款率较高。其中，德国土地抵押银行和印度农业与农村发展银行在防控不良贷款方面成果显著，近年来一直将不良贷款率保持在零，主要是由于这两家银行拥有较为完善的内部风险防控体系、较低的风险偏好和主要面向金融机构及公共部门的信贷业务结构。例如，德国土地抵押银行专注于向银行和公共部门借款人放贷，其风险战略也要求其在业务活动中审慎选择业务合作伙伴和产品；印度农业与农村发展银行的大部分业务为提供给其他农村金融机构的转贷款，少量直接贷款也大多数贷给了具有政府信用的各邦政府及其附属机构。

　　除这两家银行外，高等收入国家农业政策性金融机构的不良贷款率总体稳定在较低水平。截至 2019 年 9 月 30 日，美国农场信贷系统不良贷款总额为 24.68 亿美元，不良贷款率为 0.89%，与 2018 年同期（23.47 亿美元，0.89%）基本持平。法国农业信贷集团近年来不良贷款率持续走低，2018 年的不良贷款率为 2.4%，资产质量呈稳定向好态势。加拿大农业信贷公司 2018—2019 财年末的不良贷款率为 0.5%，近三个财年均保持在 0.6% 及以下。韩国农协银行近年来不良贷款率一直保持较低水平，截至 2019 年 6 月的不良贷款率为 0.83%①（见表 7-3）。

表 7-3　　　　　　部分农业政策性金融机构的不良贷款率　　　　　单位：%

农业政策性金融机构	2015 年	2016 年	2017 年	2018 年
美国农场信贷系统	0.76	0.82	0.81	0.89
法国农业信贷银行（集团）	3.00	3.00	2.70	2.40
加拿大农业信贷公司	—	—	0.60	0.40
韩国农协银行	—	1.36	1.03	0.89
巴西开发银行	0.02	2.43	2.08	2.95
墨西哥国家农业、农村、林业和渔业发展基金	4.10	3.80	4.00	7.90
南非土地和农业发展银行	—	—	7.10	6.70
俄罗斯农业银行	—	11.20	10.40	—

　　资料来源：各机构当年年报。其中，美国农场信贷系统的数据为各年 9 月 30 日数据，来自 Farm Credit System Major Financial Indicators，Annual Comparison。

————————————

　　①　资料来源：《韩国农协银行经营成果》，韩国农协银行北京办事处提供。

总体来看，除巴西开发银行外，中等收入国家农业政策性金融机构的不良贷款率普遍高于高等收入国家。巴西开发银行对不良贷款的控制较好，虽然不良贷款率从 2016 年开始有较大上升，但一直低于巴西金融体系的整体不良率，也优于巴西私人银行和公共商业性金融。此外，由于全球经济活动放缓，叠加贸易紧张局势等因素，近期中等收入国家农业政策性金融机构的不良贷款率有所上升。2019 财年墨西哥农业发展银行及南非土地和农业发展银行的不良贷款率均较 2018 年有所上涨，截至 2019 年 6 月，墨西哥农业发展银行不良贷款率为 10.8%，较 2018 年 12 月上涨 2.9%[①]，而南非土地和农业发展银行 2019 财年不良贷款率为 8.8%，较 2018 年上涨了 2.1%[②]。俄罗斯农业银行在不良贷款率方面控制不佳，2016 年和 2017 年，该银行的不良贷款率分别为 11.2% 和 10.4%，主要是由于不利的气候条件和宏观经济环境对农业企业产生影响。但俄罗斯农业银行正在为提高贷款质量作出努力，力图通过财务重组、索赔权转让、抵押资产出售、加大对抵押品的监控和审查力度、要求为抵押物主体投保等方式逐步降低不良贷款率。

（二）监管指标体系

大部分农业政策性金融机构同商业性金融机构一样，需要在本国的金融监管法律框架内开展业务，其主要监管指标包括银行业通用的资本充足率等。但也有少部分国家的农业政策性金融机构需要遵守政府对其设定的特殊监管指标体系，如美国、泰国、巴西等。还有一些国家的农业政策性金融机构脱离了一般性金融监管的法律框架，由政府设置专门的法律法规对其进行规范，如日本、南非等。

1. 资本充足率体系。在资本充足率方面，许多农业政策性金融机构的资本充足率普遍高于巴塞尔协议的要求（见表 7 - 4），甚至高于一般的商业性金融机构，这是农业政策性金融实施支农任务的客观需要，也体现了各国政府对农业领域的重视和支持。

---

① 资料来源：Self - assessment Report of The National Financial Agricultural, Rural, Forest and Fisheries Development Corresponding to The First Semester 2019.

② 资料来源：Land Bank 2019 Integrated Annual Report：46.

表 7 - 4　　　　　　部分农业政策性金融机构的资本充足率　　　　　单位：%

农业政策性金融机构	普通股一级资本比率	一级资本比率	总资本比率
德国土地抵押银行	—	29.70	31.20
法国农业信贷银行（集团）	15.00	15.90	18.30
南非土地和农业发展银行	—	10.80	16.40
加拿大农业信贷公司	—	—	16.10
俄罗斯农业银行	9.50	10.70	15.20
泰国农业与农业合作社银行	—	10.66	11.82
巴西开发银行	—	18.30	—

资料来源：德国土地抵押银行资料来源于 2018 财年年报。法国农业信贷集团一级资本比率及总资本比率为 Fully Loaded 下的，数字来源于 2018 年年报。南非土地和农业发展银行数据截至 2019 年 3 月，资料来源于 Land Bank Integrated Annual Report, 2019：72。加拿大农业信贷公司资料来源于 2018—2019 财年年报。俄罗斯农业银行数据来自其 2018 年年报。泰国农业与农业合作社银行数据为 2019 年 3 月 31 日数据，来自泰国 2018 财年年报。

在高收入国家中，德国土地抵押银行 2018 年一级资本比率为 29.7%（2017 年为 27.8%），总资本比率为 31.2%（2017 年为 29.7%）[1]。法国农业信贷集团的资本充足率近年来保持稳定，2018 年普通股一级资本比率为 15.0%，一级资本比率（Fully Loaded）及总资本比率（Fully Loaded）分别为 15.9% 和 18.3%，符合监管要求。加拿大农业信贷公司根据加拿大金融机构监管办公室发布的《资本充足要求指南》（*Capital Adequacy Requirements Guideline*），评估总资本、最低监管资本和风险加权资产（RWA），并通过内部资本充足率评估程序（ICAAP）确定适当的目标资本充足率，目前该行的目标资本充足率为 15%，2017—2019 年加拿大农业信贷公司将资本充足率维持在 16% 以上，始终高于目标比率。

中等收入国家农业政策性金融机构的资本充足率虽然整体比高收入国家较低，但基本能达到其目标资本充足率和监管要求。截至 2019 年 3 月末，泰国农业与农业合作社银行资本充足率为 11.82%，超过其监管部门 10% 的要求。此外，南非土地和农业发展银行虽然不遵守巴塞尔协议，且根据南非《土地银行法》（1990 年第 94 号法案）第 2 章，无须计算资本充足率，但该银行于 2017 财年起自愿采取类似巴塞尔协议的总资本充足率，以确保

---

① 资料来源：RentenBank Press Release, April 29, 2019.

偿付能力和流动性所需的资本额。截至 2019 年 3 月 31 日，南非土地和农业发展银行资本充足率为 16.4%，超过其目标资本充足率 15%[①]。

2. 特殊监管指标体系。少部分国家对农业政策性金融机构设置了除资本充足率指标外的特殊监管指标体系。例如，美国的农场信贷系统由农场信贷管理局负责监管，农场信贷管理局在对其使用资本充足率指标体系进行监管的基础上，还使用基于骆驼评价法（CAMELS）的评级系统，将资本、资产、管理、收益、流动性和敏感性等因素纳入综合评级体系，通过这套金融机构评级体系（Financial Institution Rating System, FIRS）评估农场信贷系统的安全性和稳健性。泰国农业与农业合作社银行受到泰国银行和泰国财政部的共同监管，泰国财政部还委托第三方评级公司对其实施绩效考评，涵盖财务状况、固定资产使用效率、风险管理状况、客户满意度、公司治理水平等指标，并形成完整的标准化监管体系。巴西开发银行的监管机构为巴西国会，主要通过立法提案的方式对巴西开发银行进行监管。根据巴西第 13，303／2016 号法律（《国有公司法》）要求，巴西开发银行需要对三个方面进行综合评估，分别是内控、审计和管理，理事会、委员会和董事会，以及信息透明度。

3. 特殊法律监管框架。部分国家的农业政策性金融机构不受一般性金融法律框架的制约，由政府对其设置专门的法律法规进行监管。例如，南非政府特别指出，除特别指明适用于南非土地和农业发展银行的法律外，该银行不受任何其他法律（尤其是涉及银行及其他金融机构管理的相关法律）的约束。而日本政策性金融一个机构一部法律、一事一法的立法监管体制和完善的立法体系在政策性金融研究中比较典型，日本通过最高立法当局规定政策性金融机构的业务范围、资金来源、业务运作、监督体制等，保障政策性金融机构的有效运行，并与时俱进地根据经济发展的需要进行修订、补充和完善，形成政策性金融法律动态调整的传统。

[①] 资料来源：Land Bank 2019 Integrated Annual Report：72.

第八章 农业政策性金融成效评价

作为政府宏观调控的工具，各国农业政策性金融机构在本国政府的主导下，根据不同时期经济社会和农业农村发展需要，通过履行政策性金融职能，把政策性金融资源配置到农业农村重点领域和薄弱环节，在全面服务农业农村发展、支持农村公益性基础性领域、普惠金融、逆周期调节等方面发挥积极作用，弥补市场失灵和商业性金融供给不足，实现政府在农业农村领域的特定政策目标，这些领域作用发挥得如何，构成了农业政策性金融机构成效评价的基本内容。同时农业政策性金融机构的可持续发展能力决定了履行公共职责的水平和社会公众的认可程度，也是农业政策性金融机构成效评价的重要方面。

第一节 服务农业农村发展的成效

各国农业政策性金融机构服务领域和功能作用各有侧重，综合而言，农业政策性金融机构在推动农业农村发展过程中取得的成效是全域性的。

例如，印度农业与农村发展银行对农业农村领域提供全方位金融和非金融服务，从提供转贷款到支持农村基础设施建设；从制订地区层面信贷计划到引导和激励银行业实现这些目标；从监管合作银行和地区农村银行到帮助它们发展健全的银行业务，并引导它们加入核心银行方案（CBS）平台；从设计新的发展计划到实施印度政府的发展计划；从培训手艺人到为他们提供营销平台销售产品，对印度广大农村居民的生活产生深远影响。俄罗斯农业银行为农业企业在生产周期各阶段（从初级农业生产到储存和加工，再到最终产出和营销）提供信贷资金支持，包括粮食生产与收购贷款、农业生产设备贷款、农村基础设施贷款、流动资金贷款、农民购买牲畜的贷款、食品加工业企业贷款、畜牧养殖贷款，此外还提供农业教育、农村旅游，甚至是农民建房和治病费用等方面的贷款。

一些国家的农业政策性金融在整个国家农村金融体系中占有重要地位。美国农场信贷系统、农场服务局、联邦农业抵押公司 3 家政策性金融机构 2017 年信贷规模达到 175.3 亿美元，占全美农业信贷规模 393 亿美元的 44.6%。其中不动产贷款规模达到 120.1 亿美元，占全美整个不动产贷款总额的 50.4%，超过了商业银行、人寿保险公司等商业性金融机构，其中农场信贷系统 20 世纪 70 年代中期就成为最大的不动产贷款发放机构。法国农业信贷银行集团 2012 年到 2016 年占法国农业信贷市场的份额保持在 68% 左右；2012 年到 2015 年在法国农产品加工市场的业务份额保持在 35% 左右。加拿大农业信贷公司已成为加拿大农业领域不可或缺的资金供应者，2018 年在加拿大农场信贷余额中占比 29.3%，位居第二，服务覆盖了加拿大 43.5% 的农场，而位居第一的是加拿大多家特许银行的总和。俄罗斯农业银行是俄罗斯五大金融机构之一，是俄罗斯第一大农业长期贷款机构和第三大中小企业贷款机构。2018 年，该行贷款占全国农业、狩猎和相关服务业贷款总额的 35.1%，食品生产业（包括饮料和烟草）的 21.7% 以及农林设备制造业的 17.1%。

一、遵循农业生产和现代化规律提供金融供给

研究农业政策性金融机构业务发展的演进路径，基本是沿着农业发展规律前进的。最早都是围绕土地，从支持农业生产者购买土地开始，进行粮食等大宗和初级农产品生产，保障农业最基本功能的实现。在小农经济到规模经济的转变期，将大量长期信贷资金投向农地开垦、改良和灌溉设施等领域，同时推动土地流转集中，进一步增加农业机械、生产设施等的投入，促进农业生产规模的扩大和生产效率的提升。在农业品质提升期，支持重点转向农产品加工和贸易流通领域，持续培养、提升国家的农业竞争力。在农业的食物功能得到保障后，更加关注农业的生态支撑和生命产业功能，在可再生能源、资源利用、环境保护、农业新技术等方面发挥更大的支持作用，形成对农业纵向时间和横向空间的全方位、全覆盖支持，有力推进传统农业向现代农业的转型。

二、推动政府对农业农村驱动型发展战略的实施

在应对农产品国际竞争、粮食危机、贫困、自然灾害等问题的过程中，各国政府制定了一系列推动农业现代化、保障粮食安全、反贫困、应急救灾、发展比较优势农业的行动纲领和发展战略，农业政策性金融机构被指定承担其中的重要职责，通过金融支持推动粮食生产和多元化发展，为贫困地区和贫困人口营造平等发展环境和就业机会，促进各地区发挥资源禀赋优势，提高农业在国内和国际上的地位，成为政府驱动型农业农村发展战略的重要实施工具。

三、减少经济发展过程中的城乡不均衡

面对工业化城市化过程中出现的农村人口外流、乡村各项事业凋敝、基础设施和公共服务缺失等城乡不均衡问题，各国农业政策性金融机构通过信贷支持和提供综合服务，推动乡村产业多样化发展、生态恢复保护、文化教育和医疗卫生普及，提高水利、公路、电力、通信等基础设施的覆盖率，将难以从商业金融获取资金的弱势群体，包括贫困户、妇女、农业小企业等，作为不可或缺的服务对象，推动乡村多元功能的发挥和整体协调发展，统筹解决乡村经济、社会、文化、生态等方面的问题。

中外学者对农业政策性金融发挥的成效进行广泛深入的研究，认为它们在推动农业产业化、促进经济增长等方面产生积极作用。小滨裕久、奥田英信①等人认为政策性金融应实现产业政策等特定目标。泉田洋一②通过对日本政策性金融的研究，认为长期以来日本政策性金融一直肩负着支持日本农业经营主体成长的重任。土田正显③指出，政策性金融的目的是实现特定的政策目标，如改善生活环境、扶持中小企业等，通过国家机构为依靠市场运行的民间金融难以适应的领域提供资金，从而对民间金融进行补充和奖励。

---

① 小滨裕久，奥田英信. 韩国的工业化与政策性金融 [J]. 世界经济评论，1994（10）.

② 泉田洋一. 農業構造の変化と農業・農村金融の課題 [J]. 日本：農業と経済，2012（10）：5－13.

③ Dimitri Vittas, Akihiko Kawaura. Police based finance, financial regulation and financial sector development in Japan [R]. the World Bank Policy Research Working Paper, No. WPS1443, 1995.

国内诸多学者对农业政策性金融展开研究，郭新双[1]以美国、日本、韩国三国政策性金融机构为研究对象，表明政策性金融机构作为一种制度安排，其作用不仅体现在产业培育和升级，在促进经济发展、推进金融基础设施建设、维护金融安全等方面也发挥重要作用。王伟[2]、李明清和吴庆田[3]通过不同的数据样本和实证方法，得出农业政策性金融对农村经济发展的重要作用。黄琼[4]通过分析发现，对于地方经济发展，农业政策性金融相对于其他农村金融的促进作用更强。万众和朱哲毅[5]通过投入—产出模型对中国华东、华中和华南等7个地区的农业政策性金融进行分析，认为政策性金融对农业经济增长具有显著影响，并提出这种影响在区域间的异质性。王红等[6]使用中国2005—2009年若干省的面板数据，通过实证模型分析了农业政策性金融的效果。研究表明，农业贷款和保险均能对农业总产值和农村居民总收入产生显著的正向促进作用，农业政策性金融对农村经济发展意义重大。陆强[7]对农业政策性金融支农效应的实证分析也表明，农业政策性金融有效缓解了农业资金外流，以信贷为主的农业资本投入的增加提高了农业技术水平，并显著改善了农业产出。除了上述研究外，王璐[8]、宋春光和那娜[9]分别研究了政策性金融对农户、农业基础设施建设和农业技术效率的影响，以及由此产生的对农业生产的影响。何志雄、曲如晓[10]的研究显示，农业政策性金融供给能够缓解县域金融抑制，农业政策性金融供给水平越高，对金融供给服务的诱导能力越强，金融抑制的缓解效应越大；

---

① 郭新双. 国外政策性金融机构研究——以美、日、韩三国为中心 [D]. 长春：吉林大学博士学位论文，2005.

② 王伟. 论我国农业政策性金融的改革与发展 [J]. 武汉金融，2007（7）.

③ 李明清，吴庆田. 农业政策性金融的功能定位与发展目标选择——基于农业政策性金融对农村经济增长相关性的实证分析 [J]. 学术论坛，2008（4）.

④ 黄琼. 当前农业政策性金融对农村经济增长相关性探讨 [J]. 农业经济，2012（9）.

⑤ 万众，朱哲毅. 政策性金融对农业经济增长的影响研究 [J]. 经济经纬，2014（2）.

⑥ 王红，吴蔚玲，刘纯阳. 中国农业政策性金融支农效果分析——基于30个省2005—2009年数据 [J]. 湖南农业大学学报（社会科学版），2013（4）.

⑦ 陆强. 中国农业政策性金融支农效应实证研究 [J]. 社会科学家，2014（7）.

⑧ 王璐. 论政策性金融对农业基础建设的支撑 [J]. 上海金融，2010（7）：85-88.

⑨ 宋春光，那娜. 农村金融支持对农业技术效率影响的实证研究 [J]. 学术交流，2010（2）：92-98.

⑩ 何志雄，曲如晓. 农业政策性金融供给与农村金融抑制——来自147个县的经验数据 [J]. 金融研究，2015（2）：148-159.

同时农业政策性金融不仅缓解了当期的金融抑制，也增强了未来期的缓解效应，平均来看，农业政策性金融供给、社会消费水平提升使得金融抑制程度相对于均衡水平下降 23.88%。

第二节　支持农业农村公益性、基础性领域成效

农业农村基础设施等公益性较强的项目具有公共物品特性，农业新技术研发推广项目的投资风险高，这些项目的资金投入回报机制不健全，现金流不稳定，商业银行和私人投资往往不愿意涉足，但却是农业政策性金融大有作为的领域。各国的发展实践证明，农业政策性金融在粮食安全、新技术、大型基础设施、环境保护和可持续发展等方面发挥着不可替代的作用。

一、保障粮食安全

粮食安全是农业政策性金融成效最基本的体现。农业政策性金融机构通过价格、收入和保险支持，支持兴修水利、绿色无公害生产、规模化经营等，提高粮食等农产品的生产效率和品质，增强可持续发展能力。如印度农业与农村发展银行通过长期灌溉基金填补资金缺口，解决大中型灌溉项目实施问题，从而保证印度的粮食安全[1]。美国商品信贷公司以价格和收入支持为核心，推动国家农业保护实践从价格支持向收入支持转变，再由直接收入支持向收入保险支持发展，几乎涵盖所有主要农产品，以及石油等重要战略物资[2]，且支持手段丰富，包括贷款、补贴、采购、储备、供应、国外市场开发、出口信用等。对农民抵押贷款的设计结构较好实现了收购资金和粮食产量的协调，有效熨平了粮食价格波动风险，实现让利于农民和促进农业稳定发展。

日本第二次世界大战后的粮食短缺是当时日本农业乃至整个国民经济的首要问题，在此背景下，日本政府于 1953 年全额出资设立农林渔业金融

---

① 2018 年印度农发行长期灌溉基金投放量占直接贷款总额的 12.5%。

② Commodity Credit Corporation Charter Act 2004, section4（h）7－7, 7－8.

公库，首要任务是集中国家金融资源，为增加粮食生产、实施土地改良和维持生产力发展等提供必要的资金支持。正是因为有了农业政策性金融的保驾护航，日本才构筑起覆盖日本全境的粮食、食品生产安全网络，确保军需民用，没有发生粮荒或食品供给缺档乃至食品安全等问题。日本政府在 2000 年出台《粮食农业农村基本规划》，将增加国内农业生产作为日本基本的农业政策，并将农业政策性金融纳入基本规划框架内。日本农业政策性金融加大信贷资金投放，推动农业规模化经营，实行所有权流转的农地逐年增加[①]，为日本粮食生产打下坚实基础。

部分学者对政策性金融与粮食安全关系进行研究，张龙耀等[②]认为政策性金融的非盈利导向，能够缓解涉农经营主体的信贷约束，从而促进产业升级，确保粮食"质量安全"和"产量安全"。蔡芹[③]经过实证分析认为，通过给予贷款支持，农业政策性银行有效地缓解了粮食产业化龙头企业面临的资金问题，保证了企业生产经营活动有序开展，从而有效推进了粮食产业化进程。

二、促进农业现代化

一些国家，特别是发达国家的农业政策性金融全方位、多角度、宽领域支持农村和农业经济发展，促使本国农业进入高度发达状态。例如，日本进入农业现代化时代，农业政策性金融功不可没。与欧美及亚洲其他国家相比，日本农产品在成本上不具优势，走高端路线是其摆脱农业被动局面的途径之一。为对内增强农业生产者的经营能力、对外增强农产品国际竞争力，日本政策性金融有意引导农业的现代化转型，实施比较典型的需求追随型信贷策略[④]，加大对"加工流通、多样化经营援助服务、客户关系维护"等领域的支持，提高农产品品质，推动生产、加工与流通的一体化，使农业成为能够带来高附加值的产业，引导传统农业往三产融合的方向发

---

① 2004 年日本土地流转面积为 4023 公顷，2007 年达到 8566 公顷。

② 张龙耀，江春. 中国农村金融市场中非价格信贷配给的理论和实证分析 [J]. 金融研究，2011 (7)：98 – 113.

③ 蔡芹. 农发行支持粮食产业化发展研究——以江西省为例 [D]. 南昌：江西财经大学硕士学位论文，2010.

④ 如为推进农业结构调整，扩大了农业结构调整贷款支持范围，涉及稻米作物、旱地作物、露天蔬菜、茶、果树、奶牛、养猪、蘑菇等几十项。

展，同时日本政策性金融公库通过发放长期基础设施贷款与其他资金实现捆绑，显著加快了日本农业的国际化、现代化步伐。现如今，星罗棋布地分布在日本都道府县的精细农业、设施农业、生态农业、旅游农业，展示出显著的经济、社会和生态效益。俄罗斯农业银行提供的政策性贷款也有力地支持了俄罗斯农业的现代化转型。俄罗斯农业银行积极参与"农业振兴计划"，优先支持农业企业和农业价值链中的部门，以及农村和半城市地区的人口和企业，为农业企业和生产合作化组织提供大量贷款，有力推动了《国家农业发展纲要》的实施①。

农业科技是提升农业竞争力的核心力量，各国农业政策性银行在支持农业科技领域也大展身手。自 1975 年以来，巴西政府提出国家储备乙醇计划，用于减轻国际油价高企对巴西经济的冲击，乙醇等生物燃料的兴起，对巴西甘蔗产业带来了极大的需求②，巴西开发银行支持甘蔗产业发展，使之成为巴西国家能源的重要组成部分，地位仅次于石油。此外，韩国农协银行在 2016 年进行农业贷款创新，推出"智能农场贷款"，旨在促进将 ICT 技术融入智能农场等农业设施的应用中，并为智能农场提供免费管理咨询，以提高农民家庭收入和农业企业经营水平。德国农业土地抵押银行从德国联邦政府特别用途基金和农业创新项目研究中拿出资金，支持创新和技术进步，对创新的发展、应用和推广等每一个环节提供援助。

在推动农村产业结构优化和融合发展方面，韩国农协银行③对农业产业中的各个领域以优惠利率提供贷款支持，为扩大农业产业经营规模、发展

---

① 自 2013 年至 2018 年 10 月，俄罗斯农业银行在实施《国家农业发展纲要》范围内共计发放贷款 280 万笔，总金额为 4.6 万亿卢布，其中包括农忙季节融资 1.3 万亿卢布，发放给专业化农场贷款 833 亿卢布，发放给家庭式农场贷款 806 亿卢布。仅 2018 年，在国家农业综合企业发展计划框架内，俄罗斯农业银行发放了 451500 多笔贷款，总额 11741 亿卢布，比 2017 年增长了 6.1%。

② 2004—2010 年，巴西开发银行投放超过 550 亿雷亚尔支持该产业，支持项目超过 120 个，使甘蔗产业成为巴西国家能源的重要组成部分，地位仅次于石油。2008 年国际金融危机后，巴西开发银行从 2011 年开始加大对该领域的支持力度，拿出 40 亿雷亚尔支持甘蔗产业通过转基因等技术革新，使巴西甘蔗产业产量增长超过 40%，全球六家规模最大的二代乙醇生产企业中巴西企业占到 2 家。

③ 1992—1998 年，通过支持园艺、特殊作物、畜牧业、农产品加工、农村民宿、观光农场等领域，以普遍低于市场利率 2% 左右的贷款利率，提供 42 兆韩元的政策性贷款，用于推动农村产业结构优化项目，为扩大农业产业经营规模、发展尖端农业技术、更新农业技术设备、提高农民收入提供了坚实的资金保障。1999—2003 年，农业会员低息贷款增加至 2270 亿韩元，这些贷款用于农协会员进一步提高自身经营和服务能力、增强农协会员的市场竞争力。

尖端农业技术、更新农业技术设备、提高农民收入提供了坚实的资金保障。当前，"六次产业"是日本农村乃至日本再振兴的主要战略，日本政策性金融公库是"六次产业"的主要金融支持主体，提供农业经营基础强化资金、农业改良资金、食品流通改善资金、农林渔业设施资金等专项金融支持，促进生产、流通、加工、销售等产业融合全过程，为土地改良、加工设施等投资周期长、利润低、风险大、融资难的"六次产业"相关配套基础设施提供贷款，确保"六次产业"的良性发展。

三、改善农村基础设施和公共服务

农业农村的全面发展离不开基础设施和公共服务，农业政策性金融机构具有国家信用、政府调控、战略导向的先天优势，在支持改善农村基础设施和公共服务方面发挥着重要作用。

美国农村电气化管理局①致力于支持农村电力系统建设，促使全美农村电力系统有了明显改观，被认为是罗斯福新政时期最成功的计划之一②。农村发展局旨在改善农村基础设施和农民生活环境，以贷款和担保为主运用政府资金，大力改善农村网络、电力设施和水利设施。美国农场信贷系统内的银行也是农村基础设施资金的重要提供者，为农村供水系统和清洁饮水、农村可再生能源、农村现代通信、农村电力设施及输电线路建设等提供了巨额资金支持。由于农村地区资金的可得性远低于城市，为向农村企业家和企业提供资金，系统银行创新开展 PPP 业务，通过支持私营企业和政府机构在专业技术等领域合作，为农村基础设施建设提供全新的融资解决方案。除了与私人资本合作促成融资以外，银行还可以作为共同贷款人，对满足市场条件的项目进行投资，以补充现有的政府贷款计划。上述措施的推进切实改善了农村生活环境，缩小了美国城市和农村的差距。

---

① 于 1935 年成立，根据 1994 年美国《农业部重组法》，其职能划归新成立的农村发展局。

② 20 世纪 30 年代，美国农村地区供电状况落后于欧洲，如 1934 年美国农场通电率不到 11%，而同期法国和德国的农场通电率接近 90%。1935 年 5 月，农村电气化管理局成立，向农村合作组织提供贷款，支持农村电力系统加快建设。在该局支持下，全美农村电力系统有了明显改观：1937 年全国建立起数百个新的市政电力设施；1939 年，288000 户家庭由农村电力合作社供电，大多获得了该局的贷款支持；1942 年近 50% 的农场通电，1952 年几乎所有农场通电。

印度农业与农村发展银行通过投资农村基础设施基金参与农村基础设施建设①，同时有力撬动大量社会资金投入。巴西开发银行自成立起，就将基础设施视为该行重点支持领域，为本国大型工业及基础设施项目提供资金支持，有力促进巴西基础设施的升级②。法国农业信贷银行应国家要求为水利、农业大区整治、旅游区整合、土地合并整治、乡村服务性设施、乡村地区工程建设、道路和森林管理设施等项目提供长期、低息贷款支持③，促进了法国"乡村的复兴"。德国农业土地抵押银行为包括教育、供水和污水处理以及道路等基础设施项目提供资金，并通过对参与落后地区开发和生产性基础设施建设的投资者提供促进费和补贴，促进区域经济发展，从而实现政策性金融的诱导功能。

农业政策性金融为农业基础设施提供资金投入，有利于解决这些项目资金匮乏的问题，改善农业基础条件，优化各生产要素合理配置，为有效推动农业生产效率的提高作出贡献。Hearn 等④强调，就农业基础设施中的道路建设来说，道路改善促进农产品流通，扩大农产品供求市场范围，有利于整个社会资源的合理有效配置和利用。马克纳斯克思（Maxnatzakis）⑤研究认为，道路设施也可作为农业生产过程中投入要素的一部分，道路设施的改善会显著提高农业生产效率，且这种正向影响具有显著的滞后性。潘丹和应瑞瑶⑥认为，农业政策性金融对农业基础设施的大力支持

---

① 印度农业与农村发展银行已经批准了近64.2万个项目，累放贷款金额2.28万亿卢比，约占邦政府在农村基础设施领域公共资本总额的1/5。贷款领域几乎涵盖农村基础设施所有重要方面，44%为农业和灌溉领域贷款、16%为民生贷款、40%为农村道路和桥梁贷款。创造约3251万公顷土地的灌溉、约1911万人口的就业，建造11.2万米的桥梁及46.3万公里的农村公路。在印度农业与农村发展银行直接贷款中，农村基础设施基金占比最大，2018年贷款投放量占直接贷款总额的67%。

② 2017年，巴西开发银行全年投放达到708亿雷亚尔，基础设施领域占比38%。从2017年存量贷款的行业分布来看，基础设施行业占比46%。

③ 一般情况下贷款期限为30年，乡村电气化工程或饮水工程贷款期限为40年，绿化工程则为50年，由农业部或文化与环境部进行补助。

④ Hearn D, Halbrendt C, Gempesaw C M, Web S E. An Analysis of Transport Improvements in China's Corn Sector: A hybrid Spatial Equilibrium Approach [J]. Journal of Transportation Research Forum, 1990, 31 (1).

⑤ Mamalzakis E. C. Public Infrastructure and Productivity Growth in Greek Agriculture [J]. Agricultural Economics, 2003, 29 (2): 169 – 180.

⑥ 潘丹，应瑞瑶. 中国水资源与农业经济增长关系研究——基于面板 VAR 模型 [J]. 中国人口资源与环境，2012, 22 (1): 161 – 166.

改善了农业生产条件，农民也会相应地减少化肥以及农药的使用，有利于环境的保护；农田水利基础设施降低了土质较差的渠道渗漏率，从而提高农业灌溉用水的效率，减少了农业生产过程中水资源的消耗，促进了绿色生产效率的提高。鞠晴江[1]认为农村交通基础设施的投入使农村公路通畅，农产品可以快速进入市场，缩短农产品运输时间，减少运输过程中的碳排放。Calderon 和 Cesar[2]指出，各种经济学、社会学理论，以及社会实践经验均表明，基础设施的改善对于贫困地区的经济、社会发展有着积极的促进作用。

四、促进环境保护和可持续发展

自然生态作为农业承载的一项重要功能，得到越来越多的农业政策性金融机构的重视和投入，成为体现政策性金融支持成效的重要方面。墨西哥农发行对森林资源开发提供融资，支持林区的造林、维护和收益，林业和农业结合轮作，农业、林业、牧业融合发展，以及林业项目相关替代能源的开发利用等，有力促进了林业部门的产业链整合。巴西开发银行管理的亚马孙基金（Amazon Fund）[3]主要致力于阻止乱砍滥伐以及亚马孙区域的保护和可持续发展，目前超过20%的基金用于支持热带雨林的监控和管理系统建设。日本农林渔业金融公库对《基本法》有关森林和林业的政策实施提供贷款，贷款期限的设计符合林业资源禀赋特征[4]，有力推动了具有多样化功能的森林和国产木材供给、加工体制的完善。在法国一系列乡村整治法案实施中[5]，法国农业信贷银行被赋予重要职责，为创建地区或国家公园、建立自然保护区等提供资金支持，促进了自然环境保护和自然空间合理利用。

墨西哥农发行关注技术创新和可替代能源发展，与联邦政府机构建立协调机制，为生物能源的生产、可持续利用能源和可再生能源项目给予融

---

① 鞠晴江. 基础设施对农村经济发展的作用机制分析 [J]. 经济体制改革，2005 (4).

② Calderon, Cesar. Infrastructure and Economic Development in Sub – Saharan Africa [J]. Journal of African Economies，2010 (19).

③ 亚马孙基金于 2008 年 8 月 1 日根据巴西 6527 号法令设立。

④ 该类贷款期限较长，一般为 50 年左右，提供时间一般在伐木之前。

⑤ 法国政府推进地区平衡发展的措施包括1963 年建立领土整治和地区行动评议会，1967 年划定改革区域，1970 年建立自然保护总署、乡村空间委员会等。

资支持，促进解决能源问题，减轻气候变化影响。德国农业土地抵押银行通过提供特别低息贷款，重点支持可再生能源利用、水资源利用、环境保护等与可持续发展相关的项目[①]，发行以真正绿色债券投资者为目标对象的中小型定制绿色债券，在促进减少碳排放和提高能效方面发挥重要作用。

第三节 发挥普惠金融作用

农业农村领域信息不对称现象严重、投资回报率低、信贷交易成本高，同时市场机制对某些领域无能为力，存在诸多限制壁垒，导致民营小微企业、农民往往被正规金融排斥，导致农村金融供给与需求不平衡、不对称，资源配置不能达到帕累托最优状态。作为弥补农村金融市场缺陷而存在的农业政策性银行，为普罗大众提供无处不在、精准直达的温暖服务，实现农业政策性金融活水的精准滴灌，使既普又惠真正成为可能。

一、帮助新手、青年农民从事农业生产经营

一些发达国家农业政策性金融机构对新手、青年农民等给予特殊信贷政策。美国农场信贷系统为青年农民、新手农民、小型农户[②]专门设计 YBS 贷款。近年来一些银行和协会把目标市场定位到退伍军人、妇女、农二代、少数民族、有机生产者以及食品生产中心等客户群体，在贷款审批发放时，通常会使用国家贷款担保、优惠利率等优惠政策。据统计，农场信贷系统为约 52.7 万借款人提供服务，约 76%（约合 40.2 万人）的贷款规模低于 25 万美元，合计贷款额约占总额的 14%；只有 49 人贷款规模超过 2.5 亿美

---

① 2018 年，可持续性项目贷款 18 亿欧元，其中可再生能源推广项目的贷款为 14 亿欧元。可再生能源推广主要包括太阳能、沼气、风力发电等项目。

② 青年农民是指 35 岁及以下的农民；新手农民是指从事农业不足 10 年的农民；小型农户是指年销售收入低于 25 万美元的农业生产者。2017 年，农场信贷系统向青年农民新发放 56705 笔、91 亿美元贷款，年末青年农民贷款数量 187156 笔、余额 291 亿美元。向初创期农民（新手农民）新发放贷款 73752 笔、124 亿美元，年末初创期农民贷款 279027 笔、451 亿美元。向小型农户新发放贷款 136910 笔、117 亿美元，年末小型农户贷款数量 489694 笔、余额 487 亿美元，大大提高了金融普惠性。

元，贷款额约占总额的9%。农民家计局①专门为无法从商业银行和农场信贷系统取得贷款的农民提供信贷支持，还负责为农民申请商业性贷款提供担保，并补贴由此产生的利差；对刚起步的青年农民、小农户、退伍军人和受灾企业进行援助，成为这些弱势群体的"最终借款人"。

加拿大农业信贷公司通过农业创业贷款、青年农民贷款和青年企业家贷款等方式，扶持和帮助青年农民和青年企业家发展壮大②。同时，加拿大农业信贷公司还积极支持加拿大4－H青年项目，时间长达25年，支持加拿大青年农民论坛、"牧场主青年领袖计划"等，增强在青年农民中的影响力。韩国农协银行在提供农业政策性金融业务方面注重定向支持，设立青年农民智慧农场综合基金③，向有发展前途的青年农民以非常低的利率提供贷款支持，并提供免费咨询，推动青年农民向专职农民转型。日本农林渔业金融公库建立青年就业基金，支持新农民④和新农业经济实体⑤，提供各种融资计划。法国农业信贷银行对开业不足5年的青年农民、迁居的农民、改行的农民、享受社会培训的农民提供期限长、利率低的优惠贷款支持，帮助这些群体生产经营、自给自足⑥。

二、扶持贫困人口、妇女等弱势群体

发展中国家农业政策性金融机构更多关注贫困人口、妇女等弱势群体，

---

① 根据1994年美国《农业部重组法》，并入新成立的农场服务局；农民家计局的农村住房、社区设施、废水垃圾处理以及农村商业等职能划归新成立的农村发展局。

② 农业创业贷款针对18~25岁青年农民，用于独立购买牲畜、农业机器设备等，不收取手续费。青年农民贷款，主要针对40岁以下青年农民，用于进一步扩大农业生产规模等，要求购置农业相关资产不超过100万美元，利率在最优惠利率上加0.5%，不收取贷款手续费。青年企业家贷款主要针对农业零售、制造或者食品加工行业的40岁以下的青年企业家，用于购买或者改善与农业相关业务、农业以及食品加工业企业的股份，额度达到100万美元，利率在最优惠利率上加1%，不收取手续费。

③ 该基金于2018年由韩国农协银行与政府共同出资设立，是一项面向有发展前途的青年农民推广的政策性贷款项目。该项目针对的对象是首次安装智能农场设施的农校毕业生农户，2018年度贷款利率为1%，支持资金为64亿韩元。并且在农场从创业规划阶段到农业稳产阶段，韩国农协银行一直为智能农场提供免费的管理咨询。

④ 日本政府从2014年开始制订"新农计划"，经日本政府认证的从事新型农业经营的青年新农民，通过青年就业基金的形式，获得新农民贷款。

⑤ 2018年，支持新农业经济实体2418家，比上年增长108%，贷款731亿日元。

⑥ 根据1965年7月15日法案、1978年2月2日第78－123号法案、1969年12月4日法案，这类贷款期限长达25年，最高限额350000法郎，优惠期10年。

以减少经济发展带来的马太效应。作为世界范围内农村金融改革的试验地，印度农发行通过微型金融机构，采取转贷款①和直接贷款两种形式，向贫困人群、妇女提供低利率、长期限的贷款，培训弱势群体成为手艺人，并为他们提供营销平台销售产品，协助农村合作社实施复兴"一揽子计划"，在提高贷款回收率、降低成本和拓宽覆盖面，特别是对自助小组中贫困人群的覆盖等方面取得了很好的效果，较为成功地实现了农村金融资源向低收入人群的服务"下移"，在改善印度数百万农村居民生活的同时，也优化了农村合作信用体系建设，全方位改善了农村金融的整体状况。在印度储备银行和印度农业与农村发展银行的共同推动下，目前印度农业与农村发展银行对微型金融机构（MFIs）的批发金融已经成为世界上最大的小额信贷项目之一。南非土地和农业发展银行为各个细分市场的农民提供金融解决方案，从大型农业企业到家庭生产者，覆盖初级农业客户及次级农业客户②。墨西哥农发行通过发放扶贫贷款，支持贫困地区的生产者和土著生产者的生产活动，实施优惠贷款利率，提供中介机构培训、融资咨询服务、流动性担保、信用改善方案等特别支持举措，大大提高了贫困人口的信贷承受能力。

美国曾为转移"沙尘暴"地区的难民在农业部下专门设立移民安置管理局③，为他们在加利福尼亚地区建立救济营，为数千人的迁出建设绿地城市。后设立农场安全管理局④，致力于消除农村贫困，把贫困农户集中到大农场从事集体劳动，利用现代耕种技术提高劳动效率。农民家计局也将贫困农民作为支持对象，重点帮助佃户获得自己的耕地，为贫困农户融资提供了有效途径。

三、支持农业中小企业发展

俄罗斯农业银行特别关注中小企业发展，通过参与联邦计划支持开发

---

① 截至 2010 年，印度 1513 家微型金融机构获得的批发贷款余额达到 10147.54 亿卢比。

② 截至 2018 年，贷款总规模 445 亿兰特，约合 210 亿元人民币。

③ 1933 年 5 月，美国农业部成立移民安置管理局（Resettlement Administration，RA），设有农村重建、农村移民、土地利用和城郊移民四个部门，主要任务是转移"沙尘暴"地区的难民，为他们在加利福尼亚地区建立救济营。

④ 1937 年 9 月，移民安置管理局被农场安全管理局（Farm Security Administration，FSA）取代。

农村地区和中等城市、促进农业企业创新、改善投资环境、促进耕地合理利用、提高农业领域就业机会等方式促进中小企业发展①。此外，该行还和俄罗斯经济发展部门签署关于支持中小企业的协议，在国家担保体系下由俄罗斯农业银行为中小企业提供无担保（或部分无抵押）贷款。针对日本农业规模化经营主体抵押物少的实际，日本农林渔业金融公库在放贷时不是看有无足够的抵押，而是看经营前景；同时与民间机构协调融资，带动民间机构的信贷投放，分散投资风险，引导资金投向效率更高的项目，增强农业经营者的信用能力。泰国农业与农业合作社银行与小微企业负责人建立联系，通过生产重组以及对客户创新活动提供相关科技知识培训，提高其生产效率，提升其营销推广和联系价值链上下游的能力；向小型农户普及财务知识并拓展其相关职业技能，提高小农企业主的金融和科技素养，按需提供贷款支持。墨西哥农发行除了为中小企业、金融中介和其他经济主体提供精准匹配的贷款外，还提供从融资、经营诊断到培训咨询的一站式"保姆服务"。

四、履行救灾等社会责任

美国商品信贷公司向因自然灾害导致主要农作物达不到种植面积或虽达到种植面积但产量低于正常产量的农场发放灾害补贴；向遵守休耕计划的农场在其主要农作物产量正常的前提下，因市场价格低于目标价格出现的收入损失发放差价补贴；通过"非保险作物灾害援助计划""畜牧业灾难计划""畜牧业赔偿计划""家畜、蜜蜂和农场养鱼紧急援助""树木援助计划"等提供服务，多次在应对农业危机中发挥了重要作用②。加拿大农业信贷公司设立"饥饿消除计划"（FCC Drive Away Hunger）③，帮助加拿大食物赈济部门筹集食物和现金捐赠，充分体现社会责任。

①　目前，俄罗斯农业银行为中小企业提供30多项贷款计划，截至2017年中期累计为中小企业提供超过1.7万亿卢布的资金。

②　2017财年，"非保险作物灾害援助计划""畜牧业灾难计划""畜牧业赔偿计划""家畜、蜜蜂和农场养鱼紧急援助""树木援助计划"的支付额依次为1.60亿美元、3.39亿美元、2300万美元、1800万美元和600万美元。

③　"饥饿消除计划"始于2005年10月，第一年就捐赠了60000磅食物给地方赈济部门，2018—2019财年，公司提供了9500份食物给赈济部门，FCC AgriSpirit Fund提供了1500万美元，用于加拿大84个社区项目。

日本由于特殊的地形地貌，自然灾害频发。为应对农业企业频繁遭受自然灾害的影响，日本政策性金融公库农林渔业事业部以长期营运资本贷款的形式，为农业、林业和渔业经营者提供动态资金支持，同时提供专门融资咨询服务，采取降低农林渔业灾害融资利息等专项措施，作为应对地震、台风、海啸等自然灾害短期危机的安全援助[①]。在 2008 年国际金融危机中，日本农林渔业金融公库对畜牧业推出了安全网紧急信贷，对符合要求的、有需要的群体发放低息贷款，有效缓解了农业从业者的经营困境。

第四节　发挥逆周期调节作用

商业性金融机构以追求利润为目标，其信贷行为往往是顺经济周期的，当经济上行的时候增加放贷，当经济下行的时候减少放贷。站在金融机构的角度来看，这是合理的经济行为，但是从经济体整体来考虑，这种行为无疑会加剧经济波动。政策性金融机构不以利润最大化为经营目标，以执行政府的经济政策为根本宗旨，可以像财政政策、货币政策对经济进行调节一样，起到周期缓冲的作用。从政策性金融的发展历史与现实作用来看，农业政策性金融机构由于掌握了大量的信贷市场和资源，在战争、经济危机、重大自然灾害重建中都很好地扮演了政府所需要的角色，对恢复与推动一国经济起到了举足轻重的作用，成为政府逆周期调节的重要工具。

CalumG. Turvey[②] 针对美国的研究表明，越是经济萧条或是农业出现问题时，越需要政策性金融机构发挥作用。在农业发生危机的年份，农场信贷系统和农场服务局的贷款明显增加，而且是以稳定和较低的利率提供贷款，充当反周期贷款的角色。一个更为直接的例子是美国商品信贷公司承

---

① 2018 年 7 月 6 日至 2019 年 3 月 2 日，该部门累计支持 11 个受灾县，支持中小微受灾企业 1742 家，累计发放中小微受灾企业贷款 1742 笔、金额 179 亿日元。

② The historical relationship between the U. S. Farm Credit System, Farm Service Agency and Commercial Bank lending. Cornell University.

担着反周期补贴支付项目的任务①。反周期补贴依据作物历史产量和种植面积计算，与当年的面积和产量无关，但与农产品价格挂钩，当农产品的有效价格低于目标价格时，政府向农民支付反周期补贴弥补两者之间的差额；如果有效价格高于目标价格，则不支付反周期补贴。2003 年的反周期补贴达到 11 亿美元。

巴西开发银行的逆周期调节作用非常典型。巴西开发银行自 1952 年成立以来，根据政府不同时期的经济政策，适时对国家产业规划提出政策建议，并相应调整自身战略以与国家发展计划相一致。不同于私有商业银行在经济上行时期扩充信贷规模而在经济下行时期抽出资金，巴西开发银行在经济低迷时期向经济部门输送信贷资金，以减小经济波动。巴西开发银行深度参与政府的"增长加速计划"（Growth Accelerated Programs，PAC）②。"增长加速计划"于 2007 年提出，由一系列投资项目组成，目的是消除巴西的基础设施和物流瓶颈，促进经济增长。2008 年国际金融危机爆发后，该计划便成为巴西逆周期调节的主要措施。2010 年巴西经济触底反弹并在 2010 年实现了 7.53% 的增长，巴西开发银行功不可没。

Jose de Luna – Martinez 和 Carlos Leonardo Vicente（2012）③ 通过调查问卷的形式对发展金融机构④世界联合会以及发展银行地区性协会的成员进行调查⑤，发现从 2007 年底到 2009 年底，发展银行信贷总额从 1.16 万亿美元增长到 1.58 万亿美元。在短短三年里，其 36% 的名义增幅远远高于同时期

---

① 该项目根据 2002 年《农业法》授权，2003 年在小麦、饲料谷物、棉花、稻谷、油菜籽、花生等领域取代弹性生产合同补贴项目，2008 年把覆盖范围扩大至小麦、玉米、高粱、大麦、燕麦、陆地棉、中粒大米、长粒大米、大豆、其他油籽和花生 11 种农产品，2009 年反周期支付还把干豌豆、扁豆、两种埃及大豆 4 种豆类追加入补贴范围。

② Nomathamsanqa Mqoqi（2014）提到，该计划预计在 2007—2010 年投资基础建设超过 2500 亿美元。

③ Jose de Luna – Martinez，Carlos Leonardo Vicente. Global Survey of Development Banks ［R］. Policy Research Working Paper，Washington DC：The World Bank，2012.

④ 国内称作"政策性金融机构"，国际上对应的称谓有"发展金融机构"（Development Financial Institution）、"发展银行"（Development Bank）、"以政策为基础的银行"（Policy – based Bank）等，表述的意思相同。

⑤ 此调查向 280 个发展银行和发展金融机构发出调查表，收回有效问卷 90 份，其中名称中明确出现"Agricultural""Land""Rural"（或对应英文）的有 12 家。实践中许多发展银行尽管不以"农业""农村"命名，但业务范围覆盖农业农村。因而该研究结论对农业政策性金融机构来说也具有一定的适用性。

商业银行 10% 的增长率。调查中发现，大多数发展银行通过增加辖区内私营企业的信贷供应，有效缓解了国际金融危机造成的信贷紧缩，发挥了逆周期调节作用。研究认为发展银行不仅增加了现有客户的长、短期信贷，还帮助了难以从商业银行再融资或获得新授信的新客户。

第五节　农业政策性金融机构的可持续发展

从农业政策性金融机构设立的初衷来看，实现公共目标是排在首位的。然而实践中农业政策性金融机构的可持续发展也同样重要。不具备可持续发展能力的公共机构，履行职责的能力和水平必然受到质疑。因而可持续发展能力也是评价农业政策性金融机构成效的重要方面。

一、对缺乏可持续发展能力的批评

相对于实现公共目标，农业政策性金融机构本身经营状况没有得到应有的关注。一些机构贷款收回情况不佳，资金不能保证安全和盈利，服务手段落后，不被客户重视，最终难以承担法律赋予的公共职责，导致资金提供者[①]对其重视程度下降。从 20 世纪 90 年代开始，国际上对农业政策性金融机构的研究更多聚焦其可持续发展能力。一些研究认为，"农业发展银行是农村金融中被遗忘的部分"，"很多不具备可持续发展能力，对此，要么忽视它们，要么关闭它们，否则就必须改革它们"[②]。农业政策性金融机构缺乏可持续发展能力，主要原因可归结为以下几个方面[③]。

第一，农业政策性金融机构最初的设计并没有以财务可持续为目标，自主管理没有政府赋予的非财务目标重要。农业政策性金融机构既要为经济回报率高但财务回报率低的项目提供资金，又要保持财务上的可行性，这是很困难的。同时农业政策性金融机构为实现多个且往往不一致的目标

---

① 主要是政府和国际金融机构。

② SEIBEL H D, GIEHLER T, KARDUCK S. Reforming Agricultural Development Banks [R]. University of Cologne, 2005: 1.

③ GONZALEZ – VEGA C. On the Viability of Agricultural Development Banks: Conceptual Framework [R]. Ohio: Department of Agricultural Economics and Rural Sociology, the Ohio State University, 1990.

承受了巨大的压力，许多出现资不抵债。

第二，以借款人为导向的理念造成风险管理缺失。农业政策性金融机构为特定目的将资金引导到目标客户，缺乏对借款人还款能力和风险程度进行评估的激励。信贷惯例和业务程序的设计主要考虑借款者的利益，贷款定向发放且给予补贴，贷款的安全性保障主要依靠严格的信贷流程和细致的资金监管，对所有市场参与者来说代价高昂，对边际客户尤其如此。

第三，利率作为资源配置工具的作用没有得到有效发挥。低于市场价格的商品必然存在配给制度，在信贷市场也是如此：要么贷款便宜，但只有少数人能够贷得到；要么贷款没有补贴，但可获人群的数量和贷款金额可以更多。因而利率被人为设定得越低，越多的农民就会被排除在正规信贷之外。同样，服务质量是有成本的，利率越低，服务质量就越差。此外，人为设定的利率越低，客户和金融机构双方的交易成本就越高，因为不均衡利率会导致信贷需求过剩，需要非价格的配给达到市场出清的目的。这种配给增加了所有市场参与者的交易成本。与接近均衡水平的利率相比，这些成本负担更重，也更不公平。最终，低息贷款是昂贵的。

第四，不注重调动存款，弱化负债约束。严重依赖政府、中央银行和国际捐助者的外部资金在很大程度上导致农业政策性金融机构缺乏生存能力。外部资金大多采取"自上而下"的拨付模式，农业政策性金融机构往往被认为是外部资金支付的渠道，因而借款人对及时还款并不十分关心，忠诚度很低，双方的制度性联系很薄弱。在缺乏存款动员的情况下，为保障对储户的支付而不得不加强贷款回收的动力也受到削弱。

鉴于此，对农业政策性金融机构进行改革，以提高其可持续发展能力的呼声越来越高。农业政策性金融机构的可持续发展得到越来越多的关注。

二、提高可持续发展能力的改革措施

金融对发展的贡献来自整合经济市场的能力。金融政策的目的在于创造市场，改善市场业绩，运用市场规则重新分配资源，利用金融服务的力量整合其他非金融市场。农业政策性金融机构必须强化金融中介角色，从设计实施具体孤立的信贷计划和项目，转移到整合金融市场和提高市场效率上来，包括提高现有资源的生产力，提高资源分配效率；增加储蓄和投资的流动，更快促进经济增长；通过更大程度的市场整合和风险管理，增强稳定性；改善收入分配，促进社会购买力的转移①。农业政策性金融机构在金融市场的表现，已经成为当前很多研究者对其评价的出发点。

实现自给自足是可持续发展的基础。农业政策性金融机构必须能够在"自有"资金的基础上运营，并作出独立的贷款决定。存款动员和发行债券是提高农业政策性金融机构生存能力的有力工具，迫使其实施严格的流动性管理，并将风险管理作为组织文化中最重要的组成部分。

通过竞争、创新和效率降低交易成本。农业政策性金融机构必须清醒地认识到，仅仅设定利率上限并不能消除交易成本，交易成本只能通过市场竞争手段得到控制和削减。提供低成本的服务将提高农业政策性金融机构的生存发展能力，使客户和整个社会都从低成本中受益。

有效提供金融服务。对不同所有权结构、机构类型、地域范围的目标客户群体提供金融服务，包括各种用途的贷款、存款设施、资金转移机制、货币兑换、保险等，并根据市场需求持续增加专门服务的种类和数量。为保证高质量服务，农业政策性金融机构必须维持充足的营业利润。

充分利用比较优势。金融市场上众多不同的参与者通过资金和信息的流动联系在一起。农业政策性金融机构接触不同的客户，并提供各种类型的金融服务，要充分利用不同方面的比较优势，比如在一个细分市场借款，在另一个细分市场放贷，降低整体交易成本，提升整个系统的表现。

避免业务损失，保证可贷资金的完整性。农业政策性金融机构既要减少业务费用，避免浪费和效率低下，又要有足够的收入。利息收入是主要收入来源，贷款利率必须能够覆盖预期通货膨胀和运营成本，同时为违约损失建立足够的准备金，为储户提供有吸引力的报酬。

激励机制是加强制度建设的重点。农业政策性金融机构应当建立有效的机制，明确权利和责任，对正确决策进行鼓励，对错误行为进行惩罚。赋予其足够的权力独立评估贷款和客户信用，实施必要的决策分散，改善

---

① 指向本身资源很少的人提供购买力，使其获得生产机会，否则其将不得不放弃这些机会。

沟通渠道，确保权力下放真正发挥作用。

使用新的金融技术、工具和程序。向广大农村客户提供金融服务，同时有效收集、处理和利用信息进行决策和管理风险，需要大幅度降低所有市场参与者的交易成本。开发和使用新的技术和工具是降低交易成本的有效手段。

综上所述，有可持续发展能力的农业政策性金融机构一般具有以下几个共性特征：

1. 有效调动资金来源，包括股本、留存收益、存款、债券发行、商业借款，以及软贷款和赠款等。其中股本、留存收益、存款、债券发行是可持续发展和快速增长的基础。

2. 提供高质量服务，并受到客户的重视。

3. 有效分散储户、借款人和自身产生的交易成本。

4. 在提供新的金融服务和产品方面具有活力，积极寻求提高效率的方法。

5. 具有良好的风险管理能力，保持贷款资金完整，能够偿还债务。

6. 经营收入足以支付成本。

7. 赚取足够的利润以抵消通货膨胀的影响，产生整体盈利。

8. 享有适当的法律地位，依法履行法律赋予的职能。

9. 有利于健康发展的金融监管体系，包括法律框架、审慎规则和考核监督。

10. 拥有良好的技术、管理和人员。

值得欣慰的是，许多农业政策性金融机构出于生存发展的内生需要大力推进改革创新，最终走上可持续发展之路，有些甚至成为业界的翘楚[1]。

第六节　成效评价体系的构建

农业政策性金融机构作为政府财政扶持与银行市场化运作手段的有机结合，既要承担准公共产品提供者的功能，又要通过市场化运作努力

---

① 例如法国农业信贷银行（集团）发展成为法国最大的金融机构，在 2019 年《财富》世界 500 强中排名第 91 位。

实现自身可持续发展，这种经营模式的特殊性决定了其绩效目标兼具政策性与经营性的双重特征，也决定了对其绩效进行评价具有一定的特殊性。

一、构建成效评价体系的关键因素

（一）成效评价的目标导向

1. 公共目标。农业政策性金融机构是为实施政府农业农村政策而设立的，大部分国家的农业政策性金融机构由政府立法明确其功能，并根据形势的需要，不断修改法律对其功能进行调整。农业政策性金融机构功能发挥得如何，是否履行和实现法律规定的目标、职责和任务，是对其成效进行评价的根本目的。评价农业政策性金融机构服务农业农村发展的成效，逻辑起点在于各国关于农业政策性金融机构的专门法律中对其职能的表述①，最终体现的是履行职能的效果。

2. 可持续发展目标。评价农业政策性金融机构作为金融市场可持续发展的主体应当具备的能力和水平，包括实现经营目标，确保市场地位，不发生重大风险，提高运营效率，实现持续盈利，并在相当长的时间内稳健成长。兼顾所有相关方的利益，包括出资人、监管者、同业、客户、员工，以及整个社会。

---

① 例如，美国《商品信贷公司法》规定：美国商品信贷公司设立的目的是防止农产品价格大幅下跌，稳定、支持和保护农场收入和价格，保证食物、饲料和纤维等农产品能够持续不断地均衡供给，并协助对这些农产品进行有序地分配。《日本政策性金融法》规定：日本农林渔业金融公库设立的目的是执行政府不同时期的农业产业政策，向难以从其他金融机构获得贷款的农林渔业者和食品产业者提供长期低息贷款，解决农业特定时期的突出矛盾，提高农林渔业生产能力，实现农业发展的阶段性战略目标。印度《国家农业与农村发展银行法》规定：印度农业与农村发展银行设立的目的是为农业和农村工业生产建设提供短、中、长期的贷款，全面满足农业信贷需要。泰国《农业与农村合作社银行法》规定：泰国农业与农业合作社银行设立的目的是直接或间接地向农业部门提供信贷。1994 年《农场信贷法案》（*Farm Credit Act*）对加拿大农业信贷公司的最新职能界定为：首要聚焦农业经营，包括家庭农场等领域，向包括家庭农场在内的农业经营活动以及与农村地区相关的中小企业提供专业化和个性化的金融产品和服务。

（二）成效评价的原则

1. 定量指标与定性指标相结合。对定量指标的考核设定目标值，按照完成目标值的程度设定梯次分值。对定性部分按照实现预期的程度设定分值。

2. SMART 原则。指标必须是具体描述的（Specific）；评价的数据或信息是可以获得且可衡量的（Measurable）；通过努力可以实现的（Achievable），避免目标过低没有成就感，目标过高产生挫折感；与工作密切相关，具有结果导向性（Result – oriented）；对一定时间内的成果进行评价，具有时间性（Timed）。

3. 自上而下原则。评价体系的构建自上而下层层推进，首先明确自身承担的使命，基于使命制定战略目标，细化实现战略计划的具体措施，最后设置衡量目标完成情况的指标和分值。

二、日本农林渔业金融公库的成效评价体系[①]

日本政策性金融目标被分为两大类：一是弥补金融市场外的市场失败，通过政策性金融向社会展示积极的外部效果；二是弥补金融市场本身固有的不完备性。对政策性金融机构的绩效评价主要来自两个方面：一是以被评价机构本身为主开展的绩效评价，这种评价从战略目标设定到指标体系设计，都要广泛听取政府职能主管部门、专家学者、社会各界的意见建议，努力保持公正客观；二是财政部门主导开展的政策性成本分析，主要分析对特定金融机构的政策性补贴投入，以及所产生的经济与社会效益，旨在保持财政投资使用情况的透明。

日本农林渔业金融公库的绩效评价体系引入了 PDCA（Plan – Do – Check – Action）和关键绩效指标分析方法，即按照"目标—战略—措施—指标"的原则方法构建评价体系（见表 8 – 1）。

---

① 邱兆祥，孙建星. 日本农业政策性银行绩效评价方法分析及经验借鉴［J］. 河北大学学报（哲学社会科学版），2012（3）：100 – 107.

表 8 - 1　　　　　　日本农林渔业金融公库成效评价指标体系

目标	战略及措施
目标一：通过贷款投放发挥综合支持作用	战略一：贷款提供
	措施 1. 准确识别客户投资需求，并迅速提供贷款支持
	措施 2. 为农业部门提供信贷支持
	措施 3. 为林业部门提供信贷支持
	措施 4. 为渔业部门提供信贷支持
	措施 5. 为食品工业部门提供信贷支持
	战略二：管理支持
	措施 6. 提高满足客户需求能力，如推荐合适贷款品种、提供有关信息
	措施 7. 支持萧条的农林渔业实体复苏
	措施 8. 支持培育农林渔业实体，注重管理
目标二：与私人金融机构建立合作关系	战略三：支持私人金融机构的进入
	措施 9. 加强与农业合作金融机构的合作，提升与地区银行、信用公库业务合作水平
	措施 10. 对私人金融机构进入农林渔业提供技术支持
目标三：加快推进自身改革	战略四：业务管理与操作、组织机构及人力资源
	措施 11. 基于 PDCA 循环加强业务管理，落实业务改革计划
	措施 12. 完善组织机构，有效执行业务改革计划
	措施 13. 优化人力资源，强化业务改革计划执行力
	措施 14. 发展高效的防控方法及贷款方法
	措施 15. 提高筹资能力，完善信息分析和传递机制
	措施 16. 设定有效满足客户管理水平的远景规划，改善管理
	措施 17. 进一步提高综合信息披露水平
	措施 18. 强化内控，包括系统性风险管理
	措施 19. 提高科技运营水平

表 8 - 2 展现了日本农林渔业金融公库 2007 年的评价结果。根据表8 - 1
呈现的评价体系，对每一项措施均设置 1 ~ 5 项的具体评价指标。每项措施
和细化的分项指标满分均为 4 分。

表8-2 日本农林渔业金融公库成效评价指标及2007年评价结果

措施综合评价	绩效评价分项指标	分项指标得分	考核关注点
措施1（B，2.0）	1. 对主要业务运营者的支持	3.0	主要考虑当年发放贷款的投向分布，以及对目标客户的满意度调查
	2. 业务复苏支持	2.0	
	3. 安全网络（对自然灾害的反应）	3.0	
	4. 对新客户的业务支持	1.0	
	5. 提高服务效率	1.0	
措施2（B，2.3）	1. 对骨干农民的支持	3.0	主要根据业务范围，侧重考察对农业支持力度，并通过当年累放农业贷款的结构指标进行量化分析
	2. 对农业复苏的支持	1.7	
	3. 安全网络	3.0	
	4. 对环境保护、生产设施改善，以及地区经济恢复的支持	3.0	
	5. 对新进入客户的支持	1.0	
措施3（B，3.0）	1. 对从事林业骨干人员的支持	2.0	考察对林业金融支持力度
	2. 对山村林业振兴以及国内木材供应及加工支持	4.0	
	3. 安全网络	3.0	
措施4（B，2.8）	1. 对骨干渔民的支持	4.0	考察对渔业金融支持力度
	2. 对渔业复苏的支持	2.3	
	3. 对渔业资源管理及渔村振兴的支持	2.0	
	4. 安全网络	3.0	
措施5（B，3.0）	对食品业的金融支持	3.0	考察对食品业金融支持力度
措施6（B，3.0）	信贷信息服务与农业管理顾问考试开展情况	3.0	考核为经营者提供信息服务等能力
措施7（B，2.5）	对相关业务复苏的支持	2.5	包括农林渔业和食品业
措施8（B，2.4）	1. 促进客户交流	4.3	引导企业注重同业交流、经验借鉴，更加注重管理水平的提高
	2. 促进业务发展	1.0	
	3. 企业管理研讨	2.0	
措施9（B，2.0）	1. 基于业务合作协议的合作与联盟	2.0	通过同业合作引导资金投向
	2. 对业务合作的推进	2.0	

续表

措施综合评价	绩效评价分项指标	分项指标得分	考核关注点
措施 10（A，4.0）	1. 行业分析报告	5.0	强化行业分析研究及相关技术共享
	2. 农业评分系统	3.0	
措施 11（－，－）	—	—	—
措施 12（－，－）	—	—	—
措施 13（B，3.0）	人力资源新的进展	3.0	强化队伍素质，更好地满足客户需求
措施 14（C，1.5）	重塑客户筛选流程	1.5	提高客户筛选效率
措施 15（A，4.0）	研究活动	4.0	引导提供专业深入的信息服务等
措施 16（D，0.3）	重构客户管理体系	0.3	减少风险贷款
措施 17（B，3.0）	1. 发布提供信息的刊物	3.0	加强综合信息的提供与及时发布
	2. 网站使用的拓展	3.0	
	3. 加强新闻发布	3.0	
措施 18（B，2.5）	1. 合规操作	2.0	遵循项目操作要求，强化综合风险管理
	2. 综合风险管理	3.0	
措施 19（B，2.0）	1. 服务网络延伸	3.0	
	2. 强化提高服务水平的科技支撑	1.0	—

注：措施 11 和措施 12 由于综合反映在其他各项措施落实中，无单项评定得分。

从表 8－2 可以看出，日本农林渔业金融公库 2007 年基本实现了预定目标，在 19 项措施综合评价中，除两项没有单项得分外，13 项措施综合评价为 B 级，即实现目标；两项措施综合评价为 A 级，即执行情况超出了预定目标；一项综合评价为 C 级，即基本实现预定目标，但仍有提升空间；一项综合评价为 D 级，未实现目标。从具体指标设置情况看，在绩效评价中突出了政策性银行的导向作用，如考核对农林渔业和食品业的支持力度和投向分布、引导其他金融机构的投入、强化发生灾害或遭遇危机时的应急支持、注重提供信息等非信贷支农服务，同时还体现了对风险管理和经营管理能力的考核。此外，日本农林渔业金融公库还开展了使用国家财政投融资资金的政策性成本分析，在分析补贴投入的同时，分析国家财政投入的机会成本，评价资金使用取得的经济与社会效益。[①]

三、南非土地和农业发展银行的成效评价体系[②]

南非土地和农业发展银行有自己一套独立的评分标准，与一般的商业银行不同。该行主要考虑"对发展的影响""利息收益""财务可持续性""人才培养""训练""风险管理"等六个方面。

"对发展的影响"指标，是指提供贷款资金支持新兴农民转型，通过中间贷款人向新兴农民提供资助，向黑人拥有的农业企业提供贷款，支持文化企业与转型企业的直接投资等。由于南非土地和农业发展银行的使命和具体任务是解决土地所有权和参与农业部门方面的历史不公问题，"对发展的影响"是利益相关者关心的问题，也是考核的重要指标，且权重相对比较大。该指标占总评分的30%。

"利息收益"指标，是指利息收入减去利息费用，该指标占总评分的10%。

"财务可持续性"，具体包括多个衡量财务可持续性的指标，如净利息收益、成本—收益比率、流动性保障比率、稳定融资比率、资本充足率、资本搭配比率、不良贷款率等。南非土地和农业发展银行注重财务可持续性，追求财务稳健，因为财务可持续性是持续支持土地改革和农业发展，并向投资者提供足够回报率的财务基础。该指标占总评分的30%。

"人才培养"指标，是指黑人、亚裔和有色人种妇女在管理职位中所占百分比，该指标占总评分的5%。

"训练"指标，是指对雇员开展农业信贷管理等方面的培训，对黑人、亚裔和有色工作人员进行培训的百分比。南非土地和农业发展银行注重员工发展和技能提升，通过提升员工能力，提高战略执行的有效性、实现高效运营，员工发展方面的恰当激励也是吸引和留住具备金融和农业技能员工的基础。该指标占总评分的5%。

---

① 2008财政年度末，日本农林渔业金融公库总体政策性成本规模为2247亿日元，较2000年下降53.1%。下降原因主要是日本农林渔业金融公库日益开办多样化的政策性金融服务，业务规模出现下降，但也有其提升经营管理水平，经营状况改善的因素。

② 资料来源：南非土地和农业发展银行2018年年报。

"风险管理"指标，具体包括风险管理的相关子指标。农业发展机构面临独特的风险环境，识别和有效应对关键风险的能力是财务可持续性的前提，因而"风险管理"指标权重也较高。该指标占总评分的20%。

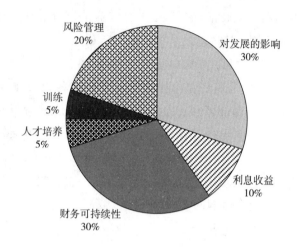

图8-1　南非土地和农业发展银行监督考核指标及权重

四、美国农场信贷管理局的成效评价体系[①]

美国农场信贷管理局是农场信贷系统和联邦农业抵押公司的管理机构，其成效评价体系体现了监管机构的使命、目标和战略，也间接反映出对农场信贷系统和联邦农业抵押公司相关成效评价，值得参考借鉴。

美国农场信贷管理局的使命是确保各农场信贷系统机构和联邦农业抵押公司为美国农业和农村中所有信用达标和拥有资质的人提供安全、稳定、可靠的信贷及相关服务。

为实现该使命，美国农场信贷管理局董事会制定了3个战略目标，在2018—2023财年战略计划中明确了19项具体战略措施。此外，还设定了14个量化评估方法和指标用于具体衡量目标完成情况。该战略计划旨在解决不断变化的农业大环境问题，如大宗商品和投入价格的波动，可持续性问题、环境问题、食品安全和动物福利问题，利率波动和土地价值变化，以

---

① Farm Credit Administration. Performance and Accountability Report 2018.

及因《农场法》减少农业补贴所产生的压力。计划的重点是促使美国农场信贷管理局高效运作，最大限度降低农场信贷系统借款人和联邦农业抵押公司客户的成本，为美国农业农村提供安全、资金充裕、可靠的信贷金融服务。

（一）目标1的战略措施和成效评估

"确保农场信贷体系和联邦农业抵押公司面向农业农村部门的公共职能得到履行"是美国农场信贷管理局的第一目标。为实现该目标，美国农场信贷管理局制定了9项具体战略措施（见表8－3a）。表8－3b列举了完成该目标的6项评估指标和指标完成情况。

表8－3a   目标1——公共职能的战略措施

战略措施	措施描述
战略措施1	确保农场信贷系统和联邦农业抵押公司的资本规则符合金融业要求，保持其财务实力和稳健性，以满足符合条件的借款人的信贷需求。
战略措施2	在《农场信贷法》框架内，酌情制定、修订政策和法规；确保在美国农业农村情况变化时，包括联邦抵押公司在内的农场信贷体系能够继续有效地为其成员服务。
战略措施3	注重政府支持的农业企业的社会目标和使命责任，为全美农业农村服务；这包括为青年、新手和小型农户（YBS），牧场主，水产品生产者和收获者提供信贷和相关服务的创新项目。
战略措施4	鼓励农场信贷系统向所有有信誉和符合条件的潜在借款人提供产品和服务，并扩大服务范围，增强多样性和包容性。
战略措施5	鼓励农场信贷系统机构的董事会和员工多样性。
战略措施6	遵循《农场信贷法》，促使政府支持的农业企业进行结构调整，更好地服务它们的成员和美国农村。
战略措施7	鼓励农场信贷系统机构认识与其贷款和投资决策相关的商誉风险。
战略措施8	通过制定政策指导，完成使命、稳定金融、增加透明度，促进公众对FCA监管农场信贷系统和联邦农业抵押公司的了解与信任。
战略措施9	鼓励利益相关者充分参与监督定规建制，并提出恰当的政策建议。

表 8 – 3b 　　　　　　　　　　目标 1——公共职能评估指标和成效

评估指标	结果	2017 年目标	2017 年结果	2018 年目标	2018 年结果	结果：目标
(1) 向信用良好、资质合格的个体提供产品或服务；以提升差异性、覆盖性为目标提供外展服务的农场信贷体系所属机构，在全部机构中所占的比例。	所有农场信贷系统机构都具有良好的运作及战略规划，为所有信用达标和有资质的人士提供产品及服务。	≥90%	100%	≥90%	100%	▲
(2) 联邦农业抵押公司的商业计划是否体现了在二级市场项目中对各类贷款的促进作用，特别是对于小农场、家庭农场的贷款而言；其商业活动是否强化了自身作为长期贷款、流动贷款资金来源的职责。	联邦农业抵押公司的商业计划包含恰当的战略，以促进和鼓励将所有合格贷款，包括小型和家庭农场贷款，纳入其二级市场计划。业务活动进一步体现了其提供长期信贷和流动性的使命。	是	是	是	是	○
(3) 在提供直接贷款的机构中，收到客户满意评价者所占的比例。	97.3% 的直接贷款机构在消费者权益和借贷权益的遵守情况方面令人满意。	≥90%	100%	≥90%	97.3%	▲
(4) 在提供直接贷款的机构中，开展 YBS（Young, Beginning, and Small farmers）贷款业务者所占的比例（目标水平：≥90%）。	所有拥有 YBS 项目的直接贷款机构均符合 YBS 规定。	≥90%	100%	≥90%	100%	▲
(5) 关于各条"最终规则"所列出的具体目标，从规则生效之日起的两年之内是否能够大部分完成。	有五条规则符合报告要求。"最终规则"序言部分所列的大多数目标是在执行日期两周年之际实现的。	是	是	是	是	○
(6) FCA 在规则制定的前期阶段和拟议阶段，听取吸收外部建议的百分比。	有一个项目符合报告要求；邀请了 FCA 外部人员对该项目进行了提出了外部建议。	100%	89%	100%	100%	○

注：▲代表超过了 2018 年既定目标，○代表达成 2018 年既定目标，▼代表未达成 2018 年既定目标。评估时间区间为 2017 年 7 月 1 日至 2018 年 6 月 30 日。下同。

（二）目标 2 的战略措施和成效评估

美国农场信贷管理局的第二目标是"评估风险、及时主动监管，保证农场信贷体系和联邦农业抵押公司的安全、稳健运行"。具体战略措施，以及指标体系和完成情况参见表 8 - 4a、表 8 - 4b。

表 8 - 4a　　　　目标 2——安全性、稳健性的战略措施

战略措施	措施描述
战略措施 1	及时就政策和监管问题征求 FCA 董事会的意见。确保董事会实时、充分、全面地掌握信息，以便作出适当的反应。
战略措施 2	与利益相关者就风险性、安全性和稳健性问题保持密切、频繁的双向沟通。
战略措施 3	积极主动监管系统性和非系统性风险。
战略措施 4	有效地支持需要帮助的机构。
战略措施 5	确保 FCA 和农场信贷系统的技术、信息管理和网络安全优先意识。
战略措施 6	确保农场信贷系统的组织文化中贯彻强有力的治理、经营合规和道德行为理念。

表 8 - 4b　　　　目标 2——安全性、稳健性的评估指标和成效

评估指标	结果	2017 年目标	2017 年结果	2018 年目标	2018 年结果	结果：目标
（1）农场信贷体系中，综合 CAMELS 评级得分为 1 分或 2 分的机构所有资产在总资产中所占比例。	在农场信贷系统中，综合 CAMELS 评级得分为 1 至 2 分的机构所有资产占比为 98.6%。	≥90%	99.6%	≥90%	98.6%	▲
（2）监管协议自执行之日起的 18 个月内，农场信贷体系中的机构至少已经基本符合的协议规定占全部规定的比例。	FCA 没有与农场信贷系统机构签订任何监管协议。	≥80%	无	≥80%	无	无
（3）资本充足率达到监管要求的机构所占比例。	所有机构均符合监管资本比率规定的要求。	≥90%	100%	≥90%	100%	▲
（4）二级市场监管办公室（Office of Secondary Market Oversight）在制订监督检查计划及实际执行过程中，是否能够有效地识别风险、是否能够在必要的情形下采取适当的监管及纠正措施。	二级市场监管办公室能有效地识别出现的风险，并采取适当的监督和纠正措施。	是	是	是	是	○

续表

评估指标	结果	2017年目标	2017年结果	2018年目标	2018年结果	结果：目标
(5) 具备良好的审计、复核程序，或者能够给出可接受的纠正方案的机构，在全部机构中所占的比例。	除三所机构外，其他所有机构的审计和审查程序都令人满意，包括给出可接受纠正方案的机构。	100%	99%	100%	95.9%	▼
(6) FCA是否能够利用农场信贷系统中的数据生成至少5份报告或者可视化仪表盘，以评估该系统的风险水平。	创建了至少五个使用农场信贷系统数据用于评估风险的报告。	是	是	是	是	○

（三）目标3的战略措施和成效评估

美国农场信贷管理局的第三目标是"营造一个培养训练有素、积极进取、多元化员工的环境，同时为继任领导层提供行之有效的计划。"表8-5a、表8-5b展现了具体战略措施，以及指标体系和完成情况。

表8-5a　　　　　　　目标3——员工团队管理的战略措施

战略措施	措施描述
战略措施1	保持技术过硬和多样化的员工队伍，以满足FCA当前和未来的管理发展、风险分析、审查和监管需求。
战略措施2	促进员工技能的发展——员工需要评估农场信贷系统的风险，并提供及时、积极主动的监督。
战略措施3	确保继任计划和知识转移，保证未来FCA领导层和员工成为拥有所需知识和技能的独立监管者。
战略措施4	鼓励建立员工参与的工作文化，包括各种形式的多样性，并促进道德行为理念的形成。

表8-5b　　　　　　　目标3——员工团队管理的评估指标和成效

评估指标	结果	2017年目标	2017年结果	2018年目标	2018年结果	结果：目标
(1) 在初级工作人员招募中，FCA是否确保有25%的外展工作针对残疾人或少数族裔的潜在申请者。	至少有25%的外展工作是针对残疾人或少数族裔的潜在申请者。	是	是	是	是	○

续表

评估指标	结果	2017年目标	2017年结果	2018年目标	2018年结果	结果：目标
(2) 相较上年，是否保持或提高了年度员工满意度调查的分数。	员工敬业度指数得分提高了3个百分点。	是	是	是	是	○

美国农场信贷管理局绩效结果表明，其成功地实现了三个战略目标，且大多数有数据支持的绩效评估指标都已达到或者超过预定水平。

第七节　成效的国际比较

本节对农业政策性金融机构的成效进行国际比较。在公共目标方面，选取"资产规模"指标作为代表；同时选取"盈利能力""偿债能力""外部评级"三个指标对可持续发展能力展开分析。

一、资产规模的国际比较

（一）绝对资产规模

资产规模是衡量农业政策性金融机构"体量"的重要指标，在很大程度上决定了其发挥公共职能能力的大小。将农业政策性金融机构的资产规模分为三个梯队进行分析：资产总值超过1000亿美元的占比为33.3%，主要由高收入国家构成，包括法国农业信贷集团、韩国农协银行、巴西国家开发银行、日本政策性金融公库、美国合作银行和德国农业土地抵押银行。其中法国农业信贷集团是拥有众多控股子公司的集团化金融运营实体，业务涉及金融行业各个领域，机构遍布国内和国际，资产规模最大，达到2万亿美元。巴西是第一梯队中唯一的发展中国家，主要是因为其业务范围不仅涉及农业，还包括工业、基础设施、服务贸易等领域。

资产总额在100亿美元至1000亿美元的占比为27.8%，主要由中等偏上收入国家构成，包括土耳其农业银行、印度农业与农村发展银行、泰国农业与农业合作社银行、俄罗斯农业银行等。加拿大农业信贷公司由于资金来源主要依靠政府借款，且业务支持范围和领域集中在初级农产品，是该梯队中唯一的高收入国家。

资产总额在 100 亿美元以下的占比为 38.9%，主要由中等偏下收入国家和低收入国家构成，包括越南社会政策银行、埃塞俄比亚发展银行、坦桑尼亚农业发展银行等，其中坦桑尼亚农业发展银行资产规模最小，为 1.97 亿美元。

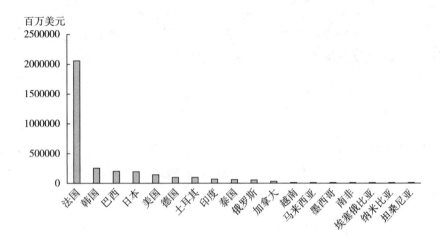

资料来源：各国农业政策性金融机构的年报。

图 8-2 18 个国家农业政策性金融机构资产规模

可见，农业政策性金融机构的资产规模与一国经济发展水平有关。经济发展水平高的国家，农业经济体量大，对信贷资金的需求多，农业政策性金融机构的资产规模相对较大。

（二）相对资产规模

从相对资产规模来看，即以各国农业政策性金融机构资产规模与该国农业年产值的比值可以看出，样本中除美国以外的所有高收入国家，资产规模都大于其农业年产值。法国由于上述原因相对规模尤其突出，达到农业 GDP 的 46 倍。特别需要说明的是，本章所统计的美国合作银行仅是美国农业政策性金融体系——美国农场信贷体系（Farm Credit System）的其中一环，其整个体系还包括农场信贷保险公司（Farm Credit System Insurance Corporation）、联邦农业抵押公司（Federal Agricultural Mortgage Corporation）、联邦农业信贷银行融资公司（Federal Farm Credit Banks Funding Corporation）

等，如果将这些机构的资产统统纳入统计范围，其总资产与农业产出的比例将远大于 68.3%[①]。

仅有的两个低收入国家——埃塞俄比亚和坦桑尼亚的农业政策性金融机构相对资产比例都在 10% 以下。总体来看，越是发达的国家和地区，农业政策性金融机构相对规模越大；而相对规模越大就越有可能、有能力为当地农业的发展提供更有力的支持[②]。低收入国家的农业政策性金融机构，相对于本国落后的农业，作用发挥得更加不足，需要继续拓展业务空间，为本国农业发展提供进一步的支撑。

表 8 - 6　　　　　　　农业政策性金融机构相对资产比例　　　　单位：%

农业政策性金融机构	相对资产比例
法国农业信贷银行（集团）	4566.6
韩国农协银行	793.7
日本政策性金融公库	332.0
德国农业土地抵押银行	329.6
巴西国家开发银行	245.4
土耳其农业银行	212.9
泰国农业与农业合作社银行	151.4
加拿大农业信贷公司	107.4
俄罗斯农业银行	103.1
美国合作银行	68.3
南非土地和农业发展银行	46.1
越南社会政策银行	21.3
纳米比亚农业银行	18.9
印度农业与农村发展银行	17.2
马来西亚农业银行	14.5
墨西哥国家农业、农村、林业和渔业发展基金	9.3
埃塞俄比亚发展银行	7.5
坦桑尼亚农业发展银行	1.0

资料来源：各国农业政策性金融机构的年报及世界银行公开数据库 [EB/OL]. https：// data. worldbank. org/indicator/NV. AGR. TOTL. CD.

---

① 观点来自：中国农业发展银行 2016 年度重大课题委托研究成果，农业政策性金融机构理论与政策国际比较。课题承担单位：辽宁大学。课题主持人：白钦先。

② 贾康，孟艳. 政策性金融演化的国际潮流及中国面临的抉择 [J]. 当代财经，2010 (12).

二、盈利能力的国际比较

农业政策性金融机构的主要目的是服务政府的农业政策，促进农业农村的发展。尽管不以盈利为目标，但仍需维持一定的盈利水平，以实现自身的可持续发展。我们利用资产收益率（ROA）和净资产收益率（ROE）两个指标，测算 2018 年各国农业政策性银行的盈利状况，具体结果如表8-7所示。从 ROA 来看，该指标用来衡量每单位资产能够创造的净利润，指标越高，表明有效利用资产创造收益的能力越强。除俄罗斯农业银行、土耳其农业银行、巴基斯坦农业发展银行外，其余各国农业政策性金融机构的 ROA 都介于 0~1%，维持保本微利的运营模式，较好地权衡了财务可持续和服务国家战略之间的关系。从 ROE 来看，该指标在 ROA 的基础上考虑了财务杠杆比率，用于衡量权益资金使用效率，在 ROA 不变的情况下，负债占总资产比重越高，ROE 越高。由于各国农业政策性银行的资本结构各不相同，因此 ROE 差距较大，最高为土耳其农业银行，ROE 为 15.54%，最低为俄罗斯农业银行，ROE 为 -2.8%。ROE 与 ROA 差距最大的是德国农业土地抵押银行，相差 60 倍；差距最小的是墨西哥国家农业、农村、林业和渔业发展基金，相差 0.9 倍。总体来看，越是收入高的国家，其农业政策性金融机构的负债率越高，ROA 和 ROE 往往差异较大，低收入国家相对差距较小。

表 8-7　　　　　　　　　农业政策性金融机构经营情况　　　　　　单位：%

农业政策性金融机构名称	年份	ROA	ROE
美国合作银行	2018	0.86	12.48
德国农业土地抵押银行	2018	0.02	1.22
法国农业信贷集团	2018	0.37	6.10
俄罗斯农业银行	2018	-0.14	-2.8
南非土地和农业发展银行	2018	0.38	3.29
巴西开发银行	2017	0.72	12.97
印度农业与农村发展银行	2018	0.73	4.95
泰国农业与农业合作社银行	2018	0.56	7.50
墨西哥国家农业、农村、林业和渔业发展基金	2018	0.31	0.60

续表

农业政策性金融机构名称	年份	ROA	ROE
马来西亚农业银行	2018	0.93	5.18
越南社会政策银行	2017	0.16	0.86
加纳农业发展银行	2018	0.16	0.92
土耳其农业银行	2018	2.05	15.54
巴基斯坦农业发展银行	2016	1.56	4.08
坦桑尼亚农业发展银行	2018	0.48	2.88

注：巴基斯坦农业发展银行数据来自 2016 年年报，越南社会政策银行、巴西开发银行数据来自 2017 年年报，其余国家农业政策性银行数据来自 2018 年年报。ROA、ROE 计算方法为：ROA = 净利润/当年年末总资产，ROE = 净利润/当年年末所有者权益。

资料来源：各国农业政策性金融机构的年报。

三、偿债能力的国际比较

对于农业政策性金融机构来说，内源性筹资虽然是筹资成本最低的融资方式，但在该融资方式下，融资规模受到较大限制，很难在短时间内实现业务活动的大幅扩张。因此，为保障相关公共性职能的发挥及相关业务的拓展，外源性融资成为政策性金融机构获取长期资金来源的重要渠道。外源性融资又包括债权性融资和股权性融资，前者较之后者不仅具有弹性，而且往往也有较低的融资成本[①]。农业政策性金融机构通常有政府信用作为背书，往往享有较高的信用评级，进一步降低了债权性融资成本。可见，农业政策性金融机构适度举债经营，有利于发挥财务杠杆作用，撬动更多的资金投入农业与农村发展领域。但是过度负债，则会面临资不抵债、破产清算的风险。

农业政策性金融机构的偿债能力体现在按期支付利息和到期偿还本金两个方面。资产负债率是企业负债总额与资产总额的比例，用于衡量企业在清算时保护债权人利益的程度。我们利用资产负债率测算各国农业政策性金融机构的长期偿债能力，具体如表 8 - 8 所示。可以看出，大部分国家的农业政策性金融机构的资产负债率都高于 80%，表内所列示的高收入国

---

① 观点来自：中国农业发展银行 2016 年度重大课题委托研究成果，农业政策性金融机构理论与政策国际比较。课题承担单位：辽宁大学。课题主持人：白钦先。

家农业政策性金融机构资产负债率都高于85%，包括美国合作银行、德国农业土地抵押银行、法国农业信贷集团、加拿大农业信贷公司和日本政策性金融公库。其中，德国农业土地抵押银行的资产负债率最高，为98.56%。该行获得国家主权担保，长期债券信用评级为AAA，采取全球多元化的融资策略，在国内外资本市场主要通过欧洲中期票据、欧洲商业票据、全球债券、澳元中期票据等筹集资金。墨西哥国家农业、农村、林业和渔业发展基金的资产负债率最低，该行仅通过自有资金（52.14%）和国际组织借款（47.86%）筹集资金，不通过资本市场筹资。

表8-8　　　　　　　　农业政策性金融机构偿债能力　　　　　　单位：%

农业政策性金融机构名称	年份	资产负债率
德国农业土地抵押银行	2018	98.56
俄罗斯农业银行	2018	95.13
法国农业信贷银行（集团）	2018	93.95
美国合作银行	2018	93.14
加纳农业发展银行	2018	93.14
泰国农业与农业合作社银行	2018	92.48
巴西开发银行	2018	90.09
南非土地和农业发展银行	2018	88.74
日本政策性金融公库	2018	86.01
加拿大农业信贷公司	2018	85.70
印度农业与农村发展银行	2018	85.28
埃塞俄比亚发展银行	2017	85.14
坦桑尼亚农业发展银行	2018	83.18
马来西亚农业银行	2018	82.01
越南社会政策银行	2017	81.98
巴基斯坦农业发展银行	2016	61.65
墨西哥国家农业、农村、林业和渔业发展基金	2018	47.86

注：巴基斯坦农业发展银行数据来自2016年年报，越南社会政策银行、埃塞俄比亚发展银行数据来自2017年年报，其余国家农业政策性银行数据来自2018年年报。

资料来源：各国农业政策性金融机构的年报。

四、外部评级的国际比较

外部评级是专业评级机构对银行信用风险的综合性评估，具有独立、专业和信息广泛的优势。目前，世界上三家最有影响力和话语权的信用评级机构为穆迪投资者服务公司（Moody's Investors Service，简称穆迪）、标准普尔公司（Standard & Poor's，简称标普）和惠誉国际信用评级有限公司（Fitch Ratings，简称惠誉）[①]。部分国家农业政策性金融机构的外部评级情况如表 8－9 所示。

表 8－9　　　　　　　　　　农业政策性金融机构的外部评级

农业政策性金融机构名称	年份	穆迪[②]		标普				惠誉	
		长期评级	短期评级	外国长期评级	本国长期评级	外国短期评级	本国短期评级	长期评级	短期评级
美国合作银行	2019	—	—	—	—	—	—	AA－	F1＋
	2010	—	—	AA－	AA－	—	—	AA－	F1＋
	2007							AA－	F1＋
日本政策性金融公库	2014	A1	—	—	—	—	—		
	2011	Aa3	—	AA－	AA－				
	2009	Aa2	P－1	—	—	—	—		
	2008	Aaa	—	AA	AA	A－1＋	A－1＋		

①　从信用评级的等级来看，穆迪的信用评级分为长期评级和短期评级，其中长期评级共分为 9 个等级（从高到低：Aaa 级、Aa 级、A 级、Baa 级、Ba 级、B 级、Caa 级、Ca 级、C 级），并在等级后加上修正数字 1、2 及 3，短期评级分为 4 个等级（从高到低：Prime－1、Prime－2、Prime－3、Non－Prime）。标普的信用评级也分为长期评级和短期评级，其中长期评级共 10 级（从高到低：AAA、AA、A、BBB、BB、B、CCC、CC、C、D），并从 AA 级到 CCC 级可加上"＋"或"－"号，表示各主要评级级别中相对强弱。标普的短期评级共设 6 个级别（从高到低：A－1、A－2、A－3、B、C、D），短期评级也可另加"＋"号表示各主评级内信用等级相对高低的子评级。惠誉的信用评级也分为长期评级和短期评级，其中长期评级共 12 级（从高到低：AAA、AA、A、BBB、BB、B、CCC、CC、C、DDD、DD、D），短期评级分 6 级（从高到低：F－1、F－2、F－3、B、C、D），并利用"＋""－"号表示各主级别中信用级别高低的子级。参见：郭濂．国际三大信用评级机构的比较研究［J］．中南财经政法大学学报，2015（1）。

②　穆迪对银行业的评级分为长期评级和短期评级，其中超过 1 年的债务使用长期评级，长期评级包括长期债务/存款评级与银行财务实力评级。对于 1 年以内的各种证券，如商业票据、银行存款和货币市场资金，则使用短期评级体系。参见：贺书婕．穆迪公司及信用评级制度（上）［J］．城市金融论坛，2000（8）：46－51．

续表

农业政策性 金融机构名称	年份	穆迪		标普				惠誉	
		长期 评级	短期 评级	外国长 期评级	本国长 期评级	外国短 期评级	本国短 期评级	长期 评级	短期 评级
德国农业土地 抵押银行	2019	—	—	—	—	—	—	AAA	F1 +
	2014	Aaa	—	—	—	—	—	AAA	F1 +
	2000	—	P – 1	—	—	—	—	AAA	F1 +
	1999	—	—	—	—	A – 1 +	A – 1 +	AAA	F1 +
	1994	—	—	AAA	AAA	—	—	AAA	F1 +
法国农业信贷 集团	2019	Aa3	P – 1	—	—	—	—	A +	F1
	2018	A1	P – 1	A +	A +	—	—	A +	F1
	2016	A1	P – 1	—	—	—	—	A	F1
	2015	A2	P – 1	—	—	—	—	A	F1
	2011	—	—	A +	A +	A – 1	A – 1	A +	F1 +
韩国农协银行	2018	A1	P – 1	—	—	—	—	A –	F1
	2016	A1	P – 1	A +	A +	—	—	A –	F1
	2012	—	—	A	A	A – 1	A – 1	A	F1
俄罗斯农业 银行	2019	Ba1	—	—	—	—	—	BBB –	F3
	2018	Ba2	—	—	—	—	—	BB +	B
	2017	Ba2	—	—	—	—	—	BB +	B
	2015	Ba2	—	—	—	—	—	BB +	B
巴西开发银行	2019	Ba2	—	—	—	—	—	BB –	B
	2018	Ba2	—	BB –	BB –	—	—	BB –	B
	2017	Ba2	—	—	—	—	—	BB	B
	2016	Ba2	—	BB	BB	—	—	BB	B
加拿大农场信 贷公司	2017	Aaa	P – 1	—	—	—	—	—	—
	2014	Aaa	P – 1	—	—	—	—	—	—
	2003	Aaa	—	—	—	—	—	—	—
	1999	—	P – 1	—	—	—	—	—	—
南非土地和农 业发展银行	2019	Baa3	P – 3	—	—	—	—	—	—
	2018	Baa3	P – 3	—	—	—	—	—	—

资料来源：bankfocus 数据库。

纵向来看，各个国家的农业政策性金融机构历年的外部评级都较为稳定，未出现大幅波动。横向来看，美国、日本、德国、法国、加拿大、韩国等发达国家的农业政策性金融机构的外部评级分数较高，俄罗斯、巴西等发展中国家农业政策性金融机构的外部评级较低，说明在农业政策性金融机构的风险控制等方面发展中国家与发达国家仍然存在一定差距。此外，几乎所有中等偏下收入、低收入发展中国家的农业政策性金融机构都没有外部评级记录。

此外，对于农业政策性金融机构而言，国家所有的所有权结构会提高其外部评级水平。2018 年，穆迪对南非土地和农业发展银行长期评级为Baa3 级，短期评级为 P－3。该行自身信用评级为 ba3 级，但由于其政府背景，穆迪对其评级上调至与南非国家债券评级相同的 Baa3 级①。

---

①　Moody's Investors Service，Rating Action：Land and Agricultural Development Bank Update following rating confirmation at Baa3；outlook stable，2018. https：//landbank. co. za/Credit% 20Rating% 20Documents/CO－Land－Bank－03－2018－PUBLISHED. pdf.

第九章 农业政策性金融机构的 外部关系

政策性金融的特殊性，决定了其与相关主体的特有关系。各国的农业政策性金融体制不同，与外部监管主体、中央银行、政府相关部门、相关金融机构的关系也不尽相同。各国农业政策性金融机构与相关主体、部门特有的联结关系，形成了相互之间的权力和责任结构，构成了特有的生态系统，决定了农业政策性金融机构支农目标的实现方式。

第一节 与政府部门的关系

作为以金融手段执行政府农业政策的特殊机构，农业政策性金融机构天然与政府具有密切联系。总的来看，政府通常不直接控制和干预其日常经营管理，更多的是指导与支持其发展。具体来看，两者的关系可从两个方面认识：一方面，政府以农业政策性金融机构所有者的身份，发起设立、参与治理与控制，并进行管理、监督、指导，同时，以资源配置者的身份对农业政策性金融机构予以支持，确保政策性目标的实现、政策性金融业务的有序开展；另一方面，农业政策性金融机构充当政府发展经济和进行宏观调控的有力工具，与财政手段合理分工、通力合作，推动政府农业发展战略、计划和农业政策有效实施。除此之外，政府部门还对农业政策性金融机构进行风险和业绩方面的监管。

一、政府设立、所有、参与治理与控制

农业政策性金融是一种专门的政府信贷机制，政府依据专门法律或相关法律出资设立农业政策性金融机构，并以所有者身份参与治理与控制，以体现政府促进农业发展的意志。

（一）法律关系：由政府依法设立

多数国家设立农业政策性金融机构都是法律先行，法律规定了农业政策性金融机构的基本性质、组织结构、经营目标和业务范围等。即使没有专门法律的国家，也会依据相关法律出台相关条例、办法等。农业政策性金融机构的调整，如相关组织间并购、名称更换、业务变更等，也往往以法律调整为基础。政府依法设立农业政策性金融机构。如美国商品信贷公司于1933年根据总统签署的6340号行政令成立。行政令对公司名称、董事会成员、股本来源都作出了具体规定。加拿大于1959年通过修改《农场信贷法案》，成立加拿大农业信贷公司，明确该公司为国有企业，由加拿大政府全资所有，并接替加拿大农业贷款委员会继续提供农业贷款①。马来西亚农业银行是根据1969年出台的《马来西亚农业银行法》成立的，并被定位为"参与农业部门融资的开发金融机构"。

（二）所有权关系：政府出资与拥有

农业政策性金融机构往往由政府出资设立并拥有所有权。随着农业政策性金融机构的发展，出于业务扩张需要，或者监管方面资本充足率的要求，政府会进一步增资，补充资本金。政府拥有农业政策性金融机构的全部所有者权益或作为主要股东控股，在一些国家普遍存在。

1. 大部分国家的政府拥有农业政策性金融机构全部股份。德国、俄罗斯、南非、印度和巴西等国家的农业政策性金融机构普遍由政府全资控股。德国农业土地抵押银行最初资本金是由德国农业和林业部门拨给的资金，并每年从未分配利润中转增资本。南非土地和农业发展银行是由南非政府全资控股的农业开发性银行②。印度农业与农村发展银行成立之初由印度储备银行（RBI）和印度政府分别持有75%和25%的股份，后政府占股比例逐渐增加；2018年3月31日，改为由政府全资持股③。

---

① DBRS. Issuer：Farm Credit Canada ［EB/OL］. ［2019 – 01 – 08］. https：//www.dbrs.com/issuers/3138.

② 资料来源：Land Bank 2017 Annual Financial Report.

③ National Bank for Agriculture and Rural Development Disclosures as per schedule I of revised guidelines for issue and listing of debt securities ［Z］. ［S. l. ：s. n.］, 2019.

2. 有些国家的农业政策性金融机构股权结构多元化，但是政府会控股。例如，加纳农业发展银行 2016 年 12 月在加纳股票交易所上市，上市后加纳政府持股 32.30%，是最大股东，散户投资者和加纳农发行内部员工持股 7.20%，其他股份由相关机构投资者所有。泰国农业与农业合作社银行由财政部代表政府持有 99.78% 的股份，其余很小部分比例由合作社与泰农行职工持股。

3. 有些国家的农业政策性金融机构，政府不拥有股份，但历史上曾经持有股份，或者由公益性很强且与政府关系密切的组织持有股份。有些国家的农业政策性金融机构比较特殊，政府并未持有这些金融机构的股份，但是这些金融机构却扮演着农业政策性金融机构的角色。这些金融机构或者在历史上是由政府出资设立，并且政府长期作为主要持股者；或者由公益性强的组织持股。如美国农场信贷系统创建于 1916 年，最初由美国政府出资设立，20 世纪 40～60 年代逐步归还政府资本，转变为合作社成员持股。法国农业信贷银行成立的早期，法国国会要求法国央行支付 4000 万法郎作为资本金。后来，政府股权不断被购买，银行开始私有化，并于 2001 年在股票市场上市。

（三）所有权关系：参与治理与控制

政府作为所有者参与农业政策性金融机构的治理、控制、指导和监督。总的来看，政府参与农业政策性金融机构治理的模式大致分为几种情形（见表 9 - 1）。

表 9 - 1　　　　　　　　农业政策性金融机构治理模式

董事会任命机构	某单一行政主管部门		议会、国会、国家首脑
	财政部	农业部	
治理部门	多部门/跨部门	单部门	多部门
代表性银行举例	墨西哥国家农业、农村、林业和渔业发展基金 泰国农业与农业合作社银行 南非土地和农业发展银行	美国商品信贷公司	美国农场信贷系统 日本政策性金融公库 印度农业与农村发展银行 俄罗斯农业银行

1. 国家政府（或首脑）或其他国家级机构任命董事长、董事会成员，构建多部门参与的治理结构。大部分国家的农业政策性金融机构，都是由国会、议会等机构任免董事长或主要责任人。多数情况下，董事会成员也由国会、议会、政府首脑等任免。通过构建多部门参与的治理组织，对农业政策性金融机构进行治理、监督。如美国农场信贷管理局董事会成员需经参议院提名并审议通过，由总统任命①；日本政策性金融机构主要官员的任免都由国家首脑确认；印度农业与农村发展银行董事长、行长等董事会成员都由印度政府任命；俄罗斯农业银行监事会主席由俄联邦政府任命的农业部部长担任。

这些国家的农业政策性金融机构，一般会采取多部门或跨部门参与的治理结构。如俄罗斯农业银行监事会成员由政府有关部门的负责人组成，监事会主席为俄联邦农业部部长，其他成员包括俄罗斯农业银行管理委员会主席兼 CEO、财政部部长助理、俄联邦农业中心主任、俄联邦资产基金会第一副主席、农业部财务司司长，以及俄联邦经济发展和贸易部部长助理②。

2. 农业主管部门任命高管人员，且依托农业部门对农业政策性金融机构进行治理。美国商品信贷公司即采取这种模式。美国商品信贷公司依据 1933 年 6340 号行政令，由 8 名成员组成董事会，成员包括农业部部长、2 名农业调整管理局人员、2 名农业信贷管理局人员、3 名金融复兴公司人员，农业部部长和农业信贷管理局局长共同行使有关权力。根据公司 2016 年年报，除农业部部长任董事长以外，董事会由 7 名成员③组成且均为美国农业部官员。

3. 财政主管部门任命高管人员，但采取多部门或跨部门的治理结构。墨西哥、泰国、南非的农业政策性金融机构即采用这种治理模式。墨西哥农业、农村、林业和渔业发展基金隶属财政与公共信贷（发展银行）部，其董事会由多个部门的人员构成，包括来自墨西哥财政部、农业部、农业和城市发展部、中央银行和农业保险公司的成员。南非土地和农业发展银

---

① FCA. Board［EB/OL］.［2019 - 01 - 08］. https：//www. fca. gov/about/fca - board.

② 资料来源：俄罗斯农业银行 2018 年年报。

③ 1967 年董事会成员为 6 名（不含董事长），在 2004 年章程法修订中改为 7 名（不含董事长）。

行实行董事会领导下的 CEO 负责制，董事会成员由财政部部长任命①，董事会成员单独和集体对财政部部长负责，但任期不得超过五年②。泰国农业与农业合作社银行的绝对控股股东是财政部，后者持有 99.78% 的股份。在泰农行董事会的任命和人员组成方面，财政部具有重要的话语权，董事长由泰国财政部部长兼任，副董事长和其余董事（不超过 16 名）由部长会议任命。

二、政府对农业政策性金融机构的支持政策

农业政策性金融机构一般都不以盈利为主要目的，但是各国的农业政策性金融机构又无一例外地实行企业化经营。在这种情况下，必须对农业政策性金融机构实行某些特殊政策，以增强其生存能力，这既是减轻财政负担，又是提高农业政策性金融机构履职发展积极性的一种措施③。在政府支持中，资金支持是最主要的组成部分。通常，政府财政部门为农业政策性金融机构拨付资本金，通过直接提供资金及政府担保等方式支持农业政策性金融机构的融资活动，并对农业政策性金融机构的利息损失进行补偿。概括起来，政府对农业政策性金融机构的支持，主要包括资本注入、融资支持、税收优惠、利息收入及风险损失补偿。

（一）资本注入与资本充足性支持政策

农业政策性金融机构的产生和可持续发展都需要政府的资本金支持作为有力保证，这种支持主要体现在两个方面：一方面，在农业政策性金融机构成立时为其提供注册资本。大多数农业政策性金融机构都是由政府控

---

① 自 2008 年 7 月 14 日起，南非土地和农业发展银行的管理部门由南非农业部转变为南非财政部。转移的具体权力和职责包括以下两方面：一方面是负责制定有关农业、土地改革和附带事项的政策，并有权指示南非土地和农业发展银行董事会对制定的与法律不符的政策作出改正；另一方面是有权任命董事会成员，任期由财政部长决定。实际上，南非土地和农业发展银行与南非农业部门关系密切，后者提供了大量的补助和支持，如在资金层面，南非土地和农业发展银行于 2012 年至 2016 年收到来自南非农业、土地改革和农村发展部的 1.5 亿兰特补助金，该笔资金用于补贴贷款利息和中介机构的运营费用，但此后该行未收到其他补助金。由于缺少持续性补助资金，该机制目前在财政上变得不可持续，已暂停发放新贷款。

② 资料来源：Land Bank 2017 Annual Financial Report：193.

③ 白钦先，徐爱田，王小兴. 各国农业政策性金融体制比较 [M]. 北京：中国金融出版社，2006.

股，并且由政府的资本注入而成立。另一方面，在农业政策性金融机构发展和经营的过程中进一步注入资本金。农业政策性金融机构在扩大规模和发展业务的过程中，对资本金的需求逐渐增加，往往需要政府持续注入资金，以保证其稳健发展，减少因资本充足率不足所导致的风险。

在世界各国，政府向农业政策性金融机构注入资本金、充实资本金的支持政策比较普遍。美国、日本、俄罗斯、印度、南非、墨西哥、泰国、土耳其、马来西亚、坦桑尼亚等国的农业政策性金融机构近年来都曾得到政府注资。例如，2008 年并入日本政策性金融公库后，农林渔业食品事业部的资本金由政府全额出资，出资额 3990 亿日元；印度政府在 2016 年、2017 年、2018 年分别为印度农业与农村发展银行注资 30 亿卢比、140 亿卢比和 388 亿卢比[①]；俄罗斯农业银行自成立以来不断得到政府的资本注入支持，资本金总量从成立之初的 3.7 亿卢布增长至 4839 亿卢布[②]。

（二）融资支持政策

由于农业强位弱质的本质，农业政策性金融机构需要对农业产业进行稳定、连贯的资金扶持，提供期限长、利率低，且条件较为宽松的贷款，并对农村棚户区改造、水利建设等投资大、周期长、收益低的项目进行投资，由于这种业务特征，相较于商业银行和其他政策性金融机构而言，在融资上面临更大困难。为此，各国政府普遍对农业政策性金融机构进行融资支持，包括直接融资支持和间接融资支持两种方式。

1. 直接融资支持。在世界各国，政府一般会对农业政策性金融机构进行直接融资支持，以有效推进其政策性业务的发展。例如，美国农场服务局和农村发展局均以财政资金为资金来源，并将财政资金以金融方式发放给客户使用；巴西开发银行目前的主要资金来源是国库资金；泰国政府通过预算安排、购买股本等方式，为泰国农业与农业合作社银行提供长期、稳定和低成本的资金来源；马来西亚农业银行实行双轨运行机制，政策性业务的资金完全由政府无息或低息供给，商业性业务所需资金则通过吸收公众存款等方式获得供给；南非农业、土地改革和农村发展部针对南非土

---

① 资料来源：印度农业与农村发展银行 2017 年、2018 年年报。
② 资料来源：俄罗斯农业银行 2018 年年报。

地和农业发展银行批发融资机制下的贷款业务，在 2012 年至 2016 年直接提供了 1.5 亿兰特的补助金①。

在直接融资支持方面，日本的财政投融资制度独具特色。财投资金是日本政府在一般财政资金的范围之外，以国家制度和国家信用进行集中，并以有偿方式加以运用的特殊财政资金，为农林渔业金融公库等政策性金融机构提供稳定的资金支持。

2. 间接融资支持。间接融资支持指政府通过提供担保的方式支持农业政策性金融机构的融资活动，帮助降低融资难度和融资成本，是各国政府普遍采用的一种支持方式（见表 9 - 2）。例如，在德国、韩国、美国、南非等很多国家，政府担保都为农业政策性金融机构的融资提供了重要保障。德国《农业土地抵押银行管理法》明确规定，土地抵押银行是公法机构②，德国政府为德国农业土地抵押银行所有债务提供担保，包括银行发放的贷款与发行的债券、签订的长期合约或期权、银行借款以及由银行担保的第

表 9 - 2　　　　　　政府为农业政策性金融机构提供融资担保情况

农业政策性金融机构	政府是否提供担保
德国农业土地抵押银行	是
加拿大农业信贷公司	是
韩国农协银行	是
印度农业与农村发展银行	是
巴基斯坦农业发展银行	是
越南社会政策银行	是
秘鲁国家开发银行	是
美国商品信贷公司	否
法国农业信贷银行（集团）	否
俄罗斯农业银行	否
加纳农业发展银行	否
坦桑尼亚农业发展银行	否

资料来源：根据各个农业政策性金融机构年报有关信息整理得出。

---

① 资料来源：Land Bank 2019 Integrated Annual Report.
② 资料来源：Governing Law of Landwirtschaftliche Rentenbank, Section 1.

三方信贷等①。韩国《农协法》第 156 条规定，农业合作社联盟可在注册资本的 20 倍以内发行由政府担保的农业信贷债券，通过金融市场筹措资金。

（三）税收优惠政策

为支持农业政策性金融机构的发展，政府都会实施一定的税收减免政策，税收优惠政策在世界范围被普遍采用，政府对农业政策性金融机构没有税收优惠的国家相对较少（见表 9-3）。如对作为联邦法人主体的美国商品信贷公司，规定其不用向联邦、州和地方缴纳所得税。美国农场信贷系统也享受税收减免政策，对不同的贷款所得，减免税政策不同，如对不动产贷款，免征企业所得税；对非不动产贷款，免征州和地方的企业所得税②。南非依法对南非土地和农业发展银行实施多方面的税收优惠政策。南

表 9-3　　　政府对农业政策性金融机构提供税收优惠的情况

农业政策性金融机构	政府是否提供税收优惠
德国农业土地抵押银行	是
日本政策性金融公库	是
法国农业信贷银行（集团）	是
南非土地和农业发展银行	是
墨西哥国家农业、农村、林业和渔业发展基金	是
印度农业与农村发展银行	是
加纳农业发展银行	是
巴基斯坦农业发展银行	是
越南社会政策银行	是
韩国农协银行	否
加拿大农业信贷公司	否
俄罗斯农业银行	否
秘鲁国家开发银行	否

资料来源：各国农业政策性金融机构的年报。

---

① 资料来源：Governing Law of Landwirtschaftliche Rentenbank，Section 1a.
② ELY B.［M］. Ely & Company，2006；BARRY P J，EllINGER N P Financial Management In Agriculture［M］. 1th ed. New Jersey：Pearson Prentice Hall，2012：317；Peter J. Barry，Paul N. Ellinger：（seventh edition）. Prentice Hall. 2010：317.

非《土地银行法》第41章明确指出，免除南非土地和农业发展银行在资本证券交易（如转让契据、抵押债券、公证证书等）过程中产生的注册、转让和取消费用，如印花税费等。印度农业与农村发展银行享有免交所得税、附加税以及收入、利润和收益方面的税收的权利，接受的捐赠款项也无须缴纳任何税费。

（四）利息收入补贴与风险损失补偿政策

政府对农业政策性金融机构的贷款业务提供成本和风险损失方面的补贴（见表9-4）。补贴类政策主要体现在两个方面：一方面，对政策性金融机构提供贷款的利息收入进行补贴。作为农业政策性金融机构，为了实现促进农业发展的政策目标，往往向特定贷款对象群体提供低息贷款，其利率甚至低于其融资成本。为使农业政策性金融机构能够达到盈亏平衡、维持财务可持续性，政府必须提供利息收入补贴。另一方面，政策性金融机构的贷款对象和客户群体，往往是风险较大、商业性金融机构不愿提供金融服务的弱势群体、弱势产业领域，会产生不同程度的亏损，政府往往对农业政策性金融机构提供一定的风险补偿，为其可持续经常提供保障。

表9-4　　　　　　　政府提供利息收入补贴和风险补偿情况

农业政策性金融机构	政府是否提供补贴
美国商品信贷公司	是
法国农业信贷银行（集团）	是
加拿大农业信贷公司	是
韩国农协银行	是
俄罗斯农业银行	是
南非土地和农业发展银行	是
印度农业与农村发展银行	是
泰国农业与农业合作社银行	是
越南社会政策银行	是
秘鲁国家开发银行	是

1. 贷款利息收入补贴。南非、俄罗斯、墨西哥、印度、泰国、越南、巴基斯坦等国均采取了此类政策，但具体的操作办法不尽相同。如俄罗斯农业银行可以根据自身需要选择短期优惠贷款和投资优惠贷款，以优惠利

率（每年不超过5%）向农业生产者和企业进行贷款[1]。而对于提供此类贷款可能出现的"利率倒挂"，将从联邦预算中获得补贴。

2. 风险损失补偿。美国、加拿大、越南、秘鲁等国都曾对农业政策性金融机构的亏损进行直接补偿。例如，美国联邦政府安排财政预算，补贴商品信贷公司等政府金融机构形成的亏损；农场信贷系统一旦发生危机，联邦政府也会出手救助，在20世纪80年代的农场信贷系统危机中，美国联邦政府曾提供数十亿美元的救助资金。

第二节　与其他金融机构的关系

在金融体系之中，农业政策性金融机构与商业性金融机构都是重要组成部分，服务国民经济的不同领域，二者的关系以补充与合作为主，也可能存在少部分竞争。同时，在政策性金融体系之中，农业政策性金融机构与其他政策性金融机构互为补充，分工协作，共同为政府政策的实施和社会经济的发展提供政策性金融支持。

一、与商业性金融机构的关系

理论上，农业政策性金融机构的成立目的是弥补商业性金融机构的不足，使国家的金融体系更加完善。农业政策性金融机构与商业性金融机构的功能定位比较明确，在业务范围上有着相对清晰的边界，二者的关系以引导补充为核心。在实践中，除了在商业性金融覆盖空白的偏远山区、牧区等由国家指定农业政策性金融替代商业性金融提供基础性金融服务外，农业政策性金融机构与商业性金融机构还具有合作关系，同时，由于业务交叉以及市场环境动态变化等现实原因，二者也产生一定竞争。无论如何，站在普惠金融的角度，都有利于增加和改善农业农村金融服务。

（一）引导补充关系

农业政策性金融机构与商业性金融机构最根本的关系是引导补充关系，农业政策性金融机构主要在金融支农领域弥补商业性金融机构的不足，并

---

[1]　资料来源：俄罗斯农业银行2018年年报。

为商业性金融机构开路架桥，创造条件。农业、农村和农民属于特殊行业、区域和群体，具有天然的弱质性。市场主体的趋利性容易导致农村金融市场供给不足。农业政策性银行发挥先导作用，先期介入支持商业性金融无力支持或不愿支持的领域、产业、客户，建设信用环境，弥补市场失灵，满足商业性金融有效边界之外的金融服务需求，解决农村市场金融供给不足问题。这是农业政策性金融机构的成立目的和经营宗旨。最典型的如《株式会社日本政策性金融公库法》第 1 条明确规定，日本政策性金融公库以发挥对一般金融机构的补充作用为宗旨。美国农场服务局向无法从传统融资渠道获得信贷服务的农场主提供周转贷款和农场所有权贷款。

（二）相互合作关系

农业政策性金融机构与商业性金融机构之间存在一定的合作关系。由于战略目标和实际经营需要，二者可以在产品、服务、市场、技术、融资等各个领域开展合作，互相借鉴经验，实现优势互补。例如，俄罗斯农业银行与商业银行等其他机构建立了共享自助取款机（ATM）网络，以提高合作双方在自助服务方面的覆盖范围[1]。加拿大农业信贷公司与加拿大商业发展银行等机构合作，支持加拿大农业综合企业和农副产品经营者进入国际市场，以解决共同关注的市场和政策问题。德国农业土地抵押银行与德国联邦各州的本地银行签订全球融资协议，以促进农村发展有关项目的实施。

在农业政策性金融机构与商业性金融机构的合作中，委托代理是最为普遍的合作方式之一。农业政策性金融机构通过商业性金融机构间接地将贷款贷给"最后借款人"，从而实现优势互补。一方面，商业性金融机构能够利用农业政策性金融机构的资金来源和政策优势，向符合政策条件的借款人提供低息贷款；另一方面，农业政策性金融机构可以利用商业性金融机构大量的客户信息及分支机构，扩大业务规模和经营范围。这种委托合作方式主要适用于单一型或只有少量分支机构的政策性金融机构，比较典型的有德国农业土地抵押银行、印度农业与农村发展银行、巴西开发银行、南非土地和农业发展银行等。

---

[1] 资料来源：俄罗斯农业银行 2018 年年报。

（三）适度竞争关系

理论上，农业政策性金融机构与商业性金融机构服务国民经济的不同领域，基本不存在竞争关系。但在实践中，由于涉农金融服务的特殊性，业务边界划分涉及区域、领域、产业、服务对象几个动态变化的维度，二者不可避免地存在适当交叉、适度竞争，但这种竞争有利于解决农村金融总体供给不足问题，与其他政策性金融和商业性金融竞争有着本质的区别。

1. 业务交叉重合。农业政策性金融机构与商业性金融机构的业务边界可能存在一定重合，这种交叉和重合更多是主动和故意的，其目的在于增加和改善农业农村金融供给。一方面，一些受政府支持的政策性农业信贷领域，可能会吸引商业银行的投资。例如，在俄罗斯优惠贷款机制框架内，授权银行向符合"国家农业综合企业发展计划"（以下简称发展计划）的贷款者提供优惠贷款，并从政府获得补贴，用于补偿损失。为推进发展计划，授权银行并不限于政策性银行。且由于能够获得补贴，商业银行同样有动力参与该计划，与农业政策性银行进行竞争。另一方面，在商业性业务领域，部分国家的农业政策性金融机构也可能参与。比较典型的是美国农场信贷系统。农场信贷系统承担服务农业农村的法定义务，在履行义务的前提下，也会涉足商业银行的部分业务，在业务范围上与商业银行产生交叉。

2. 投资对象的变化。农业政策性金融机构的客户经过发展之后，有可能满足商业性金融机构的贷款条件，成为商业性金融机构的潜在客户。理论上，政策性金融机构在政府支持的重点领域先行投资，待相关领域足够成熟且商业性金融机构有足够的投资意向之后，政策性金融机构应适时退出，转而扶持其他领域。但在现实情况下，某一领域的足够成熟并不意味着支持客户的发展壮大，优质客户也不代表所在领域的成熟。政策性金融机构既为保证产业发展，也为自身稳健经营、避免亏损，不可能随意解除与客户的信贷关系或频繁变更投资领域。反应时滞、退出障碍等客观原因以及在相关领域持续经营的现实需要，都导致农业政策性金融机构难以及时退出既有投资领域，从而与商业性金融机构在业务上产生部分重合，形成竞争关系。这种交叉与竞争是经济、金融、农业生产经营主体的周期性、阶段性、生命周期变化波动所引发的冲突，是一种被动的而非主动的交叉与竞争，有其存在的客观必然性。

3. 性质界定。为减轻财政负担、增强经营的稳定性和可持续性，部分农业政策性金融机构具有一定的商业性质，在政策性业务方面受到政府支持，在商业性业务上不享受政府特殊优惠，与其他商业性金融机构公平竞争。如俄罗斯农业银行兼具政策性和商业性特征；泰国农业与农业合作社银行在开展支农业务的同时，提供汇款、支票发行、房地产估价等多种其他业务；马来西亚农业银行实行双轨运行机制，政策性业务的资金完全由政府无息或低息供给，商业性业务所需资金则通过吸收公众存款等方式自行筹集。事实上，这在很大程度上正是政府通过政策性金融服务替代，填补落后地区农村商业性金融服务的不足甚至空白。

二、与其他政策性金融机构的关系

政策性金融机构一般由政府决定成立，在成立之初就被政府赋予了专门的使命和职能。因此，政策性金融机构的业务边界比较明晰，相互之间较少存在竞争关系，在业务范围上互为补充，服务社会经济的不同领域，同时也存在一定的合作关系，从而形成政策性金融服务政府政策和社会经济发展的合力，因而农业政策性金融机构与其他政策性金融机构主要是补充与协作关系。日本政府在第二次世界大战后为实施国家的产业政策和经济发展战略，按照不同领域，设立了包括农林渔业金融公库在内的"两行十库"12家政策性金融机构，不同的政策性金融机构之间存在共同使用资金总量和协调处理业务等关系，在特定的行业或领域各司其职，又协同合作，形成政策性金融的完整体系。

少数情况下，不同政策性金融机构之间的业务领域难以完全区分，存在一定重合，需要政府协调管理。例如，日本在第二次世界大战后经济恢复时期，农产品项目既涉及农业领域，又与进出口领域有关。对此，日本政府及时加以协调，从而避免不同领域的政策性金融机构之间产生冲突，保证业务有序开展。

第三节　外部监管

从监管主体和监管标准两个方面，可以看出国际上农业政策性金融机构的监管制度与监管特性。从外部监管主体来看，大致可分为两种类型：

单一机构监管和多机构监管。其中，单一机构监管又分为两类：一是由专门的监管机构监管，这种监管机构不同于该国其他类型银行（商业银行、储蓄银行、合作银行等）的监管机构，主要是保证对农业政策性金融机构监管的独立性、专业性、差异化；二是由该国监管所有信贷类机构（包括商业银行、储蓄银行、合作银行、政策性银行）的机构统一监管。从外部监管的标准体系来看，大致有两种类型：一种是按巴塞尔协议相关指标进行监管，农业政策性金融机构必须遵从巴塞尔协议相关要求；另一种是根据农业政策性金融机构特性，设定专门的指标体系和标准，而不完全按照巴塞尔协议要求进行监管。

一、监管部门

农业政策性金融机构监管部门在不同国家有差异，但是总的来讲，农业政策性金融机构的经营活动主要受中央银行、财政部门、农业部门监管，或由上述部门共同监管（见表9-5）。

表9-5　　　　部分国家农业政策性金融机构的监管部门

农业政策性金融机构 ＼ 监管部门	中央银行	财政部门	农业部门	其他部门（括号内为相关监管机构或组织）
美国商品信贷公司	○	○	○	
美国农场信贷系统	○			○（农场信贷管理局）
德国农业土地抵押银行	○	○	○	○（德国金融监管局）
法国农业信贷银行（集团）	○		○	○（法国金融稳定高级委员会、法国经济财政与公共会计部、法兰西银行、法国审慎监管与处置局、法国金融市场监管局、欧洲中央银行等）
加拿大农业信贷公司		○		○（加拿大议会）
韩国农协银行	○		○	○（韩国金融监督院、韩国农协）
俄罗斯农业银行	○	○	○	
南非土地和农业发展银行	○			○（发展金融体系理事会）
墨西哥国家农业、农村、林业和渔业发展基金				○（国家银行监督委员会）

续表

监管部门 农业政策性金融机构	中央银行	财政部门	农业部门	其他部门 （括号内为相关监管 机构或组织）
印度农业与农村发展银行	○			
泰国农业与农业合作社银行	○	○		
越南社会政策银行	○			○（越南人民委员会）
巴基斯坦农业发展银行	○	○		
秘鲁国家开发银行	○		○	
土耳其农业银行	○	○		
马来西亚农业银行	○	○	○	
加纳农业发展银行	○			
坦桑尼亚农业发展银行	○			
纳米比亚农业银行	○	○		

资料来源：各国农业政策性金融机构年报。

（一）中央银行是重要的监管部门

1. 大部分国家农业政策性金融机构都受中央银行监管。中央银行作为一国金融系统的核心，各金融机构与中央银行之间都会发生直接或间接的联系。但各国经济制度，经济发展阶段，政策性金融机构定位、目标、任务领域不同等原因，使农业政策性金融机构与中央银行的关系呈现出不一样的特点。

在大部分国家，中央银行对农业政策性金融机构进行直接管理，如德国农业土地抵押银行、印度农业与农村发展银行、巴基斯坦农业发展银行。在德国，德国联邦金融监管局和德意志联邦银行共同对德国农业土地抵押银行进行监督管理；印度储备银行受印度议会的委托，对印度农业与农村发展银行进行直接管理；巴基斯坦国家银行对巴基斯坦农业发展银行进行监督与管理。

在部分国家，中央银行一般不直接管理农业政策性金融机构，如美国合作银行、法国农业信贷集团、加拿大农业信贷公司。美国合作银行由联邦农业信贷委员会直接领导，而联邦农业信贷委员会则接受国会农业委员会的领导；法国农业信贷集团自身拥有财务自主权，也不接受法兰西银行的直接领导和管理；加拿大农业信贷公司接受农业部的领导，也不受中央银行的管理。但在这些国家，农业政策性金融机构一般会接受中央银行货币政策的调控及相关审慎性监管。

2. 中央银行对农业政策性金融机构的支持与监管。总的来讲，中央银行对农业政策性金融机构的支持和监管包括以下三个方面。

（1）监督管理。根据法律法规的规定，部分农业政策性金融机构仍然受到中央银行的监督与管理，如美国商品信贷公司、印度农业与农村发展银行、巴基斯坦农业发展银行、加纳农业发展银行、坦桑尼亚发展银行都接受中央银行的监督与管理。对农业政策性金融机构的人事安排就是一个很好的例证。为了方便协调与合作，受中央银行监管的农业政策性金融机构的董事会中一般都有中央银行的代表。例如，墨西哥国家农业、农村、林业和渔业发展基金的董事会中有中央银行的代表，巴基斯坦农业发展银行、坦桑尼亚发展银行的董事会人员组成要经过中央银行的批准。

（2）资金支持。中央银行向农业政策性金融机构提供再贴现、再贷款或专项基金，它们构成农业政策性金融机构的部分资金来源。在样本农业政策性金融机构中，接受中央银行资金支持的农业政策性金融机构主要包括法国农业信贷集团、巴基斯坦农业发展银行、越南社会政策银行、埃塞俄比亚发展银行以及加纳农业发展银行。

（3）缴纳准备金。为了应对风险的需要，按照规定，部分农业政策性金融机构还需要向中央银行缴纳准备金。如俄罗斯农业银行就属于这类农业政策性金融机构。

（二）大多数国家的农业政策性金融机构是多部门共同监管

总体来看，农业政策性金融机构往往被多个部门进行监管。除了央行或专门监管机构对农业政策性金融机构的审慎监管之外，政府财政部门、农业行政主管部门主要是从政策性金融机构支农绩效、农业发展影响、财务可持续等方面进行监测、考核。农业政策性金融机构的业务和职能往往涉及农业、金融、财政等多领域，因此往往需要不同部门相互配合，以实现有效的监管。事实上，作为金融机构，农业政策性金融机构受到中央银行监管是最为普遍的。有部分农业政策性金融机构受到财政部门和农业部门的监管。许多针对农业政策性金融机构的注资，或者税务优惠等举措都与财政部门相关，而农业政策性金融机构本身的目标便是服务农业与农村，因此和农业部门自然也会有紧密联系。所以，农业政策性金融机构也理所应当会受到农业部门和财政部门的监管。

1. 农业主管部门是农业政策性金融机构的重要监督管理主体之一。农业政策性金融机构作为政府出资或控股、以促进国家农业发展为目标的金融机构，与农业主管部门具有密切的关系，农业主管部门在农业政策性金融机构监督管理中也扮演重要角色。例如，德国农业土地抵押银行接受联邦食品和农业部的监督，联邦食品和农业部与财政部协商一致作出决策；加拿大农业信贷公司作为为农业生产者、食品经营和为农业提供投入或增值的农业综合企业提供贷款和其他服务的专门金融机构，按要求每年通过农业和农业食品部部长向议会提交报告。①

2. 许多国家的财政部门在农业政策性金融机构监督管理体系中扮演重要角色。在农业政策性金融机构的多部门监管体系中，财政部门往往是一个主要参与主体。财政部门与农业政策性金融机构具有"出资—代理"关系，因而，财政部门对农业政策性金融机构的业务、财务及资金使用情况进行监督考核，主要关注银行的财政资金使用情况是否符合规定。如美国商品信贷公司、加拿大农业信贷公司、日本农林渔业金融公库、俄罗斯农业银行、巴基斯坦农业发展银行、泰国农业与农业合作社银行等都受到财政部门监管。

3. 一些国家农业政策性金融机构接受专司金融监管的机构监管，有些国家还设有政策性金融机构的专门监督机构。

（1）金融监管机构。不同国家的金融监管体系不同，银行监管机构也有差异。在设有银行业监管专门机构的国家，政策性金融机构也受到专门的金融监管机构监管。例如，德国农业土地抵押银行要接受德国联邦金融监管局监管，具体是由德国联邦银行（Bundesbank）协助德国联邦金融监管局（BaFin）对德国土地抵押银行进行监管；日本政策性金融机构的日常监管由金融厅委托财务局负责代管；韩国农协银行要接受韩国金融监督院监管。

（2）综合性、跨部门的监管组织。有些国家为了协调和农业政策性金

---

① 资料来源于加拿大农场信贷公司官网 https：//www. fcc‑fac. ca/en/about‑fcc. html。

融机构有关的不同部门之间关系，形成权力制衡机制，会设立一些部门级别的协调组织。例如，有些国家要求农业政策性金融机构要向内阁、国会、议会等机构负责，这个层级的机构对农业政策性金融机构进行考核、监督。采用这种农业政策性金融机构监督和管理模式的国家有加拿大、南非、越南等。如加拿大农业信贷公司要通过农业主管部门向议会报告并接受监管；南非土地和农业发展银行要向内阁层面的发展金融体系理事会报告并接受监管；越南社会政策银行要向越南人民委员会报告并接受监管。

（3）其他类型的监管组织。有些国家如法国作为欧盟成员国，其农业政策性金融机构除了接受本国的中央银行、监管机构的监督管理之外，还要接受欧盟中央银行的监管。

4. 极少数国家的农业政策性金融机构是单部门监管。有少数国家，其农业政策性金融机构的监管部门比较单一。如印度农业与农村发展银行只受中央银行监管。因为其由中央银行和政府共同推动成立，后央行股份逐渐转移给政府，中央银行成为专司监管的机构。墨西哥农发行由政府出资设立，接受国家银行监督委员会的监督，按照其规章的规定开展业务，执行审慎性推测，接受其管理。

二、监管标准

农业政策性金融机构不同于一般的金融机构，有一些特定的政策性目标，因此往往不能单纯按照对商业性金融机构的监管标准进行监管。总体来说，可将农业政策性金融机构的监管标准分为风险方面的监管标准和绩效方面的监管标准两类。

（一）风险方面的监管标准：普遍参考巴塞尔协议

虽然各国农业政策性金融机构风险监管标准各有特点，细节和效果不尽相同，但总体上看，多数针对农业政策性金融机构的风险监管标准都参照了巴塞尔协议。巴塞尔协议自1988年出台之后，根据现实情况的变化进行了修订和改进。2007年，巴塞尔协议Ⅱ推行实施，对最低风险资本要求、资本充足率监管和内部评估过程的市场监管进行规定。国际金融危机发生之后，巴塞尔协议Ⅲ于2010年颁布推行，成为全球银行业最具有影响力的监管标准之一。各国农业政策性金融机构的风险监管标准，大致可分为三种类型：一是严格遵从巴塞尔协议Ⅲ标准；二是遵循巴塞尔协议的相关要求，但比巴塞尔协议Ⅲ的标准低，近年来逐渐向更严格的标准靠近；三是总体上未采纳巴塞尔协议标准，但是在本国农业政策性金融机构监管中，参照和使用了巴塞尔协议的某些指标。

1. 严格遵照巴塞尔协议Ⅲ标准对农业政策性金融机构进行风险监管。许多国家在银行监管中，要求农业政策性金融机构和一般的商业银行一样，都遵循巴塞尔协议①，比如法国农业信贷银行、韩国农协银行、俄罗斯农业银行、南非土地和农业发展银行、马来西亚农业银行、加纳农业发展银行、坦桑尼亚农业发展银行等。

2. 有些国家在农业政策性金融机构监管中，逐渐从低的巴塞尔协议标准向巴塞尔协议Ⅲ标准靠拢。相较于之前的巴塞尔协议，巴塞尔协议Ⅲ提高了资本充足率要求，严格资本扣除限制，扩大风险资产覆盖范围，引入杠杆率，加强流动性管理，提出了更高的风险防控方面的要求。这对遵循巴塞尔协议早期版本的一些发展中国家的农业政策性金融机构而言，是一个挑战。这些国家采取了渐进式方式，逐步从较低标准向高标准靠拢。例如，印度监管当局对印度农业与农村发展银行本来按照巴塞尔协议Ⅰ的监管要求进行监管，但印度农业与农村发展银行自愿遵守巴塞尔协议，并主动提高标准。为了符合巴塞尔协议Ⅲ的规范，2017—2018年，该行与毕马威合作，制订了"企业范围业务连续性管理计划"，建立了风险防控长效机制。

3. 总体上未遵循巴塞尔协议Ⅲ标准，但某些指标参照和遵从巴塞尔协议标准。有些国家不要求农业政策性金融机构遵循巴塞尔协议，但政策性金融机构会自愿参照和采用巴塞尔协议的某些监管标准规范自己的行为或衡量和控制风险。根据南非《土地银行法》②第2章规定，南非土地和农业发展银行不必计算资本充足率。为确保偿付能力和流动性所需的资本额，2017财年起该行自愿采取类似于巴塞尔协议的总资本充足率，并根据自身

---

① 应当指出，在广泛采用巴塞尔协议的同时，不少国家对农业政策性金融机构采取了相对灵活的监管标准，在资本充足率等指标上不设强制要求、降低要求或是在某些领域采取一定的豁免政策，从而减少资本金对银行资金规模的制约，使监管标准更能适应农业政策性金融机构的特殊性质。

② 资料来源：1990年第94号法案。

资金来源情况对计算方法进行调整。截至 2019 年 3 月底，南非土地和农业发展银行的资本充足率为 16.4%，超过该行 15% 的目标资本充足率。

（二）绩效方面的监管标准：注重对支农绩效与政策执行情况的考核

相较于一般的商业银行，农业政策性金融机构绩效方面的监管标准更加侧重于对支农绩效等方面的考核，强调农业政策性金融机构在国家农业发展战略实施方面发挥的作用。有部分国家强调农业政策性金融机构不以盈利为目的，因而不将盈利方面的指标纳入监管标准之中。例如，南非土地和农业发展银行、泰国农业与农业合作社银行等，即采用了这种考核模式。

第四节　法律基础

农业政策性金融机构的运营发展，离不开法律的规范与保障。除了遵循公司法、银行法等基本法律以外，还会受到各国政府的专门立法管理。政府依照专门法律成立农业政策性金融机构，并及时根据现实需要对法律内容进行修订。政府专门立法既对农业政策性金融机构的经营管理进行全面规范，保证经营活动有法可依、有序进行，又清晰界定其业务和权利等边界，厘清与商业性金融机构之间的区别与联系，为其经营管理提供了法律支持和保障，也为外部监管提供了法律依据。

一、专门立法

各国普遍对农业政策性金融机构进行专门立法（见表 9 - 6），"立法先行、一行一法"是其显著特点。成立农业政策性金融机构之前，一般先出台专门法律，然后再依法成立机构，明确其目的宗旨、功能定位、治理结构、业务范围与管理方式等内容。并且，有几个农业政策性金融机构，就有几部与之对应的法律进行规范，确保其从组建到运营管理都有法律依据和法律保障。

如美国 1916 年根据《农场信贷法》成立联邦土地抵押银行，1933 年根据总统签署的 6340 号行政令成立商品信贷公司，同年依据《联邦农作物保险公司法》成立了联邦农作物保险公司。日本政府在 1952 年制定《农林渔业金融公库法》，以法律的形式界定了公库的公司治理结构，2008 年又出台《株式会社日本政策性金融公库法》，成立"株式会社日本政策性金融公库"。印度政府于 1981 年通过《国家农业与农村发展银行法》，并于 1982 年以此法为基础成立印度农业与农村发展银行。墨西哥国会于 2002 年颁布《农村金融组织法》，并于 2003 年以该法案为依据，成立国家农业、农村、林业和渔业发展基金①。

表 9 – 6　　　　　　　农业政策性金融机构的法律基础统计

农业政策性金融机构名称	专门法律
美国商品信贷公司	《6340 号行政令》《商品信贷公司特拉华章程》《商品信贷公司章程法》
美国合作银行	《农场信贷法》
德国农业土地抵押银行	《农业土地抵押银行管理法》
法国农业信贷银行	1894 年 11 月通过的法案
加拿大农业信贷公司	《农场信贷法案》
日本政策性金融公库	《农林渔业金融公库法》《株式会社日本政策性金融公库法》
韩国农协银行	《农协法》
俄罗斯农业银行	总统法令
南非土地和农业发展银行	《土地银行法》
巴西国家开发银行	1628 号法令、5662 号法令
墨西哥国家农业、农村、林业和渔业发展基金	《农村金融组织法》
印度农业与农村发展银行	《国家农业与农村发展银行法》
泰国农业与农业合作社银行	《农业与农业合作社银行法案》
马来西亚农业银行	《农业银行法》

资料来源：根据各个农业政策性金融机构年报有关信息整理得出。

二、立法内容

各国的立法内容不尽相同，但基本都包括农业政策性金融机构的创立目的、法律属性、业务范围、支持政策、治理结构等主要部分。

---

① 资料来源：墨西哥农发行官网（https：//www. gob. mx）。

（一）创立目的

相关法律一般会在第一部分阐明成立农业政策性金融机构的根本目的，为农业政策性金融机构的建立和发展提供最基本的法律依据，并保证其经营始终聚焦主业。依照法律规定，农业政策性金融机构应从政府和社会公共利益角度出发，按政府政策意图在农业等特定领域开展投融资活动。如马来西亚《农业银行法》将马来西亚农业银行定位为"参与农业部门融资的开发性金融机构"。泰国《农业与农业合作银行法》指出，建立泰国农业与农业合作社银行是为了支持和发展本国农业。

（二）法律属性

大多数国家法律规定，农业政策性金融机构具有与商业银行一样的独立法律主体资格和平等的法律地位，但与商业银行在职能目标上存在本质区别。在部分国家，农业政策性金融机构并非一般意义上的法人机构。例如德国《农业土地抵押银行管理法》明确规定，德国土地抵押银行是公法机构[1]。以法律形式阐明农业政策性金融机构的特殊性质，有助于发挥农业政策性金融机构以金融手段支持政府政策的特殊优势。

（三）业务范围

各国立法通常对农业政策性金融机构的业务范围作出明确规定，并依照法律对其业务情况进行监管。例如，加拿大《农场信贷法案》规定，加拿大农业信贷公司应首要聚焦农业经营[2]。日本《政策性金融公库法》对于日本政策性金融公库可以从事的三类业务均有严格界定。组建俄罗斯农业银行的总统法令规定，俄罗斯农业银行的贷款中必须有 70% 投向农业领域[3]。对业务范围的明确规定，既对农业政策性金融机构的经营进行了规范，也为农业政策性业务的长期发展提供了基本保障。

---

[1]　资料来源：Governing Law of Landwirtschaftliche Rentenbank, Section 1.

[2]　资料来源：加拿大农业信贷公司 2018 年年报。

[3]　资料来源：根据 2005—2006 年中国农业发展银行致函国外政策性金融机构后收到的函复得知。

（四）支持政策

农业政策性金融机构的相当一部分信贷资金集中于期限较长、风险较高、回报率较低的农业及其他专门领域。获得充足的资金并控制资金成本，是农业政策性金融机构面临的一大挑战。因此，保证资金供应的低成本性和相对稳定性，是农业政策性金融机构有关立法的重要内容。各国政府一般会通过立法进行明确规定，使农业政策性金融机构能获得政府的信用担保、税收优惠和财政补贴等支持政策。例如，德国《农业土地抵押银行管理法》规定，德国政府为德国土地抵押银行所有债务提供担保；德国《公司税法》规定，对德国土地抵押银行免征公司税。韩国《农协法》第156条规定，农业合作社联盟可在注册资本的20倍以内发行由政府担保的农业信贷债券。

（五）治理结构

确定组织体制并明确法律责任，是农业政策性金融机构立法中的必要组成部分。农业政策性金融由于政策性、长期性、公共性等特点，在股权结构、治理架构、管理层的配置和设立等方面往往需要更强的政府管理、法律约束及法律保障。例如，日本《农林渔业金融公库法》以法律形式界定了公库的公司治理结构。俄罗斯联邦政府2004年第738号法令[1]规定，俄罗斯农业银行的股东大会权力由俄罗斯国有资产管理局代表俄罗斯联邦行使。南非《土地银行法》规定，南非土地和农业发展银行实行董事会领导下的CEO负责制，董事会由财政部部长任命，并向财政部部长负责[2]。

三、法律动态调整

随着社会经济环境的不断变化，为有效支持农业和农村地区的发展，各国立法机构根据现实情况对法律进行修订和调整。

---

[1] 资料来源：The Russian Federation Government Decree No. 738 dated December 03，2004：On Management of Federally Owned Shares in Joint Stock Companies and Exercise of the Special Right of the Russian Federation to Participate in Joint Stock Companies' Management（"Golden Share"）.

[2] 资料来源：Land Bank 2019 Integrated Annual Report.

（一）　法律调整有利于引导农业政策性金融机构及时适应环境变化，满足各时期的经济社会需要

根据经济环境变化进行法律调整，有助于引导农业政策性金融机构的发展方向，使农业政策性金融机构满足各阶段农业、农村的发展需求。美国的农业政策性金融立法随着本国的农业经营情况、经济发展阶段进行灵活调整，使农业政策性金融体制能适应农业农村发展状况，充分发挥政策性金融的作用，1916 年的《农场信贷法》，1923 年的《农业信贷法》，至今已经历大约 10 次修订和补充①。日本的政策性金融法律具有动态调整的传统。政府对政策性金融法律体系不断进行修订、补充和完善，以满足不同阶段的经济发展需要。

（二）　法律调整能够为农业政策性金融机构组织结构的完善与业务的发展提供法律依据，使其经营管理更加高效

农业政策性金融机构需要适时调整组织结构和业务范围等，以提升经营管理效率，实现长效发展，这类调整离不开法律的规范与保障。例如，法国农业信贷银行每次重大业务范围调整和改革都在法律规定下实施，在130 多年的发展历程中，法国政府颁布和修订了 9 次与农业信贷银行相关的法律法规②。巴西政府于 1971 年发布第 5662 号法令，将巴西开发银行由行政机构转型为国有公司，从而减少政府的行政干预，使银行的筹资和投资更加灵活③。泰国《农业与农业合作社银行法》于 1966 年立法，经过 1976年、1982 年、1999 年三次修改④，对泰国农业与农业合作社银行的目标、权力和业务范围进行调整，使银行的业务运作更加灵活高效。

---

① 白钦先，徐爱田，王小兴. 各国农业政策性金融体制比较［M］. 北京：中国金融出版社，2006.

② 法国农业信贷银行. 法国农业信贷银行致中国农业发展银行法国代表团报告［Z］.（2016.9.20，法国，巴黎）.

③ 资料来源：https：//www.bndes.gov.br/SiteBNDES/bndes/bndes＿en/Institucional/The＿BNDES/history.html。

④ 丁振京，李楠. 泰国的农业和农业合作社银行法［J］. 农业发展与金融，2004（12）：31－32.

第十章 农业政策性金融
发展的国际借鉴

农业政策性金融诞生已有近两百年的历史。许多国家先后建立了农业政策性金融制度，在支持本国农业农村经济社会发展过程中，走出了各具特色的发展道路，积累了丰富多彩的实践经验。本章尝试对各国农业政策性金融履职发展的经验教训进行梳理归纳，以期为社会各界提供参考借鉴。

第一节 各国普遍把
农业政策性金融作为国家农业支持
保护制度的重要组成部分

农业政策性金融作为基本的支农手段，在执行政府农业公共政策、实现国家战略目标、弥补市场失灵、实施逆周期调节等方面能够发挥显著作用，成为很多国家特别是大国农业支持保护政策的核心银行（体系）、执行农业政策的基础工具、促进农村乃至区域发展的重要金融力量。

一、农业政策性金融是解决农村金融供给不足的有效手段

农业政策性金融是一种普遍的存在，美国、德国、法国、加拿大、日本等发达国家，以及俄罗斯、印度、巴西、南非、墨西哥、泰国等发展中国家，均成立或曾经成立农业政策性金融机构。根据汉斯等（Hans Dieter

Seibel et al.）的研究成果[1]，综括世界各国成立农业政策性金融机构的初衷和功能作用，大致可归纳为以下情形：（1）解决农民资金短缺问题。初始的农业政策性金融机构多属于这种情况，且多以合作信贷机构形式出现。例如德国、法国在19世纪中后期建立的农村信用合作组织，美国在20世纪早期组建的农场信贷系统等。（2）为尽快摆脱经济金融危机、农业危机，或是战后恢复重建而设立。例如，美国在20世纪30年代为摆脱经济大萧条和农业危机建立了商品信贷公司。第二次世界大战结束后，为实现经济复兴和赶超战略，德国成立农业土地抵押银行，日本成立农林渔业金融公库。（3）为解决农业农村问题，推进农业现代化而成立。第二次世界大战后，许多发展中国家纷纷组建农业政策性金融机构，以加快农业现代化，实施赶超战略，缩小与发达国家之间的差距。

由此可见，无论哪种情形，几乎都可归因于市场经济条件下的农村金融供给不足。政府为了实现农村地区的某些战略性、阶段性的公共政策目标，需要借助政策性金融工具补充商业性金融的缺位和空白。贾康等（2010）认为，政策性金融机构在帮助处于特殊阶段的国家迅速恢复生产、重建经济中发挥了举足轻重的作用，并日渐成为一国金融体系中不可或缺的组成部分[2]。露娜—马丁内斯（Luna–Martinez，2012）研究发现，2007—2009年，调查样本中的政策性银行贷款增速达到36%，远高于同期商业银行10%的增速。大多数政策性银行发挥了逆周期调节作用，通过增加对私营企业的信贷供应，缓解国际金融危机中的信贷紧缩[3]。

国际经验表明，农业政策性金融机构在实现政府公共政策目标方面发挥着不可或缺的重要作用，世界各国特别是农业大国，普遍建立了农业政策性金融机构，并将其作为国家农业支持保护制度的核心之一和实施农业

---

① Hans Dieter Seibel 等的论文中，列出58个发展中国家的75家与农业有关的银行，我们把19家商业银行（commercial bank）以外的银行都算作政策性银行，其中包括39家农业发展银行（development bank）、9家顶级银行（apex bank，主要指批发银行）、1家小额信贷机构（microfinance institution）及7家其他金融机构。个别国家拥有2家及以上的农业政策性银行。SEIBEL H D, GIEHLER T, KARDUCK S. Reforming Agricultural Development Banks［Z］.［S. l.：s. n.］, 2005：17–23.

② 贾康等. 中国政策性金融向何处去［M］. 北京：中国经济出版社，2010：47.

③ 调查样本为来自61个国家的90家政策性银行（development banks, also called policy banks），其中专业的农业政策性银行占比最高，达到13%。LUNA–MARTINEZ J, VILENTE CL. Global Survey of Development Banks［Z］.［S. l.］：The World Bank, 2012：8.

农村政策的有效载体。

二、需要保留农业政策性金融机构并改革完善其职能

由于农业政策性金融机构盈利能力较弱，容易造成亏损并需要财政补贴，因此其是否应该继续运营、以何种方式运营、如何提高运营效率等问题，一直是引发关注和存在争议的话题。德国科隆大学汉斯·迪特·赛贝尔（Hans Dieter Seibel）教授在2000年①发表论文《农业发展银行：应该关闭还是改革?》②，基于泰国农业与农业合作社银行、印度尼西亚人民银行（Bank Rakyat Indonesia）进行案例分析，从多角度对农业政策性银行的存在意义和职能定位进行研究，认为只要经过合理改革，农业政策性银行是可以兼顾经营可持续性和农业农村支持作用的。露娜—马丁内斯等人认为，尽管政策性银行在20世纪八九十年代广受诟病，私有化趋势明显，但相当多的政策性银行始终在坚持运行，也有不少国家组建了新的政策性银行，这表明绝大部分国家仍把它作为促进经济增长的重要工具③。

由此可见，鲜有国家关闭政策性金融机构，更不要说关闭农业政策性银行了。相反，大多数国家的农业政策性银行在发展过程中，一方面，顺应时代要求，不断明确和调整职能定位，更加有效地执行政府政策，提高农村金融的普惠性和可获得性，引领、支持与配合商业性金融共同促进农村经济社会发展；另一方面，持续推进内外部改革创新，开展市场化运作以提高运营效率，财务绩效大幅改善，可持续发展能力明显增强。

第二节 把兼顾政策性目标与市场性
目标作为基本经营原则

农业政策性金融机构设立的初衷是实现政府在农业农村领域的公共政

---

① 21世纪前后，是世界范围内的政策性银行改革密集期，农业政策性银行也成为讨论的焦点，最后农业政策性银行改革与其他政策性银行银行出现分化。

② SEIBEL HD. Agricultural Development Banks：Close them or reform them?，[Z]. [S. l.]：Universität zu Köln, Arbeitsstelle für Entwicklungsländerforschung（AEF），Köln，2000.

③ Jose de Luna – Martinez, Carlos Leonardo Vicente. Global Survey of Development Banks, The World Bank，2012：6.

策目标，而不是追求利润最大化，落实政策要求并达到一定目标效果是其首要的经营目标。同时，作为一家金融机构和经营主体，必须有效控制风险，取得经济效益以维持自身可持续发展。由此决定，农业政策性金融机构在经营过程中，需要兼顾政策性目标与市场性目标[①]，偏废任何一方，都可能导致经营遭遇困难，甚至引致重大风险亏损事件而危及生存。

农业农村领域具有天然的弱质性特征，受自然和市场因素影响大，需要政策性金融发挥引导和扶持功能，为其让渡一部分利益。同时，农业政策性金融自身的性质决定了其很难像商业银行一样自主经营、自我循环[②]。如果不重视防控风险、提高运营效率，很容易导致经营风险甚至亏损，从而陷入依赖政府财政补贴的不良循环。特别是在发展早期，更容易出现偏重执行政策而忽视可持续发展的情况。如美国商品信贷公司、农场信贷系统，日本农林渔业金融公库，加拿大农业信贷公司等，都曾经由于亏损需要国家给予大额财政补贴，并由此引发关于政策性金融机构运行效率和去留问题的讨论和争议。

因此，各国农业政策性金融机构在实现政策性目标的基础上，开始逐渐重视市场性目标，采取了一系列改革调整措施：（1）遵循市场规律，借鉴商业银行经营管理经验，在资金筹措和运用等方面采取商业化运作模式，强化外部监管和内部约束，以此提高政策性金融机构的运营效率和经营绩效。（2）给予政策扶持，降低政策性金融机构的经营成本，包括提供低成本的资金来源、实行税收减免政策、给予补贴和贴息等。（3）允许兼营部分商业性业务，用商业性利润弥补政策性盈利能力不足的缺陷，如泰国农业与农业合作社银行、南非土地和农业发展银行等。（4）保持农业政策性金融机构财务可持续，并不排斥政府给予必要的资助和救助，一旦出现重大危机，政府会出面干预和救助。（5）少数国家推行商业化转型，或实施兼并重组、收缩规模，以商业银行模式覆盖全部政策性业务需求。法国农

---

①　贾康等认为：与商业性金融机构不同，政策性金融机构不是单纯地追求利润最大化，政策性金融机构可持续发展依赖于政策性目标和市场性目标的协调共存，首先要保证政府既定政策目标的实现，在此基础上，还要保证自身财务的可持续。参见贾康等. 中国政策性金融向何处去［M］. 北京：中国经济出版社，2010：50. 我们认为，作为一家金融机构，市场性目标不仅包括财务可持续，"安全性、流动性"等也应包括在内。

②　国家开发银行，中国人民大学课题组. 开发性金融论纲［M］. 北京：中国人民大学出版社，2006：345.

业信贷银行、韩国农协银行等实施了商业化转型；日本农林渔业金融公库并入政策性金融公库。

经过改革调整，农业政策性金融机构运营效率、经济效益以及安全稳定性均得到明显提升，可持续发展能力明显增强。从掌握的数据看，绝大部分农业政策性金融机构都能实现盈利或保持财务平衡。保持财务可持续应该作为农业政策性金融机构的基本要求。

第三节　业务范围随农业农村
形势及政策变化进行动态调整

农业政策性金融业务范围由法定或政府指定，与一国农业农村发展阶段和国家有关政策目标密切相关。无论是发达国家还是发展中国家，不同时期的农业农村形势不同，发展战略和农业政策目标也存在很大差异。由此决定，各国农业政策性银行业务范围既不相同，也非一成不变，而是跟随国家战略目标、农业农村发展态势及金融需求相应进行调整。

总体而言，伴随农业政策转型和农村区域发展需求增加（如乡村重建、可持续发展等），多数农业政策性金融机构的业务范围呈现拓展扩张趋势，逐步由农业领域拓展至农村建设领域，再由农村建设领域拓展至生态环保和可持续发展领域，甚至拓展至农业保险领域。比如德国农业土地抵押银行[1]，业务从农业基础设施建设和农产品生产加工，拓展至农村土地集中、乡村重建升级、扩大农场规模和资助青年农民创业等领域，再到后来覆盖农业和农村发展各个领域，包括可再生能源利用、水资源利用、环境保护、森林生态管理、乡村旅游、农业科技创新等。美国农场信贷系统根据1994年的《农村信贷和发展法》，增加了关于农场住房、基础设施和农业企业贷款等产品。

成立初期，各国农业政策性金融普遍以信贷产品为主，受农业政策转型、农村金融需求多样化、国际贸易规则变化等因素影响，服务手段更加丰富，金融产品逐步拓展到投资、金融租赁、保险、咨询顾问等业务领域，呈现出混业经营和全能银行发展趋势。美国农场信贷系统由信贷产品逐步

---

[1]　参阅本书第五章"农业政策性金融的产品、服务与发展逻辑"。

扩展至金融租赁、农业保险、基金、网上银行和现金管理等金融产品。加拿大农业信贷公司的业务领域逐步拓展至贷款、创投、保险以及相关农业培训、软件服务等领域。法国农业信贷银行通过收购兼并和设立子公司扩张业务范围，从传统的信贷领域延伸至股权投资、保险、资产管理、消费者信贷、批发业务、国际业务等领域。无论是服务领域扩张，还是金融产品品种增加，都是为了迎合一国发展战略和农业农村形势所需，进一步强化农业政策性金融功能，对促进农业农村发展发挥更大作用。

20世纪后期，伴随经济全球化以及贸易冲突增加，国际贸易规则对各国农业政策乃至农业政策性金融机构的业务发展带来重大影响。世界贸易组织规则鼓励成员使用不容易造成价格扭曲、费用不转嫁给消费者的"绿箱"政策，尽量避免使用对农产品价格进行直接干预和补贴的"黄箱"政策。许多国家的农业政策开始由价格支持、农业补贴转向农业环境补贴、收入保险计划等间接支持措施，由此也导致农业政策性金融机构的金融产品随之发生变化。通过农业保险方式支持和保护农业有可能成为今后一个时期的发展趋势。以美国为例，伴随美国农业政策由价格支持转向收入支持，再由收入支持转向收入保险支持，商品信贷公司取消了农产品目标价格和价格差额补贴，相继探索推出"环境保护计划""收入支持计划""灾害援助计划"等新产品，价格损失保障、农业风险保障和农业灾害援助等成为其当前的主要产品。同时，美国联邦农作物保险公司在20世纪末退出农业保险直接业务，把主要职能转向监督管理，负责制定农业保险的统一条款、厘定费率，发放联邦政府对农场主的保费补贴和对私营保险公司的管理费补贴，开展对私营保险公司的再保险业务，农业保险授权私营保险公司进行经营。

第四节　政府必要的政策支持
是不可或缺的履职发展条件

农业政策性金融机构承担着大量公共职能，重点支持商业金融有效边界之外应由财政予以扶持的项目，其盈利能力较弱，风险相对较大，加上不追求超额利润以弥补风险，可持续发展能力不足，离不开政府必要的支持。因此，各国普遍对农业政策性金融机构给予政策支持，既包括税收优惠、补充资本、提供资金来源、给予财政补贴和风险补偿等直接支持政策，也包括差别化监管、法律保障、特许经营政策等间接支持政策。这些政策，分别从降低经营成本、利益补偿或风险补偿等角度出发，弥补农业政策性金融机构在执行公共政策过程中的利益损失或盈利能力不足，确保其正常运转和履行职能。

各国政府通过税收优惠，降低农业政策性金融机构经营成本，改善财务收支状况，增加贷款回报以提高盈利水平。以美国农场信贷系统为例，波特·伊利（Bert Ely，2006）[①] 研究表明，依据 2005 年至 2006 年上半年的财务报表，农场信贷系统总计免除 8.5 亿美元所得税，其中包含 7.25 亿美元不动产贷款所得税和 1.25 亿美元动产贷款所得税，相当于每美元的不动产贷款和动产贷款分别增加了 1.18% 和 0.24% 的收益。

通过补充资本金、提供资金来源，对筹资给予国家信用支持，旨在适应农业政策性金融机构扩张业务和安全稳定运营需要，增强执行政策能力，降低融资成本，扩大支农惠农范围，提高风险防控水平和盈利能力。

给予财政贴息，包括利息补贴和风险及亏损补贴，建立亏损与风险补偿机制，其核心目的在于降低农业政策性金融机构贷款利息以实现优惠支农，补贴经营亏损以应对重大风险事件，保证其渡过难关，虽非常态，却是面对普发性灾难时必不可少的救助举措。美国农场信贷系统在 20 世纪 80 年代发生信用危机时，联邦政府发行 12.6 亿美元债券实施救助。

第五节　实行有别于商业银行的差异化监管政策

由于农业政策性金融制度的特殊性，加上经济金融制度存在的差异，各国对农业政策性银行的监督管理制度也表现出与商业银行很大的不同。

一、监管主体的多元化差异

农业政策性银行作为银行体系的组成部分，通常会接受中央银行及金融监管部门的监督指导。德国农业土地抵押银行、法国农业信贷银行、俄

---

① ELY B. ［M］. Ely & Company，2006：13 – 14.

罗斯农业银行、巴西开发银行、印度农业与农村发展银行、泰国农业与农业合作社银行等都接受本国中央银行或金融监管部门的监管。不同的是，鉴于国家出资、执行农业政策等特殊性，其普遍接受财政部门、农业部门等政府部门监管，或由专门设立的监管机构进行监管。例如，美国商品信贷公司和农场服务局隶属农业部，由农业部进行监督管理；美国农场信贷系统由农场信贷管理局进行监管，这与商业银行接受美联储监管有很大区别。日本农林渔业金融公库由财务省（原大藏省）下设的金融厅，或政府有关产业部门参与监管，不同于商业银行由日本央行管理。德国农业土地抵押银行除接受联邦金融监管局和联邦银行监管以外，还接受联邦食品和农业部与财政部的协同监督。

由此可见，与商业银行主要接受中央银行或金融监管机构监管的单一监管不同，农业政策性银行属于多机构监管模式，额外受政府出资部门和相关职能部门的监管，这是由其政策性特征所决定的。多机构监管的目的，在于确保农业政策性金融机构有效履行公共职能，实现政府既定的农业公共政策目标。

二、监管内容的多样化差异

各国对农业政策性金融机构普遍采取有别于商业银行的差异化监管考核政策。一般参照巴塞尔协议对资本和风险情况进行监管，根据政策性职能履行情况对业务进行监管，根据财务状况对运营绩效进行监督检查，监管指标和监管要求也不同于商业银行。

大多数国家农业政策性金融机构需要遵循巴塞尔协议，比如美国合作银行、法国农业信贷银行、韩国农协银行、俄罗斯农业银行、印度农业与农村发展银行、马来西亚农业银行、加纳农业发展银行、坦桑尼亚农业发展银行等。同时，一些国家对农业政策性金融机构采取了相对灵活的监管标准，对资本充足率等指标不作强制性要求，或是降低要求，如日本政策性金融公库、巴西开发银行、南非土地和农业发展银行均没有强制要求遵守巴塞尔协议。许多农业政策性金融机构非常重视补充资本，资本充足率普遍高于巴塞尔协议规定的最低标准。近两年，美国农场信贷系统、德国农业土地抵押银行、加拿大农业信贷公司、印度农业与农村发展银行、南非土地和农业发展银行的资本充足率分别达到 16.8%、31.2%、16.1%、

18.85% 和 16.4% 。

农业政策性金融机构绩效评估指标也与商业银行有所区别，一般更加注重政策落实情况，更加注重社会效益和运行的安全稳定性。南非土地和农业发展银行有一套独立的评分标准，主要考虑对农业发展的影响、利息收益、金融可持续性、人才培养、训练、风险管理等一系列因素，与一般商业银行有很大的不同。

第六节　更加强调和重视风险管控

防控风险是金融业永恒的主题，农业政策性金融也不例外。支持领域、服务对象和运营管理等方面的特殊性，决定了农业政策性金融机构往往面临更多风险种类和更高风险概率。农业政策性金融机构成立初期，一般更强调政策目标而往往忽视防控风险，在经历风险危机事件和发生亏损之后，开始重视风险防控，甚至构建了比商业银行更为健全完善的风险防控体系，以保证其安全稳健运营。

一、加强外部监管

通过外部监管部门对农业政策性金融机构的经营活动进行监督管理，借助评价系统对主要风险指标进行监测评估，及时提出改进措施，并给予必要的支持。许多国家实施多机构监管，参照执行巴塞尔协议监管要求，如美国、韩国、俄罗斯、印度、泰国、土耳其、马来西亚等，采取多种措施为农业政策性金融机构补充资本，以提高其风险承受能力。

二、强化内部风险管控能力建设

农业政策性金融机构的主要风险，包括政策风险、信用风险、市场风险、流动性风险、利率风险、操作风险、合规风险等，与商业银行风险表现形态并无不同。各国农业政策性金融机构在执行政策的基础上，普遍采取市场化运作，积极借鉴和引入商业银行风险管理模式和技术手段，积极实行全面风险管理，建立完整的风险管理体系和风险防控制度，如建立"风险管理委员会＋风险管理部门＋风险执行部门"的风险管理组织体系；采用包括土地抵押、仓单质押在内的抵（质）押和担保手段，如美国、德国、印度、泰国等农业政策性金融机构发放的土地抵押贷款，美国商品信贷公司以仓单质押方式发放的无追索权贷款；运用信息科技、评价体系等先进技术手段监测、识别、处置和降低有关风险，大力弘扬和培育风险文化，有效防范和化解各类风险，做到风险总体可控。

三、建立风险补偿或缓释机制

美国农场信贷系统多维度、立体化的风险防控体系值得借鉴。20世纪80年代，农场信贷系统发生信用危机，政府采取了一系列补救措施：（1）建立风险基金。成立由联邦政府控制的农场信贷系统保险公司，财政部拨付种子资金，系统银行按一定比例缴纳保费，共同形成保险基金，以支付系统银行发行的债券本金和利息，防范流动性风险，保护债券投资者利益。系统银行之间还通过联保措施，承担其他银行的债务偿付责任。（2）通过二级市场缓释风险。成立联邦农业抵押公司，通过信用风险保护产品，帮助贷款人提前收回资金，降低信贷风险。（3）建立政府风险补偿机制。联邦政府曾临时成立金融救助公司，发行债券对其实施救助。这些多维度、立体化的风险防控措施，大大提升了美国农场信贷系统的风险防控能力。2008年国际金融危机期间，大量商业银行以及房地美、房利美等政策性金融机构相继遭受重创，而美国农场信贷系统则经受住了危机考验，不良率并没有大幅上升。

第七节　合理界定与政府、其他金融机构的关系

总的原则是，农业政策性金融机构对经济活动的介入不能是取代市场机制的选择，而是为加强和促进市场选择创造条件，提供更能兼顾社会效益和经济效益的资源配置方式，更好地满足"三农"金融服务需求。国际上，农业政策性银行与政府、其他金融机构之间的关系大多都有明确界定。

一、合理界定与政府之间的关系

农业政策性金融机构大多由政府出资成立，在界定的业务范围内，拥有经营自主权，政府一般不直接干预其具体经营管理，但会立法明确其功

能定位、权利义务、业务边界、资金来源等内容，任用政府机构人员参加法人治理结构，参与经营决策和监督管理，制定需要农业政策性金融机构贯彻执行的公共政策目标，并通过特殊的制度安排对其给予必要的支持。农业政策性金融机构则依法自主经营，执行政府农业政策，接受政府监督管理，完成既定公共政策目标。

二、合理界定与商业银行之间的关系

一般来说，农业政策性金融机构与商业银行之间有着相对清晰的功能定位和业务边界。各国也从立法层面清晰界定二者的业务范围，努力避免发生交叉重叠；从业务模式上加强合作互补、减少竞争。商业银行供给不足的领域，或者无法从商业银行获取融资的服务对象，由农业政策性金融机构提供金融服务；许多农业政策性金融机构批发贷款或转贷款，委托商业性金融机构提供涉农信贷服务，形成互补与合作关系。委托贷款、担保贷款成为各国农业政策性金融机构普遍采用的贷款方式，也是其与商业银行开展合作、避免竞争的良好选择。例如，德国农业土地抵押银行与商业银行之间的委托贷款就树立了良好的合作范例，前者发挥资金优势，后者发挥机构网点、贷款审查、专业人员等特长，共同支持德国乃至欧盟农业农村发展。

在国际实践中，两者之间往往存在业务交叉、竞争现象。一种情况是，在涉农金融供给严重不足的特定区域领域、特定时段，农业政策性金融服务很大程度上是对商业性金融服务的替代，即填补空白与供给敞口，两者的关系仅仅是名义上的业务交叉、重叠甚至竞争；随着农业产业发展、周期改善、市场逐渐成熟，商业性金融具备支持条件时，政策性金融应当选择退出；而当政策性金融机构迫于财务可持续压力不愿放弃自身培养支持起来的优良客户没有退出或退出不及时，就会形成业务交叉与竞争[①]。这种交叉与竞争并不是故意或主动的，而是经济金融或农业的周期性、阶段性变化波动所引发的职能转换的冲突。另一种情况是，两类机构之间的交叉和竞争是故意和主动的。在涉农金融服务短缺的欠发达的农业

---

① 比较有代表性的是，美国涉农商业银行普遍把农场信贷系统视为不公平竞争对手，加拿大农业信贷公司被质疑对其他市场主体有挤出效应等。

比重较大的国家，政府通常允许政策性金融与商业性金融服务适当交叉、适度竞争，以改善和增加涉农金融服务，这也是设立农业政策性金融机构的主要目的；在政策性金融机构商业化的国家，发达的农业农村使金融服务的界限变得模糊，往往由政策性金融机构提供各类涉农金融服务，不再作严格的政策性与非政策性区分，当然，非金融性的财政支持已经不再是问题。

三、政策性金融机构之间业务边界清晰

由于各政策性金融机构的功能定位不同，各自的服务对象、业务范围都有清晰界定，尤其是农业政策性金融在所有政策性金融领域又是弱质性最强、地位最重要、不确定性最大的，除非国家有明确的支持要求，其他政策性金融一般不会主动介入。因此，农业政策性金融与其他政策性金融鲜有功能与业务交叉，很少存在竞争，基本都是互补与合作关系。例如，美国农民家计局[①]与联邦小企业署各有分工，借款者经济地位不佳，贷款额度小，由农民家计局承担；而经济地位得以改善，贷款额度提高后，则由联邦小企业署承担[②]。无法从农场信贷系统获得信贷服务的才能向农场服务局申请贷款，农场服务局也委托农场信贷系统发放贷款并为之提供担保。

第八节　市场化筹资大大拓宽了
农业政策性金融的功能空间

农业政策性金融早期大多以国家财政资金、央行借款为主要资金来源。资金来源完全依靠国家，一方面，融资成本相对低廉，稳定性强，有利于有效履行支农职责；另一方面，容易吃国家的"大锅饭"，降低经营核算意识，导致资金使用效率低下，更重要的是无疑会加重财政负担、影响央行货币发行的自主性，因而资金规模会受到严格限制，进而限制业务规模扩张，弱化支农能力，丧失发展机遇。

[①] 目前，农民家计局的相关职能已移交美国农场服务局。

[②] 贾康等．中国农业政策性金融向何处去［M］．北京：中国经济出版社，2010：203．

市场化筹资渠道主要包括在国内外发行债券，吸收包括财政、客户和居民储蓄在内的各类存款，同业资金拆借，国际金融组织或国外金融机构借款等。随着货币市场、债券市场、资本市场逐步发展完善，农业政策性金融有了更多可供选择的市场化渠道，纷纷开始尝试并逐渐倚重市场化筹资，资金来源也更趋多元化。

市场化筹资更加贴近市场，有严格的筹资条件和还款约束，有助于摆脱对国家资金的路径依赖，为社会资本进入某些公共领域、准公共领域以及市场供给不足领域开辟了新渠道，事实上是依托国家信用，引导社会资本进入不愿意直接投资的领域，将政策性金融的引导和调节功能拓展至负债端。同时，将商业化运作机制引入筹资领域，能够倒逼政策性金融机构加强资产负债匹配管理，提高资金配置效率，改善经营管理和可持续发展能力，还能够解决融资来源单一而导致其业务开展受限问题，提高其经营自主性，为其实施业务扩张、发挥更大职能作用拓展空间、提供可能。

第九节　通过立法对农业政策性
金融机构进行约束和保护

立法是农业政策性金融机构规范运行的基石。无论是发达国家还是发展中国家，普遍对农业政策性金融机构进行立法，基本都是立法先行、一行一法。几乎每家农业政策性金融机构都有专门立法，对组建机构的目的宗旨、职能定位、法人治理结构、业务经营范围、资金来源等方面作出明确规定，既是规范农业政策性金融机构运营管理的法律依据，也是确保其依法经营、可持续发展的有力保障。通过立法还能清晰界定农业政策性金融机构与政府机构、商业银行等的外部关系，明确其业务边界和职能作用，同时为外部监管提供了法律依据。

随着经济社会发展和农业农村形势变化，农业政策性金融机构功能作用也需要随之调整，无论实行改革重组，还是扩大变更业务经营范围等，基本都是先修订立法，从法律立场对改革变动内容予以明确，再推动实施，确保有法可依。可以看到，农业政策性金融机构长期存在、稳健发展的国家，立法修订频率相对也是比较高的。

第十节　构建兼顾公司规范运作
与政策执行的法人治理结构

法人治理结构是现代企业制度的核心，也是企业科学管理和高效运营的基础。除了政府部门下属的政策性金融机构外，大部分农业政策性银行均实行公司制，普遍建立了较为完善的法人治理结构，包括董事会、高级管理层和监事会，按照法定职责，实现相互之间的监督与制约，提高科学化管理水平。董事会普遍下设执行委员会、审计委员会、薪酬委员会等专业委员会，还有的设立业务委员会、风险管理委员会等更为专业细分的委员会。

政府作为农业政策性金融机构的出资人或资助者，普遍通过任命董事会成员等方式参与公司治理。大多数农业政策性金融机构的董事会主席、董事会成员由政府官员担任或者任命。如美国、德国、加拿大、日本、印度、泰国、巴西、俄罗斯、南非等国，政府直接控制农业政策性金融机构主要人事任免权，许多农业政策性金融机构由政府首脑或政府部门（农业部等）官员担任董事长，而且董事成员中包括农业、财政等相关部门的行政官员。这种政府委派董事、相关部门官员担任董事的独特管理方式，有利于执行政府公共政策，保证公共政策目标的实现。

下篇　国别研究

第十一章 美国农业政策性金融体系

第一节 美国农业政策性金融体系综述

美国的农业政策性金融体系非常健全完善，既包括政府经营管理的金融机构，又包括政府资助的合作性金融机构，承担着执行农业政策、促进农业农村发展、保护农民利益等职能，支持手段包括贷款、担保、保险、补贴等方式，以尽可能满足不同区域各领域和阶层群体的金融需求，对促进美国农村经济社会发展发挥了至关重要的作用。

一、美国农业政策性金融体系的发展演变

回顾美国农业政策性金融一百余年的发展历程，不难发现其中隐含着一条"农业农村形势及金融需求发生变化→调整农业政策及相应法案→创建或改革金融机构"的演变逻辑主线。结合不同时期农业政策性金融机构发展的特点，大体可将整个演变历程划分为四个阶段。

（一）初创期（1916—1933 年）：成立合作性质的农场信贷系统

20 世纪初期，美国农业快速发展，特别是在第一次世界大战期间，欧洲对农产品进口需求旺盛，促使农场主开垦土地、购买设备扩大生产，由此引发了大量借贷资金需求。当时，农场主借款主要依靠商业银行和私人借贷机构，贷款期限短、利息高，存在"贷款难、贷款贵"等问题。为改善这种状况，在考察借鉴欧洲特别是德国的合作性农场信贷系统的基础上，美国政府开始着手构建农场信贷系统（Farm Credit System，FCS），在全美

范围内相继建立了三类合作性银行及其贷款协会，通过"政府资助 + 农民合作"的金融服务方式满足农村贷款需求。

1916 年 7 月，威尔逊总统签署了《联邦农场信贷法》（*Federal Farm Loan Act*，以下简称《农场信贷法》），授权成立联邦农场信贷委员会、联邦土地银行和国家农场贷款协会。该法案将全美划分为 12 个信贷区，每个区成立 1 个联邦土地银行（Federal Land Bank，FLB），为农民提供长期不动产抵押贷款。每个联邦土地银行的初始资本为 75 万美元，以美国财政部购买联邦土地银行股票的方式提供。[①] 截至 1917 年 11 月 30 日，美国组建了1835 个农场贷款协会，大约 18000 个农场主总计获得了 3000 万美元贷款。到 1919 年，全美建立了 4000 多家农场贷款协会。[②]

第一次世界大战结束后，欧洲农产品进口需求减少，美国国内农产品严重过剩、价格暴跌，大批农场主陷入财务危机，急需中短期的信贷资金支持。1923 年 3 月，新修订的《农场信贷法》[③] 授权在联邦土地银行所在城市成立 12 个联邦中期信贷银行（Federal Intermediate Credit Banks，FICBs），该银行不直接提供信贷服务，而是为农业合作社、商业银行和其他借贷机构提供 6 个月至 3 年期的信贷资金支持。[④] 每个中期信贷银行资本金 500 万美元，由美国政府拨付。[⑤]

20 世纪 30 年代，经济大萧条导致美国农产品价格急剧下跌、大批农场主破产，同期有超过 9000 家农村地区小银行破产。为进一步解决农民贷款短缺问题，1933 年 6 月，《农场信贷法》授权成立 12 个合作社银行（Banks for Cooperatives，BCs）、12 个生产信贷公司（Production Credit Corporations）、1 个中央合作社银行（Central Bank for Cooperative）和若干生产信用协会。

① BARRY P J, ELLINGER P N. Financial Management in Agriculture ［M］. 7th ed. New Jersey：Pearson Prentice Hall，2012.

② Farm Credit Administration. History of FCA ［EB/OL］. （2019 – 12 – 03） ［2019 – 12 – 19］. https：//www. fca. gov/about/history – of – fca.

③ 法案名称为 *Agricultural Credits Act of 1923*，包括后面提到的 *Agricultural of Credits Act of 1987*，是对《农场信贷法》的修订补充，我们统一称之为《农场信贷法》。

④ BARRY P J, ELLINGER N P. Financial Management in Agriculture ［M］. 7th ed. New Jersey：Pearson Prentice Hall，2012：312；Farm Credit Administration, History of FCA ［EB/OL］. （2019 – 12 – 03）［2019 – 12 – 19］. https：//www. fca. gov/about/history – of – fca；杜楠，吕翔，朱晓禧，等. 美国农业现代化历程及其对中国的启示研究 ［M］. 北京：中国农业科学技术出版社，2017：28.

⑤ *Agricultural Credits Act of 1923*，sec 205.

合作社银行专门向农民合作社提供季节性和定期贷款；生产信贷公司可以贴现中期信贷银行的贷款或者直接向其借款，从而为农场主提供中短期贷款。[1]

为有效解决不断出现的各类农业问题，美国政府先后成立了三类合作性银行，服务领域各有侧重，针对不同的贷款对象、贷款用途发放长期和中短期贷款，尽可能满足农业生产经营者的各种融资需求，在全美范围内形成了较为完善的农场信贷系统。表面上看，农场信贷系统属于合作金融范畴，但由于是美国联邦政府主导设立的，由联邦政府提供初始资本金，且在融资和税收等方面都给予大力支持，担负某些公共性职能，因此合作性银行的政策性金融特征非常明显。美国政府将其归类为最早的政府资助企业（Government – Sponsored Enterprise，GSE[2]），国内外学术界普遍将其划归政策性金融范畴。

（二）兴盛期（1933—1984 年）：成立政府金融机构，与农场信贷系统形成支农合力

20 世纪 30 年代，经济大萧条和沙尘暴[3]的叠加效应使美国农业遭受重创，迫使美国联邦政府采取了一系列直接干预措施。1933 年罗斯福新政时期颁布的《农业调整法》，首次提出农业种植面积削减计划和农产品价格支持政策，被视为美国农业政策由自由放任转向国家干预的标志。

1. 成立政府金融机构（Government – Financing Agency）[4]。联邦政府相

---

① BARRY P J, ELLINGER N P. Financial Management in Agriculture [M]. 7th ed. New Jersey：Pearson Prentice Hall, 2012：312；Farm Credit Act of 1933.

② GSE 通常是联邦政府特许经营的私营企业，旨在面向全国为某个特定经济领域提供信贷服务。每个联邦援助公司都有其公共或社会目的。当市场方式不能满足某些需求时，例如填补信贷缺口或加强贷款市场竞争，通常会建立联邦援助公司，以克服纯粹私营市场供给带来的弊端。农场信贷系统是历史最悠久的金融类联邦援助公司。详见 2017 Annual Report of Farm Credit System：60。

③ 由于农民大量砍伐森林、开垦土地，到 20 世纪 30 年代，美国南部干旱地区的水土流失已非常严重，大量地表土壤被风吹向空中形成沙尘暴天气。1932 年、1933 年分别记录了 14 场、38 场沙尘暴，1934 年约 1 亿英亩耕地丧失了大部分表面土壤，1935 年 4 月出现了持续数周的沙尘暴天气。沙尘暴不仅带来了严重的空气污染，还使农业生产无法持续，沙尘暴地区农民的基本食物需求都难以保证。详见 https：//livinghistoryfarm.org/farminginthe30s/water_02.html。

④ 在查阅文献过程中，还发现有 Government Financial Agency 和 Government Financial Institution 等称谓。

继出台《农业调整法》《联邦农作物保险法》等法案，先后成立了由联邦政府出资并由农业部管理的商品信贷公司（Commodity Credit Company，CCC）、农民家计局（Farmers Home Administration，FmHA）、农村电气化局（Rural Electrification Administration，REA）、联邦农作物保险公司（Federal Crop Insurance Corporation，FCIC）等政府金融机构，为难以从商业性和合作性金融机构获得支持的客户提供金融服务，改善农业生产、农村设施和农民生活状况。政府直接出资并运营管理，是这一时期成立的政策性金融机构的显著特点。其中，农民家计局被视为农民弱势群体的"最后依靠"（Last Resort）。

（1）成立商品信贷公司。1933年10月，联邦政府出资300万美元成立商品信贷公司，主要为农产品的生产、销售、储备提供财政补贴和借贷服务，稳定、支持和保护农场收入和农产品价格，保持食品、饲料和纤维等农产品的充足供给、有序分配和供需平衡。

（2）成立农民家计局。农民家计局成立于1946年，但其前身移民安置管理局和农民安全管理局成立较早，着重于保障农民的生产生活正常进行。1933年5月，美国农业部成立移民安置管理局（Resettlement Administration，RA），设有农村重建、农村移民、土地利用和城郊移民四个部门，主要任务是转移沙尘暴地区的难民，为他们在加利福尼亚地区建立救济营。原计划把40万平方公里资源枯竭、土地贫瘠地区的65万城郊和农村人口迁出，但在大农场主和国会大多数反对下，最终仅有数千人迁出并建设了几个绿地城市。[1] 1937年9月，移民安置管理局被农场安全管理局（Farm Security Administration，FSA）取代。该局致力于消除农村贫困，把贫困农户集中到大农场从事集体劳动，利用现代耕种技术提高劳动效率。这种发展集体农业的做法同样招致了批评反对，该局业务继而转向帮助农民购买土地、修建住房。[2]

1946年8月，农民家计局在专门立法授权下成立，向难以从商业银行获得贷款的借款人发放直接贷款和担保贷款，重点帮助佃户获得自己的耕地，援助刚起步的青年农民、小农、贫困农民、退伍军人和受灾企业，成

---

① Resettlement Administration［DB/OL］．［2019 – 12 – 23］．https：//en. wikipedia. org/wiki/Resettlement _ Administration.

② 同注①。

为这些弱势群体的"最后依靠"。①

（3）成立农村电气化管理局。20 世纪 30 年代，美国农村地区供电状况落后于欧洲，如 1934 年美国农场通电率不到 11%，而同期法国和德国的农场通电率接近 90%。1935 年 5 月，农村电气化管理局成立，向农村合作组织提供贷款，支持农村电力系统加快建设。在该局支持下，全美农村电力系统有了明显改观：1937 年全国建立起数百个新的市政电力设施；1939 年，288000 户家庭由农村电力合作社供电，大多获得了该局的贷款支持；1942 年近 50% 的农场通电，1952 年几乎所有农场通电。由于贡献突出，该局被认为是罗斯福新政时期最成功的计划之一。1949 年，由于农村电力建设接近尾声，该局被授权向农村电话合作社提供贷款。②

（4）成立联邦农作物保险公司。1938 年，《联邦农作物保险法》授权成立联邦农作物保险公司，该公司归属农业部管理并作为其机构之一。联邦农作物保险公司正式成立后，负责管理联邦农作物保险计划，为美国农民和农业实体提供农作物保险保护。但保险计划在这一时期的推行并不顺利，参保率很低，甚至一度陷入收缩和停顿状态。

2. 农场信贷系统逐步实施私有化，业务得到快速发展。20 世纪 40 年代，农场信贷系统发起了归还政府资本投资的运动，联邦土地银行于 1947 年还清政府启动资本金。1953 年，《农场信贷法》将农场信贷系统从农业部分离出来。1968 年，农场信贷系统将所有联邦资本偿清，完全由客户和持股人拥有。③ 1971 年《农场信贷法》放宽了对农场信贷系统贷款范围限制，将业务范围扩大至农村住房抵押贷款、农村电力和电话合作社融资以及租赁业务，进一步加大对农业生产的支持力度，特别是将农场不动产贷款上限由土地普通农业价值的 65% 提高至土地市场现值的 85%，促使不动产贷款稳定增长。④ 1971 年到 1980 年，美联储推行低利率政策，农场信贷系统

---

① ROSENFELD R. Farmers Home Administration Act（1946）［DB/OL］．［2019－12－23］．https：//www. encyclopedia. com.

② Rural Electrification Administration［DB/OL］．［2019－12－23］．https：//en. wikipedia. org/wiki/Rural_Utilities_Service#Rural_Electrification_Administration.

③ 详见 https：//www. cobank. com/corporate/history；https：//www. fca. gov/template－fca/about/2018fcatimeline. pdf；https：//farmcredit. com/timeline/。

④ BARRY P J, ELLINGER N P. Fianancial Management in Agriculture［M］. 7th ed. New Jersey：Pearson Prentice Hall, 2012：312.

的利率水平没能真实反映筹资成本，借贷利率很低，导致农地贷款大幅增加，农场信贷系统的贷款规模翻了两番，刺激土地价格几乎翻了一番。①1980 年的《农场信贷法》授权合作社中央银行为农业出口提供融资。②

这一时期，正是美国农业现代化加快发展的时期。为帮助美国经济走出大萧条、改善农业生产和农民生活状况，美联邦政府成立了多家政府金融机构，通过政策性金融手段直接干预农村经济社会发展，这几家机构分别侧重于为农业生产、农民生产生活和农村基础设施建设提供融资服务。政府金融机构与合作性金融、商业金融分工合作，尽可能满足农村金融服务需求，同时美联邦政府大幅拓宽农场信贷系统的业务范围。这些举措进一步加大了农业政策性金融支持力度，有效提高了农村金融服务的可获得性，为推进美国农业农村现代化提供了有力支撑。

（三）整合期（1985—1996 年）：农场信贷系统遭遇危机而推行改革、实施兼并重组，机构数量大幅减少，政府金融机构重新整合

20 世纪 70 年代，美国农产品出口异常繁荣，以致出现了高产量与高价格并存的罕见现象，从而刺激农民大量借贷和扩大再生产。但到了 80 年代初期，美联储货币政策由宽松转为紧缩，导致实际利率居高不下，美元被严重高估，给农产品出口带来很大冲击；叠加当时限制农产品对苏联出口③，导致农产品价格、农地价格大幅下降，背负大额债务的农场主难以盈利，无法按期偿还贷款。据统计，1985 年美国农场债务约达 2100 亿美元（约 800 亿美元债务由农场信贷系统持有），其中约三分之二的农场主债务率水平过高④，大量农场主破产。1987 年，12 个农业信贷区中有 6 个区的不良资产超过其总资产的 10%，国会被迫动用税收救助农场信贷系统及其债权人。⑤

1. 改革重组农场信贷系统。1985 年，农场信贷系统贷款规模约 698 亿

---

① ELY B. The Farm Credit System: Lending Anywhere But on the Farm [M]. Ely & Company, 2006: 6.

② 详见 https://www.cobank.com/corporate/history。

③ 苏联 1979 年出兵阿富汗，美国对苏联实施粮食出口禁运指令。

④ The Farm Credit System Crisis, March 25, 1985: 2.

⑤ 同注①。

美元，当年贷款损失高达 27 亿美元，创造了美国金融机构有史以来单一年度损失的最高纪录。[①] 由于不良贷款大幅攀升，许多系统银行及其协会经营困难，农场信贷系统不得不向联邦政府寻求援助。美国国会就此先后多次举行听证会讨论援助方案，并于 1985 年、1987 年对《农场信贷法》进行修订，以帮助农场信贷系统渡过难关。其中，1987 年修订法案提出了一系列改革措施，包括改革农场信贷管理局、整合系统银行、成立信贷系统金融援助公司、保险公司等，对农场信贷系统实施了较为全面深入的改革。

（1）重构农场信贷管理局加强监管。将之从农场信贷管理系统中分离出来，赋予其与其他联邦金融监管机构相同的权力，对农场信贷系统相关机构进行监管，宣传安全稳健的银行运作模式，及时纠正违规行为。

（2）成立金融救助公司实施救助。1988 年，联邦政府依法创建了金融救助公司（Financial Assistance Corporation，FAC），该公司属于农场信贷系统机构之一，专门为陷入财务困境的系统机构提供资金支持。1987 年《农场信贷法》规定，在美国财政部担保下，由金融救助公司发行总计不超过 40 亿美元（分 28 亿美元、12 亿美元两批）的 15 年期债券，向农场信贷系统提供救助，通过购买遇到财务困难机构的优先股向该机构注入资金。关于债券利息，前五年由金融救助公司支付；中间五年由金融救助公司和农场信贷系统机构各支付一半；后五年由农场信贷系统支付。债券到期后，农场信贷系统机构应偿还债券的所有本息。[②] 1992 年 12 月 31 日以前，金融救助公司向农场信贷系统提供了大约 12.6 亿美元的援助资金，帮助农场信贷系统度过危机。2005 年 6 月，金融救助公司还清了债务，并于同年 9 月接受了最终审计。2006 年 12 月 31 日，在完成法定使命，且确认遵守法律法规、安全稳健运营之后，农场信贷管理局宣布取消金融救助公司。

（3）成立系统保险公司保障投资人安全。为保护债券投资者利益、及时支付系统发行的债券本金和利息，联邦政府依据 1987 年《农场信贷法》成立了农场信贷系统保险公司（The Farm Credit System Insurance Corporation，FCSIC，以下简称系统保险公司）。系统保险公司是一家由联邦政府控

---

① 详见 https：//www. fca. gov/template – fca/about/2018fcatimeline. pdf。

② *The Agricultural Credit Act of 1987*，Sec 6. 20 – 6. 29.

制的独立实体，负责运营和管理农场信贷保险基金，尽可能减少基金损失，一旦农场信贷系统发生危机，能够及时兑付债券本息，确保农场信贷系统安全稳定运行。

（4）兼并整合系统银行和信贷协会。20世纪80年代初，农场信贷系统由37家银行和1000多家信贷协会组成。依据1987年《农场信贷法》，美联邦对系统银行及其协会进行了大规模兼并重组，系统银行和协会数量大幅减少。1988年5月20日，位于杰克逊市的联邦土地银行破产清算，同年7月6日，12个农业中期信贷银行（FICBs）中的11个与各自所属信贷区域的联邦土地银行（FLB）合并，形成了农场信贷银行（Farm Credit Banks，FCBs），其中包括得克萨斯农场信贷银行（FCB of Texas）。剩余的1个位于杰克逊市的中期信贷银行，与哥伦比亚信贷区的农业信贷银行合并，自1993年10月1日起更名为第一农业信贷银行（AgFirst Farm Credit Bank）。[①]1989年，11家合作社银行（BCs）合并为合作银行（Central Bank for Cooperatives，Cobank），另外2家位于马萨诸塞州和明尼苏达州的合作社银行仍作为独立实体运营，这两家机构分别于1995年、1999年合并入合作银行（Cobank）。[②] 1992年，位于圣路易斯和圣保罗的农业信贷银行合并成农业银行（AgriBank）。

农场信贷系统下属的信贷协会也进行了大规模兼并重组，逐步将一些生产信贷协会（PCAs）和联邦土地银行协会（FLBAs）合并为农业信贷协会（Agricultural Credit Associations，ACAs），余下的联邦土地银行协会更名为联邦土地信贷协会（Federal Land Credit Associations，FLCAs）。协会数量一再减少，由1985年近900个，减至1987年不足400个，1991年减为约300个，1998年减为200个，2006年减为95个，2015年减为80个。[③]

2. 重组政府金融机构。根据1994年《农业部重组法》（*Department of Agriculture Reorganization Act*），联邦政府将农民家计局、联邦农作物保险公司、农业稳定和保护服务局（Agricultural Stabilization and Conservation Serv-

---

① Farm Credit System［OB/OL］.［2019－12－23］. https：//en. wikipedia. org/wiki/Farm _ Credit _ System#1980s _ Agricultural _ crisis.

② https：//www. cobank. com/corporate/history；An ananlysis of the cost efficiency in the farm credit system for direct lending association：112.

③ MONKE J. Farm Credit System［R］. CRS Report for Congress，2005：5.

ice，ASCS）等机构合并为农场服务局（Farm Service Agency，FSA），主要提供农场信贷、环境保护、农产品运作等服务。商品信贷公司划归农场服务局管理。同期还成立农村发展局（Rural Development，RD），将农民家计局中的农村住房、社区设施、废水垃圾处理以及农村商业等职能，以及农村电气化管理局的职能划归农村发展局，主要为农村社区设施项目、住房项目、水和废弃物处理项目、商业项目等提供融资服务。原来的农民家计局、农村电气化管理局逐步撤销。[①]

3. 成立联邦农业抵押公司。依据 1987 年《农场信贷法》，联邦农业抵押公司（Federal Agricultural Mortgage Corporation，Farmer Mac）于 1988 年成立，这是一家政府资助企业（GSE），也是一家农场信贷系统机构，但财务保持独立，不承担任何农场信贷系统机构的债务。联邦农业抵押公司营造了一个农业信用二级市场，放贷机构可以在此出售不动产贷款（农地抵押贷款），联邦农业抵押公司将不动产贷款打包发行相应的债券，并承诺向投资者支付债券本息，这等于联邦农业抵押公司购买了不动产贷款并为之提供担保，使放贷机构及时获得流动性支持，从而丰富农业和农村社区资金融通渠道，降低资金成本，提高运营效率。

4. 联邦农作物保险公司业务拓展。1980 年修订的《联邦农作物保险法》结束了美国历史上长达 42 年的政府单独经营农业保险的历史。[②] 联邦农作物保险公司除自身经营保险业务以外，允许私营保险公司销售联邦农作物保险，并代表政府对私营保险公司的经营管理费用和损失给予补贴，提供再保险服务，保费收入在两者之间分配。在私营保险公司帮助下，保险计划取得明显成效，参保率从 20 世纪 80 年代初的不足 20% 增长至 1996 年的 44%。

经过这一时期的改革重组，农业政策性金融体系的机构数量大幅减少，但机构的安全性、稳定性有所提高，运行效率得到很大提升，机构职能也更加适应农业农村发展需要，为未来可持续发展奠定了基础。

---

① 农民家计局 2006 年最终停止运作。

② 张团图. 美国农业保险制度演进研究［D］. 沈阳：辽宁大学学位论文，2011：60.

（四）转型期（1996 年至今）：机构职能呈现市场化改革趋向，减少政府直接干预，突出农业保险功能

20 世纪 90 年代，美国财政负担沉重，国内要求减少农业补贴的呼声越来越高。同时，在贸易自由化背景下，美国政府在乌拉圭回合谈判中签署协议，承诺修正农业政策、削减农业补贴。1996 年通过的《联邦农业完善和改革法》，提出逐步减少直至取消农产品价格和收入补贴，让农场主参与市场自由竞争，标志着农业政策向市场化改革迈出了实质性步伐。在这种形势下，农业政策性金融机构的职能及业务发展呈现出运用市场化手段进行农业干预的趋向。

1. 政府金融机构减少政府直接干预。农场服务局、商品信贷公司执行《联邦农业完善和改革法》有关规定，业务发展呈现"由价格支持转向收入支持，再由直接收入支持转向收入保险支持"的特点，取消了农产品目标价格和价格差额补贴，收入支持也逐渐转为价格损失保障（PLC）和农业风险保障（ARC），灾害援助计划和环境保护计划的支付额度大幅增加。

2. 农场信贷系统业务范围进一步拓展。农场信贷系统银行和协会继续合并重组，数量不断减少，但业务范围和业务规模均得到拓展。基于《1994 年农村信贷和发展法案》（*Rural Credit and Development Act of 1994*），以及 1996 年国会研究服务中心关于农业信贷问题的公报，人们开始讨论扩大农场信贷系统的权限，增加农村住房、基础设施和农业企业贷款产品，并对农村发展局进行股权投资。[①] 农场信贷系统的业务范围几乎拓展到了所有涉农金融领域，甚至被允许投资"农业和农村社区债券"，而此债券实质上是借助其他方式向企业和社区提供贷款，其中一些企业和社区根本不满足贷款条件，此举被认为是农场信贷系统绕过监管进入其他领域的手段。商业银行普遍认为农场信贷系统没有很好地履行公共职能，而是更倾向于支持规模大、信用高的客户，对于年轻、小微客户的支持比较消极，且与商业银行之间存在不公平竞争。

3. 联邦农作物保险公司转变为政府监管机构，将保险业务授权给私营

---

① Proposals to Change Farm Credit System and Commercial Bank Authorities：91.

保险公司运营。根据 1996 年通过的《联邦农业完善和改革法》，联邦农作物保险公司从农场服务局中独立出来，更名为风险管理局（Risk Management Agency），退出农业保险直接业务，遴选并授权私有保险公司经营联邦农作物保险。相关保险公司在风险管理局监管下自主经营、自负盈亏、自担责任，联邦政府给予再保险、直接财政补贴、税收优惠等支持，鼓励其开展农业保险业务，保证私营保险公司的盈利机会。美国农业保险进入了政府监管、市场运营阶段，保险种类不断丰富，参保率不断提高。

二、美国农业政策性金融体系的地位和作用

美国涉农的政策性金融机构主要包括政府金融机构和政府资助企业两大类别。其中，政府金融机构主要指由美国政府出资成立并运营管理，以某些金融手段为农业、农村和农民提供服务的机构，既包括商品信贷公司、农民家计局、农村电气化管理局、农场服务局、农村发展局、联邦农作物保险公司等专门支农机构，也包括小企业署（SBA）等跨行业服务机构。政府资助企业通常是联邦政府特许经营的私营企业，享受政府资助或税收减免等扶持政策，承担某些公共职能，为某些特定领域提供优惠的金融服务，既包括农场信贷系统、联邦农业抵押公司等专门支农企业，也包括联邦家庭贷款银行系统（FHLBs）、房地美（Freddie Mac）、房利美（Fannie Mae）等经营涉农业务的企业。以上两类政策性金融机构，加上商业银行、储贷机构、私人借贷和人寿保险公司等商业性金融机构，共同构成覆盖全美的农村金融服务体系，为农业、农村和农民提供全方位的金融服务。由于小企业署、联邦家庭贷款银行系统、房地美、房利美等不属于专门支农的政策性金融机构，本书没有将其列入农业政策性金融体系。

农业政策性金融在整个美国农村金融体系中占据重要地位。从农业信贷总量看，2018 年农业信贷规模 4020 亿美元，其中农场信贷系统、农场服务局、联邦农业抵押公司 3 家政策性金融机构的信贷规模达到 1834 亿美元，占比 45.6%。从贷款品种看（见表 11 – 1、图 11 – 1、图 11 – 2），上述 3 家政策性金融机构的不动产贷款规模达到 1261 亿美元，占整个不动产贷款总额的 51.3%，超过了商业银行、人寿保险公司等商业性金融机构，其中农场信贷系统 20 世纪 70 年代中期就成为最大的不动产贷款发放机构；农场信贷系统和农场服务局非不动产贷款规模为 573 亿美元，占比 36.7%，低于

商业性金融机构。

表 11 - 1　　　　　　　　2012—2018 年美国农业金融数据　　　单位：十亿美元

	2012	2013	2014	2015	2016	2017	2018
农业债务总计	297.5	315.3	345.2	356.9	374.1	393.4	402.0
不动产贷款	173.3	185.2	196.8	208.9	225.9	236.2	245.7
农场信贷系统	80.3	85.3	88.8	96.7	103.7	107.2	113.0
农场服务局	3.7	3.7	4.3	4.9	5.9	6.0	6.6
联邦农业抵押公司	3.8	4.5	4.7	4.8	5.5	6.2	6.5
商业银行	64.6	68.9	73.3	79.2	84.4	88.4	92.8
人寿保险公司	11.5	12.0	12.4	12.5	13.2	15.0	15.9
个人及其他信贷机构	8.7	10.1	12.5	10.0	12.5	12.6	9.9
储备设施贷款	0.7	0.7	0.8	0.8	0.7	0.8	0.8
非不动产贷款	124.2	130.1	148.4	148.0	148.2	154.2	156.3
农场信贷系统	42.7	44.0	47.9	48.3	49.4	51.2	53.4
农场服务局	3.4	2.8	3.6	3.7	3.8	4.0	3.9
商业银行	59.9	63.7	70.7	73.2	73.2	73.3	74.9
个人及其他信贷机构	18.2	19.6	26.2	22.8	21.8	25.8	24.2

资料来源：www. ers. usda. gov.

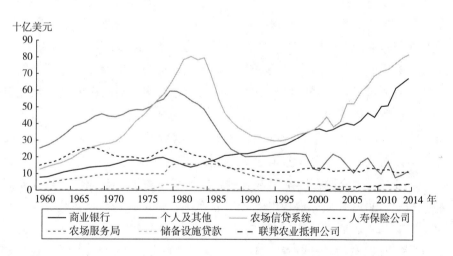

资料来源：PATRICK K, KUHNS R. Trends in Farm Sector Debt Vary by Type of Debt and Lender [J]. Amber Waves：The Economics of Food, Farming, Natural Resources, and Rural America, 2016 (6)：1.

图 11 - 1　金融机构的农场不动产贷款占比

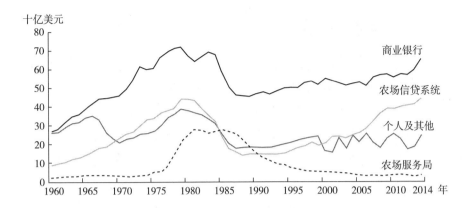

资料来源：PATRICK K, KUHNS R. Trends in Farm Sector Debt Vary by Type of Debt and Lender［J］. Amber Waves: The Economics of Food, Farming, Natural Resources, and Rural America, 2016（6）：1.

图 11 - 2　金融机构的非不动产贷款占比

综观农业政策性金融体系的职能演变历程，可将其主要作用概括如下：

（一）实现政府公共政策意图

农业政策性金融机构是为了解决经济问题、农业问题，实现某些调控意图或特定政策目标而设立的，是政府实施宏观调控的工具。例如，农场信贷系统是为了解决第一次世界大战前后的农业问题、缓解农村金融供给不足、落实《农场信贷法》而成立的。商品信贷公司是为了保护美国农产品生产和供应、稳定农民收入、执行《农业调整法》而成立的，被称为政府实施农业干预政策的重要金融工具（Primary Financing Arm）。农村电气化管理局是为了完善农村电力设施而建立的。

（二）发挥反周期调节作用

越是经济萧条或是农业出现问题时，越需要政策性金融机构发挥作用。Calum G. Turvey（2018）研究表明，在农业发生危机的年份，农场信贷系统和农场服务局的贷款明显增加，而且是以稳定和较低的利率提供贷款，承担着反周期贷款的角色（Countercyclical Lending Role）。[1]

---

① TURVEY C, IFFT J E, CARDUNER A. The historical relationship between the U. S. Farm Credit System, Farm Service Agency and Commercial Bank lending［Z］. Washington, D. C.：2018 Annual Meeting, Agricultural and Applied Economics Association, 2018.

（三）发挥市场补充作用

农业、农村和农民属于特殊的行业、区域和群体，具有天然的弱质性。市场主体的趋利性容易导致农村金融市场的供给不足。尽管美国市场经济高度发达，但商业性金融机构仍无法满足农村金融需求，需要借助政策性金融机构弥补市场供给不足。农场信贷系统、农场服务局等政府金融机构，都属于弥补农村金融市场供给不足的产物。它们的服务对象，大都是难以从商业性金融机构获取服务的需求者。

（四）发挥保障和扶持作用

政策性金融机构尽量满足每个群体阶层的金融需求，从某种程度上讲具有一定的救助和保障作用。例如，农民家计局、农场服务局主要为无法从商业银行、农场信贷系统获取贷款的客户服务，因而被称为"最后依靠"。由于政策性金融机构服务对象具有特殊性，多属于弱质产业、落后区域和弱势群体，因此为之提供的金融产品多为低利率的，带有一定的扶持性。

三、美国农业政策性金融体系的外部关系

（一）农业政策性金融机构之间的关系

美国先后成立的农业政策性金融机构很多，每家都有特定的政策目标、基本职能、服务领域和金融产品，在功能上互为补充、相互合作，共同形成金融支农合力。

在政府金融机构中，商品信贷公司主要通过贷款、补贴、贴息等方式支持农产品生产、销售和储备，维持农场收入和农产品价格稳定；农场服务局作为"最后依靠"，从其作为移民安置管理局、农场安全管理局、农民家计局等的发展沿革看，先后承担过扶持移民、扶贫、扶弱扶小等职能，着重于借助金融手段保障农民弱势群体的正常生产生活需要；农村发展局（含其前身农村电气化管理局）主要为改善水电路讯等农村基础设施提供金融服务，这些机构的服务领域和金融产品各有侧重，专门支持无法从农场信贷系统、商业性金融机构获得融资的客户。

农场信贷系统对客户的条件要求高于政府金融机构，两者客户群体并不相同，农场信贷系统还负责销售农场服务局、联邦农作物保险公司等政府金融机构的部分产品。在农场信贷系统内部，每个系统银行和信贷协会都有特定的服务区域，从而避免了相互之间的无序竞争。

联邦农业抵押公司通过购买农场信贷系统、农场服务局、农村发展局等机构的不动产贷款，为政策性金融机构提供流动性。

联邦农作物保险公司则主要从保险层面为农业、农村和农民提供支持保障，从某种程度上降低了政府金融机构和农场信贷系统的金融风险。

（二）与商业性金融之间的关系

两者之间主要是补充与合作关系，但也存在适当竞争。政府金融机构与商业性金融机构之间主要是互补与合作关系，难以满足商业性金融机构融资条件的客户，才能向政府金融机构申请服务。而且，商业性金融机构往往成为政府金融机构的服务中介，一些政府金融机构的信贷和保险产品是委托商业性金融机构发放或销售的。

农场信贷系统和商业银行之间存在竞争关系。从两者在国会听证会的陈述、对外宣传，以及学者研究等方面，都能看出其相互之间存在竞争关系。商业银行认为，农场信贷系统享受的税收优惠政策有助于降低经营成本，从而在与商业银行的竞争中占据优势，然而并没有很好地履行公共性职能，纳税人不应该为此埋单。农场信贷系统则反驳称，它们承担着服务农业农村的法定义务，无论形势好与坏都必须提供服务，而商业银行不必这样做。美国国会也想了不少办法试图调解两者争端，但效果并不理想，争议依然存在。

（三）与财政之间的关系

无论是政府金融机构，还是农场信贷系统，都离不开美国财政的支持。主要体现在以下方面：

1. 提供资本金。农场信贷系统的若干银行最初都是由美国财政部代表联邦政府出资设立的，20 世纪 60 年代才通过股份回购转变为合作成员所有。商品信贷公司、联邦农作物保险公司等是由联邦政府出资设立的国有企业。

2. 提供资金来源或筹资增信。农场服务局（包括商品信贷公司）和农村发展局的资金来源均为财政资金，以金融方式发放给客户使用，一方面通过金融杠杆效应，使有限的财政资金发挥更大作用；另一方面将财政资金转变为需要还本付息、可以循环使用的信贷资金，从而提高了财政资金的使用效率。农场信贷系统虽然在金融市场发债筹资，但联邦政府和财政部实际上提供了增信功能，有助于降低其筹资成本。

3. 提供财政补贴和风险补偿。对于商品信贷公司等政府金融机构形成的亏损和风险，联邦政府会安排财政预算给予补贴。农场信贷系统一旦发生危机时，联邦政府也会出手救助，如在20世纪80年代爆发农场信贷系统危机时，联邦政府曾提供数十亿美元的救助资金。

4. 享受税收优惠政策。商品信贷公司作为联邦实体，不用向联邦、州和地方缴纳所得税。农场信贷系统享受税收减免政策，例如不动产贷款免征企业所得税，非不动产贷款免除州和地方的企业所得税。[①]

（四）监管机构

农场服务局（含商品信贷公司）、农村发展局均为美国农业部的下属机构，由农业部实施监督管理；农场信贷系统由专设的行政机构——农场信贷管理局进行监管，而农场信贷管理局曾一度归农业部管理。这与商业银行接受美联储监管存在很大区别。专门的监管机构显然更有利于政策性、公共性目标的实现。

第二节　商品信贷公司

商品信贷公司（本节简称公司）成立于1933年，是一家由美国政府成立并运作的国有企业，是政府实施农业干预政策的重要金融工具，主要承担"稳定支持和保护农场收入与价格、保障农产品充足供应、有序分配和

---

① ELY B. The Farm Credit System: Lending Anywhere But on the Farm [M]. Ely & Company, 2006: 14; BARRY P J, ELLINGER N P. Fianancial Management in Agriculture [M]. 7th ed. New Jersey: Pearson Prentice Hall, 2012: 317.

供需平衡"等职能。① 成立八十多年来,它以价格和收入支持为核心,推动美国农业保护实践从价格支持向收入支持转变,再由直接收入支持向收入保险支持发展。

一、成立背景、主要职能和治理架构

20 世纪二三十年代,美国相继发生两次大的农业危机,农产品大量过剩,销售困难,价格急剧下跌,农场主收入大幅下降。第一次危机发生在第一次世界大战结束后。随着欧洲农业生产逐渐恢复,受战时出口刺激大幅扩张的美国农业没能及时调整,陷入过剩危机。1923 年每公斤小麦价格1.2 美分、稻谷 2 美分、棉花 13.3 美分,为 1899 年以来最低点,农场主收入降至 1918 年的三分之一。第二次危机发生在 1929—1933 年经济大萧条期间。1932 年的谷物和牲畜价格指数分别较 1929 年下降 63% 和 56%,农场主现金收入和农场纯收入分别较 1929 年下降 58% 和 67%②。为帮助农业走出危机,美国政府采取了一系列政策措施,其中最具标志意义的是 1933 年罗斯福政府新政时期颁布的《农业调整法》。该法首次提出农业种植面积削减计划和农产品价格支持政策,被视为美国农业政策由自由放任转向国家干预的标志。自此以后,政府通过干预稳定农产品价格和农业生产者收入的理念始终贯穿于美国农业政策。

为有效执行《农业调整法》等③政策意图,罗斯福总统于 1933 年 10 月16 日签署 6340 号行政令《成立商品信贷公司》,对公司名称、董事会成员、股本来源等作出规定。次日,公司依照特拉华州法律注册成立,公司股本由 3 万股面值 100 美元股票构成,这 300 万美元资本金从《工业复兴法》《农业调整法》授权总统支配的 1 亿美元财政资金中拨付④。公司成立初期,

---

① Commodity Credit Corporation ［OB/OL］. ［2019 – 12 – 23］. https：//en. wikipedia. org/wiki/Commodity _ Credit _ Corporation.

② 王洪会,张肃,林杰. 市场失灵视角下的美国农业保护与支持政策 ［M］. 长春：东北师范大学出版社,2015：38 – 39.

③ 6340 号行政令共列出设立商品信贷公司所依据的 7 项法案：《农业调整法》《工业复兴法》《1933 年联邦紧急救济法》《金融复兴公司法》《联邦农场信贷法》《1933 年农场信用法》《紧急救济和重建法》。其中,《农业调整法》是主要依据。

④ 参照 6340 号行政令《成立商品信贷公司》（*Executive Order 6340：Creating The Commodity Credit Corporation*）,1933 年《工业复兴法》［*National Industrial Recovery Act（1933）*］,1933 年《农业调整法》［*Agricultural Adjustment Act（1933）*］整理。

291

由与之联系密切的金融复兴公司管理并为其提供资金支持。1936年4月，国会指示金融复兴公司购买9700万美元商品信贷公司股票，将资本金增至1亿美元[1]；1938年3月，国会指示公司股票持有者（农业部、农场信贷管理局、金融复兴公司）将股本转交联邦政府，财政部代表政府接受公司股票[2]。1939年7月1日，公司转归农业部管理。[3] 1948年7月，依据1948年《商品信贷公司章程法》，公司由特拉华州公司转变为一家联邦政府公司，农业部代表联邦政府成为公司唯一股东。公司成为联邦政府所有并运作的国有企业，是政府实施农业干预政策的重要金融工具。

公司管理由董事会负责。依据1933年6340号行政令，公司董事会由8名成员组成，包括农业部部长、2名农场调整管理局人员、2名农场信贷管理局人员、3名金融复兴公司人员，农业部部长和农场信贷管理局局长共同行使有关权力。1939年的8219号行政令规定农业部部长担任董事长，授予农业部部长行使公司所有权的权力。[4] 此后，董事会成员的数量和结构虽有所变化，但绝大多数情况下都由农业部部长担任董事长。

1948年《商品信贷公司章程法》规定，董事会包括5名成员，农业部部长作为成员之一及其他成员均由总统任命并经参议院同意，董事任期5年，董事长由董事会选举产生。半数以上董事构成法定人数，采取行动需经半数以上董事投票通过。[5] 1949年修订后的法案将董事会成员增加至6名（不含董事长），农业部部长是当然董事（Ex Officio Director）和董事会主席。另外，总统任命5名具有丰富商业和农业经验人员组成咨询委员会，其中不得有3人属于同一政党。咨询委员会由农业部部长负责召集，每季度至少召开一次会议，对农产品的购买、储存、销售、信贷和价格支持计划进行调查并提出建议。[6]

---

① Summary of the activities of the commodity credit corporation through June 30, 1939: 1 – 2.

② FRISCHKNECHT R L. The Commodity Credit Corporation: A Case Study of a Government Corporation [J]. The Western Political Quarterly, 1953, 6 (3): 565.

③ Commodity Credit Corporation [OB/OL]. [2019 – 12 – 23]. https: //en. wikipedia. org/wiki/Commodity _ Credit _ Corporation.

④ 同注③。

⑤ Commodity Credit Corporation Charter Act 1948, Sec. 9.

⑥ Commodity Credit Corporation Charter Act 1949, Sec. 3.

2016 年年报显示，除农业部部长任董事长以外，董事会由 7 名成员①组成，且均为美国农业部官员，包括国外农业服务局、农村发展局、食品营养和消费者服务局、市场与监管计划局、自然资源和环境局等部门负责人和农业部首席财务官。董事长任命处理公司业务所必需的官员和雇员，明确其权利和义务并授权。专家咨询委员以外人员的任命依据《公务员法》和《1923 年分类法》作出。

公司职能根据法律授权界定。公司成立之初，《商品信贷公司章程法》授权其从事农产品及设施的购买、销售和借贷等业务，为食品、饲料、纤维等农产品提高产量、稳定价格、保障供应和有效流通提供服务。② 成为联邦公司后，1948 年《商品信贷公司章程法》对公司成立目的再次予以明确③：稳定、支持和保护农场收入和农产品价格，帮助食品、饲料和纤维等农产品保持充足供给、有序分配和供需平衡。此后历次修订均保留这一说法。

1948 年《商品信贷公司章程法》赋予公司 7 项特殊权力④：（1）通过贷款、购买、支付和其他操作支持农产品价格；（2）使农产品生产和销售急需的原料和设施具有可得性；（3）为国内政府机构、外国政府、国际救助机构、恢复重建机构采购农产品，并满足国内需求；（4）自行或协助移除处置过剩农产品；（5）通过扩大或帮助扩大国内市场，发展或协助发展新的市场、营销设施和用途，以增加国内农产品消费；（6）出口或引导出口，或促进发展国外农产品市场；（7）执行国会授权或规定的其他业务。

这 7 项特殊权力应属于公司基本职能，且在历次章程修订中变动不大，仅 1996 年和 2004 年修订时略作调整⑤：1996 年《联邦农业完善和改革法》增加"执行法律授权的保护或环境计划"职能，使基本职能增至 8 项；2004 年把烟草排除在所支持的农产品之外。

随着农业形势发展及政策变化，公司业务范围也随之调整，几乎涵盖

---

① 1967 年董事会成员为 6 名（不含董事长），在 2004 年章程法修订时改为 7 名（不含董事长）。

② 参见 *Commodity Credit Corporation Charter Act 2004* 中 "Legal History of Commodity Credit Corporation" 一款。

③ *Commodity Credit Corporation Charter Act 1948*，Sec. 2.

④ *Commodity Credit Corporation Charter Act 1948*，Sec. 5.

⑤ 参见 *Commodity Credit Corporation Charter Act 2004*，脚注 5 - 1、5 - 4。

所有主要农产品，以及石油等重要战略物资①，且支持手段丰富，包括贷款、补贴、采购、储备、供应、环境保护、国外市场开发、出口信用等。

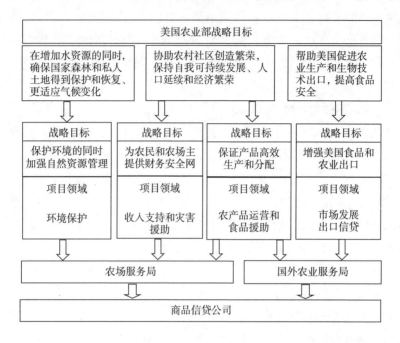

图 11 - 3　商品信贷公司的战略目标、业务领域和执行机构

二、支持恢复和稳定价格（1933—1973 年）：农产品底价支持和政府储备为主

1933 年《农业调整法》提出了"平价"（Parity）概念，决定通过控制种植面积和实施价格支持政策，使基础农产品价格恢复到 1910—1914 年农业繁荣时期的水平（烟草恢复到 1919—1929 年的水平）。这一时期公司业务主要包括价格支持、储备、供应、国外采购、补贴等。

（一）价格支持

支持方式包括贷款、收购、存储津贴、面积分配与市场配额等措施，

---

① 参见 *Commodity Credit Corporation Charter Act 2004*，section4（h）7 - 7、7 - 8。

其中贷款、收购最为常见。支持范围适用于基础农产品[①]、斯蒂格尔农产品[②]、其他农产品。

第二次世界大战以前，公司主要为农产品提供价格支持贷款。在第二次世界大战期间及战后一段时期，公司主要实施一些重要战争项目，例如为国外政府、红十字会、盟国、联合国善后救济总署、军队以及其他政府机构采购大量农产品。1947 年 7 月，公司增加了供应、补贴、国外采购、出口和依法授权的贷款等新职能。[③]

1. 贷款。包括无追索权贷款（Nonrecourse Loan）和有追索权贷款。其中，无追索权贷款属于农产品抵押贷款，贷款放出后，放贷人不再拥有索回这笔贷款的权利，是否归还贷款取决于借款人，但放贷人拥有抵押品的处置权。

具体做法如下：联邦政府对需给予价格支持的农产品设定一个贷款率（Loan Rate），贷款率并不是贷款利率或贷款比例，而是一个底价（Price Floor）。贷款率一般用农产品平价的某个比例来表示。例如，1938 年以前没有对贷款率作出法律规定，贷款率在平价的 52% ~ 75%[④]；1938 年《农业调整法》要求公司根据预测的供求关系弹性设定贷款率。[⑤] 同一农产品的贷款率随时间变化而变化，同一时间不同农产品的贷款率也不尽相同。1938 年棉花、小麦贷款率为平价的 52%，玉米贷款率为平价的 70%，且贷款品种有地域划分。[⑥] 1941 年修订的《农业法》规定棉花、小麦、玉米、稻谷、

---

① 1933 年《农业调整法》规定了 7 种基础农产品：小麦、棉花、玉米、生猪、水稻、烟草、牛奶及制品等，后又增加了裸麦、大麦、高粱、花生、甘蔗和甜菜、土豆等，将基础农产品范围扩大到 15 种。

② 1941 年商品信贷公司修订章程（通常被称为斯蒂格尔修订），授权通过贷款、采购等方式支持非基础农产品的价格，包括生猪、禽蛋、牛奶、黄油、鸡肉、火鸡肉、豌豆、油用大豆、油用亚麻籽、棉花、土豆，这些农产品被称为斯蒂格尔农产品。

③ Report on audit of Commodity Credit Corporation and its affiliate war hemp industries［R］. INC，1950：3.

④ Report on audit of Commodity Credit Corporation and its affiliate war hemp industries［R］. INC，1950：17.

⑤ 当预测的供给量在正常配额量之内时，贷款率设定为平价的 75%；当预测的供给量超过消费和出口总需求量时，贷款率设定为平价的 52%；如果预测的供给量在配额量和总需求量之间，则贷款率设定在平价的 52% ~ 75%。程郁、普蒉喆、徐雪高. 美国商品信贷公司政策业务的演变及对我国的启示［R］. 调查研究报告，2017。

⑥ Summary of the activities of the Commodity Credit Corporation through June 30［Z］. 1939：3.

烟草、花生等农产品的最低贷款率要达到平价的85%，1942年的《稳定法》进一步将最低贷款率设定为平价的90%。①

在农产品收获季节如需启动价格支持政策②，农场主可以向借贷机构申请贷款，贷款数额等于农产品数量与贷款率的乘积。农产品经称重、分级后存放在仓库，仓单收据转交给借贷机构作为贷款抵押。在还款期内，如果农产品市场价格超过贷款率，农场主可以出售农产品归还贷款本息；反之，农业生产者可以不归还贷款，而是把抵押农产品交给公司，相当于政府以高于市场价的价格收购了农产品。这就为农业生产者提供了最低价格保证，使其在价格较低时不急于出售农产品，等到价格有利时再出售，以此调节农产品市场供应，同时不至于让农业生产者蒙受损失。

无追索权贷款的贷款期限一般为9个月，可以由公司、农场信贷系统银行、私人银行和其他借贷机构发放，贷款利率为3%（1950年的水平），公司以外的借贷机构可以获得一半利率即1.5%作为报酬。公司与其他借贷机构签有协议，可以随时收购这些机构的价格支持贷款。在合适的保存期内，公司允许以支持价格105%的水平出售农产品。③ 由此可见，无追索权贷款很巧妙地将价格支持、农产品储备、风险防控、农业再生产和有序销售有机结合到一起，取得了一举多得的政策效果。

2. 收购。属于价格支持的早期做法，1939年首先在烟草领域执行，1947年之后开始用于其他农产品，主要通过收购合同实行。通常用于羊毛、禽蛋、土豆、烟草等易腐败不易储备的农产品，后来也用于贷款支持作用不明显（或是生产者不愿意采用贷款方式）的农产品，如棉花、谷物、豆类、种子等。收购价格一般参照平价，例如禽蛋收购价格一般相当于全国年平均价格的90%，1944—1945年度的棉花、小麦收购价格非常接近平价。收购的农产品主要用于消费，如供给市场、军队、外国政府，有的则降价

---

① Report on audit of Commodity Credit Corporation and its affiliate war hemp industries ［R］. INC，1950：17.

② 当市场价格低于贷款率即最低价格时，农民为了筹集再生产资金往往会低价销售农产品，导致市场过度供给、价格进一步下跌。这时公司就启动价格支持政策，为农业生产者发放贷款作为再生产资金，同时把农产品暂时储备起来，等待有利的销售时机。

③ Study of storage and processing activities of the commodity credit corporation ［Z］. 1952：4–5.

销售用作饲料或工业酒精，也有个别农产品因缺少出路而被扔掉。[①]

（二）储备

储备是公司调节农产品市场供应、稳定市场价格以及存放价格支持农产品的重要方式。当农产品供大于求、价格下跌时，公司就买进农产品以提高价格；反之则抛售储备以平抑价格。储备由农业部生产营销管理局（PMA）的州、县办公室完成。储备仓库包括公共仓库（Public Warehouse，用于国防的政府和私人仓库）、公司自身所有的或租借的仓库、海事管理局的船运仓库以及商业仓库（含农场仓库）等。[②]

从相关报告看，公司多次遭遇"粮满为患"、财政支出大幅攀升的情况。1948—1949年，小麦、玉米市场价格低于支持价格，公司收购了大量谷物，到1950年7月底共计投入了35.37亿美元，超过12000个商业仓库和3000个公司仓库用于存放谷物，以致仓库紧缺。[③] 1960年，公司自己拥有约10亿蒲式耳容量的粮仓，并利用海事委员会的船运仓储设施，此外还租用了约一万个商业仓库。到1960年7月1日，公司自身存储了12亿蒲式耳小麦、11亿蒲式耳玉米和5亿蒲式耳高粱，储存量占非农场储存量的90%以上，超过了多年以来同期交易量若干倍。而且，商业仓储还储备了约42亿蒲式耳谷物，大约是过去十年的4倍。1960年相对于1953年的储存成本大幅上升，小麦储存费由0.8亿美元提高到2.08亿美元，高粱则由13.8万美元提高到8400万美元。政府每年支付给商业仓储的储存费和运输费分别约5亿美元和1.5亿美元，每蒲式耳谷物收储成本约16.5便士，是公司自身收储成本（约每蒲式耳9便士）的1.83倍。如果不包括利息和折旧等，公司自身收储成本仅为3便士，则政府支付的收储成本达到公司储存成本的5.5倍。尽管政府仓储成本更低，但公司仍武断地把谷物存放到商业仓储设施中，不仅造成浪费，还导致了商业仓储设施过度建设。[④]

---

①　Report on audit of Commodity Credit Corporation and its affiliate war hemp industries［R］. INC，1950：21 – 23.

②　Report on audit of Commodity Credit Corporation 1951［R］. 1951：80.

③　Study of storage and processing activities of the commodity credit corporation 1952［Z］. 1952：4 – 5.

④　Commodity Credit Corporation Grain Storage Activities［Z］. AGRIS，1960.

提供仓储设施贷款。为鼓励农场储存谷物，1949 年修订的《商品信贷公司章程法》授权公司为购买或建设仓储设施的农业生产者提供贷款服务，贷款额度按存储能力确定，存储每吨棉花籽 30 美元、每蒲式耳其他农产品 45 便士，或是成本的 85%；贷款期限 5 年，贷款抵押物包括动产或不动产抵押、信托契约等，还需要购买保险规避区域风险。贷款可以由其他信贷机构提供，利息收入全部归借贷机构，公司为贷款提供担保。①

在这一时期，美国政府对农产品实行了最低价支持政策，通过发放无追索权贷款、收购、储备等方式缓解农产品供给过剩、价格下降等问题。农产品储备以政府储备为主，在自身仓储设施不够的情况下租用商业仓库，曾多次出现仓容紧张、粮满为患、财政支出大幅增加等情况，联邦政府为此进行专项审计，从中发现问题并寻求解决办法。

三、支持实施目标价格（1973—1996 年）：实施目标价格和差额补贴，鼓励农场自行储备，增加环境保护职能

20 世纪 70 年代初期，为减轻财政负担及生产过剩造成的存储压力，依据《1973 年农业与消费者保护法》（*Agriculture and Consumer Protection Act of 1973*），美国政府放弃平价支持政策，开始实行目标价格（Target Price）和差额补贴政策。这一时期的业务主要包括价格支持、储备、环境保护、国外信用保证等。

（一）价格支持

主要包括贷款、收购、支付等方式。其间，贷款额逐渐下降，以目标价格和差额补贴为主的支付数额增加（见表 11 - 2、表 11 - 3）。

表 11 - 2　　　　　　1986—1991 年的价格支持贷款总额　　　　单位：亿美元

年份	1986	1987	1988	1989	1990	1991
贷款总额	184.94	148.52	83.29	49.08	30.63	18.54

资料来源：Commodity Credit Corporation Annual Report for fiscal year 1990 - 1991：19.

---

① Report on audit of Commodity Credit Corporation for fiscal year ended June 30, 1950 [R]. 1950; Report on audit of Commodity Credit Corporation for fiscal year ended June 25, 1951 [R]. 1951.

表 11-3　　　　　　　　1985—1990 年不同支付类型额度　　　单位：亿美元

年份	1985	1986	1987	1988	1989	1990	1991
差额支付	58	121	122	55	65	46	63
转移支付	9	4	16	7	0	0	0
灾害支付	0	0	6	56	5	6	1

资料来源：Commodity Credit Corporation Annual Report for fiscal year 1990 – 1991：90.

1. 价格支持贷款。绝大部分价格支持贷款仍属于无追索权贷款，适用范围包括小麦、饲用粮（大麦、玉米、高粱、燕麦和黑麦）、大米、棉花（陆地棉、特长棉和种子）、烟草、蜂蜜、花生、大豆、糖（甜菜和甘蔗）和牛奶。大部分农产品贷款期限为 9 个月，棉花贷款期限为 10 个月，烟草、花生贷款期限根据需要确定。[①] 这些贷款以未付本金余额记入账户，生产者可根据农产品市场价格变化情况选择偿还本金和利息，或者到期时用农产品偿付贷款。1990 年、1991 年的贷款平均利率分别为 8%、7.1%。[②]

营销贷款（Marketing Loan）。1985 年的《食品安全法》规定，生产者可以按照"营销贷款"规定，以低于原贷款额的方式偿还部分价格支持贷款。营销贷款降低了贷款抵押被没收的可能性，提高了美国商品的市场竞争力。该贷款适用于 1985 年至 1987 年的水稻作物以及 1986 年至 1988 年的陆地棉作物和蜂蜜。1989 年至 1990 年的上述作物也同样适用[③]。

2. 支付计划。支付范围为饲用粮、小麦、陆地棉、特长棉和大米，以差额支付、转移支付、灾害计划、陆地棉初加工项目、大米市场许可项目等方式完成。[④]

差额支付。根据农产品生产成本和适当的利润确定一个目标价格，当市场价格低于目标价格时对农场主进行差额补贴，差额补贴值为目标价格与市场平均价格之差乘以农产品销售量；若市场价格高于目标价格则不进行补贴。差额补贴范围涵盖小麦、玉米、棉花及乳制品等基础农产品，并且只有与政府签订休耕计划和销售合同的农场主，在合同面积之内生产的上述农产品才有资格获得价格补贴。

---

① Commodity Credit Corporation Annual Report for fiscal year 1990：14.

② Commodity Credit Corporation Annual Report for fiscal year 1990 – 1991：16.

③ Commodity Credit Corporation Annual Report for fiscal year 1990：18.

④ Financial Audit of Commodity Credit Corporation's Financial Statements for 1986 and 1985：20.

灾害支付。只有在《联邦农作物保险法》规定的农作物保险不能向生产者提供与该农产品生产面积有关的保险产品时，公司才被授权向生产者支付某些农作物的灾害赔偿金。且不论生产者是否拥有农作物保险，农业部部长都可以授权对受干旱、洪水、其他自然灾害或不可控因素影响的生产者支付特殊灾害赔偿金。通常以农产品代现金通用券或现金的方式支付给小麦、饲料谷物、大豆、陆地棉、花生、甜菜和甘蔗生产者。[1]

(二) 储备

政府鼓励农场主自行储备农产品，并提供存储设施贷款支持和储备费用补贴。

1. 农场主自储计划。1977 年《食品和农业法》和 1981 年《农业和食品法》提出对小麦、玉米、大麦、高粱和燕麦实施农场主自有粮食储备计划，旨在将粮食库存从市场中分离出来，以抵消这些过剩库存的抑价作用。进入储备计划以前，生产者必须存放 9 个月无追索权贷款支持的谷物。储备协议为期 3 年，生产者需同意在全国平均价格水平达到预设水平以前不能偿还贷款。公司每年提前向农业生产者支付储备粮食的费用，1990 年的支付率为每蒲式耳谷物 25.6 便士。1985 年，五种粮食储备量曾达到 13.22 亿蒲式耳，价值 41 亿美元[2]。

2. 特殊生产者贷款储备计划。该计划于 1985 年 4 月 22 日开始执行，生产者可以利用已到期的农场自有粮食储备贷款抵押物作为担保进行融资。该计划为储备协议已到期的贷款者提供替代方案，把农场主自有储备贷款期限延长至 12 个月，在贷款期内的任何时间，生产者可以赎回抵押的农产品。公司每年依据协议提前支付该项目储备费用。该项目的粮食同时可作为农场主自有储备贷款和价格支持贷款的抵押品，既可以储存在农场，也可以储存在商业仓库。[3] 1990 年 9 月 30 日和 1991 年 9 月 30 日，该项贷款额分别为 300 万美元和 1 万美元。

3. 储备设施贷款。主要是通过有追索权贷款帮助修建或扩充农场储备

---

[1]　Financial Audit of Commodity Credit Corporation's Financial Statements for 1987 and 1986：21.

[2]　Financial Audit of Commodity Credit Corporation's Financial Statements for 1985 and 1984：30.

[3]　Financial Audit of Commodity Credit Corporation's Financial Statements for 1985 and 1984：31.

设施。在农业部部长宣布的期限内，公司为农场储备设施和干燥设施提供贷款。1982 年 11 月 12 日，农业部部长暂停了贷款申请。这些贷款以动产抵押或不动产抵押为担保。在 1981 年 4 月 1 日之前发放的贷款，在 8 年内分期偿还不超过 7 次；在此日期之后发放的贷款，在 5 年期内分期偿还不超过 4 次。[①]

（三）环境保护

自然资源与环境保护是这一时期新增加的公司职能。支持方式包括贷款和补贴。

1. 资源环境保护贷款。根据 1981 年《农业和食品法》，公司开始为农业生产者提供自然资源保护和环境治理信贷服务，包括土壤、水保护贷款，这类贷款期限不能超过 10 年，利率由美国财政部确定。针对单一客户，每一财年的贷款额不能超过 25000 美元；贷款小于 10000 美元不需要担保，高于 10000 美元则需要担保；每一财年这类贷款总额不能超过 2 亿美元。[②]

2. 保护储备计划（CRP）。1985 年《农业法》授权设立，1986 年开始实施，是农场主自愿参加的美国最大的农业环境保护项目，旨在鼓励生产者种植可以长期保存资源的多年生植物覆盖物，以改善水（包括地表水、地下水）和空气质量，控制土壤侵蚀，并改善原本用于农业生产的土地上的野生动物栖息地。主要为退（休）耕项目，参加项目的农场主将高度侵蚀和环境敏感的农田和牧场退出农业生产，由公司每年根据土地的农业地租价值为其发放退（休）耕补贴；如果农场主长期为退耕的土地种草植树，还可以得到 50% 的成本分担援助。CRP 项目期限为 10 ~ 15 年（10 年居多），期满后农场主可以选择复耕，也可以选择再次申请参加项目，重新耕种必须遵守生产规范化条款的规定。

1990 年《农场法》对 CRP 项目进行了调整：（1）把部分联邦政府重点生态环境保护区和州重点水质保护区纳入 CRP，项目范围扩大到 3.2 亿英亩；（2）扩展项目目标，从减少水土流失扩大到包括净化水质在内的其他生态环境效益指标；（3）调整批准申请项目用地的考察指标，从单一土壤

[①] Financial Audit of Commodity Credit Corporation's Financial Statements for 1986 and 1985：22.

[②] *Commodity Credit Corporation Charter Act 2004*，Sec 4（h）.

易侵蚀程度扩充为一套生态环境效益指标体系，包括保护和改善野生动物栖息地、提高空气质量、净化水质、减少水土流失、恢复和保护植被等，以提供永久性的生态环境效益。

1986 年至 1996 年，项目合同面积由 192 万英亩逐渐增加至 3500 万英亩左右，每年支付的租金从 0.83 亿美元逐渐增至 17.4 亿美元，平均每英亩支付补贴 50 美元左右。[①]

在这一时期，基于最低保护价的贷款数量大幅下降，基于目标价格的差额支付占据主导地位。为减轻储备压力和财政负担，联邦政府鼓励农业生产者自行储备并提供贷款支持和费用补贴。公司增加了资源和环境保护职能，对水土流失严重等生态脆弱耕地实施退（休）耕。

四、从价格支持向收入支持过渡（1996 年至今）：价格支持减弱，逐步转向收入支持，环境保护更趋多元化

目标价格和差额补贴也未能有效解决农产品市场价格扭曲、生产过剩、财政负担过重等问题，同时价格支持政策也与世界贸易组织（WTO）规则相冲突。20 世纪 90 年代中期以来，联邦政府开始探索借助市场化手段解决农业问题，主要做法是由价格支持转向收入支持，再由直接收入支持转向收入保险支持。1996 年《联邦农业完善和改革法》首次从法律上把政府对农业的支持补贴同农产品价格脱钩，规定从 1996 年起取消农产品目标价格和差额补贴。这一时期的公司业务主要包括收入支持和灾害援助、环境保护、农产品经营和食品援助、国外市场发展、出口信用五类。

（一）收入支持和灾害援助

1. 收入支持计划。将价格支持改为收入支持后，联邦政府一直在探索和寻找合适的支持措施，先后采取了弹性生产合同补贴、直接支付和反周期补贴、平均作物收入选择、价格损失保障和农业风险保障等方式。

弹性生产合同补贴。为减轻取消目标价格和差额补贴给农场收入造成的损失，在过渡期内设立弹性生产合同补贴进行弥补。只要农场主自愿执

---

① 王洪会，张肃，林杰. 市场失灵视角下的美国农业保护与支持政策［M］. 长春：东北师范大学出版社，2015：69 - 71.

行政府制订和设立的环境资源保护计划和沼泽地保护条款，保证不改变农用地用途，并与政府签订为期7年的"弹性生产合同"，就可得到按平均补贴基准和合同种植面积计算的补贴额，该补贴额由政府逐年以现金形式支付给农民，数量固定不变，不受农产品价格变动影响，实质是以直接固定收入支持代替了目标价格支持，弱化补贴同市场价格的联系。在1996年到2002年的七年间，政府对农民的现金补贴总额为360亿美元，其中玉米、小麦、棉花、水稻分别占46.2%、26.3%、11.6%和8.5%，其他作物占7.4%，大大低于1990年至1995年六年间政府对农民552亿美元的实际现金补贴。[①]

直接支付和反周期补贴项目（DCP）。该项目根据2002年《农业法》授权，2003年在小麦、饲料谷物、棉花、稻谷、油菜籽、花生等领域取代弹性生产合同补贴项目[②]，2008年覆盖范围扩大至小麦、玉米、高粱、大麦、燕麦、陆地棉、中粒大米、长粒大米、大豆、其他油籽和花生等11种农产品，2009年反周期支付还把干豌豆、扁豆、两种埃及大豆4种豆类追加入补贴范围。[③] 其中，直接支付项目按照历史基期的种植面积与产量计算补贴额，与当年的生产情况和市场价格无关，支付金额由支付产量、支付面积和政府规定的支付率三者相乘得出。反周期补贴同样依据作物历史产量和种植面积计算，与当年的面积和产量无关，但它与农产品价格挂钩：当农产品的有效价格[④]低于目标价格时，政府向农民支付反周期补贴弥补两者之间的差额；如果有效价格高于目标价格，则不支付反周期补贴[⑤]。截至2003年9月30日，直接支付共计49亿美元、反周期补贴共计11亿美元。

①　王洪会，张肃，林杰. 市场失灵视角下的美国农业保护与支持政策［M］. 长春：东北师范大学出版社，2015：48.

②　参见 Audit Report Commodity Credit Corporation Financial Statements for Fiscal Years 2003 and 2004 中 "Commodity Credit Corporation Managements Discussion and Analysis September 30，2003" 一款。

③　王洪会，张肃，林杰. 市场失灵视角下的美国农业保护与支持政策［M］. 长春：东北师范大学出版社，2015：165 – 166.

④　有效价格等于平均贷款率或国家平均市场价格中的较高者加上直接支付率，见 Audit Report Commodity Credit Corporation Financial Statements for Fiscal Years 2003 and 2004 中 "Commodity Credit Corporation Managements Discussion and Analysis September 30，2003" 一款。

⑤　根据 Audit Report Commodity Credit Corporation Financial Statements for Fiscal Years 2003 and 2004 中 "Commodity Credit Corporation Managements Discussion and Analysis September 30，2003" 一款，以及王洪会等著《市场失灵视角下的美国农业保护与支持政策》第52～53页整理。

表 11 - 4 2002 年《农业法》列出的直接和反周期支付率

农产品品种	小麦 （蒲式耳）	玉米 （蒲式耳）	高粱 （蒲式耳）	大麦 （蒲式耳）	燕麦 （蒲式耳）	陆地棉 （磅）	稻谷 （英担）	大豆 （蒲式耳）	其他油籽 （磅）
直接支付率 （美元）	0.52	0.28	0.35	0.24	0.024	0.0667	2.35	0.44	0.008
反周期支付目标价格（美元）									
2002—2003 年度	3.86	2.60	2.54	2.21	1.40	0.724	10.50	5.80	0.098
2004—2007 年度	3.92	2.63	2.57	2.24	1.44	0.724	10.50	5.80	0.101

注：直接支付率（Payment Rates）指每单位农产品补贴的钱数。

资料来源：Audit Report Commodity Credit Corporation Financial Statements for Fiscal Years 2003 and 2004.

平均作物收入选择计划（ACRE）。反周期支付是当有效价格低于目标价格时才会触发的收入支持措施，如果市场价格上升但产量下降，农场主也得不到补贴，或是补贴额很少。为改变这一状况，2008 年《农场法》首次采用平均作物收入选择计划。该计划触发依据不是目标价格而是目标收益，当农场主获得的实际收益低于目标收益时，就有资格获得平均作物收入补贴以弥补收益损失。这样无论是由于价格下降还是产量下降导致收入减少，农场主都能够获得补贴。目标收益依据所在州过去 5 个年度某作物单位面积产量的奥林匹克平均值[①]、全国平均市场价格确定。从 2009 年起，农场主可以在反周期支付与平均作物收入选择计划中自由选择，若选择后者，则到 2012 年不能退出，且固定直接支付和营销援助贷款分别减少 20% 和 30%[②]。

价格损失保障（PLC）和农业风险保障（ARC）。这是依据 2014 年《农业法》设立的新项目，以取代直接支付和反周期补贴、平均作物收入选择两种直接补贴项目[③]。两个新项目旨在为生产者的每英亩收入损失或每单位价格损失提供收入支持，农民可以二选一。价格损失保障主要覆盖小麦、

----

① 奥林匹克平均值是指 5 个作物年度单位种植面积产量中去掉最高值和最低值后余下 3 年的平均值。

② 王洪会，张肃，林杰. 市场失灵视角下的美国农业保护与支持政策［M］. 长春：东北师范大学出版社，2015：170 - 171.

③ Annual Report of Commodity Credit Corporation（2015）：I - 2.

饲用谷物、水稻、油籽、花生、豆类等大宗商品，该补贴首先设定参考价格，如果市场价格低于参考价格，则向生产者提供补贴。农业风险保障获得补贴的情况为，年度中某种作物真实的该县平均收入低于县农业风险保障收入基准的86%。目前，这两个项目是对农场主的最大支付项目，2016财年有166万个农场加入，2017财年支付额超过了78亿美元[1]。2018年《农业法》保留了这两个项目，农民可以自由选择，价格损失保障为默认选项。

2. 贷款计划。贷款类型包括营销援助贷款、农场储备设施贷款、糖储备设施贷款等。

营销援助贷款（MAL）。在农产品收获季节为生产者提供临时融资支持，以满足其现金流需求，使其不必在农产品市场价格过低时急于出售。在某些情况下，生产者被准许以低于本息及其他费用的标准偿还贷款，还可以将抵押品交付公司偿还到期的贷款，类似于营销贷款（ML）。营销援助贷款根据贷款率和农产品数量确定贷款额，依据贷款率从公司获得9个月的无追索权贷款。2008年《农业法》规定，贷款率为该农产品五年平均市场价格的85%。有资格获得营销援助贷款的生产者，也可以放弃营销援助贷款而选择贷款差额补贴（LDP）的方式：当市场价格低于贷款率时，依据两者差额将现金直接补贴给生产者[2]。营销援助贷款是无追索权贷款的升级版，方式更为灵活。现在更多农业生产者选择贷款差额补贴，营销援助贷款的作用有所弱化。截至2017年9月30日，农产品应收（存量）贷款（包括无追索权和有追索权）为3.9亿美元[3]。贷款量已大幅低于从前。2018年《农业法》提高了大多数农产品的营销援助贷款率。

农场储备设施贷款（FSFL）。该贷款始于2000年，为农场主提供低息融资用于修建或改造储备设施。符合条件的农产品包括谷物、油籽、花生、豆类作物、干草、蜂蜜、水果、蔬菜、花卉、啤酒花、枫树汁、牛奶、奶酪、酸奶、黄油、鸡蛋、家禽及禽肉、黑麦和水产品等。符合条件的存储设施包括粮仓、干草仓、散装罐和冷藏设施，干燥、搬运和储存设备也在

---

① 2017 Annual Management Report of Commodity Credit Corporation：30.

② 依据2017 Annual Management Report of Commodity Credit Corporation第28页，以及王洪会等著《市场失灵视角下的美国农业保护与支持政策》第168~170页整理。

③ 2017 Annual Management Report of Commodity Credit Corporation：60.

贷款支持范围以内。2017 财年，超过 2000 个项目获得共计 1.7 亿美元贷款①。

3. 灾害援助计划。公司提供多种项目和服务，帮助社区、农民、农场主和企业减轻灾害损失、恢复生产。主要包括五种：（1）非保险作物灾害援助计划（NAP），由 2014 年《农业法》重新授权，向非保险作物生产者提供财政援助，以帮助生产者对抗那些降低产量、妨碍作物种植或带来损失的自然灾害；（2）畜牧业灾难计划（LFP），向因旱灾或火灾而遭受放牧损失的畜牧生产者提供补偿，补偿仅限于原生或经改良的具有永久植被覆盖的牧场或专用牧场；（3）畜牧业赔偿计划（LIP），向畜牧生产者提供超过正常死亡率的损失救济，损失应由恶劣天气或由联邦政府放归野外的动物攻击造成；（4）家畜、蜜蜂和农场养鱼紧急援助计划（ELAP），向符合条件的家畜、蜜蜂和农场养鱼生产者提供紧急援助，以应对疾病、恶劣天气等导致的损失，限于不能被 LFP 和 LIP 所覆盖的损失；（5）树木援助计划（TAP），向有资格的果园和苗圃种植者提供援助，以重新种植或恢复因自然灾害受损的树木、灌木。2017 财年，这些计划的支付额依次为 1.60 亿美元、3.39 亿美元、2300 万美元、1800 万美元和 600 万美元②。由于自然灾害发生率和产品覆盖程度不同，项目支付额波动较大，如 2015 财年的非保险作物灾害援助项目支付额曾高达 21.5 亿美元。

（二）环境保护

保护储备计划（CRP）仍是最大的资源环境保护项目。由于授权中断和作物价格飙升，许多土地所有者开始恢复生产，该计划注册数量已从 2007 年 3600 万英亩的高峰值开始下降，2017 年的注册量为 2390 万英亩。2015 年补贴支付 20 亿美元③。2018 年《农业法》规定将面积上限从 2400 万英亩提高至 2700 万英亩。这一时期的环境保护内容更加丰富，不仅包括退（休）耕等耕地保护项目，还包括湿地、河滨、草地等项目。以湿地恢复和增强倡议为例，包括 58.1 万英亩的洪泛区湿地恢复倡议、25 万英亩的

---

① 2017 Annual Management Report of Commodity Credit Corporation：29 – 30.

② 同注①。

③ 2015 Annual Management Report of Commodity Credit Corporation：9，15.

滩地硬木木材保护倡议、76.8 万英亩的非洪泛区和普拉亚湿地恢复倡议、60 万英亩的草原洼地鸭群栖息地倡议，此外还包括河滨、草原等相关保护倡议。除接受注册外，该计划还为这些倡议提供了额外财政奖励①。

（三）农产品经营和食品援助

农产品经营计划主要负责农产品的收购、经营、仓储、运输和处置。公司依据《美国公共仓库法》开展许可和审查活动，以确保储存的农产品达到相关标准。公司负责与商业仓库经营者达成协议，存储公司拥有农产品或营销援助贷款抵押的农产品。仓库经营者依照农业部规定，向生产者签发可转让的仓单收据。农业生产者可将仓单交给公司，把储存的农产品作为 9 个月期营销援助贷款的抵押物。公司还为粮食援助采购保持充足安全的储存能力，粮食援助采购主要通过美国国际开发署、农场服务局和联合国世界粮食计划署实施②。

五、资金来源及运用

公司资金来源，包括资本金、借入资金、弥补损失的拨补资金、农产品销售收入、归还的贷款、利息收入、专项拨款等③，资本金和借入资金是最主要的来源。《商品信贷公司章程法》授权公司使用所有资金及其他资产从事业务，包括资本金和净收益，以及所有可用于转让、分配、借用及其他渠道获得的资金。

《商品信贷公司章程法》对借入资金额度作出规定，如 1948 年《商品信贷公司章程法》规定，除信托存款和销售预付款外，公司累计借入资金不能超过 47.5 亿美元。随着法案多次修订，借款额度也逐步增加④，2012 年的修订法案提出借款总额不超过 300 亿美元⑤。借入资金主要来源于财政部和其他借贷机构，绝大部分为财政部借款，少部分为银行借款。例如，

①　2017 Annual Management Report of Commodity Credit Corporation：25.

②　2017 Annual Management Report of Commodity Credit Corporation：32.

③　Fianacial Audit of Commodity Credit Corporation's Fianacial Statements for 1986 and 1985：16.

④　1950 年 6 月 28 日修订法案提高至 67.5 亿美元，1954 年 3 月 20 日提高至 85 亿美元，1954 年 8 月 1 日提高至 100 亿美元，1955 年 8 月 11 日提高至 120 亿美元，1956 年 8 月 1 日提高至 145 亿美元，1978 年提高至 250 亿美元，2004 年修订法案提出累计借款总额不超过 300 亿美元。

⑤　Commodity Credit Corporation Charter Act 2012，sec 4（i）4 – 19.

1956 年近 120 亿美元借款中，108. 3 亿美元为财政资金、7. 14 亿美元为借贷机构资金①。20 世纪 60 年代以后，基本没有从借贷机构借款②。

公司筹资成本。1948 年《商品信贷公司章程法》规定，公司需要为资本金和借入资金支付利息，利率由财政部长决定。每月第一天，财政部向公司通报下个月的借款资金利率，利率水平依据前一个月可比到期日的适销债务平均利率计算确定。在联邦储备银行和分行每日电传数据以及华盛顿特区交易处理数据的基础上，公司计算前一个营业日支付超过存款所需的净额。当存款超过支出时，公司就会偿还财政部资金。为降低利息成本，公司每个营业日均借入或偿还资金，现金账户始终维持在 100 万 ~ 200 万美元。这种做法也将现金存款降至最低③。

2016—2017 年年报显示，借款利率基于联邦政府上个月所有未偿付市场债务（可比到期日）的平均利率计算得出，略低于联邦基准利率。2016 年借款利率在 0. 25% ~ 0. 625% 之间波动，同期联邦基准利率为 0. 75%；2017 年借款利率在 0. 63% ~ 1. 25% 之间波动，同期联邦基准利率为 0. 75% ~ 1. 50%。

贷款利率。以 2017 年数据为例，公司 1 年及以下期限的贷款利率高于联邦基准利率（0. 75%）约 1 个百分点，3 年期贷款利率与联邦基准利率较为接近，但远低于商业银行 10% 左右的 2 年期个人贷款利率水平。

公司主要借助其他机构办理业务、投放贷款和补贴。从成立至 1939 年 7 月，公司由金融复兴公司的人员机构进行管理和运作，由美联储履行财务和监管职能，具体价格支持项目则借助农业部在州和县的机构与设施完成。1939 年 7 月 1 日，公司划归农业部管理。在 1943 年第二次世界大战期间，公司曾暂时由战争食品管理局管理。1945 年 7 月 30 日，政府重新将指导和监管责任转交给农业部部长④，农业部成立生产营销管理局，公司业务主要通过该局及其州和县的委员会办理，同时也利用私人借贷机构或银行办理

---

① Increasing the borrowing power of Commodity Credit Corporation 1956.

② Information on the availability use and management of funds：4.

③ Commodity Credit Corporatioon Annual Report for Fiscal Year 1991：9.

④ Report on audit of Commodity Credit Corporatioon and its affiliate war hemp industries ［R］. INC, 1950：7.

贷款业务①。1961 年，农业部成立农业稳定和保护局，公司业务转而依托该局办理。1994 年，农业部成立农场服务局，合并农业稳定和保护局的相关职能，公司又划归农场服务局管理。目前，公司业务主要由农场服务局、国外农业服务局、自然资源保护局、农业营销服务局、美国国际发展局等办理。其中，农场服务局负责管理价格和收入支持项目、灾害救助项目和两类资源保护项目，同时负责所有项目的财务预算管理；国外农业服务局负责管理农产品出口项目；自然资源保护局负责管理大部分资源保护项目②。公司绝大部分业务通过农场服务局的地方办公室运作管理，包括 51 个州办公室和 2100 多个农业部服务中心。

第三节　农场服务局和农村发展局

农场服务局和农村发展局是农业部下设组织机构，成立于 1994 年，但其前身可分别追溯至 20 世纪三四十年代成立的农民家计局和农村电气化管理局。这两个机构属于政府金融机构，利用政策性金融手段，为难以从商业性和合作性金融机构获取融资的客户提供金融服务，以改善农业生产、农村基础设施和农民生活状况。

一、农场服务局

美国农场服务局的历史可以追溯到 20 世纪 30 年代的经济大萧条时期。为了应对危机，美国政府设立了几个早期机构，如 1935 年设立移民安置管理局，尝试对沙尘暴地区的农村进行搬迁，最终因争议和高成本而停止。1937 年，移民安置管理局转变为农场安全管理局，重点聚焦于农村复兴贷款计划，向贫困农民提供贷款、农场管理以及技术支持。

1946 年，美国尝试合并各类农场管理机构，将农场安全管理局和紧急作物饲料贷款管理局（Emergency Crop and Feed Loan Administration）合并为农民家计局，并授权该机构向农民、农村住房、农村商业企业以及农

---

① Report on audit of Commodity Credit Corporatioon and its affiliate war hemp industries ［R］. INC，1950：8.

② Commodity Credit Corporatioon information on the availability use and management of funds.

村废物处理机构提供贷款。1994 年美国农业部重组，又将农民家计局、联邦农作物保险公司、农业稳定和保护服务局等合并为现在的农场服务局。

（一）主要职能

农场服务局是美国农业部的部门之一，主要向那些无法从传统融资渠道获得信贷服务的农场主提供周转贷款和农场所有权贷款，因此也被称为"最后依靠"。其主要职能是执行农业政策，提供农场信贷服务，管理美国商品信贷公司资金，实施农户收入支持计划、产品调节计划、资源保护计划等。目前在美国有 2100 多个分支机构。

（二）主要业务

农场服务局的主要业务有担保贷款、直接贷款和土地合同担保贷款。

担保贷款。这类贷款由银行、农场信贷系统和信贷协会提供。在具体操作上，对于符合贷款条件的对象，农场服务局向借款人提供保证担保，最大担保额度为 95%，并在担保贷款发放后进行有效监督。担保贷款项目主要有农场所有权贷款、运营贷款和保护贷款等品种。

直接贷款。这类贷款由农场服务局使用国家预算资金直接提供。在具体操作上，农场服务局在收到借款人申请后，对借款人基本情况进行评估，如对借款人的机器设备、经营设施、个人财产等动产和不动产以及生产经营情况进行综合评估，以帮助借款人确定贷款的额度和完成申请等。直接贷款项目主要包括农场所有权贷款、运营贷款、突发事件贷款和保护贷款等品种。

土地合同担保贷款。这类贷款是向农场或牧场的所有者提供特定的财政担保。如农场主向刚开始从事经营或者相对弱势的农场主或牧场主出售土地。土地合同担保项目主要分成两种类型：（1）标准担保，根据合同提供资本金担保；（2）立即付款担保，最高保额是三年分期还款的一年部分加上有关的房地产和保险税费，同时出售者要聘请第三方委托机构代理合同担保的相关事宜。

表 11 - 5　　　　　　　　　　农场服务局主要贷款种类

贷款种类	贷款用途	最大贷款金额	期限和利率
直接农场贷款	农民日常经营资金周转	30 万美元	
直接农场所有权贷款	1. 购买农场 2. 基建等投资 3. 水土保持 4. 支付过户结算费用	30 万美元	不超过40 年 3.625%
直接首付贷款	创业农民购买农牧场	45% 的农牧场购买价值、评估价值、66.7 万美元,三者最低值	不超过20 年 1.5% ~4%
直接经营贷款	1. 购买牲畜、家禽、设备、饲料、种子、农用化学品和用品 2. 水土保持 3. 再融资受到限制的活动	30 万美元	期限1 ~7 年 2.875%
直接应急贷款	1. 固定资产更新 2. 支付与受灾年度相关的全部或部分生产成本 3. 支付基本的家庭生活费用 4. 农业经营重组 5. 再融资债务有一定限制的活动	实际损失价值或者50 万美元,取较低值	期限1 ~7 年(可延长至20 年),房地产类最长可达40 年 非房地产投资3.75%,房地产类固定利率
农场所有权担保贷款	1. 购买农场 2. 基建等投资 3. 水土保持 4. 支付过户结算费用	每年根据通货膨胀情况调整	不超过40 年 借贷双方约定利率
经营担保贷款	1. 购买牲畜、家禽、设备、饲料、种子、农用化学品和用品 2. 水土保持 3. 再融资受到限制的活动	每年根据通货膨胀情况调整	期限1 ~7 年 利率借贷双方约定

续表

贷款种类	贷款用途	最大贷款金额	期限和利率
农业保护担保贷款	土地、森林保护	最高 142.9 万美元	最长 30 年 利率借贷双方约定
青年贷款	10~20 岁青年获得农业相关经验及教育活动	最高额度 5000 美元	
土地合同担保贷款	通过土地合同向创业或者无法享受到相关服务的农民出售房地产	土地合同价值最高不超过 50 万美元	期限按照至少 20 年分期等额还款，担保期限 10 年 固定利率，不超过直接农场所有权贷款利率 3 个百分点

资料来源：Your Guide to FSA Farm Loans［EB/OL］. United States Department of Agriculture, Farm Service Agency, 2012；Your Farm Loans Overview［EB/OL］. United States Department of Agriculture, Farm Service Agency, 2018.

（三）资金来源及运用

美国农场服务局的资金主要来源于农业部的预算，按照 2019 年美国农业部的预算规模①（见表 11-6），预算支持农场服务局直接和担保农场所有权及经营贷款额度约为 76 亿美元。其中，直接和担保贷款支持约 46425 名农业生产者，农场经营贷款为农民提供短期信贷，以支付继续或改善其农业经营的成本，如购买种子、肥料、牲畜、饲料、设备等。对于农场经营贷款，预算提供 15 亿美元的直接贷款和 16 亿美元的担保贷款，服务农民将达到 32561 名，其中 26785 名将获得直接贷款，5776 名将获得担保贷款。对于农场所有权贷款，预算资金包括 15 亿美元的直接贷款和 27.5 亿美元的担保贷款。这些贷款将使 13864 人有机会获得自己的农场或保留现有农场，其中 8241 名借款人将获得直接贷款，5623 名将获得担保贷款。

---

① United States Department of Agriculture FY2019 Budget Summary, USDA.

表 11 - 6　　　　　农场服务局 2016—2018 年主要贷款预算　　　单位：亿美元

项目	2016	2017	2018	2019
农场经营贷款				
担保（非补贴）	13.93	19.6	18.77	16.00
直接贷款	12.52	15.3	16.02	15.00
合计	26.45	34.9	34.79	31.00
农场所有权贷款				
担保（非补贴）	20.00	27.50	27.50	27.50
直接贷款	15.00	15.00	15.00	15.00
合计	35.00	42.50	42.50	42.50
应急贷款	0.35	0.23	0.25	0.38
印第安地区土地收购贷款	0.02	0.20	0.20	0.20
高度分散的印第安地区土地流转贷款	0.10	0.11	0.11	0
消除棉铃象鼻虫贷款	0.60	0.60	0.60	0.60
专项保护担保贷款	1.50	1.50	1.50	1.50
农场贷款总计	64.02	80.04	79.95	76.18

资料来源：United States Department of Agriculture FY2019 Budget Summary，USDA.

（四）业务规模

根据美国农业部提供的融资数据，在农场部门融资中，商业银行和农场信贷系统占了绝大部分比例，农场服务局占比从 1994 年的不足 10% 下降到 2016 年的 3% 左右（见图 11 - 4）。

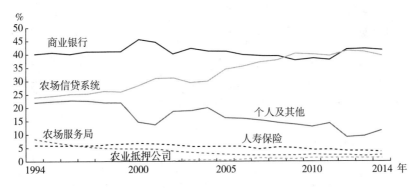

资料来源：PATRICK K，KUHNS R. Trends in Farm Sector Debt Vary by Type of Debt and Lender ［J］. Amber Waves：The Economics of Food，Farming，Natural Resources，and Rural America，2016，6：1.

图 11 - 4　美国农场服务局在农场融资中比重

根据美国农业部的统计，美国农场系统负债在 2018 年底为 4019.9 亿美元，农场服务局 2018 年末为 105.1 亿美元，农场服务局的规模占整个美国农场系统融资的 2.6% 左右。

表 11-7 美国农场系统负债情况表 单位：亿美元

类型	2012	2013	2014	2015	2016	2017	2018
房地产负债	1733.7	1851.6	1967.8	2087.7	2259.8	2380.6	2456.6
农场信贷系统	803.4	852.5	888.0	966.6	1037.5	1076.5	1130.3
农场服务局	37.4	37.2	43.3	48.6	59.1	60.5	66.2
联邦农业抵押公司	38.1	44.8	47.3	48.4	54.6	62.7	65.4
商业银行	645.6	689.0	732.5	791.6	844.2	887.4	928.3
人寿保险公司	114.9	119.8	124.0	125.3	132.0	151.1	158.6
个人及其他债务	86.9	100.8	125.2	99.6	124.9	134.6	99.5
仓储设施债务	7.3	7.5	7.5	7.6	7.4	7.7	8.3
非房地产负债	1241.5	1301.7	1484.2	1479.7	1481.8	1549.9	1563.3
农场信贷系统	426.8	440.2	478.9	482.8	493.8	511.8	533.9
农场服务局	33.6	28.4	35.5	37.5	37.8	39.6	38.9
商业银行	598.8	637.2	707.4	731.8	732.3	732.9	748.7
个人及其他债务	182.4	196.0	262.5	227.6	217.9	265.6	241.8
合计	2975.2	3153.3	3452.0	3567.4	3741.6	3930.5	4019.9
农场服务局规模占比	2.4%	2.1%	2.3%	2.4%	2.6%	2.5%	2.6%

资料来源：https：//www.ers.usda.gov/media/10395/farmsectorindicators_august2019.xlsx.

农场服务局《2016 年影响力部分成就报告》显示，2016 年投放直接贷款项目金额 23.99 亿美元，其中农场经营贷款占 56%、农场所有权贷款占 42%、应急贷款占 2%；投放负有担保义务贷款项目金额 39.66 亿美元，其中农场经营贷款占 38%、农场所有权贷款占 62%。

二、农村发展局

（一）发展历程

1990 年美国《农场法》确立了在美国农业部下面设置农村发展管理局（Rural Development Administration，RDA），主要负责管理农民家计局的一些项目以及美国农业部的一些农村发展项目。1994 年美国农业部重组后，新设立农村发展局，接手农民家计局的非农场融资项目，以及农村电气化管理局的设施贷款，支持的范围主要包括农村住房、社区设施、水和废弃物处理以及农村企业。

（二）主要机构及职能

农村发展局主要职能是通过推动各类金融支持项目[①]，以提供贷款、担保、补助等形式，改善美国的经济，提高美国农民生活质量。它有三个机构直属组成部门，分别是农村公用事业服务处（Rural Utilities Service，RUS）、农村商业合作服务处（Rural Business - Cooperative Service，RBS）和农村住房服务处（Rural Housing Service，RHS）。在美国全辖有 500 多个分支机构。

农村公用事业服务处的职责是向农村社区提供急需的基础设施或改进基础设施。农村商业合作服务处的职责是为农村地区的人提供就业培训和商业发展服务。农村住房服务处的职责是帮助农村地区建造和改善住房及必要的社区设施。

（三）资金来源

美国农村发展局的资金主要来源于农业部的预算，按照 2018 年美国农业部的预算规模[②]，2018 年为农村居民提供超过 350 亿美元的财政和技术援助。包括以下具体内容：

1. 农村基础设施。该预算提供 1.62 亿美元用于建立新的补助基金，以支持整个美国农村地区的基础设施发展。该基金将利用现有的农村发展部门，支持扩大或改善美国农村基础设施项目，包括必要的社区设施，旨在创造农村社区的就业机会和经济增长。

2. 农村电力系统。预算为农村电力改善提供 55 亿美元的贷款，通过扩大智能电网技术的使用以及其他安全性和弹性，提高动态使用管理能源的能力、确保网络可靠性，提高整个系统的效率，确保农村居民和企业的电

---

① 农村发展局网站显示，目前农村发展局运营的金融支持项目超过 50 个。
② United States Department of Agriculture FY2018 Budget Summary，USDA.

费价格在可承受的范围内，每年农村居民受益人数超过 500 万。

3. 社区设施。预算提供 35 亿美元用于支持社区设施直接贷款计划，用于投资关键社区基础设施，如医疗保健、安全和教育设施。计划投资将使 500 多万农村居民获得改善的医疗保健和安全设施，包括医院和心理健康诊所。

4. 农村住房援助。预算提供 240 亿美元的资金，通过单一家庭住房贷款担保计划解决了超过 164000 个家庭的住房问题。此外，预算提供 13 亿美元用于维持对租金援助支付的支持，使低收入家庭能够支付租金，覆盖 274000 份合同。预算案提出 2.5 亿美元用于多户保障贷款。美国农业部与政府和社会资本合作（PPP）项目开展合作，以更好地利用其住房投资，2017 年，美国农业部每投入 1 美元就带动社会资本方投入 4 美元。

5. 农村宽带连接。预算提供 6.9 亿美元用于基础设施贷款，用于向 5000 人口以下社区提供或加强宽带服务。此外，预算还利用 3000 万美元的拨款和 2300 万美元的贷款支持 PPP 宽带项目，以加强美国农村地区之间的高速宽带连接。同时计划还包括 2400 万美元的远程学习和远程医疗贷款。

6. 水和废物处置设施。预算包括 12 亿美元的直接贷款，以改善和扩大美国农村的水和废物处理设施。2019 年，美国农业部为近 150 万农村居民提供更好的安全饮水和卫生废物处理服务。

表 11 - 8　　　　农村发展局 2017—2018 年贷款预算　　单位：亿美元

部门	2017	2018
农村公用事业服务处	88.85	88.84
农村住房服务处	300.74	300.33
农村商业合作服务处	14.19	15.8
合计	403.78	404.97

资料来源：United States Department of Agriculture FY2019 Budget Summary, USDA.

（四）主要业务

目前，农村发展局的信贷业务主要分为直接贷款和担保贷款两大类，这两大类贷款主要投向公共设施、住房以及工商业三个领域。

表 11 - 9　　　　　　　　农村发展局贷款余额简表　　　　单位：亿美元

贷款	直接贷款	担保贷款	合计
工商业	6	65	71
公共设施	577	3	580
住房	327	1227	1554
合计	910	1295	2205

资料来源：Rural Development 2017 Performance Report，USDA，截至 2017 年 9 月末余额。

根据农村发展局出具的《2017 年业绩报告》信息披露（见表 11 - 9），截至 2017 年 9 月末，直接贷款余额 910 亿美元，其中工商业贷款 6 亿美元、公共设施贷款 577 亿美元、住房贷款 327 亿美元，公共设施贷款占比 63.4%。担保贷款余额 1295 亿美元，其中工商业贷款 65 亿美元、公共设施贷款 2 亿美元、住房贷款 1227 亿美元，住房贷款占比 94.7%。信贷产品主要投向三个领域：

1. 公共设施贷款业务。主要包括三类：（1）水及废物处理贷款。主要用于饮用水的来源、处理、储存和分配，污水收集传送处理及处置，固体废物的收集、处置和关闭，雨水收集、输送和处置等方面。根据融资设施的使用年限，最高期限为 40 年，执行固定利率，根据项目需要和所服务地区的家庭收入情况计算。（2）能源效率与节能贷款，主要用于提高能效；鼓励更有效地利用现有电力设施等，最长贷款期限为 15 年。（3）基础设施贷款，主要是用于改扩建建筑等方面，期限不超过 20 年。

2. 住房贷款业务。独户住宅直接贷款（Single - Family Housing Direct Loans），用于帮助低收入个人或家庭购买农村地区的住房。资金可用于建造、修理、翻新或搬迁住房，或购置和准备土地，包括提供水和排污设施等方面。在贷款审批或结束贷款时，以当时市场利率为基础利率和固定利率，取二者较低值，利率经支付援助调整后，可低至 1%。最高达 33 ~ 38 年的回收期。

独户住房维修贷款（Single - Family Housing Repair Loans）和赠款。主要是用于修缮、改善或更新住房，以消除对健康和安全的隐患。最高贷款额度为 2 万美元，期限为 20 年，贷款利率固定在 1%。

多户住房直接贷款（Multi - Family Housing Direct Loans）。该贷款为无

法获得商业信贷的合格申请人①提供帮助，使他们能够收取低收入房客可以负担的租金。主要是用于农村地区的低收入家庭、老年人和残疾人建造、改进和购买多户出租住房。另外，还可以为购买和改良土地以及提供必要的基础设施等方面提供资金。最高贷款期限为30年。

社区设施直接贷款。主要是用于购买、建造和改善必要的社区设施以及购买设备和支付相关的项目费用。基本社区设施包括以下几类：保健设施，如医院、诊所、牙科诊所、疗养院、辅助生活设施；公共设施，如市政厅、法院、机场机库、街道；社区支援服务，如幼儿中心、社区中心、游乐场、过渡房屋。贷款最长期限为40年。资金来源主要为低息直接贷款及赠款等。

3. 工商业贷款业务。主要包括以下三类。

中介机构再贷款。主要是用于收购、建造、转换、扩大、修理企业或商业设施，特别是在创造或保留工作岗位时购买或开发土地（地役权、通行权、建筑物、设施、租约、材料），购买设备、机械或用品，或进行租赁改良，污染控制与治理等方面。最高贷款额度不能超过25万美元，对于中介机构，利率固定为1%，最长期限为30年。前三年只允许归还利息。对于最终受益人，中间人设定的利率足以支付循环贷款基金的运营和维持成本。

农村小微企业家援助贷款。小额信贷机构可以为符合条件的商业活动和支出提供小额贷款，包括但不限于周转金、债务再融资、采购设备和用品等。贷款不需要担保，但至少需要15%的配套资金，最长期限20年。贷款给最终接受者的条件包括上限5万美元、固定利率、项目费用限定在75%以内等。向农村微型企业家或微型企业提供技术援助，每年可获得高达20.5万美元的赠款。

农村经济发展项目贷款。主要用于涉农企业孵化器、对非营利组织和公共机构的社区发展援助（特别是为创造或提高就业）、教育和培训农村居民以促进经济发展的设施和设备、农村居民医疗保健设施和设备等。最多可申请200万美元的贷款。

---

① 主要包括三类：一是个人、信托、协会、伙伴关系、有限伙伴关系、非营利组织、营利性公司和消费者合作社；二是大多数州和地方政府；三是联邦承认的部落。

与农场服务局的资金风险防范和监管机制相似，农村发展局也是从信贷资金申请开始。立项评估、中期检查、绩效评价贯穿于贷款项目管理的全流程。因此，整个实施过程其实就是监督和风控的过程。

第四节　农场信贷系统

农场信贷系统创建于1916年，属于合作性质的金融机构体系，最初由美国政府出资设立，20世纪40~60年代逐步归还政府资本，转变为合作成员持股。该系统专注于服务美国农业、农村和农民，致力于提高农牧民收入和福利水平，是美国最大的涉农贷款投放主体，在农村金融体系中占有重要地位。同时，该系统被视为美国现存最早的政府资助企业，在资本金、资金来源、税收等方面都得到过联邦政府的支持，并相应承担一定的公共职能。

一、主要演变历程

1916—1933年，为应对第一次世界大战期间及战后经济大萧条期间出现的各种农业问题，纾解农村金融供给不足、贷款期限短、利息高等困局，美国联邦政府先后出资设立了联邦土地银行、中期信贷银行和合作社银行，并配套设立相应的信贷协会，针对不同的贷款对象和贷款用途，发放长期、中期或短期贷款，尽量满足农业生产经营者的各种融资需求，在全美范围内形成了较为完善的农场信贷系统。

20世纪40年代，农场信贷系统发起了归还政府资本金的活动，到1968年偿清全部联邦资本，转变为由合作成员即贷款客户所有。20世纪80年代，美国农业陷入萧条，农场信贷系统遭遇严重危机。为帮助其渡过难关，美国联邦政府于1985年、1987年修订《农场信贷法》，推进农场信贷系统改革，对原有的系统银行、信贷协会实施大规模兼并，同时整合既有职能、设立专门机构，成立金融援助公司、系统保险公司等，提高系统运营的安全稳定性。

经过百余年的演变，美国农场信贷系统逐步形成包括农场信贷管理局、系统银行、信贷协会、筹资公司、再保险公司在内的完整信贷体系（见图11-5）。其中，系统银行和信贷协会覆盖全美50个州和波多黎各自治邦，使美国农场信贷系统成为全国性的金融服务网络。

截至 2017 年 12 月，农场信贷系统拥有 4 个系统银行、68 个农业信贷协会和 1 个独立的联邦土地信贷协会（FLCAs）。[1] 2017 年，该系统新发放贷款 32.75 万笔、768 亿美元，贷款总计 100.61 万笔，余额达到 2602 亿美元。[2]

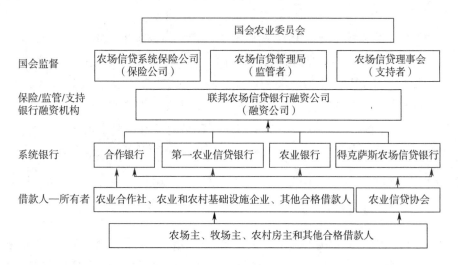

资料来源：CoBank 2018 Annual Report：31.

图 11 - 5　美国农场信贷系统的主体结构及所有权关系

二、监管机构：农场信贷管理局

农场信贷管理局是农场信贷系统的专门监管机构，依据 1933 年 3 月 27 日罗斯福总统签署的 6084 号行政令《巩固联邦农场信贷机构》而设立，由联邦农场委员会（Federal Farm Board）更名而来。[3] 最初，农场信贷管理局属于农业部下辖的一家行政机构，1953 年的《农场信贷法》将其从农业部独立出来。[4]

---

① 2017 Annual Report of Farm Credit System：9 .

② 2017 Annual Report of Farm Credit System：26.

③ Executive Order 6084 on Consolidating Federal Farm Credit Agencies ［EB/OL］. https：//en. wikisource. org.

④ Timeline of The Farm Credit Administration.

20世纪80年代农场信贷系统危机爆发后，为加强对农场信贷系统的监管，1985年国会重新修订《农场信贷法》，对农场信贷管理局进行改组，将其从农场信贷系统中分离出来，成为一家公平规范运作的监管机构，并赋予其联邦金融监管机构的监督、管理和执行权力，要求其每年对直接贷款机构至少进行一次检查，向陷入困境的机构传授安全稳健运营方法，纠正违规行为。①

1985年以来，农场信贷管理局由三名全职董事组成的董事会管理。董事会成员需经参议院提名并审议通过，由总统任命，任期6年。任职满一个完整任期的，或虽不满一个完整任期，但已在董事会中任职3年以上的，不得连任。总统指定一名成员为董事会主席，同时兼任首席执行官。②

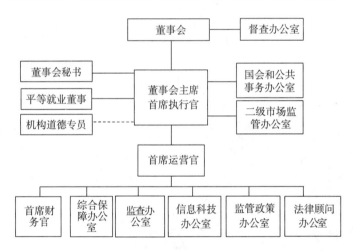

资料来源：2017 Annual Report of Farm Credit System：51.

图 11-6　美国农场信贷管理局组织架构

农场信贷管理局现为联邦政府独立的行政机构，负责监管农场信贷系统的银行、协会和联邦农业抵押公司的运营状况。监管内容主要包括系统机构履职、为借款人提供服务等情况，确保其专注于美国农业农村，为合格的农民、牧民、农民合作社等提供可靠且有竞争力的金融产品；监管系统机构的财务状况、现有或潜在的重大风险、董事会和管理层的运营指导、

① Timeline of The Farm Credit Administration.

② https：//www.fca.gov/about/fca-board.

遵守法律法规等情况，及时采取纠正措施，确保整个系统的安全稳健运行。同时，农场信贷管理局还负责发布有关政策法规、执行《农场信贷法》、批准章程修订、管理和披露财务信息等情况。①

三、批发银行：农场信贷系统银行

农场信贷系统银行（以下简称系统银行）是合作性质的批发银行，每家银行都有特定的服务区域。自成立以来，系统银行数量总体呈收缩趋势，由最初的联邦土地银行、联邦中期信贷银行、合作社银行等30多家银行，历经多次合并重组，演变为现在的合作银行、农业银行、第一农业信贷银行、得克萨斯农场信贷银行等4家银行。

截至2018年1月1日，合作银行、第一农业信贷银行、农业银行、得克萨斯农场信贷银行在指定区域分别拥有22个、19个、14个、14个农场信贷协会，负责为约50万借款人提供贷款、金融租赁及其他融资服务（见图11-7）。

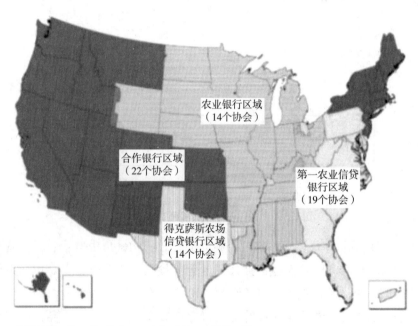

资料来源：Farm Credit System Annual Report 2017：34.

图11-7 系统银行服务区域

① 2017 Annual Report of Farm Credit System：5.

由于历史渊源和管辖区域的不同，4家系统银行在治理结构、基本职能、金融产品等方面存在一定差异。

（一）治理结构

系统银行、信贷协会与客户之间是一种合作联合体。系统银行为下辖的信贷协会提供资金和服务，信贷协会同时也是系统银行的股东，分享系统银行的利润；而农民、农村居民、涉农企业及组织等，既是信贷协会的信贷客户，又是其股东。各方面合作都必须遵循国际通行的"合作社七原则"。此外，2005年，农场信贷管理局研究确定了系统成员必须遵循的三个核心合作原则，即用户所有、用户控制和用户利益，并将其作为整个农场信贷系统合作实践的基础。①

基于合作性质，系统银行由辖区选举产生的董事会管理。4个系统银行董事会成员和所设专门委员会的数量并不相同，例如，合作银行董事会有19名董事，第一农业信贷银行董事会有17名董事，而得克萨斯农场信贷银行董事会有7名董事。

以合作银行为例②，其董事会由6个投票区选举的17名董事、2名指定董事和2名独立董事组成（选举空缺2名，实际有19名）。董事会成员可以不是银行股东，但不能是现有的信贷客户，不能是有关联业务人员，也不能是系统银行雇员的亲属。每年，董事会都要选举董事会成员，只要符合选举要求，现任和非现任的董事都可参加选举。为确保能够吸引高素质、多元化的董事会成员，董事会设有独立提名委员会，负责提名、审查并确定合格候选人。现任董事会成员不得担任提名委员会成员。

合作银行的董事会设立五个常设委员会：执行委员会、审计委员会、薪酬与人力资源委员会、风险委员会和治理委员会。这些委员会至少由3名董事会成员组成，对董事会负责，并向董事会报告。各委员会的具体职能如下：

执行委员会主要负责制订并实施战略计划，监督银行业务和财务状况，以及处理其他事项，必要时会代表董事会行使职能。

① https：//www. fca. gov/bank – oversight/the – cooperative – way.

② https：//www. cobank. com.

审计委员会协助董事会履行监督职能，监督财务报告流程、内部会计管理和财务控制执行情况；监督内部审计、资产审查、风险评估情况；监督独立审计师工作情况；监督法律合规情况等。

薪酬与人力资源委员会负责银行高管继任、人力资本和薪酬奖励等有关事项，包括工资、激励和福利计划，并促成对总裁和首席执行官的履职评估。

风险委员会主要负责监督银行风险管控情况，包括银行对信贷、市场、利率、流动性、法律合规、声誉、技术和运营风险等管理和评估能力。

治理委员会主要对银行董事会及其成员、治理结构和治理流程进行监督并提出建议。

（二）基本职能

4家系统银行可分为两类：农业信贷银行和农场信贷银行。其中，合作银行是唯一农业信贷银行，由农场信贷银行和合作社银行合并而来，享有两种银行的权利。作为合作社银行，它可以直接面向全美50个州的涉农企业、农民合作社、基础设施供应商等提供贷款、租赁、出口融资及其他金融服务；作为农场信贷银行，它还可以向22家农业信贷协会提供信贷资金，由这些协会把信贷资金发放给借款人。

农业银行、第一农业信贷银行、得克萨斯农场信贷银行，都属于农场信贷银行，主要向农业信贷协会提供资金，本身并不直接发放贷款。

除向农业信贷协会提供资金以外，系统银行还担负着大量的服务和管理职能。以第一农业信贷银行为例[①]，主要职能包括：

（1）提供市场营销服务。定期进行市场分析并公布报告，维护内部共享资源网站（AgSource），撰写和印刷各种宣传文案，组织农业信贷立法培训及宣传教育，举办营销活动帮助拓展业务等。

（2）贷款组织（Loan Origination）。通过自动化的系统工具帮助信贷协会管理并跟踪整个贷款流程，包括贷款申请接收、信用评估分析、利用定价系统确定贷款利率、尽职调查、生成贷款文书等。

（3）贷款服务（Loan Servicing）。将贷款信息上传至贷款会计系统；向

---

① 详见 https：//www.agfirst.com/About-Us/Overview.aspx。

融资公司和农场信贷管理局报告所需贷款数据；向借款人支付资金；监督贷款流程，使之符合监管要求；维护贷款会计和服务软件，使信贷协会的贷款流程更加自动顺畅。

（4）提供信用分析系统。提供 SunGard 优化分析工具套件，该系统包括客户财务分析、宏观经济预测模型、风险评级、违约损失模型和投资组合管理等诸多功能，支持信贷协会进行信用分析和贷款流程管理，提高自动化水平，减少错误发生率。

（5）财务分析和报告。提供全套软件和支持服务，以提高财务报告的准确性、一致性和及时性，同时满足信贷协会日益复杂的报告要求和分析需求。

（6）网络和移动银行服务。Account Access 是基于互联网和移动终端的系统软件，允许客户在任何时间访问其贷款账户，随时查阅贷款用途、贷款本金、已支付利息、下次付款信息；下载税务文件、账单和年度历史报表；从商业支票或储蓄账户中提取或支付款项。

（7）客户关系管理。向信贷协会提供行业领先的销售人员管理工具 Microsoft CRM，跟踪营销活动的有效性，管理贷款和交易机会渠道，及时与客户互动（电话、访问、电子邮件、任务等），并向借款方提供有关报告。

（8）档案资料管理。通过企业数据仓库、档案图像管理系统等，管理银行、信贷协会、关联客户以及各项业务的数据资料，提供查询和分析报告。

（9）人力资源服务。向各信贷协会提供人力资源咨询、培训、管理等服务，覆盖从招聘到退休的整个就业周期。

（三）服务对象

系统银行及其农场信贷协会依据法定授权，向符合规定的农场主、农村居民、渔民以及为农业生产者提供农业服务的个人或企业，提供信贷和租赁服务，服务对象限定在农业农村领域，主要包括：

（1）农业生产者。为购买土地、经营农场、购买设备、建造设施等发放贷款，提供农作物保险、人寿保险及其他金融服务。

（2）农村基础设施提供者。为农村社区重要的基础设施服务公司提供

表11-10　农场信贷系统主要财务指标
（截至2017年12月31日）

单位：千美元

金融机构／财务指标	总资产	贷款总额	非应计贷款	贷款损失准备金	现金和有价证券①	股本②	资本总额③	净收入④	净收入（本年迄今）	营业费用⑤比率⑥（%）
银行										
第一农业信贷银行	32487457	23359160	21303	14381	8847108	313752	2242815	97379	344749	0.53
农业银行	104544725	88374923	53038	26047	15550757	2345655	5641882	125577	525358	0.15
合作银行	129210813	99265505	246837	576927	29292192	3240445	9060077	391121	1125321	0.40
得克萨斯农场信贷银行	22836605	17085177	3393	7639	5456308	301239	1667884	50794	195986	0.60
合计	289079600	228084765	324571	624994	59146365	6201091	18612658	664871	2191414	0.33
信贷协会										
第一农业信贷银行	21913375	20970756	217553	178685	122900	143568	4538692	314207	596949	1.55
农业银行	100646824	94124666	692646	410013	2266662	264976	19236044	600958	1670460	1.35
合作银行	56161426	53017166	307046	307102	337434	69407	11350338	273225	1078942	1.42
得克萨斯农场信贷银行	17096626	16525793	125634	68375	29939	58616	2693118	82488	326970	1.46
合计	195818251	184638381	1342879	964175	2756935	536567	37818192	1270878	3673321	1.41
农场信贷系统总额⑥	329518000	258777000	1660000	1596000	61784000	1879000	55382000	1473000	5189000	1.41

注：①包括有价证券的应计利息。

②包括股本和参股证明，不包括强制性可赎回优先股和受保护借款人资本。

③包括股本、参股证明、永续优先股、盈余、累计其他综合收益，不包括强制性可赎回优先股和受保护借款人资本。对于农场信贷系统总额而言，资本总额还包括存在于干农场信贷保险基金中的44.32亿美元限定用途资本。

④季度净收入。

⑤营业费用/每百美元贷款。

⑥因地区内部和系统内部的抵销，该数值不能由对应科目简单加总获得。

资料来源：Farm Credit System Call Report as of Dec. 31, 2017；the Farm Credit System Quarterly information Statement provided by the Federal Farm Credit Banks Funding Corporation.

资金支持，包括农村供水系统和清洁饮水、农村再生能源、农村现代通信、农村电力设施及输电线路建设等。

（3）农民合作社和其他涉农企业。为农民合作社及农产品生产、加工、销售和分配等涉农企业提供金融服务。

（4）农村购房者。为个人和家庭在农村地区购买住房提供融资服务。

（5）青年农民、新手农民和小型农户。向农业、牧业和渔业生产者中的青年农民（Young Farmer）、新手农民（Beginning Farmer）、小型农户（Small Farmer）（以上三者简称 YBS）提供全面且具有建设性的融资服务。青年农民是指 35 岁及以下农民；新手农民是指从事农业不足 10 年的农民；小型农户是指年销售收入低于 25 万美元的农业生产者。

（6）农业出口者。帮助农业生产者和相关企业扩大农业出口。

据统计，农场信贷系统为约 52.7 万借款人提供服务。如图 11 - 8 所示，在 52.7 万借贷人中，约 76%（约合 40.2 万人）的贷款规模低于 25 万美元，合计贷款量约占总量的 14%；只有 0.009%（49 人）的贷款规模超过 2.5 亿美元，贷款量约占总量的 9%。由此可见，绝大部分借款人的借贷规模都不大（在 25 万美元以下），76% 借款人的贷款量仅占全部贷款量的 14%；而 24% 的借款人的贷款量却占到全部贷款量的 86%。

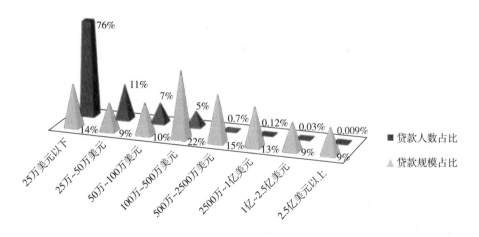

资料来源：MONKE J. Farm Credit System［R］. CRS Report. 2016：8.

图 11 - 8　2015 年农场信贷系统贷款情况

（四）主要信贷业务

农场信贷系统的贷款品种有很多，基本可覆盖农业、农村和农民的各种融资需求。根据不同的分类标准，将贷款分类如下。

依据贷款期限分类：（1）长期贷款，为土地、建筑物和房屋提供长期融资（长达40年）的不动产贷款；（2）中期贷款，主要用于设备、种畜等耐用品的中期融资；（3）短期经营性贷款，主要用于饲料、种子、化肥、燃料等易耗品融资。[①]

依据贷款用途分类：长期不动产贷款、农业生产和中期贷款、水产品生产和捕捞贷款、农业加工设施和农场相关业务贷款、农民合作社贷款、农村住房抵押贷款、农业出口贷款、农村公用事业贷款、农场主和牧场主其他贷款等。相关信贷余额情况见表11－11和图11－9。

表 11－11　　　　　2013—2017 年农场信贷系统贷款余额

（截至 12 月 31 日）　　　　　单位：百万美元

年份 贷款类别	2013	2014	2015	2016	2017	比 2013 年 增长（%）	比 2016 年 增长（%）
长期不动产贷款	95209	100811	107813	114446	119450	25.5	4.4
生产和中期贷款	44309	46305	49204	50282	51724	16.7	2.9
农业企业贷款							
加工和营销业务	13164	16974	19949	21166	21582	63.9	2.0
合作社	10885	12553	13113	15300	17335	59.3	13.3
农场相关业务	2999	3408	3533	3162	3293	9.8	4.1
农村公用事业贷款							
能源	14304	15036	17925	19577	19689	37.6	0.6
通信	4159	5044	6196	6023	6311	51.7	4.8
水和废水	1325	1488	1677	1840	1965	48.3	6.8
农村房屋贷款	6511	6754	7117	7148	7261	11.5	1.6
农业出口贷款	4743	4837	5075	5531	5645	19.0	2.1
租赁应收款	2706	2976	3373	3480	3665	35.4	5.3
其他金融机构贷款	746	868	915	813	857	14.9	5.4
总计	201060	217054	235890	248768	258777	28.7	4.0

资料来源：Farm Credit System Annual Report 2017：20.

---

① MONKE J. Credit Systerm［R］. CRS Report, 2016：7－8.

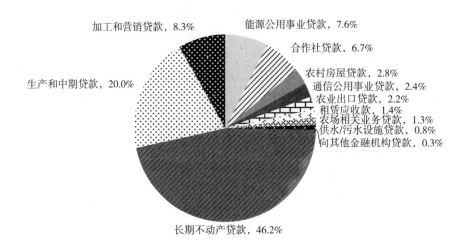

加工和营销贷款，8.3%

能源公用事业贷款，7.6%

合作社贷款，6.7%

生产和中期贷款，20.0%

农村房屋贷款，2.8%
通信公用事业贷款，2.4%
农业出口贷款，2.2%
租赁应收款，1.4%
农场相关业务贷款，1.3%
供水/污水设施贷款，0.8%
向其他金融机构贷款，0.3%

长期不动产贷款，46.2%

资料来源：2017 Annual Report of Farm Credit System：21.

图 11 – 9 2017 年农场信贷系统各类贷款占比

1. 长期不动产贷款。该项贷款是农场信贷系统规模最大、成效最显著的贷款，主要用于购买土地、改良土壤、购置建筑物或者为以前的房地产或非房地产贷款进行再融资。贷款必须由不动产作为第一留置权进行抵押担保。贷款期限一般为 5～40 年，目前以 20～30 年为主。

一般来说，该项贷款的法定贷款额度不得超过抵押房地产评估价值的 85%，但农场信贷管理局可以规定贷款额不能超过评估价值的 75%。如果有农场服务局提供政府担保，贷款限额可以提高至评估价值的 97%。但实际上，贷款比例一般低于 85%，主要取决于借款人的还款能力和其他信用因素。

近年来，协会推出了可变利率贷款，利率可以根据协会资金成本的变化而每月、每周进行调整。对于可变利率贷款，在规定期限（1 年、3 年、5 年或 10 年）内利率是固定的，较长时期的贷款可采取分期偿还方式；当规定期限结束时，贷款利率可以调整到与市场利率一致的水平。即使在利率调整期内，利率也可能会保持不变，因为筹资公司发行债券的期限与贷款期限非常接近甚至相同，系统银行一般通过匹配债券和贷款的期限来管理利率风险，并依此对贷款进行边际成本定价。

对于固定利率贷款，利率在整个贷款期限内是固定的。但贷款发放时，固定利率水平通常高于可变利率水平，以补偿贷款人承担的利率风险。提

329

前归还部分贷款或全部本息无须支付罚金。事实上，很少有贷款真正到期后才归还，大多会发生提前偿还、再融资、额外融资或续借等情况。[1]

2. 中期和短期贷款。该项贷款主要用于农场、牧场、农场相关商业、农场服务和农村生活等。贷款期限最长 10 年，机器、设备、水产养殖和畜牧养殖一般为 3~5 年。大多数贷款都有资产作为抵押担保，无担保贷款通常为短期债务或借款人信用较高。大多数贷款的期限和还款方式根据借款人的预估现金流确定。中期贷款归还方式可分为等额分期还款、持续支付本金还款。当有可用收入和资金可周转时，借款人往往提前归还贷款，以将利息成本控制在最低。贷款利率可根据实际情况进行调整，一般考虑以下因素：从农业信贷银行借款的成本、协会运营成本、预期贷款损失和股本收益预留等。[2]

3. YBS 贷款。该贷款指专为青年农民、新手农民和小型农户提供的贷款。根据《农场信贷法》规定，系统银行和农场信贷协会必须制订项目和服务计划，为 YBS 群体提供健全且具有建设性的信贷服务，同时还须协助政府和私人信贷机构实施 YBS 计划。系统银行和协会通过设计小额贷款项目、移动贷款项目等专项计划，或通过投放各种媒体广告、举办教育培训等方式主动营销客户。近年来，一些银行和协会把目标市场定位到退伍军人、妇女、农二代、少数民族、有机生产者以及食品生产中心等客户群体。在贷款审批发放时，大多数银行和协会通常会使用国家贷款担保、优惠利率等优惠政策。

2017 年，农场信贷系统向青年农民新发放 56705 笔、91 亿美元贷款，分别占当年新发放贷款的 17.3%、11.8%；年末青年农民贷款数量 187156 笔、余额 291 亿美元。向初创期农民新发放 73752 笔、124 亿美元贷款，分别占当年新发放贷款的 22.5%、16.2%；年末初创期农民贷款数量 279027 笔、余额 451 亿美元。向小型农户新发放 136910 笔、117 亿美元贷款，分别占当年新发放贷款的 41.8%、15.2%；年末小型农户贷款数量 489694 笔、余额 487 亿美元。[3] 具体情况参见表 11 – 12。

---

① BARRY P J, ELLINGER N P. Financial Management in Agriculture [M]. 7th ed. New Jersey：Pearson Prentice Hall，2012：317 – 318.

② 同注①。

③ 2017 Annual Report of Farm Credit System [R]. 2017：27.

表 11 –12A　　　　　2017 年已经偿还的 YBS 贷款情况

（截至 12 月 31 日）

YBS 类别	贷款笔数（笔）	笔数占比（％）	贷款金额（百万美元）	金额占比（％）	平均贷款规模（美元）
青年农民	56705	17.3	9072	11.8	159994
新手农民	73752	22.5	12445	16.2	168738
小型农户	136910	41.8	11688	15.2	85367

表 11 –12B　　　　　2017 年尚未偿还的 YBS 贷款情况

（截至 12 月 31 日）

YBS 类别	贷款笔数（笔）	笔数占比（％）	贷款金额（百万美元）	金额占比（％）	平均贷款规模（美元）
青年农民	187156	18.6	29105	11.2	155513
新手农民	279027	27.7	45073	17.3	161535
小型农户	489694	48.7	48668	18.7	99385

资料来源：2017 Annual Report of FCS：27.

（五）其他金融业务[①]

1. 农业租赁。对于任何企业或个人而言，设施设备的真正价值体现在使用上，而不是拥有上。租赁能够帮助企业或个人不购买就可以使用所需设备，而且具有节约成本、改善现金流、避免设备过时、获得税收和减少资本占用优势等。租赁和贷款的区别在于，租赁公司不是借钱给客户购买机器设备，而是借钱给客户租用机器设备，客户只需按期支付租赁费即可。

租赁物品几乎可以涵盖农业生产经营所需的任何器具，包括运输车辆、农业机械设备、生产设施等。通过租赁，客户可以使用最先进型号的设备，可以及时获得维修乃至更换服务。客户可以自行选择设备制造商或供应商，协商好价格，再由租赁公司介入融资支持，提供多种灵活、实用的租赁解决方案。租赁期限一般取决于租赁设备的预期用途和使用寿命，通常在 36 ~

---

① 根据 https：//www.cobank.com/网站资料整理。

60 个月，可以根据客户需求而定。租赁办理手续效率很高，对于较小交易，审批一般只需 24 ~ 48 小时；较大交易大约在一周内完成。

2. PPP（Public – Private Partnerships）。农村地区资金的可得性远低于城市地区，为农村企业家和企业提供资金是促进农村经济发展和创造就业机会的关键。农场信贷系统通过支持私营企业和政府机构在专业技术等领域合作，为饮水/废水、能源、通信等农村基础设施建设提供全新的融资解决方案。除了与其他私人资本合作促成融资以外，银行还可以作为共同贷款人，对满足市场条件的项目进行投资，以补充现有的政府贷款计划。

PPP 是一项美国农业部农村企业投资计划，该计划允许农村企业投资公司（Rural Business Investment Company，RBIC）向农村企业投入初级资本。RBIC 的运作方式与私募股权基金类似：基金经理从投资者那里筹集资金，然后投资于各种私人企业。由于农村企业投资公司得到了美国农业部的支持，纳税人的资金不存在风险。

PPP 通常以基金方式运作，这些基金包括农业企业优势资本基金、中西部增长伙伴基金等。例如，为帮助解决农村地区传统股权融资的局限性，2014 年，合作银行和 7 家农业信贷机构共同创建了农业企业优势资本基金，基金规模 1.545 亿美元，通过多样化的初级资本投资组合，重点投向具有增长潜力的小型企业，涉及农业生产、农产品加工和销售、农场物资供应、农村通信等领域，基金计划预计执行 10 年。

3. 网上银行和现金管理。通过网上银行平台，客户可以快速查询贷款和投资情况、办理交易、进行现金管理。现金管理程序和人员将最大限度地利用闲置现金，为客户提供结算、支付和收款等服务，提高资金使用效率，节省时间和金钱。

4. 农业保险。由农业信贷协会销售人寿保险和谷物保险等保险产品。

四、放贷机构：农业信贷协会

农业信贷协会是农场信贷系统的直接放贷机构，从系统银行获得信贷资金，为协会成员提供较为全面的信贷服务。农业信贷协会由过去的联邦土地银行协会（FLBA）和生产信贷协会合并而来。合并以后，农业信贷协会的数量大幅减少，由合并之初的 900 余个减少至 2017 年末的 69 个，其中有 1 个为独立的联邦土地信贷协会。

（一）组织架构

绝大部分农业信贷协会保留了母子公司结构，由两个分支机构组成，一个是生产信贷协会，主要提供短期和中期的生产及中间环节贷款；另一个是联邦土地银行协会，主要负责发放长期的不动产抵押贷款。在这种结构下，所有人员和经营活动都放在母公司农业信贷协会，但贷款归其子公司联邦土地银行协会和生产信贷协会所有，由不动产担保的贷款（包括生产信贷协会发放的部分短期贷款）归联邦土地银行协会管理，其余贷款归生产信贷协会管理。[1]

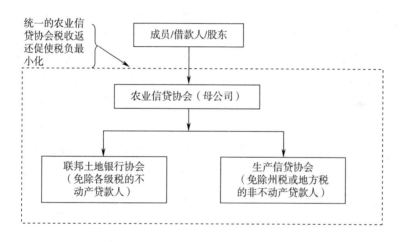

资料来源：ELY B. The Farm Credit System：Lending Anywhere But on the Farm ［M］. Ely & Company，2006：12.

图 11 - 10 农业信贷协会组织架构

这种母子公司结构的优点在于：（1）能够享受税收优惠政策。联邦土地银行协会不动产贷款免征全部所得税，生产信贷协会非不动产贷款免征联邦和州所得税[2]。2000 年，按照 1998 年联邦地方法院通过的一项决定，美国国税局向农场信贷系统返还了之前缴纳的 2.82 亿美元长期不动产抵押

---

① ELY B. The Farm Credit System：Lending Anywhere But on the Farm ［M］. Ely & Company，2006：12.

② ELY B. The Farm Credit System：Lending Anywhere But on the Farm ［M］. Ely & Company，2006：14.

贷款所得税，加上9200万美元利息，共计3.74亿美元[1]。（2）能够高效利用资本。客户只需持有农业信贷协会的资本，就可以从农业信贷协会以及一个或两个子公司借款。

（二）贷款发放与管理

系统银行将资金批发给农业信贷协会，由其向合格借款人发放贷款。为尽可能避免竞争，每个信贷协会都有其"特许区域"，各自仅在特许区域内提供金融服务，如果跨区经营，首先必须获得另一区域信贷协会的同意，而且须得到农场信贷管理局的批准。[2]

贷款利率。由于筹资成本较低且享受减免税政策，大多数情况下农场信贷系统的贷款利率会低于商业银行，但个别情况下也会出现例外。美国农业部1977—1995年分析数据显示[3]，20世纪80年代初期前后，市场利率高且波动较大，农场信贷系统采用平均成本定价法，贷款利率明显低于商业银行，大致低80~500个基点。80年代中期农场信贷危机以后，农场信贷系统建立了新的融资体系和系统保险基金；因还需要消化不良贷款，管理和服务成本随之上升，系统开始采用银行较为通用的边际定价法，贷款利率相对较高。1986—1987年，不动产贷款利率与商业银行基本持平；1991—1994年，地产贷款利率曾一度超过商业银行。

信贷协会以满足客户需求为首要目标，致力于为客户创造价值。协会工作人员与客户（也是协会成员）保持长期联系，熟悉客户情况，及时用积累的农业和金融专业知识提供融资服务。服务方式也非常灵活，能够最大限度满足客户需求，例如为客户提供上门服务，信贷协议可以在家禽养殖户的餐桌上、蔬菜种植者的田间地头，或是在涉农企业的会议室签署[4]。农场信贷系统定期对客户满意度进行评估，客户满意、非常满意目标分别需达到95%、70%以上，事实上这两项指标连续多年都分别达到了98%以

---

① ELY B. The Farm Credit System：Lending Anywhere But on the Farm ［M］. Ely & Company，2006：12.

② MONKE J. Farm Credit System ［R］. CRS Report，2016：7；ELY B. The Farm Credit System：Lending Anywhere But on the Farm ［M］. Ely & Company，2006：12.

③ Credit in rural America：Appendix B Financial Markets for Agriculture，Housing，Business，and Development：69.

④ A review of credit availability in rural America，U. S. Government Printing Office. 2014：48.

上和80%左右。

五、资金来源：联邦农场信贷银行融资公司

系统银行和信贷协会无权吸收存款，且未经批准不得向其他金融机构借款。农场信贷系统资金主要来源于三个方面：（1）面向全球资本市场发行债券和票据所筹资金，这也是其最主要的资金来源；（2）借款人购买合作系统股票的入股资金，借款人最少购买1000美元股票，或者是相当于贷款额2%的股票；（3）农场信贷系统的未分配利润。

联邦农场信贷银行融资公司（Federal Farm Credit Banks Funding Corporation，以下简称融资公司）由国会批准成立，归系统银行所有，接受农场信贷管理局的监管。融资公司是农场信贷系统的专门融资机构，面向全球市场发行各种证券（包括贴现票据、债券等），为系统银行筹集信贷、租赁和运营所需资金。此外，融资公司还提供银行咨询、会计和财务报告等服务，并作为农场信贷系统的财务发言人，对外披露系统整体财务状况和绩效等信息。

（一）组织架构

融资公司董事会由9名有投票权成员和1名无投票权成员组成。其中，7名董事会成员从系统银行内选举产生（3名成员从系统银行首席执行官或董事长中选举产生、4名成员从系统银行现任或前任管理人员中选举产生）；另外2名成员从农场信贷系统以外任命，为不代表各方利益、具有业务知识的独立董事。董事长属于无投票权成员。董事会成员需经财政部长和联邦储备主席协商后确定。[1] 董事会下设审计委员会、信息披露委员会等专门委员会。

（二）证券品种[2]

证券品种包括贴现票据（Discount Notes）、特定债券（Designated

---

① Federal Farm Credit Banks Funding Corporation：Corporate Governance [EB/OL]. [2019-12-26]. https：//www. farmcreditfunding. com/ffcb _ live/corporateGovernance. html.

② 根据联邦农场信贷银行融资公司官方网站（https：//www. farmcreditfunding. com/）资料整理。

Bonds）、固息债券、浮息债券、零售债券。由 4 家系统银行担负偿还责任，系统保险公司提供担保。证券评级都很高：标准普尔评级 AA + /A － 1 + ，穆迪公司评级 Aaa/P － 1，惠誉评级 AAA/F1 + 。

1. 贴现票据是一种高信用质量、短期债务工具，以低于票面金额的折扣价发行，与美国国库券类似。贴现票据每个工作日都可发行，期限为 1 ~ 365 天。贴现票据将按到期日支付的金额计算，到期前不得赎回。它以贴现方式出售，发行价格依据以下公式计算：

$$(1 - \frac{贴现率 \times 从结算日期至到期日的天数}{360 天}) \times 100$$

2. 固息债券是以各种金额、到期日和结构定期发行的高信用等级债券。它既可以是可赎回的，也可以是不可赎回的。赎回权包括美式期权、百慕大期权和欧式期权。赎回封闭期可能是 3 个月或者更长时间。固息债券具有结构灵活性，能够考虑投资者和经销商的各种需求。

3. 浮息债券是系统银行按需要发行的高信用等级的可变利率债券。该债券利率的高低主要受伦敦银行同业拆放利率（Libor）、有抵押的隔夜融资利率（SOFR）、最优惠贷款利率（Prime）、国债利率（T － Bills）和联邦基金利率（Fed Funds）等典型指数的影响。为使投资者更好地管理再投资风险，浮息债券通常是不可赎回的。

4. 特定债券是高信用等级、流动性强、不可赎回的有价证券。特定债券的发行额等于或高于 10 亿美元，并被纳入彭博巴克莱债券指数。定期发行的特定债券通常有 2 ~ 10 年的原始期限，并通过某个由 2 ~ 6 个债券交易商组成的银团公开发行。特定债券不仅为具有高收益率的美国国债提供了可行的投资替代方案，而且提供了多样化投资组合的机会。

5. 零售债券以多种利率结构和期限发行。该债券将出售给主要经销商，或者通过主要经销商向参与交易商或其他分销商出售。一般情况下，零售债券的到期日不得短于 1 年，且不得超过 30 年。零售债券将通过债券交易商（Incapital LLC）出售，也可以通过融资公司的经销商集团获得。

表 11 - 13　　　　　　　　　　债务证券的主要类型

	贴现票据	特定债券	浮息债券	固息债券	零售债券
供给(产品)	日常、反向调查	定期	根据需要或反向调查或每日传达系统利息	根据需要或反向调查或每日传达系统利息	定期
评级	标准普尔：A -1 + 穆迪公司：P -1 惠誉国际：F1 +	标准普尔：AA + 穆迪公司：Aaa 惠誉国际：AAA	标准普尔：AA + 穆迪公司：Aaa 惠誉国际：AAA	标准普尔：AA + 穆迪公司：Aaa 惠誉国际：AAA	标准普尔：AA + 穆迪公司：Aaa 惠誉国际：AAA
风险加权率	20% （国际清算银行）	20% （国际清算银行）	20% （国际清算银行）	20% （国际清算银行）	20% （国际清算银行）
到期期限	1 ~365 天	1 ~30 年	1 ~30 年	1 ~30 年	1 ~30 年
代表性期限	隔夜 30 天	2 ~10 年	1 ~3 年	1 ~5 年	2 ~10 年
赎回条款	—	可赎回欧式期权	—	可赎回美式期权、百慕大期权和欧式期权，需要 3 个月或更长的封闭期	可赎回美式期权、百慕大期权和欧式期权，需要 3 个月或更长的封闭期
面额	1000 美元的整数倍，最低 1000 美元	1000 美元的整数倍，最低 1000 美元	1000 美元的整数倍，最低 1000 美元	1000 美元的整数倍，最低 1000 美元	1000 美元的整数倍，最低 1000 美元
结算	现金/定期	3 ~5 个工作日	5 ~7 个工作日	5 ~7 个工作日	3 ~5 个工作日
天数计算法	实际天数/360	30/360	实际天数/360，实际天数/实际天数 （依指数而定）	30/360	30/360 （固定利率）、依指数而定 （浮动利率）
支付频率	到期	每半年	每月、每季度、每半年	每半年	每月、每季度、每半年
发行方法	按客户订单顺序	企业联合	拍卖/谈判	拍卖/谈判	产品定期发布

资料来源：https：//www.farmcreditfunding.com.

（三）证券发行

融资公司的债券承销团队由 30 家银行和证券交易商组成，负责在全球范围内发行农业信贷债券，投资者包括美国国内的商业银行、各州市政府、养老金和货币基金、保险公司、投资顾问公司等，还包括其他国家的银行、政府及其他投资者。融资公司发行债券需经农场信贷管理局批准，与系统银行协商每期债券发行的额度、期限、利率、条款和条件，并在发行协议中予以明确。融资公司可以做到每天发行票据和债券，发行活动主要视系统银行需求决定，同时考虑投资者需求、交易商利益和市场条件（见图 11-11）。

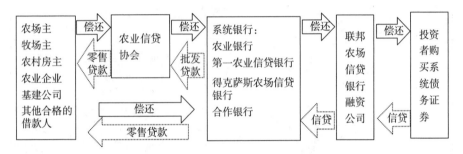

资料来源：MONKE J. Farm Credit System［R］. CRS Report，2016：4.

图 11-11　农场信贷系统债券持有人和借款人之间的资金流

表 11-14　　　　　　　　　　　证券发行量　　　　　　　　　单位：百万美元

| 时间 | 贴现票据 | 特定债券 | 固息债券 | | 浮息债券 | | | | 零售债券 | 其他 | 总数 |
			可赎回	不可赎回	伦敦银行同业拆放利率	有抵押的隔夜融资利率	最优惠贷款利率	其他			
2019 年（1~7 月）	103887	0	18873	12272	21940	2854	3075	4550	0	56	167507
2018 年	210491	0	14394	23848	45685	0	5525	8450	0	116	308509
2017 年	186792	0	20215	18075	39836	0	5775	7275	9	13	277990
2016 年	199866	1000	58633	22936	44364	0	4300	2870	43	19	334031

注："其他"包括关联存款。

资料来源：www.farmcreditfunding.com.

（四）资金利率

融资公司发行的债券和票据在金融市场上被视为"政府机构证券"和"无风险债券"。虽然联邦政府并没有对债券进行担保，但是鉴于相关证券可以享受一些监管豁免、税收优惠，同时考虑到农场信贷系统在遭遇重大危机时联邦政府会出手相救等情形，金融市场一般认为这些证券隐含着联邦政府担保。因此，相关证券具有融资成本优势，其发行利率接近同期限的国债利率，债券收益率一般仅比国债收益率高 10 ~ 50 个基点。[①]

表 11 - 15   利率比较

	2019.6.28	2019.7.1	2019.7.2	2019.7.3
美国政府证券				
国库券（二级市场）				
4 周	2.14	2.13	2.18	2.21
3 个月	2.08	2.16	2.15	2.16
6 个月	2.04	2.04	2.03	2.03
1 年	1.87	1.89	1.86	1.86
国债固定到期日名义利率				
1 个月	2.18	2.17	2.21	2.25
3 个月	2.12	2.21	2.20	2.21
6 个月	2.09	2.10	2.09	2.08
1 年	1.92	1.94	1.91	1.91
3 年	1.71	1.74	1.71	1.71
5 年	1.76	1.79	1.75	1.74
10 年	2.00	2.03	1.98	1.96
农场信贷系统融资公司证券				
短期债券指数（债券等值收益率）				
1 个月	2.224	2.224	2.224	2.245
3 个月	2.253	2.232	2.233	2.243

[①] BARRY P J, ELLINGER N P. Financial Management in Agriculture [M]. 7th ed. New Jersey：Pearson Prentice Hall, 2012：317；ELY B. The Farm Credit System：Lending Anywhere But on the Farm [M]. Ely & Company, 2006：15 - 16.

	2019.6.28	2019.7.1	2019.7.2	2019.7.3
6 个月	2.162	2.141	2.132	2.132
中长期债券指数				
1 年	2.022	2.017	2.014	2.021
3 年	1.864	1.867	1.857	1.831
5 年	1.923	1.923	1.905	1.874
10 年	2.428	2.428	2.411	2.428

资料来源：根据美联储和联邦农场信贷银行融资公司网站资料整理。

六、风险防控

农场信贷系统的主要风险包括信贷风险、市场风险、流动性风险、操作风险、战略风险、声誉风险、合规风险、政策风险（指联邦农业政策和《农场信贷法》变动带来的风险）等。整个系统的风险管控大体分为农场信贷管理局、农场信贷系统保险公司、系统银行和信贷协会等几个层面。

（一）农场信贷系统保险公司的风险保障

20 世纪 80 年代，美国爆发了严重的农业危机，农场信贷系统损失惨重。为保护农场信贷系统的安全稳健运行，联邦政府依据 1987 年修订的《农场信贷法》成立了农场信贷系统保险公司（Farm Credit System Insurance Corporation，FCSIC，以下简称系统保险公司），其目的是及时支付系统银行发行的债券本金和利息，以保护债券投资者利益。[1] 系统保险公司是一家由联邦政府控制的独立实体，负责运营管理农场信贷保险基金，尽可能减少基金损失，确保农场信贷系统能够持续地提供信贷服务。[2] 其董事由农场信贷管理局董事会的 3 名成员兼任，但双方的董事长不能是同一个人。[3]

1. 保险基金的来源。1989 年，美国财政部拨付了 2.6 亿美元作为保险基金的种子资金，同年系统银行开始支付年度保费，作为保险基金的主要

---

[1] 2017 Annual Report of Farm Credit System：11.

[2] 2017 Annual Report of Farm Credit System Insurance Corporation：mission statement.

[3] 2017 Annual Report of Farm Credit System Insurance Corporation：4.

来源。此外，保险公司还通过投资美国国债维持和补充保险基金。[1] 2017年，系统保险公司从系统银行获得 3.41 亿美元保费收入。

2. 保险基金的缴付比例。美国国会指示系统保险公司为保险基金设定一个"安全基础额"，额度等于系统银行未偿还债务调整额的 2%。其中，未偿还债务调整额等于参保的系统银行债务与应付利息之和，减去由美国政府担保的贷款和无风险投资的 90%，以及由州政府担保的贷款和无风险投资的 80%[2]。每年年底，保险基金应保持在 2% 的"安全基础额"水平以上。如果低于此水平，系统保险公司将于来年征收额外保费以补足差额；如果高于此水平，系统银行不必再支付保费，而且超过"安全基础额"的保险基金和预期经营收入将分配到"已分配保险准备金账户"（Allocated Insurance Reserve Accounts，AIRAs，此账户专为系统银行和金融援助公司的股票持有人设立），将富余资金支付给账户持有人。[3] 截至 2017 年底，保险基金规模达到 48.5 亿美元，为 2660.1 亿美元系统银行债务提供风险保障。

3. 保险基金的使用。自系统保险公司成立以来，系统银行所发行的债券从未违约，所以保险基金还没有为系统银行支付过债券本息。保险基金主要用于回购金融援助公司的股票和支付股票收益。2005 年，保险基金支付 2.31 亿美元用于偿还金融援助公司的债务。2010 年、2012 年、2018 年保险基金分三次向剩余的金融援助公司股东总计支付了 5580 万美元，从而注销了所有剩余的金融援助公司股票。

4. 保险连带责任。《农场信贷法》规定，系统每家银行都对其他银行的债券本息承担连带责任，一旦保险基金耗尽，任意一家银行无法支付债券本息，农场信贷管理局将召集系统其他银行代为偿付债务。[4]

（二）农场信贷管理局的风险监管

农场信贷管理局既负责监管每家系统机构的特殊风险，又负责监管整

---

① Farm Credit System Insurance Corporation，Insurance Fund：Insurance premiums ［EB/OL］. ［2019 - 12 - 26］. https：//www. fcsic. gov/insurance - fund/insurance - fund.

② Farm Credit System Insurance Corporation：General Information ［EB/OL］. ［2019 - 12 - 26］. https：//www. fcsic. gov/about/general - information.

③ 同注①。

④ 2017 Annual Report of Farm Credit System：11.

个系统的全面风险。农场信贷管理局定期提供农产品价格、土地价值、金融形势等分析报告，向系统机构提示可能出现的风险。一年半内至少对系统机构进行一次检查，要求各系统机构设计并制定计划、政策、程序、管控措施，以有效识别和管理风险。例如，制定有效的贷款承销和贷款管理流程，加强资产负债管理，对财务报告实施内部控制，遵照法律和规章制度进行经营管理等。同时，借助各种程序工具评估系统的安全性和可靠性。

1. 监管指标。农场信贷管理局对农场信贷系统的银行和机构设定监管指标要求（见表11-16）。2018年，系统中所有的机构都达到了监管要求。

表11-16　　　　农场信贷管理局对农场信贷系统的监管指标　　　　单位：%

指标	最低要求	最低资本缓冲	银行	信贷协会
核心一级资本充足率	4.50	7.00	9.9～21.2	12.0～39.6
一级资本充足率	6.00	8.50	14.6～21.6	12.0～39.6
总资本充足率	8.00	10.50	15.6～21.8	13.4～40.9
杠杆率	4.00	5.00	5.5～7.5	10.6～35.6

资料来源：2018 Annual Information Statement of The Farm Credit System，Federal Farm Credit Banks Funding Corporation.

2. 安全评估。农场信贷管理局使用金融机构评级体系（Financial Institution Rating System，FIRS）评估农场信贷系统的安全性和稳健性，这是一个基于骆驼评价法（CAMELS）的评级系统，将资本、资产、管理、收益、流动性和敏感性等因素纳入综合评级体系，评级分值从1到5。1级表示机构在各个方面都是健全的；3级表示这家机构财务、管理或合规等方面出现问题，从中度到重度不等；5级表示机构有极高概率会立即或在短期内破产。2018年1月，农场信贷系统的73个机构中，39个（占比53%）被评为1级，29个（占比40%）被评为2级，5个（占比7%）被评为3级，没有机构被评为4级或5级（见图11-12）。[①]

（三）系统银行和信贷协会的风险防控

为有效管控风险，系统银行成立风险管理小组，由信贷管理小组和风险管理部门组成，归首席风险官领导。风险管理小组在整个组织体系内建

---

① 2017 Annual Report of Farm Credit System：37.

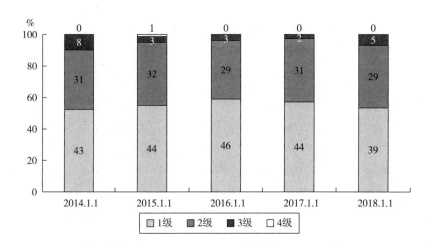

资料来源：2017 Annual Report of Farm Credit System：38.

图 11 - 12　2014—2018 年农场信贷系统（金融机构评级体系）合成评级

立风险管理框架，负责识别、评价、检测、控制各类风险，并向高级管理层和董事会报告。从 4 家系统银行的年报来看，不同银行重点防控的风险种类略有差异。2017 年末，农场信贷系统不良贷款总额 20 亿美元，占未偿付贷款总额的 0.76%，与 2016 年末的 20 亿美元（0.79%）基本持平（见图 11 - 13）。

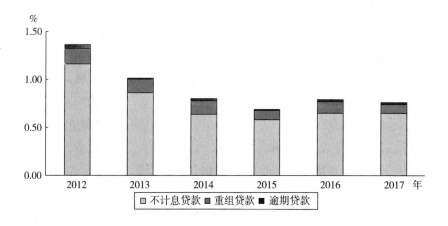

资料来源：2017 Annual Report of Farm Credit System：17.

图 11 - 13　2012—2017 年农场信贷系统不良贷款占比情况

第五节　联邦农作物保险公司

美国对政策性农业保险的尝试始于 20 世纪 30 年代。在席卷全球的经济大萧条和连续两次严重的自然灾害影响下，美国农业经济遭遇空前的困难局面，全美受灾耕地面积一度达到 80% 以上。为恢复屡遭重创的农业，1938 年，美国国会颁布《联邦农作物保险法》，联邦农作物保险公司应运而生。经过多年的发展与自我革新，美国的农业保险体系已成为确保农民收入与粮食安全的支柱之一，农民参保率大幅提升，农业生产流通过程中的风险得到有效控制与补偿。这一过程中，联邦农作物保险公司扮演的角色虽由台前逐渐转向幕后，但统领农业保险事业的核心地位却始终如一。

一、发展历程

美国农业政策以及农业保险法案曾经历数次变迁，在适应时代需求促进农业产业发展的同时，也影响着农业保险体系中各主体的职能定位与经营方式。纵观联邦农作物保险公司 80 余年的发展历程，可以根据政府与市场的关系这一条主线，将其划分为三个主要阶段。

（一）初期试行阶段（1938—1980 年）

联邦农作物保险公司成立之初由政府直接经营，初始资本财政出资 5 亿美元①。这一时期的主要特征是政府主导农业保险市场，联邦农作物保险公司直接经营保险业务。19 世纪末到 20 世纪初，美国、加拿大两国曾有过商业性农业保险的局部尝试，但均以失败告终。直到 1938 年联邦农作物保险公司成立，美国农业保险领域的长期沉寂才被打破。根据 1938 年《联邦农作物保险法》，联邦农作物保险公司由政府直接经营，主要负责开展农业保险试点工作，制定保险政策，向农民提供保险，以探索重振美国农业经济的有效路径。

成立初期，联邦农作物保险公司的业务范围很窄，试点仅限于美国各大农作物主产区，保险标的也只包括小麦等少数关键作物。随着保险技术

---

① 庹国柱. 美国的农作物保险法 ［N］. 中国保险报，2011 – 07 – 18（005）.

的成熟和数据的积累，玉米、大豆、棉花、烟草、亚麻等重要农作物品种逐渐被纳入保险标的，风险覆盖范围也延伸至包含冰雹、干旱、洪涝、冻害、作物疾病等多种因素①。但整体来看，这一阶段农民的参保率较低，作物承保面积有限，未能完全实现创立政策性农业保险的初衷。再加上政策性保险机构难以仅依靠自身拓宽资金筹集渠道，以及缺乏竞争带来的管理成本较高、运行效率不足，联邦农作物保险公司以及政策性农业保险事业的发展在试行阶段后期遇到了一定的瓶颈。

（二）加速发展阶段（1980—1996 年）

这一阶段，美国农业保险市场呈现政府指导、公私共营的局面，联邦农作物保险公司不再是市场上唯一的经营主体。1980 年，新颁布的《联邦农作物保险法》把农业保险列为社会保障的重要形式，并且明确提出逐步降低灾害援助计划规模，将资源更多地集中到农业保险计划上，扩大保险覆盖范围至美国所有重要的农业县。以此为标志，联邦农作物保险公司开始由试行阶段转入加速发展阶段。

1980 年《联邦农作物保险法》对解决试行阶段出现的问题作出明确规定，其主要思路在于开展联邦保险商业化公私共同运营，即引入私营主体、充分激活社会资金、提升农场主参保意愿。首先，对于开展农业保险业务的私营保险公司，法案承诺对其经营过程中发生的亏损及业务人员薪金给予一定补贴，并规定私营保险公司只缴纳 1% ~ 4% 的营业税，免征其他各项税种；其次，对于投保农业保险的农场主，其保费也可在不同的保障水平下得到相应补贴。1994 年颁布的《联邦农业保险改革法》使可承保作物从 1980 年的 30 种扩大到 47 种，并进一步提升了保费补贴比例，在 55% 的保障水平下，补贴率可达 46.1% 。

此外，1994 年法案最为重要的一项改革措施在于引入强制保险机制②。

---

① AANDERUD, WALLACCE G. Federal Crop Insurance ［J］. Economics Commentator, 1982, 178：1 - 3.

② 该法案为了消除政府农业救助计划等与农业保险并行实施政策对农业保险的影响，取消原有的"巨大灾害救助计划"，转而向农户提供巨灾保险但不收取保险费（仅需缴纳少部分的保险运行管理费），提供收入保险相关产品，专门为玉米、大麦、花生、棉花、饲料、小麦等 8 种作物确立新的区域风险保险计划等。这些措施均有利于实施强制保险政策。

农场主的投保决策与其他政策性支农措施直接挂钩，如果拒绝参与农业保险计划，将无法享受农产品价格支持、特定贷款以及其他优惠项目。这一强制措施使美国农业保险覆盖率快速上升，至1995年，农业保险承保面积已达到2.2亿英亩（合8903万公顷），占当年可保面积的82%[①]。

联邦农作物保险公司与私营保险公司的"双轨制"经营形态，是聚集资源于农业保险计划这一目标的重要保障。1996年，农户签订的保单量达到162万份，为1981年的3.9倍；农业保险参保率达到44%，为1981年的1.28倍；保费收入超过18亿美元，为1981年的4.9倍。各项指标的大幅提升表明"双轨制"的运行机制成效显著，私营保险公司的广泛参与，无疑是推动农业保险计划快速发展的关键动因。

但农业保险在迅速推广的同时，也出现管理费用大幅增加的问题。1981年，农业保险管理费不足1亿美元；到1994年，这一数字已上升到3.19亿美元。此外，赔付金额与保费收入不成比例的难题也一直存在。1980—1990年，美国农业保险赔付总额超过71亿美元，而投保农场主缴纳的保费总额仅为38亿美元，农业保险资金存在极大缺口。在这种背景下，美国农业保险体系的进一步变革显得越发迫切。

（三）角色转变——市场化运营阶段（1996年至今）

这一时期的关键词是转型。为减轻联邦政府在农业保险补贴方面的预算压力，美国政府于1996年出台《联邦农业完善和改革法》，开始针对农业监管部门的机构设置与职能定位进行调整，减少对农业保险市场的直接干预。经过1998年至1999年的过渡，联邦农作物保险公司逐步取消了自身的农业保险直接业务，原保险市场由私营险企全面接手；联邦农作物保险公司的名称仍旧保留，但在机构以及人员配置上已和新设立的农业部风险管理局（Risk ManagementAgency，RMA）合二为一，即一套人马、两块牌子。

角色转变后，联邦农作物保险公司的职责重新定位为监管、支持及再

---

① USDA, Risk Management Agency, Summary of Business (2017b)；ROSCH et. al. Federal Risk Management Tools for Agricultural Producers：An Overview ［R］. USDA Economic Research Report Number 250，June 2018：12.

保险三个主要方面。在新的农业保险体系下，联邦农作物保险公司对市场化的私营保险公司展开竞争性遴选，向符合条件的对象发放农业保险经营授权，对其进行监督和指导。同时，联邦农作物保险公司对私营险企的经营费用发放补贴，并允许私营险企把保单的一部分向其进行分保，以实现风险共担、利润共享。

在后续颁布的若干农业法案中，美国农业保险体系的理念与架构不断完善更新。如2000年通过的农业风险保障方案（ARPA）将保费补贴水平进一步提升，55%保障水平下的补贴率已达到64%；2008年的新版农业法案提出"保险单位"概念[1]，将其作为决定保费补贴比例的新标准，以细化保费补贴的差异性；2014年的《食物、农场及就业法》推出归属农业部农场服务局管理的价格损失保障计划（Price Loss Coverage，PLC）、农业风险保障计划（Agriculture Risk Coverage，ARC），以及归属风险管理局管理的补充性保障选择计划（Supplement CoverageOption，SCO），以类似反周期补贴和收入保险的机制应对农民收入的波动风险；同时引入可持续发展因素，将保险补贴与休耕储备项目、生物炼制援助计划、生物质能源市场项目等生态环境方向的政策进行跨领域融合。不过，除补充性保障选择计划以外，联邦农作物保险公司与这些政策内容的直接关系已不再显著。2014年新农业法案取消减少农业直接补贴、转换为保险计划保费补贴政策，标志着美国农业政策由价格支持向收入支持转变，既可以有效规避世界贸易组织规则限制，又可以通过市场机制作用实现农业支持目标与政策绩效的统一[2]。最新颁布的2018年农业法案延续了原有的政策理念，农业保险预计支出占

---

① 资料来源：Federal Crop Insurance Corporation. 2019 Crop Insurance Handbook［EB/OL］. https：//legacy. rma. usda. gov/handbooks/18000/2019/19＿18010. pdf, 2018－06：51－74。农户在投保时需要预先选择保险单位。按照规模从小到大，保险单位分为四种：选择性单位（Optional Units, OU）、基本单位（Basic Units, BU）、企业单位（Enterprise Units, EU）和全农场单位（Whole－farm Unit, WU）。基本单位是定义保险单位的初始参照，指投保人在某县关于单个可保作物的全部自有耕地、通过现金形式整体租赁的耕地，或者与他人共同租种的耕地；选择性单位将一个基本单位按不同乡镇分割成若干更小的单位；企业单位不指定租赁形式，且至少包含两个基本单位；全农场单位不指定单一作物，且至少包含两个企业单位。又参见：袁祥州等. 美国农业保险财政补贴机制及对我国的借鉴［J］. 保险研究, 2016（1）：79。

② 参见王东辉等. 美国农业国内支持政策及其对中国的启示［J］. 世界农业, 2015（7）.

比9%①，仍然是仅次于营养项目的第二大支出。

整体来看，美国联邦农作物保险公司的初期试点、加速发展和角色转变三个阶段，正是美国农业保险体系从政府直营到政企共营再到市场化运作这一转变历程的集中体现。经过多年的探索实践，农业保险已成为美国农业政策体系的支柱之一，保险品种不断丰富，保障水平稳步提升，始终发挥着稳定农产品生产流通和保障农民收入的重要作用。

二、治理结构

在1996年的《联邦农业完善和改革法》中，联邦农作物保险公司与新设的风险管理局合二为一，因而拥有公司和政府管理机构的双重身份和相应的特殊治理结构。这是美国政策性农业金融体系的一大特色。

（一）董事会

作为美国政府全资所有的企业，联邦农作物保险公司仍保留着董事会这一公司性质的管理架构②。董事会是公司的最高决策部门，负责对所有新拟政策、新设保险计划以及原有事项的重大修订进行审批。董事会成员由农业部部长任命，构成如下：（1）美国农业部分管联邦作物保险计划的副部长（Under Secretary）；（2）美国农业部首席经济学家；（3）1名无投票权的联邦农作物保险公司经理；（4）4名农场主代表（其中至少有1名经营特殊作物种植）；（5）1名参与农业保险的个人代表；（6）1名熟悉农业再保险或农业保险监管规则的个人代表。

（二）风险管理局部门架构

根据职责定位，风险管理局内部可划分为4个部门③：行政办公室（Administrator's Office），负责日常审批与决策；产品管理（Product Manage-

---

① 根据美国农业部经济研究局的数字，9%为农业保险项目，7%为环境保护项目，7%为商品计划项目，剩余的1%主要用于贸易、信贷、农村发展、研究推广、森林、园艺和其他项目。

② 美国联邦农作物保险公司［EB/OL］.［2019 – 12 – 26］. https：//www. rma. usda. gov/en/Federal – Crop – Insurance – Corporation.

③ 美国农业部风险管理局［EB/OL］.［2019 – 12 – 26］. https：//www. rma. usda. gov/About – RMA/Who – We – Are.

ment）部门，负责保险产品开发；监管服从（Compliance）部门，负责确保农业保险市场主体（包括投保农户及私营保险公司）遵守监管规则；保险服务（Insurance Services）部门，主要负责对地方保险计划的管理。其中，行政办公室由局长、参谋总长（Chief of Staff）、特别行政顾问（Special Advisor to the Administrator），以及分管其他 3 个部门的副局长组成；其他 3 个部门的负责人除分管副局长外，还分别设有 1 名助理副局长。

在州一级，风险管理局下设 10 个地方办事处，负责不同地区的具体事务。监管服从和保险服务两个日常工作较为烦琐的部门，在各地方办事处设有专门办公室及负责人员。

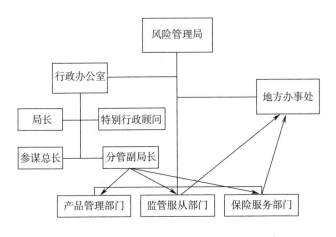

资料来源：美国农业部风险管理局官方网站。

图 11 - 14　风险管理局部门架构

（三）联邦农作物保险公司运行机制

联邦农作物保险公司负责制定农业保险的统一条款，厘定费率；开展对私人保险公司的再保险业务；负责联邦政府对农场主的保费补贴和对私人保险公司的管理费补贴。私人保险公司销售联邦农作物保险公司定的统一保单，开展直接保险业务，私人公司之间通过改善服务而不是通过调整费率进行竞争。需要说明的是，政府对农业保险的补贴主要是由联邦政府承担。除特拉华和马里兰州，其他各州对农业保险没有补贴。

三、主要农业保险计划及整体流程

联邦农作物保险公司目前已不开展直接农业保险业务，而是以风险管理局的身份对美国的农业保险计划体系进行全盘管理。整个农业保险计划体系覆盖了超过 130 种作物的产量或收入损失，可保商品包括小麦、玉米、大豆、棉花、花生、大米等主要大田作物，以及水果、坚果、蔬菜、苗圃作物等特色作物，同时对牧场、饲料作物、牲畜等非传统的保险对象也有涉及。

（一）主要农业保险计划

为应对不同的风险情形、满足各类投保人的异质性需求，美国农业保险的种类在发展过程中不断得到丰富，目前由风险管理局负责整体管理的农业保险计划已多达十余种①。本节择其主要类型进行介绍。

1. 实际历史产量（Actual Production History，APH）计划。实际历史产量计划的目标在于确保农业生产者免于因干旱、洪涝、冰雹、大风、霜冻、昆虫和作物疾病等各类自然风险而遭受产量损失。农业生产者在投保时，需要预先选择产量保障水平（从 50% 到 85% 不等，每 5% 为一级）和保障价格②；进入收获阶段后，如果已收获产量与待收获产量（需经过专门评估）之和低于事先选定的保障水平，投保人就可以按照二者差额获得约定的赔付。APH 计划的覆盖范围较广，目前包含 25 种可保作物③。

2. 实际历史收益（Actual Revenue History，ARH）计划。实际历史收益计划与前述实际历史产量计划较为相似，主要保护种植者免受低产量、低价格、低质量或这些事件的任何组合的损失，不同之处在于 ARH 计划保障的是农业生产者的收益而非产量。目前，ARH 计划只承保 4 种农作物，分别是甜樱桃、中南部马铃薯、草莓和柑橘。

---

① 资料来源：美国农业部风险管理局［EB/OL］．［2019－12－26］. https：//www. rma. usda. gov/en/Policy－and－Procedure/Insurance－Plans.

② 风险管理局每年会对作物价格进行预估，作为实际历史产量计划保障价格的参考。

③ 包括橄榄、洋葱、小米、棉花、坚果、干豆、红花、干豌豆、荸荠、烟草、机械收获腌制用的黄瓜、草莓、北方马铃薯、甜菜、甜玉米、加工豆类、青豆、饲料作物、加州鳄梨、甘蔗、养殖蛤蜊、黑麦、芝麻、鼠尾草、稻谷。

3. 年度牧草（Annual Forage，AF）计划。该计划目前处于试点阶段，覆盖对象为常年用来种植牲畜饲料或饲草的大块农田。风险管理局在这一计划中引入了美国国家海洋与大气管理局（NOAA）发布的降雨量指数（RainfallIndex，RI），以提高参保资格确认和赔付标准计算的精确性。

4. 区域风险保护保险（Area Risk Protection Insurance，ARPI）。区域风险保护保险是一种以整片地区（通常为一个县）的农作物种植情况为衡量标准的新型保险计划①。在这一计划下，单个农场产量或者收入的波动既不影响赔付的触发，也不影响具体赔付金额，从而可以有效地规避投保人的道德风险问题。

5. 美元计划（Dollar Plan，DP）。美元计划旨在为自然灾害可能带来的损失提供补偿。投保人在事前选择保障水平时，通常可以按照巨灾保险赔付标准的一定比例来确定，也可以在此基础上购买额外的保障份额。目前美元计划的承保对象只有 5 种，分别是澳洲坚果树、马铃薯、智利辣椒、杂交作物和蛤蜊；包括树型美元、美元、固定美元和收益型美元四种类型。

6. 集团风险计划（Group Risk Plan，GRP）。集团风险计划可以视为前述 ARPI 计划的前身。该计划以县产量指数（County Yield Index）作为损失评估的基础，一旦低于投保人预先选择的保障水平，投保人即可获得赔付，但赔付金额并不取决于单个投保人的具体产量。其中，县产量指数由美国国家农业统计局（NASS）通过预估方法确定。

7. 高风险替代覆盖保险批单（High‐Risk Alternate Coverage Endorsement，HR‐ACE）。该保险产品从 2013 年开始实施，目前覆盖作物主要有 4 类，分别是玉米、大豆、小麦和高粱。目标人群为同时经营高风险和低风险地块的种植者，旨在帮助投保人以较低的综合保费同时获得两种地块的保障。

8. 牲畜保险计划（Livestock Insurance Plans，LIP）。牲畜保险计划是若干畜牧业保险产品的总称，具体内容可能会在不同年份中有所变动。目前，该计划包括三种形式：规避乳品收入意外下跌的乳品收入保护（Dairy Reve-

---

①　涉及农作物：玉米、大豆、小麦、棉花、棉籽、饲料作物、棉花、得克萨斯州柑橘类水果、花生、甜玉米、麦芽大麦，以及某个县的主要农作物组合比如玉米、大豆等。特点是遍布全国，范围广，按照粮食作物年度更新。

nue Protection）计划；提供毛利润（牲畜市值减去饲料成本）损失保护的牲畜毛利率（Livestock Gross Margin）计划；规避牲畜整体价格下跌的牲畜风险保护（Livestock Risk Protection）计划。

9. 玉米、水稻、大豆及小麦的保证金保护（Margin Protection for Corn，Rice，Soybeans，and Wheat）计划[①]。保证金保护计划与前述 ARPI 计划类似，以整个区域的种植情况为衡量标准，不反映单个农场的风险状况。投保人可以根据预期利润选择 70%～95% 的保障水平，保障比例越高，保费越高，灾难性（CAT）覆盖级别在此政策下不可用。保证金保护计划可以单独参加，也可以与下文中的收入保护计划（RP）或产量保护计划（YP）一起参加。

10. 收入保护（Revenue Protection，RP）计划。收入保护计划是一种复合保险项目，其承保范围不仅包括干旱、洪涝、冰雹、大风、霜冻、昆虫和作物疾病等自然原因造成的产量损失，也包括由于农作物市场价格变化导致的收入损失。与前述 APH 和 ARH 计划的类似之处在于，投保人在收入保护计划中同样需要事先选定产量保障水平（50%～85%）；不同之处则在于投保人还需对价格保障水平进行事先指定。预期价格和收获价格在确定时以农作物现货的交易价格作为基准，有时也会参考对应期货合约的结算价格。

11. 农场整体收入保护（Whole‒Farm Revenue Protection，WFRP）计划。农场整体收入保护计划是另一种主流复合保险项目，覆盖范围遍及美国全部县域。收入超过 850 万美元的农场可以参加此项计划，其种植或经营的所有农产品均可得到风险保障。

12. 产量保护（Yield Protection，YP）计划。产量保护计划的机制与前述 APH 计划类似，不同之处在于产量保护计划在计算赔付金额时依据的是预期价格而非历史价格。预期价格根据农作物现货的交易价格确定，并以对应期货合约的结算价格为参照。

---

① 覆盖范围包括阿肯色州、加利福尼亚州、路易斯安那州、密西西比州、密苏里州和得克萨斯州所有县的大米；明尼苏达州、蒙大拿州、北达科他州和南达科他州部分县的春小麦；爱荷华州所有县的玉米和大豆。

（二）保险计划整体流程

在整体流程上，美国联邦农作物保险公司所管理的农业保险计划均按照保险循环（Insurance Cycle）中的步骤，以闭环形式逐年开展①。一个完整的保险循环包括 4 个主要阶段，又可细分为 11 个具体环节（见图 11 – 15）。

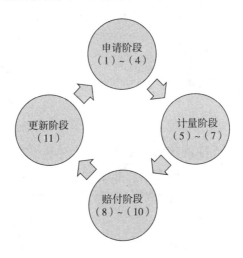

资料来源：美国农业部风险管理局［EB/OL］. https：//legacy. rma. usda. gov/policies/cycle/
insurance _ cycle. html.

图 11 – 15　保险循环流程图

1. 申请阶段。

（1）政策变更、申请投保。该环节以风险管理局发布当年适用的保险精算文件为标志，也是整个保险循环的起始。文件载有各州县在新一期循环中适用的保险计划、可保作物、可选条款、保障水平、保险费率、补贴金额等一系列具体信息，以及相应的保险计划时间表。保险精算文件发布后，投保申请即可启动。

（2）投保申请截止。所有投保申请必须在保险精算文件中规定的截止日期之前完成提交，逾期则会被负责具体业务的保险公司拒绝受理。鉴于农作物种植活动的连续性，投保人上一年度参与的保险一般可以在新的循

---

① 美国农业部风险管理局［EB/OL］. https：//legacy. rma. usda. gov/policies/cycle/insurance _ cy-
cle. html.

环中自动续存；如需取消参保或更改保单选项，投保人需要以书面形式通知保险公司，且同样不可晚于精算文件规定的截止日期。此外，如果投保人连续三年拖欠应缴保费，保险公司有权终止保险合同。

（3）投保申请受理。保险公司在此环节中对符合标准且及时提交的投保申请进行集中受理，并向投保人出具承保范围概要和其他相关资料。对于初次申请的投保人，申请通过后不得在第一个作物年中主动取消保单。

（4）保险责任生效。对于一年生作物，每年开始种植的时间即为保险责任生效的时间。对于多年生作物，保险责任生效时间则根据风险管理局在政策变更环节中发布的保险计划时间表确定。

2. 计量阶段①。

（5）报告种植情况。投保人需要向保险公司逐年报告被保险作物的可保面积和不可保面积、种植日期、种植地点、种植工艺、作物品种等详细信息。这些信息是保险公司确定保费和赔付金额的直接依据，因此必须保证真实性与及时性。如果报告提交时间晚于规定日期，保险公司有权拒绝承保。

（6）确定保障范围。保险公司在此环节中对投保人提交的种植情况进行整理和计量，并据此给出每一保险单位的承保作物、承保面积、赔付金额、保费等明细信息。

（7）开具保费账单。保险责任生效、保费金额确定后，投保农户即开始按年度向保险公司缴纳保费。保险公司在每个保费结算日之后向其开具保费账单，若发生拖欠，则要额外计算未付保费部分的利息。

3. 赔付阶段。

（8）告知损失情况。发现产量遭受损失后，投保人需要在72小时内向保险公司告知损失情况。

（9）现场查勘定损。接到损失告知后，保险公司将指派查勘定损员对受损作物情况进行现场检查，并帮助投保人提出赔偿请求。如果投保人不愿收割受损后的剩余农作物，定损员还需要收集相关资料，以评估农作物的剩余价值。

（10）赔偿。保险公司受理赔偿请求后，将向投保人出具赔付金额汇总

---

① 为体现保险循环的连续性，此处对各具体环节连续编号并反映在图 11－15 中。下同。

表并开具赔偿支票。未付保险费、已发生利息、管理费用等扣减信息也需要反映在汇总表当中。

4. 更新阶段。

（11）保险合同更新。种植年度交替时，风险管理局一般会对下一年的农作物保险政策进行修订。相应地，开展具体业务的保险公司也会对诸如基本条款、作物条款、商品交易所价格条款和特殊条款等内容进行更新。如有调整，保险公司需要在已有保险合同截止日期 30 天前以书面形式通知投保人，后者可据此作出继续投保、更改合同或取消保单的决定。如果需要更改合同或者取消保单，则必须在规定日期之前向保险公司提交书面申请，此时整个保险计划进入下一个保险循环。

四、政策支持情况

（一）保费补贴

为扩大农业保险覆盖范围，美国联邦政府多年以来通过大规模的保费补贴调动农场主参与积极性，并且通过保险险种、保障水平和保险单位三个维度上的差异化补贴机制，确保补贴资金运用的效率。以保障水平为例，当个体保险的保障水平分别为 50%、60%、70% 和 80% 时，政府的保费补贴比例依次下降，分别为 68%、64%、59% 和 48%。

较高的保费补贴水平有利于扩大保险范围、增加保险深度，大大拓展国家支农空间，当然，高额补贴支出无疑也增大了联邦政府预算压力。1990年，美国政府的农业保险保费补贴支出为 2.13 亿美元，经过 1994 年和 2000年《农业法》对补贴比例的两次提升，这一数字迅速上升。补贴支出由1994 年的 2.47 亿美元跃升至 1995 年的 7.74 亿美元；2001 年进一步升至17.07 亿美元，并在 2011 年达到 73.76 亿美元的峰值。

（二）经营管理费用补贴

考虑到农民的支付意愿和支付能力，即使有政府的保费补贴，私营保险公司在农业保险保费端的收入也往往无法覆盖风险较高年份的赔付支出。因此，美国联邦政府对于符合条件的私营保险公司也提供经营管理费用方面的补贴，以帮助其实现农业保险业务的成本收益平衡。

私营保险公司在经营管理方面的支出主要由日常管理费用、销售及保险代理费用和查勘定损费用三部分构成，不同险种的费用补贴比例不同。根据 2010 年《标准再保险协议》，联邦政府对团体保险产品的经营管理费用补贴比例为 12%，对其他保险产品的经营管理费用补贴比例为 18.5%；补贴总额一般不低于 11 亿美元，但不得超过 13 亿美元，以免对私营保险公司形成实质上的过度补贴。

（三）再保险支持

农业生产过程面临的风险往往较为集中，如果没有再保险支持，直接保险业务在大规模自然灾害面前很可能无力实现自身的可持续经营。美国的农业再保险体系为这一问题提供了良好的解决思路。美国各州政府设有风险分配基金（Assigned Risk Fund）和商业性基金（Commercial Fund），满足条件的私营保险公司可以向其进行分保。其中，风险分配基金对应高风险保单，商业性基金对应风险较低的保单；根据美国《标准再保险协议》，保险公司向风险分配基金分保的比例不得超过 75%。保险公司在不超过规定水平的前提下，可以根据业务结构和保单特点自行决定向两类基金分保的比例。

此外，美国联邦政府根据不同地区气候条件和农业生产特点，将各州分为高风险、中等风险和低风险三组①，不同组别对应不同的自留保费承保收益比例；联邦政府按照 6.5% 的比例分摊各保险公司自留业务的累积承保损益。如果所有保险公司汇总至联邦政府层面的自留业务承保损益为正，联邦政府还会将其中的 1.5% 返还给在高风险州开展农业保险的私营保险公司，相当于在州一级和联邦一级实现双层的风险共担、收益共享机制。私营保险公司参与农业保险体系的内在动力也因此增强。

第六节　联邦农业抵押公司

联邦农业抵押公司成立于 1988 年，是由美国联邦政府特许经营的股份

---

① VERGARA O, SEAQUIST J, ZUBA G, et al. Impact of the New Standard Reinsurance Agreement (SRA) on Multi – Peril Crop Insurance (MPCI) Gain and Loss Probabilities [C]. Agricultural & Applied Economics Association's 2011 AAEA & NAREA Joint Annual Meeting, 2011: 7 – 8.

制公司。作为农业信贷主要的二级市场，通过购买农地抵押贷款、担保贷款等方式，为农业借贷人、农业综合企业及其他机构提供金融解决方案，以使这些主体从灵活、低成本融资和风险管理工具中受益。

一、主要发展历程

20 世纪 80 年代，美国爆发了严重的农业危机，在农业收入下降和利率上升的双重压力下，美国国会于 1987 年通过《农场信贷法》，提出创建联邦农业抵押公司等相关内容。1988 年，美国联邦政府特许成立联邦农业抵押公司，通过购买农地抵押贷款、担保贷款等方式，为农业借贷人、农业综合企业及其他机构提供金融解决方案，建立农业信用二级市场，以拓宽美国农业和农村获得融资支持的渠道，降低资金成本。农业抵押公司的历史发展沿革参见图 11 – 16。

二、组织架构

2019 年末，该公司全职雇员 71 人。董事会 15 人；以总裁兼高级执行官为主的高级执行层 6 人；高级管理层 23 人；其他为执行团队成员（见图 11 – 17）。其中董事会的构成有政府监管特征。该公司由 15 名董事组成的永久董事会负责监督公司，确保以安全和健康的方式管理联邦农业抵押公司，并在盈利性和履行其政策性金融使命之间保持适当的平衡：（1）其中 5 名董事由美国总统在美国参议院的建议和同意下任命，没有明确的任期，任命的成员中不能超过 3 名来自同一个政党；（2）其中 5 名董事由 A 类有表决权普通股（只能由银行、保险公司和其他非农场信贷系统机构的金融机构持有的股票）持有人的多数票选出；（3）其中 5 名董事由 B 类有表决权普通股（只能由农场信贷系统机构持有的股票）的持有者以多数票选出；（4）后 10 名由持股机构选出的董事，任期为一届（但连任董事会主席的董事任期不限）。

三、资金来源

联邦农业抵押公司的资金来源主要包括发行债务证券，以销售所得的现金流再投资于农业抵押贷款和农村贷款购买，与农村贷款机构、企业和机构合作，提供低成本的农村融资。

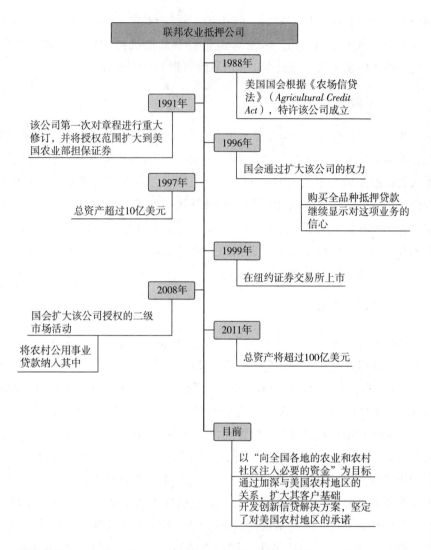

资料来源：https：//www.farmermac.com/about/#history.

图 11-16 联邦农业抵押公司发展沿革

（一）发行债券情况

该公司发行多种债务证券，包括贴现票据、浮动利率中期票据和可赎回票据。债券发行无政府担保，受限于该公司自身担保或长期备用购买承诺，按照联邦监管的要求，其资本风险权重为 20%。

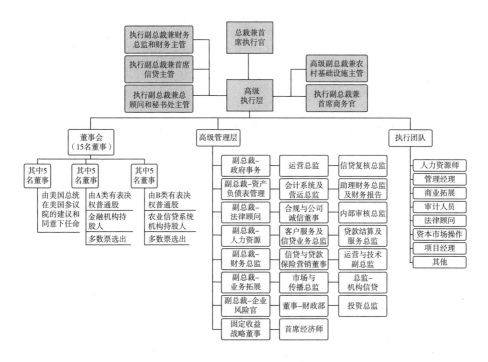

资料来源：https：//www.farmermac.com/.

图 11 - 17　联邦农业抵押公司组织架构

（二）债券优势

第一，期限灵活、利率竞争力较强，其中农牧场贷款客户有长达30年合作基础；第二，由于发行债券成本低，因此贷款产品相对成本较低，可得性较高；第三，产品品种涉及农产品广泛，发债速度、时效较快；第四，通过降低监管风险权重、降低投资组合集中度，协助贷款人管理风险；第五，资源共享，贷款人都可以使用该公司资源，并有专业农业金融专家团队提供服务。

四、资金运用

在资金运用环节，该公司主要为涉农客户提供低成本信贷资金，管理利率风险和信贷风险，满足其资产负债表需求，以及提出问题解决方案等。该公司的客户（即服务对象）主要包括银行和抵押贷款公司、农场信贷系统机构、保险公司、农村公用事业合作机构、农业基金、涉农企业和农场主等。该公司业务主要包含四类产品（方案）、AgPower 承销平台和一系列流动组合投资方案。①

（一）主要产品

包括抵押贷款购买、美国农业部担保贷款购买解决方案、信用风险保护、批发融资。

1. 抵押贷款购买（Loan Purchase）。该公司以购买抵押贷款的方式，提高贷款人的贷款能力；该公司一般按面值购买抵押贷款，贷款人原贷款的借贷关系不变。

该方案的特点是额度大、利率低、期限长、使用便捷、方案灵活，充分考虑客户的利益：（1）利率优惠、贷款可获得性较高；（2）期限长，从循环信贷额度一直到期限长达 30 年的期限；（3）通过维护客户关系，收取现场服务费；（4）方案灵活，可根据客户的需要提供一种、一类甚至是打包组合的农产品贷款，额度不限，资金使用灵活；（5）充分考虑客户的资本，管理利率风险，并将其信用风险降至最低。

2. 美国农业部担保贷款购买解决方案（USDA Guaranteed Loan Purchase Solution）。该类专项贷款，是按照农业服务局（FSA）和农村发展局（RD）项目资金需求，由美国农业部提供担保的贷款，主要包括 FSA 农场所有权、FSA 定期运营、研发水域环境项目（WEP）、研发工商业和研发社区设施贷款；该公司以购买的形式，购买的额度为 FSA 和 RD 项目提供担保部分；贷款人出售贷款的担保部分，回收可用来发放新贷款的资本，提高贷款人的股本回报率；原贷款的借贷关系不变。

该方案有明显的农业政策性特征：（1）利率低，期限长（最长可达 30年）；（2）专用于促进美国农业和农村公共设施的发展项目，所有符合美国农业部条件的贷款机构都可适用此类方案；（3）依赖美国农业部的担保，而不是承销。

3. 信用风险保护（Credit Protection）。该方案是一种信用风险的管理工具，可以帮助贷款人释放资金，降低信贷风险。它涉及两款产品，分别是

---

① FARMER MAC ［EB/OL］. https：//www.farmermac.com/about/.

购买承诺和农业抵押支持证券。

（1）购买承诺。该产品是指贷款人通过按年度支付担保承诺费的方式，申请贷款信用风险保护的程度（部分或者是全部）；联邦农业抵押公司承诺按面值购买贷款，原贷款的借贷关系不变。其特点是有助于贷款人消除其贷款的全部或部分信用风险，改善其权益状况。

（2）农业抵押支持证券。该产品是指联邦农业抵押公司将符合条件的贷款整合打包证券化，并提供信用风险担保，确保为信托机构发行此类证券的持有人及时偿还本金和利息；贷款人如果想获得债券利息，可优先购买；贷款人如果需要流动性资金发放新贷款，可以申请联邦农业抵押公司购买此类债券；贷款人原借贷关系不受影响。其特点是灵活性较强，可帮助贷款人消除信用风险。

4. 批发融资（Wholesale Financing）。该公司提供的批发融资解决方案，主要用途为农业和农村公用事业资产，有两种核心产品可供选择：一种是农业优势（AgVantage）产品，专门为抵押贷款机构设计；另一种是农场股本优势（Farm Equity AgVantage）产品，为投资者或农业资产所有者设计。

（1）农业优势产品是指贷款人（农业信贷机构）以现有资产为抵押，通过该公司为其以抵押贷款为基础，发行专项债券进行担保，获得该公司的借款。其特点是，贷款人可将债券保留在其投资组合中并获得优惠的借款利率。

（2）农场股本优势产品是指借款人（法人实体）以其现有资产为抵押，该公司以借款人的贷款抵押为基础，发行专项债券，用于投资借款人的业务。其特点是，融资层面是针对法人实体，目的是灵活使用债券收益。

（二）承销平台 AgPower 系统

AgPower 是该公司专门为借款人建立的在线贷款发起系统。这个工具可以指导借款人提供所有必要的数据，以完成承保和信贷审批。其主要特点有：（1）随时随地获得贷款。借款人可以 24 小时通过智能手机、平板电脑或电脑进入该系统，获得贷款细节。同时，该公司承销商、信贷员和借款人都可以互相沟通，并同步查看贷款的状态。（2）贷款效率高。该系统的流程精简，贷款周转时间平均不到两天，使该公司拥有较强的竞争优势。借款人可以在贷款获批的瞬间获知消息。（3）不断更新软件为客户服务。

借款人只需要输入一次数据，便被在线存储，并可以方便地进行迁移。该系统可以将数据自动合并，并计算出贷款合格比率，及时反馈是否具有贷款资格。（4）方便地进行同行客户对比分析。该系统是唯一提供嵌入式对等分析的贷款软件。该公司可以将与其他规模和商品类型类似业务进行的对比展示给借款人。同时，该功能也可以让公司识别并判断借款人的运营流动性、盈利能力和偿债能力。

（三）流动性组合投资

该公司组合投资的主要目的是在客户无法进入资本市场的情况下提供流动性资金。该公司投资的资产既符合农场信贷管理局规定，又符合董事会制定的政策（包括金额、发行人集中度和信贷质量限制）。目标是为农牧场主、农民提供灵活的、便利的、低成本的融资和风险管理工具。投资渠道有两个，分别是美国银行家协会（American Bankers Association，ABA）和美国独立社区银行家协会（Independent Community Bankers of America，IC-BA）。两个协会的成员都能优先获得该公司对其农场和牧场抵押贷款的优惠利率，获得"随需"培训。

（四）运营分析

截至 2018 年底，联邦农业抵押公司已经为全美 50 个州的 83000 多名农村借款人提供了贷款，这为美国农村地区累计带来 530 多亿美元的投资。2018 年底，该公司业务量达到 197 亿美元，比 2000 年（21 亿美元）增长8.4 倍（见图 11 - 18）。

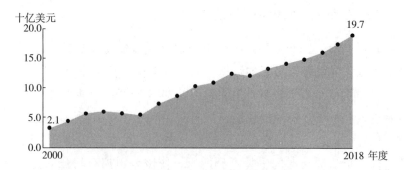

资料来源：美国联邦农业抵押公司（https：//www. farmermac. com/）。

图 11 - 18　美国联邦农业抵押公司业务量

从交易对象看，从本地小银行至大型银行，该公司的交易在规模和范围上也各不相同，从小型农业抵押贷款，到大型复杂的批发融资交易。从新增业务分析，2018 年度该公司新增业务总值 52 亿美元。[1] 从风险管理看，该公司制定了强有力的信用和评估标准，以确定其项目资产的资格。

从财务角度分析，截至 2018 年末，该公司普通股股东净利润 9490 万美元，同比（2017 年 7130 万美元，稀释后每股普通股 6.60 美元）增长 33%，稀释后的普通股为 8.83 美元。与 2017 年相比，2018 年的一般与行政费用、薪酬和员工福利支出增加了 700 万美元，增幅为 17.5%。核心收益[2]（非公认会计准则）8400 万美元，同比增加 1840 万美元，增幅达 28%，合每股 7.82 美元。净利息收入 1.744 亿美元，同比增长 11%。净有效息差[3]（非公认会计准则）1.512 亿美元，同比增长 7%。

五、盈利模式

从盈利角度看，该公司利润主要源自利息收入和非利息收入两部分（见表 11－17）。其盈利主要购买抵押贷款、债券收益两部分。从 2018 年的业务报表分析，2018 年度该公司的总收入为 5.56 亿美元，按照金额和占比（总收入）分析，利息收入中，投资及现金等价物 0.55 亿美元（9.89%）、担保证券和美国农业部的证券 2.91 亿美元（52.33%）、贷款 1.98 亿美元（35.61%）；非利息收入中，担保承诺费 0.14 亿美元（2.52%）、金融衍生品 −0.04 亿美元（−0.72%）、证券交易 0.0008 亿美元（0.01%）、其他收入 0.02 亿美元（0.36%）。

---

① 参见联邦农业抵押公司官网（https：//www.farmermac.com/about/）和财报汇总。

② 在使用非公认会计准则对其财务信息的分析中，该公司使用了以下非公认会计准则（GAAP）的指标："核心收益""每股核心收益""净有效息差"。该公司使用这些非 GAAP 方法衡量企业的经济绩效，并制订财务计划，因为在管理层看来，它们是了解该公司经营绩效、商业趋势的有用替代方法。联邦农业抵押公司使用的非 GAAP 财务指标可能无法与其他公司披露的类似的非 GAAP 财务指标进行比较。

③ 净有效息差不同于净利息收入和净利润收益。

表 11 –17 联邦农业抵押公司综合业务情况

项目	金额（亿美元）	占比（%）
总收入	5.56	
利息收入		
投资及现金等价物	0.55	9.89
担保证券和美国农业部的证券	2.91	52.33
贷款	1.98	35.61
小计	5.44	97.83
非利息收入		
担保承诺费	0.14	2.52
金融衍生品	−0.04	−0.72
证券交易	0.0008	0.01
其他收入	0.02	0.36
小计	0.12	2.17

资料来源：美国联邦农业抵押公司官网（https：//www. farmermac. com/about/）。

六、风险管理

截至 2018 年底，农业抵押公司不良贷款 2 亿美元，不良率 0.37%，同比下降 0.34 个百分点。下文分别从风险来源、风险类型分析、风险防范和化解三个视角分析。

（一）风险来源

该公司的风险政策性特征明显。从该公司设立的背景和目标来看，主要是增加涉农领域、政府担保类支农项目、农村公共事业的农场信贷系统贷款人的流动性，并促使其提供合理的利率给借款人。从服务对象来看，该公司服务对象是特定的农场信贷系统中的贷方，规模要遵循《农场信贷法》以及农场信贷管理局等监管机构的规定。从该公司经营特点来看，该公司业务集中在涉农领域，农业经营的不确定性可能导致农业还本付息的能力减弱，特别是该公司将抵押贷款用于发债后，固定的现金流支出削弱了其还本付息的能力，加大了引发流动性风险的程度和概率，最终可能导致整个行业乃至整个金融系统的风险。

（二）风险类型分析

随着《农场信贷法》逐步调整与修订，赋予公司的业务范围、权限、经营规模都不断扩大，该公司所面临的风险逐步呈现多样性与多变性，主要包括：（1）流动性风险。当资本市场面临流动性风险时，该公司将可能不能及时清理其资产，以致不能及时支付到期债务。（2）利率风险。美联储善于频繁运用利率杠杆调整货币政策、经济政策，利率变化的可能性将对资产负债表内的资产、负债、资本金、收入或者费用产生影响。（3）经营风险。任何企业实体、金融机构法人都要面临经营风险，比如该公司可能因公司内部程序、人员和系统事件造成金融损失。

（三）风险防范和化解

1. 采取事前严格的风险控制，在确定借款人的认购环节，有自己相对独立的指标审核标准来确定是否为合格借款人，同时要求借款人的资产和负债满足一定的比率。

2. 采取事前独立的信用审查，对承贷方还本付息的信用能力进行审查，并以此为依据决定是否购买、承担担保责任。

3. 分散农场信贷系统的风险。政策性特征决定了该公司较强的流动性风险，担保信贷的经营方式决定了风险防范的手段必然是分散、多方参与的。一方面，该公司从农场信贷系统的贷方购买抵押贷款，分散贷方信贷风险，直接降低农民信用风险对贷方的影响程度；另一方面，该公司将贷款证券化，先集中购买，证券化后区分销售给更多的投资者，实现信贷系统风险的分散化。

第十二章 德国农业土地
抵押银行

第一节 德国农业政策性银行的
起源与发展演变

德国是土地抵押信用合作制度的发源地①，早在普鲁士时期就成立了土地抵押信用协会，由政府授权发行公债，提供长期信用服务。该信用合作社由政府主导建立，属于非营利机构②，具有某些政策性银行特征，是目前已知的最早的农业政策性银行。同时，由于土地抵押信用协会设置门槛较高，不能满足普通农民的需求，为弥补其不足，德国各级政府设立了几家公共土地信用机构，发放低利率贷款支持农民购买、改良土地，以实现政府某些农业政策目标。此外，有学者认为农业政策性银行起源于19世纪中期德国的合作性金融③，主要职责是服务地区性合作信用机构，支持合作社个人贷款发展。

---

① 陈振骅. 农村信用［M］. 北京：商务印书馆，1935：89.

② 土地抵押信用协会为非营利机构，不能看作普通信用合作机构。参见：陈振骅. 农村信用［M］. 北京：商务印书馆，1935：90。

③ 合作性金融成为农业政策性金融的最早载体。由于合作性金融的巨大发展以及合作性金融较适合于农村分散经营的特征，所以政府也看中了通过合作性金融系统实施某些政策的可能性，从而使合作性金融成为一种联系政府与农民的政策通道，政府的某些带有政策意图的金融行为也就通过合作性金融系统实施，因而合作性金融成为政策性金融的最早载体。参见：白钦先，徐爱田，王小兴. 各国农业政策性金融体制比较［M］. 北京：中国金融出版社，2006：74-75。

一、德国农业政策性银行的起源[①]

土地抵押合作信用制度起源于德国。普鲁士七年战争之后，百业凋零，民不聊生，原来富裕的贵族地主也负债累累、损失严重，农村资金短缺，高利贷活动猖獗。为解决农村资金短缺、解除高利贷对农民的剥削、复兴农业生产，弗雷德里克二世采用德国商人皮林的策略，于 1767 年颁布并实施德国土地抵押信用协会（landschaften）制度。最初成立的土地抵押信用协会于 1770 年开始营业。此时的土地抵押信用协会的成员主要由借款的大地主组成，因此，该协会主要向这些贵族地主提供长期信用服务。政府授权协会以社员拥有的土地为担保发行土地债券，协会再将获得的低利息资金转借给社员。自此，该制度在德国各地不断推广，并先后流传于世界各国。

19 世纪初，德国发动了农村土地改革运动，农民可以通过购买获得土地，农民逐渐成为土地抵押信用协会的主体，土地抵押信用协会的成员与经营宗旨也发生了实质性变化。土地抵押信用协会作为推动农村土地改革的主要金融机构之一，为农民提供长期信用贷款，作出了重要贡献。

二、德国农业政策性银行的演变[②]

土地抵押信用协会对于借款者设定资格门槛较高，多数平民难以获得援助，新解放的农奴更不可能获得贷款。同时，德国人口日益增加，急需复垦土地，而私人资本家见工商业有厚利可图，不肯将资金投资于复垦。因此，德国政府为了国计民生，不得不进行干涉，成立了相应的公共土地信用机关。当时的公共机构主要有土地信用银行、土地改良银行（Land-eskultur – Rentenbanken）、地租银行（Rentenbanken）。这些机构主要为有土地的人提供低息贷款、提供改良土地资金，为小农提供用于购买少量土地的资金[③]。

（一）土地信用银行

土地信用银行由邦政府、省政府或区政府设立。大多数银行在其区域

---

① 陈振骅.农村信用［M］.北京：商务印书馆，1935.
② 同注①，119 页。
③ 同注①，120 页。

内营业，各家银行的组织管理和经营范围参差不一，但也有许多共同的特点，主要表现在：（1）有发行债券的权利；（2）发行债券由邦政府、省政府或区政府提供担保；（3）无营利目的；（4）经营不动产抵押贷款；（5）优先保障小地主利益；（6）可以自由强制执行债务者的财产；（7）免纳印花税及法院诉讼费；等等。大部分土地信用银行从事存款业务，其中还有少数从事普通银行业务。

（二）土地改良银行

1861年，土地改良银行开始于萨克森自由州，普鲁士外的其他邦也相继成立。普鲁士内的土地改良银行为省立银行，其他邦的土地改良银行为邦立银行。该银行主要为土地改良提供经费。1879年颁布的《土地改良银行法》规定，土地改良银行经费的用途主要有以下几点：（1）改善农业如灌溉、道路等基础设施；（2）建筑河岸保护物；（3）建筑及保护沟渠堤坝；（4）建筑、修改及保护河道；等等。

（三）地租银行

地租银行设立的目的是为小农垫付封建时代所遗留的各种地租，而后变为给农民提供资金的金融机关。地租银行并非独立机关，其营业事务需得到垦务局的许可。购买农地的农民资金不足可向垦务局请求援助，垦务局审核通过后，购买者可与销售者签订买卖合同，由购买者先付四分之一以上购买款，其余部分由地租银行以地租债券形式交付销售者。另外，贷款还可以用于建设必要的住宅农舍、土地改良、购买用于土地的机械等。地租债券由省级政府担保。

1923年，德国地租银行（Deutsche Rentenbank）即德国中央银行设立，其目的是发行地租马克钞票，以挽救德国金融。在德意志中央银行（Deutsch Reischbank）改组完成后，马克价值稳定，德国地租银行的使命完成，1925年改组为德国地产抵押银行信贷机构（Deutsche Rentenbank Credit Anstalt），专门针对农业进行放款。第二次世界大战后，该银行没能恢复经营，1949年新成立了德国农业土地抵押银行（Landwirtschaftliche Renten-bank），一直延续至今。

三、德国合作金融机构的起源与发展演变①

合作性金融起源于德国，起始于 19 世纪中期由德国合作金融体系先驱舒尔茨（Hermann Schulze – Delitzsch）和雷发巽（Friedrich Wilhelm Raiffeisen）分别建立的城市手工业信用合作社和农民信用合作社②。合作金融制度产生以后，迅速在世界传播发展，在实践中不断完善，并延续至今。由于合作性金融的广泛发展和适合于农村分散经营的特征，政府可以通过其实施某些政策意图的行为，合作性金融成为政策性金融的重要载体③。

（一）舒尔茨的城市手工业信用合作社

1849 年，舒尔茨成立了"原料协会"，服务于工匠和鞋匠，即第一批商品合作社④。接着，他认为还需让合作社社员联合起来获得一定信用，进而获得贷款，这就是 1850 年成立的"共同贷款协会"（Mutual Loan Society），后来为之取名为"平民银行"（Volksbanken）。舒尔茨的信用合作社以城市手工业的自动结合为基础，通过共同的储蓄和相互信用来融通资金。舒尔茨倡导自助互助的精神经营合作社，拒绝政府的支持和帮助。为了应对大量新成立的合作组织、解决面临的流动性问题，舒尔茨于 1861 年建立中央联络处，于 1864 年成立德国自助商业合作总会作为其中央合作组织，并推动普鲁士于 1867 年通过《合作社法案》。

（二）雷发巽的农民信用合作社

1849 年，雷发巽设立了"慈善协会"，帮助农民摆脱生活困窘。但是他很快意识到出于人道主义目的的"慈善协会"不能持久，于是决定设立农民互助性质的信用合作社。1864 年，他成立了农民信用合作社⑤。雷发巽的农民信用合作社主要目的是使农民免于高利贷的盘剥，促进农业生产，防

---

① 杨焱. 现代合作性金融制度的产生、变迁及功能研究［D］. 沈阳：辽宁大学博士学位论文，2016.

② https：//www.dzbank.com/content/dzbank_com/home/DZ_BANK/Profile/history/prehistory.html.

③ 白钦先，徐爱田，王小兴. 各国农业政策性金融体制比较［M］. 北京：中国金融出版社，2006：75.

④ 同注②。

⑤ 同注②。

止灾荒。为解决流动性问题和促进合作社发展，1877 年雷发巽成立了全国性的中央贷款协会，以此作为按雷发巽原则建立的信用合作社的中央银行。1910 年，该协会搬到柏林，七年后更名为德国雷发巽合作社总联合会（Generalverband der deutschen Raiffeisengenossenschaften）[①]。

（三）哈斯的农村信用合作社

继舒尔茨和雷发巽之后，哈斯（Wilhelm Haas）成为德国合作运动的领导者。1872 年，哈斯成立了专业化的农业购买与销售合作社以及信用合作社[②]，并在全国性的中央合作组织成立前建立了以地区为基础的合作组织，为德国三级合作体系架构的建立奠定了基础。哈斯于 1883 年成立了德意志帝国农业合作社全国协会作为其中央组织。

（四）普鲁士中央合作银行

19 世纪末，德国农业部门的状况恶化，农业面对国外不断增大的竞争压力，迫切需要银行向农村和手工业合作社提供廉价贷款。于是，德国众议院的关注点为如何更有效地满足中小规模农场和合作社的信贷需要。最后，普鲁士政府决定沿用德意志帝国银行（Reichsbank）的路线，建立一个由公务人员管理的金融机构以应对问题，即普鲁士中央合作银行（Preussiche Central genossenschaftskasse）[③]。该银行的目标是成为流动性管理中心，通过服务地区性合作信用机构，支持合作社个人贷款发展。1895 年普鲁士中央合作银行由政府出资建立，并与区域合作银行进行合作。

（五）卡萨斯的信用合作社

普鲁士中央合作银行建立后，与农业合作信用社的区域银行合作紧密，并从 1905 年开始，区域合作银行开始入股普鲁士中央合作银行。舒尔茨反对政府干预合作组织，拒绝与普鲁士中央合作银行的资金融通。19 世纪末，卡萨斯（Korthaus）倡导建立商业合作社和合作社工匠信贷协会，以便获得廉价

[①] https：//www.dzbank.com/content/dzbank_com/home/DZ_BANK/Profile/history/prehistory.html.

[②] 同注①。

[③] 该银行是政策性银行，后来成为德国合作体系的中央机构。

贷款。1901 年,他成立了德国非农合作社中央协会。自此,德国的合作体系共有舒尔茨、雷发巽、哈斯和卡萨斯四大中央协会组织。1920 年,德国非农合作中央协会与德国自助商业合作总会合并为德国合作协会(German cooperative association),作为全部非农业合作社的全国性的协会。1930 年,由于农业危机的影响,在普鲁士政府资助下雷发巽与哈斯成立的全国性协会合并为德国农业合作社协会—雷发巽(German agricultural cooperatives – Raiffeisen)。

(六)德国中央合作银行

随着越来越多的区域合作银行成为股东,普鲁士中央合作银行开始从纯粹的政府机构变成一个政府与合作社合办的半官方金融机构,1932 年普鲁士中央合作银行更名为德国中央合作银行。后来由于第二次世界大战,德国合作运动受到了严重影响,德国中央合作银行瓦解。

第二次世界大战结束后,德国合作体系重建,1949 年成立德国合作银行(DG Bank),承担了其前任的职责,但其资本不是政府持有,而是被合作社自身持有。与原来的中央合作银行不同,新的中央合作银行可以直接在资本市场融资。1990 年德国统一,德国合作银行接管了新联邦政府的中央机构职能。到 1998 年,德国政府持有的股份由合作银行接收,德国合作银行完全私有化。2001 年,德国合作银行与区域合作银行(GZ – Bank)合并,取名为 DZ Bank,即德国中央合作银行[1]。目前,该银行拥有约 1230 家地方合作银行,已经是德国最大的私营金融服务机构之一[2]。

第二节 德国农业土地抵押银行的历史演变

作为农业政策性银行,德国农业土地抵押银行在支持农业农村发展中起着重要的作用,对德国农产品自给并成为欧盟第三大农产品出口国作出了突出贡献。成立至今,其业务范围随着政府农业和农村政策的调整而不断调整和拓展。但该银行始终坚持政策性定位,严格履行支农职能,服务

---

[1] https://www.dzbank.com/content/dzbank_com/home/DZ_BANK/Profile/history/fusion.html.

[2] https://www.dzbank.com/content/dzbank_com/home/DZ_BANK/Profile/history/today_tomorrow.html.

领域由农业生产拓展到全方位农业和农村发展，服务对象始终以农民、农业企业和政府相关部门为主。

一、基本情况

德国农业土地抵押银行①（以下简称土地抵押银行）成立于 1949 年，是服务于农业部门和农村地区的政策性银行，主要任务是向欧洲联盟内参与农业、农业相关部门和农村地区融资的银行提供再融资，委托这些银行机构向德国农业综合企业和农村地区提供优惠贷款。土地抵押银行的经营目标不是利润最大化，其任务是促进其业务和其他法定任务，而无须依靠国家补贴。该银行是德国为数不多的 AAA 级机构之一，资本存量由 1949 年至 1958 年德国农业和林业部门提供的资金构成，现在主要依靠国际资本市场募集资金。截至 2018 年 12 月 31 日，该银行的员工有 304 人，总资产为902 亿欧元（见表 12 – 1）②，核心资本充足率为 29.7%（2017 年为27.8%），资本充足率为 31.2%（2017 年为 29.7%）③。资本充足率大大高于巴塞尔协议Ⅲ中关于良好银行资本约束的要求。

表 12 – 1　　德国农业土地抵押银行业务状况（2015—2018 年）

单位：亿欧元

	2015	2016	2017	2018
总资产	839	863	908	902
银行贷款和预付款	557	578	606	601
持有的有价证券	183	178	159	165
新的促销业务	136	124	119	103
中长期资金	130	127	129	113
证券化负债	673	700	769	766
资产净值	41	43	44	45

资料来源：https：//www.rentenbank.de/en/about – us/rentenbank/facts – and – figures.

————————

① 也被翻译为农业地租银行、农业开发银行、农业经济银行、土地银行、农业抵押银行、农业地产抵押银行等。因该银行的前身起源于土地抵押，在这里我们仍将其翻译为农业土地抵押银行。

② https：//www.rentenbank.de/en/about – us/rentenbank/facts – and – figures/.

③ https：//www.rentenbank.de/en/.

二、历史背景及其前身

19世纪初期，德国开始了农村土地改革运动。德国农民从传统的庄园主和封建制度的束缚中解放出来，可以用赎金购买私有或村社公共所有土地，原有的封建地主对农民的约束关系被债务约束所取代。为切断封建地主与农民的个人关系，防止形成新型的农奴制度，许多中小州及普鲁士西部省份都成立了州地租银行（Rentenbanks）。一方面，农民通过土地抵押，获得州地租银行的贷款，保证了正常的农业生产；另一方面，作为回报，该银行面向土地所有者发行固定收益的可交易证券作为补偿，保证了封建地主的稳定收入。这为德国促进农村土地改革、解决农业生产资金短缺、发展农业生产起到了非常重要的作用。

第一次世界大战之后，德国作为战败国面临巨额赔款，因此印发了大量超发货币，直接导致了严重的通货膨胀。为了打击恶性通货膨胀，1923年德国成立了作为中央银行的德国地租银行，也就是土地抵押银行的前身。该银行以全国土地和不动产作为抵押发行了地产抵押马克。由于新发行的地产抵押马克具有稳定的价值，币值很快稳定下来，创造了"新马克奇迹"。1924年，德国又发行了帝国马克，与地产抵押马克的兑换比例为1:1。在1948年推出德意志马克之前，新货币的纸币和硬币与帝国马克一直保持流通。

1925年，德国地租银行更名为德国地产抵押银行信贷机构，准许向农业部门提供贷款，其目的在于解决农业的财务问题。第二次世界大战后，该银行没能恢复经营，新成立的土地抵押银行取而代之。

三、发展历程

从成立到现在，土地抵押银行业务范围随着政府农业和农村政策导向的调整而不断拓展和调整，大致可以分为四个阶段。

第一阶段（20世纪40年代至70年代中期）：业务主要集中于农业基础设施建设和农产品生产加工业务的中小企业发展。1949年，德国联邦政府依据《德国农业土地抵押银行管理法》成立了土地抵押银行，将其作为服务于农业部门和农村地区的公法机构。该法规定了土地抵押银行的任务和允许的业务活动。1953年，该银行发行第一批地权债券，用于再融资优惠贷款。1972 年，该银行的低利息促进农业基础设施项目正式启动，旨在支持乡村城镇发展，其贷款资金通过发行债券进行融资。1973 年以后，联邦政府引入改善农业结构和海岸保护的联合任务，提供支农资金，将其作为重要的农业支持工具。这标志着该银行公共资金渠道终止，并开始依赖资本市场作为其主要资金来源。1975 年，作为第二个低利息促进项目的农业项目建立，旨在促进农产品公司发展。

第二阶段（20 世纪 70 年代中后期至 80 年代末）：业务主要是促进农村土地集中、乡村重建升级、扩大农场规模和资助青年农民创业。1977 年，建立乡村重建项目。1985 年，作为农业推广贷款计划的一部分，该银行向青年农民推出了低利率贷款。1987 年以后，该银行逐步通过面向国际资本市场发行债券筹集资金用于再融资贷款，资金来源越来越国际化。

第三阶段（20 世纪 90 年代）：业务重点聚焦于支持新建地区的农业企业发展。1991 年，该银行推出了一个特别的东部专项贷款促进计划，支持联邦州新的农业企业，并发行了第一批无担保债务证券。1994 年，建立欧元中期票据计划（EMTN），并开始按市场条件向其他欧盟国家的银行发放贷款。2000 年，启动欧元商业票据计划，推出一个发行以澳元计价的债券（袋鼠债券，AUDMTN）。

第四阶段（21 世纪以后）：业务范围已拓展到农业和农村发展的各个领域，在发展传统业务的同时，重点支持可再生能源利用、食品供应链延伸、水资源利用、环境保护、乡村旅游以及农业科技创新研究等。2005 年以后，该银行增加环境保护、消费者保护、可再生能源等方面的业务产品，并通过联邦各州的促进机构为市政投资提供资金。联邦共和国的特别用途基金主要致力于促进农业创新。2007 年以后，发行零风险加权债券和票据：在信用风险标准化方法下，德国和其他欧盟国家的银行不需要持有资本以抵偿该银行的债权。2008 年，该银行推出了一种新的促进计划结构以及风险调整的利率制度，重点关注食品供应链、可再生能源和农村地区发展。2009—2010 年，该银行推出刺激计划，以确保农业企业在经济和金融危机期间的流动性。2010 年，该银行推出了水产养殖和渔业的促进产品。2011年以后，通过联邦各州的促进机构，该银行为扩大农村地区宽带覆盖范围的业务提供贷款。2012 年，该银行将社区风电项目纳入农村能源贷款范围；2013 年，该银行引进赠款计划，推动农业创新研究项目。2014 年，推广乡村旅游成为该银行农村生活贷款项目的重要组成部分。2019 年 5 月，该银行决定将林业作为一个专门项目进行支持。

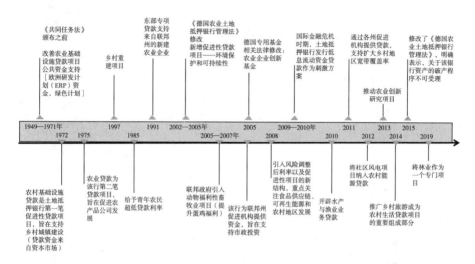

资料来源：根据德国农业土地抵押银行发展历程整理。参见：Milestones of Landwirtschaftliche Rentenbank［EB/OL］. https：//www. rentenbank. de/en/about – us/rentenbank/history。

图 12 – 1　德国农业土地抵押银行业务发展重要节点

第三节　治理机制与运营模式

土地抵押银行总部位于美因河畔的法兰克福，没有任何分支机构，其目标是促进农业和农村地区发展。该银行的服务区域不仅包括德国，还包括欧盟其他国家。

一、治理机制

土地抵押银行按公司制组建，管理机构包括管理委员会、监事会和股东代表大会。

（一）管理委员会（Board of Management）

管理委员会代表银行行使相关权利和义务。管理委员会主要负责处理银行内外日常经营管理事务，由内部高级管理层构成。2015 年修订的《德国农业土地抵押银行管理法》第 6 款规定，管理委员会至少由 2 名成员组成①。目前，该委员会由 3 人组成。该委员会成员需要监事会成员中三分之二以上通过，才能任命或解聘。管理委员会成员任期最长 5 年；在任期结束前一年内，经监事会同意，可连任或任期延长，每次最长 5 年。聘任的管理委员会成员，应当经德国联邦食品和农业部批准。新任命的管理委员会成员应当向联邦法院备案。

（二）监事会（Board of Supervisory Directors）

监事会主要负责对管理委员会持续性的经营业务进行监督。监事会下设薪酬委员会、审计委员会、风险委员会和专家委员会。监事会由外部利益相关方人员组成，与管理委员会成员不能交叉任职，共有 18 名成员。其组成人员包括：（1）8 名食品和农业组织代表，其中 6 名应由德国农民协会（Deutscher Bauernverband E. V.）任命，其他 2 名分别为农民合作社协会（Deutscher Raiffeisenverband E. V.）和粮食协会的代表；（2）3 名由联邦委员会任命的各州农业部部长；（3）1 名工会代表；（4）联邦食品和农业部部长；（5）联邦食品和农业部、财政部各有 1 名代表，各部委也可由其他专家代表；（6）由联邦政府提议，并由监事会其他成员共同决定的 3 名来自信贷机构或其他信贷专家的代表。德国农民协会会长担任监事会主席，副主席是联邦食品和农业部部长。监事会每半年至少召开一次会议，其主要职责如下：负责任命和解聘管理委员会成员；监督管理委员会发行债券，购买、重新安排和出售投资资产，购买、抵押和出售房地产（强制拍卖除外）等经营活动，并就其执行情况作出决策；决定年度预算、本金准备金及担保准备金的分配；提出年度利润分配建议；修订公司章程；听取管理委员会年度报告；等等。

（三）股东代表大会（General Meeting of the Institution）

股东代表大会是该银行的最高权力机构。大会由 28 名受土地抵押银行土

---

① Governing Law of Landwirtschaftliche Rentenbank, Section 6［R］.［S. l.］: Landwirtschafiliche Rentenbank.

地费用担保的财产所有人和出租人的代表组成①。其中巴登—符腾堡州、巴伐利亚自由州、勃兰登堡州、黑森州、梅克伦堡—前波美拉尼亚州、下萨克森州、北莱茵—威斯特法伦州、莱茵兰—普法尔茨州、萨克森自由州、萨克森—安哈尔特州、石勒苏益格—荷尔斯泰因州、图林根州各2人，柏林、不来梅、汉堡、萨尔州各1人。监事会主席或副主席主持股东大会，但其没有表决权。大会成员的任期于大会结束时结束。② 股东大会的主要职责是审议管理委员会和监事会年度工作报告、审议决定利润分配方案、制定本行经营方针，并就促进农业和农村地区事务、农业和商业政策的问题提供咨询意见。

二、运营模式

土地抵押银行采用转贷模式。土地抵押银行是一种再融资性质的金融机构，不直接对农村企业发放贷款。土地抵押银行从资本市场上集资后，通常通过或与其他商业性银行一起发放贷款，由商业性银行承担信贷风险。③ 它通常既不接受存款，也不经营直接信贷窗口。除了促进性的非营利任务以外，该银行不持有股权，也不提供担保。

土地抵押银行转贷给商业性银行，由商业性银行向最终借款方提供贷款，商业性银行向土地抵押银行提供抵押。商业性银行进行信用风险评估和担保，并有责任偿还土地抵押银行贷款。土地抵押银行持有对商业性银行的抵押债权，不承担任何最终借款人违约风险，通过商业性银行为农业和农村地区提供长期信贷。这种申请程序确保最终借款方获得优惠。

土地抵押银行与商业性银行的转贷合作关系，降低了土地抵押银行的经营成本，也使商业性银行赚取转贷利息差。同时，土地抵押银行引导商业性银行向农民投资发放更多的短期贷款，使商业性银行留住了农民客户，增加了收益，调动了商业性银行支农的积极性，实现了共同支持农业农村发展的目标。

---

① Governing Law of Landwirtschaftliche Rentenbank, Section 8 ［R］. ［S. l. ］: Landwirtschafiliche Rentenbank.

② Statutes of Landwirtschaftliche Rentenbank, Section13 ［R］. ［S. l. ］: Landwirtschafiliche Rentenbank.

③ Governing Law of Landwirtschaftliche Rentenbank, Section 3 ［R］. ［S. l. ］: Landwirtschafiliche Rentenbank.

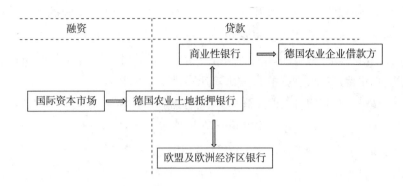

图 12 - 2　德国农业土地抵押银行运营模式

第四节　业务范围

作为公法机构，土地抵押银行依法开展履行职能的业务，并提供直接与其执行任务相关的服务。《德国农业土地抵押银行章程》规定其业务主要包括：购买和出售债务和证券；为银行风险管理目的进行财务管理和交易；自身账户的证券交易、存款和转账；以无记名或登记形式发行有担保和无担保债券；向中央信贷机构、集资基金和公共当局筹集专用资金；筹集其他类型贷款；公私信贷机构的资金投资；与促销措施相关的咨询与服务。此外，土地抵押银行还开展其他业务，如鼓励农业农村数字化、支持应用研究项目促进创新、为农业企业提供技术解决方案、支持初创农业企业等。

一、信贷类型

《德国农业土地抵押银行章程》明确规定，作为农业综合企业和农村地区的促进银行，土地抵押银行主要通过发放中期和长期促进贷款支持各种与农业有关的投资。该银行工作任务重点是向农业综合企业和农村地区提供特别优惠贷款和普通贷款。

特别优惠贷款。该贷款专门用于德国国内被确定为特别用途的贷款，通常通过地方银行和公共机构提供给最终借款人。该贷款执行优惠利率，主要通过合作银行、储蓄银行或私人银行发放给最终借款人，用于被认定具有特别价值的用途，如农村基础设施建设、风力发电等。该银行通过低利率融资、额外的降息或额外的促销补贴，提供低利率的优惠贷款。此类贷款仅限于德国食品和农业部门以及整个农村地区的融资项目和投资。每个借款人每年的贷款承诺上限为 1000 万欧元，每年共发放贷款约 20000 笔，每年贷款 100 亿~130 亿欧元。同时，该贷款还用于减轻农业危机对经济的影响，例如 2009—2010 年世界经济危机、2012 年霜冻灾害、2013 年洪水灾害、2016 年牛奶危机等。

为地方公共部门、涉农银行提供的普通贷款。该贷款资助与农村有关的地方公共部门特别目的协会和欧盟从事农业与农村商业活动的银行。土地抵押银行根据其业务范围，向地方公共部门特别目的协会提供贷款或者赠款①。另外，普通贷款以有竞争力的利率提供给涉农银行，再贷给农业与农村地区最终借款人。从普通贷款中获得的利润用于补贴特别优惠贷款和补充资本金。

特别优惠贷款和普通贷款两类业务没有严格的比例限制，无论哪种贷款在开办之前均须经过联邦食品和农业部审批。该行是承担公共使命的非营利机构，免缴纳企业所得税和贸易税，以补偿政策性特别优惠贷款。

二、信贷业务领域

土地抵押银行通过这些贷款，支持整个农业综合企业价值链、可再生能源产业以及农村地区的公司和企业家。该银行在贷款过程中坚持竞争中立原则，通过商业性银行为农业农村项目提供贷款。2018 年，新促进业务总计 103 亿欧元，其中特别优惠贷款 67 亿欧元②（见图 12-3）。特别优惠贷款业务分为农业、水产养殖与渔业、农业综合企业、可持续发展、农村发展等五条业务促进线，2019 年 5 月，又将林业作为单独一条业务促进线进行支持。

---

① Governing Law of Landwirtschaftliche Rentenbank, Section 3 [R]. [S. l.]: Landwirtschafiliche Rentenbank.

② Annual Report 2018 of Landwirtschaftliche Rentenbank [R]. [S. l.]: Landwirtschafiliche Rentenbank, 2018: 6.

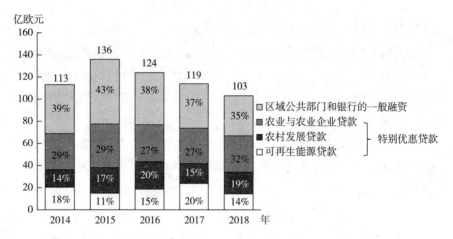

资料来源：Presentation – 2019 – 07 – 15. Rentenbank［EB/OL］. https：//www. rentenbank. de/ en/documents/Presentation – 2019 – 08 – 20 – en. pdf.

图 12 – 3　新促进业务贷款（2014—2018 年）

（一）支持农业

这些优惠条件适用于青年农民和投资于特别可持续项目的申请者。另外，该银行还为意外事件（包括恶劣天气等极端情况）提供流动性援助，解决农业企业流动性问题，例如，由于恶劣天气，2018 年 6 月底该银行为遭受损失的农业、园艺和葡萄种植公司办理了流动性援助贷款。

（二）支持水产养殖和渔业

2018 年，该银行发放养殖和渔业发展项目贷款 1000 万欧元。重点围绕水产增长、水产可持续性和水产投入等方面给予贷款，支持水产场建设，提升能效。

（三）支持农业综合企业

2018 年，该银行在农业企业促销项目中承诺了 12 亿欧元，其中 6. 187 亿欧元用于机械贷款。另外，还为建筑提供资金支持，贷款总额 3. 43 亿欧元。

（四）支持可持续发展

该银行通过提供特别的低息贷款，支持与可持续发展相关的项目。2018年，可持续性项目贷款18亿欧元，其中可再生能源推广项目贷款14亿欧元。可再生能源推广项目主要是太阳能、沼气、风力发电等项目。2017年1月1日开始生效的《德国可再生能源法》（EEG），规定了上网电价通过拍卖确定。这降低了风力涡轮机的投资吸引力，从而减少了对该方面的投资。由图12-4可以看出，2018年可再生能源推广项目的需求明显下降。可持续发展项目还包括对动物福利、环境和消费者保护的投资，通过可持续发展、环境和消费者保护等项目，达到改善动物福利、减少排放和提高能效的目的。此外，该银行还支持以动物福利为重点的农产品、有机农业和畜牧业的直销和区域销售。

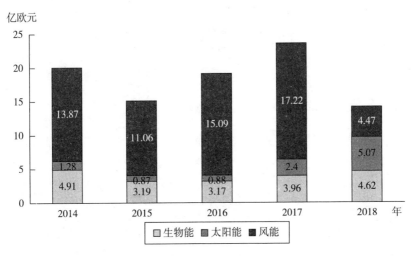

资料来源：Presentation - 2019 - 07 - 15. Rentenbank［EB/OL］. https：//www.rentenbank.de/en/documents/Presentation - 2019 - 08 - 20 - en.pdf.

图12-4　可再生能源项目贷款（2014—2018年）

（五）支持农村发展

2018年，农村发展促进项目的新业务增长9.6%，达到20亿欧元。土地抵押银行主要通过农村基础设施和农村生活项目促进农村发展。农村基础设施项目，其对象是农村地区的地方政府，旨在为其基础设施项目提供资金。这些项目包括建设地方政府大楼和教育机构、供水和污水处理以及修建道路。农村生活项目，主要支持对农村旅游业的投资、改善农村基础设施以及从非农业业务获得收入，以实现农业企业的多样化。此外，该银行还通过与德国联邦各州的本地银行签订全球融资协议促进农村发展。

表 12 - 2　　　新业务特别优惠贷款（2017—2018 年）　　单位：亿欧元

项目	2018 年	2017 年
农业	21.17	22.11
其中：利率特别低贷款	9.52	9.32
水产养殖和渔业	0.1	0.15
农业综合企业	11.73	10.54
可持续发展	14.25	23.58
农村发展	19.69	17.97
总计	66.94	74.36

注：总数可能包括因四舍五入而产生的差异。

资料来源：Rentenbank［EB/OL］. https：//www. rentenbank. de/en/about - us/publications/annual - reports/.

（六）支持林业

该银行鼓励对林业方面的投资，如植树造林、对受自然灾害破坏的森林进行修补等，以更有针对性的方式应对林业的挑战，使林业与环境相处更加和谐，使林业发展更加健全。同时，土地抵押银行支持创新和技术进步，并支持涉及贸易和工业伙伴的应用研究项目，通过相关项目，对创新的发展、应用和推广等每一个环节提供援助。为促进农业、林业、葡萄种植、园艺、渔业和水产养殖业的创新，该银行从德国联邦政府特别用途基金和农业创新项目研究中拿出资金提供支持。

第五节　资金来源与利润分配

土地抵押银行最初资本金是 1949 年至 1958 年由德国农业和林业部门拨给的资金，以后从每年的未分配利润中转增。目前，其资金来源包括以下几方面：向经合组织成员的同行在银行间市场借款和发行商业票据；参与公开市场交易和欧洲中央银行系统（ESCB）经常性融资便利；发放贷款，发行记名债券和票据、无记名债券和票据、期票，以及其他类型债券。该银行发行的债券由德国联邦政府进行担保①，核心资本完全来自留存收益。另外，该银行还设立特别担保准备金，为发行的有担保债券提供进一步担保。担保准备金在任何时候不得超过所发行担保债券名义价值的5%，且不得超过年度净利润的50%。

一、融资情况

土地抵押银行长期债券信用评级为AAA，由国家主权担保，再加上其强大的信贷能力以及由此产生的优惠待遇，支撑了其融资状况，并确保了较低的融资成本。按照信用风险标准化方法（CRSA），土地抵押银行的债务为零风险加权②。2018年，土地抵押银行通过发行期限超过2年的债券在资本市场上筹集了113亿欧元（具体融资情况见图12-5）。③

二、主要融资产品

土地抵押银行采取全球多元化的融资策略，在国内外资本市场筹集资金，向国际投资者提供广泛的产品，主要有欧洲中期票据（EMTN）、欧洲商业票据（ECP）、全球债券、澳元中期票据等。

中长期融资。该融资期限大于2年。2019年1~6月，土地抵押银行已经融资64亿欧元，平均期限为7.5年，已经实现了其2019年110亿欧元计划发行量的一半以上。欧元仍然是最重要的发行货币，在融资总额中所占份额上升到74%（2018年为63%）；其次是英镑，占15%（2018年为4%）。商业银行和中央银行仍然是最重要的投资者，分别占资金总额的43%（2018年为37%）和36%（2018年为31%）。欧洲中期票据是主要再融资渠道，而全球债券以及澳元中期票据是补充来源（见表12-3）。

---

① Governing Law of Landwirtschaftliche Rentenbank，Section 2［R］．［S. l.］：Landwirtschafiliche Rentenbank．

② Rentenbank［EB/OL］．https：//www. rentenbank. de/en/investor - relations/emissions/intternational - issues/．

③ Presentation - 2019 - 07 - 15：Rentenbank［EB/OL］．（2019 - 07 - 15）．https：//www. rentenbank. de/en/．

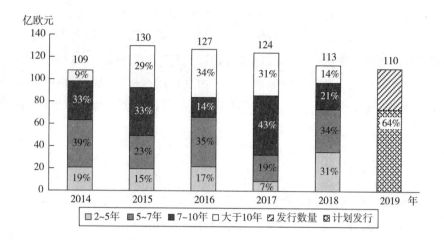

资料来源：Rentenbank［EB/OL］. https：//www. rentenbank. de/en/documents/Presentation -
2019 - 08 - 20 - en. pdf/.

图 12 - 5　德国农业土地抵押银行融资情况（2014—2019 年）

表 12 - 3　　　2017—2018 年中长期债券发行数量（期限超过 2 年）

	数量（亿欧元）		所占比例（%）	
	2018 年	2017 年	2018 年	2017 年
欧洲中期票据	97	94	85.6	76.1
全球债券	11	11	9.7	8.7
澳元中期票据	5	12	4.7	9.9
国际贷款	0	5	0.0	4.1
国内资本市场工具	0	2	0.0	1.2
总计	113	124	100.0	100.0

资料来源：Rentenbank［EB/OL］. https：//www. rentenbank. de/en/about - us/publications/
annual - reports/.

短期融资。主要包括 2 年以下欧洲中期票据和欧元商业票据。2 年以下欧
洲中期票据是对货币市场业务的补充。欧元商业票据在短期资金中发挥关键
作用，包括期限不超过 1 年的无记名票据，通常以折扣形式发行。它于 2000
年 2 月 10 日推出，发行量为 50 亿欧元，2000 年 12 月增加到 100 亿欧元，
2017 年 8 月增加到 150 亿欧元，2008 年 1 月增加到 200 亿欧元。2019 年，欧元商
业票据计划发行 200 亿欧元，期限为 1 年以内，以 1 个月和 3 个月期为主。

绿色债券。自 2013 年以来，该银行已经发行了 6 种绿色债券，全部是私人债券。该银行发行以真正绿色债券投资者为目标的中小型定制绿色债券，并向投资者提供所有指定项目的匿名清单。债券的净收益用于可再生能源推广项目，如光伏、风力发电、沼气厂等。

三、利润分配

土地抵押银行的业务目标不是利润最大化，其经营业绩高度依赖净利息收入。作为公法机构，土地抵押银行免于征收企业所得税和贸易税，其净利润仅可用于符合普遍利益的农业和农村地区发展。土地抵押银行的利润分配由监事会提出建议，最终由股东代表大会决定。2018 年，该银行将净利润平均分配给特别用途基金和促进基金。

特别用途基金促进创新。1952 年，联邦政府建立特别用途基金。土地抵押银行作为联邦政府的受托人，被授权管理该基金。根据 2005 年 8 月 12 日《联邦共和国特别用途基金法》，该银行的净利润至少一半应分配给特别用途基金，条件是免征其资产、净收入和商业企业的所有税款。该银行从特别用途基金中提供低息贷款和赠款，推进农业领域创新。

促进基金专注于研究和培训。2015 年修订的《德国农业土地抵押银行管理法》第 9 款规定，净利润最多有一半分配给促进基金。2018 年，促进基金共有 780 万欧元可用于支持个别项目以及在农业部门和农村地区开展业务的机构。除了与农业有关的研究项目外，重点还在于以实践为导向的试点项目、培训方案和活动。多年来，该基金还支持农村青年的工作、农村社区老年公民的活动以及德国农村妇女协会。

第六节　风险防控

一、评级情况

土地抵押银行是公法机构，其信用由德意志联邦共和国背书，其发行的债券享有国家主权级信用。自 2014 年 1 月 1 日起，德国联邦政府对该银行的债务提供直接、明确和无条件支付担保。2015 年修订的《德国农业土地抵押银行管理法》明确规定，对于与该银行资产有关的破产程序是不予受理的。与大多数开发性金融机构一样，土地抵押银行享有的评级是国家主权评级，穆迪、标普和惠誉三家国际评级机构对其的长期债务给予了最高评级 AAA 和 Aaa，展望均为"稳定"（见表 12 - 4），保证了其在国际市场上获取充足、稳定的低成本融资。

表 12 - 4   信用评级

	长期评级无担保/次级	展望	短期评级
穆迪	Aaa/Aaa	稳定	P - 1
标普	AAA/AAA	稳定	A - 1 +
惠誉	AAA/AAA	稳定	F1 +

二、资产质量

土地抵押银行的资产质量很好。即使在 2008 年国际金融危机期间，风险贷款也仅有 3500 万欧元（其中 61% 最终被收回）。2018 年，该银行总资本比率和普通股一级资本比率分别为 31.2% 和 29.7%，远高于监管要求，也高于欧洲央行规定的最低要求。根据总资本、一级资本、普通股一级资本比率以及杠杆比率，该银行将规范性风险承受能力下的监管最低要求定义为自有资金要求。由表 12 - 5 中基本情景和不利情景下的监管指标可以看出，即使在不利情景下，其核心资本充足率仍远远高于规定的 5.5% 的要求。

表 12 - 5   基本情景和不利情景下的监管指标

	基本情景			不利情景		
年份	2019	2020	2021	2019	2020	2021
总资本比率	31.2	31.0	30.8	21.7	18.2	17.6
一级资本比率	29.9	30.2	30.4	20.8	17.7	17.4
普通股一级资本比率	29.9	30.2	30.4	20.8	17.7	17.4
杠杆比率	5.1	5.2	5.2	5.0	5.0	4.9

资料来源：Annual Report 2018 of Landwirtschaftliche Rentenbank［R］．［S. l.］：Landwirtschafiliche Rentenbank，2018：36.

三、不良贷款情况

土地抵押银行的不良率为零。该银行的风险战略要求在所有业务活动中审慎地选择业务合作伙伴和产品。根据其核心能力，该银行专注于银行和公共部门借款人。低风险偏好和贷款传递模式大大降低了不良贷款率。该银行的高质量证券组合主要由低风险（次级）主权债券和银行债券组成。该银行专注于评级较高的高级优先股和担保债券，贷款组合的平均信贷质量至少为 A。它不投资于任何类型的结构性证券，例如资产支持证券或债务抵押债券。

四、风险管理体系

土地抵押银行主要业务限于为银行机构提供资金，最终借款人的信用风险由商业性银行承担。这决定了其业务活动需谨慎地选择业务合作伙伴。从其转贷的模式来看，土地抵押银行主要风险类型有信用风险、市场风险、流动性风险、操作风险和战略风险。为此，土地抵押银行已建立起完善的风险管理体系（RMS），以管理其业务活动带来的风险[①]。

管理委员会设立首席风险官（CRO）职位。2018 年 5 月 1 日，管理委员会设立了首席风险官，全面负责风险管理。首席风险官负责控制各部门的风险、运营金融市场以及信贷部门，并定期向管理委员会通报风险状况。

监事会设立审计委员会和风险委员会。审计委员会和风险委员会每季度通报风险情况，并向监事会通报重大风险事件。除每年两次的监事会议外，管理委员会可随时向监事会通报重大风险事件。

银行内设立相关部门进行风险防控。风险管理部门负责监测和传达风险，并参与有关风险政策的所有重要管理决策；信贷部门结合风险管理部门制定的信用风险战略，负责加强对不良贷款的监督和管理，监控信贷风险限额的遵守情况，并持续监测贷款组合的总体情况；财务部门在定义的战略框架内管理市场和流动性风险；内部审计部门审查和评估业务活动和流程的适当性，并直接向管理委员会报告。

---

① Annual Report 2018 of Landwirtschaftliche Rentenbank［R］.［S. l.］: Landwirtschafiliche Rentenbank，2018：33.

第七节　外部关系

土地抵押银行成立之时，德国政府专门制定并颁布了《德国农业土地抵押银行管理法》，并随着银行职能的调整而不断修订。该法与公司章程明确了土地抵押银行特殊的地位，规定了其业务模式，约束了其经营行为，保障了其合法权益。同时，也厘清了土地抵押银行与政府及其他相关利益主体的关系，为其履行农业政策性银行的使命创造了良好的环境。

一、与政府关系

（一）政府信用担保

《德国农业土地抵押银行管理法》明确规定，土地抵押银行是公法机构[1]，德国政府为该银行所有债务提供担保，包括银行发放的贷款与发行的债券、签订的长期合约或期权、该银行的借款以及由该银行担保的第三方信贷等[2]。德国政府以国家主权为土地抵押银行提供信用担保，为其在国际资本市场上发行债券提供了有力的保障。

（二）政府监管

土地抵押银行在政策执行上受德国联邦政府监督，经营风险主要由联邦金融监管局（BaFin）监管，有效地保证了其稳健持续运行。

《德国农业土地抵押银行管理法》明确规定，该银行应与政府职责相一致，致力于促进农业和农村地区的发展。联邦食品和农业部与财政部协同执行监督土地抵押银行的职责，确保其活动与《德国农业土地抵押银行管理法》和公司章程规定的经营业务相一致。联邦食品和农业部与财政部协商一致作出决策，如2018年联邦食品和农业部协商财政部通过了该银行章程的修订。监督机关要确保银行的经营活动符合公共利益，特别是在促进

---

[1]　Governing Law of Landwirtschaftliche Rentenbank, Section 1 [R]. [S. l.]: Landwirtschafiliche Rentenbank.

[2]　Governing Law of Landwirtschaftliche Rentenbank, Section 1a [R]. [S. l.]: Landwirtschafiliche Rentenbank.

农业和农村地区发展方面。监督机关有权要求土地抵押银行执行机构提供有关所有业务事项的资料，查看任何账簿和信件，参加监事会及其委员会的会议和大会，并提出动议。监督机关有权要求召开执行机构会议并决定商议的主题，否决执行违反银行法律法规特别是违反促进农业和农村地区公共利益的决议。

土地抵押银行与德国所有银行一样受银行法的制约，并在德国联邦金融监管局监管下运营。德国联邦银行（Bundesbank）协助德国联邦金融监管局执行监管职能。该银行是德国公共银行协会和欧洲公共银行协会会员，自2014年以来，土地抵押银行一直受欧洲央行监管。自2019年6月27日起，土地抵押银行不再受《资本要求指令V》（CRD V）和《资本要求条例》（CRR）的管辖。因此，今后该银行不再受欧洲央行监督，而由德国联邦金融监管局和联邦银行监管[1]。

（三）税收优惠政策

《德国公司税法》第5（1）条第2款规定，土地抵押银行免交公司税；《德国贸易法》第3条第2款规定，土地抵押银行免交贸易税。根据2005年8月12日《德国特别用途基金法》（联邦公报一，第2363号）规定，该银行至少一半的分配金额应划拨给联邦特别用途基金，前提是该基金由土地抵押银行管理，并免交资产、净收入和企业的所有税款。可以看出，德国政府给予土地抵押银行免税的优惠政策，使银行经营利润逐年转增资本金，扩大了自有资金来源。

二、与商业性银行关系

土地抵押银行通过商业性银行向农民发放贷款，使最终借款人获得低利率贷款。这种模式使两者之间形成了转贷合作关系，同时这也意味着该银行不与商业性银行竞争，而是开展补充商业性银行的活动。

德国农业金融体系由政策性银行、合作银行、储蓄银行和私营银行组成，而农业政策性银行是整个体系的重要支柱，在农业投资中起着引导和推动作用。土地抵押银行主要投放中长期促进贷款支持各种与农业有关的

---

[1]　https：//www.FitchTatings.com/site/re/10079477.

投资，但是并不直接向农民发放贷款，而是以基本覆盖筹资成本的低利率投放给合作银行、储蓄银行或私营银行等商业性银行，再由这些银行通过严格规范的程序转贷给农民，确保最终借款的农民获得优惠贷款。可见，促进性贷款的发放使土地抵押银行与其他银行形成了转贷关系。

土地抵押银行没有支行，这种转贷模式既提高了贷款效率、降低了不良率，又节约了土地抵押银行的经营成本。同时，这种模式也使其他银行获得了转贷利差，促使这些银行向农业和农村地区投放更多的短期贷款，从而获得了更多的收益，调动了其支持农业发展的积极性，实现了德国农业农村地区发展的目标。

第十三章 法国农业信贷银行（集团）

第一节 历史演变

农业在法国一直以来都占据着非常重要的地位，因而法国政府高度重视农业生产经营。早在 19 世纪末期，法国政府就依法建立了具有政策性金融特征的农业信贷机构①，以融通农业信贷资金的方式支持农业农村发展。

法国农业信贷银行（Crédit Agricole）是法国较早组建的执行政策性银行职能的重要金融机构②，长期专注于服务农业农村领域。经过百余年的发展，法国农业信贷银行实现了从专业性银行到全能型银行、从法国本土银行到全球性银行、从银行机构向金融集团的重大转变③。

法国政府和社会各界共同推动经济社会发展进步，使法国不仅成为一个发达的工业国，而且成为一个先进的农业国。在此过程中，法国农业信贷银行作出了卓越的贡献，成为法国政府推行农业和财政金融政策实施不

---

① 政策性银行是伴随着历史的进程逐渐成形的。处于萌芽期的政策性银行通常只具备一定的政策性特征，其中大多数仍处于合作金融或专业银行的阶段，与当代主流的政策性银行差距还相当远。因此，本章将其认定为具有政策性特征的金融机构。

② 法国农业信贷银行的发展经历了漫长的历史。为了契合该金融机构对自身的定位，显示该行在不同历史阶段的性质差异，本书对 Crédit Agricole 和 Crédit Agricole Group 作出区分。简而言之，可以认为，法国农业信贷银行（Crédit Agricole）是法国农业信贷集团（Crédit Agricole Group）的早期形式，法国农业信贷集团是实现业务多元化和国际化以后的法国农业信贷银行。但二者在各自的语境下均指代农业信贷银行整个系统。

③ 截至 2018 年末，法国农业信贷集团已拥有 14.1 万名员工，分支机构覆盖 47 个国家和地区，服务 5100 万客户，成为名副其实的法国最大、世界领先的大型金融集团。

可或缺的工具①。根据性质和经营方式的差异，可以将法国农业信贷集团（Crédit Agricole Group）的发展历程划分为孕育产生、银行主业发展、多元化和国际化三个阶段②。

一、孕育产生阶段（19 世纪 80 年代至 90 年代）

法国农业信贷银行产生于 19 世纪末，其早期雏形为农业互助信贷组织③。当时，国际市场竞争和农业虫害使法国面临严重的农业危机④，法国农民迫切希望引进先进的农业生产技术，信贷资金成为解决这个难题的关键。但法国银行业的贷款集中投向工商业和证券投资领域，农业面临资金严重短缺的局面，急需法国建立特殊的资金流通体系，既发放信贷资金，又能够确保资金保留在土地上，从而满足农业生产的资金需求⑤。

1884 年，法国政府通过法案⑥，授权行业协会（Professional Associations）将农业合作社（Farming Cooperatives）合法化，为农业合作社更好地发挥作用铺平了道路。1885 年，路易斯·米尔森特（Louis Milcent）在法国侏罗地区（Jura Region）发起地方性倡议，成功建立波利尼农业信贷银行（Société de Crédit Agricole de l'arrondissement de Poligny），它是法国首家建立

---

① ［法］马居歇·N 等. 法国农业信贷银行［M］. 北京：农业出版社，1988：1.

② Crédit Agricole S A. Transparency：Annual Financial Report Registration Document 2018：25；Crédit Agricole S A. Commitment：2018 – 2019 Integrated Report；Crédit Agricole S A. The History of Crédit Agricole［EB/OL］. https：//www. credit – agricole. com/en/group/the – history – of – credit – agricole。有关法国农业信贷集团的历史演变，以集团官网的相关表述为主体，并依据集团年报及其他材料加以充实。

③ 白钦先，徐爱阳，王小兴. 各国农业政策性金融体制比较［M］. 北京：中国金融出版社，2006：130.

④ 技术进步从根本上改变了欧洲农业市场的供求关系。蒸汽机降低了国际运输的费用，新兴国家开始与法国的农业生产（特别是小麦生产）进行竞争，造成市场价格混乱。法国农民逐渐认识到外国竞争的危险性，在思想上开始形成市场观念和竞争观念。1875 年后，葡萄种植业逐渐受到葡萄根瘤蚜虫的破坏。到 1888 年，近 100 万公顷的葡萄园遭到破坏，造成葡萄收入的急剧下降，引起了地方混乱。法国农民急需大量的资金重建葡萄园，或改种其他作物。见：［法］马居歇·N 等. 法国农业信贷银行［M］. 北京：农业出版社，1988：5.

⑤ ［法］马居歇·N 等. 法国农业信贷银行［M］. 北京：农业出版社，1988：4 – 9；张楠. 法国农业信贷银行在法国农业发展中的作用——兼评对中国农业发展银行管理的启示［J］. 法国研究，2008（1）：79 – 82.

⑥ 由于年代和传统的不同，法国各项法案的命名没有一致的习惯：有依照通过年度或日期命名的，例如 1884 年法案；有依据倡议者的名字命名的，如梅利纳法案；有依据内容命名的，如农村法案。本章法案的名称叙述尊重历史习惯，仅用于指代而非命名，因此也不再标注书名号。

在农业合作社基础上的农业信贷银行。

此后，法兰西第三共和国（Third Republic）试图通过为家庭农场提供资金支持争取法国农民的选票①。这种意愿直接导致了1894年12月5日梅利纳法案（Méline Act）的形成。梅利纳法案准许农业合作社成员按照合作社原则成立农业信贷地方银行（Local Crédit Agricole Banks）②，为合作社及其成员的农业经营提供必要的资金③。按照合作社原则建立的众多地方银行构成了法国农业信贷银行体系金字塔的基础。

二、银行主业发展阶段（19世纪90年代至20世纪70年代）

这一阶段，法国农业信贷银行历经两次世界大战和多项改革，在机构、职能和运营模式上发生一系列转变和发展，中长期贷款比例逐步上升，信贷业务范围逐步拓展，资金从主要依赖政府到完全自给自足，为法国农业农村的发展提供了有力的支持。

梅利纳法案没有赋予地方银行（Local Banks）金融优势。尽管地方银行可以吸收会员存款，但远远不能满足贷款需要④，地方银行的资本金很快耗尽。为了使农业信贷运转起来，1897年，法国政府要求法兰西银行（Banque de France）为法国农业信贷银行注资4000万法郎，而且在后续年度每年支付200万法郎作为补充资金⑤。1899年3月31日，法国政府批准瓦伊格法案（Viger Act），从体制改革的角度补充完善法国农业信贷体系。瓦伊格法案决定，按照互助合作原则组建法国农业信贷地区银行（Crédit Agricole's Regional Banks），充当国家与地方银行之间的中间人，用于分配法

---

① 19世纪末，法国农业人口占全国就业人口的比例超过50%。在政治选举中，法国农民显然是一支重要力量。见：[法] 马居歇·N 等. 法国农业信贷银行 [M]. 北京：农业出版社，1988：5.

② 以1894年法案的颁布为标志，法国农业信贷银行诞生。参见：Crédit Agricole S A. The birth of Crédit Agricole, 1894；The History of Crédit Agricole [EB/OL]. https：//www. credit – agricole. com/en/group/the – history – of – credit – agricole。

③ 根据梅利纳法案，法国农业信贷地方银行是严格的农业银行，只向银行会员贷款。见：[法] 马居歇·N 等. 法国农业信贷银行 [M]. 北京：农业出版社，1988：9 – 10.

④ [法] 马居歇·N 等. 法国农业信贷银行 [M]. 北京：农业出版社，1988：11.

⑤ 1899年3月31日法案第1条规定：根据1897年11月17日法案批准的1896年10月31日协议书的规定，法兰西银行交给国库的4000万法郎和每年支付的享有优先权的费用，由法国政府以无息预付款的名义分配给根据1894年11月5日法案成立的各农业信贷地区银行。援引自 [法] 马居歇·N 等. 法国农业信贷银行 [M]. 北京：农业出版社，1988：12.

国政府提供的无息预付款。与此同时，设立农业部委员会（Agriculture Ministry Committee）监督无息预付款的分配。组建的各地区银行构成了法国农业信贷银行体系金字塔的第二层。

经过不懈努力，地方和地区银行的数量迅速增加。到第一次世界大战爆发时，法国每个省（Département）都至少拥有一家地区银行[①]。此时，农业信贷银行已经获得发放长期贷款的政府授权[②]，但所发放的贷款主要还是短期贷款。流入银行的储蓄也在不断增加，但政府仍然是主要的资金来源[③]。

第一次世界大战改变了法国农业信贷银行的运作方式。法国政府要求农业信贷银行为战争期间闲置的土地提供开发资金，从而恢复战争前线附近农场的生产。开发闲置土地的长期资金需求，凸显出设置农业信贷银行国家级机构统筹管理地方和地区银行的必要性。

当时，法国农业信贷地区银行仅仅是农业部的信贷部门，为了赋予其更大的自治权，1920 年 8 月 5 日法案决定设立法国农业信贷署（Office National du Crédit Agricole，ONCA），为地区银行创建一个中央清算组织；1926年，该清算组织更名为法国农业信贷国家银行（Caisse Nationale de Crédit Agricole，CNCA）[④]，成为法国农业信贷银行体系金字塔的塔尖。至此，农业信贷银行体系的三层金字塔组织架构基本形成。

20 世纪 20 年代，法国农业信贷银行不仅扩大了业务在国内的地理覆盖

---

① 到 1910 年时，地区银行已达 97 家，其住所地的区划有时在省级以下。在地区银行的推动下，地方银行也得到发展。见：［法］马居歇·N 等．法国农业信贷银行［M］．北京：农业出版社，1988：13。

② 1906 年 12 月 29 日法案批准向"农产品生产、加工、保管和销售合作社"提供长期贷款。在长期集体信贷之后，1910 年 3 月 19 日法案又设立长期个人贷款，以利于"农村小块土地资产的购置、整治、改造和重建"。见：［法］马居歇·N 等．法国农业信贷银行［M］．北京：农业出版社，1988：13 - 14。

③ 政府的资金仍占全部资金来源的四分之三左右。

④ 关于 Caisse Nationale de Crédit Agricole（CNCA）曾存在很多种翻译，例如法国农业信贷银行、法国农业信贷中央银行、中央农业信贷银行等。见：白钦先，徐爱阳，王小兴．各国农业政策性金融体制比较［M］．北京：中国金融出版社，2006：130；唐志刚．法国农业信贷银行：合作银行的典范［J］．农村金融研究，1993（10）：64 - 66；［法］马居歇·N 等．法国农业信贷银行［M］．北京：农业出版社，1988：75。为了确保表述简明、清晰，并保持与法国农业信贷地方银行、法国农业信贷地区银行的结构一致，结合 CNCA 本身的内涵和性质，本书将其翻译成"法国农业信贷国家银行"。

范围，并且增加了新的服务领域：1920 年，获得政府授权向农村小商人发放贷款；1923 年，开始为农村电气化项目提供融资；1928 年，向农民发放了第一批低息贷款。

20 世纪 30 年代，经济大萧条对农业信贷地方和地区银行造成严重冲击，法国政府不得不为其中面临危机的银行提供救助。同时，法国农业信贷国家银行强化自身监管职责，于 1935 年设立联合存款保障基金（Joint Deposit Guarantee Fund）。

在第二次世界大战期间，法国农业信贷银行开始发行 5 年期票据，将农村储蓄资金汇集到财政部[①]。战后，法国农业信贷银行组织体系朝着更有利于发挥整体效能和加强协调的方向改进。1947 年，法国农业信贷国家银行调整角色定位，在培训和专业技能拓展方面发挥更大作用。1945 年，法国农业信贷银行联合会（Fédération Nationale du Crédit Agricole, FNCA）以协会的形式成立，成为地区银行的代表。同时，数量众多的办事处在全国范围内如雨后春笋般设立起来，密集的区域覆盖强化了利用 5 年期票据和长期债券筹集资金的能力。通过调动家庭储蓄，法国农业信贷银行成功为法国的战后重建和农业机械化提供了资金支持，并逐渐在没有政府支持的情况下独立开展经营活动，最终于 1963 年实现了资金的自给自足。

1966 年，法国政府赋予农业信贷国家银行财务自主权，该行吸收的储蓄存款不再流经财政部。20 世纪 70 年代，法国农业信贷银行通过拓展农村业务扩大了经营的地域范围，通过开办小企业贷款进一步拓展了金融服务领域。1976 年，法国农业信贷银行成为抵押贷款和家庭服务提供商。1979 年被《银行家》（Banker）杂志列为全球主要银行。

三、多元化和国际化阶段（20 世纪 70 年代至今）

这一阶段，法国农业信贷国家银行成为独立于法国政府的有限公司，开启了全面多元化和国际化发展历程，形成以资本运作为核心的金融集团

---

① 1929 年 4 月 4 日法案赋予财政部对享受国家投资的地区银行的监督权。直到 1966 年，农业信贷银行仍须将其筹到的资金交付财政部，由财政部负责管理并担保其风险，在以担保金的名义冻结一部分资金后，将其余部分投资给农业信贷国家银行，再由后者分配给地区银行。见：［法］马居歇·N 等. 法国农业信贷银行［M］. 北京：农业出版社，1988：19，24 - 25.

经营模式，成为以服务客户为中心的全能银行①。

20 世纪 70 年代，法国农业信贷国家银行设立专门的子公司：投资研究联盟（Union d'études et d'investissements，UI）进行股权投资；Segespar 进行资产管理；联合信贷银行（Unicrédit）向食品生产商提供贷款。

20 世纪 80 年代，法国农业信贷国家银行开始在国外开设第一批办事处，1984 年被纳入银行法（Banking Act）管理范围，得以全面进入法国的银行体系②。

通过涉足保险领域，法国农业信贷银行的业务更加多元化：1986 年创建了 Predica，从事人寿保险业务；1990 年创建了 Pacifica，经营财产险和意外险业务。

1988 年法国政府通过立法，准许地区银行收购法国农业信贷国家银行的股份，被收购后的法国农业信贷国家银行由政府机构转变为有限公司，从此完全独立于法国政府。地方银行、地区银行、有限公司层层持股，并通过设立子公司推进业务多元化的格局，标志着法国农业信贷银行成为一家金融集团③。此次转型赋予法国农业信贷银行更加广阔的发展空间。

1996 年，法国农业信贷银行收购东方汇理银行（Banque Indosuez），将业务拓展到公司银行和投资银行（Corporate and Investment Banking）业务领域；1999 年和 2003 年分别收购 Sofinco 和 Finaref，成功进入消费信贷（Consumer Credit）领域。2001 年，法国农业信贷国家银行成功上市，并更名为法国农业信贷银行股份有限公司（Crédit Agricole S. A.）。2003 年，法国农业信贷银行股份有限公司与里昂信贷银行（Crédit Lyonnais）合并。随后，法国农业信贷集团进行一系列业务重组：里昂信贷银行重新聚焦零售银行业务，并于 2005 年启用 LCL 品牌④；法国东方汇理银行（Crédit Agricole Corporate and Investment Bank，CA CIB）于 2006 年正式挂牌，负责整个集团

---

① 在发展过程中，法国农业信贷集团一直致力于成为一家负责任的公司。2008 年，法国农业信贷集团创立格莱珉农业信贷银行小额信贷基金会（Grameen Crédit Agricole Microfinance Foundation）。

② 法国农业信贷银行此前一直受到法国《农村法典》（*Rural Code*）的约束。

③ 此后文中出现"法国农业信贷集团"时，指代整个机构体系；"法国农业信贷银行有限公司"或"法国农业信贷银行股份有限公司"（上市后）指代整个体系的顶层机构。

④ LCL 的全称为 Le Crédit Lyonnais，即业务重组后的里昂信贷银行。

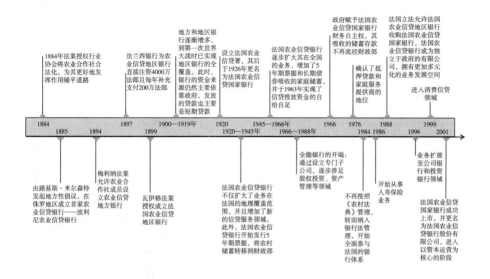

图 13-1　法国农业信贷集团业务发展历程

的公司银行和投资银行业务；2010 年，法国农业信贷集团创建东方汇理资产管理公司（Amundi）①。

截至 2018 年末，法国农业信贷集团资产规模 18548 亿欧元（见表 13-1），被誉为目前农业政策性金融发展史上规模最大、最多元化、效益最好的农业政策性金融机构②。

表 13-1　　　　　　　　法国农业信贷集团规模指标　　　　　单位：百万欧元

年份	总资产	总存款	总贷款
2018	1854800	990100	971800
2017	1763200	909900	927500
2016	1722800	940200	870100
2015	1698900	923800	829800

---

①　2013 年，该公司在欧洲排名第一，在全球排名第九。2015 年，东方汇理资产管理公司成功上市。

②　中国农业发展银行 2016 年度重大课题委托研究成果："农业政策性金融机构理论与政策国际比较"，课题承担单位：辽宁大学，课题主持人：白钦先，2017 年 4 月。

续表

年份	总资产	总存款	总贷款
2014	1762763	907000	—
2013	1706326	913000	—
2012	2008000	921000	876000
2011	1880000	959000	930000
2010	1730846	811800	882035
2009	1694000	774000	828100
2008	1784000	732400	791000

资料来源：Crédit Agricole S A. Crédit Agricole Group Financial Statements 2008 – 2018 ［EB/OL］. www. credit – agricole. com/en/finance/financial – publications.

第二节　治理机制

作为全球领先的综合金融集团，法国农业信贷集团的公司治理具有鲜明的特色，既合理保留百年发展历程中的合作金融基础，又充分吸收现代公司治理理念，实现了传统制度与现代模式的高度融合。

一、组织架构

法国农业信贷集团组织架构呈现较为明显的三级金字塔结构，顶层的是作为集团核心的法国农业信贷银行股份有限公司①，第二层是特定数量的地区银行②，最底层是数量众多的地方银行③（见图 13 – 2）。

股份有限公司在集团中发挥不可替代的作用：作为整个集团的主体，参与制定政府农业信贷方面的政策，在与央行和监管当局的业务往来中代表集团；作为整个集团的中枢，对集团所有国内和国际子公司实施管理；作为整个集团的中央银行，确保集团范围内的财务可持续④。

---

① 为行文简便，后文有时简称股份有限公司。

② 法国农业信贷地区银行的数量相对稳定。2018 年末，地区银行的数量为 39 家。

③ 相比地区银行，法国农业信贷地方银行的数量在不同年度存在一定程度的变化。2018 年末，地方银行的数量为 2432 家。

④ Crédit Agricole S A. Transparency：Annual Financial Report Registration Document 2018：6.

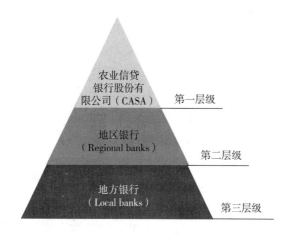

图 13 - 2　法国农业信贷集团金字塔结构

集团的各级机构在法律上是相互独立的法人机构，拥有各自的行政部门和业务部门①。股份有限公司协调各地方及地区银行资金调配；通过各地方及地区银行发行短期库券和长期债券，为各地方及地区银行发放中长期贷款提供资金便利；自身发放长期贷款和办理政府授权的信贷业务；等等。地区银行协助地方银行经营短期、中期和长期信贷业务，为它们提供信贷资金②。地方银行对个体会员和集体会员短期贷款和中期贷款的申请进行审核，向个体会员发放长期贷款③。在实践中，地区银行与地方银行在行动上密切联系，形成法国农业信贷银行体系中的和谐整体（见表13 - 2）。

---

　　① 法国农业信贷集团不是建立在严格的等级制度基础上。根据法律规定，集团内的每个机构都有相当程度的行动自由。地方银行主要用于收集信贷需求，而地区银行和有限公司则主要是提供贷款以满足信贷需求。见：［法］马居歇·N 等. 法国农业信贷银行［M］. 北京：农业出版社，1988：67。

　　② 地区银行是拥有自主权且机构健全的合作社银行。见：Crédit Agricole S A. Glossary. Commitment：2018 - 2019 Integrated Report；［法］马居歇·N 等. 法国农业信贷银行［M］. 北京：农业出版社，1988：67。

　　③ 地方银行是由共同股东所有的合作社。见：Crédit Agricole S A. Glossary. Commitment：2018 - 2019 Integrated Report；［法］马居歇·N 等. 法国农业信贷银行［M］. 北京：农业出版社，1988：63。

表 13 - 2　　　　　　法国农业信贷集团金字塔各层级的主要职能

层级	主要职能
农业信贷银行股份有限公司（国家银行）	1. 指导和协调整个体系的业务开展，确定业务发展方向。 2. 对地区银行和地方银行行使监督职能，确保地区银行在业务运营中严格遵循规定的业务指标、风险管理指标。 3. 控制和协调各区域银行的业务，保障整个银行的流动性。
地区银行	1. 利用下属地方银行吸收来的存款向本地区会员发放贷款。 2. 多余的存款交给股份有限公司（国家银行）统一调拨使用。
地方银行	1. 吸收存款，并转存其所属的地区银行。 2. 对当地会员的贷款申请进行审核，发放贷款。 3. 负责推销股份有限公司（国家银行）发行的债券。

二、治理结构

法国农业信贷银行股份有限公司采取董事会领导、高管层具体负责的现代化治理模式，体现法国农业信贷银行的互助和合作基础，符合上市公司治理的最佳实践（见图 13 - 3）。具有如下特点：

——明确划分决策监督职能和执行职能。根据法国《商法典》（French Commercial Code）的规定，董事会主席和首席执行官是公司官员，按照集团惯例和现行监管制度，严格区分董事长和首席执行官的角色，即把指导、决策和控制职能与执行职能彻底分开[1]。

——充分体现各利益相关方的权益。根据法律规定，股份有限公司董事长必须是地区银行的董事。根据公司章程，股份有限公司的董事长必须同时是地区银行的董事会主席，地区银行董事长或首席执行官以股份有限公司董事身份出席会议，地区银行在股份有限公司董事会中占多数席位[2]。自 2015 年以来，股份有限公司董事长一直担任农业信贷银行联合会主席。这些措施加强了基层合作组织与上市公司间的联系，维护了公司对共同价值观（Mutual Values）的承诺，确保整个农业信贷集团保持一个可持续的、公平的发展模式，使包括客户、共同股股东、普通股股东、投资者、供应

---

① Crédit Agricole S A. Rules of Procedure of the Board of Directors. Transparency：Annual Financial Report Registration Document 2018：171 - 174.

② 2018 年，地区银行占有 52% 的投票董事席位。

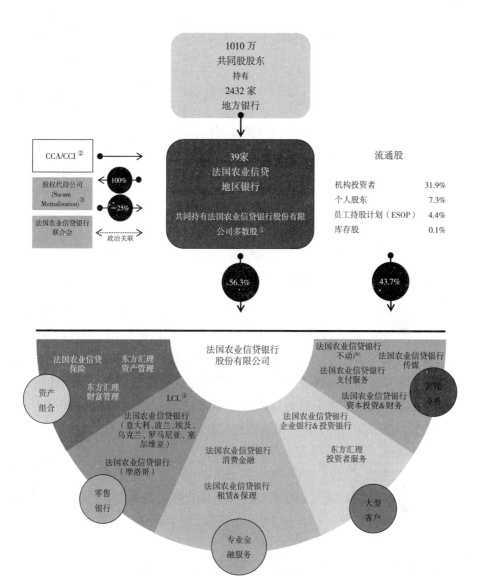

①通过SAS Rue La Boetie，科西嘉地区银行（由法国农业信贷银行股份有限公司持有99.9%的股份）成为Sacam Mutualisation的股东之一。SAS Rue La Boétie是一家精简的合股公司，持有地方银行对法国农业信贷银行股份有限公司的全部股份。

②CCA/CCI：合作社投资证书/合作社成员证书。

③Sacam Mutualisation：在简化集团资本结构的过程中产生，且完全由地方银行所有。

④LCL：全称Le Crédit Lyonnais，即业务重组后的里昂信贷银行。

资料来源：Crédit Agricole S A. About Crédit Agricole Group. Commitment：2018－2019 Integrated Report.

图 13－3　法国农业信贷集团组织架构（2018 年）

商和员工在内的所有利益相关方共享发展成果。

——保持决策体系的专业化和效率。董事会成员要求具备多样化的专业知识和丰富的从业经验[①]：在银行、金融和保险方面的丰富经验；在服务、技术和工业领域的世界级大型公司的管理经验；对法国区域经济和政府职责的深入了解；在审计和风险管理领域扎实的专业知识；在治理和社会责任方面的专业认可；等等。此外，董事会具备坦诚沟通的氛围，董事会成员能够就特定问题进行充分讨论。董事长负责协调董事会和高管层之间、董事会与各专门委员会之间的沟通，确保向全体董事提供足够作出合理决策的信息；鼓励和促进公开的、批判性的讨论，确保所有观点都能在董事会内得到充分表达；等等。

（一）董事会（Board of Directors）

董事会行使法律和公司章程赋予的权力。依据法国《货币金融法典》（*French Monetary and Financial Code*）的规定，董事会必须确保股份有限公司具有健全的治理体系，特别是具备清晰的组织架构，确保职责划分明确、透明、一致；具备有效的程序用于识别、管理、监测和报告公司面临的或可能面临的风险；具有充分的内部控制系统、健全的行政和会计程序、合理的薪酬政策和惯例等，从而实现稳健而有效的风险管理。

1. 董事长。负责指导和组织董事会的工作，召开董事会会议并设置会议议程，对董事会和专门委员会的正常运转负责。

2. 董事会主席团成员。董事会任命董事长和副董事长为董事会主席团成员。首席执行官参与董事会官员的日常工作。董事会秘书同时担任董事会主席团秘书。

表 13-3　　　　　法国农业信贷银行股份有限公司董事会

董事会的构成			
21 位董事（含 18 位由股东大会选举的董事）		3 位列席人员	
10 位	担任法国农业信贷地区银行董事长或首席执行官的董事 代表地区银行股份代持公司	2 位	非投票董事

---

① 尤其是在重要的国际集团中担任或曾担任高管职务的 6 位独立董事。

董事会的构成			
1 位	SAS Rue La Boétie 的地区银行首席执行官董事	1 位	劳工委员会代表
1 位	代表地区银行员工的董事	数据统计 47%　　53%　　59.5 岁 女　　　男　　　平均年龄	
6 位	独立董事		
2 位	由工会员工选举的董事（法国《商法典》第 L . 225～227 条至第 L . 225～234 条）		
1 位	由法国农业部部长和法国财政部部长联合任命的代表专业农业组织的董事（根据法国货币法案第 L . 512～549 条）	限制条款 董事年龄上限：65 岁 董事会主席年龄上限：67 岁	

资料来源：Crédit Agricole S A. Engaged and Responsibility Governance. Commitment：2018 – 2019 Integrated Report.

（二）专门委员会（Board Committees）

董事会下设六个专门委员会，包括风险委员会、美国风险委员会、审计委员会、薪酬委员会、战略和企业社会责任委员会、提名和治理委员会。董事会制定专门委员会的议事规则，根据法国《货币金融法典》《商法典》等法律法规和董事会的职权范围，确定专门委员会的职责和组成，从专门委员会获取工作报告和建议，就职权范围内的任何事项征求专门委员会的意见，任命无表决权的董事参加专门委员会会议。专门委员会的具体职能如下。

1. 风险委员会（Risks Committee）。负责审查法国农业信贷银行集团和股份有限公司的总体战略和风险偏好，以及包括社会和环境风险在内的风险战略，并就这些事项向董事会提供建议；协助董事会评估执行管理层和风险管理部门负责人对风险战略的执行情况；检查薪酬政策和激励是否与集团风险敞口、资本状况、流动性状况、预期利润相一致。

2. 美国风险委员会（US Risks Committee）。成立美国风险委员会主要是为了应对美国针对外国银行实施的一项监管要求。该要求自 2016 年 7 月 1 日起生效，适用于在美国经营并符合某些资产门槛标准的全部外国银行。该委员会职责是审查集团在美国的经营实体的风险管理政策，对其风险管理进行监督，将其风险管理有关决定提交董事会批准。

董事会

批准和设定董事长和首席执行官提出的战略方向，批准战略性投资计划，
确定内部财务组织的一般原则，并监督集团的运作，尤其是风险方面的运作。

风险委员会：
审查集团的风险管理策略，特别是财务、运营和合规风险

战略和企业
社会责任委员会：
加强集团在增长、投资和企业社会责任方面的战略思维

提名和治理委员会：
就董事会候选人或公司高级管理人员的任命提出意见或建议

薪酬委员会：
向董事会提出薪酬政策建议，并确保政策的执行

审计委员会：
监管财务报告准备过程

美国风险委员会：
监测在美国的集团子公司直接开展活动的相关风险

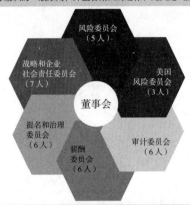

风险委员会
（5人）

战略和企业
社会责任委员会
（7人）

美国
风险委员会
（3人）

董事会

提名和治理
委员会
（6人）

薪酬
委员会
（6人）

审计委员会
（6人）

执行委员会（16人）

法国农业信贷银行股份有限公司的主要执行机构，拥有制定决策的权力。
执行委员会每月召开两次会议。

首席执行官
副首席执行官

企业职能	控制职能	业务条线
开发、客户和创新 副总经理	集团内部审计 总监	大型客户 副总经理
运营和转型 副总经理	集团首席风险官	储蓄、保险和不动产 副总经理
集团财务 副总经理	集团合规 风险官	专业金融服务 副总经理
公司秘书		零售银行 副总经理
集团人力资源 总监		法国农业信贷银行保险 首席执行官
		意大利农业信贷股份有限公司 负责人

汇报

汇报
请示

通知
指导

管理委员会（42人）

讨论和审查集团普遍关心的问题的论坛以及塑造趋势的重要学会。
管理委员会每两个月召开一次会议。

沟通

跨职能委员会（14个）

受法国农业信贷银行股份有限公司领导，有权在各自的专业领域作出决策。
由首席执行官、副首席执行官、副总经理或公司秘书担任主席。

图13-4 法国农业信贷银行股份有限公司治理结构

3. 审计委员会（Audit Committee）。负责审查法国农业信贷银行母公司和合并财务报表；审查其专业领域内拟向董事会提交的文件或报告；监督财务信息的编制程序并提出相关建议，确保财务资料的完整性。

4. 薪酬委员会（Compensation Committee）。负责提出适用于集团所有实体薪酬政策的一般原则；确定符合适用法律及监管规定的公司高级管理人员薪酬；确定董事费用总额及其在董事间的分配。

5. 战略和企业社会责任委员会（Strategy and CSR Committee）。主要任务是对集团国内和国际各项业务战略规划进行审查；对战略投资或收购计划开展审查，并提出具体意见；每年至少开展一次对股份有限公司和集团在企业、社会和环境责任方面的审查，并对编写综合报告进行监督[①]。

6. 提名和治理委员会（Appointment and Governance Committee）。负责识别并向董事会推荐合适的董事人选，提交股东大会审议；至少每年定期评估一次董事会成员的知识、技能和经验[②]；明确履行董事会职责所需的角色和任职资格，并评估在履行职责上所需投入的时间。

（三）首席执行官（Chief Executive Officer）

首席执行官属于公司的高级管理层。首席执行官有权在任何情况下以公司的名义行事，并有权在与第三方的交往中代表公司。但在进行特定交易前[③]，首席执行官必须获得董事会的批准。在情况紧急且不能召开董事会会议的情况下，首席执行官可以征求全体董事或者至少董事会主席团和相关专门委员会的意见。如果上述条件仍不具备，经董事长批准，首席执行官可作出任何符合公司利益的决定，并在董事会会议中报告相关决定。

经过长期不断的改革，法国农业信贷银行形成了独具特色的"混合治理结构"。在机构功能上，集政策性金融、商业银行和合作组织于一身；在业务分布上，既从事零售银行业务，也从事资产管理和私人银行业务，甚至经营房地产、咨询和传媒业务；在内部管理上，既保障合作金融社员的参与决策权，又实现了严格的商业银行纵向管理，甚至经历了从政府机构转

---

① 一般聚焦集团报告的非财务信息，并对股份有限公司报告的非财务信息予以特别关注。

② 委员会需同时对董事个人和全体董事作出评估。

③ "特定交易"包括在法国或海外设立、收购或处置总金额超过 1.5 亿欧元的子公司和股权投资，以及任何金额超过 1.5 亿欧元的其他类型投资。

型为上市公司的过程，体现了所有权和经营权分离的多样化格局；在资金控制权上，既存在对政府政策性资金①的分配，又实行"地区银行—地方银行"的商业信贷的审批权限分割，同时充分保证了合作社员的审贷权力②。

第三节　资金来源

法国农业信贷银行在建立之初，资本十分微薄，没有筹集资金的专门机构，在资金方面极度依赖国家。随着国家对农业农村支持法案和政策的调整、对金融机构和市场建设管制的放宽，法国农业信贷银行资金来源也随之发生巨大变化，自主筹资成为主流。

一、资金来源的构成

（一）自有资金

法国农业信贷银行的自有资金主要包括股本、储备金和保证金以及捐赠基金。

1. 股本。地方银行和地区银行的会员在获得贷款之前，必须先认购它们的共同股股本。地方银行把自有资本大量换成地区银行的股本，以参加分红，并构成地区银行资本的最大部分。1976 年 12 月 31 日，地方银行占地区银行的资本比例达到 98.6%。1988 年立法允许地区银行持股国家银行，2018 年，地区银行资本占股份有限公司股本的 56.3%。股份有限公司还向机构投资者、个人公开发行股票，所募集的资金在 2018 年占股本的 43.7%。

2. 储备金和保证金。农村法案第 643 条规定，地方银行和地区银行必须支付股息，其后剩余盈利至少四分之三拨作储备金。地区银行还从盈利中划拨一部分建立保证金，用于弥补来自信贷、担保活动，或服务客户过程中产生的亏损。

---

① 所谓"政府政策性资金"即国家贴息贷款。
② 中国人民银行代表团. 论合作金融的混合治理结构——从法国农业信贷银行的制度变迁看中国农村信用社体制改革［J］. 金融研究，2002（7）：1 - 9.

3. 捐赠基金。法国农业信贷银行成立之初，法兰西银行无偿划拨 4000 万法郎作为资本金，其后每年再拨款 200 万法郎用于专项支持。

（二）国家或公共机构的预付投资

法国农业信贷国家银行在法律规定下可以使用国库预付贷款资金支持各种农业农村项目，特别是乡村电气化、乡村装备、卫生治理、农业青年的安置、气候灾害等领域[①]。1948 年，法国政府根据财政法创建全国现代化和装备基金，后来成为经济社会发展基金，向农业信贷银行发放贷款，占国家对农业资金援助的大部分比例。1950 年 12 月 31 日，法国农业信贷银行获得的国家直接投资和经济社会发展基金投资[②] 4 倍于其债券发行量。到 1966 年 12 月 31 日，公共基金投资则只占债券发行量的 15%。从 1967 年起，来自公共机构的投资逐渐取消。

（三）储蓄金[③]

1. 长期储蓄：农村法案明确规定，法国农业信贷国家银行有权发行中期或长期债券。对应不同的资金用途，期限可分为 7 年、11 年、15 年、20 年等。用于长期贷款，如支持购买土地的贷款，债券期限可达到 25 年，甚至 30 年。1967 年 12 月 21 日 67 – 1114 号法和 1968 年投资法规定：农业信贷国家银行中长期债券的发行得到国家的保证。其发行条件由农业信贷国家银行和财政部协商规定。国家向债券持有人担保所发债券的本息偿还。1970 年至 1975 年，农业信贷国家银行的债券发行量占所有机构债券发行量的 13%。

2. 短期储蓄或现金储蓄：（1）农业信贷国家银行发行的为期 3 年或 5 年[④]的无限制的、经常性的不记名证券。（2）存折账户[⑤]。（3）住宅储蓄账

---

① 该项国家直接投资在 1950 年停止发放。

② 合称为公共基金投资。

③ 法国农业信贷银行的资金筹集，实行国家银行统一管理、基层银行具体操作的方式。如国家银行以定期发放义务公债的形式募集的长期储蓄、期限为 5 年和 3 年的债券等，由地区银行负责推销，并收取推销费；期满国家银行偿还时，由地区银行接受偿还。国家银行开立的存折账户、授权地区银行通过营业窗口与顾客接触收集来的基金，经过 15 天，转交到国家银行，由后者进行管理。住宅储蓄账户、住宅储蓄计划都由国家银行建立并集中管理，地区银行收取佣金。

④ 3 年期 1975 年 4 月 1 日开始发行；5 年期 1942 年开始发行。

⑤ 1966 年 4 月 1 日起开办。

户和住宅储蓄计划①。认购者在一段时期内存入款项，届满时能够以某种条件享受一笔贷款。（4）定期账户和银行债券。按照农村法案第645条，农业信贷银行开办定期存款，定期存款的期限由合同规定，可由银行债券募集。（5）劳工储蓄存折。根据1977年财政法第80条以及1977年8月4日的77-892号法案，劳工储蓄存折向体力劳动者发放。在几年内形成一定规模储蓄的存款者，可以享受一笔低利率贷款和一笔奖金用于开业。

（四）货币资金

货币资金主要是指来自客户的活期存款以及从货币市场获得的资金。农村法案第645条授权地方和地区银行向任何人开办活期存款；第717条、718条又明确，法国农业信贷国家银行可开办活期存款。从1967年开始，法国农业信贷银行与金融机构开展资金往来，成为货币市场完全的参与者。

（五）央行资金

来自央行的融资支持在法国农业信贷银行的资金来源中占比不高，2018年末仅为0.06%。

二、资金来源的演变

（一）公共资金占比逐渐下降，自有筹资占比逐渐上升

在国家推动农业加速现代化的过程中，法国农业信贷银行发挥了极大作用②。1971年法案扩大了农业信贷银行在农村地区的活动范围。20世纪六七十年代的经济重建和资本相对过剩导致国家投资逐渐减少。法国政府决定，仅针对特别投资有选择性地给予帮助。自1967年起国家投资逐渐被取消。与此同时，农业信贷银行跻身资金市场，遵从自由市场原则筹集资金③，存款增长迅速，对贷款覆盖程度有所提高（见表13-4）。法国农业

---

① 住宅储蓄账户根据1965年7月10日法案和12月2日法案设立；住宅储蓄计划于1970年实施。

② ［法］马居歇·N等. 法国农业信贷银行［M］. 北京：农业出版社，1988：105.

③ 1950年12月31日，捐赠、自有资金和借入资金占当时贷款总额的60%。1960年12月31日，自有资金和借入资金总额已占当时贷款总额的87%。

信贷银行筹集的存款、现金储蓄或短期储蓄达到市场总额的 15%，成为在国民经济中占有重要地位的金融机构；到 2014 年，这一数据达到了 24.8%。

表 13 - 4　　　　　　　　　地区银行存款对贷款的覆盖程度

日期	存款增长倍数（以 1938 年 12 月 31 日为不变价格）（倍）	存款/短期贷款（%）	存款/贷款（%）
1938 年 12 月 31 日	1	43	28
1950 年 12 月 31 日	3	78	53
1960 年 12 月 31 日	9.9	138	46
1972 年 12 月 31 日	40.6	180	42

资料来源：［法］马居歇·N 等. 法国农业信贷银行［M］. 北京：农业出版社，1988：103 - 115.

（二）以扩大筹资规模和保证资金稳定性为目的，筹资对象和方式发生变化

为了维持业务运营所需的资金水平，从 20 世纪 50 年代起，法国农业信贷银行在各农村居民区开设营业窗口，成立服务机构，把农业经营者的周期性流转资金和个人预防性储备金筹集起来。为满足集中开发或土地整治等重大改革项目的投资需要，法国农业信贷银行把资金筹集延伸到农业部门以外，特别是农村地区的非农业居民，为他们提供所需的信贷和银行服务，同时营业机构也逐渐覆盖较大城市的居民。为了稳定储蓄，农业信贷银行在储蓄条款中明确规定储户可在需要时获得贷款，住宅储蓄账户、住宅储蓄计划、劳工储蓄存折等都有类似的设计。到 60 年代前半期，所筹集的资金很大一部分已经来自非农业人口。

（三）国家对银行和金融市场的管制逐渐放宽，促进自主筹资规模的扩张

20 世纪 60 年代，对银行和金融市场的管制出现一些结构性的变化，促进了法国农业信贷银行的自主筹资。起初，法国农业信贷国家银行必须把筹集到的全部存款转存到财政部，由财政部负责保管并管理资金的使用。1967 年，法国农业信贷国家银行被授予完全的资金自主权，对地区银行筹集到的资金进行自主管理。

与此同时，法国政府放宽了对银行业务的限制：银行可以开办各种期限的存款，对期限超过 1 年或总额超过规定数量的定期存款不再设置利率限制，对活期存款不支付利息；1966 年成立抵押债券市场，允许转让以个人长期住宅信贷为基础发行的金融票据；对固定收益债券持有人给予税收优惠；1963 年允许成立可变资本投资公司，促进债券投资和股票投资；1967 年成立交易所委员会，对信息披露和业务合法性进行监督，进一步规范证券市场运行。

（四）成为综合性大型金融集团后，资金来源构成更加多元化

如今，作为大型综合性金融集团，法国农业信贷集团的资金来源构成更加多元化。2018 年，通过对客户负债、对金融机构负债、债券发行等形式筹集的资金已占其总资金的 56.24%，从中央银行获得的资金仅占筹资总额的 0.06%（见图 13 – 5）。

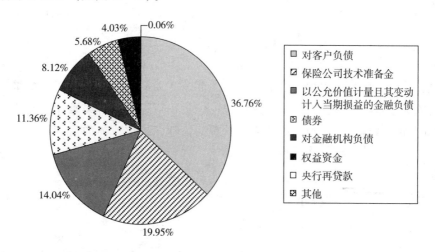

注：资金来源中的其他部分主要包括对冲衍生工具、利率对冲投资组合的重估调整、当前及递延税项负债、调整账户和杂项负债、与持有代售非流动资产有关的负债、准备金、次级债务等。因单项所占比例较小，故统一归至其他。

图 13 – 5　法国农业信贷集团资金来源构成（2018 年）

对客户负债是近年来法国农业信贷集团最主要的资金来源，2018 年占总资金的比例超过三分之一，并呈现逐年增长趋势（见图 13 – 6）。发行债券和对金融机构负债获取的资金近年来保持在稳定水平，2018 年分别约占

总资金的 11. 36％ 、8. 12％ 。此外，保险公司技术准备金和以公允价值计量
且其变动计入当期损益的金融负债，也是法国农业信贷集团资金来源的重
要组成部分，分别占 2018 年总资金的 19. 95％ 、14. 04％ 。保险公司技术准
备金主要来源于其保险子公司的寿险保险合同和投资合同等，而权益资金
来源则包括集团股份及少数股东权益。

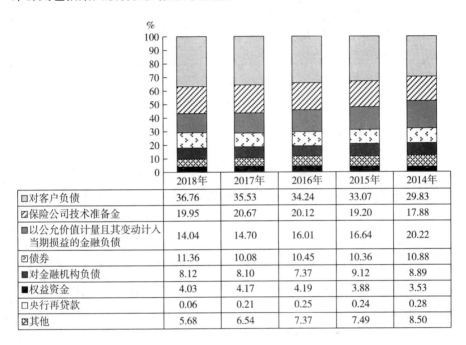

	2018年	2017年	2016年	2015年	2014年
□ 对客户负债	36.76	35.53	34.24	33.07	29.83
☑ 保险公司技术准备金	19.95	20.67	20.12	19.20	17.88
▨ 以公允价值计量且其变动计入 　当期损益的金融负债	14.04	14.70	16.01	16.64	20.22
☒ 债券	11.36	10.08	10.45	10.36	10.88
■ 对金融机构负债	8.12	8.10	7.37	9.12	8.89
■ 权益资金	4.03	4.17	4.19	3.88	3.53
□ 央行再贷款	0.06	0.21	0.25	0.24	0.28
☒ 其他	5.68	6.54	7.37	7.49	8.50

图 13 - 6　法国农业信贷集团资金来源构成变化（2014—2018 年）

第四节　业务范围

法国农业信贷银行通过收购兼并和设立子公司扩张业务范围，从传统
的信贷领域延伸至保险、资产管理、消费者信贷、批发业务、国际业务等
多个领域，最终成为法国农业信贷集团。截至 2019 年，信贷业务仍然是法
国农业信贷集团的核心业务，2012 年至 2016 年占法国农业信贷市场的份额
保持在 68％ 左右，集团证券发行量的市场占比则长期保持在 30％ 以上，
2012 年至 2015 年在法国农产品加工市场的业务份额保持在 35％ 左右（见表
13 - 5）。

表 13 - 5　　　　法国农业信贷集团信贷市场份额（2012—2015 年）

年份 业务领域	2012	2013	2014	2015
农业信贷市场（％）	68.90	68.61	68.09	67.67
农产品加工信贷市场（％）	36.71	34.65	35.70	36.24
农产品加工领域私人投资				
市场证券发行总量（亿欧元）	9.12	5.19	4.66	5.95
农业信贷集团证券发行量（亿欧元）	3.5	0.95	1.41	2.3
市场占比（％）	38.38	18.30	30.26	38.66

资料来源：法国农业信贷银行. 法国农业信贷银行致中国农业发展银行法国代表团报告 [R].2016 - 09 - 20.

一、服务领域

法国农业信贷集团的服务领域包括信贷业务和非信贷业务两个方面。其中，信贷服务主要包括农业生产、农产品加工和食品工业、乡村整治等领域。

（一）农业生产

对农业生产和农业设备给予支持，是法国农业信贷银行成立的初衷。依据 1972 年 3 月 24 日欧洲共同体六国农业部长达成的总协定，法国推出了农业现代化计划，法国农业信贷银行是法国国内和欧洲农业政策的重要载体，对农业生产和农业设备给予信贷支持是其首要任务。法国农业信贷银行为农业生产所需的各种经营资本提供资金，包括农牧业中使用的各种农具、机器和设备，饲料原料、肥料和农药，役畜、种畜和果树等农业生产的固定资产和流动资产。法国农业信贷银行还向会员发放贷款支持土地与农业自然环境的整治，包括土地利用①、保持和改善土地资源以及调整土地结构等②。

---

　① 1962 年 8 月 8 日法案第 5 条规定，把同一村镇或邻近村镇的农业用地连为一体，由土地所有者组成民间公司，建立或保持一个或数个农场，并采用签订租约的方式进行管理。
　② 1918 年法案（肖沃法案）规定，通过土地合并取消细小块土地经营。除土地合并外，还倡导兴建道路、水利等附属工程。根据农业指导法第 15 条，建立土地整治和农村建设公司，向土地所有者购买土地或农场、荒地等，以改善土地结构、扩大农场耕地面积、促进土地使用以及安置农民。1969 年和 1970 年实施的"土地整治合并"行动条款，旨在推进土地合并、促进睦邻往来、为脱离农业的农民提供终身补贴等。

（二）农产品加工和食品工业

为适应农产品市场不断发展，以及应对农业和食品工业日益激烈的国际竞争需要，法国农业信贷银行对具有工商业特点的农业联益公司、农业加工业和食品业提供支持，业务范围逐渐覆盖农业产业链①。表现如下：（1）通过地区银行对合作社、农业联益公司或其分支机构发放贷款或参与其社会资本②。（2）通过联合信贷银行（Unicrédit）、投资研究联盟（Union d'études et d'investissements，UI）对非合作制的农业和食品工业发放贷款或参与其资本。

（三）乡村整治

在法国一系列乡村整治法案实施中③，法国农业信贷银行被赋予重要职能，发挥了重要的投资作用，大致可归纳为以下三个方面④：

1. 帮助改善乡村生活环境和条件而进行的公共或私人住宅与设备投资，以及满足居民家庭需要的投资。具体包括以下三类：（1）乡村住宅。针对个人会员、私人集体会员、公共集体会员，发放用于建造、购置和改善住宅的贷款。（2）私人需要。根据 1971 年 8 月 11 日法案规定，农业信贷银行面向所有定居在乡镇的居民提供满足家庭需要的贷款，包括学生贷款，地

---

① 1972 年 6 月 27 日法案规定，允许农业经营者组合、农民协会以及其他形式的合作社或农业联益公司与传统会员（农民）并存，并享有同等的权利。见：［法］马居歇·N 等．法国农业信贷银行［M］．北京：农业出版社，1988：222．"农业合作社已不再是农业信贷银行的唯一的经济性集体会员，但仍然保留着优先的、享有特权的地位。经过一段时间的演变，农业信贷银行也向非合作制的农业企业或与农业有关的企业开放，成立了专门的银行（即地区发展联合信贷公司），给农业加工与食品业提供支持。"见：［法］马居歇·N 等．法国农业信贷银行［M］．北京：农业出版社，1988：323．

② 农业联益公司主要活动领域在以下方面：一是"保留加工和销售产生的农产品附加价值，如奶类、奶制品、制糖、罐头、肉类部门建立了带有工商业特点的农业联益公司"。二是"农业联益公司旨在根据特定农业区域农民的利益，或者整个地区居民的利益（不再考虑职业限制），增添或管理机器设备，提供相关的服务。在两次世界大战之间，为推动农村电气化，这种模式被广泛采用"。见：［法］马居歇·N 等．法国农业信贷银行［M］．北京：农业出版社，1988：218，223．

③ 法国政府推进地区平衡发展的措施包括 1963 年建立领土整治和地区行动评议会，1967 年划定改革区域，1970 年建立自然保护总署、乡村空间委员会等。

④ 1971 年确定的乡村改革以及 1972 年建立的联合信贷银行，为乡村整治提供了合法资金的支持。见：［法］马居歇·N 等．法国农业信贷银行［M］．北京：农业出版社，1988：225-226.

区银行由此开始进入私人投资领域。（3）乡村集体设备。支持主要由政府集体（主要是乡）承担费用的设备，包括地面设施，例如道路、污水疏导和垃圾处理卫生设施、电气化、通信、饮水供应、公共照明、灭火、防洪和预防雪崩等；社会性常用设施，涉及医疗、教育、体育、娱乐和文化等方面；生产和经济方面的常备设施，例如屠宰场、地秤和林区专用线等。

2. 通过支持乡村新工业、乡村手工业和商业、乡村自由职业、乡村旅游服务或娱乐事业，使乡村地区的经济活动现代化和多样化。

3. 支持创建地区或国家公园、建立自然保护区、兴办大型地区整治工程等，保护自然环境，合理利用自然空间。

（四）非信贷业务

20 世纪 70 年代以来，法国农业信贷银行业务开始多元化，以传统信贷业务为基础，逐步向保险、保理、股权投资、投资银行、资产管理、融资租赁、不动产、投资者服务、传媒等领域拓展，成为综合金融集团。目前，非信贷业务已成为集团业务收入的重要来源（见表 13 - 6）。

表 13 - 6　法国农业信贷集团各条线业务收入占比（2016—2018 年）　单位：%

年份	零售银行[①]（Retail Banking）	资产组合[②]（Asset Gathering）	大型客户[③]（Large Customers）	专业化金融服务[④]（Specialized Financial Services）
2018	31	29	26	14
2017	31	27	28	14
2016	31	26	28	15

注：①包括服务法国本土的 39 家地区银行和里昂信贷银行（LCL）以及法国农业信贷集团下属分布在意大利、波兰、埃及、乌克兰、罗马尼亚、塞尔维亚、摩洛哥等国的国际零售银行。

②包括保险、不动产、资产管理等。

③包括企业银行和投资银行、投资者服务等。

④包括保理、融资租赁、消费金融等。

资料来源：Crédit Agricole S A. Breakdown of Revenues by Business Line in 2016. Transparency：Annual Financial Report Registration Document 2016：7；Crédit Agricole S A. Breakdown of Revenues by Business Line in 2017. Annual Financial Report Registration Document 2017：7；Crédit Agricole S A. Breakdown of Revenues by Business Line in 2018. Transparency：Annual Financial Report Registration Document 2018：10.

二、贷款种类

本节采用法国农业信贷银行惯用的术语，分为短期贷款、中期贷款和长期贷款[①]。

（一）短期贷款

1. 预付款。预付款一般是季节性信贷，用于资助生产和储藏时期的季节性生产活动。1954 年以来开办了轻型设备或非专用设备的短期贷款；1971 年以来开始以家庭贷款的名义为会员发放私人贷款，资助同借款人职业活动无关的特殊支出。

2. 信贷窗口。允许账户透支以满足一般经营活动所需资金，具有较强的灵活性。1948 年，法国农业信贷银行向其会员开放信贷窗口。

3. 汇票贴现。1960 年 9 月 24 日法案第 3 条规定，农业信贷银行可以为会员办理由该行签发的或向该行签发的商业汇票贴现，但汇票必须同农业生产活动或农业农村设施相关。

4. 其他短期支持。如进出口资金信贷、各种担保契约。

短期贷款同时存在两种利率：一种是由农业部、财政部共同确定的最高利率，另一种是由农业信贷银行管理委员会规定的最高利率。短期贷款不实行利率优惠。

（二）中期贷款[②]

1. 面向会员的中期贷款。根据 1920 年法案和 1971 年法案，农业信贷银行为农业设备和农业投资提供中期信贷资金支持。该类贷款在农业信贷

[①]　"宜用农业信贷银行惯用的术语，即分为短期信贷、中期信贷和长期信贷。这种分类方法与银行常用的同类表述可能具有不同的含义。"见：［法］马居歇·N 等. 法国农业信贷银行［M］. 北京：农业出版社，1988：237.

[②]　"这里所说的'中期信贷'，可溯源于 1920 年的法案。按照该法案，'中期信贷'区别于 1906 年成立农业信贷地方银行时所设立的短期信贷，也不同于 1910 年设立的集体和个人长期信贷。""它是一项为期可达 15 年、特殊情况下可达 18 年的个人或集体贷款。而在一般银行惯用术语里，中期贷款指的是一种信贷形式，其期限最短不少于一年半或两年，最长不超过 7 年。"见：［法］马居歇·N 等. 法国农业信贷银行［M］. 北京：农业出版社，1988：245.

银行中占主导地位①，主要包括中期低息贷款和中期非低息贷款两类，期限2年到15年不等，特殊情形下可达18年。中期低息贷款主要有三个方面用途：（1）为购置动产或不动产提供便利（购置地产者除外）；（2）充当生产周期超过短期贷款时限的周转资金；（3）用于购买农业生产者组合、农业土地组合或林业组合的股份。中期非低息贷款除了可以为上述经营活动提供资金外，还可以用来购买农林土地资料或购买拥有上述产业的法人企业的产权。具体种类见表13-7。

表13-7   法国农业信贷银行面向会员的中期贷款构成

编号	种类	描述	期限	利率
1	以存款为资金来源的中期贷款	以地方银行和地区银行所接受的存款为资金来源的贷款，须履行法兰西银行所规定的条件并可在农业信贷国家银行通过贴现领取。	2～7年	对于老会员，利率的最高限由政府部一级确定，新会员则由农业信贷国家银行董事会确定。由于资金来源为现金，其币值随着行情而变动，合同对利率的变化作出规定。
2	由农业信贷国家银行提供的非分期偿还的以特别预付款为保证的中期贷款	由农业信贷国家银行以周转性往来账户进行垫支的办法发放。	2～7年	利率的最高限由农业信贷国家银行董事会决定，利率视借款者的资格不同而不同。在合同执行过程中，根据币值的浮动情况，利率也随之变化。对于某些类别的借款者，如公共团体、省无线电促进协会等，农业信贷国家银行给予的预付款实行固定利率。

---

① "到1977年12月31日，已发放中期贷款占到全部贷款发放额的65%以上。"见：［法］马居歇·N等. 法国农业信贷银行［M］. 北京：农业出版社，1988：246.

续表

编号	种类	描述	期限	利率
3	农业信贷国家银行提供预付款的中期低息贷款（普通中期贷款）	发放给农业经营者、为农业服务的乡村手工业者、农业合作社和某些公共团体。	原则上不超过 15 年。对农业经营者的建房贷款可长至 18 年，未规定最短期限。实践中，最经常给予 7 年或 5 年以上的期限。	该贷款利率由农业部部长和财政部部长共同确定。其利率是稳定的，不受金融市场行情变化的影响。1976 年 12 月 31 日颁布 76 – 1291 号法案规定，建房中期低息贷款在期限超过 10 年的时间段内为非低息贷款。
4	农业信贷国家银行预付款的中长期非低息贷款	凡对于老会员投资所需的资助，由于受到低息预付款发放条件的限制而不能发放的，可采用该项贷款。 为 1971 年改革的新会员提供投资资金。	农业信贷国家银行董事会决定贷款的最长期限，最长可达 20 年。	农业信贷国家银行董事会决定贷款利率的最高限。原则上采用固定利率。

资料来源：[法]马居歇·N 等. 法国农业信贷银行 [M]. 北京：农业出版社，1988：246 – 249.

2. 特别中期贷款。法国农业信贷银行发放的上述低息中期贷款享受财政补贴，但仅限于其会员。为了鼓励农业经济变革，推进农业政策的实施，国家需要有针对性地对某些个人或专业组织提供信贷援助，农业信贷银行同时负责该类国家援助贷款的发放。此类贷款以低息为特点，由国家给予巨额的利息补贴，政府机关对贷款发放条件作出严格规定。该类贷款主要包括就职贷款[①]、农业生产者组合贷款[②]、农业受灾者贷款[③]、特别畜牧贷

---

① 根据 1965 年 7 月 15 日第 65 – 577 号法案，1976 年 8 月 5 日第 76 – 741 号法案第 2 条，1978 年 2 月 2 日第 78 – 124 号法案第 2 条，农村法案第 666 条、672 条和 673 条。

② 1965 年 7 月 15 日法案规定。

③ 农村法案第 675 条规定。

款①、有发展计划的农场现代化特别贷款②。这种具有普惠意义的中期贷款，代表了法国农业信贷制度的方向。具体见表 13 – 8。

表 13 – 8　　　　法国农业信贷银行具有普惠意义的中期贷款构成

编号	种类	期限	利率
1	向青年农民、乡村青年手工业者、"社会培训"法规定的享有有限责任继承权的农民、迁移农民、为促进土地整治或安置青年农民而改变经营职业的农民、获得优先经营农场权的农民提供的就职贷款	最长 15 年	4%
2	农业生产者组合贷款	最长 15 年	4%
3	农业受灾者贷款	根据受灾作物的性质（收获受灾或作物受灾），贷款期限最长 4 年；多年生作物受灾或连续受灾，期限可长至 7 年；用于补偿土地、作物、牲畜及房舍所受损失的贷款，期限可长至 15 年。	根据受损失的性质和严重程度而有所不同。收获受灾、非多年生作物受灾损失相当于价值的 25% ~ 50% 的，利率为 6%；多年生灌木作物受灾、收获受灾、非多年生作物受灾损失超过其价值的 50% 的，救灾贷款利率为 5%；两茬收获连续受灾的，利率为 5%；土地、庄稼、牲畜和住房受灾的，利率为 4%。
4	特别畜牧贷款	兴建、扩大或改造饲养用房，贷款期限最长 18 年；对地处山区的农场，可延长至 20 年；用于增加牛、羊种畜的数量和改进饲料生产设备，贷款期限最长可达 10 年。	得到农业部补贴的低息贷款。

---

① 1973 年 6 月 4 日法案规定。
② 1974 年 2 月 20 日法案规定。

续表

编号	种类	期限	利率
5	有发展计划的农场现代化特别贷款	最长 15 年	利率根据下述两种情况而定：一是企业所在地区是否优越于那些不利于农业经营的地区；二是视企业单位劳动力的收入情况，可采用 3.25%、4.5% 或 5.5% 的利率。

注：1972 年 4 月 17 日欧洲经济共同体的规定和 1974 年 2 月 20 日法国政府关于实施上述规定的法案提出了农场现代化的新政策，核心是通过持久性地改善劳动条件和生产条件，对有能力在 6 年内将单位劳动收入提高到与非农业劳动相比拟程度的人给予支持。持有与上述目标相符合的发展计划的农场，可以得到特殊形式的补助或贴息贷款。

资料来源：［法］马居歇·N 等. 法国农业信贷银行［M］. 北京：农业出版社，1988：249 － 259.

（三）长期贷款

1. 长期个人低息贷款。根据 1965 年 7 月 15 日法案、1978 年 2 月 2 日第 78 － 123 号法案，法国农业信贷银行开办长期个人贷款，支持人们购买小规模地产或房产。根据 1969 年 12 月 4 日法案，农业信贷银行支持在职业登记所注册的农业个体企业主开业用房所需资金。1965 年 7 月 15 日第 65 － 576 号法案和 1978 年 2 月 2 日第 78 － 123 号法案，允许农业信贷银行发放低息土地贷款，资助主要从事农业产业的自然人购买土地用于个人直接耕种，或者购买农业生产者组合、农业土地组合、林业组合的股份。能够享受低息土地贷款的人群，可分为三类（见表 13 － 9）。

表 13 － 9　　　　法国农业信贷银行长期个人低息土地贷款种类

类别	支持对象	贷款/所需资金（％）	最长期限（年）	最大金额（法郎）	优惠期限（年）
第一类	符合下述条件的： 1. 开业不足 5 年的青年农民，耕种面积约为最低安置面积的一半，或者所继承的土地在法律上享有排他性获得权或优先分得权及继承分得权，或者享有优先购买权； 2. 迁居的农民； 3. 改行的农民； 4. 享受社会培训的农民。	80	25	350000	10

续表

类别	支持对象	贷款/所需资金（%）	最长期限（年）	最大金额（法郎）	优惠期限（年）
第二类	未包括在第一类中，符合下述条件的： 1. 使用优先权购置土地者； 2. 为使经营面积扩大到最低安置面积以上而向土地整治与乡村设施公司（SAFER）购买土地者； 3. 为弥补被征用的土地而购买土地者； 4. 法律规定排他性的土地受益者、享有优先分得土地权或继承分得土地的人购买上述地产者。	65	20	300000	7
第三类	除上述两类之外，符合下述条件的： 1. 在超过最低安置面积的土地上就业或因恢复经营而购置土地者； 2. 为扩大经营面积而购置土地者，其扩大的部分在1.5公顷以上，或相当于1.5公顷以上，从事作物耕种或专业化饲养。	50	20	200000	5

资料来源：[法] 马居歇·N 等. 法国农业信贷银行 [M]. 北京：农业出版社，1988：259 - 263.

2. 长期集体低息贷款。根据 1976 年 12 月 18 日法案第 2 条，法国农业信贷银行可向有可能成为地方银行或地区银行会员的公共或私人团体发放长期信贷，支持其兴建政府授权建设的项目，一般情况下贷款期限为 30 年，乡村电气化工程或饮水工程贷款期限为 40 年，绿化工程则为 50 年。该贷款特点是利息低[①]、发放条件特殊，只有法国农业信贷银行才有权发放，支持对象为"AP 类"项目。所谓"AP 类"项目，是指由农业部或文化与环境部进行补助的，应国家要求由农业信贷银行贷款支持的乡村基础设施和公共服务建设项目，包括水利、农业大区整治、省级旅游区整合、大型旅游区整合、土地合并整治、乡村服务性设施、乡村地区工程建设、道路和森林管理设施等。其他项目，如国营性市场、公共屠宰场和冷冻仓库、农村整治规划等也属于"AP 类"。贷款期限和金额经农业信贷国家银行征得政

---

① 1976 年 4 月 29 日法案规定的利率为 6.75%，可在 6.25% ~7.25% 浮动。

府同意后确定，由各地区银行以农业信贷国家银行代理人的身份发放和监督使用。

随着业务范围的扩大和对乡村支持程度的不断深入，短期贷款的比重逐渐降低（见表 13 - 10）。

表 13 - 10　　　法国农业信贷银行短期、中期、长期贷款比重　　　单位：%

日期	短期贷款	中期贷款	长期贷款
1938 年 12 月 31 日	66	34	
1950 年 12 月 31 日	68	20. 5	11. 5
1960 年 12 月 31 日	33. 1	39. 4	27. 5
1972 年 12 月 31 日	23. 5	76. 5	

注：数据介于中期贷款和长期贷款之间者，代表中长期贷款的合计数。

资料来源：［法］马居歇·N 等. 法国农业信贷银行［M］. 北京：农业出版社，1988：103 - 115.

第五节　风险管理

风险管理是法国农业信贷集团内部控制系统中不可或缺的组成部分。在审慎文化指导下，法国农业信贷集团开发了风险管理综合框架，用于管理业务活动相关的风险，并通过设置涵盖各层级的风险治理组织架构、制定风险偏好、运用一系列风险管理工具、传播风险文化等手段强化风险管理，满足外部监管的要求。

一、风险管理的组织架构

（一）集团层面的委员会及其职责

法国农业信贷集团注重构建风险防控体系，在集团层面成立了涵盖董事会、高管层、跨部门协调层、执行层四大层级的风险治理架构（见图 13 - 7）。其中，风险委员会隶属董事会，主要负责分析集团风险偏好声明中的关键因素，定期检查集团的风险管理和内部控制问题，审阅半年度和年度报告中有关内部控制、风险计量及监测的内容。

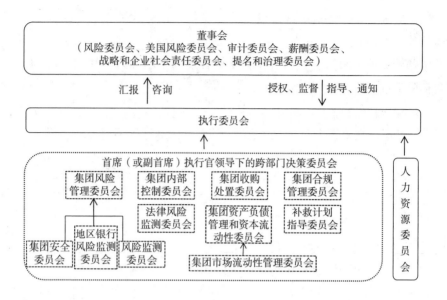

资料来源：Crédit Agricole S A. Transparency：Annual Financial Report Registration Document 2018：219.

图 13 - 7　法国农业信贷集团层面风险管理组织架构

集团风险管理委员会根据风险管理职能部门的建议及董事会批准的风险偏好框架，批准总部级别的风险战略和贷款决策，审查主要风险和敏感问题，提供集团实体的流程和评级模型的反馈意见。该委员会还下设三个子机构：（1）集团安全委员会，由负责运营和转型的副总经理主持，负责在业务连续性计划、数据保护、人员和财产安全、IT 系统安全四个方面确定策略并评估控制水平；（2）风险监测委员会，负责审查贷款风险水平是否显著恶化，确定有关业务部门或控制部门报告的各种风险警告是否会对集团的形象或风险成本产生不利影响；（3）地区银行风险监测委员会。

除集团风险管理委员会外，由首席执行官或副首席执行官领导的跨部门决策委员会还包括集团内部控制委员会、法律风险监测委员会、集团收购处置委员会、集团资产负债管理和资本流动性委员会、集团合规管理委员会及补救计划指导委员会等。其中，集团内部控制委员会负责审查整个集团常见的内部控制问题，研究集团内部的跨职能行动，批准半年度及年度报告中有关内部控制的内容；集团资产负债管理和资本流动性委员会主要负责分析集团面临的财务风险并验证管理的有效性。集团合规管理委员会负责制定集团的合规政策，审查合规草案的内容、标准及程序，检查合规问题并批准补救措施，记录与审计相关的主要合规性结论，批准年度合规性报告等。

（二）集团风险管理部门职责

集团风险管理部门（Group Risk Management Department）主要职责是确保集团面临的风险与条线所定义的风险战略相一致，并与集团的增长和盈利目标相适应。该部门随时向执行董事和监管机构通报集团的风险控制程度，通过多种风险策略对集团主要条线风险管理的有效性进行验证，并对风险的偏离进行警告。为了确保集团内部对风险的一致看法，集团风险管理部门承担以下职责：（1）与财务、战略和合规等职能部门及业务部门合作，协调风险识别流程和集团风险偏好框架的实施；（2）定义或验证分析、测量、监控信贷风险、市场风险和操作风险的方法和程序；（3）参与对条线业务发展战略的批判性分析；（4）就业务部门头寸引起的风险或业务战略预期的风险向执行管理层提供独立意见；（5）识别并分析集团实体的风险，在风险信息系统中收集相关数据。

（三）条线和子公司的风险管理

集团内的每个条线和子公司均制定了符合自身情况的风险偏好表，并据此进行风险管理和永久控制。在每个条线和子公司内，都设置了一名官员负责永久控制和管理风险，主要负责对其职责范围内的风险防控的最后一道防线进行监督，与各部门保持高度的关联，有权获得足够的人力、技术、财务和信息资源。

二、风险偏好

风险偏好是该集团在其战略目标框架内承担的风险类型和风险总量。每年，集团董事会都会就其风险偏好发表正式声明，涵盖集团的战略、商业目标、风险管理和全球财务管理等内容，且与集团中期计划的战略目标、预算过程和各业务领域的资源分配相互协调，是其治理框架中不可或缺的战略组成部分。

（一）风险偏好的确定

法国农业信贷集团通过参考一系列财务政策和风险管理政策确定风险偏好，具体包括基于风险策略、企业社会责任等考虑而制定的审慎贷款政策，保持低市场风险敞口的目标，对操作风险敞口的严格管理，对违规风险敞口的严格限制，对风险加权资产增长的管理，以及与资产负债管理相关的风险管理政策等。

风险偏好的确定使战略、财务、风险和合规等部门能在风险管理上采取一致的方法并相互协调，以达到以下目标：（1）促进董事会和高级管理层就风险承担水平进行反思及对话；（2）规范既定战略的可接受风险水平；（3）将风险及回报因素纳入战略规划和决策过程；（4）通过定义预设指标和预警阈值，提高高级管理人员在风险警报触发后对战略性指标恶化程度预期的准确性，并使管理人员能立即采取措施提高恢复能力；（5）促进集团与外部第三方在财务能力和风险管理方面的沟通。

（二）风险偏好指标

法国农业信贷集团通过一系列定量指标和定性事项定义风险偏好。关键指标包括法国农业信贷银行的外部评级、偿付能力、流动性、商业风险、利润、信用风险等。同时基于信用风险、市场风险、操作风险等指标确定预警阈值和风险范围。对于集团尚未量化的风险，其定性标准主要基于公司的企业社会责任政策，体现集团对支持可持续发展和控制包括非金融风险在内的所有风险的关注。

三、风险管理工具和方法

法国农业信贷集团使用必要的资源和工具对集团风险进行管理，保证面临的风险与风险偏好具有适当一致性。

（一）风险管理工具

法国农业信贷集团通过运用一系列风险管理工具不断提升风险防控的信息化和科技化水平。具体包括按照巴塞尔协议关于全球系统性金融机构风险监管指标的要求，引入一套更为稳健的信息技术（IT）和全球风险整合系统；在集团范围内对信贷、金融服务、经营过程中产生的风险进行充分的压力测试；建立实时更新的标准化和过程控制的程式化路径，专门用于分析集团盈利和风险，并实现对地区、个人和部门的集中度、利率、汇率以及流动性风险的监控。同时，对经营过程中出现的偏差及时予以调整，将风险管控在合理水平。

（二）信用风险管理

法国农业信贷集团从信用风险管理全流程出发，建立定期评级的风险预警机制，组建专业的担保和咨询公司，针对农业生产者建立全方位的扶持和危机管理机制。

定期评级的风险预警机制主要是指地区银行根据贷款方式、行业风险的差异，运用内部评估方法（IAA 模式，见图 13 – 8），采用财务评级和定性评价相结合的方式，按月对企业进行自动风险评级。

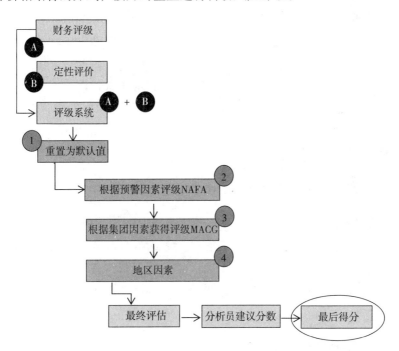

资料来源：法国农业信贷银行．法国农业信贷银行致中国农业发展银行法国代表团报告［R］．2016 – 09 – 20.

图 13 – 8　法国农业信贷集团 IAA 模式评级流程

2015 年，法国农业信贷集团组建专业的担保和咨询全资子公司 FON-CARIS 强化信用风险管理，其职能是为地区银行出现的风险敞口提供担保，并分担 50% 的信用风险；密切关注地区银行信贷活动，提供信贷咨询服务；通过雇佣专业的农业加工业项目工程师对谷物、牛奶、水果、蔬菜等农产品行业进行深入研究，并在该领域获得广泛认可。

法国农业信贷集团还建立了事前、事中、事后三位一体的农业生产者扶持和危机管理机制。在危机发生之前，引导农民建立"五年期农业储蓄账户"，推行"退休计划"和"Floriagri 人寿保险"，鼓励农民有计划地储蓄，增强风险抵御能力。在危机发生过程中，利用各领域的专业知识，指导农业生产和经营活动，时刻警惕各类系统性风险和突发性风险事件，通过储蓄、保险、短期贷款和中长期贷款组合应对农产品市场的大幅波动。在危机发生后，加强与政府部门、行业协会和农业工会等部门的沟通协调，取得收购风险企业的优先权。同时利用国家负担利息、免税、内部调整、合并贷款、重建贷款等方式化解危机。

（三）市场风险管理

法国农业信贷集团拥有特定的市场风险管理系统，该系统具有独立于业务层级的风险识别、测量及监控程序，负责对冲集团内的所有市场风险。此外，还在总部和地方两个层面上设置了互为补充的市场风险管理组织，内嵌于风险管理的各个组织机构。

（四）结构性财务风险管理

法国农业信贷集团运用资产负债管理方法对结构性财务风险进行管理。法国农业信贷银行股份有限公司将客户资源的盈余及缺口（特别是地区银行客户资源）集中到资源池统一管理，统筹调配资源，帮助集团内其他有需要的实体进行融资，提高财务凝聚力，促进流动性的集中管理和现金的控制管理。

（五）操作风险管理

法国农业信贷集团下属实体每年制作一次风险地图来识别和评估操作风险，内部控制委员会下属的操作风险委员会对结果和相关行动计划进行验证，并向风险委员会报告。

（六）合规风险管理

法国农业信贷集团在满足法律法规要求和利益相关者期望的基础上，制定合规目标，使合规性成为提升客户满意度、促进发展和业务可持续的独特"资产"。设计并实施违规风险管理系统，持续进行系统更新，准确识别、评估、监督和控制违规风险并确定应对措施，有助于降低集团的财务损失及法律影响，维护集团声誉。

四、风险文化

法国农业信贷集团通过多种有效途径培育和传播风险文化。在风险管理部门设置职业和人才委员会，负责制订重要职位的接任计划，为风险管理人才的流动提供便利，丰富人才发展途径，不断提高其他业务部门对风险管理部门从业经历的重视程度。对员工提供一系列量身定制的风险管理培训，提高员工风险防控意识。积极促进风险文化的传播，提高全体员工的风险管理参与度，将风险管理转化为日常工作的一部分。

五、风险状况

在经历 2008 年国际金融危机后，法国农业信贷集团强化了首席风险官制度，严格实行部门审贷分离，所有贷款都经过风险分析部门，严格按贷款审批权限和流程进行操作，基本实现了对各类风险的全方位实时动态管控。2018 年，法国农业信贷集团及股份有限公司不良贷款率分别为 2.4% 及 2.8%，不良贷款拨备覆盖率分别为 84.8% 及 74.3%[1]，同之前相比，集团及股份有限公司层面的不良贷款率均稳中有降，达到近年来最低水平（见图 13-9）。流动性水平良好，流动性储备 2720 亿欧元，集团及股份有限公司流动性覆盖率分别为 133.4% 及 133.3%，超出集团 110% 的中期目标[2]。

---

① 用贷款损失准备金计提余额除以不良贷款余额得到的数值，是用于衡量贷款损失准备金计提是否充分的指标，也可以用于考察银行财务稳健程度和风险可控的程度。

② 见 Crédit Agricole S A. Fourth Quarter and Full Year Results 2018：34.

资料来源：Crédit Agricole S A. Fourth Quarter and Full Year Results 2015 – 2018.

图 13 – 9　法国农业信贷集团及股份有限公司不良贷款率（2015—2018 年）

第六节　外部关系

法国农业信贷集团与外部利益相关方的关系构成了其赖以生存的"生态环境"。这里着重阐述它与政府、监管部门和客户的关系，并纳入与公众利益相关的社会责任的讨论。

一、政府作用

法国农业信贷集团在成立、发展和转型的过程中，始终离不开法国政府的主导作用，其重大变革都经过政府决策，并依照法律规定具体实施。

（一）立法管理

在其 120 余年的发展历程中，法国政府多次颁布或修订与之相关的法律法规（见表 13 – 11），对法国农业信贷集团产生重大影响。如 1894 年，法国政府颁布梅利纳法案，允许农业合作社成员设立农业信贷地方银行，标志着法国农业信贷银行的诞生；1899 年，法国政府通过瓦伊格法案，授权成立法国农业信贷地区银行；1920 年，通过互助信用和农业信用社法案，决定设立法国农业信贷署，它是法国农业信贷国家银行的前身；1984 年，法国政府明确将其纳入银行法监管范围，法国农业信贷银行融入法国金融体系；1988 年，颁布法国农业信贷银行私有化法案，法国农业信贷银行不再上缴盈利，完全独立于法国政府。

表 13 – 11　　　　　　　法国政府历次颁布或修改的法律

年份	法律名称	相关内容	主要成效
1884 年	专业合作社法案	允许组建农业合作社，确认了农村信用互助合作社的合法地位	1885 年成立了农村信用互助合作社，即法国农业信贷地方银行的雏形
1894 年	梅利纳法案（Méline Act）	允许农业合作社成员设立农业信贷地方银行	法国农业信贷银行诞生
1899 年	瓦伊格法案	批准组建农业信贷地区银行	1899 年成立农业信贷地区银行，将辖内地方银行联合组织起来，成为基层银行与政府沟通的桥梁纽带
1920 年	互助信用和农业信用社法案	扩充农业部负责法国农业信贷地区银行管理的委员会的权力，后更名为法国农业信贷署	1926 年，法国农业信贷署改名为法国农业信贷国家银行，负责资金清算业务。至此，法国农业信贷银行三级机构设置进程完成
1963 年	农业共同经营合作社法案	给予法国农业信贷银行贴息贷款经营和财政补贴政策	
1966 年	畜牧法	允许地方银行发放畜牧贷款	
1971 年	农村法案	允许法国农业信贷银行发放农产品贸易、食品加工贷款	
1972 年	农业合作社调整法	授权农业信贷地方银行和非合作社进行商业往来	法国农业信贷银行开始着手发放针对农业现代化的专门贷款
1984 年	银行法	明确了法国农业信贷银行适用于银行法的监管	标志着法国农业信贷银行正式融入法国银行业体系
1988 年	法国农业信贷银行私有化法案	对公营的法国农业信贷国家银行进行私有化，改制为股份有限公司，其90%的股份由地区银行持有，10%的股份由员工持有	法国农业信贷银行完全独立于政府，不再向政府上缴盈利

注：专业合作社法案、互助信用和农业信用社法案、农业共同经营合作社法案的中文翻译，参考李先德，孙致陆. 法国农业合作社发展及其对中国的启示 [J]. 农业经济与管理, 2014 (2)：34 – 42, 54。

资料来源：法国农业信贷银行. 法国农业信贷银行致中国农业发展银行法国代表团报告 [R]. 2016 – 09 – 20.

（二）政策支持

法国政府采取直接干预和利息补贴的办法给予农业信贷银行资金支持，并综合运用税收优惠、国家信用等激励手段，帮助农业信贷银行筹集资金。

1. 资本金支持。农业信贷银行成立和改革初期，自有资金不足以应对农村地区巨大的信贷需求。为确保农业信贷银行的正常运转，法国政府要求法兰西银行无偿划拨4000万法郎作为农业信贷银行的资本金，并在此基础上每年再拨款200万法郎。1988年国家股份被地区银行收购，此后才在所有权上独立于政府。

2. 预付投资支持。从19世纪末到20世纪70年代相当长的一段时间内，法国政府和其他公共机构提供的预付贷款是农业信贷银行最主要的资金来源。早期预付贷款就是财政部的直接投资，其后被农业部预算投资和经济社会发展基金投资所替代[①]。

3. 国家信用支持。从预付贷款逐渐减少到最终消失，法国政府对农业信贷银行的资金支持由直接的预付贷款转向间接的国家信用支持。第二次世界大战期间，农业信贷银行开始通过发行债券调动居民储蓄，法国政府通过立法，明确由国家担保农业信贷银行中长期债券的本息偿还[②]，促进了资金筹集。

4. 利息补贴支持。在推动农业现代化过程中，法国政府为农业信贷银行提供数额巨大的专项补贴资金。自20世纪60年代起，政府每年从农业预算中划拨专项资金给法国农业信贷银行，作为其发放农业中长期低息贷款的利息补贴，补贴的标准为年息6.5%[③]。

5. 税收减免支持。法国政府给予农业信贷银行资金提供者多样化的税

① 根据20世纪初的各项法律规定，农业信贷银行可以使用国库预付贷款支持多种目的的投资，特别是乡村电气化、乡村装备、卫生治理、农业青年的安置、气候灾害等领域。该项国家直接投资在1950年停止。与此同时，1948年，法国政府根据财政法创建全国现代化和装备基金（后成为经济社会发展基金），并向农业信贷银行发放贷款。从20世纪60年代起，来自公共基金的投资逐渐取消。到1967年12月31日，公共基金（560万法郎）实际上已经消失，只占长期或短期债券发行收益的很小百分比。见：〔法〕马居歇·N等．法国农业信贷银行〔M〕．北京：农业出版社，1988：116，121 - 122.

② 根据1967年12月21日67 - 1114号法案和1968年投资法的规定。

③ 邓直方．法国农业信贷银行在农业现代化中如何发挥信贷职能作用〔J〕．农业金融研究，1983（9）：39 - 41.

收减免优惠[①]：长期债券持有人享受利息减税优惠；短期债券（三年或五年期）持有人享有计税方法选择权；普通存折账户、住宅储蓄账户和住宅储蓄计划开立人享受利息免税[②]；劳工储蓄存折持有人享受利息和补充性酬金免税；等等。

二、外部监管

根据法国《货币与金融法典》规定，法国农业信贷集团必须接受金融监管体系的监管。法国金融监管体系在 2008 年国际金融危机后进行了重大调整和改革，开启宏观审慎监管模式，以增强金融体系稳定性。目前法国金融监管体系由金融稳定高级委员会、经济财政与公共会计部、法兰西银行、审慎监管与处置局、金融市场监管局、金融监管咨询部门组成，对包括农业信贷集团在内的所有金融机构遵循宏观审慎监管要求制定一系列法规、政策和制度。

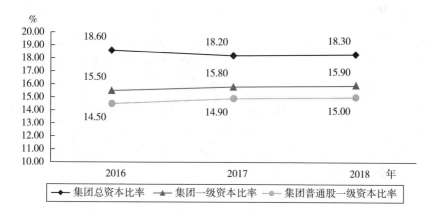

资料来源：Crédit Agricole Group Transparency：UPDATE A01 OF THE 2018 REGISTRATION DOCUMENT CRÉDIT AGRICOLE GROUP FINANCIAL STATEMENTS 2018：5.

图 13 – 10　法国农业信贷集团资本充足率（Fully Loaded）

作为系统重要性银行，法国农业信贷集团受到欧洲资本要求指令（IV）和资本要求监管条例（CRD4/CRR）的约束，并遵循巴塞尔协议。根据

---

①　［法］马居歇·N 等. 法国农业信贷银行［M］. 北京：农业出版社，1988：122 – 140.

②　针对普通存折账户，农业信贷银行也只需按照解除义务提取法向国家交付本应纳税的三分之一。

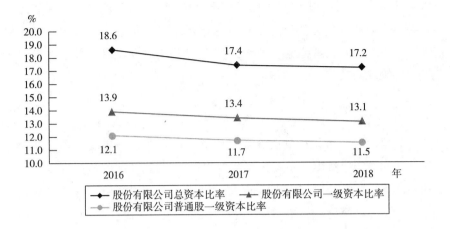

资料来源：Crédit Agricole S A. Transparency：Annual Financial Report Registration Document 2018：279 – 280.

图 13 – 11　法国农业信贷银行股份有限公司资本充足率（Fully Loaded）

CRR 第 7 条规定，法国审慎监管与处置局（ACPR）豁免了农业信贷银行股份有限公司在单一报表基础上的监管，只需在集团合并报表层面上达到监管要求[1]。根据巴塞尔协议，法国农业信贷集团需要披露其资本充足率等，具体包括普通股一级资本比率（CET1 Ratio）、一级资本比率（Tier1 Ratio）、总资本比率（Total Capital Ratio）等。2018 年，法国农业信贷集团的普通股一级资本比率为 15.0%，一级资本比率（Fully Loaded）及总资本比率（Fully Loaded）分别为 15.9% 和 18.3%[2]，其股份有限公司分别为 11.5%、13.1% 和 17.2%[3]，符合监管要求。

此外，根据《银行复苏和清算指令》（*Bank Recovery and Resolution Directive*）以及金融稳定理事会（FSB）的要求，法国农业信贷集团需要在总自有资金和合格负债最低要求（MREL）及总损失吸收能力（TLAC）指标上满足监管规定，以确保能在危机时自救。针对系统重要性银行，金融稳定理事会还规定：自 2019 年起，TLAC 工具规模不得低于风险加权资产的

---

[1]　Crédit Agricole S A. Management of Regulatory Capital. Transparency：Annual Financial Report Registration Document 2018：265.

[2]　Crédit Agricole Group Transparency：UPDATE A01 OF THE 2018 REGISTRATION DOCUMENT CREÉDIT AGRICOLE GROUP FINANCIAL STATEMENTS 2018：5.

[3]　Crédit Agricole S A. Transparency：Annual Financial Report Registration Document 2018：270.

16%，也不得低于风险敞口总额的 6%；自 2022 年起，这两项指标分别不得低于 18% 及 6.75%。截至 2018 年 12 月 31 日，扣除衍生品净值后，法国农业信贷集团 MREL 比率约为其审慎资产负债表的 12.4%，TLAC 工具规模与风险加权资产的比率为 21.4%。[1]

三、客户关系

法国农业信贷集团将"以客户为中心、对客户负责任"作为永恒的价值观，致力于成为所有客户可信赖的长期合作伙伴。通过广泛涉足零售银行、资产管理、财富管理、融资租赁、保理、公司银行和投资银行、资产服务、支付服务和房地产等众多领域，为从低收入家庭到高净值个人、从当地商人农户到跨国公司集团的不同目标客户群体提供多样化的专业知识和服务手段。多种业务间的协同互补形成"以客户为中心"的全能银行模式。

截至 2018 年，法国农业信贷集团业务遍及 47 个国家和地区，为包括跨国公司、中小企业、行业协会、社区、家庭、专业人员、农户等在内的 5100 万客户提供服务[2]。特别是在法国国内，农业信贷集团已达到相当程度的客户渗透：每 3 个人中有 1 个是其客户，每 2 家企业中有 1 家是其客户，每 10 个农民中有 9 个是其客户。农业信贷集团已成为法国国民最为重要的金融合作伙伴。

四、企业社会责任

法国农业信贷集团的企业社会责任体现出其合作互助的本质[3]。集团董事会于 2014 年正式确定企业社会责任政策，此后每年与员工和外部利益相关者充分沟通协商并进行修订，确保社会责任战略符合利益相关者的期望。2017 年，集团还制订了有助于实现联合国可持续发展目标的若干行动方案。

---

① Crédit Agricole S A. A Whole Bank Just For You. Transparency：Annual Financial Report Registration Document 2018：4.

② Crédit Agricole S A. Our Business Model：Partnering a Sustainable Economy. Commitment：2018 - 2019 Integrated Report.

③ 同注①。

　　根据集团董事会的政策决议，执行管理层将社会和环境责任作为农业信贷集团的战略重点，积极承担一家有影响力的金融服务提供商的社会责任。目前，法国农业信贷集团已经将气候风险全面融入投融资战略，越来越多地参与可再生能源项目，支持客户向低碳经济转型，推动生态进步和环保变革，促进解决环境和社会问题。

第十四章　加拿大农业信贷公司

第一节　发展历程及概况

加拿大农业信贷公司（Farm Credit Canada，FCC）是一家国有公司（Crown Corporation），专注于服务加拿大农业，向包括家庭农场在内的农业经营活动，及与农村地区相关的中小企业提供专业化和个性化的金融产品和服务，业务范围覆盖所有农业部门，是农业金融领域的主要资金供应者。

一、发展历程

加拿大农业信贷公司的历史可以追溯至1929年[①]。自1900年开始，加拿大农业领域的资金需求通过抵押贷款基金解决，当时的抵押贷款利率在9%～15%。1913年，加拿大派代表赴欧洲学习农村金融体系的运营和管理，为加拿大成立农村合作社奠定了基础。1912—1922年，加拿大省级政府开始介入农业信贷领域，提供多种形式的抵押贷款，贷款主要由保险公司提供，但由于20世纪20年代加拿大小麦价格及需求的下降，省级政府农业信贷项目发挥的作用也逐步下降。1927年，加拿大联邦政府开始在加拿大《农场信贷法案》（Farm Credit Act）的授权下介入农业信贷领域，此时美国经济危机发生，危机对当时已建立起来的农村金融体系带来较大影响，地方政府、保险公司以及银行信贷等规模急剧下降，这直接导致联邦政府更大程度介入农业信贷领域。1929年加拿大政府成立农业贷款委员会（Canadian Farm Loan Board，CFLB），主要为农民提供长期抵押贷款。

[①]　加拿大农业信贷公司. 加拿大农业信贷公司年报 2018—2019［R］. 2019.

　　20 世纪 50 年代以来，伴随着农业发展和农村金融需求缺口不断扩大，加拿大开始出现对农业贷款委员会的一些批评。1955 年，萨斯喀彻温皇家委员会（Saskatchewan Royal Commission）指出加拿大农业贷款委员会的借贷活动存在严重缺陷，主要包括对新进入的青年农民没有信贷支持，同时贷款限额太小，董事会在风险承受方面过于保守等，由此建议联邦政府重新审视加拿大农业贷款委员会的职能。1956 年加拿大农业联合会通过调查提出，只有最成功的农民才有可能从加拿大农业贷款委员会获得贷款。1957 年，加拿大皇家经济前景委员会（Royal Commission on Canada's Economic Prospects）批评加拿大农业贷款委员会过于谨慎的做法和低下的效率，农业相关的出版物也开始刊登有关农业信贷问题的文章。1957 年和 1958 年，包括农业信贷在内的农业政策成为竞选的主要议题。

　　1959 年，加拿大修改《农场信贷法案》，决定成立加拿大农业信贷公司（Farm Credit Corporation），接替加拿大农业贷款委员会的职责为农业提供贷款支持。该法案明确加拿大农业信贷公司为加拿大政府全资所有，是一家国有企业[①]，不受加拿大《所得税法案》（Income Tax Act）的约束[②]。

　　在接替加拿大农业贷款委员会相关义务和职能的基础上，相关法案对加拿大农业信贷公司业务提出了新要求。20 世纪 70 年代，《农场信贷法案》要求加拿大农场信贷公司为农民提供贷款，支持农民用于购买农场、耕地、化肥、种子、牲畜等，以及其他对农场发展运营起到重要作用的领域，年利率设定为 8.5%。《农场信贷集团法案》（Farm Credit Syndicates Act）要求加拿大农业信贷公司为三个或者三个以上的农民合伙购买农场机器、设备或者厂房等提供贷款支持。《小农场发展法案》（Small Farm Development Act）要求加拿大农业信贷公司利用信贷支持符合一定条件的农民购买农场。

　　1993 年，《农场信贷法案》扩充了加拿大农业信贷公司的业务职能。根据新的业务授权，大型农场经营、农场公司以及农民个体也被纳入加拿大农业信贷公司支持范围。2001 年，《农场信贷法案》进一步扩大加拿大农业信贷公司的业务范围，增加对农业综合生产者以及农业食品经营者的支持，

---

　　① 芬恩·波施曼（Finn Poschmann, 2013）指出，国有企业是由政府所有的企业，成立的主要目的是要实现一系列公共政策目标，在金融领域的国企，主要是解决企业信贷缺乏的问题。

　　② Farm Credit Canada Special Examination Report – 2012［R］．［S. l.］：Office of the Auditor General of Canada：2012.

同时将 Farm Credit Corporation 改为现在使用的名称 Farm Credit Canada，缩写 FCC①。

成立之初，加拿大农业信贷公司只有一种产品、一个利率，如今公司已成为一家致力于支持全经济周期农业以及可持续发展的国有企业。《农场信贷法案》对加拿大农业信贷公司的最新职能界定为"首要聚焦农业经营，包括家庭农场等领域，向包括家庭农场在内的农业经营活动以及与农村地区相关的中小企业提供专业化和个性化的金融产品和服务"②。

二、在农业信贷领域的地位作用

加拿大农业信贷公司在加拿大农业融资中一直占有举足轻重的地位。20世纪 80 年代，加拿大农业信贷公司是加拿大农业市场上较为稳定的资金提供者，尤其是在高利率和土地价格较高的时期，加拿大农业信贷公司收购土地并租给农民和农场主种植，直到他们可以回购土地为止。20 世纪 90 年代，加拿大农业信贷公司陷入财务危机，加拿大政府为其提供资金支持，并逐步扩大其业务领域，将大型农场经营、农场公司以及农民个体纳入支持范围。目前，加拿大农业信贷公司已成为加拿大农业领域不可或缺的资金供应者。2018 年，其在加拿大农场信贷余额中占比 29.3%，位居第二，服务覆盖了加拿大 43.5% 的农场③，而位居第一的是加拿大多家特许银行④（Chartered Banks）的总和。当然，加拿大农业信贷公司业务的快速发展也遭到个别质疑⑤。

---

① Issuers：Farm Credit Canada［EB/OL］.［2019 - 12 - 30］. https：//www. dbrs. com/issuers/3138.

② 加拿大农业信贷公司. 加拿大农业信贷公司年报 2018—2019［R］. 2019.

③ ANTON J, KIMURA S, MARTIAN R. Risk Management in Agriculture in Canada［C］.［S. l.］：OECD Food, Agriculture and Fisheries Working Papers, No. 40, 2011.

④ 特许银行是指由加拿大国会特许批准，根据《银行法》开展业务的金融机构。

⑤ 加拿大 C. D HOWE 研究所《遏制风险：重新思考加拿大国有金融公司的作用》一文提出，不断扩大的业务范围，使得政策性金融机构无法集中主业解决市场失灵等问题，同时，由于政策性银行投放的贷款具有免税、低利率等特点，规模扩大后，容易对市场其他主体产生"挤出效应"。见：POSCHMANN F, BERGEVIN P. Reining in the Risks：Rethinking the Role of Crown Financial Corporations in Canada［C］.［S. l.］：C. D. Howe Institute Commentary, C. D. Howe Institute, Issue 372, 2013.

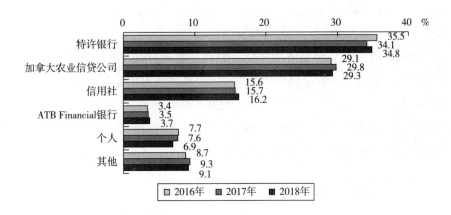

资料来源：加拿大农业信贷公司. 加拿大农业信贷公司年报 2018—2019〔R〕. 2019.

图 14 - 1　加拿大农业信贷公司贷款市场份额

三、经营概况

加拿大农业信贷公司总部位于萨斯喀彻温省里贾纳，在农村地区有 97 个办事处，有 1900 多名员工，为超过 10 万个客户提供融资和其他服务。从主要经营指标来看，加拿大农业信贷公司经营状况良好。2018—2019 财年末，贷款余额为 360.7 亿美元，净利息收入 11.5 亿元，平均收息资产收益率 4.28%，净利差达到 3.11% 且保持稳定，不良贷款率控制在 0.5%，资产收益率达到 10.5%。

表 14 - 1　　　　加拿大农业信贷公司主要经营指标　　单位：百万美元、%

项目	2017 年	2018 年	2019 年
贷款余额	31221	33859	36071
净利息收入	996.7	1072.3	1151.7
平均资产总额	31635.7	34447.7	37075.7
平均收息资产收益率	3.6	3.8	4.28
净利差	3.15	3.11	3.11
资产收益率	11.3	11.5	10.5
不良贷款率	0.6	0.4	0.5
信用风险损失准备	19.3	30.9	103.3

资料来源：加拿大农业信贷公司. 加拿大农业信贷公司年报 2018—2019〔R〕. 2019.

第二节　治理结构

加拿大农业信贷公司主要受《加拿大农场信贷法》和《金融管理法》的约束，同时与其他国有企业一样，还需要遵守诸如《隐私权法》《信息获取法》《加拿大劳工法》《联邦责任法》《就业平等法》《官方语言法》等法律。公司独立核算，向农业部长汇报，对议会负责。通过信息摘要、季度财务报告、年报等形式向议会汇报情况，并向公众披露，董事会对经营进行监督。

一、组织架构

加拿大农业信贷公司的组织架构由董事会、高管执行层，以及独立于高管执行层的四个专业委员会组成，四个专业委员会分别为人力资源委员会、风险委员会、审计委员会、公司治理委员会，为董事会决策服务（见图14－2）。

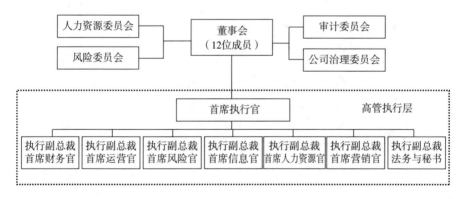

资料来源：加拿大农业信贷公司. 加拿大农业信贷公司年报 2018—2019［R］. 2019.

图 14－2　加拿大农业信贷公司组织架构简图

二、董事会及其专业委员会

（一）董事会

加拿大农业信贷公司董事会成员由国内农业及食品行业专家组成，他们的专业性对公司战略方向起着至关重要的作用。董事会主要职责是确保公司能够持续专注于自己的愿景、使命和价值观，正确履行落实政府公共政策的职能；负责公司整体治理、参与战略规划流程并批准公司战略方向和行动计划；制定适当权限和控制措施，妥善管理风险。具体主要包括六个方面：（1）诚信、法律和道德行为；（2）战略和风险管理；（3）财务报告和公开信息披露；（4）领导能力提升；（5）政府关系和企业社会责任；（6）公司治理。

董事会由 12 名成员组成，包括总裁、首席执行官（CEO）和董事会主席。根据加拿大《农场信贷法案》，董事会成员由农业部长推荐，议会总督任命。任期不超过 4 年，尽可能确保在 1 年之内不超过半数的董事任期届满。除了董事会主席和 CEO，其他董事均独立于公司管理层。另外，法案规定 5 名董事即构成董事会的法定人数。

董事会至少每 4 个月举行一次会议，会议地点在加拿大境内，由董事会主席指定，每年 8 月举行一次年度公开会议，主要报告上一财年的财务状况以及主要经营活动，听取股东以及公众对公司业务以及战略发展方向的反馈。

（二）专业委员会

董事会下设四个专业委员会，分别是审计委员会、公司治理委员会、人力资源委员会和风险委员会，为董事会决策提供支持和服务。

审计委员会负责监督公司财务绩效和审计履职的完整性、准确性和及时性。审计委员会除了与管理层定期召开会议外，还与加拿大审计长办公室（Office of the Auditor General，OAG）以及内部审计师召开独立于管理层的会议。加拿大审计长办公室每年都会审核加拿大农业信贷公司的财务报表，并参加所有审计委员会的会议，至少每 10 年执行一次特别检查，目的在于确保加拿大农业信贷公司的资产安全、资源运用经济有效，最近一次检查是在 2012 年 7 月 31 日完成的。

公司治理委员会主要就稳健的治理实践进行审查并向董事会提出建议，负责监督公司的战略规划过程和企业社会责任计划，担任董事会提名委员会相关职务，就新任命董事所需要的技能和从业经验向政府提出意见和建议；定期审查董事会委员会的数量、结构以及职能，负责评估董事会成员、委员会和整个董事会的绩效；监督公司关于员工、董事会成员的道德操守、利益冲突以及行为准则等政策落实情况。

人力资源委员会审查公司所有重大的人力资源计划，负责向董事会提供总裁和首席执行官职位所必需的技能以及绩效评价建议；负责审查公司的薪酬结构、退休金计划、继任人计划，以及针对普通员工的学习计划和针对高管人员的学习计划。加拿大农业信贷公司每年都会审查薪酬方案，并将结果报该委员会审批。

风险委员会成员负责监督整个企业的风险管理，确保风险管理活动与运营管理分开，监督公司风险合规情况以及资本达标情况等，协助董事会履行其对风险管理的监督职责。

三、高管执行层

高管执行层负责业务绩效和企业决策，包括战略愿景、投资策略、企业资源分配、重大战略问题等。除了总裁和首席执行官外，所有执行高管的薪酬均在董事会批准的薪资范围和薪酬政策之内。公司所有员工的薪资范围和风险薪金均基于30家来自私人和公共部门公司的比较评估确定。目前，高管执行层有8名高管，其中董事会主席兼公司CEO，另外7名副总裁分别是首席财务官、首席运营官、首席风险官、首席信息官、首席人力资源官、首席营销官和公司法务与秘书。

第三节　业务及运作特点

加拿大农业信贷公司业务主要集中在农业领域，随着职能逐步扩大，其业务领域也逐步扩大到贷款、创投以及相关农业培训、软件服务等。

一、信贷产品

加拿大农业信贷公司主要向农业综合企业以及农产品运营企业提供融资、保险、学习项目、软件和其他商业服务，客户数量超过10万户，具体业务类型主要包括初级农产品融资、农业综合企业和农业食品业融资、供应链、创投、保险、培训项目、管理软件（AgExpert），其中前三类主要是贷款服务。

（一）初级农产品生产贷款业务

该业务主要融资对象是初级农产品生产者，是加拿大农业信贷公司最大的业务条线，主要范围包括油料、谷物、牛、猪、家禽、羊、奶制品、水果、蔬菜，还包括林业、水产养殖和兼营农业贷款。2018—2019 财年①，初级农产品生产融资占公司贷款总额的 82.8%。

（二）农业综合企业和农业食品业贷款业务

主要融资对象是向初级农产品生产者出售、购买或者以其他形式提供服务的供应商或者加工者，包括但不限于设备制造商、经销商、批发商等。

（三）供应链贷款业务

主要面向农业领域中以农业生产者为中心的相关合作伙伴，这些合作伙伴一般与生产者有合同关系，包括设备经销商、零售商、合作社、畜牧经销商等。

（四）创投业务

主要为农业和农业食品行业提供贷款外的融资选择，投资目标集中于工业化产成品以及工业化生物产品、营养产品等，在成熟的食品和农业技术领域企业进行资本重组等。截至 2019 年第一季度末，公司的风险投资组合包括 6 只有限合伙基金、3 只股票基金和 3 只次级债券基金。在加拿大农业信贷公司 2018 年的社会责任报告中还披露，该公司有 4 只关键的基金（资金来源于非营利性组织），分别是 FCC AgriSpirit Fund、FCC Expression Fund、FCC Regina Spirit Fund 以及 FCC Aboriginal Student Empowerment Fund，这 4 只基金通过加拿大农业信贷公司饥饿消除计划（FCC Drive Away Hunger）帮助加拿大食物赈济部门筹集食物以及现金捐赠。饥饿消除计划始于 2005 年 10 月，第一年就捐赠了 60000 磅食物给地方赈济部门，2018—2019 财年，公司提供了 9500 份食物给赈济部门，FCC AgriSpirit Fund 提供了 1500 万美元，用于加拿大 84 个社区项目。

---

① 加拿大财政年度为 4 月 1 日至次年 3 月 31 日。

（五）保险业务

主要为客户及其家人、合伙人的企业等提供人身及其他保险，由加拿大永明人寿保险公司（Sun Life Assurance Company of Canada）背书。该项业务的主要目的是帮助客户将保险作为一种保障，从而缓释公司自身风险。

（六）其他业务

主要包括培训和管理软件两个方面。培训项目主要是为农业生产者和农业综合企业运营商提供相关信息和培训，以帮助他们推进农业管理。2018—2019 财年，共有 12552 人参加了 123 项公司的核心学习活动。

管理软件（AgExpert）业务主要致力于为加拿大农业和农业食品行业开发、推广和改进农业管理软件。软件主要有农业专业分析软件、田地管理专家和土地商业管理软件等。各软件的功能和特点根据不同用途有所差异，如农业专业分析软件可以帮助客户跟踪记录他们的收入和支出、库存和资产，编制财务报表等。针对加拿大农业生产及相关产品的特点和规定，该软件还设计了便捷的消费税报税系统。田地管理专家软件是一个新型的作物跟踪记录和规划系统，可以使客户随时随地获得他们所种植的所有生产数据，进而帮助客户设计盈利方案。土地商业管理软件可以帮助食品加工公司和农学家跟踪并筛选相关种植数据[1]。2018—2019 财年，包括产品服务在内的净销售收入增长至 160 万美元。

表 14 - 2　　　　　加拿大农业信贷公司主要业务线情况　　　单位：百万美元

项目	2017 年	2018 年	2019 年
初级产品融资贷款余额	26117	28238	29876
农业综合企业和农业食品业贷款余额	4111	4469	4902
供应链贷款余额	1016	1176	1316
创投资本余额	105.9	134.9	140.5
保险收入	25.4	26.3	27

资料来源：加拿大农业信贷公司. 加拿大农业信贷公司年报 2018—2019［R］. 2019.

---

[1]　王芳. 加拿大涉农金融支持体系研究［J］. 世界农业，2015（11）：125 - 130.

二、贷款行业和地区投向

从具体的贷款投向来看，加拿大农业信贷公司贷款的主要投向为初级农产品以及乳业，两项占比之和超过40%。

表 14 – 3　　　　　加拿大农业信贷公司贷款主要投向　　　　单位：%

投向	2017 年	2018 年	2019 年
油料和谷物	28.3	28.8	29.0
乳业	17.4	17.3	16.9
农业综合企业	8.9	9.2	9.6
家禽	7.0	7.0	6.9
牛肉	5.8	5.9	6.2
兼营农业	5.9	5.7	5.4
其他	5.0	5.1	5.3
供应链融资	3.1	3.3	3.5
农副食品	3.5	3.2	3.3
预防温室效应	3.3	3.3	3.0
水果	3.2	3.0	2.9
猪肉	2.7	2.6	2.7

资料来源：加拿大农业信贷公司. 加拿大农业信贷公司年报 2018—2019 ［R］. 2019.

从信贷投放的区域来看，五个地区中安大略以及西部地区较为均衡，在30%左右；魁北克和大西洋地区占比较小；安大略、西部地区、北部草原三个地区连续三年（2017—2019 年）合计占比达到84%。五个地区占比较为稳定，区域之间的余额占比近三年没有发生较大的变化。

表 14 – 4　　　　　加拿大农业信贷公司贷款分地区投向　　　　单位：百万美元

地区	2017 年	占比（%）	2018 年	占比（%）	2019 年	占比（%）
安大略	9536	31	10182	30	10750	30
西部地区	9128	29	9840	29	10308	29
北部草原	7512	24	8293	24	9075	25
魁北克	3880	12	4335	13	4711	13
大西洋地区	1188	4	1233	4	1251	3

资料来源：加拿大农业信贷公司. 加拿大农业信贷公司年报 2018—2019 ［R］. 2019.

三、青年农民及青年企业家贷款

这类贷款主要目的是扶持和帮助青年农民和青年企业家发展壮大。对青年农民的贷款主要有农业创业贷款（Starter Loan）、青年农民贷款（Young Farmer Loan）和青年企业家贷款（Young Entrepreneur Loan）。农业创业贷款针对 18～25 岁青年农民，用于独立购买牲畜、农业机器设备等，该贷款不收取手续费；青年农民贷款，主要针对 40 岁以下青年农民，用于进一步扩大农业生产规模等，要求购置农业相关资产不超过 100 万美元，利率在最优惠利率上加 0.5%，不收取贷款手续费①；青年企业家贷款主要针对农业零售、制造或者食品加工行业的 40 岁以下的青年企业家，用于购买或者改善与农业相关业务、农业以及食品加工业企业的股份，额度达到 100 万美元，利率在最优惠利率上加 1%，不收取手续费②。同时，加拿大农业信贷公司还积极支持加拿大 4－H③ 青年项目，时间长达 25 年，支持加拿大青年农民论坛（Canadian Young Farmers Forum）、牧场主青年领袖计划（Cattlemen's Young Leaders Mentorship Program）等，增强在青年农民中的影响力。

四、运作特点

加拿大农业信贷公司业务范围较广且与其他机构开展广泛合作，提供全面的金融服务。此外，公司还实行流程化改造，建立以服务为中心的结构以及以流程为中心的系统。

（一）业务群体和业务范围覆盖广泛

加拿大农业信贷公司向所有农业部门提供贷款，初级农产品生产者、农副食品经营者、青年农民、青年农民企业家、农业综合企业等都属于其

---

①　Young Farmers［EB/OL］．［2019－12－30］．https：//www.fcc－fac.ca/en/financing/agriculture/young－farmers.html#t1＝0.

②　Young Entrepreneur Loan［EB/OL］．［2019－12－30］．https：//www.fcc－fac.ca/en/financing/agribusiness－agri－food/young－entrepreneur－loan.html.

③　4－H 是加拿大一个非营利性非政府机构，由志愿者董事会管理。其使命是赋予青年人负责、关怀和领袖的力量，以使他们适应周围世界的积极变化；其愿景是与青年领袖合作建立繁荣的社区。

支持范围。在业务范围上，信贷产品涵盖从初级农产品生产到加工销售等环节，除了提供信贷产品，还有保险、基金以及相关软件服务等。

（二）与其他部门开展广泛合作

加拿大农业信贷公司与其他部门开展广泛合作，如与信用合作社以及其他国有金融机构，如与加拿大商业发展银行（Business Development Bank of Canada，BDC）和加拿大出口发展公司（Export Development Canada）合作，支持加拿大农业综合企业和农副产品经营者进入国际市场，共同解决相互关注的市场和政策问题。与加拿大其他银行合作，为农业经营和农业综合企业提供融资。通过自己和其他投资伙伴管理的一系列投资基金，向大型农业经营和农业综合企业提供融资。

（三）向农业领域提供融智服务

为帮助和提高农业参与者的业务技能和知识，公司通过培训、多媒体工具、出版物和其他资源，持续向客户提供广泛的智力支持。此外，还提供会计农场管理等相关管理软件服务，包括云工具，提高客户的技能和管理水平。

（四）进行管理变革，确定以服务为中心的业务结构

自 2002 年起，为了更好地适应发展需要，加拿大农业信贷公司开始将自身的业务组织结构转变为以流程为中心的业务结构，主要的 IT 结构也从条线结构重构为"以服务为中心"的结构，在转变过程中，公司依据面向服务的架构（Service Oriented Architecture）进行构建，分为六个步骤进行。第一步由 CEO 发起企业文化变革，提出创建以服务为中心的愿景；第二步着重于整合公司的流程以及系统，提高客户体验；第三步重构 IT 组织和系统，对现有的 IT 组织和系统进行评估后，重新设计新的结构，利用 90 天向新的组织模式迁移；第四步进行业务导入；第五步持续进行新流程上线后的业务流程的内外部整合；第六步进行价值传导。截至 2011 年，以服务为中心的流程银行确立以后，加拿大农业信贷公司的效率得到较大提高。为了测度客户满意度、提高服务质量，加拿大农业信贷公司使用了"客户体验指数"（The Customer Experience Index，CEI），该指数通过调查计算得出。

2017 年 10 月，公司为了进一步强化标杆管理，便于进行横向对比，采用了新的衡量方法——"净推荐值"① （Net Promoter Score，NPS），2017 年末 NPS 评价得分为 76，而使用同样指标评价且 NPS 分数在 70 分以上的公司有亚马逊（Amazon）、开市客（Costco）、奈飞（Netflix）和丽思·卡尔顿（Ritz – Carlton）。

第四节　资金来源

加拿大农业信贷公司不接收存款，主要资金来源是政府借款以及少量的票据筹资，由于业务支持范围和领域主要是初级农产品等，加拿大农业信贷公司的贷款期限主要集中在 1~5 年，其负债期限也主要集中在这个期限，资产和负债期限大体匹配。

一、主要资金来源

公司的资金来源主要有两类：第一类主要通过本国商业票据计划（Domestic Commercial Paper Program）筹资，但是仅限于美元资金；第二类是通过加拿大国有企业借款计划（Crown Borrowing Program）来实现的。加拿大国有企业借款计划是加拿大于 2007 年在预算中设立的，主要为加拿大三大国有企业提供资金支持，三家国有企业分别是加拿大住房抵押公司（Canada Mortgage and Housing Corporation，CMHC）、加拿大商业发展银行（Business Development Bank of Canada，BDC）和加拿大农业信贷公司。该计划旨在通过与企业成本相符的价格直接从加拿大政府借款，提高三家国有企业的流动性和效率，同时意图增加加拿大政府债券市场的流动性和效率②。在该计划推出之前，加拿大农业信贷公司的资金主要从资本市场筹集。2008 年 4 月 1 日，该计划正式开始发放贷款，首个月就发放了 38 笔共计 46 亿美元的贷款。

加拿大农业信贷公司的短期资金来源主要是期限在一年以内的短期借

---

① 净推荐值也称为口碑，是一种计量某个客户将会向其他人推荐某个企业或者服务可能性的指数，是较为流行的顾客忠诚度分析指标。

② Evaluations ［EB/OL］. https：//www. fin. gc. ca/treas/evaluations/cbp – pese – eng. asp.

款，有固定利率和浮动利率借款（见表 14-5），浮动利率借款的利率主要是基于一个月的加拿大国库券（T-bill）利率。截至 2019 年 3 月 31 日，公司短期资金来源 97.9 亿美元，比上一财年减少 11.25 亿美元，主要来源于加拿大国有企业借款计划。长期借款主要有固定利率和浮动利率，浮动利率主要是基于加拿大一个月或者三个月的 T-bill 利率设定。截至 2019 年 3 月 31 日，加拿大农业信贷公司的中长期资金主要来源于国有企业借款计划，金额达到 209.5 亿美元，比上一财年增长 29.7 亿美元。

表 14-5　　　　　　　　加拿大农业信贷公司资金来源情况　　单位：千美元、%

	2018 年		2019 年	
	余额	占比	余额	占比
短期借款	10919146	37.3	9794234	31.4
政府借款（浮动利率）	5619703		4288036	
政府借款（固定利率）	4774850		4996874	
固定收益票据	524593		509324	
中长期借款	17980195	61.5	20950075	67.3
政府借款（浮动利率）	12443337		13860914	
政府借款（固定利率）	5228107		6780921	
固定收益票据	308751		308240	
总负债	29257397		31149229	

资料来源：加拿大农业信贷公司. 加拿大农业信贷公司年报 2018—2019 [R]. 2019.

二、期限结构及利率

从中长期资金来源的期限结构看，主要集中在 1～3 年，5 年以内的资金占全部资金的 86.4%（见表 14-6）。从贷款的期限结构看，1 年以内的贷款占比 19.4%，1～5 年的贷款占比 70.6%，5 年以上贷款占比 10%，资产和负债的期限结构较为匹配。

加拿大农业信贷公司成立初期，《农场信贷法案》将其贷款利率设定为 5%，远低于盈利所需的利率水平，因此相当于提供了利息补贴给农民。到了 20 世纪 70 年代，随着公司亏损的增加，公司的贷款利率被设定为"资金成本加 1.25%"[1]。在资金成本上，企业在资本市场上筹集的资金与政府资金来源相差较大，前者基本上为后者的 2.6 倍左右。

表 14-6　　加拿大农业信贷公司中长期资金来源剩余期限结构

单位：千美元、%

剩余期限	政府资金来源		票据资金来源		合计
	金额	利率	金额	利率	
1~2 年	5301928	1.65	18730	4.32	5320658
2~3 年	6232121	1.62	289510	4.37	6521631
3~4 年	3871001	1.75			3871001
4~5 年	2432559	1.71			2432559
5 年以上	2804226	1.77			2804226
合计	20641835		308240		20950075

资料来源：加拿大农业信贷公司. 加拿大农业信贷公司年报 2018—2019 [R]. 2019.

第五节　风险防控

加拿大农业信贷公司有健全的风险管理机制和风险管理部门，资本充足率高于监管标准和自身设定的目标，有明确的资本补充机制以及较低的不良率水平。

一、风险管理架构

加拿大农业信贷公司的风险管理机构主要由董事会、风险管理委员会、审计委员会、公司治理委员会、人力资源委员会以及管理执行层等组成。

董事会负责监督公司的风险管理框架，确保风险管理与公司的战略保持一致，董事会核准公司的风险偏好以及各类风险限额。同时，董事会通过下属的四个专业委员会实现监督职能。高管执行层是执行风险管理策略的执行机构，高管执行层通过资产负债管理委员会、企业风险管理委员会、操作风险管理委员会、风险模型治理委员会、信贷政策委员会、信贷委员

---

[1]　加拿大参议院，1996 年。

会、风险投资委员会执行风险管理政策。

与其他金融机构类似，加拿大农业信贷公司也将风险管理划分为三道防线（见图14-3）。第一道防线是在风险偏好的背景下，作出贷款、投资组合，开发产品以及其他风险决策。第二道防线对第一道防线的风险偏好的决策进行监督，包括制定风险政策和标准、监控政策执行的合规性，向管理层和董事会报告风险状况，首席风险官独立向董事会风险委员会直接报告，风险部门独立于公司的运营部门。第三道防线由审计部门构成，主要是确保第一道、第二道防线的充分性和有效性，在协调保证以及建议改进现有流程的有效方法方面发挥咨询作用，确保公司风险管理规范和内部控制有效运作。

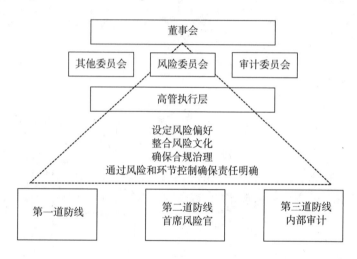

资料来源：加拿大农业信贷公司. 加拿大农业信贷公司年报2018—2019 ［R］. 2019.

图14-3 加拿大农业信贷公司风险管理架构

此外，加拿大《财务行政法案》（*Financial Administration Act*）第131节要求加拿大农业信贷公司保持财务、管理以及信息系统的良好运转，确保资产安全、人、财、物以及资源发挥效率，运转高效。第138节要求该公司至少每10年进行一次特别的检查，最近一次在2012年7月由加拿大审计长办公室开展。

二、主要风险管理

加拿大农业信贷公司具有清晰的风险管理框架（见图 14－4），将包括新兴风险在内的主要风险都囊括在内。

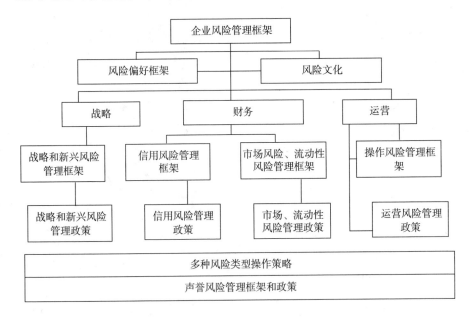

资料来源：加拿大农业信贷公司. 加拿大农业信贷公司年报 2018—2019 ［R］. 2019.

图 14－4　加拿大农业信贷公司主要风险管理框架

公司风险管理框架主要提供了企业管理风险的治理结构，用于识别、评估、控制和缓释风险，确定监视和报告风险的流程以及确定风险偏好、风险文化，董事会负责核批风险管理框架。

农业战略风险主要与外部环境、公司拓展以及实施有效的业务战略能力有关。公司高管团队每年制定公司战略，并确定公司五年发展计划，董事会负责监督，对包括全球经济、加拿大金融市场和农业在内的外部环境进行监控，确定是否需要对战略进行相应调整以应对可能出现的新风险。

财务风险包括信用风险、市场风险和流动性风险。加拿大农业信贷公司制定适用于所有财务风险类别的风险承受能力策略，每年设置风险限额，每季度向董事会报告，限额涵盖资本、收入、贷款损失、投资组合分配以及大客户风险敞口等。2017年、2018年、2019年，公司的不良贷款率分别为0.6%、0.4%和0.5%，保持了较低水平。在流动性管理方面，主要依靠加拿大国有企业借款计划进行管理，该计划确保了稳定的资金来源。此外，为防止流动性风险，加拿大农业信贷公司维持了银行信贷额度和高流动性证券的投资组合，至少可以满足预计30天的资金需求。

操作风险主要涉及内部流程、资源、系统、外部事件以及未能遵守法律法规，或者因诉讼而导致直接或间接损失的可能性。加拿大农业信贷公司通过人员、流程和系统三个方面管控操作风险。

声誉风险主要是利益相关者和其他人可能对公司形成负面看法的风险，声誉风险将会对公司客户、业务合作伙伴以及员工产生不利影响。作为联邦政府的公司，加拿大农业信贷公司对部长负责，但也要考虑到自身员工、客户、行业协会等群体。为了避免声誉风险带来的损失，公司制定了健全的治理结构，包括政策和流程，确保能够控制声誉风险事件。

三、评级及监管要求情况

（一）评级情况

根据加拿大农业信贷公司年报，公司在标普和穆迪的评级均和加拿大主权评级一致，长期信用评级均为AAA级（见表14-7）。

表14-7　　　　　　　　加拿大农业信贷公司信用评级

评级公司	加拿大农业信贷公司评级		加拿大主权评级		
	长期	短期	长期	短期	展望
穆迪	Aaa	P-1	Aaa	P-1	稳定
标普	AAA	A-1+	AAA	A-1+	稳定

资料来源：加拿大农业信贷公司. 加拿大农业信贷公司年报2018—2019［R］. 2019；Debt Management Report 2017-2018［R］. Finance Canada；2018.

（二）资本补充机制

根据加拿大《农场信贷法案》规定，公司的资本来源及补充有两条途径。一条是根据公司申请，财政部长报经加拿大总督会同行政会议批准，可以从加拿大统一收入基金（The Consolidated Revenue Fund）中支付不超过

10亿加拿大元或2.5亿美元的款项，或根据《拨款法》授权的更高总金额。另一条是从公司未分配利润中转增。

（三）相关监管指标

监管指标方面，加拿大农业信贷公司使用金融机构监管办公室（Office of the Superintendent of Financial Institutions，OSFI）发布的《资本充足要求指南》（*Capital Adequacy Requirements Guideline*）来评估总资本、最低监管资本和风险加权资产（RWA）。通过内部资本充足率评估程序（Internal Capital Adequacy Assessment Process，ICAAP），采用内部评级法和标准法来评估信用风险、市场风险和操作风险，包括进行压力测试，确定适当的目标资本充足率。目前，外部最低监管要求为10.5%，加拿大农业信贷公司自身目标资本充足率为保持最低15%，2017—2019年其实际资本充足率都在16%以上。

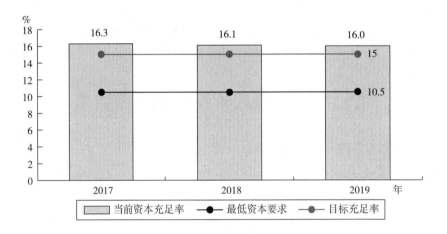

资料来源：加拿大农业信贷公司. 加拿大农业信贷公司年报2018—2019［R］. 2019.

图14-5　加拿大农业信贷公司资本充足率

此外，《农场信贷法案》规定，加拿大农业信贷公司的直接负债，含公司发行的债务以及公司提供的担保等或有负债，不得超过公司资本的12倍，2018—2019财年，公司的实际负债为自有资本的4.88倍。

第十五章 日本农业政策性
金融机构

日本与我国同属东亚地区，农业农村自然资源禀赋和历史文化颇多相似。农业经济高度发达，农业政策性金融是其金融史上的亮点。本章以日本政策性金融的发展脉络为切入点，重点研究日本农业政策性金融机构，即以"农林渔业金融公库、政策性金融公库农林渔业食品事业部"为研究对象，结合政治经济背景，分别从体系概况、发展历程、组织机构、业务运营、风险控制、监管机制、外部关系及启示借鉴等八个维度进行研究，以期对我国农业政策性银行改革发展有所借鉴。

第一节 日本政策性金融体系概览

日本政策性金融体系主要由日本央行以"两行十库"为主体的政策性金融机构、以日本农协为主体的民间合作金融机构以及其他金融机构等组成（见图 15－1），并与其独具特色的财政投融资制度密切相关。

一、日本金融体系中的政策性金融

第二次世界大战后，日本政府为振兴经济，于 1949 年建立第一家金融公库，后来几经演变，形成了当时的 2 家银行、10 家公库的政策性金融机构组织体系（见表 15－1）。其中，2 家银行为日本开发银行、日本输出入银行；10 家公库分别是国民金融公库、住宅金融公库、农林渔业金融公库、中小企业金融公库、北海道东北开发金融公库、公营企业金融公库、中小企业信用保险公库、医疗保障金融公库、环境卫生金融公库、冲绳振兴开发金融公库①。

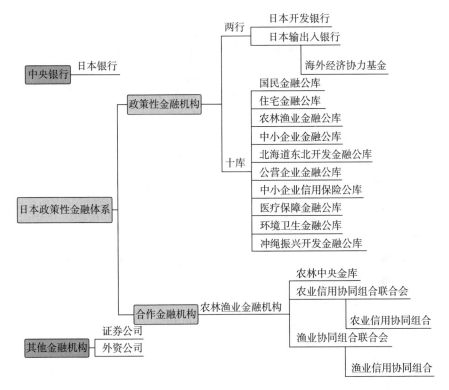

图 15 - 1　日本金融体系框架

表 15 - 1　　　　　　　　　日本金融公库成立时间

名称	成立时间	名称	成立时间
国民金融公库	1949 年	北海道东北开发金融公库	1956 年
日本输出入银行	1950 年	公营企业金融公库	1957 年
住宅金融公库	1950 年	中小企业信用保险公库	1958 年
日本开发银行	1951 年	医疗保障金融公库	1960 年
农林渔业金融公库	1953 年	环境卫生金融公库	1967 年
中小企业金融公库	1953 年	冲绳振兴开发金融公库	1972 年

资料来源：张光博. 日本国经济法卷一［M］. 长春：吉林人民出版社，1994.

---

① 日本政府在工商组合中央公库和农林中央公库也有较多投资，但由于政府的股本较低，所以一般不认为是政策性金融机构。

二、日本政策性金融改革重组

日本政策性金融体系在推动农业经济从战后恢复并快速发展中起到不可替代的重要作用，同时也由于多方面因素制约导致自身发展的问题，造成一定的负面影响。在此背景下，日本启动了对政策性金融机构的改革，主要集中在两个时点，分别是1999年和2007—2008年。

（一）合并重组改革（1999年）

1. 改革背景。运营模式自主性不足，自律性缺乏，导致经营状况不透明，经营责任不明确，运营效率相对较低，加大政府运营成本，加重国民经济负担，加上经济泡沫破灭后日本经济长期低迷，舆论普遍归因于过于强大的政策性金融体系对私营金融部门产生挤压。对此，小渊惠三内阁[①]制定《中央省厅等改革基本法》并获得国会通过，根据这项法律，对政策性金融机构进行大规模的合并重组。

2. 改革内容与过程。1999年，日本开发银行与北海道东北开发金融公库合并，成立日本政策投资银行；日本输出入银行与海外经济协力基金合并，成立日本国际协力银行；国民金融公库与环境卫生金融公库合并，成立国民生活金融公库；将中小企业信用保险公库与中小企业综合事业团合为一体。

3. 主要特点。本次改革的重点集中在政策性金融的组织机构合并上，实质性的体制改革未实现，也未充分进行部门精简和人员网点调整，政府部门小型化、高效化未取得明显进展，为第二次改革留下伏笔[②]。

（二）整合与合理化改革（2007—2008年）

1. 改革背景。根据小渊惠三内阁在执政后期制定的《行政改革大纲》，小泉纯一郎内阁[③]在执政的第一年（2001年）制定《特殊法人等改革基本法》并获得国会通过。依据这项法律，小泉纯一郎内阁进一步制订了《特

---

① 任期自1998年7月30日至2000年4月5日。

② 庆应义塾大学教授土居丈朗批评这种改革只是为了减少机关数量，而没有实质性的精兵简政，也不追究北海道东北开发金融公库等政府金融机构的不良资产责任问题。

③ 任期自2001年4月26日至2006年9月26日。

殊法人等的整合与合理化计划》，这标志着对包括农林渔业金融公库在内的政府金融机构的实质性改革。《特殊法人等的整合与合理化计划》把政府金融机构职能定位为对民间金融机构的辅助，要求追求成本最小化，以机构业务的合并与合理化为原则，对政策性金融的服务对象、规模、组织进行调整。

基于《特殊法人等的整合和合理化计划》，小泉纯一郎内阁下的经济财政咨询会议于2002年10月编制了《政策性金融根本性改革基本方针》，明确作为政策性金融服务对象的具体标准，即如何界定公益性高且风险判断困难①的领域，要求大幅度减少政策性金融机构的贷款余额。但是，鉴于当时通货紧缩问题严重，民营金融机构因需处理不良资产普遍存在惜贷现象，经济财政咨询会议于2002年12月又出台《关于政策性金融改革的若干问题》，把"2004年年末之前"作为政策性金融机构不良资产集中处置期，"2005—2007年"作为政策性金融机构改革研讨与准备期，"2008年"作为政策性金融机构改革执行期。从本质看，小泉纯一郎内阁迫于当时社会经济困难的状况，延缓了政策性金融机构改革进度。

2. 改革方针。

第一阶段：基本方针的提出。2005年2月末，政府经济财政咨询会议讨论政策性改革问题，四位来自民间的委员提出《实施政策性金融机构兼并重组提案》并获得通过。该提案认为，随着民间金融机构不良资产率下降，其金融功能得到恢复和强化；民间企业部门经营效益不断改善。基于"民间能够做的事情交给民间做"的基本原则，从2005年度起，政府开始考虑金融机构组织改革问题，并提出三条具体改革措施：（1）以2008年度实现向新体制的移行为目标，要在经济财政咨询会议上决定政策性金融机构兼并改组的基本方针；（2）经济财政咨询会议在审议过程中要听取政策性金融机构的意见；（3）开展特殊专业性问题研究，要发挥民间专业人士的作用，内阁府内要设立八家政策性金融机构改革筹备室，建立相应的工作机制。

2005年，小泉纯一郎解散国会，以邮政民营化为中心论点举行众议院选举。小泉纯一郎为总裁、主张邮政民营化的自民党取得选举胜利，政策

---

① 国外政策性银行商业化改革的经验及其借鉴 ［EB/OL］. http：//www.xzbu.com/，2017.

性金融改革成为继邮政民营化之后的重要课题。经济财政咨询会议在听取有关人员意见和充分讨论的基础上，于 2005 年 11 月制定《政策性金融改革的基本方针》。

第二阶段：政策性金融改革基本方针及主要内容。基本方针主要由基本原则、政策性金融职能分类、新组织形式、向新组织的移行安排和相关法案的提出、其他注意事项五个部分组成。

第一部分为基本原则。政策性金融业务限于以下方面：（1）对中小微型企业和个人的资金支持；（2）国策上重要的海外资源采购和为确保国际竞争力不可或缺的金融支持；（3）对发展中国家的日元借款。退出除以上三项之外的业务领域。为实现建设"小政府"目标，政策性金融规模减半，不增加新的财政负担。追求高效率的政策性金融经营管理，在整合集约化后的新机构实行组织结构简单化、业务运营高效化。

第二部分为政策性金融职能分类。把现行的政策性金融职能分成三类：（1）可以从政策性金融领域退出的部分；（2）作为政策性金融需要继续保留的部分；（3）当前有需要、将来要退出的部分。其中与农林渔业金融公库相关的内容包括：保留资本市场无法替代的对农林水产业的超长期低利息融资功能；食品产业贷款退出对大型和较大型企业贷款，保留对中小型企业十年以上的贷款。

第三部分为新组织形式。农林渔业金融公库与国民生活金融公库、中小企业金融公库、冲绳振兴开发金融公库、国际协力银行五个机构合并。其他政策性金融机构或是民营化或是废除。

第四部分为向新组织的移行安排和相关法案的提出。由内阁主导开展政策性金融改革，设立政策金融改革推进本部，由内阁总理任本部长。内阁官方行政改革推进事业局作为政策性金融改革推进本部的办事机构，由行政改革主管大臣具体负责。

第五部分为其他注意事项。包括在重组和民营化过程中要对资产负债进行严密的评估，避免对现有接受政策性金融的借款人和政策性金融机构债券持有者造成不利影响等。

第三阶段：改革过程。2007 年将住宅金融公库与住宅融资保证协会合并，成立住宅金融支援机构。2008 年将公营企业金融公库撤销；将国际协力银行与国民生活金融公库、农林渔业金融公库、中小企业金融公库、冲绳振兴开发金融公库合并，成立日本政策性金融公库[①]；启动日本政策投资银行和工商组合中央金库的私有化，于 2015 年彻底实现两家机构的私有化（见图 15 - 2）。

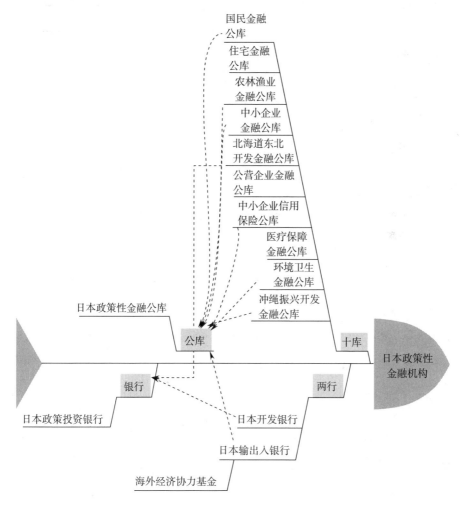

图 15 - 2　日本政策性金融机构发展脉络

---

① 其中冲绳振兴开发金融公库在冲绳振兴计划结束后再行并入。

（三）主要特点

立法先行，重要保障。以国际视角看，日本政策性金融体系相比其他国家较为完备，纵观其撤销与合并过程，每一个机构、每一次改革都有专门立法，即一行一法、一事一法，确保有法可依，发挥重要的规范保障作用，促进政策性金融机构可持续发展。

官退民进①原则。基于"民间能够做的事情交给民间做"的原则，重新界定政策性金融职能，保留其低成本融资、可得性较高的职能；界定公益性高且风险判断困难的领域。

政策性金融的"需求跟随性"发展特征。政策性金融在日本政府的主导下，根据国家不同时期经济社会发展的需要，提出相应的支持领域、支持重点与支持策略；经过本次改革，日本政府将政策性金融的定位，由最初的主导型地位转变为辅助功能，弥补日本农村合作金融的不足。

三、财政投融资制度

研究日本的政策性金融机构，绕不开日本"财政投融资制度"，本质上政策性金融机构是财政投融资制度的一个重要组成部分。

财政投融资（以下简称财投），按日本政府和经济学界比较通行的定义，是指日本"政府通过以国家制度、国家信用筹集的具有公共性质的资金为原资，为实现一定的政策目标而进行的投融资活动，是一种金融性的政策工具"②。

（一）财投资金来源与运用

财投资金来源主要有四部分：其一，资金运用部资金。资金运用部是日本大藏省机构之一，负责管理和运用部分政府资金。资金运用部资金约占财投资金的80%，而邮政储蓄资金又占资金运用部资金的一半多，故有"财政投融资＝资金运用部资金＝邮政储蓄资金"之说。资金运用部资金主要包括大部分邮政储蓄资金、少部分养老金资金、其他资金以及资金运用

---

① 白钦先1989年在《比较银行学》一书中提出。
② 白钦先，曲昭光. 各国政策性金融机构比较 [M]. 北京：中国金融出版社，1993.

部的利息收入。其二，简易保险资金。其三，产业投资特别会计资金。其四，政府保证债和政府保证借款。

财投资金运用，从财投资金的分配和财投资金支持领域两个方面分析。一方面是财投资金的分配，主要涉及四个层面：（1）对国家分配的资金；（2）对地方政府分配的资金；（3）对特殊法人分配的资金；（4）对政策性金融机构分配的资金，其中政策性金融机构主要包括前文提到的"两行十库"。另一方面是财投资金支持领域，涉及三大类12个领域，三大类分别是：（1）与提高国民生活质量直接相关领域的投资贷款；（2）基础设施投资贷款；（3）产业技术开发与对外贸易合作类贷款（见图15-3）。其特点是体现日本政府在不同时期的政府目标和经济发展的不同状况。

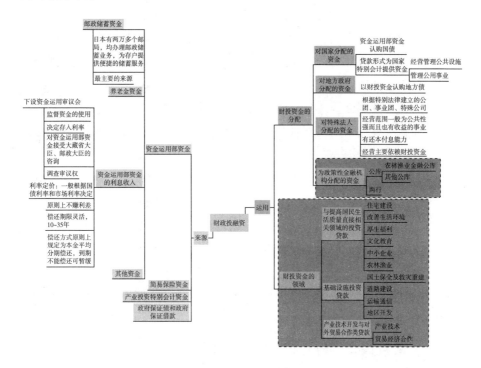

图 15 - 3 日本投融资制度资金来源与运用

（二）财投资金的性质及特点

总体来看，财投资金的本质属性是有偿性和政策性，或者说是财政性、金融性和政策性。财投资金是日本政府在一般财政资金的范围之外，以国家制度和国家信用集中并以有偿方式加以运用的特殊形式的"财政资金"。这种特殊性表现在：作为以国家信用方式取得的资金，财投资金与国债有相似之处；作为以有偿方式运用的资金，财投资金与一般银行资金也有相似之处；而作为由财政部门统一掌管的资金，又与一般财政预算资金有相似之处。

但是，财投资金又不同于这些资金。其特点是：（1）与国债相比，财投资金具有独立性特点。与国债不同，财投资金独立于一般财政预算，以国家制度、国家信用集中，有偿使用，形成自身独立的资金运动，既可弥补一般财政预算资金的缺口，扩大整个财政收支规模，又不会导致税负的增加，也不会影响一般预算资金的正常活动。（2）与一般银行资金相比，财投资金又具有公共性和政策性特性。财投资金作为政府掌握的特殊信贷资金，明确体现政府意图，为政府的宏观调控服务。在贷款对象选择上强调公共性，在贷款条件决定上强调政策性。整个财投资金原则上无存贷利差，有的甚至利率倒挂，实行"特别贷款利率"，由政府贴息。（3）与一般预算资金相比，财投资金呈现有偿性和灵活性特点。财投资金收支均是有偿的，与预算资金具有完全不同的性质。上述特点决定了财投资金在弥补一般预算资金的不足、增加公共投资、充实社会资本，扶持重点产业、新兴产业和落后产业，控制总需求等方面具有一种一般财政资金、国债和一般银行资金所没有的特殊作用。

第二节　日本农业政策性金融发展历程

日本政策性金融改革发展过程中，农业政策性金融大致经历以下三个阶段。

一、战后恢复①阶段（1945—1952 年）

这一阶段主要指第二次世界大战后到日本农林渔业金融公库成立之前。作为战败国，日本在第二次世界大战期间消耗巨大，人口锐减，百业待兴，

---

① 生野重夫. 现代日本经济历程［M］. 朱邵文等译. 北京：中国金融出版社，1993.

政府着手将经济恢复到战前水平，这一时期又称为战后恢复时期。这一时期，执行农业政策性金融职能的银行有：（1）专门机构为日本劝业银行、农工银行；（2）兼营机构为北海道拓殖银行；（3）辅助功能机构为日本储蓄银行、信托公司、保险公司、农林中央金库等民间合作社①。第二次世界大战后，作为主要战败国，日本农村经济发展的急迫性越发明显，已有农村金融机构支农效应不足、粮食短缺问题亟待解决。

二、日本农林渔业金融公库阶段（1953—2008 年）

粮食短缺是当时日本农业乃至整个国民经济的首要问题，为实现提高农业产量、增加粮食供应的目标，日本政府于 1953 年全额出资设立农林渔业金融公库。该公库发展历程大致可分为四个阶段（见图 15 - 4）。

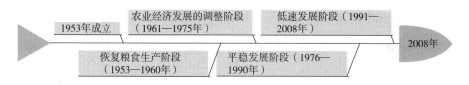

图 15 - 4　日本农林渔业金融公库发展阶段

（一）恢复粮食生产阶段（1953—1960 年）

当时，日本面临严重的外汇短缺问题，在粮食进口受阻、国内粮食又无法满足需求的情况下，成立农林渔业金融公库的主要任务，首先是集中国家金融资源，为增加粮食生产、实施土地改良和维持生产力发展等提供必要的资金支持，加快解决国内粮食短缺问题。

（二）农业经济发展的调整阶段（1961—1975 年）

这一时期，经济的高速发展拉大了农业与其他产业的差距，农业生产者的生活水平明显落后于其他产业的从业者，社会公平问题开始引起日本当局的关注。1961 年日本颁布《农业基本法》，该法作为日本农业

① 日本银行联合会.日本的银行体系［M］.黄强等，译.西安：陕西出版社，1993；［日］东乡重兴，［日］川原义仁主编.日本银行 历史·职能·货币政策［M］.安四洋，赵险峰，译.北京：中国物价出版社，1993：177.

领域的基本法律制度，其目标在于推进农业现代化、合理化发展，提升农业生产者生活水平，缩小农业发展、农业生产者生活水平与其他产业及其从业者生活水平的差距。《农业基本法》明确了政策性金融对支持农业发展的重要性，推动了日本农业经济的快速发展，农产品产量大幅度提升。

（三）平稳发展阶段（1976—1990 年）

20 世纪 70 年代末期，日本国内农产品的供求关系发生逆转，主要农产品出现供大于求的情况。在此情况下，日本农业经济开启重大调整，逐步由原来的内向型经济模式转向外向型经济模式，支持本国农产品生产和加工业、提高国际竞争力成为日本农林渔业金融公库的重要职责。

（四）低速发展阶段（1991—2008 年）

20 世纪 90 年代，日本经济泡沫破裂，经济发展进入调整期。农业经济受到宏观经济发展及国际农业竞争的影响，也出现了持续的低迷，社会问题日渐滋生。为扭转农业经济衰退的情势，日本政府于 1999 年颁布《粮食农业农村基本法》取代 1961 年制定的《农业基本法》。《粮食农业农村基本法》将增加国内农业生产作为日本基本的农业政策，强调政府在粮食、农业、农村发展问题中的职责，要求政府通过法律制度创新、财政以及金融等方面为农业经济发展提供政策支持。为具体落实《粮食农业农村基本法》，日本政府在 2000 年出台《粮食农业农村基本规划》，将农村政策性金融纳入基本规划框架内，此后分别在 2005 年和 2008 年两次对该规划进行修改，逐步明确该公库（日本政策性金融公库农林渔业食品事业部）在农业经济发展中的地位和任务，包括农林渔业金融公库在内的政策性金融机构的实质性改革，并将政策性金融机构定位为民间金融机构的辅助和补充。

三、日本政策性金融公库农林渔业食品事业部阶段（2008 年至今）

2008 年以后，日本农林渔业金融公库以政策性金融公库农林渔业食品事业部的形式，继续履行农业政策性金融职能。为保持连续性，我们按时间序列形式简要呈现日本政策性金融公库的发展沿革（见图 15 - 5）。

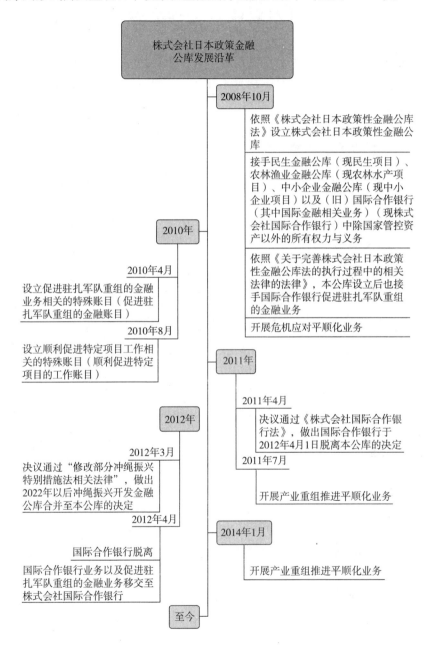

图 15 - 5 株式会社日本政策性金融公库发展沿革

第三节　日本农业政策性金融机构概况

从农业政策性银行的研究视角看，日本农业政策性金融机构，主要由日本农林渔业金融公库和后来的日本政策性金融公库（农林渔业食品事业部）组成①。

一、农林渔业金融公库

农林渔业金融公库，现为日本政策性金融公库农林渔业食品事业部（Agriculture, Forestry, Fisheries and Food Business Unit, AFFFU, ノウリン ギョギョウ キンユウ コウコ）。日本政府从 1952 年制定《农林渔业金融公库法》，1953 年全额出资设立农林渔业金融公库，到 2008 年该机构与其他 3 家政策性银行合并成立日本政策性金融公库为止，该公库作为保护和支持农林渔业发展的专业政策性金融机构走过 55 年发展历程，为日本农业政策的实施和农林渔业的发展作出巨大贡献。

（一）公司治理②

日本《农林渔业金融公库法》以法律的形式界定公库的公司治理结构。

公库负责人设总裁 1 人、副总裁 1 人、理事 5 人以内及监事 2 人以内。总裁代表公库，总理其业务。副总裁依总裁的规定，代表公库，协助总裁管理公库业务，总裁因故不能执行职务时，代理其职务，总裁空缺时，执行其职务。理事依总裁的规定，代表公库，协助总裁及副总裁管理公库业务，总裁及副总裁因故不能执行职务时，代理其职务，总裁及副总裁空缺时，执行其职务。监事监察公库的业务。监事根据监察结果，在认为有必要时，可向总裁或主管大臣提出建议意见。总裁及监事经内阁同意后，由主管大臣任命。副总裁及理事经主管大臣同意后，由总裁任命。总裁、副总裁、理事及监事的任期为四年。总裁、副总裁、理事及监事可以连任。总裁、副总裁、理事或监事空缺时，必须及时任命补缺负责人。补缺负责

---

① 两个机构本质是同一家机构的历史传承，不同发展阶段的称谓不同而已。
② 本部分资料根据《农林渔业金融公库法》整理。

人的任期，为前任者的剩余任期。政府或地方公共团体的职员（非专职者除外）不能担任总裁、副总裁、理事或监事。总裁、副总裁、理事及监事不得担任以营利为目的的团体的负责人或者亲自从事营利事业。

对于公库与总裁、副总裁及理事之间利益相悖的事项，上述人无代表权。在此种场合，由监事代表公库。总裁、副总裁及理事可从公库职员中，选任对从属事务所的业务具有诉讼上或诉讼外一切行为权限的代理人。

公库的职员由总裁任命。公库的负责人及职员，在刑法（明治四十年法第四十五号）及其他罚则的适用上，视为依法令从事公务的职员。公库在制定或变更负责人及职员的退职津贴支付标准时，须预先取得主管大臣的同意。公库实行"一级法人、两级（本店及支店）[①] 管理"的运营模式，省（县）级以下的业务由以农林中央金库为核心的 200 多家金融机构委托代理。

日本政府部门的行政干预比较明显，公库内部缺乏有效的制衡约束机制，同时未建立基于市场化运作的风险评价与控制体系，导致运行效率较低，经营情况不断恶化，给财政造成较大负担。据统计，2000—2004 年，日本中央财政为农林渔业金融公库注资 2922 亿日元填补赤字[②]。

（二）政策职能

《农林渔业金融公库法》规定农林渔业金融公库以向农林渔业者提供维持和提高农林渔业生产力所必需，而农林中央金库和其他一般金融机构提供有困难的长期低利息资金为目的，并对贷款用途作了具体明确规定。

该公库的主要职能在 55 年的发展历程中基本没有发生变化，即按照日本有关《农林渔业金融公库法》《农业基本法》的规定，为农林渔业者维持并发展农林渔业生产力提供所需要的长期低利资金，对其他农村金融机构难以融通的部分资金提供融通便利。为了改善、补救农林渔业受自然、经济和社会制约的不利，缩小农业与其他产业生产率的差距，为日本国民经济的成长、发展及社会生活的进步而服务。

---

① 类似于我国的总行与分行（支行）体制。侯鹏，赵翠萍，余燕．如何用好政策性农村金融——以日本农林渔业金融公库为例［J］．世界农业，2016（12）：111－115．

② 杨爽．日本政策性金融体系发展改革的经验、教训及启示［J］．北方经济，2013（4）：62－63．

（三）资金来源

该公库成立之初，其运营资金主要来自日本财政投融资借款和日本邮政储蓄资金，这些资金通过大藏省①资金运用部门分配给政策性金融机构。由于政策性金融机构不吸收公众存款，而由其他储蓄机构吸收再转移或借贷给其有偿使用。伴随日本邮政储蓄机构的改革及农业生产资金需求量的日益增大，原有的资金来源渠道单一、数量偏少等弊端逐渐显现。从 2001 年开始，该公库尝试由政府提供担保，以财政投融资借款、发行债券等方式筹集运营资金，其筹资方式分为财政借款、发行政府担保债和信托资金三种，占比分别为 89.41%、9.42% 和 1.17%。2008 年并入日本金融公库后，农林渔业食品事业部的资本金由政府全额出资，出资额 3990 亿日元。

其资金来源逐渐走向多元化、社会化和市场化，从而确保农业政策性资金投放及时准确地服务农业发展和落实国家农业产业发展政策，减轻了日本财政系统拨付支农资金的压力，同时为社会闲散资金提供了长期投资的新渠道。

二、日本政策性金融公库农林渔业食品事业部

按照《株式会社日本政策性金融公库法》规定，2008 年 10 月 1 日，农林渔业金融公库与其他 3 家政策性金融机构合并，成立了"株式会社日本政策性金融公库"②。该机构资本金 41249 亿日元，计提准备金 18879 亿日元；总人数 7364 人；总行 1 家，设在东京都千代田区大手町 1 - 9 - 4 大手町金融城北方大厦，总裁田中一穗；分行 152 家，海外派出机构 2 家。截至 2017 年末，该机构贷款余额 180290 亿日元，其中农林渔业贷款余额 29457 亿日元③。

（一）组织架构

该机构从透明性、公正性、迅速性三个方面着手构建新管理格局，整合原有各个金融公库的管理架构，提高决策机制，发挥政策性金融整体协同效应。法律规定，政府可以一直持有已发行的全部股票。

---

① 在 2001 年日本中央政府机构改革中，大藏省改为财务省，原来大藏省对金融机构的监管职能全部移交给金融厅，仅保留对存款保险机构的协作监管权力。

② 数据截至 2018 年 3 月 31 日，来源于该机构 2018 年年报（https：//www.jfc.go.jp/）。

③ 资料来源于该公司官网（https：//www.jfc.go.jp/）。

主要特征：接受外部评价与审查（评价与审查委员会）以及内外部监察（内部监察部、监理会、会计监察人）的组织构架。此外，董事会授权总裁，逐步实现快速决策，重要事项由总裁决定审议会等会议审议，通过以上举措来确保透明性、公正性（组织架构见图 15 –6）。

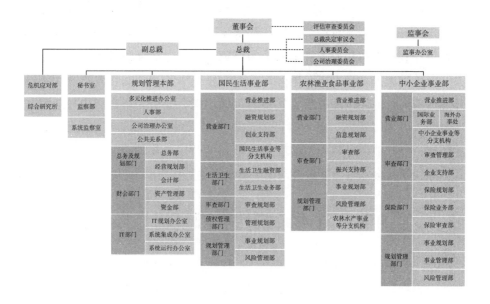

资料来源：日本政策性金融公库官方网站（https：//www. jfc. go. jp/n/company/pdf/sosikizu. pdf）。

图 15 –6 株式会社日本政策性金融公库组织架构

日本政策性金融公库的董事会由低于 18 名的董事构成，其中 2 名为公司外部董事。原则上，董事会每月召开一次，除决定业务推进相关的重要事项外，董事还需定期汇报职责履行情况。日本政策性金融公库的监理会由 4 名监事组成，其中 3 名为公司外部监事。监事需要按照监理会制定的监察基本方针及监察计划，出席董事会及其他重要会议，阅读重要文件，定期与其他监事①会面等，以此来监察董事的职责履行状况。

日本政策性金融公库下设农林渔业食品事业部、中小企业事业部、国民生活事业部、规划管理本部四个业务本部，农林渔业食品事业部继承原

———————

① 资料来源于《日本政策性金融公库法》。

农林渔业金融公库的业务①，中小企业事业部和国民生活事业部分别继承原中小企业金融公库和国民生活金融公库的业务。

（二）职能转变

《株式会社日本政策性金融公库法》第一条规定："日本政策性金融公库以发挥对一般金融机构的补充作用为宗旨，以增强满足一般国民、中小企业者和农林水产从业者资金需求的金融功能，促进海外重要资源开发和采购，巩固和提高日本产业国际竞争力，履行以防止全球性温室化等地球环境保护为目的促进海外事业发展的金融职能，开展为应对国内外金融秩序混乱或大规模灾害、恐怖事件或传染病带来的危害所必要的金融活动，并使银行和其他金融机构也能够迅速顺利地开展必要的金融活动，为日本和国际经济社会的健康发展及国民生活水平提高作贡献为目的。"

第四节　日本政策性金融机构信贷业务

结合农业政策性金融发展历程、机构概况，本节分别从农林渔业金融公库（1953—2008 年）和日本政策性金融公库农林渔业食品事业部（2008 年至今）两个时期分析介绍其信贷业务。

一、农林渔业金融公库时期

（一）业务概况

该公库的业务主要是对农林渔业者（包括畜产、养蚕、盐业）发放低利贷款。在 55 年发展历程中，其所提供的政策性信贷产品种类约 20 种，按资金用途归类可大致划分为土地改良资金、农地等购入资金、个体使用经营设施资金、共同使用设施资金四大类。按其发展阶段，每个阶段业务投向的领域呈现政策性的特征，分别是：（1）恢复粮食生产阶段（1953—

---

① 2008 年以后业务变化：农林渔业金融公库作为日本政策性金融公库的农林渔业食品事业部，其业务有了部分调整，保留资本市场无法替代的对农林水产业的超长期低利息融资业务；食品产业贷款退出对大型和较大型企业贷款，保留对中小型企业十年以上的贷款。

1960 年），信贷资金主要投向农地开垦、改良和灌溉设施建设等农业生产领域；（2）农业经济发展的调整阶段（1961—1975 年），支持重点和业务范围有了较大的改变，扩大到与农业生产和农村生活直接相关的农业机械、流动设施等项目上；（3）平稳发展阶段（1976—1990 年），支持重点转向农产品加工和贸易流通领域，并积极通过农业信贷支持来培养、提升日本的农业竞争力；（4）低速发展阶段（1991—2008 年），业务重点转移到扶持核心农户、稳定农业经营、确保食品供给、强化农业基础设施建设、提高农业综合产出率、提高农业人口收入等方面。

贷款方式。分两个时间段：（1）业务开展之初，采用间接贷款方式，全部委托其他金融机构办理；（2）1958 年以后，直接和间接贷款相结合，一部分贷款开始由该公库直接贷出，但大部分委托农林中央金库、地方银行和信用农业协同组合联合会贷出。

贷款期限。一般为 10 ~ 30 年，贷款宽限期为 3 ~ 20 年[①]。

贷款利率。根据贷款种类和用途不同，一般比民间金融机构贷款利率低 1 ~ 5 个百分点[②]。

业务特点。该公库的信贷业务开展呈现以下政策性金融特点：（1）接受政府管理和监督。与营利性的民间金融机构的经营计划不同，公库的贷款计划反映政府农业政策调控目标，业务须经国会审议批准，且收到政府相关部门通知后才能执行。在执行过程中，按季度向主管大臣报告计划执行情况，贷款用途、借款人条件、利率、还款期限和方式等业务管理办法须经主管大臣批准。（2）公库的贷款属于政府总体预算框架中的一部分，以上一年度计划为基数，乘以一定的比例形成，与上年实际执行情况无直接关系。因此，公库的贷款计划变动曲线呈平滑上升或下降态势，但计划总额中的各个组成部分因政策重点调整有增有减。（3）公库的土地改良资金贷款具有无偿性财政补助有偿化的特点。该公库土地改良资金贷款的出发点是为了弥补"公共事业费（补助金）"的不足，在民间金融机构尚未对土地改良提供贷款支持的情况下，公库的土地改良资金贷款就已经开始实施。

---

① 根据《日本农林渔业公库法》整理。
② 同注①。

（二）信贷资金运用分析

该公库的政策性贷款计划数在设立后的前25年快速增长，1982年达到最高峰，此后逐渐减少。实际贷款发放总额于1980年达到高峰后开始逐步下降，其中农业贷款金额在1979年就开始减少贷款计划的执行率，1980年以后维持在80%左右，1993年开始进一步下降（见图15-7），这反映出在经济高速增长时期，农业投资同步快速增长，当经济进入稳定增长期，加上农产品进口开放程度的提高，农产品市场逐渐由供不应求转向供过于求，农业投资因此减少。农林渔业金融公库的不良贷款率在2002—2007年的6年时间内，最低在2004年达到9.3%，最高在2007年达到23.72%。

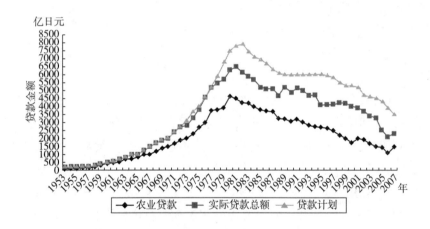

资料来源：温信祥. 日本农村金融及其启示 [M]. 北京：经济科学出版社，2013：14。采用其数据的考虑是：作者当时驻日本工作，博士后在读，方便采用一手资料，数据可信。

图15-7　农林渔业金融公库业务开展趋势图

二、日本政策性金融公库农林渔业食品事业部时期

2008年农林渔业金融公库归入政策性金融公库后，成为农林渔业食品事业部。在继承农林渔业金融公库已有业务的基础上，结合日本农林渔业的资源禀赋以及投资回收期较长的特征，在确保安全、优质食品稳定供应的同时，考虑自然天气影响导致农业收入的不稳定性，该部门按照日本

政府对各领域法律政策规定，通过向日本的农业、林业和渔业企业以及食品行业提供贷款等方式，供应长期资金，推进行业发展①。从图 15-8 可以看出，该部门 2018 年贷款规模达 5583 亿日元，近五年呈现逐渐增长的态势。

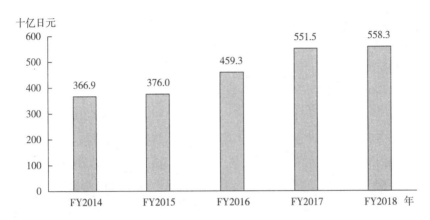

注：书中所有年份前的 FY 均指财政年度。

资料来源：该公库 2019 年年报（https：//www.jfc.go.jp/）。

图 15-8　农林渔业食品事业部贷款情况

从贷款期限看，2018 年末，该部门贷款平均期限 12.9 年，期限在 5 年内贷款占全部贷款的比重（以下简称占比）为 21.1%，5~10 年贷款占比 12.8%，10~15 年贷款占比 36.6%，15~20 年贷款占比 15.4%，20 年以上贷款占比 14.1%。期限呈现 5 年为周期分布（见图 15-9）。

图 15-9　农林渔业食品事业部 2018 年末贷款期限分析

从贷款分类看，该部门 2018 年末贷款余额 5583 亿日元，其中食品加工行业贷款余额 938 亿日元，占比 16.8%；渔业贷款余额 254 亿日元，占比

---

① 资料来源于该公库 2019 年年报（https：//www.jfc.go.jp/）。

4.5%；林业贷款余额163亿日元，占比2.9%；农业贷款余额4226亿日元，占比75.8%。农业贷款又包括超级贷款和其他贷款：超级贷款（SUPER L)① 资金3310亿日元，占比59.3%；其他贷款918亿日元，占比16.5%（见图15－10）。

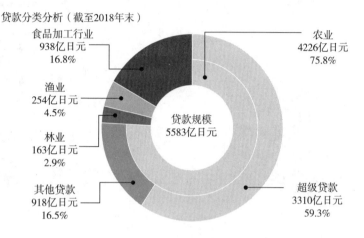

图15－10　农林渔业食品事业部2018年贷款分类

在继承农林渔业金融公库时期业务的基础上，按照日本政策的规定，该部门从业务范围的深度和广度上进行不同程度的拓展②，我们从农业、林业、渔业、食品加工流通、灾后安全援助、六次产业发展、支持新农民和新农业经济实体、推进民间金融对农林渔业支持八个领域进行简要介绍③。

1. 农业领域④。根据《粮食、农业和农村基本法》和《粮食基本计划》有关政策提供贷款。目标是通过提供长期资金支持，提高优质客户管理的积极性和创造性。贷款平均期限为13年。

建立超级贷款项目提供长期融资。支持对象为从事水稻、园艺、禽畜养殖的附加值较高的企业，大规模家族经营，新增务农企业等，用于扩大

---

① 超级贷款资金是该部门长期融资计划的名称。该部门为支持贷款质量较高的客户，提高经营水平，提供长期融资的项目。

② 本文的研究范围为农业政策性金融，故该机构其他事业部暂且略去。

③ 业务资料来源于该公司日文年报（https：//www. jfc. go. jp/）。

④ 资料来源于该公司年报（https：//www. jfc. go. jp/）。

规模、降低成本和"六次产业"① 类项目。2018 年度，该部门通过超级贷款项目，支持 6952 家企业，贷款规模达 3310 亿日元。从近三年情况看，贷款规模呈小幅递增态势，客户规模比较稳定，平均 6837 家（见图 15－11）。

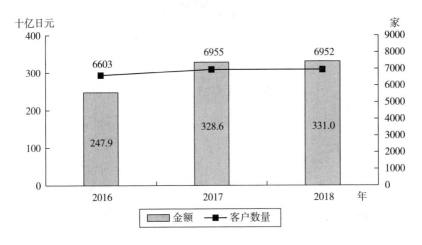

图 15－11　农林渔业食品事业部 2018 年超级贷款项目情况

2. 林业领域。根据《粮食、农业和农村基本法》有关森林和林业的政策提供贷款，目标是援助具有多样化功能的森林和国产木材的供给、加工体制的完善。该类贷款期限较长，一般为 50 年左右，提供时间一般在伐木之前。2018 年，林业贷款平均期限 42.1 年，20 年以内占比 16.7%，20～30 年占比 22.5%，30～40 年占比 41.7%，40～50 年占比 15.8%；超过 50 年期限占比 0.3%（见图 15－12）。提供超长时间的贷款，符合林业资源禀赋特征，体现了日本政府对林业可持续发展的支持。

————————

① "六次产业"是在 20 世纪 90 年代，东京大学名誉教授、农协综合研究所所长今村奈良臣针对日本农业发展的窘境首先提出的一个概念，意思是将农业、水产业等第一产业扩展至食品加工（第二产业）、流通销售（第三产业）等方面，即通过传统农业向第二、第三产业延伸，发展六次产业，就是要通过传统农业向第二、第三产业延伸，追求农产品的高附加值，进而增加农民收入。因为将一、二、三相加或相乘都是六，所以有了"六次产业"的说法。新的产业中，农民不仅可以从事农林水产等第一产业，还可以进入食品加工等第二产业以及流通、销售等第三产业，从而获得加工收入和流通利润等高附加值。六次产业的形态非常丰富，如农产品的品牌化、直销店、饭馆、观光农业等。发展六次产业的根本目的是振兴农业、农村，改变农业发展前景，所以要坚持以农业为主体，第二、第三产业附着其上，相互融合，从而使得原本作为第一产业的农业成为综合产业，形成农产品生产、加工、销售、服务、观光等的一体化。

林业贷款期限分析（截至2018年末）　　　　　　　贷款平均年限43.4年

注：数据摘自日本政策性金融公库2018年年报，2018年合计比例为97%，2016年、2017年均为100%。

图15-12　农林渔业食品事业部2018年林业贷款期限分析

3. 渔业领域。根据《渔业基本法案》有关政策提供贷款，目标是为确保建立海产品稳定供应和海洋资源可持续利用的保障机制提供援助。

贷款以渔业优质客户为主要援助对象，建立一种综合性援助渔业优质客户经营改善的融资制度。2007年以后，通过积极参与策划增长计划（GPRO）①，融资额不断增长。2018年，投入大型渔船改造项目，支持贷款达196亿日元。

4. 食品加工流通领域。通过向国内农林水产品的食品加工和分销行业提供贷款，援助原材料的稳定供应及提高附加价值，从而促进向食品加工和分销行业提供原料或产品的国内农林渔业生产的发展。从2018年度的融资情况看，未来5年，日本国内农林水产品交易量将增加约27万吨以上。特别是山区振兴贷款和完善食品流通体系贷款，把增加国产农林水产品贸易量作为融资支持的重中之重，旨在促进农业、林业和渔业部门与食品行业之间的合作（食品生产制造合作项目机构、食品生产销售合作项目机构），推动农林渔业和食品产业的合作发展。

5. 灾后安全援助领域。在发生灾害导致所辖客户经营条件遇到损失时，该部门以长期营运资本贷款的形式，为农业、林业和渔业经营者提供动态资金支持，作为应对地震、台风、海啸等自然灾害等短期危机的安全援助。为了应对2018年7月特大暴雨事件和2018年北海道东部地震，该部门建立专门咨询部，特别在受影响地区和其他地区设立分支机构，提供及时、详细的融资和咨询服务，支持中小微企业及农业、林业、渔业企业。2018年7

---

① 日本政府于2007财年推出，旨在促进渔业企业与当地社区之间的合作，推动从鱼类捕捞到产品运输整个生产结构的改革，以提高盈利能力。农林渔业食品事业部不仅为建造和购买渔船提供贷款，而且积极参与与当地社区的联合项目，以提高渔船的利润。

月，针对特大暴雨事件，该部门设立中小微企业专项贷款，并开始采取降低农林渔业灾害融资利息等专项措施，通过政策性支持减少受灾地区所辖中小微企业的损失。2018 年 7 月 6 日至 2019 年 3 月 2 日，该部门累计支持 11 个受灾县的中小微受灾企业，累计发放贷款 1742 笔，累计发放金额 179 亿日元[①]。

该部门分别对农业、林业、渔业投入灾后安全援助贷款，2018 年额度为 84 亿日元，支持 919 家企业。从近三年的数据看，2016 年支持企业数量较多，达到 1938 家（见图 15 - 13）。农业类企业受自然灾害影响较多，与日本地形地貌、资源禀赋结构特征、自然灾害易发有关。

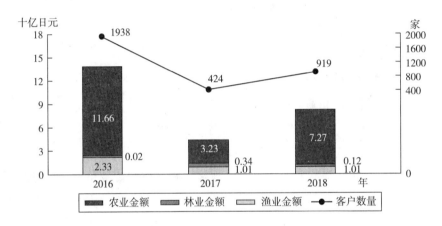

图 15 - 13　农林渔业食品事业部 2018 年灾后安全援助贷款分析

6. "六次产业"发展领域。该部门通过各种融资项目提供信贷支持和信息服务，援助发展"六次产业"，并推动农林渔业经营者和国内食品加工企业的出口产品融合，推进国内农产品加工行业面向海外销售。

支持领域涉及农业、林业、渔业、食品加工业等，从 2018 年的数据看，为实现"六次产业"融合，推动价值链上下游企业合作，支持客户 1832 家，贷款规模 1558 亿日元，从三年数据看，呈现递增的趋势。2018 年，支持相关出口企业 223 家，贷款规模 394 亿日元（见图 15 - 14）。

---

① 资料来源于该公司官网年报（https：//www.jfc.go.jp/）。

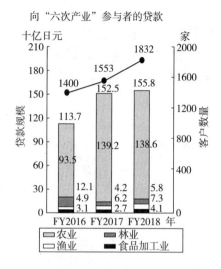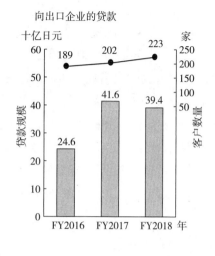

图 15 – 14　农林渔业食品事业部 2018 年"六次产业"贷款分析

7. 支持新农民和新农业经济实体领域。建立青年就业基金，支持新农民[①]、新农业经济实体，提供各种融资计划。2018 年，支持新农业经济实体2418 家，比上年增长 108%，贷款 731 亿日元。

8. 推进民间金融对农林渔业支持领域。通过提供农业信用风险评价信息（ACRIS）、出资及证券化援助业务等方法，完善民间金融机构参与农林渔业领域融资格局。该部门于 2004 年 4 月与以鹿儿岛银行为首的 412 家民间金融机构签订"业务合作协作纪要"，为民间金融机构介入农林渔业领域提供帮助。截至 2018 年 3 月底，日本政策性金融公库和 13 家民间金融机构联合出资 109.3 亿日元，共同援助日本农业法人，支持日本农业可持续发展，其中，日本政策性金融公库出资 53.9 亿日元，占比 49.31%。

第五节　日本政策性金融机构风险防控

本节从国家和金融机构两个层面展开分析，其中金融机构层面按照发展阶段，分别从农林渔业金融公库（1953—2008 年）和农林渔业食品事业

---

① 政府从 2014 年开始制订"新农计划"，经日本市政府认证的从事新型农业经营的青年新农民，通过青年就业基金的形式申请新农民贷款。

部（2008 年至今）两个时期展开分析。

一、国家层面：多重制度防范

第一，法律制度。前文已述，日本有比较完善的关于农业金融的法律体系，公库经营活动必须遵守《农林渔业金融公库法》《农业基本法》《粮食、农业和农村基本法》《特殊法人等改革基本法》《特殊法人等的整合与合理化计划》《政策金融改革基本方针》《株式会社日本政策性金融公库法》等涉及农业政策性金融的专项金融法律、法规。这些法律法规详细规定了农业政策性金融机构的经营范围、权限等，使其经营活动真正有法可依，且在国家经济发展过程中及时调整，在日本农村经济发展不同阶段发挥了重要的保障作用。

第二，土地监价制度①。作为农业发展的基础，土地使用和所有权的稳定是农村金融发展的前提所在。针对土地投机问题，日本制定并形成了地价公示制度、土地交易规制制度、土地利用计划制度、土地租税制度、土地登记制度等各种法律制度。地价高涨（或有可能高涨）且投机交易集中的地区，可由都道府县知事指定为"限制区域"，"限制区域"内的土地交易全部纳入"许可制"范围，每一项土地买卖都必须得到许可，否则土地交易不能成立。② 因此，即使土地所有人拟以高价出售土地，如果审查不能通过，也将不能达成交易，以达到冻结地价的效果，进而防止土地投机造成土地数量变动，危害农业的发展，进而对相关涉农信贷活动造成不良影响。

第三，从委托贷款角度分析农协的制度保障。农协是日本农村金融的主导，也是公库委托贷款的对象。为保障农协的发展，政府建立了一系列重要制度③：（1）存款保险制度。这种保险制度只对农协的存款者进行保险，农户只要在农协存款，就自动与保险机构建立保险关系，当农协的经营出现问题、停止兑付存款或宣告破产时，保险机构直接向储户支付保险金，保障农户利益。（2）相互援助制度。相互援助制度是存款保险制度的

---

① 刘文贤. 谈谈日本土地制度 [J]. 北京房地产，2006（3）：105 – 107.
② ［日］关谷俊作. 日本的农地制度 [M]. 上海：生活·读书·新知三联书店，2004.
③ 中国农业银行驻东京代表处. 日本银行、农协存款保险制度 [J]. 中国农村信用合作，1997（7）：42 – 44.

补充。农协将每年吸收存款的 10% 作为专项资金储备，由农林中央金库统一管理，当农协的经营出现问题时，农林中央金库向它提供低息贷款，帮其渡过难关。（3）双重监管制度。在监管方面，日本对农村合作金融进行双重监管：政府金融监管厅对各种金融机构进行监管；全国和地方的农林水产部门配合金融监管厅对农村合作金融机构实施监管，确保依法合规经营、资金安全。

二、金融机构层面

（一）农林渔业金融公库（1953—2008 年）风险防范[①]

部门设置方面。公库实行审贷分离制度。总部设立信贷业务部、审查部、信用风险管理部和调查室，分别负责贷款管理、贷款审查、信用评级、资产审核和贷款调查工作。分部设立审查处和贷款管理处。

公库根据业务特点，将风险分为信用风险、市场风险、流动性风险、事务风险、系统风险和紧急事件风险等。针对各类风险，公库相应设置五个专门委员会，指定各类风险主管部门，规定管理方针，制定针对各种风险具体的防控措施（见表15－2）。

表15－2　　　　农林渔业金融公库风险分类管理情况

风险分类	主管部门	委员会
信用风险	信用风险管理部	信用风险管理委员会
市场风险	经营改革部	资产负债综合管理委员会
流动性风险	经理部	资金筹措等业务商讨委员会
事务风险	总务部	操作风险管理委员会
系统风险	电算系统部	操作风险管理委员会
紧急事件风险	总务部	危机管理委员会

---

① 本节资料来源：中国农业发展银行赴日研修团. 日本农林渔业金融公库的风险管理 [J]. 农业发展与金融，2007（2）：68－70. 部分采用，梳理归纳整理。引用该资料的理由：中国农业发展银行赴日研修团访问时间为该机构合并前一年，具备一定成熟且概括该机构特点的风险管理模式。

流程和标准化管理方面。审批手续完成后，农业支持性贷款通过公库直接发放或以由第三方金融机构参与的间接方式发放至农业生产者手中。其中，公库直接发放贷款的程序为：贷款申请、贷款调查、贷款审查、贷款审批、签订贷款合同、发放贷款、贷后管理；间接贷款的发放流程与公库直接贷款流程相同，在具体分工上，贷款审查和贷后管理由公库负责实施，其余步骤则委托第三方金融机构负责完成①。

评级管理方面。公库对客户的评级分为模型评级、外部形式调整、形式调整、第一次定级及第二次定级五个步骤。模型评级是利用公库自己开发的专门软件对客户进行初次评级。审查部门在初评结果的基础上，对计算机不能分析或分析不准确的部分，如某些现存数据较少的行业等进行综合性判断，作出第一次定级的判断并说明理由。分行将首次评级客户资料（如企业介绍、财务报表、定级的判断标准等）全部上报到总行，总行审查部门根据上述材料及分行的审查结果作出综合判断，作出第二次定级，并说明理由②。

此外，公库还针对第一次定级为非正常债权或贷款余额在 3000 万日元以上的债权，在评级中引进"行业指标"标准，考虑拟贷款人所在行业的整体经营状况和特点，使评级更加全面有效。贷款发放一年后，要对贷款使用情况及贷款人的经营情况进行详细核实，并由信用风险评价部门进行一次评级。每季初，根据客户决算期末或前季度发生的新拖欠等，抽取一定比例重估评级。正式评级在财政年度末实施一次。对集团客户每年要进行两次评级③。

不良贷款管理方面。按照日本银行法的分类标准，公库对逾期 3 个月、逾期 6 个月、破产的债权管理有以下三种方式：信用升级、贷款回收、坏账消化。其中，信用升级方式，即通过为客户制订经营改善计划，提供改善经营的技术支持、金融支持，从而改善客户经营状况、提高客户信用级别，降低债权风险。贷款回收方式，即当贷款对象未按期还款时，公库发出催收通知，分别按照逾期 3 个月、逾期 6 个月、破产三种情况分类管理：如果

---

① 资料来源：中国农业发展银行赴日研修团. 日本农林渔业金融公库的风险管理［J］. 农业发展与金融，2007（2）：68 - 70。部分采用，梳理归纳整理。

② 同注①。

③ 同注①。

贷款逾期 3 个月，存在潜在不良贷款风险，公库将在 3 个月内进行实地调查，对贷款项目设施进展情况、担保物、保证人的情况进行确认，视情况还要与受托贷款金融机构进行联系，掌握贷款对象实际经营状况；如果确实是经营困难，公库将以变更贷款条件等方式支持其重振经营；逾期 6 个月的贷款，要与保证人面谈，谋求保证债务偿还，对贷款对象和保证人的资产及担保物进行调查，收集实施债权保全措施所必需的资料，必要时委托信用调查机构进行调查；对确实是经营不善导致延期还款，但愿意继续经营偿还贷款，公库将帮助贷款对象制订经营改善计划，以延长贷款期限、延长只还利息不还本金的期限等方式变更贷款条件；对贷款对象恶意逃债或贷款更改后仍不能按期偿还的，公库将在确认债权证书、担保权等情况后，提出偿还全部贷款的要求。坏账消化方式，即风险债权中收不回的坏账只能用准备金进行冲抵，这与一般金融机构的做法相同①。

轮岗交流管理方面。从事风险工作的人员实行 3 年一次在全系统进行交流，减少人为因素，有效防范风险。

（二）农林渔业食品事业部（2008 年至今）风险防范

在农林渔业金融公库以及其他公库合并风险管理的基础上，该事业部为提高内部管理水平确定了 6 个内部管理上需要重点管控的领域，特别是在合规性管理、风险管理方面（其他从略）。

合规性管理方面：（1）公库以透明高效的业务运营为目的，在严格遵守各项法令的基础上，构建符合社会规范的合规性制度。（2）制定合规性指南，作为执行合规性的入门指导，传达至所有领导、员工并严格执行。（3）施行内部通报制度。以准确把握、解决合规性方面存在的问题行为或可能会出现问题的行为为目的，在公库内部及律师事务所内设置合规性支援热线，让员工可以直接报告有问题的行为。（4）应对反社会势力。与警察等相关机构携手妥善应对，以明确的态度斩断、排除与反社会势力的关系，维护公众对公库的信任。（5）防止暗箱操作。对公库领导、员工进行暗箱操作防患于未然，制定与领导、员工应遵守的基本事项相关的规定，

---

① 资料来源：中国农业发展银行赴日研修团. 日本农林渔业金融公库的风险管理 ［J］. 农业发展与金融，2007（2）：68 - 70. 部分采用，梳理归纳整理。

传达至所有领导、员工，并严格执行①。

风险管理方面：比较农林渔业金融公库时期，政策性金融公库根据其内部风险特点，将其特殊风险定义如下，简要汇总信息如表 15 - 3 所示。

表 15 - 3　　　　　　　　　日本政策性金融公库风险分类情况

风险分类	定义
信用风险	信用供给方的财产状况恶化等原因导致资产（包括资产负债表不平衡）价值减少或消失，从而造成损失的风险
信用保险承兑风险	保险事故的发生率、回收率等与设定保费时的预测相反、发生变动，从而造成损失的风险
市场风险	利率、汇率、股票等各种市场的风险因素变动导致资产、负债（包括资产负债表不平衡）的价值发生变动，从而造成损失的风险；资产、负债（包括资产负债表不平衡）生成的收益发生变动，从而造成损失的风险
流动性风险	资金运用和筹措期间的不对等、预期外的资金流出等造成难以确保必要的资金，或不得不使用严重高于平日的利息筹措资金等，从而造成损失的风险（资金运作风险）；因市场混乱等导致无法交易、不得不使用与平日相比明显不利的价格进行交易等，从而造成损失的风险
操作风险	在业务操作过程中，因领导或员工的行为，或操作系统的不完善，或国际事态变化等而造成损失的风险
事务风险	领导或员工工作懈怠、出现事故、进行非法操作，从而造成损失的风险
系统风险	计算机系统的下载或误操作等操作系统的不完善而造成损失的风险及因计算机的非法使用而造成损失的风险
人力风险	不当的工作条件、不当的职场安全环境、人才流失、士气低迷、不完备的人才培养机制等造成损失的风险
法律风险	因违反法律或合同，或签订不合理的合同及其他法律方面的原因造成损失的风险
有形资产风险	灾害及其他原因造成有形资产损毁或损坏的风险
声誉风险	因声誉变差、流言散布等导致信用低下，从而发生损失、损耗的风险

---

① 资料来源：中国农业发展银行赴日研修团. 日本农林渔业金融公库的风险管理［J］. 农业发展与金融，2007（2）：68 - 70。部分采用，梳理归纳整理。

第六节　日本政策性金融机构监管体制

一、内部监管体制

内部监管体制和运作方式主要包括自我约束和内部监督两个方面。

（一）自我约束方面

纵览日本农林渔业金融公库55年的发展历程，该机构在全系统实行了审贷分离制度，总部设立信贷业务部、审查部、信用风险管理部和调查室，分别负责贷款管理、贷款审查、信用评级、资产审核和贷款调查工作[①]；建立风险流程和标准化现代化管理模式；建立五步评级管理办法、不良贷款分类处置办法；用轮岗交流管理制度防范内部寻租、道德风险。日本政策性金融公库时期，为强化合规性管理，编制合规性操作指南，建立内部通报制度，防止暗箱操作、内部寻租行为带来的风险。

（二）内部监督方面

日本农业政策性金融制度建立于1953年，在仿照欧美成熟金融制度的基础上，建立相对完善的内部监督架构，形成独立于业务经营部门、专门从事监督检查工作、发挥约束职能的监督制度。日本农林渔业金融公库在成立之初，通过专门公库法规定该机构的会计基础制度行使监督职能，并由专门的内部监督机构监察会来行使监督职责，对接外部履行《日本政策性金融公库法》的规定接受金融厅、财务省[②]的监督监察。

二、外部监管体制

日本农业政策性金融外部监管体制和运作方式主要有以下几方面。

---

① 归纳总结来自：中国农业发展银行赴日研修团．日本农林渔业金融公库的风险管理 [J]．农业发展与金融，2007（2）：68-70。部分采用。

② 在2001年日本中央政府机构改革中，大藏省改为财务省，原来大藏省对金融机构的监管职能全部移交给金融厅，仅保留对存款保险机构的协作监管权力。

（一）法律授权与制约体制

日本政策性金融一个机构一部法律、一事一法的立法监管体制和完善的立法体系在政策性金融中比较典型。日本通过最高立法当局明确政策性金融机构的业务范围、资金来源、业务运作、监督体制等，保障政策性金融机构的有效运行，并与时俱进地根据经济发展的需要进行修订、补充和完善，形成政策性金融法律动态调整的传统。

考虑到农业政策性信贷资金"低利率、可得性强"的特点，日本政府通过法案规定农业政策性金融机构的业务范围，有效避免政策性金融和商业金融可能存在的边界之争，着力解决国家金融资源合理有效配置的难题。

（二）国家首脑对主要官员的选择、任免、监督体制

为了保证政策性金融机构贯彻和配合国家社会经济政策，真正履行政府发展经济、促进社会进步、进行宏观管理的特殊工具职能，日本政策性金融机构主要官员的任免都由政府首脑确认，并在成立之初就通过立法加以明确。

《农林渔业金融公库法》赋予主管大臣的监督职权有：责成公库或受托者提出报告，或者指派有关职员进入公库或受托者的事务所，检查业务状况或账簿文件及其他必要物品[1]。

（三）相关部门的协调、决策与制约机制

从监管视角来看，日本财务省金融厅[2]是负责金融监管的最高行政机构，全面负责对金融机构的监管工作。2001 年日本中央政府机构改革中，大藏省改为财务省，原来大藏省对金融机构的监管职能全部移交给金融厅，仅保留对存款保险机构的协作监管权力。政策性金融机构继续由财务省负责监管，劳动省和农林水产省也是金融监管的协作部门，根据金融厅授权或相关法律对日本政策性金融公库实施监管。日常监管则由金融厅委托财

---

① 资料来源：《日本农林渔业金融公库法》。

② 参考资料：蔡晓陶. 战后日本银行监管研究［D］. 长春：东北师范大学，2009：25－30；裴桂芬. 银行监管的理论与模式：兼论日本的银行监管［M］. 北京：商务印书馆，2005：151－165；日本政策性金融公库官网。

务局负责代管，其他的农业合作社、劳动金库等由相关的农林水产省和劳动省负责日常检查。

第七节　日本政策性金融机构外部关系

日本农业政策性金融机构在履行职能过程中派生出的与政府（主要是财政部门、财务省和金融厅）、与合作金融机构（民间合作金融机构、农协）等之间的相互依赖的融资和风险管理关系，构成了政策性金融机构外部关系的总和。在这种稳定的关系中，日本财政创新出财政投融资制度，为政策性金融公库提供可持续的资金来源；弥补市场缺陷，助推日本农业现代化进程。

一、与政府的关系：呈现两种模式特征

日本农林渔业金融公库和政策性金融公库从创立到资本金的划拨，从制定经营方针政策到确定业务领域，基本是按照政府的意图进行的。一方面，政府是农业政策性金融机构的坚强后盾，且对其拥有领导权、管理权和监管权；另一方面，农业政策性金融机构负责贯彻日本政府的各项经济政策，是政府扶持、调控农业和其他产业以及促进经济发展的有效载体和工具。

综观日本农业政策性金融机构与政府的关系，伴随日本经济的发展呈现两种模式特征。第一阶段（日本农林渔业金融公库阶段）呈现跟随型特征，即农林渔业金融公库紧密跟随政府的各项政策，具有强烈的行政色彩，彻底贯彻执行日本政府的农业经济政策，保证农业资金投向政府预期扶持的目标。这一时期，由于政府过度干预，政策性金融的负面效应显现，农业金融资源配置效率降低，机构自身的积极性和主动性难以施展发挥，管理成本增加，持续赤字限制其职能的发挥。第二阶段（日本政策性金融公库阶段）呈现中间型的特征，政府对农业政策性金融公库的管理发生转变，强调遵循市场规律，对公库具体的业务和操作赋予必要的自主权，只要是在政府规定的范围内开展业务，即可给予一定的操作灵活性、施展空间，市场能解决的事让市场来完成，努力实现社会效益与经济效益的兼顾统一。日本政策性金融公库的资金，少部分由政府提供，大部分通过金融市场以

发行政策性金融债券的方式筹集。

二、与财政的关系：创新财政投融资制度

从战后的情况看，日本政府根据国民经济发展需要，实施产业政策的手段有法律的、行政的、财政的，其中财政的主要手段之一是财政投融资制度[①]。财投通过开发银行、国民金融公库等政府金融机构间接地向产业提供长期资金，为政府产业政策的实施起到了巨大作用。以农林渔业金融公库为例，财投计划配合财政运作，分别在以下几个年度投入资金，按年度、比重[②]分别是：1955 年为 8.9%、1965 年为 7.2%、1975 年为 4.1%、1985年为 4.3%、1992 年为 2.8%[③]。

财投稳定持续的资金供应，为农林渔业金融公库的发展提供了稳定的资金来源支持，对农村经济、社会稳定和发展起到了重要作用，而粮食问题的基本改善、农民收入水平的提高、城乡一体化发展则直接关系到人民生活质量的提高。日本政府通过财投资金为农林渔业金融公库等公库做了大规模的资金注入，推动农林渔业金融公库财务可持续发展。

三、与其他政策性金融机构的关系

第二次世界大战后，日本政府为实施国家的产业政策和经济发展战略，按照领域设立政策性金融机构，这些政策性金融机构在特定的行业或者领域各司其职，又协同工作，形成了对日本经济进行政策性金融支持的完整体系。不同的政策性金融机构之间存在共同使用资金总量和协调处理业务等关系。

第一，共同使用财政资金总量。政策性金融机构筹措资金的总体规模必须要与国家总体宏观政策匹配，还需与本国的资金承受能力适应。而各个政策性金融机构资金来源缺乏弹性，所以在一定时期内，可供各个机构使用的资金总量是一定的，各个政策性金融机构所能得到的可支配资金存在此消彼长的关系。在日本农林渔业金融公库存续的 55 年内，日本政府从

---

① 参考本章第一节。
② 占财投资金总体规模的比重。
③ 日本银行联合会. 日本的银行体系 [M]. 黄强等，译. 西安：陕西出版社，1993：177.

国民经济发展全局出发，通过大藏省统一调配政策性金融机构的资金规模，为解决第二次世界大战后的粮食问题、土地灌溉问题等，将财政资金和邮储存款调拨给农林渔业金融公库，促进有限资金发挥了最大作用，有效配置了农业金融资源。

第二，各政策性金融机构之间的业务交叉与合作。日本的各政策性金融机构有专门的立法规定业务区别和领域划分，但是在日常的经营活动中，农业领域又严格区分，尤其是在第二次世界大战后恢复经济时期，农产品项目既涉及农业领域，又与进出口领域有关，与民间金融农协协会成员有关，是三方共同支持的领域和信贷对象，这就存在各方协作的联系，日本政府及时加以协调。

四、与民间合作金融机构的关系

日本农业政策性金融机构与以日本农协为主导的民间金融是多年的合作关系，在日本农村经济的不同发展阶段发挥着不同的作用。

第一，债权与债务关系。农林渔业金融公库时期，公库转贷给日本农协机构，农协贷款投放给其成员，在扩展农业资金扶持的深度和广度的同时，与农协形成债权与债务间接贷款关系，农协合理分担公库的违约风险，并接受公库贷款条件的审查，同时互相监督制约。

第二，协同关系。日本政策性金融公库与日本农协是农业贷款的主体，比如，2003 年农业经营者的贷款余额，农协系统占55％，农林渔业金融公库占42％，两者共占97％的比重[①]。农协的主要资金来源于公库的再贷款，因此农协作为民间合作金融的主体与农业政策性金融机构之间一直存在协同合作的关系，它们共同根据日本农业经济发展的需要，在不同阶段发挥不同的作用。

第八节　日本政策性金融机构启示与借鉴

纵观日本农业政策性金融的发展历程，我们分别从改革发展、发展历

---

① 资料来源：高木勇树．日本的农民组织与农村金融［J］．农业经济问题，2003（12）：68 - 74。作者来自日本农林渔业金融公库。

程、组织建设、信贷业务、风险管理、监管机制、外部关系、理论研究层面分析启示与借鉴。

一、改革发展层面

第一，在1953年成立之初与商业性金融严格分离，自成体系。从日本的金融体系中观察政策性金融机构不难发现，日本通过立法规范政策性金融与商业性金融的机构设置，各领域的体系框架各不相同，比较清晰。

第二，政策性金融改革之后效率提高，功能目标更加明确。日本政策性金融经历两次改革：第一次改革在1999年，由于改革不彻底，未实现效率的提高，影响功能、目标的实现；第二次改革反复论证与调整，经过合并的实践，管理运作日益规范，业务范围专注于保留长期的政策性业务，资产质量得以提高，农业政策性金融的地位巩固，功能目标实现。

二、发展历程层面

日本政策性金融体系之完备体现在：纵观其撤销与合并过程，每一家机构、每一次改革都有专门的立法，即一行一法、一事一法，发挥重要保障作用，促进政策性金融机构可持续发展，强有力地发挥政府立法的支持作用；立法保障还体现在根据政治经济发展的需要及时更新，与时俱进；各阶段的发展目标不相同，体现日本政府对农村经济发展的意图和目标。

三、组织建设层面

第一，政策性特征明显，政府对机构绝对管理。1953年建立之初就明确规定管理人员由政府任命，2008年改革后，政府可以一直持有已发行的全部股票。

第二，分账式管理，避免道德风险和不公平竞争。2008年改革后的日本政策性金融公库采取分账式管理，对不同业务进行一系列既有差别又专业化的运作。

第三，组织机构管理不仅是一个静态的概念，还是一个动态的调整过程，即一国农业政策性金融组织机构设置并非永久固定不变，它将随着一国经济、社会、所处环境及自身业务的变化而变化，其本身也有一个不断变化完善的过程。

第四，农业生产相对分散、各地情形千差万别、农业生产资金积累相对缓慢和农业特有的高风险、低收益、高成本的特征，相应要求农业金融政策相对稳定、连贯且便于资金调拨，这也是农业政策性金融机构模式选择区别于其他政策性金融（如日本开发金融、民间合作金融）机构模式选择的根本原因。

四、信贷业务层面

第一，日本农业政策性金融的组织机构设置与日本的基本国情，农业生产的自然地理、生态环境、资源禀赋结构，尤其是农业和农村经济发展水平，特别是与农业政策性金融自身业务特点直接相关，日本农林渔业金融公库的业务和信贷产品设置特点尤为明显。

第二，与商业性金融业务既分离又互补。根据法律，日本政策性金融机构与商业性金融机构业务隔离，以再贷款的形式与商业性金融机构合作，形成既分离又互补的关系。业务上支持商业性资金不易融通的项目，而且较多由间接贷款或者委托贷款的形式提供给商业性机构或者民间金融机构，补充其资金不足。

第三，业务种类不断增多，业务范围逐步扩大。究其原因：其一，农林渔业金融公库时期，该公库的业务调整是根据日本政府发展的需要而调整的，跟随政策的变化较为显著。其二，日本政策性金融公库时期，日本政府顺应市场规律专业化运作，扩大业务范围，同时按照银行规律，加强期限管理，有效缓解期限错配问题。

第四，遵循市场规律的前提下，重视业务调整，并使之动态化、常态化、制度化。（1）结合国家经济发展需要，逐步调整。（2）调整业务领域，经营商业性金融不能涉足的领域，如公共设施。日本的农业政策性金融已由向基础性产业提供充足的资金数量型补充，转为支持产业多样化、优质化而将业务重点放在利率和贷款期限的质量补充上。（4）政策性金融机构的直接贷款比重缩小，间接融资比重较大；单独贷款方式比重缩小，联合贷款方式比重增加。

第五，各领域业务依法依规开展，能够结合政府经济发展需要，达到预期的政策效果，比如 2018 年对新农民、新经济实体扶持呈现递增的态势。

五、风险管理层面

风险管理是制约其可持续发展的重要因素。农业政策性金融机构本质为银行的属性，风险管理的能力和水平决定其资产质量和经营效益的可持续发展。尤其是防范"道德风险""设租寻租"行为始终是农业政策性金融机构发展过程中需着力解决的问题。日本的做法是：（1）专家集体决策。1999 年日本政策性金融体系大规模改革后，日本政府从顶层设计层面完善了专家评审和集体决策制度，邀请机构外部专家设定日本政策性金融公库的方案，此后政策性金融公库内部成立由内外部专家构成的决策委员会，从中立的立场审查项目和效果，有效防范个别领导的设租寻租行为。（2）逐步建立严密、透明的多重审计制度。不断优化、动态调整制度，从业务流程上降低"设租寻租"的可能性。

风险管理是任何金融机构可持续发展的必要环节，2004—2008 年各个政策性金融公库出现赤字，暴露其风险管理滞后的问题。原因从两个方面来看：从外部看，日本政府和财政投融资的过度干预以及公库对其决策的依赖性，也提示我们风险管理与战略决策结合是发展的必然趋势。从内部看，风险管理与绩效体系设计相结合是必要的，可以激发公库的经营活力。

六、监管机制层面

在监管层面，政策性金融机构监管由大藏省、后来的财务省下设金融厅，或者政府有关产业部门参与监管，而不同于商业性金融机构归日本央行管理。对照我国，无论现场还是非现场监管都有必要采取与商业性金融机构不同的模式。

七、外部关系层面

对于政策性金融，既要利用好正效应，也不能忽视和控制其负效应①。（1）政府及有关产业部门干预过多，降低政策性金融机构的经营活力。公库在开展信贷业务时按照政府的意图办事，导致收益风险分析弱化，大额

---

① 国开行和中国人民大学联合课题组．开发性金融论纲［M］．北京：中国人民大学出版社，2006：299．

度系统性投资一旦经营不善，流动性风险、系统性风险在所难免。同时，公库对政府的过度依赖使其丧失积极性和革新能力，相对落后于产业部门的发展。（2）财政投融资制度自身规模过于庞大，运营效率低下，调整成本增大；其运营状况缺乏透明度，信息公开不全面，市场缺乏监督，导致"寻租"和公库道德风险始终是经济发展的牵绊。（3）重视公关业务和企业文化建设。日本农业政策性金融公库都设有公关部、公关协调部或企业文化兼公关协调部①，加强同政府及各部门、中央银行、日本农林金库等以及企业、农户的联系，协调关系，共同发展。同时，银行内部加强企业文化建设，树立政策性金融机构的良好形象，增强各个机构之间的协同合作关系，促进各项业务工作顺利开展。（4）资金来源渠道呈现多样化的特点。农业强位弱质的本质要求农业政策性金融机构提供稳定、连贯的资金扶持。提供资金来源包括借入政府资金、借入其他金融机构资金、向中央银行贷款、发行债券、吸收存款和国外借款等。日本农林渔业金融公库最大的亮点就是资金来源的多样性运用和以财政为中介组织的财政投融资体系的成功运作。但是，过于依赖大藏省提供资金来源反而限制了其发展能力。

八、理论研究层面

日本农业政策性金融机构普遍设置了专门从事政策理论研究的机构，称为研究部、研究规划部、规划发展部、研究发展部②等，投入骨干力量，加强对国家不同历史时期宏观经济政策、农村产业政策、农村金融政策的研究，据此制定自己的中长期规划，取得了一定成效，体现了政策性金融机构特有的政策性特征。

---

① 温信祥. 日本农村金融及其启示［M］. 北京：经济科学出版社，2013.
② 同注①。

第十六章　韩国农协银行

韩国作为自然资源禀赋相对匮乏的东北亚国家，自 1969 年开始，在短短 30 多年间成功步入发达国家行列，摆脱中等收入陷阱，其农村金融发挥了举足轻重的作用。韩国农村金融涵盖农业政策性金融业务，但目前尚未专门设置农业政策性银行，相关金融服务主要由韩国农协银行承担。该银行由韩国农协控股，在性质上属于商业性银行。

第一节　韩国农协银行的源起及发展演变

韩国农协银行是伴随韩国农协组织和农村金融体系不断发展演变而形成的，其成立并独立运行距今仅有 7 年时间。追根溯源，韩国农协银行发端于 100 多年前的地方金融组合，前身为 1956 年成立的韩国农业银行；1961 年农业银行被并入韩国农协中央会，成为农协内部的信贷业务部门；2012 年农协银行从农协中央会独立出来，成为保留农协标识的股份制商业性银行，其筹资能力不断增强，政策支持范围更加细致，业务功能越来越完善，是目前韩国第四大银行。其发展演变主要经历以下五个阶段（见图 16 - 1）。

一、日本强占及解放初期的地方金融组合时期（1956 年以前）

韩国农业协同组合有着悠久的历史。早在 1907 年，日本强占时期在韩国光州成立的地方金融组合，被认为是韩国现代第一个协同组合。该机构借鉴德国农村信贷合作社的模式和原则设立，为农户提供短期信贷和其他

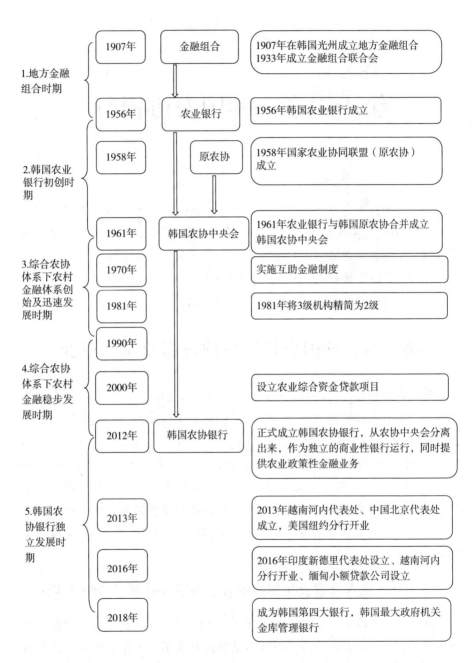

资料来源：根据韩国农协银行北京办事处提供的材料、韩国农协中央会2018年年报整理。

图16－1　韩国农协银行的源起及发展演变

合作服务①。由于农民没有股权资金，该组织主要依靠日本的资本补助以及经费直接补助维持运营并受日占政府干预，缺乏独立决策能力②。1918 年地方金融组合改编为植产银行下属机构的金融组合，业务对象包括农民和市民，从而升级为地方银行并逐渐扩大。1933 年该机构与植产银行解除连带关系，成立朝鲜金融组合联合会（CFFA）③。

解放后，韩国政府为重建农村经济，开始在全国农村进行"农地改革"，并通过协同组合把农民组织化，提出对既存金融组合按协同组合进行改编以及建设新农协的方案。1948 年金融组合在美军政下代行肥料等政府业务，经营有所好转。20 世纪 50 年代初期，加之朝鲜战争的摧残，韩国农村金融机构在当时的作用可以说是很小的④。

二、韩国农业银行初创时期（1956—1960 年）

20 世纪 50 年代后期，随着韩国经济开发策略的转变，农业在国民经济中的地位重新确立，农村金融面临整顿的局面。1956 年，韩国政府在重新完善《农业银行法》的基础上，解散原金融组合组织，改组建立韩国农业银行，负责为农业领域提供信贷服务和银行业务，以股份公司形式取代金融组合作用。由于组织结构方面的先天不足和薄弱的资金运营实力，韩国农业银行在成立初期采取保守经营策略，不愿向高风险、低利率领域放贷。这导致其不但未能解决农业政策性金融的供需矛盾，在提升农业生产效率方面的作用也得不到充分发挥⑤。

---

① 该部分主要根据韩国农协中央会研究所高级研究员崔在鹤（Jae‒Hak Choi）先生在 2006 年 "FFTC‒NACF 国际研讨会——亚洲农业合作社：21 世纪的创新与机遇"上发表的主题演讲《韩国农业合作社》资料整理。Jae‒Hak Choi. Agricultural Cooperatives in Asia：Innovations and opportunities in the 21ˢᵗ century ［R］．［S. l.］：Agricultural Cooperatives in Korea，2006。

② 李相学，金琳，金龙勋. 韩国地方农协的现状与前景 ［J］．农业经济与管理，2014（2）：41‒52.

③ Lee T Y，Kim D H，Adams D W. Savings deposits and credit activities in South Korean agriculture cooperatives 1961‒1975 ［J］．Asian Survey，1977，17（12）：1182‒1194.

④ 金旭，李春姬，刘畅. 韩国农村金融发展经验对中国的启示 ［J］．东疆学刊，2016（4）：101‒108.

⑤ 该部分主要根据韩国农协中央会研究所高级研究员崔在鹤（Jae‒Hak Choi）先生在 2006 年 "FFTC‒NACF 国际研讨会——亚洲农业合作社：21 世纪的创新与机遇上"发表的主题演讲《韩国农业合作社》资料整理。Jae‒Hak Choi. Agricultural Cooperatives in Asia：Innovations and opportunities in the 21ˢᵗ century ［R］．［S. l.］：Agricultural Cooperatives in Korea，2006。

在调整农村金融机构体系的同时，韩国政府结合小农生产特征，模仿日本成立了农业协同组合，并于 1957 年颁布《农业协同组合法》（以下简称《农协法》）。1958 年，韩国成立第一个全国性的农业协同组合——国家农业协同联盟（National Federation of Agriculture Cooperatives，NFAC）。根据《农协法》，农业协同组合只负责农器具的生产以及农产品供应与销售，不得开展金融业务。

实践证明，农业协同组合自有资金不足、经营体系不完善以及与农业银行的连带不足等，导致农民生产所需的购销资金缺乏保障，农协经营领域仅限于肥料经销等，无法起到应有的作用。

三、综合农协体系下农村金融体系创始及迅速发展时期（1961—1990 年）

1961 年，韩国军事政变后，朴正熙政府重立《农协法》，取消农业银行独立法人资格，将旧的农业协同组合与农业银行合并，农业银行作为农协内部的信贷部门，组成新的综合农协①——全国农业合作社联盟（National Agricultural Cooperative Federation，NACF，以下简称农协中央会）②。农协中央会作为地区性农业协同组织的中央机构运行。区别于日本和法国等国的农业合作社，韩国农协中央会是由政府自上而下推动层层建立的。在金融领域，农协中央会旨在为各级农业协同组合开展本职活动提供必需的资金与收益，并充当政府政策性金融机构的角色。成立初期，农协中央会的贷款资金主要来源于政府财政支持和韩国银行的贷款，到 20 世纪 70 年代，农协中央会则依靠自身吸收的存款为农民提供贷款③。将韩国农协组织与农业银行合并成立新的综合农协，在韩国农村金融发展历史上具有重大意义，标志着韩国农村政策性金融初步形成。从 20 世纪 70 年代开始，为缓解农村高利贷蔓延问题，韩国农协根据《信用合作社法》启动和运行互助金融业

---

① 1961 年设立的农协被韩国人称为新农协，也称综合农协，其综合的含义即信用与经济事业兼营。

② 韩国农协金融集团（NHFG）官网—发展历史［EB/OL］.［2019 - 12 - 30］. http：// www. nhfngroup. com.

③ Lee T Y，Kim D H，Adams D W. Savings deposits and credit activities in South Korean agriculture cooperatives 1961 - 1975［J］. Asian Survey，1977，17（12）：1182 - 1194.

务，成为韩国农村金融制度建设的转折点[①]。

从 1981 年开始，韩国综合农协将其 3 级机构（国家、市县和基层）精简成 2 级机构，把市县农协并入国家农协，作为国家农协的分支机构。韩国综合农协通过改革组织结构，降低运作成本，同时提高合作企业效率。这一时期随着综合农协体系壮大和完善，韩国农村金融体系迅速发展，实现了质的突破[②]，集中体现在以下两方面。

一是互助金融发展迅猛，农户对农协资金依赖率提升，逐渐消除了对高利贷私债市场的依赖。1981—1990 年，互助金融贷款规模年均增长 35.1%；农户对农协资金依赖率从 48.7% 提升至 81.5%，对高利贷私债依赖率从 24% 降低为 13.9%[③]。

二是调整农业政策性贷款期限结构，提高农业贷款资金运用效率，并为农业可持续发展提供稳定的资金来源。一方面，增加短期农业贷款资金供给，支持农业、养畜、生产奖励等领域，防止农户将贷款挪作他用；另一方面，以农业政策性金融支持中长期农业开发资金，确立中长期农业开发融资制度，扩大各种基金的农业开发资金供给。这一时期组合金融的推广和发展，有效提高了农业资金供给，为之后农村政策性金融发展积累了经验。

四、综合农协体系下农村金融稳步发展时期（1990—2012 年）

20 世纪 90 年代，随着世界贸易组织（WTO）体制的转变、韩国成为经合组织（OECD）成员、1997 年亚洲金融危机爆发等国内外经济形势的变动，韩国农业发展从粗放型向专业化、规模化发展，土地集约型农业向资本密集型农业转化趋势明显，同时面临多方面的机遇和挑战。这一时期，韩国政府确立对全国农业进行整体结构性调整，实现大幅度提高农业竞争力的目标，在此背景下农村金融实现了稳步发展。

1990 年以后的十年间，为应对农产品市场对外开放的竞争压力，政府扩大对农村金融的支持力度、增加农业信贷规模。但是，1997 年爆发的亚

---

① Lee T Y, Kim D H, Adams D W. Savings deposits and credit activities in South Korean agriculture cooperatives 1961 – 1975 [J]. Asian Survey, 1977, 17（12）：1182 – 1194.

② 同注①。

③ 韩国农村金融研究院. 韩国农政 50 年史第一册 [M]. [S. l.]：韩国农林部，1999：881.

洲金融危机对韩国经济造成重创，农村经济发展陷入困境，加之韩国国内金融体制也要接受国际货币基金组织（IMF）的管制，农村金融任务艰巨，缓解农户急速增加的借款利息等负担问题，成为当务之急。1998 年 10 月，韩国政府出台包括延长政策性贷款本金和利息偿还期限、引导综合农协下调贷款利率、改革政策投融资制度在内的一系列措施，意在缓解农民利息负担、增加农民收入、提高政策性金融资金利用效率①。

1999 年，按照 IMF 的要求，韩国政府重新制定《农协法》，强制要求将农业、畜产、林业以及人参农业协同组合合并。韩国综合农协进行组织机构改革：一方面，2000 年韩国农协将曾经分离出去的畜产协会和人参协会重新并入综合农协，2001 年出台改善农协事业的相关法律，设立合作金融存款者保护基金；另一方面，将综合农协的经济业务以子会社、分会社为中心向地方性农协转移②。

进入 21 世纪，韩国综合农协通过推行农业综合资金贷款、减轻农户借款利息负担③、提供应对自由贸易协定的新型政策性资金服务等措施，提高自身在农业投资领域的服务质量，为提升韩国农业竞争力作出一定贡献。韩国综合农协为成员合作社提供的低息贷款从 1999 年的 1790 亿韩元增加到 2013 年的 2270 亿韩元，以支持农业基础设施建设、农产品加工企业和销售企业的经营活动④。

五、韩国农协银行独立发展时期（2012 年至今）

2012 年，为适应未来金融市场越来越激烈的竞争态势、提升综合农协

---

① 金旭，李春姬，刘畅. 韩国农村金融发展经验对中国的启示 [J]. 东疆学刊，2016（4）：101 – 108.

② 该部分主要根据韩国农协中央会研究所高级研究员崔在鹤（Jae – Hak Choi）先生在 2006 年"FFTC – NACF 国际研讨会——亚洲农业合作社：21 世纪的创新与机遇上"发表的主题演讲《韩国农业合作社》资料整理。Jae – Hak Choi. Agricultural Cooperatives in Asia：Innovations and opportunities in the 21st century [R]. [S. l.]：Agricultural Cooperatives in Korea，2006。

③ 1997 年爆发的亚洲金融危机给韩国经济造成沉重打击，农村金融体制受 IMF 的管制，从而给经济造成负面影响，农户面临高额借款利息。

④ 该部分主要根据韩国农协中央会研究所高级研究员崔在鹤（Jae – Hak Choi）先生在 2006 年"FFTC – NACF 国际研讨会——亚洲农业合作社：21 世纪的创新与机遇上"发表的主题演讲《韩国农业合作社》资料整理。Jae – Hak Choi. Agricultural Cooperatives in Asia：Innovations and opportunities in the 21st century [R]. [S. l.]：Agricultural Cooperatives in Korea，2006。

内生动力、更好地服务韩国农业农民发展，韩国综合农协进行组织结构改革，将经济事业与金融事业分离，出资成立农协金融集团（NongHyup Financial Group，NHFG）和农协经济控股集团（NongHyup Agribusiness Group）。2012 年 3 月 2 日，成立韩国农协银行（NH NongHyup Bank，NH Bank），该银行作为农协金融集团的子公司独立运营，成为韩国农协中央会控股、保留农协标识的独立银行。新的银行在股权结构上，总资本达 15 万亿韩元，其中政府出资 5 万亿韩元，农协中央会出资 10 万亿韩元[1]。目前，韩国农协银行已经成为韩国第四大银行、韩国最大政府机关金库管理银行[2]。

第二节　组织管理

韩国农协银行是韩国农协金融集团的子公司，而农协金融集团又是农协中央会的全资子公司。

一、韩国农协的金融体系

韩国农协中央会成立于 1961 年，由农业银行与农业合作社合并而成。作为韩国第一个全国性质的农业合作社，农协中央会意在促进农业生产力，缓解农业资金不足等问题，从而促进韩国国民经济的发展。2019 年，农协中央会的初级农业合作社会员共计 1123 个，代表了韩国超过 250 万的农民。这些农民享有农业合作社的所有权和控制权。同样，1123 个初级农业合作社也拥有韩国农业合作社联盟的所有权。农协中央会的这些农业合作社都是自主经营的企业，由成员认购而不是政府财政投资提供资金。反过来，它们又通过机构捐款为农协中央会筹集资金，该机构由直接选举产生的主席管理。

农协中央会的业务主要包括三个领域：（1）经济事业，例如农产品供应（尤其是牛肉、猪肉和家禽产品）、加工、营销以及农业生产资料的流通

---

① 杨团. 韩国农协结构型改革及其对中国的启示——2016 韩国农协改革考察报告［R/OL］.［2019 - 12 - 30］. http：//www. 360doc. com/content/18/0704/21/7108612 _767747158. shtml.

② 韩国农协银行北京办事处提供资料。

等，在农产品供应方面，根据农协中央会统计数据，该机构提供韩国约50%的农产品；（2）金融事业，包括存贷款、保险、证券、信用保证等金融服务；（3）教育培训事业，包括农民职业培训、国际交流等[①]。

值得关注的是，为适应不断变化的社会、经济环境，提升韩国农协中央会的竞争力，2012年3月，韩国农协中央会将其金融业务和经济业务分离，出资成立了农协金融集团和农协经济控股集团[②]。农协中央会作为农协金融集团和农协经济控股集团的唯一股东，既保障其稳定经营的资金来源，用于支持"三农"事业，又给予其独立经营管理权（见图16-2）。

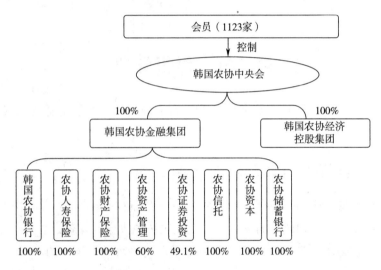

资料来源：2018 NongHyup Bank Annual Report ［R］．［S. l.］：NongHyup Bank, Department of Public Relations，2019：21.

图16-2　韩国农协中央会金融体系结构（2018年）

二、韩国农协金融集团

在金融事业方面，由韩国农协金融集团负责承接和拓展韩国农协中央

---

① 该部分根据韩国农协中央会2018年报告整理而成，National agricultural cooperative federation, U. S. 165（d）reduced resolution plan public section ［R］．［S. l.］：National Agriculture Cooperative Federation，2018.

② 同注①。

会的金融业务。在韩国所有金融集团中，农协金融集团的业务组合最为均衡，包括商业银行服务、信用卡服务、证券经纪服务和保险服务等综合金融服务。目前，韩国农协金融集团旗下 8 家子公司分别为韩国农协银行、农协人寿保险有限公司、农协财产保险股份有限公司、农协资产管理有限公司、农协证券投资有限公司、农协信托有限公司、农协资本有限公司、农协储蓄银行（见图 16 - 2）。除了对农协资产管理和农协证券投资分别控股 60%、49.1% 之外，农协金融集团对其他 6 家子公司都是 100% 控股，并参与各子公司的分红。

三、韩国农协银行

2012 年 3 月 2 日，韩国农协银行正式成立，注册资本为 2. 162 万亿韩元，总部设在韩国首尔。韩国农协银行作为韩国农协金融集团的子公司运营，由农协金融集团 100% 控股，承担和拓展韩国农协中央会的部分金融业务。[①]

（一）组织架构

韩国农协银行的股东大会是该行的最高决策机构，下设董事会，同时设立监事委员会、提名委员会、风险管理委员会、薪酬委员会。董事会下设行长负责农协银行的日常管理工作，在行长之下设经营委员会、合规负责人和信息安全部，在对行长负责的前提下分别负责经营管理计划策划、反洗钱和内控合规、信息保护等工作。同时，在行长层级下设各个分公司，每个分公司都设有营销本部、企业投资金融本部、农业和公共金融本部、贷款审查本部、风险管理本部、数字金融本部、信托本部、资金运用本部、金融消费者保护本部、全球事业本部等共计 13 个部门（见图 16 - 3）。

（二）分支机构

截至 2018 年底，韩国农协银行共拥有约 1142 家分行，员工 1. 35 万人。2013 年 8 月 15 日，韩国农协银行在美国设立纽约分行，业务是为企业提供

---

① 2018 NongHyup Bank Annual Report［R］.［S. l.］：NongHyup Bank，Department of Public Relations，2019：21.

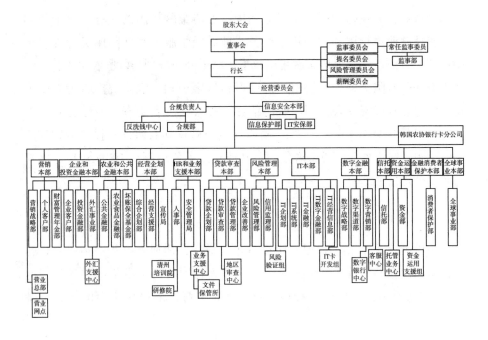

资料来源：2018. NongHyup Bank Annual Report〔R〕.〔S. l.〕：NongHyup Bank，Department of Public Relations，2019：20.

图 16 - 3　韩国农协银行组织架构（截至 2018 年 12 月 31 日）

金融服务，如存款、贷款、国际贸易结算等。同年，先后在越南、中国设立河内代表处、北京代表处，其主要职能是进行市场调研，为设立分行作前期准备。2016 年，越南河内分行开业，印度新德里代表处设立。2018 年，韩国农协银行总资产规模达到 2425 亿美元，贷款余额为 1991 亿美元，存款规模达到 1919 亿美元[①]。

第三节　资金来源

韩国农协银行是韩国唯一的纯"民族资金"设立的综合性商业银行，

---

① 2018 NongHyup Bank Annual Report〔R〕.〔S. l.〕：NongHyup Bank，Department of Public Relations，2019：21.

没有外资持股，被称为"纯民族资本银行"①。其资金主要来源于以下渠道：政府财政支持资金、吸收的存款、发行信用债券、韩国银行等机构提供的贷款等。韩国农协银行吸收的存款占比超过80%，是其当前最重要的资金来源渠道②，发行债券也在其筹集资金过程中发挥着越来越重要的作用。

一、资金来源途径

（一）政府财政支持

政府对农协银行的资金支持由来已久，早期提供大量的社会性援助和资金援助，并且从法律上保障农业信贷政策的执行。《农协法》第153条允许韩国农协从政府、地方自治机构、韩国银行或其他农业组织借入资金。政府为农协银行提供资金，以保障其政策性农业贷款的可持续性，为农业生产、灌溉、农业机械、农产品出口等提供优惠利率贷款。在2012年韩国农协银行成立之初，政府财政出资5万亿韩元③。

值得说明的是，在政策性贷款资金来源方面，韩国政府提供农业政策性专项资金给农协中央会，农协中央会将相关款项拨付给农协银行，由农协银行向农民和涉农企业提供政策性贷款。

（二）政府、企业和居民存款

韩国农协银行2012年从韩国农协中央会独立出来，成为一家独立经营的商业性银行，资金募集能力增强，对政府财政支持资金的依赖性降低，吸收存款成为其资金来源最重要的渠道。

1. 政府存款。韩国农协银行是国内唯一为政府和公共部门提供金融服务的银行，成为韩国最大的政府机关金库管理银行。2018年，韩国农协银行已经与包括韩国内政部在内的58家政府机构续签服务协议。目前，韩国中央和地方政府存款由该银行一家进行专门管理。同时，韩国农协银行由

---

① 2018 NongHyup Bank Annual Report ［R］. ［S. l. ］: NongHyup Bank, Department of Public Relations, 2019.

② 韩国农协银行北京办事处提供数据。

③ 杨团. 韩国农协结构型改革及其对中国的启示——2016 韩国农协改革考察报告 ［R/OL］. ［2019 – 12 – 30］. http：//www. 360doc. com/content/18/0704/21/7108612 _767747158. shtml.

于拥有全国最大的分支机构网络（连续 7 年位居韩国榜首），因而成为政府收缴地方税的重要平台。全国 95% 以上的地方税由政府委托该银行收缴①。

2. 企业和居民存款。韩国农协银行建立遍布城乡的网点，截至 2018 年底，在韩国国内设有 840 个营业网点、295 个办事处，在海外设有 2 个营业网点、5 个办事处，可以广泛吸收企业和居民存款②。同时，设有 6222 个自助存取款终端机，方便居民存取款业务。政府还出台鼓励措施，鼓励农民进行存款，进一步扩大韩国农协银行资金来源。

（三）发行债券

近年来，韩国农协银行还通过发行债券筹集资金。例如，2018 年 5 月 11 日，韩国农协银行发行次级债券共计 2 万亿韩元，其中 10 年期次级债券发行量为 1.5 万亿韩元，利率为 3.39%；15 年期次级债券发行量为 0.5 万亿韩元，利率为 3.58%。目前，发行债券在韩国农协银行筹集资金的过程中逐渐发挥重要作用，成为其资金来源的第二大渠道（见表 16-1）。

表 16-1　　韩国农协银行主要资金来源结构（2017—2018 年）

资金来源	资金来源量（万亿韩元）		资金来源增长率（%）	资金来源占比（%）	
	2017 年	2018 年		2017 年	2018 年
吸收存款	224.23	205.77	-8.23	83.88	81.44
信用债券	16.83	18.97	12.72	6.30	7.51
借款	11.28	12.23	8.42	4.22	4.84
其他负债	14.97	15.72	5.01	5.60	6.22
总负债	267.32	252.68	-5.48		

资料来源：根据韩国农协银行 2018 年年报第 55 页资产负债表中数据计算得到。

除了政府财政支持资金、吸收公众存款、发行债券外，韩国农协银行还通过申请韩国银行提供的再贷款等方式筹集资金。

_____

① 2018 NongHyup Bank Annual Report［R］.［S. l.］：NongHyup Bank，Department of Public Relations，2019：33.

② 2018 NongHyup Bank Annual Report［R］.［S. l.］：NongHyup Bank，Department of Public Relations，2019：21.

二、资金来源结构

2018 年，韩国农协银行总负债达到 252.68 万亿韩元，相比 2017 年的 267.32 万亿韩元下降了 5.48%。从资金来源内部结构看：（1）吸收的来自政府、企业和居民的存款量 2018 年达到 205.77 万亿韩元，占总资金来源的比重为 81.44%；（2）公开发行的信用债券达到 18.97 万亿韩元，占总资金来源的比重为 7.51%；（3）来自韩国银行等其他机构的借款规模为 12.23 万亿韩元，占资金来源比重为 4.84%；（4）其他负债规模达到 15.72 万亿韩元，占比为 6.22%（见表 16-1）。

从纵向发展趋势看，韩国农协银行吸收的公众存款在资金来源中居于主导地位，但是近两年呈现下降趋势，2018 年存款规模较 2017 年减少 18.46 万亿韩元，同比下降 8.23%，在总资金来源中的占比也从 83.88% 下降为 81.44%。而通过发行信用债券筹资的资金处于增长趋势，2018 年达到 18.97 万亿韩元，同比增长 12.72%，在总资金来源中的比重从 6.30% 增加到 7.51%。

第四节　农业政策性信贷业务

在 2012 年韩国农协银行成立之前，韩国农协中央会负责提供农业政策性信贷业务。成立之后，韩国农协银行承担了农协中央会的农业政策性金融业务，并代表政府提供农业政策性贷款。根据韩国农协银行所提供数据，农业政策性贷款量占其总贷款的比重约为 10%[①]。

一、韩国农协中央会的农业政策性信贷业务

根据《农协法》，韩国农协中央会可以提供多种金融服务，包括吸收存款、对农民以及市民提供贷款等，且成为政府向农民提供贷款的唯一渠道，这使得在韩国农协银行成立前的一段时期内，农协中央会成为提供农业政策性信贷的主要力量。

---

① 韩国农协银行北京办事处提供数据。

（一）贷款对象和贷款期限

韩国农协中央会代表政府向农民和涉农企业提供低息贷款，用于支持其生产经营活动。贷款期限分为 1 年以下、1～10 年和 10 年以上三类，建立之初这三类贷款产品占比分别为 24%、41% 和 35%。之后，为防止农户将政策性贷款挪作他用，农协中央会缩小中长期贷款规模，代之以短期农业贷款。1974 年这三类贷款产品占比分别为 54%、39% 和 7%[①]。

（二）贷款资金来源和运用

从资金来源看，20 世纪 60 年代韩国农协中央会的政策性信贷资金主要来源于政府政策性资金和韩国银行的再贷款，到 20 世纪 70 年代吸收的存款成为其主要资金来源。

从资金运用看，1962 年农业政策性贷款占总贷款的比重为 92%，1975 年由于非农经济在农村地区的持续增长，这一比重下降为 75%。尤其自 20 世纪 90 年代以来，随着农协中央会一般性贷款业务的迅速发展，农业政策性贷款比重持续下降，从 1991 年的 67.2% 下降到 2004 年的 20.3%。[②]

此外，1972 年韩国政府与农协中央会共同出资设立信用保证基金公司[③]，在农民或者农业企业获得新贷款发生困难时，该公司通过信用调查后可以为农业政策性贷款人开具保证书，贷款人可以使用保证书申请农协银行等机构的抵押贷款，抵押贷款的手续费为 0.3%～0.8%[④]。

二、韩国农协银行业务概况

韩国农协银行从农协中央会分离出来之后，实现了从综合农业信贷部门到保留农协标识的独立银行的转变，业务范围也从信贷扩展至信用卡、货币信托等，成为提供专业的农业和商业信贷及银行服务的综合性商业银行。

---

① Lee T Y, Kim D H, Adams D W. Savings deposits and credit activities in South Korean agriculture cooperatives 1961－1975 [J]. Asian Survey, 1977, 17（12）: 1182－1194.

② 姜钟满. 农村金融的特点及规模经济分析 [M] [S. l.]: 韩国金融研究院, 2005（12）: 55.

③ 金旭, 李春姬, 刘畅. 韩国农村金融发展经验对中国的启示 [J]. 东疆学刊, 2016（4）: 101－108.

④ 韩国农协银行北京办事处提供数据。

具体而言，韩国农协银行通过电子银行、自动取款、票据支付、工资、支票兑现、货币兑换、电汇、货币信托、财产信托等业务产品，为消费者和企业提供多样化金融服务。同时，积极开展业务创新，通过与全球各大银行结成战略联盟，不断拓展进出口结算业务。目前韩国农协银行在全球有 1300 余家外汇银行（中国国内有 75 家）及约 50 家存款代理银行[①]。

基于盈利性目标的约束，韩国农协银行通过聚焦核心业务，建立良性循环的利润结构，确保可持续发展。其核心业务包括为政府公共部门提供金融服务、为农粮企业提供金融支持、综合资产管理和营销、发放信用卡、投行业务等。

三、韩国农协银行的农业政策性信贷业务

韩国农协银行虽然是一家独立的商业性银行，但同时承担农业政策性信贷职能，通过健全内部管理、创新信贷产品、完善服务功能，在支农领域发挥着积极且重要的作用。

（一）内部管理体系

韩国农协银行立足国内农业经济发展实际，遵循总体发展思路，确立提供农业信贷的目标：促进农业发展、助力农民家庭生活水平的提高。在组织体系上，设立专门机构——农业和公共金融本部，下设农业食品金融部，负责农业金融业务的管理，同时在资金运用本部等部门的协同配合下，通过提供政策性农业贷款、设立农业专项基金、创新农业信贷产品、提供信贷担保[②]，促进农业发展和农民增收。

（二）服务对象和支持领域

韩国农协银行目前保留部分农业政策性信贷业务，利用韩国政府提供给农协中央会，再由农协中央会划拨的专项资金，向农户和涉农企业提供政策性贷款。

---

① 韩国农协银行北京办事处提供数据。
② 1972 年 3 月，农协中央会即开始向从事农业、林业和渔业的人提供信贷担保。

从具体服务对象看，范围较广，主要包括韩国国内从事农业、畜牧业、林业的人以及相关企业。重点支持对象包括农民尤其是青年创业农民、农业和畜牧业生产企业、食品制造企业和农产品分销企业。

从具体支持领域看，贷款主要用于支持农民购买化肥、农用机械等生产资料，农业自然灾害恢复以及农业基础设施建设；支持农业企业的日常资金周转以及农业科技创新等。

（三）农业信贷产品

韩国农协银行在提供农业政策性金融业务方面注重定向支持，对农业信贷产品和支持体系进行创新，以提高信贷资源的利用效率，主要包括以下信贷产品：

1. 农业综合资金。韩国农协银行设立农业综合资金，为农户和农业企业提供生产、流通环节的中长期低息贷款，贷款期限一般为 3~5 年，贷款利率曾经长期为零，近年利率水平为年利率 1%~2.5%，远低于市场贷款利率，平均低 0.5 个~1 个百分点[①]。2018 年，新增农业政策性贷款 7.1 万亿韩元[②]，占总贷款量的比重约为 10%。其中，新增 2.58 万亿韩元的农业综合资金，用于全面支持农户和农业企业的生产经营活动；新增 6698 亿韩元的牲畜发展基金贷款，用于支持农民购买饲料等。在农业企业贷款方面，增加对农业企业的政策性贷款，包括农业和畜牧业生产企业、食品制造企业和分销企业。截至 2018 年底，韩国农协银行对这三类农业企业的贷款余额分别达到 20.86 万亿韩元、19 万亿韩元和 0.33 万亿韩元，相比 2017 年共增加 1.55 万亿韩元[③]。

2. 智能农场贷款。韩国农协银行为支持青年去农村创业、促进农业发展现代化，设立特定农业信贷产品。例如，2016 年韩国农协银行进行农业贷款创新，推出智能农场贷款，旨在促进将 ICT 技术[④]融入智能农场等农业设施的应用中。韩国农协银行以 1% 的低利率提供了 397 亿韩元的此类贷

---

① 韩国农协银行北京办事处提供数据。

② 2018 年农业政策性贷款余额 19.42 万亿韩元。

③ 2018 NongHyup Bank Annual Report ［R］. ［S. l. ］: NongHyup Bank, Department of Public Relations, 2019: 32.

④ ICT 是信息、通信和技术英文单词的词头组合，是信息技术和通信融合的新技术。

款，不仅用于与智能农场相关的新农场建设和购买技术先进的农场，还用于翻新和营运资金。

3. 青年农民智慧农场综合基金。为支持未来农民培育和青年就业，2018 年，韩国农协银行与政府共同出资设立青年农民智慧农场综合基金。该基金是一个面向有发展前途的青年农民推广的政策性贷款项目。该项目针对首次安装智能农场设施的农校毕业生农户，2018 年度贷款利率为 1%，支持资金为 64 亿韩元。此外，在农场从创业规划阶段到农业稳产阶段，韩国农协银行一直为智能农场提供免费的管理咨询①。

4. 私募股权基金（PEF）。韩国农协银行为支持农业领域的中小型企业发展，建立 200 亿韩元的私募股权基金（PEF），为农业领域的中小企业提供融资支持。2017 年和 2018 年分别进行 30 亿韩元和 60 亿韩元的新投资，到 2019 年末已累计投资 120 亿韩元。

此外，为进一步提高农民家庭收入和农业企业经营水平，韩国农协银行为农民和农业企业提供精准金融咨询和金融指导服务。

第五节　风险防控

在风险防控方面，韩国农协银行在其控股母公司韩国农协金融集团的要求和引导下，建立完善的风险控制机制，提升风险控制能力，曾被《亚洲银行家》杂志评选为最佳信用风险管理银行，并一直以成为"健康而强大的银行"为风险控制目标。

一、资本充足率

从资本充足率看，韩国农协银行的母公司——韩国农协金融集团的资本充足率要求根据国际清算银行（BIS）设定的标准（BIS 资本充足率）执行，其资本充足率必须保持在 8% 及以上。自 2012 年成立以来，韩国农协金融集团注重加强资本充足率的管理，通过设定各子公司的风险加权资产限额，并在限制范围内制订业务计划，确保达到控制风险的资本充足率目

---

① 2018 NongHyup Bank Annual Report [R]. [S. l.]：NongHyup Bank, Department of Public Relations, 2019：32.

标。如表 16-2 所示，2014—2017 年，韩国农协金融集团权益资本比率控制在 13% 以上，基本资本比率控制在 11% 左右，普通股资本比率为 10% 左右。

表 16-2　　　　　　　　韩国农协金融集团资本充足率情况

指标类别 ＼ 年份	2014	2015	2016	2017
权益资本比率	14.15	13.74	13.49	13.47
基本资本比率	11.67	11.06	11.24	11.49
普通股资本比率	9.96	9.61	10.02	10.49

资料来源：韩国农协金融集团 2016 年、2017 年年报。

目前，韩国农协银行的资本充足率也按照农协金融集团的总体要求执行。2019 年 6 月，资本充足率为 15.48%，相比 2016 年的 14.62%，上升了 0.86 个百分点，高于巴塞尔协议中的资本充足率标准，也高于韩国金融监督院的指导比例（9% 以上）。

二、不良贷款和信用评级

在不良贷款方面，韩国农协金融集团加强对韩国农协银行等子公司的贷款管理，以提升资产质量、有效控制风险。在韩国农协银行层面，加强对低信用群体的家庭、小企业主以及易受加息影响的借款人的贷款管理。另外，引进了顾客信用分数评价系统（CSS），通过身份识别信息决定个人信用记录、信贷额度、贷款利息等。

通过风险精细化管理，韩国农协银行资产质量提升，信用评级维持在银行业上游水平。一方面，不良贷款率大幅下降，从 2016 年的 1.36% 降至 2019 年 6 月的 0.83%，拨备覆盖率从 56.9% 上升至 93.5%。按照韩国金融监督院的经营状况评价标准，韩国农协银行的资产健全性维持在良好等级以上。另一方面，从信用评级看，由于实行了多维度和专业化的风险管理措施，2019 年 6 月，国际评级机构穆迪、标普、惠誉对韩国农协银行的信用评级分别为 A1、A+、A-，信用评级在银行业中维持在上游水平（见表 16-3）。

表 16 - 3　　　　　　　韩国农协银行资产质量与国际信用评级

类别		2016 年	2017 年	2018 年	2019 年 6 月	备注	
资本充足率（%）		14. 62	14. 72	15. 54	15. 48	9. 0% 以上	韩国金融监督院指导比例
不良贷款率（%）		1. 36	1. 03	0. 89	0. 83	2. 5% 以下	
拨备覆盖率（%）		56. 9	78. 6	93. 7	93. 5	65% 以上	
信用评级	穆迪	A1	A1	A1	A1	Aa2	韩国国家信用评级
	标准普尔	A +	A +	A +	A +	AA	
	惠誉	A -	A -	A -	A -	AA -	

注：达到韩国金融监督院指导比例以上者则被评为经营状况良好等级。

资料来源：《韩国农协银行经营成果》，韩国农协银行北京办事处提供。

三、内部控制情况

从内部控制情况看，韩国农协金融集团和韩国农协银行分别从金融集团（母公司）和银行自身（子公司）层面建立了完善的内部风险控制系统，使韩国农协银行能够有效控制风险，更好地为本国农业发展以及国民经济运行服务。

（一）韩国农协金融集团的内部风险控制体系

农协金融集团设立董事会（由 7 名成员组成），另设提名委员会、审计委员会、薪酬管理委员会、战略委员会和风险管理委员会（外部董事 3 人，非常务董事 1 人，内部董事 1 人，共 5 人）。其中，风险管理委员会作为内部风险控制的主要机构，其职责如下：建立农协金融集团的风险管理政策和策略；计算与管理资本充足率；风险的综合管理（包括综合风险资本）；综合信息披露与管理；信用评级模型管理及风险因素测算；等等。目前，韩国农协金融集团已经建立包括风险预测监控系统、风险限额管理系统、资产精准核算体系以及拖欠迹象预警系统在内的内部风险管理体系[①]。

韩国农协金融集团的风险管理委员会集中管理农协金融集团中的一般风险，包括制定基本的风险管理制度、明确风险管理水平，并定期（每个季度至少一次）召开风险管理委员会，农协金融集团风险管理小组与韩国

---

① NH financial group annual report 2017 ［R］. ［S. l. ］：NH financial group；2018.

农协银行等子公司协同合作，建立风险快速响应系统，有效防控风险。

（二）韩国农协银行内部控制体系

为提高管理的稳健性和经营的可持续性，韩国农协银行建立内部控制体系，以期有效控制和管理各个部门的风险。

1. 建立完善的风险管理组织架构。首先，设立风险管理委员会作为风险管理最高决策机构，制定风险管理的基本方针，作出风险容忍度决定等。风险管理委员会由 3 名（独立董事 2 人、非执行董事 1 人）董事组成。其次，风险管理协会作为政策执行机构，由相关部门负责人（副行长）负责风险案件事前审议等。再次，风险管理事务会议作为风险管理协会的辅助机构，协助其进行风险案件审议。最后，设置首席风险官（CRO）、风险管理部、信用监理部、风险验证组，负责风险管理和监测①（见图 16-4）。

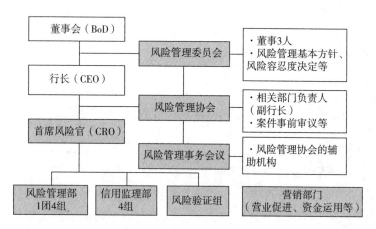

资料来源：韩国农协银行北京办事处提供。

图 16-4　韩国农协银行风险管理组织架构

2. 加强风险因素分析和预判，建立预警系统，提升风险应对能力。一方面，对发现有不良迹象企业进行事前管理，利用早期预警等级构建不同风险水平的差别化管理体系，加强对结构调整对象企业的选定。另一方面，

---

① 《韩国农协银行风险管理系统》，韩国农协银行北京代表处提供。

为保证资本充足和资本有效配置，设置和管理风险承受限度，并设置行业和部门的资金管理限度，对风险进行系统管理。

3. 完善信用风险衡量因素和信用评级体系，提高其区分能力、稳定性和资本充足率。韩国农协银行加强资本管理，以确保稳定引入更多资本。为有效管理流动性覆盖率和稳定融资率，在制订管理计划时严格按照监管法规，建立内部管理标准①。

此外，面对美国持续加息周期，以及巴塞尔协议Ⅲ等新监管规定出台所带来的外部金融风险和监管压力，韩国农协银行加强对不良资产、资本充足率及其他金融风险因素的监测和控制，持续提升风险应对能力。

---

① 2018 NongHyup Bank Annual Report［R］.［S. l.］：NongHyup Bank，Department of Public Relations，2019：35.

第十七章　俄罗斯农业银行

俄罗斯农业银行（Россельхозбанк，以下简称俄农行），作为俄罗斯金融体系的重要组成部分，兼具政策性和商业性特征，是政府支持农业等特定领域的金融工具，在农业企业融资方面处于领先地位，在促进国家信贷和金融体系的建立与运作、确保满足企业和零售业对银行金融产品及服务的信用需求等方面发挥着重要作用。[①]

第一节　成立及发展概况

针对国内农业企业日益增长的贷款需求，2000年3月15日，俄罗斯总统普京颁布特别法令，专门成立了俄农行，注册资本3.7亿卢布。俄农行是全资国有银行集团公司，主要任务是为涉农企业提供综合性金融服务，参与实施国家农业发展政策，促进农村地区经济发展。俄农行集团由银行及其子公司组成，主要子公司包括RSHB保险公司（100%控股）、RSHB资本S. A. 股份有限公司（卢森堡）[②]、RSHB资产管理有限责任公司（100%控股），以及经营农业、其他产业和共同基金的其他30家公司。

俄农行的职能包括提供农业综合企业的季节性工程和长期贷款、中小企业贷款组合、资本或企业贷款组合、零售贷款组合等。作为俄罗斯农业综合企业的主要贷款方之一，俄农行旨在以广泛的区域覆盖范围为优势，为涉农企业提供多样化的金融产品和服务。

---

① 俄罗斯农业银行2018年年报。
② 该公司是俄罗斯银行为发行欧洲债券而成立的结构化主体。

资料来源：俄罗斯农业银行 2018 年年报。

图 17 - 1　俄罗斯农业银行集团架构

一、发展概况

自成立以来，俄农行积极助力农业企业发展，通过提供多样化的金融服务和产品，不断满足客户需求，逐渐发展成为农业企业贷款的领导者和俄罗斯联邦五大金融机构之一。2002 年，俄农行和农业部签署框架合作协议，由农业部向其推荐资信背景较好、需要融资的公司。例如，在水产养殖方面，俄罗斯沿海地区水产养殖面积不断扩大，水产养殖企业的资金需求达到上千万卢布，但来自商业银行的资金远远不能满足企业的需求，这就需要政策性金融机构对其进行信贷支持。俄农行通过其业务范围内的产品很好地满足了这一需求。自 2013 年至 2018 年 10 月，俄农行在《国家农业发展纲要》范围内累计发放贷款 280 万笔，金额 4.6 万亿卢布，其中包括农忙季节性贷款 1.3 万亿卢布、专业农场贷款 833 亿卢布以及家庭式农场贷款 806 亿卢布①。根据 2017 年《银行家》杂志的统计，在世界 1000 家顶级银行中，俄农行排名第 365 位，已经成为俄罗斯资本市场上一支不可或缺的力量。

二、运营网络

俄农行业务网络覆盖俄联邦全境，是俄罗斯第二大区域分行网络，拥有 66 个区域分行、超过 1255 个销售点（Points - of - Sale）和俄罗斯第二大

---

①　俄罗斯农业银行 2018 年年报。

销售终端网络，还有 671 家授权代表处可在分行网络未覆盖的中等城市提供服务①。俄农行为促进收入来源多样化、实现长期可持续的业务增长，利用其庞大的分支网络和众多的销售与服务渠道，向各个地区尤其是偏远农村地区提供了有力的金融服务支持。2006 年至 2007 年，俄农行积极参与"国家农业发展计划"，并被《欧洲货币》杂志评为"中欧和东欧最佳金融借款人"。2008 年被《贸易金融》杂志评为"最佳当地贸易银行"。2009 年被《福布斯》杂志评为"俄罗斯联邦 100 家最可靠的银行"之一。

2018 年，俄农行 75% 以上的分支机构遍布在居民不足 10 万人的中小社区，通过在这些区域设立销售终端，极大地提高了整体业务流程的运营效率，满足了当地社区的实际需求。同时，俄农行持续发展自助取款机（ATM）和自助服务终端（SST）网络，截至 2018 年末，共有 5504 台自助服务机器，包括 3800 台自助取款机和 1704 个自助服务终端。俄农行还通过与其他银行建立互惠合作关系，形成了一个共享自助取款机网络，2018 年末合作网络框架内的自助取款机总数达到 11134 台。与此同时，俄农行投入大量资金，优先升级远程服务渠道并扩大业务份额，迄今已使用远程银行（互联网办公室、互联网银行和移动银行）为 19.9 万名客户提供服务，未来还将开发远程银行服务平台，推出电子支付等高科技解决方案，以提高在结算和银行服务方面的覆盖范围和竞争力②。

三、财务情况

截至 2018 年末，俄农行总资产 3.115 万亿卢布，较上年增加 0.226 万亿卢布，增长 7.82%；总负债 2.963 万亿卢布，较上年增加 0.264 万亿卢布，增长 9.78%；贷款总额 2.29 万亿卢布，较上年增加 0.321 万亿卢布，增长 16.30%（见表 17 - 1）。2018 年，俄农行扭亏为盈，实现净利润 15 亿卢布。2018 年末，贷存比率为 94.6%，较上年有所提高；成本收入比率为 47.0%，较上年略有下降；资本充足率 15.2%，基本保持稳定。

---

① About the bank – profile ［EB/OL］．［2019 - 12 - 30］．https：//www.rshb.ru/en/about/profile/.

② 俄罗斯农业银行 2018 年年报。

表 17 – 1	俄罗斯农业银行主要财务指标	单位：十亿卢布
主要财务指标	2017 年 12 月 31 日	2018 年 12 月 31 日
总资产	2889	3115
总负债	2699	2963
贷款总额	1969	2290
客户账户总额	2204	2421
净利息收入	63.3	67.4
盈亏	– 19.5	1.5
资本充足率（%）	15.5	15.2
贷存比率（%）	89.3	94.6
成本收入比率（CIR）（%）	48.2	47.0

资料来源：俄罗斯农业银行 2018 年年报；数据由俄罗斯农业银行根据国际财务报告准则（IFRS）得出。

第二节　治理结构

俄农行将良好的公司治理视为实现长期成功的关键，积极在银行与股东、利益相关者、员工和客户之间增强互信与合作。俄农行的治理结构能有效区分由股东大会执行的一般管理与由执行机构（管理委员会和管理委员会主席）执行的运营管理，在确保权力平衡方面发挥着重要作用。俄农行的治理结构主要包括股东大会、监事会、管理委员会和管理委员会主席这几个层次（见图 17 – 2）。

一、股东大会和修订委员会

（一）股东大会

股东大会是俄农行的最高管理机构。俄罗斯联邦是俄农行唯一的股东，通过国有资产管理局、财政部和存款保险局控制俄农行，这三家机构持有股份分别占俄农行总股本的 77.11%、6.10% 和 16.79%[①]。俄农行有表决权

---

① 俄罗斯农业银行 2018 年年报。

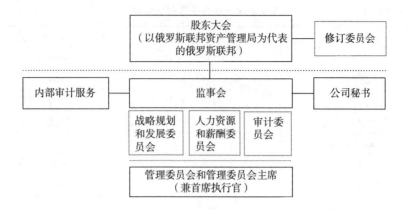

资料来源：俄罗斯农业银行 2018 年年报。

图 17 - 2　俄罗斯农业银行的治理结构

的股份全部由俄罗斯国有资产管理局（Rosimuschestvo）持有。根据俄罗斯联邦政府 2004 年 12 月 3 日第 738 号法令①，俄罗斯国有资产管理局行使股东大会权力，代表俄罗斯联邦在银行活动上的立场。

2018 年，俄农行共召开 7 次股东大会，其中包括 6 月的 1 次年度股东大会以及 4 次临时股东大会。2018 年的年度股东大会选举产生了修订委员会和监事会成员，批准了年度报告和 2017 年的财务报告，并研究有关议程上的其他问题。

（二）修订委员会

修订委员会由股东大会根据俄罗斯联邦国有资产管理局的有关指令选举产生，是负责控制银行财务和业务活动的机构。它对当前业务与财务计划进行修订，分析银行的财务状况，评估内部控制和风险管理系统的运作，并检查有关交易的合法性。该委员会由 5 名成员组成，目前包括俄罗斯联邦国有资产管理局、俄罗斯联邦经济发展部、农业部以及财政部的有关代表。

---

① The Russian Federation Government Decree No. 738 dated December 03, 2004：On Management of Federally Owned Shares in Joint Stock Companies and Exercise of the Special Right of the Russian Federation to Participate in Joint Stock Companies' Management（"Golden Share"）［Z］．［S. l．：s. n．］，2004.

二、监事会、内部审计服务及公司秘书

（一）监事会

俄农行的监事会由股东进行选举并对股东负责。除了根据 1995 年 12 月 26 日《联邦股份公司法》第 98 条和《银行章程》规定的由股东大会负责的问题之外，监事会对俄农行行使全面管理权，其作用和职责包括审议和批准长期战略指导方针、关键绩效指标（KPI）、风险管理方法和内部控制框架，以及控制银行执行机构的运行。同时，监事会还根据本行在透明度和诚信方面的核心价值观，就综合问题向管理委员会提供咨询协助。

俄农行重要的长期经营决策由监事会作出，监事会直接对俄联邦总理负责。2018 年末，俄农行监事会共有 9 名成员，由政府有关部门的负责人组成。监事会主席为俄联邦农业部部长，其他成员包括俄农行管理委员会主席兼首席执行官、财政部部长助理、俄联邦农业中心（Federal Agency of Agriculture）主任、俄联邦资产基金会（The Russian Federal Property Fund）第一副主席、农业部财务司司长，以及俄联邦经济发展和贸易部部长助理。2018 年，俄农行共召开 28 次监事会会议，审议决定 89 个议题。作为俄农行治理结构的核心，监事会在确定战略方向以及平衡管理层、股东和其他利益相关者的利益等方面发挥着重要作用。

监事会下设三个委员会：（1）战略规划和发展委员会，负责设定和监督一般和优先战略目标，就银行的股息政策提出建议并评估银行的运营效率；（2）人力资源和薪酬委员会，负责制定人力资源政策和高级管理人员的薪酬政策；（3）审计委员会，负责审查银行的会计和风险政策及内部控制措施。

（二）内部审计服务和公司秘书

内部审计服务。俄农行的内部审计服务（Internal Audit Service，IAS）受监事会直接控制，向监事会报告工作，职能包括评估内部控制系统效率与风险管理框架效率两个方面。内部审计服务有助于通过采用系统有序的方式，保证并提升银行在风险管理、控制和治理上的有效性。2018 年，内部审计服务人员共进行了 93 次内部检查，包括 43 次对地区分行财务和业务

活动的全面检查、14 次对银行总部各部门的检查、33 次对银行附属公司的检查，以及 3 次对俄农行国外代表处的检查①。

内部审计服务的具体工作范围主要集中于以下领域：（1）评估本行内部控制体系的总体有效性，监督对最高机构（股东大会、监事会、管理委员会及管理委员会主席）决议的执行情况；（2）分析俄农行风险评估方法的有效性；（3）检查和监督对自动化信息系统使用的内部控制情况及其可靠性，防止未经授权的访问和其他违规行为；（4）确保旨在使银行在紧急情况下持续运行的相关协议与措施的有效性；（5）检查会计活动及财务报告的真实性和完整性；（6）评估财产保护方法和手段；（7）评估交易和经营的经济可行性及有效性；（8）检查内部控制程序；（9）检查内部控制部门和银行其他风险管理部门的活动；（10）建立和协调集团内部审计职能体系。

公司秘书。公司秘书由监事会任命，向监事会报告工作，负责维护银行股东权益，并支持监事会高效工作。公司秘书参与安排股东大会和监事会会议，制定需要得到银行股东批准的决议，确保股东与银行管理层之间的有效合作。

三、管理委员会及其主席

管理委员会及其主席是俄农行的执行机构，主要负责履行与实现银行关键业务目标，实现股东提出的长期目标，监督银行业务遵守相关法律法规，监督风险管理体系的引入和运行（包括定义银行的风险偏好），监控银行经营环境，加强企业文化建设。

2019 年初，俄农行管理委员会由 8 名成员组成，负责落实股东和监事会分配的任务。管理委员会主席兼首席执行官由监事会根据监事会主席的建议任命。其他成员由监事会根据管理委员会主席的建议任命。管理委员会主席及成员对监事会和股东大会负责。管理委员会根据需要定期举行会议，并以简单的多数票作出决定，但条件是至少有一半的当选成员出席。

管理委员会下设若干专门委员会，包括但不限于战略与企业发展委员会、信贷委员会、初级信贷委员会、小额信贷委员会、财务委员会、资产

---

① 俄罗斯农业银行 2018 年年报。

负债管理委员会、技术委员会、分支机构网络委员会、问题贷款管理委员会、公司道德与纪律委员会和风险管理委员会。

第三节　资金来源

俄农行的资金来源比较多样化，近年来，已逐步从国家提供全部资金向市场筹资方式为主转变，主要融资来源有客户账户、债券发行、股本和次级债务等。

一、客户账户

客户账户在俄农行的融资结构中占比最高，且近两年占比有所提升。2018 年，俄农行主要通过增加客户账户总额、分散资金来源和降低资金成本等方式，继续强化其融资基础，当年客户账户增加 2175 亿卢布，增长9.9%，总额达到 2.421 万亿卢布，在融资总额中占比 78%（见图 17 - 3）。

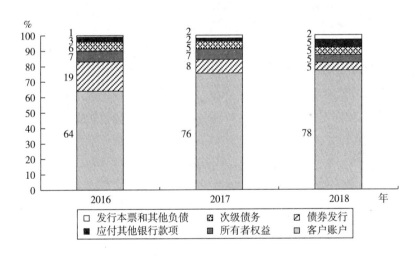

资料来源：俄罗斯农业银行 2018 年年报。

图 17 - 3　俄罗斯农业银行的融资结构

截至 2018 年底，在客户账户中，个人存款占比最高，达到 43%，总额达到 1.035 万亿卢布，同比增加 1772 亿卢布，增长 20.7%。其次是政府和公共组织存款，占比 25%。此外，制造业、建筑业、农业、金融服务和养老金等，也都在客户账户中占有一定比重（见图17-4）。

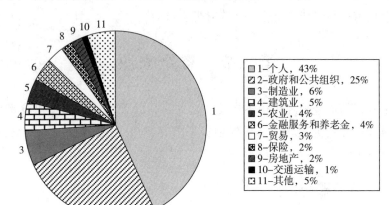

1-个人，43%
2-政府和公共组织，25%
3-制造业，6%
4-建筑业，5%
5-农业，4%
6-金融服务和养老金，4%
7-贸易，3%
8-保险，2%
9-房地产，2%
10-交通运输，1%
11-其他，5%

资料来源：俄罗斯农业银行2018年年报。

图17-4　俄罗斯农业银行2018年客户账户结构（按部门划分）

二、发行债券

俄农行能够提供全面的债务工具，通过在市场上不断投入资金和筹集额外资金降低风险，同时还是国内和国际资本市场的积极参与者。俄农行在本地的债券发行总量为2520亿卢布，其中自由流通债券1837亿卢布。以2017年为例，俄农行在交易所发行债券，作为长期贷款资金的来源（见表17-2）。

表17-2　　　　　　　**俄罗斯农业银行2017年债券发行情况**

发行时间	发行量（亿卢布）	发行期限（天）	票面年利率（%）
3月	100	1274	9.5
6月	100	1456	8.65
10月	70	1456	8.4
12月	50	1100	8.1

资料来源：俄罗斯农业银行2017年年报。

三、所有者权益

2017年底，俄农行的所有者权益总金额为1072亿卢布，在全部融资中占比7%。2018年底，俄农行的所有者权益总金额为1517亿卢布，增加445亿卢布，在全部融资中占比下降至5%。

四、外国政府借款

近年来，俄农行在国际市场上的融资占比有所下降。2017年，在较低成本和较长期融资基础的背景下，俄农行偿还了1720亿卢布的欧洲债券和次级贷款，负债中来源于国际资本市场的份额从上年的14.7%下降至5.3%[①]，对国际金融市场的依赖程度降低。

第四节　业务情况

俄农行作为政府调控市场的工具，支持特定部门（包括农业综合产业、渔业和林业）的发展[②]，贷款范围很宽，贷款期限可以长达15～20年，为农业及其相关部门的发展提供信贷支持。此外，俄农行在支持中小企业融资以及政府的其他发展项目方面也发挥着积极的作用。

一、业务概况

俄农行是俄罗斯前五名的金融机构之一，是全俄第一大农业长期贷款机构和第三大中小企业贷款机构。2018年末，该行贷款占全国农业、狩猎和相关服务业贷款总额的35.1%、食品生产业（包括饮料和烟草）的21.7%以及农林设备制造业的17.1%。2018年末，该行贷款余额2.290万亿卢布，同比增长16.3%。其中，企业贷款余额1.856万亿卢布，增长15.6%；零售贷款余额0.434万亿卢布，增长19.5%（见图17-5）。

按照经济部门划分，俄农行贷款主要集中在农业、个人和油气三个部门，分别占43%、19%和11%（见图17-6）；按照区域划分，贷款主要集中在中部地区、伏尔加地区和南部地区，分别占44.6%、14.9%和14.8%（见图17-7）。

---

① 俄罗斯农业银行2018年年报。
② 同注①。

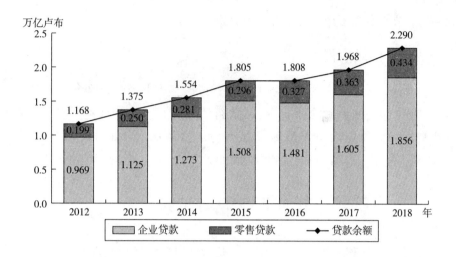

资料来源：俄罗斯农业银行 2016 年、2017 年、2018 年年报。

图 17 - 5　俄罗斯农业银行贷款余额及其结构

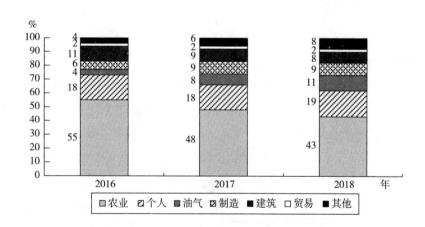

资料来源：俄罗斯农业银行 2017 年、2018 年年报。

图 17 - 6　俄罗斯农业银行贷款结构（按经济部门划分）

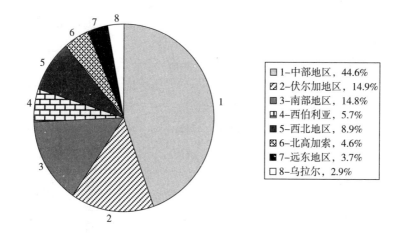

1-中部地区，44.6%
2-伏尔加地区，14.9%
3-南部地区，14.8%
4-西伯利亚，5.7%
5-西北地区，8.9%
6-北高加索，4.6%
7-远东地区，3.7%
8-乌拉尔，2.9%

资料来源：俄罗斯农业银行 2018 年年报。

图 17 - 7　俄罗斯农业银行贷款结构（按区域划分）

二、支持领域

（一）支持农业发展

俄农行自成立以来一直奉行社会责任原则，积极参与联邦计划支持中小企业发展，开发农村地区和中等城市，促进农业企业的创新，改善投资环境，促进耕地合理利用，提高农业领域的就业机会等，助力俄罗斯实现成为农业大国的目标。

俄农行为生产周期各阶段（从初级农业生产到储存、加工，再到最终产出和营销）的农业企业提供信贷资金支持，贷款种类包括粮食生产与收购贷款、农业生产设备贷款、农村基础设施贷款、流动资金贷款、农民购买牲畜贷款、食品加工业企业贷款、畜牧养殖贷款、农业教育贷款、农村旅游贷款、农民建房贷款、治病费用贷款等。俄农行在主要农村金融市场中的份额和农业贷款结构分别见表 17 - 3 和图 17 - 8。

表 17 -3　　　　　俄罗斯农业银行在主要农村金融市场中的份额　　　　单位：%

借贷主体	2017 年 1 月	2018 年 1 月
公司（非金融机构）	4.6	5.0
个人	3.0	3.0
涉农企业	29.8	29.6
业务类型	2017 年 1 月	2018 年 1 月
季节性业务（指收购耕地及农业机械等）	75.5	85.4
农业部门	38.3	37.4
食品加工企业	22.0	22.2

资料来源：俄罗斯农业银行 2017 年年报。

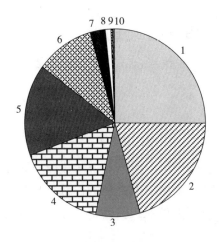

1-养殖业，25.1%
2-种植业，20.5%
3-作物和动物饲养，7.9%
4-食品加工业，16%
5-农村居民个人，15.7%
6-其他，10.5%
7-农场建设，2.7%
8-个人宅基地，1%
9-渔业养殖和捕捞，0.3%
10-农业服务企业，0.3%

资料来源：俄罗斯农业银行 2018 年年报。

图 17 -8　俄罗斯农业银行的农业贷款结构（按子部门划分）

2017 年，俄罗斯经济逐渐复苏，粮食产量超过 1.35 亿吨。农业企业对多样化金融服务的需求不断增长。俄农行响应国家倡议，积极开发适合农业生产者的信贷产品，为农业企业发展提供了大量资金支持。2017 年俄农行的贷款余额同比增长 8.9%，达到 1.968 万亿卢布，其中涉农贷款达到

1.2 万亿卢布，支持全国数千家农业企业，圆满完成贷款增长目标[①]，优于俄罗斯银行业整体水平，受到了政府的肯定和表扬。

（二）支持中小企业信贷

俄罗斯政府特别重视对中小企业的支持。根据 2018 年联邦议会发表的总统讲话，到下个十年中期，中小企业对俄罗斯 GDP 的贡献将接近 40%，就业人数将从 1900 万人增加到 2500 万人。俄农行将中小企业的活动视为国家经济增长的动力，特别关注中小企业发展。从 2016 年开始，俄农行积极参与"贷款激励计划"，与中小企业发展联邦公司（前身为信用担保机构）签署合作协议，大力支持中小企业发展。具体方式是俄农行对中小企业发展联邦公司授权，在公司收到俄农行贷款时，以补贴后的利率再向中小企业进行转贷。截至 2017 年中期累计为中小企业提供超过 1.7 万亿卢布的资金[②]。此外，俄农行还和俄罗斯经济发展部门签署支持中小企业协议，在国家担保体系下为中小企业提供无担保/部分无抵押贷款。2019 年，俄农行为中小企业提供了 30 多项贷款计划。

（三）为政府计划提供资金支持

俄农行积极为国家发展项目提供资金，以促进经济社会稳定发展，主要包括以下几个方面：（1）机械、粮食、燃料等政府支持的重点领域；（2）国家建设发展规划的公共基础设施；（3）包括家庭农场在内的小微企业；（4）提高汽车产业竞争力的国家汽车工业发展计划；（5）出口企业。俄农行通过自身的销售和服务渠道为客户提供在欧亚经济联盟框架内运营的机会，推动 2018 年全俄食品和原材料出口达到 258 亿美元（同比增长 25%）。

2015 年初，俄罗斯政府通过确保经济可持续发展和社会稳定优先措施计划[③]，旨在加快经济结构调整，确保中期增长和宏观经济稳定。该计划规定，存款保险机构（Deposit Insurance Agency，DIA）通过联邦贷款债券

---

① 俄罗斯农业银行 2017 年年报。

② 同注①。

③ The Plan for the priority measures for ensuring sustainable economic development and social stability in 2015, approved by the Government resolution No. 98 – p dated 27. 01. 2015.

(Federal Loan Bonds) 的形式补充银行资本，支持产业发展。2018 年，俄农行在存款保险机构计划（DIA Program）① 标准内，以贷款和债券购买的形式，向优先生产产业（Priority Production Industries）提供超过 1 万亿卢布的资金。作为存款保险机构计划的一部分，俄农行的支持范围涵盖各个领域的优先产业和经济部门，包括农业和食品加工、化工生产、机械、房地产开发、运输、通信等。

（四）发展零售业务

俄农行提供一系列零售服务和产品，主要包括住房按揭贷款、消费贷款、宅基地贷款和信用卡等。2018 年，零售贷款余额 4342 亿卢布，同比增长 19.5%（见表 17 - 4），总量居全国第五位。其中，住房按揭贷款占全年零售贷款总额的 57.5%，在全国住房按揭贷款市场占有重要地位；消费贷款占全年零售贷款总额的 40.1%②。

表 17 - 4　　　　　　　　俄罗斯农业银行零售贷款总量及其比重

	2015 年	2016 年	2017 年	2018 年
零售贷款总量（亿卢布）	2968	3271	3634	4342
占全行总贷款的比重（%）	16.0	18.1	18.5	19.2

资料来源：俄罗斯农业银行 2018 年年报。

俄农行为农业个体户和农村居民提供一系列信贷产品，用于支持购买牲畜与农村社会发展，比如支持在农村旅游和贸易、民间艺术和手工艺等领域开办企业。这类贷款占全行零售贷款总额的 2.8%③。

三、主要农业支持领域

俄农行对农业的支持，主要体现在以下几个方面：

第一，支持农业生产。2005 年初，俄罗斯总统普京签署农业振兴计划（The Financial Restructure of Agriculture Commodity Producers）。俄农行

---

① 存款保险机构计划是一项生产部门支持计划，由俄罗斯国有公司存款保险机构通过俄罗斯银行的补充资本实施。

② 俄罗斯农业银行 2018 年年报。

③ 同注②。

积极参与其中，为农业企业和生产合作化组织提供贷款支持。2013 年至 2018 年 10 月，俄农行在实施《国家农业发展纲要》范围内，共计发放贷款 280 万笔，金额 4.6 万亿卢布，其中包括农忙季节融资 1.3 万亿卢布、专业化农场贷款 833 亿卢布、家庭式农场贷款 806 亿卢布。俄农行还大力支持包括农业中小企业在内的各类中小企业发展，截至 2018 年初，中小企业（SMEs）贷款组合余额达到 3158 亿卢布。此外，俄农行还积极支持政府关于农业企业金融复兴计划（Financial Rehabilitation of Agribusiness Enterprises），到 2018 年累计投放 723 亿卢布贷款用于支持金融复兴计划内的农业生产者。

第二，支持国家农业综合企业发展计划[①]（The State Program on Agribusiness Development）内的农业企业融资。俄农行在向农业综合企业提供金融支持方面发挥了关键性作用，其战略目标之一是在农业综合企业/相关部门贷款和服务方面处于领先地位。该银行被指定为实施国家农业综合企业发展计划的主要金融机构，优先支持农业企业和相关价值链中的部门（从原材料供应商到最终消费者），以及农村和半城市地区的人口和企业。优先提供信贷支持的主要方针是有关项目能够积极参与实现国家农业综合企业发展计划中的目标。

按照这一计划，发放的贷款可用于以下目的：（1）购买农业机械设备；（2）饲养牲畜；（3）种植粮食；（4）采购燃料和化肥；（5）租赁土地、购买仓储设施；（6）资助季节性田野工作。为实现该计划规定的目标，俄农行开发了各类产品，以满足客户在生产、加工和销售各个阶段的运营和投融资需要，并为设备升级、创新和技术引进提供信贷支持。2018 年，俄农行在国家农业综合企业发展计划框架内，发放 451500 多笔贷款，总额 11740 亿卢布，同比增长 6.1%；其中，新增农场贷款 2400 笔，金额 112 亿卢布，同比增长 1.3%；新增支持购买农用机器贷款 92 亿卢布，同比增长 51.7%。2006—2018 年，俄农行向企业、社会组织和农场提供金融支持，投放贷款 7730 亿卢布，推动 5098 个建设、检修、养殖业设备升级及其他农

---

① 该计划来自俄罗斯联邦 2016 年 12 月 29 日第 1528 号政府法令（The Order of the Government of the Russia Federation No. 1528 dated 29. 12. 2016）。

业综合项目。[①]

表 17 – 5 俄罗斯农业银行在国家农业综合企业发展计划

目标内的贷款情况

类别	占比（%）	贷款金额（亿卢布）
农业企业	89.80	10547
居住在农村和中等城镇的个人	8.8	1035
个人住宅用地所有者	0.1	9
家庭经营农场	1.3	148
农业合作社	0.01	1

资料来源：俄罗斯农业银行 2018 年年报。

第三，支持农业固定资产投资。俄农行为固定资产长期投资和季节性现场工程进行融资，并积极提高边远地区和气候恶劣地区相关贷款的可获得性，确保农业生产的可持续增长。根据 2020 年国家计划框架所涵盖的范围，从 2013 年到 2018 年，俄农行在相关领域提供了近 290 万笔贷款，总额 4.97 万亿卢布，2018 年发放贷款 1.2 万亿卢布。

第四，支持农产品出口。俄农行响应"关于俄罗斯联邦到 2024 年的国家目标和战略任务"这一总统令，积极支持农产品出口。2019 年，每八个农业出口商中，就有一个是俄农行的贷款客户。预计到 2024 年，俄农行对农业出口商的贷款份额将增长至 35%，服务全国大约三分之一的农业出口商[②]。为支持农产品出口，俄农行简化业务流程，为出口商提供外贸支持、外汇兑换、现金和结算、信用证、外汇风险对冲及银行担保等各类产品和服务。

四、补贴贷款

俄农行支持农业企业融资业务中，补贴贷款是重要的组成部分。2017 年以来，俄农行是根据国家农业综合企业发展计划，向农业生产者以优惠利率提供贷款的关键机构之一。在优惠贷款机制框架内，被授权银行可直接从政府获得补贴，用于补偿收入损失，补偿标准按照俄罗斯银行 2017—

---

① 俄罗斯农业银行 2018 年年报。

② 同注①。

2018 年发放贷款再融资利率的 100%，或 2019 年以后年份所发放贷款再融资利率的 90% 确定。对于 2017 年以前发放的相关贷款，农业生产者能够从联邦预算和地区预算中获得补贴，用于偿还部分利息，标准最高可达俄罗斯银行再融资利率的 100%。这一方式将俄罗斯联邦预算中的补贴纳入各组成实体的预算，利用补贴偿还贷款产生的利息成本，提高了银行放贷的积极性，使农业企业更容易获得国家的资金支持以促进自身的生产和发展。2018 年，俄罗斯联邦继续完善农业生产者优惠贷款机制，从预算中拨付 795 亿卢布用于对农业综合企业贷款利息进行补贴，其中 326 亿卢布用于补贴给向农业生产者提供优惠贷款的银行①。

作为向农业生产者提供优惠贷款的关键机构，俄农行的企业贷款中有 38% 属于补贴贷款（见图 17 - 9），补贴主要来自联邦政府和地区政府预算。通过利息补贴，俄农行支持农业企业的相关业务得到政府的有力支持，取得了进一步的发展。

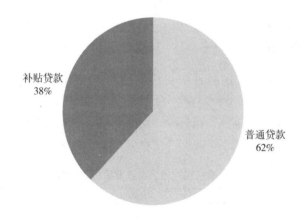

资料来源：俄罗斯农业银行 2018 年年报。

图 17 - 9　俄罗斯农业银行贷款份额（按是否补贴划分）

俄罗斯联邦补贴贷款的发放流程主要分为六个步骤（见图 17 - 10）：（1）被授权银行与农业部签署有关协定；（2）借款人向被授权银行申请低息贷款；（3）被授权银行在农业部进行潜在借款人登记；（4）农业部批准被授权银行的潜在借款人登记；（5）被授权银行发放低息贷款；（6）联邦

---

① 俄罗斯农业银行 2018 年年报。

公库对被授权银行进行补贴。

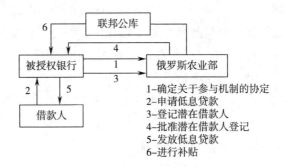

资料来源：俄罗斯农业银行 2018 年年报。

图 17 – 10　俄罗斯联邦补贴贷款发放流程

第五节　风险防控

一、评级情况

截至 2019 年 4 月，国际评级机构穆迪和惠誉对俄农行的评级分别为 Ba1 和 BB + ，展望分别为"稳定"和"正面"。俄罗斯信用评级机构（Analytical Credit Rating Agency，Russia）对俄农行的评级为 AA，展望为"稳定"（见表 17 – 6）。

表 17 – 6　　　　国内外评级机构对俄罗斯农业银行评级情况

评级机构	全球范围评级				国内评级	
	长期债务（外币）		长期债务（本币）		评级	展望
	评级	展望	评级	展望		
穆迪	Ba1	稳定	Ba1	稳定	AA（RU）	稳定
惠誉	BB +	正面	BB +	正面		

资料来源：俄罗斯农业银行 2018 年年报。

二、风险管理

俄农行风险管理的基本目标是维持银行根据其战略目标确定的可接受风险水平，首要任务是将可能导致不可预见损失的风险降到最低水平，以最大限度地确保资产和资本的安全。俄农行对所有活动层面的重大风险，如信用风险、市场风险、流动性风险、利率风险和操作风险等进行协调管理，并通过有效的风险管理体系对这些风险进行监控、测量和防范。

（一）风险管理系统框架

俄农行依托世界银行风险管理系统和管理理念，建立了适应本国国情的多层次风险管理系统，以监控、衡量和防止风险的发生。

第一层次，监事会。负责通过审批银行风险管理政策、审批风险和资本管理策略、审议银行承担的风险报告等方式把控整体风险。

第二层次，管理委员会。负责批准关键文件，包括确定风险防控系统有关职能的关键文件，以及确定资本充足性评估内部程序的关键文件。

第三层次，风险管理委员会。负责整个风险管理系统的管理（考虑可能的升级和改进），控制本行的风险偏好和总体风险状况，分析银行的风险管理系统是否符合国家要求、是否执行了俄罗斯联邦及巴塞尔银行监管委员会（BCBS）实施标准的有关要求。此外，风险管理委员会还将风险状况传达给银行其他职能部门，并直接或与银行其他职能部门合作采取有关举措，以降低发生损失的可能性和潜在损失的规模。

（二）主要风险及其管理方法

俄农行面对的主要风险包括信用风险、流动性风险、市场风险、利率风险和操作风险等。俄农行对各类风险采取针对性的管理方法，以保证风险管理目标的实现。

1. 信用风险。为管理信用风险，俄农行对客户在信贷情况方面的所有可获得信息进行评估，使用流动抵押品和担保等工具控制风险，在信贷定价中加入风险溢价，为集团客户设定限额，并持续监控信贷风险敞口。俄农行还出台专门的内部条例，对信贷服务的风险评估和程序进行正式说明。

在实施贷款和投资计划时，俄农行优先支持农业产业和服务于农业生产者需求的相关部门，而这往往会造成较高的行业集中度风险。为有效降低行业集中度风险，俄农行采取了以下措施：（1）向包括生产、储存、加工和销售的整个价值链提供贷款；（2）向不同地区和不同农业领域的客户发放贷款；（3）对同一个农业生产企业的不同产品类型提供贷款支持；

（4）通过在效益较好、可持续发展能力较高的其他经济领域进行投资来实现多样化；（5）限制单一借款人的风险敞口。

2. 流动性风险。俄农行主要通过以下方法控制流动性风险：（1）在现金流量分析的基础上，对日常付款情况进行评估；（2）对资产负债期限错配的缺口进行分析（GAP – analysis）；（3）自主计算并分析实际价值和流动性的内部动态指标；（4）进行压力测试。截至 2019 年初，俄农行的流动性比率与俄罗斯银行的规定相符，流动性风险得到比较合理的控制。

3. 市场风险。俄农行通过在险价值（VAR）分析，对市场不确定性所产生的风险进行日常评估，并对预期损失（Expected Shortfall）指标进行计算，以预估风险价值超出预期时的损失数额。俄农行通过设置止损限制、分散和对冲风险敞口，以及进行预先计划和准备等方式，对市场风险进行管理。

4. 利率风险。俄农行采用差距法（GAP Method）和系数法（Coefficient Method）对利率风险及其影响程度进行评估，并提高风险敞口控制系统的自动化程度，以进一步提升利率风险的管理水平。

5. 操作风险。管理操作风险的方法主要包括在组织结构各层面营造操作风险管理的内部文化，制定和完善规范操作风险管理流程的内部文件，对所有重大业务条线的操作风险进行识别、评估和控制等。

（三）风险管理具体措施

2017 年，俄农行在风险管理的框架下对以下方面进行了改进：（1）升级信用风险限额制度，提高了投资组合层面的风险专业知识含量和风险评估效率。（2）启动俄罗斯联邦的统计评级模型和信贷限额系统。（3）对银行借款人进行内部评级。在容易发生风险的零售贷款部门，俄农行拥有一套现代化而且行之有效的管理体制，零售贷款展期全过程操作均集中在总部层面。2017 年，该领域的决策过程引入了一个新的职能角色——"欺诈分析师"，以最大限度地降低借款人潜在欺诈行为造成的信贷损失风险。（4）引入自动化 IT 解决方案。通过对借款人工作/家庭所在地的照片图像进行人工智能分析，对贷款申请的真实性进行验证。（5）通过加强远程信贷知识学习，提高员工的风险意识，从而不断提升风险防控能力。

2018 年，俄农行继续完善其风险管理流程和程序，定期评估本行和银行集团的风险承受能力，以快速适应不断变化的环境、尽可能应对所有市场挑战，具体措施包括：（1）为提高企业信用风险管理的有效性，在限额制度发展框架下，更新信用风险限额，并调整量化风险评估的方法、升级客户信用记录评估算法、调整客户的支付能力评估方法；（2）在流动性风险管理方面，通过对高流动性的联邦贷款债券和俄罗斯银行的短期债券进行更多投资等措施，增加高流动性资产的数量；（3）通过改进流动证券数量和商品市场工具的市场风险评估方法，加强对市场风险和利率风险的管理；（4）实施更新、披露、收集和处理操作风险有关数据的程序，并借鉴其他金融机构控制操作风险的新方法。

2019 年，俄农行计划引入新方法和新程序以不断提升风险管理能力，主要体现在以下几个方面：（1）通过更广泛地使用内部评级和其他定量风险度量，加强企业信用风险管理；（2）将零售部门自动信贷决策的作用最大化，利用具有 AI 元素的新型 IT 解决方案支持的评分模型提高银行信贷流程效率；（3）基于 BCBS 新标准对银行账簿管理中的流动性风险和利率风险增强防控；（4）推出新的限额制度和方法，用于控制市场风险，包括针对农业企业客户开发多种创新产品以对冲主要农产品的价格波动风险等。[①]

三、主要指标情况

（一）不良贷款情况

俄农行努力在提高贷款质量方面不断取得进展。2016 年和 2017 年，俄农行的不良贷款率（NPLs）分别为 11.2% 和 10.4%，主要反映了不利的气候条件和宏观经济环境对农业企业的影响。2018 年，俄农行的贷款减值准备（LIP）费用从上一年的 647 亿卢布减少至 586 亿卢布，根据国际财务报告准则（IFRS 9）和俄罗斯银行的要求，维持在适当水平。这一数据主要基于借款人业绩和抵押品变现产生的预期未来现金流量计算得出。

为提高不良贷款控制水平，俄农行重视对抵押品的监控和审查，并要求为抵押物主体投保。俄农行接受不同类型的抵押品，97% 的公司贷款有抵押

---

① 俄罗斯农业银行 2017 年、2018 年年报。

品担保，并且82%的抵押品具有较高的流动性（如房产、设备、车辆）。①

（二）资本充足率情况

俄农行注重对资本充足率的控制。通过持续的注资活动以及政府强有力的支持，俄农行在业务增长的同时，始终保持着较高的资本充足率。截至2018年12月31日，俄农行的资本充足率是15.2%，高于一般商业银行和国际通行标准。

俄农行2000年成立时的注册资本为3.7亿卢布，此后，俄农行共进行了15次增资：2002年俄农行由国家增资9.94亿卢布；2005年，首次发行欧洲债券3.5亿美元，同年8月，经议会批准，俄罗斯政府又为俄农行注入了6.2亿卢布；2015年，在二级资本市场筹集资金11.5亿美元及400亿卢布；2018年投资者增资总额为250亿卢布；等等。不断的资本投入，降低了运营成本，保证了俄农行的稳健经营，促进了信贷资金有效投入农业。截至2018年底，俄农行的资本金达到4839亿卢布，股本达到4098亿卢布②。

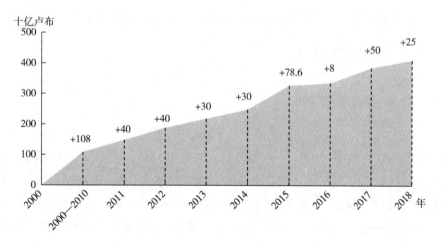

资料来源：俄罗斯农业银行2018年年报。

图17-11　俄罗斯农业银行历年增资情况

---

① 俄罗斯农业银行2018年年报。
② 同注①。

第六节　外部关系

一、外部监督管理

俄农行在俄罗斯联邦金融监管法律框架内开展业务，主要受俄罗斯银行监管。俄罗斯银行作为俄罗斯联邦的中央银行，履行制定货币政策和金融监管两项职能，是俄罗斯银行业的主要监管者，负责保障俄罗斯银行业的稳定并保护借款者和存款者的利益。

俄农行作为全资国有银行，通过支持农业发展和实施国家纲要，在国民经济中起着关键性的作用。监管当局对俄农行的监管目标主要是围绕国家发展战略来制定的，具体体现在对国家政策落实贡献程度方面的监管。由于俄农行自身还有经营属性，因此为了保证机构稳健运行、避免因各种风险而导致的金融危机，对俄农行的监管还包括经营安全性和审慎性要求。根据不同时期国家经济发展目标的变化，俄罗斯监管机构会对监管目标进行动态调整。

二、与政府的关系

俄农行与政府的关系主要体现在接受政府监督管理和获得政府支持两个方面。

在政府监督管理方面，俄罗斯联邦是俄农行唯一的股东，通过国有资产管理局、财政部和存款保险局对俄农行进行直接控制。同时，俄农行的监事会成员都由政府有关部门的负责人组成。监事会主席为俄联邦农业部部长，能够对俄农行的风险情况和经营活动进行直接的监督和管理。

在政府支持方面，政府对俄农行的支持主要包括资本金注入和利息补贴。自成立以来，俄农行不断得到政府资本注入的支持，资本金总量从成立之初的3.7亿卢布增长至2018年底的4839亿卢布[1]。另外，作为国家农业综合企业发展计划中向农业生产者提供优惠贷款的关键机构，俄农行可直接从政府获得利息补贴。俄农行的企业贷款中有38%属于补贴贷款，补

---

① 俄罗斯农业银行2018年年报。

贴主要来自联邦政府和地区政府预算。通过利息补贴，俄农行支持农业企业的相关业务得到政府的有力支持，取得了进一步的发展。

三、国际合作

俄农行积极开展对外合作以促进业务发展。例如，2016 年俄农行与其他国家的金融机构签署了以下国际合作协议：（1）与中国的国家开发银行签署合作协议，建立了相互协作的商业伙伴关系，双方共同为两国的能源、交通、电信、基础设施、农业和其他领域的大型项目提供资金支持。（2）与中国的哈尔滨银行签订了合作协议，以促进中俄在投资和双边贸易方面的合作。（3）通过与日财卡（Japan Credit Bureau Card，JCB 卡）国际公司签订相关协议，加入 JCB 国际支付系统。根据协议条款，俄农行的自助取款机网络和销售终端均可接受 JCB 银行卡。此外，俄农行还是第一家与"国家支付卡系统"（NSPK）和"银联国际支付系统"合作发行 Mir – UnionPay 合作卡的俄罗斯银行。Mir – UnionPay 持卡人可在俄农行的自助取款机和现金点提取现金，用于支付货物贸易和服务费用。这些举措都进一步促进了俄农行在业务方面与国际市场接轨。

第十八章　南非土地和农业发展银行

南非土地和农业发展银行（Land and Agricultural Development Bank of South Africa, LADBSA, 以下简称南非土地银行）是南非政府全资控股的农业政策性银行。该行围绕土地改革提供国家资金补助，为弱势群体购买农场提供低息抵押贷款，为无担保或没有正式财务往来记录的客户提供无抵押信用贷款等，其农户贷款占整个南非农户贷款的30%[①]，在南非农村金融体系中占据重要地位。

第一节　发展演变

随着南非土地改革的推进，南非土地银行的运营理念和服务对象也发生相应的改变，由追求利润最大化转变为更注重社会效益，由主要服务白人群体转变为服务所有南非人民。目前，该行的发展目标不仅体现对国家发展目标的支持，而且体现对国际发展目标的践行。

一、发展历程

由于南非的特殊国情，土地一直以来是影响南非政治体制的重要问题[②]，关乎居民私有财产、外国投资、种族关系等。为更好地向白人农场主提供金融服务，南非土地银行于1912年成立，成立之后的很长时间内主要

[①]　南非六大农户信贷来源分别是银行（56%）、农业合作社和农业综合企业（9%）、南非土地银行（30%）、私人债权人（3%）及其他债权人和金融机构（2%）。资料来源：South African Government website, Agriculture, https：//www.gov.za/about-sa/agriculture。

[②]　杭聪. 南非土地问题的缘起演进和前景［J］. 当代世界，2019（3）：63-67.

为该客户群体服务①。1966 年，南非政府成立农业信贷局②（Agricultural Credit Board, ACB）。该机构是南非政府执行农业信贷支持政策的唯一机构，负责对商业农场提供低于市场利率的贷款，其信贷资金来自南非农业部的财政预算。1991 年，南非政府颁布农业改革方案，该方案第一项就是废除制约农民土地流转的各种限制，包括《黑人土地法》《集体土地法》、1913 年和 1936 年的《土地法》中的相关限制性规定。此次改革疏通了买卖土地的渠道，帮助黑人农民获得赖以生存的土地，促进了南非土地使用、交换、租赁和补偿的发展。南非土地银行的融资范畴覆盖扩大至广大的南非农民，在政策上为金融帮扶土地流转铺平了道路③。

1994 年，以曼德拉总统为首的南非政府正式结束长期种族隔离制度，实行民主转型。由于农业信贷支持造成的财政负担不断加重，经民主选举后，南非土地银行取代农业信贷局的地位④。南非土地银行在这一时期内的客户结构体现最大化经济效率的思想，但由于资金需求最为迫切的群体难以获得金融支持，贫富差距持续扩大，损害了宏观经济的长期稳定。

1995 年，曼德拉总统授意成立施特劳斯委员会（The Strauss Commission on Rural Finance），专门调查南非土地银行提供农村金融服务的整体情况。经过调查论证，该委员会认为南非土地银行应该为所有南非人民提供可行的金融支持。该委员会还强调南非农村的发展不能只建立在传统商业性农场经营形式（Traditional Commercial Farming）上，而应着眼于更广泛的创新。同时，南非土地银行应由提供单一产品的模式转向提供世界级服务的模式，并且提供有竞争性的利率。从 1997 年开始，在施特劳斯委员会调查报告的指导下，南非土地银行着手规划新发展方向，致力于消除农业部门中的种族歧视，尤其是加强对弱势群体的服务⑤。此外，南非土地银行还积

---

① 中国农业发展银行赴南非考察团考察认为，南非在当时土地所有权分配不均且农业二元结构问题比较突出，大片优质土地多为白人所有，主要农产品也来自白人农场，而黑人地区人多地稀，缺乏资金和技术，基础设施落后，农作物产量低下。资料来源：尉士武. 南非土地银行考察报告 [J]. 农业发展与金融，2007（1）：13.

② Agricultural Credit Act, No. 28 of 1966 [EB/OL]. faolex. fao. org/docs/pdf/saf20851. pdf.

③ Van Zyl J., Van Rooyen C. J., Kirsten J. F., Van Schalkwyk H. D.（1994）. Land Reform in South Africa: Options to Consider for the Future. University of Pretoria. I, 1994（6）：6.

④ 宋莉莉，马晓春. 南非农业支持政策及启示 [J]. 中国科技论坛，2010（11）：155－160.

⑤ Rural Finance & Investment Learning Centre: www. ruralfinanceandinvestment. org/node/1505.

极寻找各种类型的合作伙伴，创造一个强大的联盟，从总体上提供土地、专业技能和各类金融资源①。

2002 年，南非政府以 1944 年南非土地银行法为基础进行修订，审议通过《南非土地和农业发展银行法》②，对南非土地银行相关监管和过渡期政策等其他条款进行解释。这部法案进一步明确了南非土地银行的性质、职能以及未来发展方向。经过一百多年的发展，南非土地银行目前主要任务是促进农业和农村领域包容性发展，保障粮食安全并促进经济增长。

二、发展目标

目前，南非土地银行将发展目标与南非政府国家发展计划（National Development Plan）、联合国可持续发展目标（Sustainable Development Goals）中所概括的国家和国际发展目标保持一致。2013 年，南非政府首次提出国家发展计划，发展具有包容性、多元化的经济，增强综合国力，最终在 2030 年消除贫困并减少不平等情况。南非土地银行积极配合国家发展计划，力争到 2030 年新增近一百万个就业岗位。此外，该行还帮助每个地区建立一个地区土地改革委员会，将该地区 20% 的土地划拨为商业农用地，帮助黑人农民合理合法拥有土地③。根据南非土地银行法第 3（1）节，该行共设立了 11 项基本发展目标，每条发展目标都支持一条或多条国家发展计划和可持续发展目标，具体内容如表 18 - 1 所示。

表 18 - 1　　　　　　　　　南非土地银行基本发展目标

发展目标	国家发展计划	可持续发展目标
1. 土地所有权平等 2. 支持弱势群体发展的土地改革、土地再分配和发展项目 3. 消除农业领域内遗留的种族、性别和世代的歧视问题	通过土地改革，释放农业领域的发展潜力	目标5：性别平等 目标10：缩小差距

① 白钦先，徐爱田，王小兴. 各国农业政策性金融体制比较［M］. 北京：中国金融出版社，2006：180.

② 《南非土地和农业发展银行法》即南非土地银行法，自 1912 年首次颁布起，于 1944 年、2002 年两次修订，下文所述南非土地银行法，若无特别说明均指 2002 年版（*Land and Agricultural Development Bank Act*，Act No. 15 of 2002）。

③ National Development Plan 2030. South African Government website［EB/OL］. https：//www. gov. za/issues/national - development - plan -2030.

续表

发展目标	国家发展计划	可持续发展目标
4. 支持农村发展和创造就业机会的项目 5. 农业企业家精神 6. 提高农业和农村金融体系的生产能力、盈利能力、投资额和创新水平	1. 为上下游产业创造就业机会 2. 制定帮助新加入者进入产业价值链并获得资深参与者支持的政策	目标1：消除贫困 目标4：优质教育 目标9：工业、创新和基础设施
7. 商业性农业 8. 农业用地 9. 更好地利用土地	1. 商业化公共区域和土地改革中未充分利用的土地 2. 挑选并支持具有高增长和就业潜力的商业农业区域	目标8：体面的工作和经济增长 目标11：可持续城市和社区
10. 食品安全	每个人都应随时获得充足、营养和安全的食品	目标2：消除饥饿 目标3：良好的健康与福祉
11. 提高土地及相关自然资源的环境可持续性	扩大农业灌溉的使用，并寻求创新伙伴关系	目标6：清洁饮水与卫生设施 目标7：廉价和清洁能源 目标12：负责任的消费和生产 目标13：气候行动 目标14：水下生物 目标15：陆地生物 目标16：和平、正义与强大机构 目标17：促进目标实现的伙伴关系

资料来源：Land Bank Integrated Report FY2019：25.

第二节　治理结构

南非土地银行业务覆盖南非全境。目前，该行总部设立在杉球恩（Centurion），下设9家省级分行和16家卫星办公室，现有员工490人，其中总部员工328人[①]。除提供银行业务外，该行下设南非土地银行人寿保险公司和南非土地银行保险公司两家全资子公司（见图18-1），负责提供农业领域的保险服务和风险管理解决方案[②]。

---

① Land Bank Integrated Report FY2019：26.
② Land Bank Integrated Report FY2019：24.

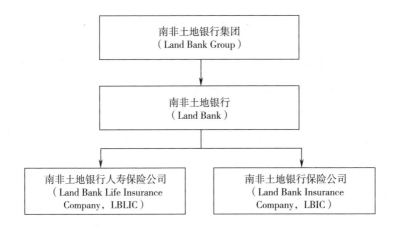

资料来源：Land Bank Integrated Report FY2019：6.

图 18－1　南非土地银行集团组织架构

根据南非土地银行法，南非土地银行实行董事会领导下的 CEO 负责制，董事会成员由财政部部长任命，并对财政部部长负责[1]。董事会成员包括 1 名独立的非执行主席、10 名独立的非执行董事，以及 2 名执行董事。董事会下设 5 个委员会（见图 18－2），负责协助处理具体事项，每季度向董事会报告[2]。

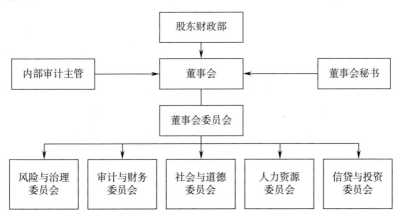

资料来源：Land Bank Integrated Report FY2019：109.

图 18－2　南非土地银行治理模式

---

① Land Bank Integrated Report FY2019：108.

② Land Bank Integrated Report FY2019：110.

南非土地银行董事会负责批准各委员会的职责和权限。每个委员会都制定了自己独立的章程或职权范围，规定其宗旨、组成和职责。各董事会委员会的主要职责如表18-2所示。

表18-2　　　　南非土地银行各董事会委员会的主要职责

类别	主要职责
风险与治理委员会	1. 负责企业的风险管理框架、治理架构、风险偏好及容忍度架构 2. 审批银行的风险管理计划 3. 审查并监控组织内的所有风险
审计与财务委员会	1. 负责内外部审计事项 2. 负责企业会计政策及方法 3. 负责与财务相关事项
社会与道德委员会	检查并监督所有与社会、道德和环境相关事项
人力资源委员会	检查并监督所有与人力资源相关事项
信贷与投资委员会	1. 审核并推荐信贷政策、框架及审慎监管准则 2. 审核、批准或推荐信贷业务 3. 监管相关业务

资料来源：Land Bank Fixed Income Investor Roadshow September 2019：6.

第三节　资金来源

尽管承担众多的支农任务，但南非土地银行并不接受政府的直接拨款，也不依赖中央银行的融资支持，而是完全通过货币市场、资本市场及多边发展机构进行自主筹资[①]。

一、资金来源

根据投资者性质的不同，南非土地银行的资金划分为商业资金、发展资金和国有企业资金。截至2019年3月底[②]，该行融资总额为443亿兰特，其中前述三类资金占比分别为95%、4%和1%（见图18-3）。由此可见，

---

① Land Bank Integrated Report FY2019：68.
② 每年3月末，南非土地银行财务年度结束。

南非土地银行已形成以商业资金为主、发展资金和国有企业资金为补充的融资格局。各类资金特点如表 18 - 3 所示。

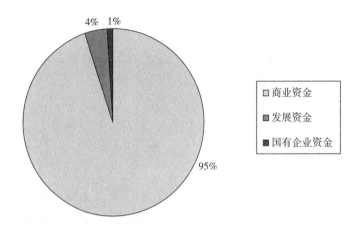

注：根据相关数据计算。

资料来源：Land Bank Integrated Report FY2019：150 - 152.

图 18 - 3　南非土地银行 2019 年 3 月底资金来源情况

（一）商业资金

商业资金的投资者包括商业银行、外资银行、机构投资者（包括资产管理公司、经纪行、养老基金和证券公司）和农业企业，通常不需要资金担保形式的主权支持①。截至 2019 年 3 月底，该类资金共包括以下五种形式。

1. 商业票据，主要由银行本票组成，期限在一年以内，占比 46%。

2. 国内中期债券，期限为 1 ~ 10 年，占比 32%。

3. 银团贷款，期限为 3 ~ 10 年，包括政府担保和非政府担保两种类型，占比 11%。

4. 阶梯利率债券，期限以 3 年为主，占比 10%。该类债券每三个月向投资者提供一次看跌期权。若投资者不行使看跌期权，债券利率则将在后续期间内每季度提高一次②。

① Land Bank Integrated Report FY2019：68.

② Land Bank Integrated Report FY2019：157.

5. 存款，主要包括涉农企业存款、强制性牲畜买卖存款及小额机构存款，占比 1% [①]。

（二）发展资金

发展资金是由多边银行提供的 10~25 年期的长期贷款资金，通常需要政府担保。该类资金实行封闭式运行，拥有严格的支付条件和报告要求 [②]。截至 2019 年 3 月底，共有四家多边银行向南非土地银行提供发展资金。

1. 非洲开发银行（African Development Bank）提供额度为 10 亿兰特的贷款，用于为符合标准的客户提供贷款。到 2019 年 3 月末，该贷款已使用 7.43 亿兰特，使用率为 74.3%。

2. 世界银行（World Bank）提供额度为 9300 万美元（约合 13.6 亿兰特 [③]）的贷款，用于资助参与融资的中间人和直接受益人。到 2019 年 3 月末，已使用 9000 万兰特，使用率为 6.6%。

3. 德国复兴信贷银行（KfW）提供额度为 8.99 亿兰特的贷款，用于资助中小型农业企业，目前已全额使用。

4. 欧洲投资银行（European Investment Bank）提供额度为 5000 万欧元的贷款，该贷款以项目为基础，用于为符合条件的项目提供资金支持，目前尚未启用 [④]。

（三）国有企业资金

国有企业资金的投资者包括公共存款公司（Corporation for Public Deposits）、公共投资公司（Public Investment Corporation）、南非开发银行（Development Bank of South Africa）、工业发展公司（Industrial Development Corporation）和其他国有企业，不需要资金担保形式的主权支持，主要形式为不超过 1 年的短期投资（赈灾资金期限可超过 1 年）。截至 2019 年 3 月底，该类资金仅包含由工业发展公司提供的 10 年期、总额为 4 亿兰特的干旱救助贷

[①] Land Bank Integrated Report FY2019：150-151.

[②] Land Bank Fixed Income Investor Roadshow September 2019：30.

[③] 按照中国银行 2019 年 11 月平均汇率，1 美元≈7 元人民币，1 兰特≈0.48 元人民币，计算得出 1 美元≈14.6 兰特。

[④] Land Bank Integrated Report FY2019：91.

款。该贷款主要用于向受干旱影响的客户提供优惠贷款，贷款用途包括恢复生产、补充营运资本及运营费用、购买牲畜、维持正常农业生产、支付未偿还债务等[1]。此外，该贷款仅用于支持具有偿还能力及具有足额抵押品的企业，已使用 3.17 亿兰特，使用率为 79.3%[2]。

表 18 – 3　　　　　　　　南非土地银行各类资金特点

资金类型	投资者预期	投资回报偏好	资金应用领域
商业资金	1. 强有力的公司治理 2. 盈利和财务可持续能力 3. 仅建立在双边基础上的财务契约 4. 具有社会责任感，包括对环境和社会治理以及可持续问题的关注	与风险匹配的市场回报	1. 企业/批发转贷 2. 涉农商业企业贷款 3. 初级农业加工企业贷款 4. 基于价值链的次级农业加工企业贷款 5. 满足一般营运资金需求
发展资金	1. 具有社会责任感，包括对环境和社会治理以及可持续问题的关注 2. 强有力的公司治理 3. 盈利和财务可持续能力	资金的影响力比收益率更重要	1. 农业部门增长 2. 农业部门转型 3. 新兴农民
国有企业资金	1. 强有力的公司治理 2. 盈利和财务可持续能力 3. 具有社会责任感，包括对环境和社会治理以及可持续问题的关注	与风险匹配的市场回报	目前仅应用于干旱救助领域

资料来源：Land Bank Integrated Report FY2019：68；Land Bank Annual Financial Results Presentation Year 2019：43。

二、资金成本

由于投资者和投资目的不同，南非土地银行各类资金成本也有所不同。该行资金成本的计算以 3 个月期的南非银行间同业拆借利率 Jibar（The Johannesburg Interbank Average Rate）为基础进行上浮或下浮。总体来看，商业资金筹资成本最高，其次是发展资金，而国有企业资金由于目前仅包含干旱救助贷款，资金成本最低。截至 2019 年 3 月底，商业资金、发展资金和国有企业资金的成本分别为 3 个月期的 Jibar 上浮 1.72 个百分点（约为

---

[1]　Land Bank Integrated Report FY2019：91.

[2]　Land Bank Integrated Report FY2019：152.

8.52%①）、1.62 个百分点（约为 8.42%）和下浮 0.36 个百分点（约为 6.44%）。

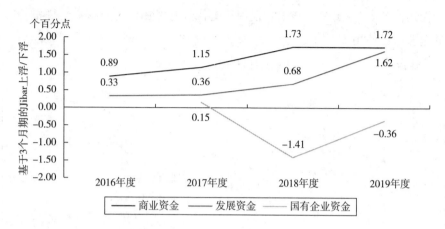

注：根据南非土地银行定义，2019 年度指 2018.4.1～2019.3.31，2018 年度指 2017.4.1～2018.3.31，2017 年度指 2016.4.1～2017.3.31，2016 年度指 2015.4.1～2016.3.31，2015 年度指 2014.4.1～2015.3.31，依此类推，后同。日本财政年度一般指当年 4 月 1 日至下年 3 月末，与此不同。

资料来源：Land Bank Integrated Report FY2019：160；Land Bank Integrated Report FY2017：177.

图 18 - 4　南非土地银行各类资金成本曲线

从图 18 - 4 中可以看到，南非土地银行商业资金的平均融资成本逐年上升并于近两年趋于稳定。商业资金又可细分为短期资金（1 年及以下）、中期资金（1～5 年）和长期资金（5 年以上），图 18 - 5 显示了这三种不同期限商业资金的成本变动情况。

如图 18 - 6 所示，从发债利率来看，自 2017 年 8 月、2018 年 3 月和 2018 年 9 月南非土地银行公开拍卖债券之后，债券收益率曲线大幅改善，融资成本逐年下降。

三、融资战略

目前，南非土地银行在资金方面重点实行以下两项融资改善战略，加强对融资风险和流动性的管理。

---

①　根据南非储备银行 2019 年 11 月披露数据，该月 3 个月期的 Jibar 平均利率是 6.8%，下同。https：//www.resbank.co.za/Research/Rates/Pages/CurrentMarketRates.aspx。

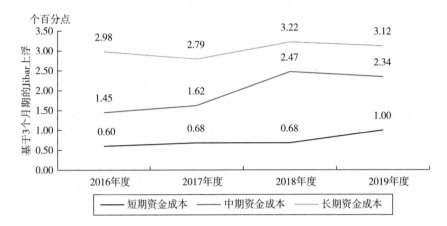

资料来源：Land Bank Integrated Report FY2019：160；Land Bank Integrated Report FY2017：177.

图 18 - 5　南非土地银行各期限商业资金成本曲线

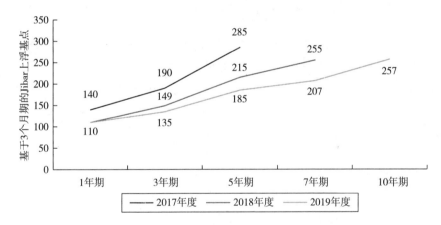

资料来源：Land Bank Fixed Income Investor Roadshow September 2019：35.

图 18 - 6　南非土地银行发债利率曲线

（一）融资结构改善战略

该战略旨在延长融资期限，降低再融资风险，提高整体流动性水平。南非土地银行通过引入长期融资、减少商业票据融资、提前偿付短期贷款等方式，将长期融资比重从 2015 年度的 30.6% 大幅提升至 2019 年度的 50%，增幅达 63.4%（见图 18 - 7）。

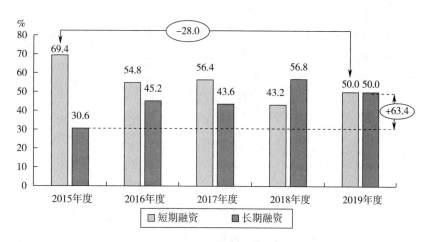

资料来源：Land Bank Fixed Income Investor Roadshow September 2019：31.

图 18 - 7　南非土地银行各期限融资占比

（二）投资者关系增强战略

该战略旨在丰富投资者多样化程度，降低对有限机构投资者的依赖，主要措施包括加强与现存投资者和新投资者的关系，并修复与此前离开投资者的关系，逐步建立围绕货币市场、资本市场、银行和多边机构的多样化投资者基础。目前该战略已取得较大的成效，南非土地银行机构投资者及其他比重由2009 年度的11.3% 提高至2019 年度的50.9%，涨幅达350.4%（见图18 -8）。

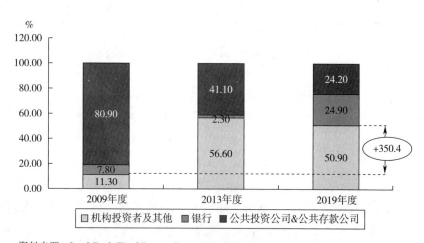

资料来源：Land Bank Fixed Income Investor Roadshow September 2019：33.

图 18 - 8　南非土地银行投资者构成变化

随着两项融资改善战略的深入推进，南非土地银行的流动性水平得到很大改善。从流动性覆盖率方面来看，近三年南非土地银行均实现了目标流动性覆盖率，2019 年度流动性覆盖率为 549.8%，同比增幅达 335.5%（见图 18 - 9）。

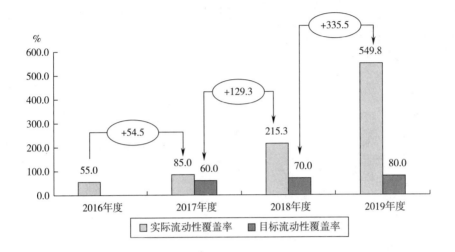

资料来源：Land Bank Fixed Income Investor Roadshow September 2019：24；Land Bank Financial Results Launch Presentation 2018：30.

图 18 - 9　南非土地银行流动性覆盖率

第四节　业务范围

南非土地银行的业务包括信贷业务、基金管理业务、投资业务和保险业务四大类，其中前三类业务通过南非土地银行开展，保险业务通过其下设的两家保险公司开展。

一、信贷业务

目前，南非土地银行的信贷业务分为商业业务和转型业务两种。转型业务是指贷款发放给任何"多数为黑人所有"的企业（具体指 51% 或以上股权为黑人所有的企业和 BEE 四级①且至少 30% 股权为黑人所有的企业②）。该行于 2011 年度进行首次 B－BBEE 验证，并于 2012 年度发放第一笔转型贷款。随后，为更好地支持南非政府的转型目标并遵守《良好实践守则》，该行正式颁布了 B－BBEE 政策和战略③。如图 18－10 所示，近五年来转型贷款占比逐年攀升。截至 2019 年 3 月底，该行贷款总额为 452 亿兰特，其中商业贷款占比 82.5%，转型贷款占比 17.5%。

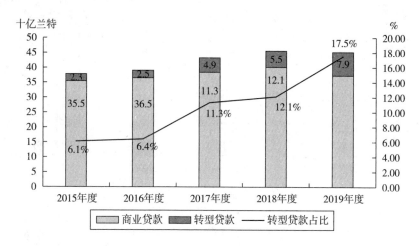

资料来源：Land Bank Annual Financial Statement FY2017：19.

图 18－10　南非土地银行商业贷款和转型贷款余额及占比

（一）服务领域及支持重点

南非土地银行信贷业务的覆盖面很广。从客户规模上看，覆盖从特大型农业企业到小农户细分领域内的各类农民；从农业生态系统的层级上看，

① 2003 年，南非政府颁布了"黑人经济赋权战略"（Broad－Based Black Economic Empowerment，B－BBEE）和《黑人经济赋权法》，根本目的是推进经济转型，提高黑人在南非经济中的参与度。2007 年 2 月，《良好实践守则》颁布，该守则建立了"黑人经济赋权战略"政策和立法的具体执行框架，并颁布了用于 B－BBEE 验证的 BEE（Black Economic Empowerment）评分卡，以评价各公司对该政策的执行情况。经几轮修改后，目前 BEE 评分标准包括所有权、管理控制权、技能培养、企业发展和供应商发展以及社会经济发展。按照评分情况，企业由高到低划分为 BEE 一级到 BEE 八级。等级高的企业可获得采购、销售等政策优惠。

② Land Bank Integrated Report FY2019：56.

③ Land Bank Integrated Report FY2015：48.

覆盖初级农业和次级农业加工领域内的各级客户。针对各类型客户的体量和特点，该行制定了相应的支持重点（见表18－4）。

表18－4　　　　　　　　南非土地银行客户分类及支持重点

客户类别	定义	支持重点
初级农业生产客户		
特大型农业企业	1. 拥有高端生产加工能力和销售网络 2. 大部分收入来自增值活动 3. 年营业额超过5000万兰特	为黑人农业企业家创造发展机会
大型商业企业	1. 市场化生产 2. 年营业额在1000万~5000万兰特	帮助企业开展转型项目，并通过企业发展支持农业的包容性发展
中型农业企业	1. 具备相关技能体系和市场准入 2. 在企业生命周期中处于成长期 3. 年营业额100万~1000万兰特	帮助企业开展转型项目，并通过企业发展支持农业的包容性发展
市场化小农户	1. 具备贷款偿还能力 2. 年营业额低于100万兰特	通过支持小农户的发展，扩大农业的整体规模，创造就业机会并减少贫困
次级农业生产客户		
特大型农业企业	1. 以农产品作为投入品或提供农业领域的服务或投入品 2. 不涉及初级农业 3. 年营业额超过5000万兰特	1. 转型融资 2. 将中介资的运用与银行转型任务相匹配 3. 利用中介渠道优化南非土地银行的办贷流程 4. 联合商业银行向大型商业企业提供银团贷款
小型农业企业	1. 以农产品作为投入品或提供农业领域的服务或投入品 2. 不涉及初级农业 3. 年营业额低于5000万兰特	帮助小型农业企业接触供应商、制订企业发展计划并扩张业务

资料来源：Land Bank Integrated Report FY2019：29－30.

（二）主要贷款产品

根据贷款期限的不同，南非土地银行的贷款划分为短期贷款（1年以下）、中期贷款（1～5 年）和长期贷款（5 年以上），主要贷款产品包括以下五种：

1. 长期抵押贷款。该贷款根据用途的不同，共设立 5 种最长还款期限，包括 5 年期、10 年期、15 年期、20 年期和 25 年期。贷款用途涉及购买牲畜、农用设备、土地和偿还本行及他行债务等。

2. 长期特别抵押贷款。该贷款对象是在过去由于种族原因无法购买农业用地或无法获得农业融资的群体，贷款用于资助这些弱势群体购买土地，贷款最高额度为 50 万兰特，最长期限为 25 年。

3. 中期贷款。该贷款最长期限为 15 年，可用于购买牲畜、农作物和灌溉设备等。在客户可负担的情况下，该类贷款鼓励客户选择较短的期限或在规定期限内加快还款速度。

4. 中期分期销售融资。该贷款类似于商业银行提供的分期付款购买协议，贷款对象为所有农民，主要用于购买农用设备和工具，贷款期限为 4～12 年。这种贷款的特殊性在于贷款所购买的物品同时也是贷款的主要抵押品。换言之，在贷款清偿之前，物品所有权归南非土地银行所有。

5. 短期生产贷款。该贷款期限为 5 年，用于支付农业生产所需的各项成本，包括购买化肥、农药、种子和燃料等。该贷款具有季节性，即贷款必须在每个农耕季节结束后偿清并重新审批。每个季节周期结束时，未偿还贷款一般无法展期[①]。

（三）贷款模式

南非土地银行的信贷业务包括直接贷款和转贷款两大类，具体运作模式如下：

1. 直接贷款业务。根据承贷客户体量的大小，南非土地银行的直接贷款通过公司银行及结构性投资部门（Corporate Banking and Structured Investments）和商业开发及商业银行部门（Commercial Development and Business Banking）两个部门发放，具体来看：

---

① THE LAND AND AGRICULTURAL DEVELOPMENT BANK OF SOUTH AFRICA – INFORMATION MANUAL 2012 ［EB/OL］. http：//www. vumelana. org. za/e – library/wp – content/uploads/2015/03/201211 _ Land – Bank – Access – to – Information – Manual – _ Land – Bank. pdf.

（1）公司银行及结构性投资部门通过在杉球恩（Centurion）和开普敦（Cape Town）设立的两家区域办事处，为营业额超过 5000 万兰特的特大型企业提供直接贷款。截至 2019 年 3 月底，该部门所有贷款均为直接贷款，贷款余额为 106 亿兰特，占贷款总额的 23.3%①。

（2）商业开发及商业银行部门通过省级贷款网络，为营业额不超过 5000 万兰特的企业提供直接贷款。截至 2019 年 3 月底，该部门直接贷款余额为 72 亿兰特，占贷款总额的 15.9%②。

2. 转贷款业务。南非土地银行的间接贷款通过商业开发及商业银行部门下设的服务协议机制（Service Level Agreement Partners）和批发融资机制（Wholesale Financing Facility）为营业额不超过 5000 万兰特的大型、中型、小型企业和农户提供间接贷款。截至 2019 年 3 月底，转贷款余额为 275 亿兰特，占贷款总额的 60.7%，其中通过服务协议机制和批发融资机制发放的贷款余额分别为 265 亿和 10 亿兰特③。

（1）服务协议机制。该贷款服务对象为初级农业加工领域内的大型商业企业、中型农业企业和次级农业加工领域内的小型农业企业。服务合作伙伴协助南非土地银行贷款放款的全过程，包括贷款发放、支付、监控、收款和法律追偿等环节，并收取相关服务费用。为保障信贷资产的质量，南非土地银行建立了相应的风险和利润共享机制④。该类贷款是南非土地银行的表内贷款并按照该行的信贷管理政策监管，不记录在合作伙伴的资产负债表内，帮助该行以较低的成本获得运营支持并拓展业务。

（2）批发融资机制。该贷款服务对象为初级农业加工领域内的市场化小农户。南非土地银行向发放小农户贷款的中介机构提供批发性资金，随后，中介机构向小农户提供贷款和相应技术援助。该机制有助于弥补小农户在资金、市场和技术三方面的短板，提高其生产、盈利和可持续发展能力，进一步扩大农业规模。2019 年，南非土地银行共与 9 家

---

① Land Bank Annual Financial Results Presentation year 2019：34.

② 同注①。

③ Land Bank Annual Financial Results Presentation year 2019：34（由于四舍五入，此处贷款加总与前文贷款总额有所差异）。

④ Land Bank Integrated Report FY2019：75.

中介机构达成合作，已支持超过 700 户小农户，创造了 8000 个永久性和 8000 个季节性就业岗位①。

由于南非土地银行对中介机构拥有直接追索权，该项贷款的不良贷款率保持在较低水平。在贷款利率方面，南非农业、土地改革和农村发展部（Department of Agriculture, Land Reform and Rural Development）与南非土地银行就中介机构提供给农户的贷款利率设定了上限。2019 年，该贷款利率定价为 4%，低于南非土地银行的融资成本②。该行于 2012 年至 2016 年收到来自南非农业、土地改革和农村发展部的 1.5 亿兰特补助金，该笔资金用于补贴贷款利息和中介机构的运营费用，但此后该行未收到其他补助金。由于缺少持续性补助资金，该机制目前在财政上变得不可持续，已暂停发放新贷款。自财政补贴暂停以来，南非土地银行利用自身利润对贷款利息提供持续补贴，2019 年度补贴金额为 5870 万兰特，2018 年度为 7400 万兰特③。

（四）贷款利率

南非土地银行的短期和中期贷款实行浮动利率，长期贷款实行浮动和固定利率相结合的形式（见表 18-5）。

表 18-5　　　　　　　南非土地银行各期限贷款利率情况

贷款期限	平均还款期	利率性质	2019 年度平均利率（%）	2018 年度平均利率（%）
短期贷款	1 年	浮动利率	11.10	11.60
中期贷款	1~5 年	浮动利率	11.80	11.65
长期贷款	5 年以上	浮动/固定利率	10.64	11.00

资料来源：Land Bank Integrated Report FY2019：101.

二、基金管理业务

南非土地银行代表南非农林渔业部（Department of Agriculture, Forestry and Fisheries）担任基金管理人。截至 2019 年 3 月底，该行共管理四只基

① Land Bank Integrated Report FY2019：77.
② Land Bank Integrated Report FY2019：72.
③ 同注①。

金，总余额为5.8亿兰特①。

（一）黑人农业经济增强基金（Agricultural Board – Based Black Economic Empowerment Fund）

该基金一方面帮助过去无法参与农业价值链的弱势群体获得具有商业可行性和可持续性企业的股份，另一方面帮助企业提高加工和价值创造能力，以促进中小微企业的发展。南非土地银行作为该基金的管理人，按照相关部门的指示对合格项目拨付款项。为扩大基金的覆盖面，该行还参与到项目商业可行性的评估和合格项目的推荐之中。2019年度，南非农林渔业部对该基金注资4250万兰特。截至2019年3月底，该基金余额为2亿兰特②。

（二）黑人生产者商业化计划混合融资基金（Black Producers Commercialisation Programme Blended Finance Facility Fund）

该基金通过股权出资、利率补贴和技术支持等方式扶持黑人生产者，以促进农业部门的发展和转型。目前，南非农林渔业部和南非农村发展和土地改革部（Department of Rural Development and Land Reform）③ 分别向该基金注资2.2亿和1.525亿兰特。南非土地银行负责接受贷款申请，开展尽职调查，并代表符合混合融资条件的项目主体申请拨款。拨款经政府各部门代表组成的独立拨款讨论会批准后，由南非土地银行以基金管理人身份向申请者发放低息贷款，并按照正常的贷款流程进行管理④。截至2019年3月底，该基金的余额为3.67亿兰特⑤。

（三）南非微型农业金融机构基金（Micro Agricultural Financial Institutions of South Africa）

该基金目的是向南非农林渔业部批准的项目发放贷款。南非土地银行

---

① Land Bank Annual Financial Statement FY2019：102.
② 同注①。
③ 该部已于2019年7月合并入南非农业、土地改革和农村发展部。
④ Land Bank Integrated Report FY2019：57.
⑤ 同注①。

代表该部将基金通过单独的银行账户进行投资。截至 2019 年 3 月底，该基金余额为 1300 万兰特[1]。

（四）南非农林渔业部扶贫基金（Department of Agriculture，Forestry and Fisheries Poverty Fund）

该基金目的是通过采购农业生产工具，应对任何粮食危机。截至 2019 年 3 月底，该基金的余额为 3.5 亿兰特[2]。

三、投资业务

2017 年度，南非土地银行在公司银行及结构性投资部门内设立结构性投资业务，并于当年起开办相关业务。该类业务的主要目标是为转型交易提供股权投资，促进黑人企业家的发展[3]。截至 2019 年 3 月底，结构性投资余额为 13 亿兰特，较 2018 年上涨 7 亿兰特[4]。

四、保险业务

为弥补农业保险的缺口，南非土地银行陆续组建了南非土地银行人寿保险公司和南非土地银行保险公司两家全资子公司，开展寿险、财险以及相关的风险管理业务，拓展自身的金融服务范围。

（一）南非土地银行人寿保险公司

该公司自 1954 年成立以来，一直为南非土地银行客户提供个人和团体人寿保险以及残疾保险业务。该公司设立的初衷是确保该行的借款人在去世后，由其继承人负责偿还银行贷款，并继续开展相关农业活动。2005 年以前，个人从南非土地银行借款时必须向土地银行人寿保险公司购买保险，每年的保险费用将被计入贷款账户中。但随着 2005 年第 34 号法案《国家信用法》的出台，在自由选择基础上，南非土地银行不再强制购买该公司的人寿保险。因此，该公司不得不开始市场化转型，参与到与其他保险公司

---

[1] Land Bank Annual Financial Statement FY2019：102.
[2] 同注①。
[3] Land Bank Integrated Report FY2017：46.
[4] Land Bank Annual Financial Results Presentation Year 2019：34.

的市场竞争之中，并通过开发新型人寿保险产品，提高对客户的吸引力①。2019 年度，该公司净利润 7530 万兰特，同比增长 59.4%②。

（二）南非土地银行保险公司

该公司成立于 2013 年并于 2015 年起开展相关业务，是南非第二大农作物保险公司，主营险种为农作物保险和农业财产保险。由于南非政府未对农作物保险提供相应补贴政策，目前该公司的运营进入了两难的境地：一方面，该公司的保险险种较为单一，近年来恶劣的天气变化导致集中赔付，但保费不足以支付高额索赔；另一方面，尽管保险费维持在较低的水平，农民仍难以完全负担。2019 年度，该公司净亏损为 3770 万兰特，较 2018 年度亏损额扩大 210 万兰特③，可见两难的情况仍未改善。

第五节　风险防控

在风险数据方面，南非土地银行享有国家主权评级。2019 年度，该行不良贷款率为 8.8%，资本充足率为 16.4%。在风险治理方面，该行制定了一套切合自身实际情况，并且流程和权责明晰的风险治理模型。

一、外部评级情况

南非土地银行享有国家主权评级。2019 年 7 月 25 日，国际评级机构穆迪对该行评级为 Baa3，展望为"消极"。横向相比，该行与南非其他开发性金融机构以及几家主要商业银行具有相同的评级（见表 18 - 6）。

表 18 - 6　　　　　　　南非主要银行的穆迪信用评级

银行性质	银行名称	全球范围评级	国内评级
开发性金融机构	南非土地银行	Baa3	Aa1. za
	南非发展银行	Baa3	Aa1. za
	南非工业发展公司	Baa3	Aa1. za

---

① Land Bank Integrated Report FY2017：15.
② Land Bank Integrated Report FY2019：81.
③ Land Bank Integrated Report FY2019：80.

续表

银行性质	银行名称	全球范围评级	国内评级
商业银行	ABSA	Baa3	Aa1. za
	First Rand	Baa3	Aaa. za
	Investec	Baa3	Aa1. za
	Nedbank	Baa3	Aa1. za
	SBSA	Baa3	Aa1. za

资料来源：Land Bank Fixed Income Investor Roadshow September 2019：30.

二、主要指标情况

(一) 不良贷款率

从不良贷款率来看，南非土地银行 2019 年度不良贷款率为 8.8%，比上年度增加 2.1 个百分点[1]。具体来看，商业开发及商业银行部门直接贷款的不良贷款率为 18.6%、间接贷款的不良贷款率为 9.4%，公司银行及结构性投资部门直接贷款的不良贷款率为 0.5%（见表 18 – 7）。

表 18 – 7　　　南非土地银行各部门不良贷款率变动情况　　　单位：%

贷款发放部门	贷款模式	2017 年度	2018 年度	2019 年度
总不良贷款率		7. 1	6. 7	8. 8
商业开发及商业银行部门	直接贷款	16. 1	15. 6	18. 6
	间接贷款	7. 2	6. 7	9. 4
公司银行及结构性投资部门	直接贷款	2. 8	2. 0	0. 5

资料来源：Land Bank Fixed Income Investor Roadshow September 2019：22；Land Bank Integrated Report FY2018：61.

(二) 资本充足率

根据南非土地银行法（1990 年第 94 号法案）第 2 章，南非土地银行没有计算资本充足率（Capital Adequacy Ratio）的要求。尽管不需要遵循巴塞尔协议，但该行于 2017 年度起自愿采取了类似巴塞尔协议的总资本充足率，

---

[1]　Land Bank Integrated Report FY2019：46.

560

以确定确保偿付能力和流动性所需的资本额。由于政府是唯一股东，该行无法通过资本市场发行股票筹措资金。若政府担保被排除在资本计算以外，该行资本唯一来源便是留存收益。因此该行将政府担保中未使用的金额纳入资本来源的计算。截至 2019 年 3 月底，南非土地银行的资本充足率为16.4%（见图 18 – 11），超过该行 15% 的目标资本充足率①。

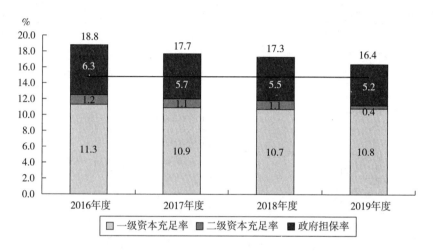

资料来源：Land Bank Fixed Income Investor Roadshow September 2019：23.

图 18 – 11 南非土地银行总资本充足率

三、主要风险及内部控制情况

自 2016 年起，南非土地银行开始逐步完善风险治理模式，并研究出一套切合自身业务发展实际情况的企业风险管理框架。该框架不仅有详细的政策和程序支撑，而且明确阐释了汇报关系和各层级的职责，有效落实风险责任。具体来看，董事会和高级管理层负责整体监管，各个董事会委员会负责风险报告，管理委员会负责执行层面事务以及特定风险识别。同时，为加强风险管理部门和各业务条线的联系，每个业务部门都设有风险联络员，作为业务部门与风险管理部门间重要的沟通纽带。

通过对商业环境和风险情景的持续分析评估，南非土地银行共识别出九种来自内部和外部的风险。该行按照重要性顺序对各类风险进行排序，

① Land Bank Integrated Report FY2019：72.

并制定了相应的管理措施（见表18 – 8）①。

表 18 – 8　　　　　　　　南非土地银行主要风险及管理措施

项目	主要风险	管理措施
财务可持续风险	利息收入增速放缓、成本增速快于收入增速、气候等风险	1. 通过提升客户服务，推动贷款业务增长 2. 对贷款重新定价，并积极降低资金成本 3. 调整绩效目标
发展与转型风险	发展缓慢或转型不成功	1. 扩大交易规模 2. 将开发和转型指标纳入绩效考评机制 3. 实施服务协议合作伙伴关系改善战略
资金和融资风险	无法筹集足够的资金	1. 通过增进投资者关系，拓展资金来源渠道 2. 与财政部部长讨论潜在融资选项
公司计划风险	与银行发展计划相关的风险	1. 制订结构性分离计划② 2. 建立政府捐赠基金投资机制，并利用投资收益为小农户提供相应的支持
技术和信息风险	业务流程和人员能力对贷款周转和监控效率的影响	1. 强化 IT 治理、IT 审计、IT 差距分析及评估 2. 提升技能并改进流程 3. 推进数据清理和自动化项目进程 4. 利用数字化管理和控制风险
气候变化与环境可持续风险	气候变化、环境和社会风险对财务可持续的影响	1. 将环境和社会可持续纳入贷款流程 2. 对可持续的农业活动提供奖励 3. 深入研究环境风险对客户农业活动的影响
治理、道德和欺诈风险	违反法律、法规、政策和程序	1. 加强对合规的关注 2. 修订与欺诈和腐败有关的政策 3. 加强对员工的相关培训 4. 对现有客户开展反洗钱复查 5. 开通欺诈举报热线
人力资本风险	缺乏有能力的员工和高效的企业文化	1. 任命新的 CEO 和 CFO 2. 运用人才管理框架识别内部人才 3. 建立学习学院并丰富培训课程 4. 加强道德培训

① Land Bank Integrated Report FY2019：87.
② 即将商业性业务和开发性业务分离。

续表

项目	主要风险	管理措施
无偿征用土地风险	无偿征用土地计划执行不力时，导致银行资金枯竭或成本升高，以及不良贷款增长	1. 积极参加论坛及土地改革和农业咨询小组 2. 向财政部提交分析报告阐释这些行动积极和消极的影响

资料来源：Land Bank Integrated Report FY2019：90 – 95.

第六节　监管与支持政策

南非土地银行受南非财政部监管，由南非财政部负责政策制定和董事会成员任命。在政策支持方面，南非政府在税收和资金两方面对该行的运营提供支持。

一、监管政策

自 2008 年 7 月 14 日起，南非农业部将对于南非土地银行的行政权力移交给南非财政部。根据南非土地银行法，转移的具体权力和职责包括以下两方面：一方面是负责制定有关农业、土地改革和附带事项的政策，并有权指示南非土地银行董事会对制定的与本法不符的政策作出改正；另一方面是有权任命董事会成员，任期由财政部部长决定，但不得超过五年[①]。南非土地银行的董事会成员单独和集体对财政部部长负责。

二、支持政策

在税收支持方面，南非土地银行法第 41 章"文件的准备和执行以及免除印花税和其他费用"明确了南非土地银行在资本证券交易（如转让契据、抵押债券、公证证书等）过程中免除交易所产生的注册、转让和取消费用，如印花税费等。

在资金支持方面，南非政府通过提供资本金、担保和财政补贴的方式

①　Land Bank Integrated Report FY2017：193.

为该行提供支持。在资本金方面，政府作为该行的唯一股东，不参与分红[①]。在担保方面，截至 2019 年 3 月底，南非土地银行共持有 96 亿兰特的政府担保，其中包括 15 亿兰特的可持续担保（Sustainability Guarantee）、80 亿兰特的融资担保（已使用 50 亿兰特）和 1 亿兰特的债务合并担保。同时，该行每年需向财政部支付 0.3% 的担保费用[②]。在财政补贴方面，正如前文中提及的批发融资机制下的贷款，由于该贷款的利息低于银行的融资成本，南非农业、土地改革和农村发展部在 2012 年至 2016 年向南非土地银行提供了 1.5 亿兰特的补助金，但 2016 年后已不再继续发放补助金。

---

① Land Bank Integrated Report FY2019: 72.

② Land Bank Annual Financial Statements FY2019: 107.

第十九章　巴西开发银行

巴西没有专门的农业政策性银行，对农业农村领域的政策性金融支持主要通过巴西开发银行实现。巴西开发银行是世界上最大的开发银行之一，也是巴西中长期资金的主要提供者，在巴西经济和社会发展中发挥着重要作用，其资金来源、运营模式和支持领域具有独特的特点。

第一节　成立背景及发展历程

一、成立背景

第二次世界大战后，世界各国进入加速工业化发展时期，巴西也于1951 年推出了"全国经济振兴计划"。为确保该计划的实现，1952 年 6 月 20 日，巴西政府颁布第 1628 号法令，宣布组建巴西经济发展银行（葡萄牙语缩写 BNDE），总部位于里约热内卢市，性质是注册为公司的政府机构，具有独立经营权，最初接受财政部领导。1982 年，BNDE 在成立 30 周年之际，更名为巴西经济社会发展银行（葡萄牙语缩写 BNDES），又称巴西开发银行。巴西开发银行成立之初作为政府机构，肩负着制定和实施国家经济发展政策，为本国主要的基础设施项目、基础工业、农业机械化领域提供融资的重大使命，简而言之是服务于巴西的"追赶计划"。1971 年 6 月 21 日，巴西政府发布第 5662 号法令，巴西开发银行转型为联邦政府 100% 控股的国有公司，政府对巴西开发银行的行政干预也随之减少，其筹资和投资行为更加灵活[①]。

---

① https：//www. bndes. gov. br/SiteBNDES/bndes/bndes ＿ en/Institucional/The ＿ BNDES/history. html.

二、发展历程

巴西开发银行对促进巴西经济社会转型发展发挥了巨大作用，其发展历程与巴西第二次世界大战后的发展轨迹紧密相关（见图 19 – 1）。

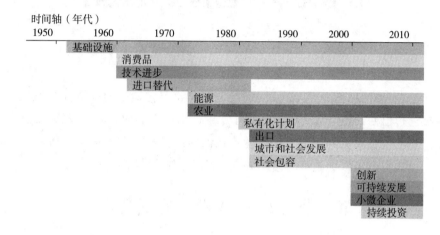

资料来源：巴西开发银行网站。

图 19 – 1　巴西开发银行不同时期的支持重点领域

巴西开发银行在成立早期，主要的作用是为基础设施建设项目提供资金，到了 20 世纪 60 年代左右，开始为国内消费品行业的发展提供资金支持。随后，巴西开发银行在"进口替代（Import Substitution）计划"[①] 中发挥了较为关键的作用，推进了石油化工等工业领域的发展，并促进了本国 IT 和微电子等技术产业创新。

1974 年，巴西开发银行进军资本市场，成立旨在为私有企业提供资本运作的三家子公司，丰富本国企业融资渠道。1982 年三家子公司合并，合并后称为 BNDESPAR。

巴西开发银行从 20 世纪 70 年代开始鼓励巴西本土企业在国内市场上与进口产品展开竞争，并帮助巴西扩大能源的出口以及农业的生产规模。1984

---

① 进口替代是 20 世纪 30 年代后，大多数拉美国家实施的一种工业化模式，是指用本国生产的工业制成品来替代从国外进口的工业制成品，通过高关税或者进口限额等贸易措施排斥来自国外的竞争，建立起本国的工业体系，在一定程度上能够刺激民族工业的发展，使发展中国家经济对外依存度降低（赵志杰、孙富强，2018）。

年，为促进巴西国际收支平衡，巴西开发银行发起了"出口增长计划"（PROEX）。

20 世纪 90 年代，巴西开发银行加大对欠发达地区、小微企业出口的支持力度，并且成为联邦私有化计划的重要组成部分，负责私有化计划的行政、财务和技术支持。1991 年开始协助出售巴西的大型国有企业，1995 年开始支持本国的文化产业，投资电影、巴西历史和艺术遗产保护等产业，到 2006 年，巴西文化产业融资已经系统化和全产业化。

自 2003 年开始，巴西开发银行开始参与大规模的"国家冠军（National Championship）计划"，旨在大规模支持各行各业的企业成为行业冠军。"国家冠军计划"在 2006—2007 年得到持续增强，被认为是卢拉和罗塞夫总统时期最为关键的工业产业政策。如今，巴西开发银行大约 60% 的贷款都是针对年收入超过 1.3 亿美元的大公司投放的①。

2008 年国际金融危机爆发后，公共银行特别是巴西开发银行按照政府的要求，充分发挥逆周期调节作用对经济进行支持。2009 年巴西开发银行得到巴西国库资金的大力支持，这种支持一直持续到 2015 年，尽管此期间巴西经济触底反弹并在 2010 年实现了 7.53% 的增长。巴西央行在 2018 年的通胀报告中也指出，从 2008 年到 2015 年，巴西开发银行从国库获得的资金支持从占 GDP 的 0.2% 增长到占 8.6%。

巴西开发银行还深度参与了政府的两大投资计划：增长加速计划（Growth Accelerated Programs，PAC）② 以及物流投资计划（PIL）。增长加速计划于 2007 年卢拉时期提出，由一系列投资项目组成，具体内容包括新建机场和港口、兴修高速、在北部发展能源项目、提供住房、供水和污水处理等市政基础设施项目，目的是消除巴西的基础设施和物流瓶颈，促经济增长。经济危机后，该计划便成为巴西逆周期调节的主要措施，到罗塞夫时期该计划继续推行。截至 2009 年 6 月，2446 个项目中，有 14% 已经完成、77% 已经取得了重大进展。物流投资计划于 2012 年推出，旨在推进7500 公里高速公路和 10000 公里铁路的特许经营项目。

---

① Monica de Bolle. Do Public Development Banks Hurt Growth? Evidence from Brazil，2015.

② Nomathamsanqa Mqoqi（2014）提到，该计划预计在 2007—2010 年投资基础建设超过 2500 亿美元。

2016 年，巴西通过法案（13334/2016）推出一项重大的基础设施投资计划——投资伙伴计划（Investment Partnership Program，PPI），要求巴西开发银行通过与公共管理部门和私营部门签署伙伴协议（Partnership Agreements）等形式参与，并扮演着联邦政府 PPI 计划的代理人角色。

21 世纪以来，巴西开发银行已然成为政府重大基础设施项目投资中的重要一员，不断加大对大型基础设施、物流项目的支持力度。另外，巴西开发银行还向符合可持续发展标准的领域提供金融产品和服务，管理着三只专门的"绿色基金"，即亚马孙基金（Amazon Fund）、巴西商船基金（The Merchant Marine Fund）以及气候基金（The BNDES FGI）。如今巴西开发银行在国际上是一个较为活跃的现代银行，不断扩展着业务边界，2009年在南美蒙得维的亚开设了一个分支机构，在伦敦设立了新办事处，2013年在非洲约翰内斯堡设立了代表处。

第二节　治理模式

巴西开发银行总部设在巴西利亚，业务范围覆盖巴西全境，2019 年该银行有员工 2760 人，在里约热内卢的工作人员占到 95%，在圣保罗以及累西腓也设有办公室。全资持有两家子公司——BNDESPAR 和 FINAME，BNDESPAR 主要在资本市场上运营，FINAME 主要服务于机械设备的生产和销售领域。

一、组织架构

巴西开发银行实行咨询委员会下的行长负责制，咨询委员会是该行的最高决策机构，内部审计部门直接对咨询委员会负责，私有化事业部、行长办公室、监察办公室、道德委员会秘书处以及 8 个执行总监对行长负责，执行总监按照分工各自负责不同的事业部（见图 19 - 2）。

二、相关部门职责

巴西开发银行咨询委员会下设财政委员会、高管执行层、审计委员会等。高管执行层下设风险管理委员会，预算委员会，计划委员会，合规、信贷和资本市场委员会，管理委员会，财务委员会 6 个委员会，主要为高管提供决策支持（见图 19 - 3）。

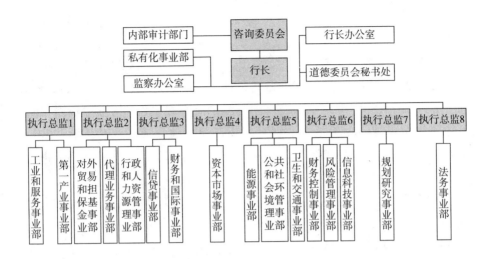

资料来源：BNDES. Annual Integrated Report 2016.

图 19 - 2 巴西开发银行组织架构

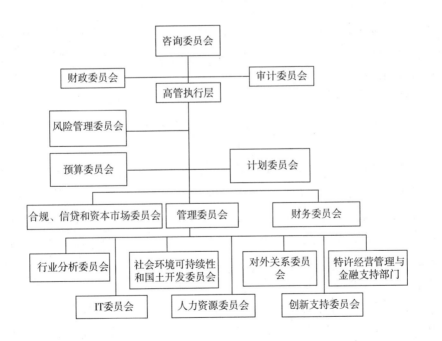

资料来源：BNDES. Annual Integrated Report 2017.

图 19 - 3 巴西开发银行治理结构

咨询委员会主要关注与巴西开发银行相关的国家宏观经济和社会发展的重大问题，向行长提供有关政策及建议，核准一些包括公司治理在内的制度，就财务状况发表意见，但是委员会成员不参与行内政策执行。咨询委员会由 11 名成员组成：1 名来自劳工部、1 名来自财政部、1 名来自外交部、1 名来自外经贸部、3 名来自计划规划部、1 名由巴西开发银行员工直接选举产生，另外 3 名是由计划规划部任命的独立成员。巴西第 13303/2016 号法律和第 8945/2016 号法令对咨询委员会成员的一些基本要求进行了明确，包括具备与职务相适应的知识业务背景和学术背景。

财政委员会由 3 名成员组成：2 名成员由国家计划规划部门任命、1 名由财政部任命，它负责监督巴西开发银行的合规经营管理和法定职责履行，分析本银行的季度财务状况，对半年报进行评估及发表意见。

审计委员会由咨询委员会任命的 3 名成员组成，负责聘用和解雇独立审计师；审核半年度财务报表，包括解释性说明、管理报告和独立审计报告；评估独立和内部审计的有效性。

管理委员会主要致力于规范管理标准，促进机构之间的上下联系，监督和执行高管执行层制订的战略和计划，管理委员会共有 7 个下属小组委员会对管理层提供决策支持。

第三节　资金来源

巴西开发银行的资金来源主要是官方渠道。巴西开发银行自成立至 20 世纪 60 年代，主要资金来源是经济振兴基金，主要由政府强制的额外所得税款和强制存款组成。1964 年巴西第 4506 号法律规定取消征收额外所得税，将所得税的 20% 提供给经济振兴基金。同年，巴西还成立了农工业再发展基金、技术人才基金、巴西工业产品进出口基金和流动资金融资特别基金，均由巴西开发银行负责运营，资金来源得到拓展。1974 年，巴西政府决定将原来分别由巴西联邦储蓄银行和巴西银行管理的社会一体化计划基金和国家公务员储蓄计划基金划归巴西开发银行管理，其资金来源再次得到拓展。如今，巴西开发银行形成了以政府资金为主、多种来源渠道并存的局面。

一、主要资金来源

巴西开发银行主要资金来源（见图 19-4）包括以下方面：

1. 财政资金。自 2010 年以来，随着转贷款业务规模的扩大，国库资金是巴西开发银行主要的资金来源，2017 年末占其年末负债的51.7%，占全部资金来源的 48%，2018 年末降为 38.3%，资金平均期限在 18~23 年，该部分资金来源主要用于增长加速计划（PAC）和投资维护计划（PSI）。为降低政府的债务水平，自 2015 年起，巴西开发银行开始偿还财政来源的资金，截至 2018 年末，共向联邦政府偿还了3100 亿雷亚尔的资金。

2. 劳工救济基金（The Workers' Assistance Fund，Fundo de Amparo ao Trabalhador，FAT）。1988 年巴西联邦宪法规定 40% 的 PIS-PASEP 基金指定通过巴西开发银行用于支持经济发展，保障就业和增加就业机会。1990年，FAT 取代 PIS-PASEP（社会一体化计划基金、公务员储蓄计划基金），成为巴西开发银行主要的资金来源之一，2017 年末占巴西开发银行年末负债的 34.5%，占全部资金来源的 32%。

3. 境外融资。巴西开发银行自 1953 年开始就从国际市场上发行债券筹集资金，发行绿色债券。它还与国际多边机构以及政府机构如日本国际合作银行（Japan Bank for International Cooperation，JBIC）和法国开发署（Agence Française de Développement，AFD）合作，通过贷款等形式筹集资金。这些资金必须用于特定领域如创业领域等，其主要优势是资金期限长且价格稳定，平均利率 5% 左右，融资具有逆周期的特征。2017 年新增三家国际合作机构，2017 年 4 月金砖国家新开发银行（New Development Bank，NDB）提供 3 亿美元，用于支持巴西可再生能源项目；2017 年 10 月，美洲开发银行（Inter-American Development Bank，IADB）提供 7.5 亿美元，用于支持巴西可持续能源项目；2017 年 12 月，德国复兴信贷银行（KFW）提供 1.4172 亿美元，用于支持巴西可再生能源和能源效率项目。2017 年末该部分资金来源占全部资金来源的 5%。

4. 其他负债。最具代表性的来源就是巴西海运基金（The Merchant Marine Fund），其主要用于资助国家航运公司、巴西造船厂和巴西海军。2017

年6月30日，该基金占其他政府资金来源的66.2%①。还有FI‐FGTS投资基金，2008年开始筹集资金，主要用于基础设施项目。2017年末该部分资金占全部资金来源的8%。

5. 权益性资金，即资本金，2017年末该部分资金占全部资金来源的7%。

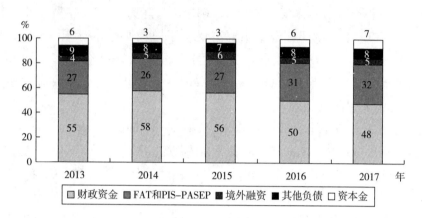

资料来源：BNDES. Annual Integrated Report 2017.

图19‐4 巴西开发银行2013—2017年资金来源占比

二、资金利率水平

根据世界银行报告的披露，巴西开发银行从财政获得资金、劳工救济基金、PIS‐PASEP、FI‐FGTS基金获得的资金均是长期利率（Brazilian Long Term Interest Rate，TJLP）价格，2018年末，TJLP的利率为6.98%。

1995年巴西TJLP设立，其设立目标是为企业提供长期的信贷支持以刺激投资。TJLP由国家货币委员会②（含财政部、计划规划部、巴西央行的代表）每个季度设定发布一次，一般是在每季度最后一个工作日发布下一季度的数据。利率水平参考一定权重的后12个月的通胀目标以及风险溢价因素。

从巴西央行发布的数据以及世界银行的报告来看，巴西TJLP利率水平

① 资料来源：BNDES Group. Management Report，1st Semester of 2017.
② 巴西的金融体系是20世纪60年代中期按照美国的标准建立的。处于顶端的是国家货币委员会（National Monetary Council，CMN）（谢震，2003）。

（图19 - 5中实线，12个月移动平均线）从2005年以来一直低于本国的债券平均成本（图19 - 5中虚线，Domestic Federal Public Debt，DFPD），且TJLP长期低于本国Selic（基准利率）（见图19 - 6）。

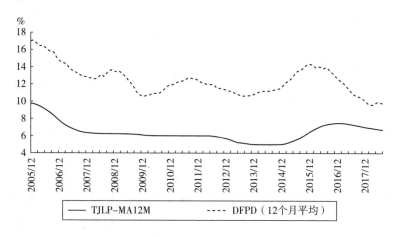

资料来源：BCB Inflation Report 2018.

图 19 - 5　巴西 TJLP 利率与债券成本对比

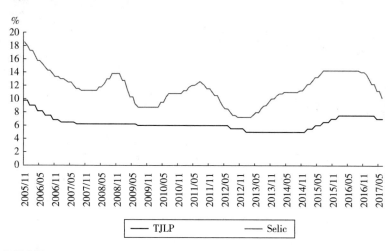

资料来源：World Bank Staff Note. Understanding the Effects of the Taxa de Longo Prazo（TLP）Reform in Brazil，2017.

图 19 - 6　巴西 TJLP 与 Selic（基准利率）对比

第四节　业务范围及运行特点

一、信贷业务范围及运作特点

巴西开发银行在本国的金融体系中体量较大。巴西的信贷可分为指定类信贷和私人银行信贷。指定类信贷由政府支持，主要包括房贷、农业贷款和巴西开发银行提供的长期信贷。到 2013 年，巴西指定类信贷比例已从 2007 年的 33.8% 上升至 50.84%。国际货币基金组织在 2018 年的《巴西金融稳定评估报告》中提到，两大商业银行（巴西银行和巴西联邦储蓄银行）以及巴西开发银行是巴西信贷市场上最大的三家银行，提供绝大部分指定类贷款以及中长期贷款（见图 19 - 7）。而根据巴西央行统计，巴西开发银行在 2013—2015 年提供了 70% 以上的中长期贷款①（3 年期以上贷款）。

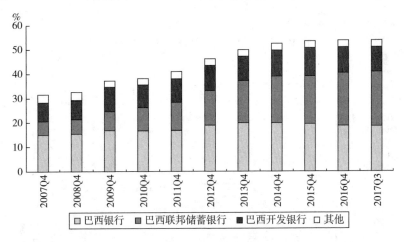

资料来源：IMF. Brazil：Financial System Stability Assessment，2018.

图 19 - 7　公共银行信贷占比情况

（一）业务概况

目前，巴西开发银行是巴西最大的金融机构之一，而且是世界十大开

---

① 资料来源：World Bank Group. Towards a More Effective BNDES，2017.

发性银行（国家、区域或者多边开发性银行）之一。截至 2017 年末，该行资产总规模达到 8675 亿雷亚尔（见表 19 – 1），约合 2623 亿美元，占巴西 GDP 的比例达到 13.2%。

表 19 – 1　　　　巴西开发银行 2013—2017 年业务状况　单位：十亿雷亚尔

项目＼年份	2013	2014	2015	2016	2017
贷款	565.2	651.2	695.4	610.9	548.0
股权投资	87.7	63.2	52.2	78.2	81.7
债券	89.0	105.0	105.1	93.4	86.0
交易性金融资产	0.1	7.9	35.4	54.8	112.5
其他资产	40.0	49.9	42.5	38.8	39.3
资产合计	782	877.2	930.6	876.1	867.5
贷款投放	190.4	187.8	135.9	88.3	70.8
净收益	8.150	8.594	6.199	6.392	6.183
ROA（%）	1.10	1.03	0.67	0.71	0.72
ROE（%）	19.99	21.18	15.37	14.78	12.97

资料来源：BNDES. Annual Integrated Report 2017.

（二）支持领域

2017 年，巴西开发银行全年贷款投放达到 708 亿雷亚尔，其中 147 亿雷亚尔用于绿色经济，23 亿雷亚尔用于创新领域，65 亿雷亚尔用于社会发展领域。从支持的行业来看，农业和畜牧业占比 20%、工业占比 21%、服务贸易领域占比 21%、基础设施领域占比 38%（见表 19 – 2）。从 2017 年存量贷款的行业分布来看，基础设施是该行的重点支持领域，贷款占比 46%；农业和畜牧业占比 11%，按照联邦政府对农业项目的要求，70% 的贷款投向了农业小生产者以及家庭农场主。

表 19 – 2　　　　巴西开发银行支持行业分布　　　　单位：%

行业	2014 年	2015 年	2016 年	2017 年	2017 年余额占比
农业和畜牧业	8.90	10.10	15.70	20	11
工业	26.70	27.10	34	21	24
基础设施	36.70	40.40	29.40	38	46
服务贸易	27.70	22.40	20.70	21	20

资料来源：BNDES. Annual Integrated Report 2017.

从支持的企业规模来看，巴西开发银行支持大型企业笔数少，单笔金额高，而支持小微企业与之相反，支持笔数多，单笔金额小（见表 19 – 3）。

表 19 – 3　　　　　　巴西开发银行 2017 年支持企业规模　　　　单位：%

类型	大型	中型	小型	微型
投放笔数（占比）	5	17	30	48
投放金额（占比）	58	19	11	12

注：微型企业判定标准为年营业收入不高于 36 万雷亚尔，小型企业判定标准为年营业收入在 36 万 ~ 360 万雷亚尔，中型企业判定标准为年营业收入在 360 万 ~ 30 亿雷亚尔，大型企业判定标准为年营业收入超过 30 亿雷亚尔。

资料来源：BNDES. Annual Integrated Report 2017.

从区域来看，2017 年北方地区投入占比 5.4%，中西部地区占比 11.9%，东北地区占比 20%，东南地区占比 37.7%，南部地区占比 25%，覆盖 4744 个县市，占巴西县市总量的 85.7%。

（三）主要农业支持领域

从检索到的资料看，巴西开发银行主要通过一系列农业计划支持本国农业发展。

1. 支持农场发展。巴西开发银行主要依照巴西农业畜牧业政策（Agriculture and Livestock Policy）和收获计划（The Safra Plans）来支持农场发展，这两项政策中包括了若干具体融资计划，如农场生产增值合作发展计划（The Cooperative Development Program for Adding Value to Farming Production，Prodecoop，2002 年提出）、低碳农业计划（Low Carbon Agriculture Program，ABC，2011 年提出）、仓储设施改扩建计划（Warehouse Construction and Expansion Program，PCA，2013 年提出）。值得一提的是，巴西开发银行在农场计划中，大力支持农业合作社的发展，2001—2016 年，投放了 278 亿雷亚尔支持农业合作社，其中 120 亿雷亚尔通过农业合作社资本化计划（Capitalization Program for Farming Cooperatives，Procap Agro）支持，67 亿雷亚尔通过农场生产增值合作发展计划支持，11 亿雷亚尔通过家庭农场增强计划（Program for the Strengthening of Family Farming，Pronaf）支持，9.4 亿雷亚尔通过增长加速计划（PAC）支持。

虽然这些计划由巴西农畜牧和粮食供应部（MAPA）以及家庭农业发展

秘书处（SEAD）负责管理，但由巴西开发银行负责具体的融资操作。2010—2016 年，巴西开发银行在农场领域的贷款投放比例从 2.5% 上升至 17.7%（见图 19 - 8）。

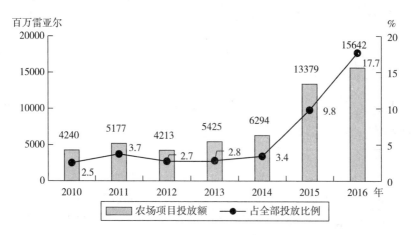

资料来源：BNDES. Green book：our history as it is，2018.

图 19 - 8　巴西开发银行 2010—2016 年支持巴西农场计划情况

2. 支持巴西动物蛋白产业。巴西政府在 2008 年提出生产力发展政策（Productive Development Policy，PDP），主要包括两项目标：一是巩固巴西在世界上最大动物蛋白出口国的地位；二是使肉类加工产业成为巴西农业经济领域的主要出口产业。虽然巴西动物蛋白出口具有较大的优势，但是仍然存在单个规模小、成本高、出口卫生安全障碍等问题。在该项政策的落实过程中，巴西开发银行扮演了关键的角色。2005—2016 年，超过 17000 家生产企业，特别是农业合作社以及大型出口商获得了巴西开发银行支持。其中，312 亿雷亚尔被用于支持肉类包装企业。

3. 大力支持农业科技领域发展。自 1975 年以来，巴西政府提出国家储备乙醇计划，用于减轻国际油价高企对巴西经济的冲击。乙醇等生物燃料的兴起，对巴西甘蔗产业带来了极大的需求。2004—2010 年，巴西开发银行投放超过 550 亿雷亚尔支持该产业，支持项目超过 120 个。其中，30 亿雷亚尔通过子公司 BNDESPAR 股权入股巴西甘蔗技术中心（Sugarcane Technology Center，CTC），用于研究甘蔗新品种，2017 年该中心研制出了世界首例第一代转基因甘蔗品种。甘蔗产业成为巴西国家能源的重要组成部分，地位仅次于石油。2008 年国际金融危机后,巴西甘蔗产业面临着成本高、竞争力弱等问题,巴西开发银行从 2011 年开始加大对该领域的支持力度,拿出 40 亿雷亚尔支持甘蔗产业进行转基因等技术革新,使得巴西甘蔗产业产量增长超过 40%,全球 6 家规模最大的二代乙醇生产企业中巴西企业占到 2 家。

(四) 运营模式

由于没有支行,巴西开发银行除了直接发放贷款支持企业外,还大量通过金融代理的形式间接运营,以达到服务全国的目的。通过金融代理形式间接支持的对象,主要是中小型企业和微型企业。到目前为止,超过 50 家金融代理机构①代理巴西开发银行的业务,主要包括私人银行、商业银行、合作银行、专属金融公司 (汽车部门)、开发银行和机构。

从巴西开发银行披露的数据来看,直接贷款和间接贷款的比例约为6:4,2018 年 9 月,直接贷款占比达到 58.8%、间接贷款占比 41.2%,具体如图 19-9 所示。通过代理运营,银行和其他金融机构能够使用巴西开发银行的廉价资金支持更多的经济实体。

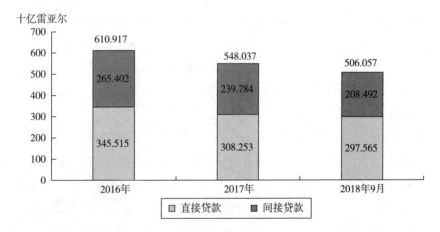

资料来源:BNDES Investor Presentation,2018.

图 19-9 巴西开发银行直接贷款与间接贷款比重

---

① 代理机构名单地址:https://www.bndes.gov.br/wps/portal/site/home/transparencia/consulta-operacoes-bndes/maiores-clientes。

巴西开发银行的直接贷款模式流程与大部分银行的流程相同，分为申请受理、审查审批、放款以及监测环节。在申请受理环节，受理融资额2000万雷亚尔以上的贷款，由信贷客户部门受理申请并审核是否达到受理要求；在贷款审查审批环节，由信贷客户部门移交到专业部门进行审查，并提交董事会审批，在提交董事会审批前，每个项目至少经过50人以上进行审查评估；在贷款发放阶段，贷款资金按照项目进度进行发放，贷后通过财务等资料审查、项目现场检查等方式监督。对于申请融资额度在2000万雷亚尔以下的创新类项目、能源效率类项目、森林植被恢复和可持续利用类项目，也可以通过直接融资渠道解决。

间接贷款模式大部分通过授权的金融代理机构完成，主要是金额在2000万雷亚尔以下的贷款，其中间接贷款模式中自动类贷款（Automatic Indirect Operations）主要流程如表19－4所示。

表 19－4　　　　　　　巴西开发银行间接贷款流程

经授权的金融代理机构	受理、分析	入围的金融代理机构受理借款人申请，由于客户可能最终无法获批巴西开发银行的贷款，代理机构在受理审核阶段可适当收取费用。
	审核	借款申请获准后，金融代理机构审核并按照巴西开发银行的规定要求与客户确定贷款条件，如贷款期限、担保等。
巴西开发银行	批准、放款	如果金融代理机构审核符合巴西开发银行的要求即可支付贷款，贷款按照项目进度发放。
代理机构和巴西开发银行	监测	金融代理机构组织详细的监测以及贷款分析等，巴西开发银行通过抽样监测。

间接贷款模式中的非自动类贷款（Non－automatic Indirect Operations）主要对象是融资金额超过2000万雷亚尔，但是客户要求向已经建立了信贷关系的金融代理机构申请间接贷款的，许可流程与直接贷款模式相同，前期的调查分析流程仍然由代理金融机构完成，在提交巴西开发银行之前可能有不被审批的风险，代理机构可以收取相关费用。

（五）贷款利率和期限

巴西开发银行投放的贷款除了有较为明显的行业侧重外，贷款利率的特点较为明显。巴西开发银行从国库资金、劳工救济基金、PIS－PASEP基金、FI – FGTS 基金获得的资金来源价格是 TJLP 的价格，在贷款投放上，大量采用在 TJLP 贷款利率基础上加上成本和风险溢价的利率（见表 19 – 5），特别是在公共性比较强、正外部性比较明显的行业和领域，2018 年巴西开发银行的管理报告中指出，该行 74.4% 的贷款采用在 TJLP 基础上加点定价。巴西开发银行直接贷款的定价模式为：最终定价 = 资金成本（TJLP/SELIC/LIBOR 等）＋运营成本＋风险溢价；间接贷款的定价模式为：最终定价 = 资金成本（TJLP/SELIC/LIBOR 等）＋运营成本＋中介费用＋代理机构手续费＋风险溢价。

据统计，2016 年 11 月，巴西金融市场上资金来源于自筹或者非定向的贷款期限仅 38 个月，而巴西开发银行新发放贷款期限达到 100.5 个月，专项资金来源的贷款期限达到 177.9 个月。

表 19 – 5　　　巴西开发银行贷款（非自动类）利率类型分布　　　单位：%

	以 TJLP 为基础加点定价	固定利率	SELIC[①]	特别贷款利率	其他
有明确的正的外部性领域	90	0	6	2	1
水、污水和固体废物	88	2	7	0	3
健康、社会服务	45	0	49	6	0
医药	100	0	0	0	0
教育	69	0	19	12	0
艺术、文化、体育	0	0	0	100	0
城市交通	95	1	5	0	0
可再生能源	96	0	2	0	2
公共管理	57	0	12	27	3
待确定外部性的领域	51	1	20	0	27
电力、天然气	56	2	28	0	14
陆运	100	0	0	0	0
水运	0	0	0	0	100
空运	95	0	5	0	0
农业和渔业	60	4	20	0	16
没有明确外部性的领域	50	15	18	1	16

注：有个别领域合计数为 99% 或 101%，为四舍五入所致。

资料来源：World Bank Group. Towards a More Effective BNDES, 2017.

---

① Special Clearance and Escrow System，SELIC 是巴西银行间隔夜利率，聂泉（2003）称之为巴西央行基准利率。

二、其他金融业务

除了传统的信贷产品外，巴西开发银行还通过股权投资、基金、私有化业务等方式支持巴西的经济发展。

（一）股权投资及基金业务

1. 股权投资业务。巴西开发银行大部分股权投资业务通过其子公司 BNDESPAR 开展。BNDESPAR 成立的主要目的是为私有企业提供资本运作，强化本国资本市场。从 20 世纪 80 年代开始，巴西国内通货膨胀高企，经济下滑，众多巴西企业陷入经营困境，此时，巴西开发银行开始通过 BNDESPAR 大量买入在巴西开发银行贷款的上市公司股票，到 1982 年，BNDESPAR 已成为诸多公司的控股股东。当前，BNDESPAR 仍然通过持有上市公司或者关联公司，为企业特别是中小企业提供金融支持。截至 2018 年底，仅 BNDESPAR 直接投资的企业就有 111 家，覆盖油气、采矿、电力、食品、饮料、造纸等行业。

2. 投资基金业务。目前巴西开发银行管理着亚马孙基金、巴西商船基金、气候基金以及无偿基金。亚马孙基金于 2008 年 8 月 1 日根据巴西 6527 号法令设立，主要致力于阻止乱砍滥伐以及亚马孙区域的保护和可持续发展。目前，超过 20% 的基金用于支持热带雨林的乱砍滥伐监控和管理系统。巴西商船基金根据政府命令于 1983 年创立，旨在为本国船舶进出口提供融资支持。巴西开发银行还通过其他无偿基金的形式支持社会、文化、创新、科技及环境投资项目。无偿基金部分来源于自身的经营利润，部分采取公益基金的外部捐赠方式，如通过自己运营的亚马孙基金捐赠。

（二）私有化业务

巴西开发银行私有化（Privatization）业务在巴西国民经济发展中发挥着重要的作用，私有化即将公共资产出售或者将公共服务所有权通过某种形式转移到私人的过程。巴西开发银行服务和支持各种形式的私有化项目，如公共领域的特许经营权、电力、卫生、天然气、港口、机场、公路、教育卫生等公共服务领域的私有化。巴西开发银行私有化业务简要流程如图 19 - 10 所示。

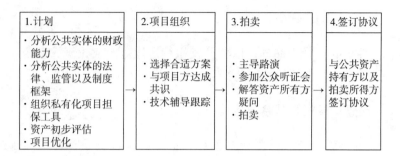

资料来源：BNDES. Annual Integrated Report 2017.

图 19－10　巴西开发银行私有化业务简要流程

（三）银行卡业务

2017 年 10 月，巴西开发银行推出了针对农村个体企业主的银行卡（BNDES Agro Card），对于材料采购、农业领域的生产资料以及农业生产服务等金融融资服务，可以提供最长 48 个月的分期，银行卡申请、使用、交易等可以通过该卡的移动客户端（BNDES Card Portal）方便快捷地完成。

第五节　风险防控

一、内外部评级情况

与大多数开发性金融机构一样，巴西开发银行享有国家主权评级，国际评级机构标普和穆迪对其的评级分别为 BB － 和 Ba2（见表 19－6），展望均为"稳定"。

表 19－6　　　　　　　　国际评级机构评级情况

评级机构	全球范围评级				国内评级	
	长期债务（外币）		长期债务（本币）		评级	展望
	评级	展望	评级	展望		
穆迪	Ba2	稳定	Ba2	稳定	Aa1. br	稳定
标普	BB －	稳定	BB －	稳定	Br AAA	稳定

资料来源：BNDES. BNDES Investor Presentation，2018.

二、监督管理情况

巴西国会通过立法提案等方式，对巴西开发银行实施监管和影响。2017年巴西开发银行提交给国会250多项与其业务有关的立法提案，旨在改进有关劳工救济基金的使用、有效性报告、利率、中小微企业的立法、出口和联邦政府的临时措施等，还通过支持和参与公开听证会以及向国会两院议员提供信息，与社会之间建立更紧密的联系。同时，该行定期向巴西的监督和管理机构［如巴西联邦审计法院（TCU）、巴西国家审计总局（CGU）、巴西央行（BCB）以及巴西证券委员会］上报信息和说明，保持合作沟通，不断提高自身风险管控、内外部合规管理水平及透明度。此外，该行与检查官办公室、联邦警察局以及司法系统合作，协助执行相关禁令，严格遵守巴西开发银行融资的相关规定（第7492／1986号法律第20条）。巴西第13303／2016号法律（国有公司法）要求联邦政府持有股份的国有公司按照三个方面进行综合评估（IG－Sest），分别是内控、审计和管理，理事会、委员会和董事会，信息透明度，评价共分四个等级。在最近的一次评估中，巴西开发银行获得最高级评价。

三、监管指标情况

巴西开发银行目前执行巴塞尔协议Ⅲ监管标准。巴西开发银行监管资本以及核心一级资本充足率自2015年以来逐步提高（见图19－11），2017年监管资本1464亿雷亚尔，最低资本要求达到559亿雷亚尔；核心一级资本充足率达到18.3%。相比而言，同期中国国家开发银行并表口径核心一级资本充足率为9.6%，母公司法人口径核心一级资本充足率为9.46%。

四、不良贷款情况

从不良贷款率来看，巴西开发银行不良贷款率从2016年开始有较大上升，2017年末不良贷款率为2.08%，但是一直低于巴西金融体系的整体不良贷款率。相比而言，中国农业发展银行、国家开发银行不良贷款率远远低于巴西开发银行以及巴西金融系统水平（见表19－7）。

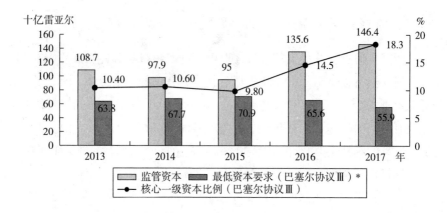

注：＊最低资本要求（RWA×10.5%），2015年前是11%。

资料来源：BNDES. Annual Integrated Report 2017.

图 19－11　巴西开发银行监管指标情况

表 19－7　　巴西开发银行与我国政策性金融机构不良贷款率水平　　单位：%

	机构	2013 年	2014 年	2015 年	2016 年	2017 年
巴西	巴西金融系统	3.00	2.80	3.38	3.71	3.25
	巴西开发银行	0.01	0.01	0.02	2.43	2.08
中国	中国农业发展银行	0.71	0.57	0.83	0.88	0.81
	国家开发银行	0.48	0.65	0.81	0.88	0.70

资料来源：BNDES. Annual Integrated Report 2017；中国农业发展银行 2017 年年报；国家开发银行 2017 年年报。

从巴西不同所有制银行的不良状况来看，公共开发银行的不良状况要大大优于私人银行和公共商业银行（见图 19－12）。

五、主要风险及内部控制情况

与其他银行一样，巴西开发银行也面临着外部宏观经济、市场风险、信用风险、操作风险、法律风险、社会环境风险等风险，巴西开发银行在 2017 年年报中将主要的风险及缓释措施列出（见表 19－8）。

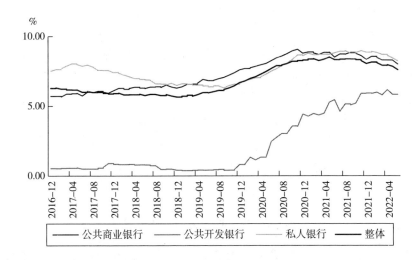

资料来源：巴西央行 2018 年金融稳定报告。

图 19 - 12　巴西不同所有制银行不良资产比重

表 19 - 8　　　　　　　巴西开发银行主要风险及缓释措施

项目	主要风险	缓释措施
宏观经济	宏观经济形势的变化	1. 定期监测分析经济运行形势及对经营的影响 2. 建立风险限额，协助高管决策，定期监测 3. 多元化
市场风险	资本市场波动	实施系统的市场风险管理模块
信用风险	贷款占比过高，信用恶化	1. 设立集中度风险指标 2. 高风险暴露预警 3. 设立额外坏账准备金
操作风险	内部流程、人员和系统的失误、缺陷及不足或者外部事件造成的损失	确定和系统分析主要的操作风险，提出并改进操作风险管理方法
法律风险	未遵守法律带来的风险	利用操作风险管理办法，强调合规，特别关注行政和法院的制度条款
社会环境风险	社会环境变化带来的声誉风险	1. 根据每项业务的具体情况，审核自身政策的合规性 2. 在社会环境可持续性和地区发展委员会（CSS）的管理下，推进实施和监测社会和环境责任政策计划

巴西开发银行接入由巴西中央银行开发且与联邦公共管理局（Federal Public Administration）内部审计单位共享的审计系统，该系统有利于巴西开发银行开展内部审计活动，及时将审计信息传达给内部董事会以及执行层高管，加大与外部审计单位的信息交流以及信息披露。

第六节 科技支撑

巴西开发银行目前依靠科技优化其业务流程，提高效率、降低成本、提高分析和监测能力，特别是新的管理层到位以来，对科技支撑更加重视。

一、采用科技手段优化流程，提高效率

第一，运用科技手段优化自动类贷款流程。2017 年 7 月上线"MPME Developer Channel"，该网上融资渠道将代理商联结起来。收入达到 3 亿雷亚尔的客户，可以在线根据自己的需求选择金融产品和金融代理商，系统自动审查借款人是否符合要求（包括不符合要求给出否决原因），农村生产商、个体小企业主、货运卡车司机等也可以通过该渠道融资。到 2017 年末，该线上渠道处理了超过 24000 笔融资。第二，2017 年 7 月推出巴西开发银行在线系统（BNDES Online），最初应用于联邦政府的农业贷款，后用于整合自动类间接贷款流程，2018 年底，将内部评估评审流程从 30 个工作日缩短到 2 个工作日，大幅提高工作效率、有效降低成本。第三，2017 年 2 月推出旨在服务中小微企业的 APP 渠道，可以在手机和平板电脑上使用。第四，大力开展区块链等技术在金融领域的应用合作。2018 年与德国复兴开发银行签署谅解备忘录，基于德国复兴开发银行区块链技术的 TruBudget 技术平台①寻求合作，以提高公共资源使用的透明度和效率。此外，还与金砖国家开发银行签署谅解备忘录，旨在促进基于区块链技术的数字金融应用，提高金融资源利用的透明度和可追溯性。

二、发挥呼叫中心的联系和服务功能

巴西开发银行设立呼叫中心、电子邮件渠道向客户提供产品服务。2017

---

① Digital solutions for everyone：KfW releases TruBudget blockchain software［EB/OL］. https：//www. kfw. de/KfW－Group/Newsroom/Latest－News/Pressemitteilungen－Details _ 515008. html.

年上半年的 16.9 万次沟通中，86% 是通过电话完成的，呼叫中心的调查满意度达到 96%。

三、运用巴西开发银行地理系统

巴西开发银行地理系统（The Geo BNDES System）利用地理信息系统（Geographic Information System，SIG），制定和决策有关国土范围内的计划以及执行措施，生成和管理巴西开发银行直接或者间接资金支持项目的地理信息、社会经济和人口的数据信息，通过卫星图像监测项目的变化。SIG 具有三个重要功能。第一是初步地域评估（The Preliminary Territorial Assessment，ATP），属于一种项目分析决策支持方法，可以在项目分析决策初期显示项目所涉及地区的地理、人口和社会经济特征，以及巴西开发银行在此区域所支持的其他项目的情况。2017 年巴西开发银行根据这个方法开展了 11 项区域研究。第二是特种地图（Thematic Maps）。该行采用特种地图的形式，辅助融资项目的规划、构架和培育。第三是卫星图像监测项目（The Monitoring Projects by Satellite Image，Apis）。该功能主要是一个项目监测工具，其中包括详细的卫星图像报告，用于记录和分析项目进展等情况。2017 年，巴西开发银行通过该系统出具监测 72 个农业、林业、环境修复和基础设施融资项目的报告 38 份。2017 年该系统获得第 47 届 ALIDE[①]"管理与技术现代化"奖项。

第七节　发展展望

一、对巴西开发银行定位和作用的不同看法

目前，国际上在肯定巴西开发银行作用的同时，也出现了一些对其定位及其在本国经济中作用的质疑。

首先，巴西开发银行的长期贷款利率低于隔夜拆借利率，实际利率甚至为负。巴西开发银行的贷款和借款都是在规定的 TJLP 利率水平上进行定

[①] Asociación Latinoamericana de Instituciones Financeiras para el Desarrollo（ALIDE），2017 年 5 月 31 日至 6 月 6 日在智利圣地亚哥举办。

价的,这意味着给借款人的变相补贴。巴西开发银行提供的带有利率补贴性质的贷款对央行的货币政策利率不敏感,干扰了央行货币政策传导的渠道,导致通胀走高且难以下降,而央行为了实现控通胀、保就业等目标,不得不将利率的上升幅度提高到超过预期幅度来稳定价格。央行只能控制市场利率,在这样的补贴利率和市场利率共存的情况下,使得市场利率高于实际平均利率水平,同时提高了政府的债务水平和预算压力。此外,大量资金提供给大企业,而事实上大企业融资并没有那么困难。

其次,开发性银行由于掌握了大量的信贷市场和资源,因此通常作为政府的逆周期调节工具,但在调节作用不明显的时候,就会对私人部门造成挤出效应。

最后,专项指定类贷款利率过低,可能导致获得资金的大公司盲目开展收益较低的投资,从而降低市场效率。伦敦政治经济学院教授 Gianmarco I. P. Ottaviano 通过分析巴西开发银行的贷款投放后发现,获得政府指定类贷款的公司全要素生产率增长为负,获得巴西开发银行自动类贷款的企业生产率增长,反而比没有获得该类贷款的公司还要低。Monica de Bolle(2015)也提出,巴西开发银行的低成本资金投放对市场效率以及生产率产生了影响。

针对这些质疑,巴西开发银行开始对自身的定位进行重新审视,并于 2017 年 5 月推出被视为里程碑的新经营政策(Operational Policies,OP),其关键是回归本源,对所支持项目的判断,更加关注是否克服市场失灵以及是否具有较强的"外部性"。其简要的流程如图 19 - 13 所示。

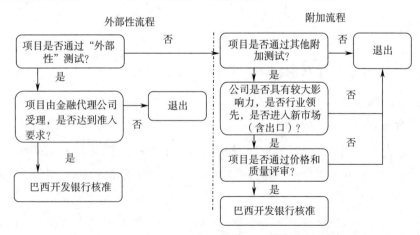

图 19 - 13　巴西开发银行简要经营决策流程

二、积极应对中长期利率改革

2017 年 9 月，巴西国会批准了由 TLP（Long – Term Rate）代替 TJLP 的方案，2018 年 1 月 1 日开始执行。TLP 由中央银行单独设定，按月发布，TLP 与通货膨胀以及国库的资金成本额挂钩。具体是由消费者价格指数（Consumer Price Index，IPCA）加上巴西 5 年期 MTN – B 系列通胀指数国债利率，在 5 年内逐步向 MTN – B 5 年期债券利率靠近。其目标是稳定价格，提高利率的可预测性和允许信贷资产证券化。

由于巴西开发银行采取补贴利率，采用 TLP 后，可能由于利率高于 TJLP 而无法用来指导长期投资，这样可能会削弱巴西开发银行在需要时发挥逆周期调节作用的能力和效果。

针对这种情况，2018 年初巴西开发银行采取了一系列调整措施应对 TLP 的应用，包括扩展最大融资条款、项目参与比例、分期偿还限制等。但是，具体的效果和应对措施还要进一步观察和探索。

三、推动资金来源的多元化

由于政府资金来源逐步归还，巴西开发银行正在多元化自身的筹资渠道，主要途径是依靠国家信用，走市场化道路，通过发行债券（包括绿色债券）、向世界银行等其他国际组织筹资等形式补充资金来源。此外，还积极通过 PPP 等项目形式减少自身的资金投入，撬动社会资本进入实体经济。

四、关注内部规划和变革

在国际咨询公司罗兰贝格的战略咨询下，2017 年 8 月巴西开发银行提出了"迈向未来"（Developing Futures）的中期（2018—2023 年）五年规划和长期（2030 年）规划。该规划分为三个阶段：（1）挑战。通过内外部的情况分析，明确面临的挑战。（2）定位。通过对愿景、使命、业务范围、市场和业务线的明确，确定自己的位置。（3）未来的发展道路。涉及产品、业务模式、科技、管理模式等内外部战略和路线图。确定了十二大公司计划（组织管理、产品和价格、数字化、沟通、发展、资本市场、国际融合、制度和流程、项目架构、管理成效、效能、筹资），并对巴西的未来以及自身在巴西社会经济发展中发挥应有作用充满信心。

第二十章　墨西哥国家农业、农村、林业和渔业发展基金

本章从墨西哥国有农村金融机构视角，对墨西哥国家农业、农村、林业和渔业发展基金（以下简称墨西哥农业发展银行）的金融实践活动进行文献汇总，分别从机构演化、基本概况、业务范围、贷款方式、风险管理、简要评价六个方面综述如下。

第一节　墨西哥农村金融机构演化历程

在墨西哥政府支持下，墨西哥形成了自己特色的农村金融体系。从发展历程看，墨西哥的国有农村金融起源于1926年，到政策性金融主导，大致经过以下四个发展阶段。

一、设立初期阶段（1926—1935年）

当时的墨西哥政府创建国家农业信贷银行和9家区域性银行。这是墨西哥最早的农村信贷机构，其主要职责是向农业合作社及个体生产者提供金融服务。

二、扩大发展阶段（1935—1975年）

1935年，墨西哥政府创建国家村镇信贷银行，通过村镇信贷银行提供个人贷款来覆盖低收入生产者。1965年，又创建国家农业银行，加大农村信贷投入力度。

三、合并规范阶段（1975—2002年）

1975年，墨西哥政府将早期国家农业信贷银行、国家村镇信贷银行、

国家农业银行合并，与其他9家区域性银行联合建立国家农村信贷银行。该机构的主要使命是为促进初级农业、林业发展提供资金。

在此期间，墨西哥爆发1982年的债务危机和1994年的经济危机。从1986年下半年开始，墨西哥与国际货币基金组织、世界银行、美洲开发银行、美国及其他国家签订"一揽子计划"综合性新贷款，国际货币基金组织、西方国家和拉美国家分别向墨西哥提供临时贷款，墨西哥政府将债务问题和经济发展结合考虑采取一系列措施。进入20世纪90年代初期，债务问题得到缓和，但墨西哥付出巨大代价，经济衰退，人民生活水平下降，农村贫困问题日益凸显，反贫困对农村金融机构提出更大挑战。

四、墨西哥农业发展银行主导阶段（2002年至今）

2002年，由于风险管理薄弱，征信管理缺失，行政管理成本较高，国家农村信贷银行财务运营出现问题。为改善这种不利状况，加大农村信贷投入，墨西哥国会于同年12月26日颁布《农村金融组织法》。2003年，以该法案为依据，在世界银行和国际货币基金组织指导下，由墨西哥政府出资，成立国家农业、农村、林业和渔业发展基金即墨西哥农业发展银行。该机构设立于墨西哥央行内，主要为从事农村经济发展提供信贷资金，发挥"农村金融"机构职能，取代原来的国家农村信贷银行。2013年9月，该机构改为 Financiera Nacional de Desarrouo Agropecuario, Rural, Forestal y Pesquer[1]，西班牙语简称FND，由于其业务范围和支农职能与中国农业发展银行接近，故我国国内称之为墨西哥农业发展银行，简称墨西哥农发行。

同期，墨西哥农村领域发挥重要作用的其他金融机构还有国家农村发展信托基金（National Trust for Rural Development），英文简称FIRA[2]（Fideicomisos Instituidos en Relation con la Agricultura），为农村金融中介机构提供第一级和第二级融资；墨西哥储蓄和农村金融银行（El Banco del Ahorro. y Ser. os Financieros, Sociedad. de Credito），是以促进存款调动为重点的储蓄和信贷机构，与墨西哥农发行共同构成该国农村金融体系。

---

①　资料来源：墨西哥农发行官网（https：//www.gob.mx/fnd/que－hacemos）。
②　资料来源：墨西哥央行年报2016，该机构主要承担墨西哥国内农产品补贴的拨付。

第二节 基本概况

墨西哥农发行在本国现有金融发展银行体系中发挥关键作用，该行的资金流动保证了本国农村金融体系的正常运行；接受墨西哥国家金融监管机构的监督，按照其规章、规定开展业务，执行审慎性准则，遵循其管理。

一、组织管理

该机构董事会由15名具有相关专业背景、精通银行或农村部门知识的成员组成，包括来自墨西哥财政部、农业部、农业和城市发展部、中央银行、农业保险公司及私营部门的成员。该机构的总干事通过政府和私营部门的农村金融职位选拔，有近20年支持墨西哥农村经济发展的经验。

二、商业模式

建立之初，该行得到国际货币基金组织和世界银行支持，管理模式具有商业化、市场化特征，并逐步发展为现代化的银行。

从资金流向即资金应用方式看，墨西哥农发行主要为金融中介机构（PFI）、小微企业（MSME）、个体农户等提供第一级和第二级融资，其中，通过其在全国100多家分支机构，直接向金融中介机构发放批发贷款，金融中介机构是墨西哥农发行在农村地区扩大信贷资金投放的重要途径。墨西哥金融业发展协会在二级融资方面为中小企业提供部分担保，以支持农业、渔业、林业和其他农村经济活动的可持续发展。世界银行2015年的调查数据显示，PFI作为信贷中介机构，其一系列机构类型和信贷规模等概况如表20-1所示。到2014年末，墨西哥农发行为金融中介机构提供了430000笔贷款，累计投放约12亿美元资金支持国家农业农村发展。

表20-1 墨西哥PEIs组织概况

	机构数量（家）	信贷规模占比（%）	平均借款额（百万美元）	平均再贷款额（百万美元）
接受金融监管机构监督				
仓储企业	1	1	—	—
合作型银行（信用社）	12	2	3092	662
信贷银行	43	20	62	52243

续表

	机构数量（家）	信贷规模占比（%）	平均借款额（百万美元）	平均再贷款额（百万美元）
未接受金融监管机构监督				
农业生产者协会	202	25	84	9474
综合性金融机构	184	51	1035	1972
合计	442	100	559	2875

资料来源：世界银行墨西哥农村金融延伸报告（2015）。

如表 20 - 1 所示，到 2014 年底，PFI 旗下具备法人资格的成员有 442 家，其中有 386 家（其中 202 家为农业生产者协会、184 家为综合性金融机构）未接受金融监管机构的监督，墨西哥农发行称之为散户。有 56 家法人机构接受金融监管机构监督，其中 12 家为合作型银行，有存款业务，其他为仓储企业和信贷银行，无存款业务，广泛依赖于墨西哥农发行和其他金融机构提供资金。

除仓储企业外，PFI 99% 以上的借款人是独资企业。大约五分之一的借款人来自深度贫困的边缘化地区。中介机构范围遍布墨西哥农村各个地区，有效扩展了墨西哥农发行的资金投放范围。

PFI 以反映墨西哥农发行资金成本、管理和操作成本以及适当风险保证金的利率借款。根据信贷额度分类，PFI 的借款年利率从 6.5% 到 13% 不等。所提供的担保主要有财产、动产、政府实体担保和流动担保，但必须通过墨西哥农发行进行风险评估。

三、财务状况

墨西哥农发行资产规模不大，受限于不能吸收存款和发行债券，需要通过向国际货币基金组织和世界银行等机构借款扩大资产规模，联邦政府注入的资本金为 175.15 亿比索。近年来，墨西哥农发行的资产规模及管理的贷款余额总体呈现上涨趋势，截至 2019 年 6 月末，其资产总额为 706 亿比索（约 35.3 亿美元），负债总额为 339 亿比索（约 16.95 亿美元），所有者权益为 367 亿比索（约 18.35 亿美元），资产负债率 48%；管理的贷款余额为 567.33 亿比索（约 28.35 亿美元），占总资产的 80.3%（见图 20 - 1）①。2019

---

① 资料来源：根据墨西哥农业发展银行财务报表（2015—2019 年）整理。

年上半年利息收入32.2亿比索（约1.61亿美元），净利润7.4亿比索（约3700万美元）。

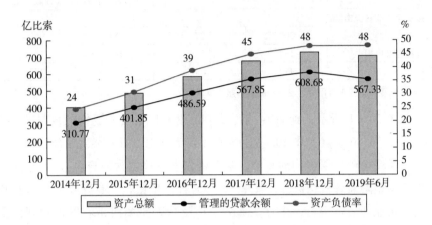

图20-1　2014—2019年墨西哥农业发展银行财务状况及贷款余额趋势

四、资金来源

作为墨西哥联邦公共管理部门下设的机构，墨西哥农发行的外部资金大部分来源于政府及国际组织。2019年6月底，墨西哥农发行资金来源中的自有资金占比为52%，负债占比为48%。在其负债中，绝大多数都是对美洲开发银行（IDB）、墨西哥发展银行（NAFIN）、世界银行和国家农村发展信托基金（FIRA）这四家银行及机构的负债，共占其负债总额的98.4%左右。其中，美洲开发银行和墨西哥发展银行是其最大的债权方，墨西哥农发行对这两家银行的负债分别占其负债总额的38.92%和36.92%，而世界银行及国家农村发展信托基金则分别为其提供了18.24%和4.33%的外部资金（见图20-2）。

五、与政府合作

作为政府重要的农村发展金融机构，该行为配合国家发展战略，建立促进州级（省级）发展的组合信贷产品，还包括增加二级贷款额度。政府通过联邦发展基金给予重点产业、重要能源领域资金支持。

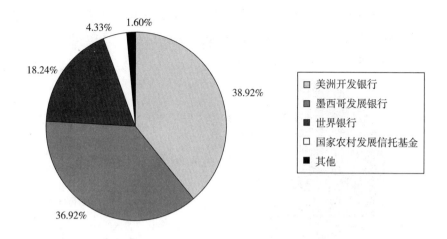

注：其他主要包括信贷业务产生的存款准备金、待清算的未确认存款和人力物力准备金及外部担保等。

资料来源：墨西哥农业发展银行 2019 年上半年自我评估报告。

图 20 - 2　墨西哥农业发展银行外部资金来源分布

第三节　业务范围

墨西哥农发行主动与政府合作，发挥农业政策性金融机构职能，设计专门支持国家重大战略的政策性信贷产品[1]，涉及四个大的领域 13 类信贷产品，覆盖农业农村大多数领域。但总体上看，投放总量不大，增量也不明显。世界银行 2015 年调查报告显示，截至 2014 年底，贷款余额 21.14 亿美元，金融中介结构 PFI 贷款余额 7.07 亿美元，占比 33.44%[2]。2014 年至 2018 年 6 月末贷款平均年增幅达 7%。根据墨西哥农发行的年度运营计划，其 2019 年全年贷款投放目标为 745 亿比索（约 37.25 亿美元），2019 年 1 ~ 6 月，其实际贷款投放总量为 317 亿比索（约 15.85 亿美元），与 2018 年同期相比下降了 11.2%[3]。在其 2019 年 1 ~ 6 月投放的贷款中，农业部门贷款为 140 亿比索（约 7 亿美元），占贷款总额的 44.2%；畜牧部门贷款为 36

---

① 资料来源：墨西哥央行年报（2016 年）。

② 资料来源：世界银行墨西哥农村金融延伸报告（2015）。

③ 资料来源：墨西哥农业发展银行 2019 年上半年自我评估报告。

亿比索（约 1.8 亿美元），占贷款总额的 11.3%；在其他与农业有直接联系并有助于农村环境发展的部门中，融资额为 141 亿比索（约 7.05 亿美元），占贷款总额的 44.5%（见图 20-3）。

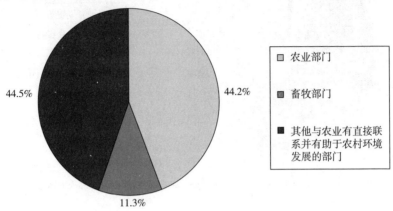

农业部门

畜牧部门

其他与农业有直接联系并有助于农村环境发展的部门

44.5%

44.2%

11.3%

资料来源：墨西哥农业发展银行 2019 年上半年自我评估报告。

图 20-3 2019 年 1~6 月墨西哥农发行投放贷款流向

一、服务国家战略发展融资

（一）战略性项目融资

该类贷款致力于支持各州（省级）战略性生产项目，提供资金并给予一定优惠条件，以提高生产力和改善农村人口的生活水平。

贷款范围：涵盖农村基础设施发展融资、边缘化条件下土著人口和生产融资、森林资源开发融资、技术创新和替代能源融资、农村经济多元化融资、粮食生产融资、农业工业融资。

贷款方式：可选价格担保策略、预授权融资计划、组合资源项目融资计划、金融中介公司融资。

贷款措施：直接支持、基础或多方流动性担保基金、降低信贷成本的措施、促进其他金融中介机构就各种项目谈判合作。

（二）组合资源项目融资

它类似投资信贷，支持生产者购置机器、设备及其他固定资产等，主要用于：南部和东南部生产发展；灌溉技术发展；农业生产力提高类项目；机械和设备现代化项目；能源转型和可持续利用基金项目。期限最长可达 15 年。

贷款融资渠道：墨西哥国内联邦、州和市政府的各种支持或激励战略计划；部分生产厂家；墨西哥农发行本身的资源。提供可接受的贷款利率，以提高企业竞争力和盈利能力。

二、大宗农产品融资

（一）甘蔗产业融资

该类贷款对象为甘蔗生产组织协会及其成员以及合作公司（比如制作糖业公司），甘蔗生产者、运输者个人。贷款用途分别为甘蔗生产、甘蔗机械设备维护和修理计提费用等。2019 年上半年，墨西哥农发行直接与 16 家甘蔗供应商和生产者组织进行了合作。

其中，甘蔗种植类贷款最高授信额度为项目所需资金的 80%，甘蔗设备维护类贷款最高授信额度为其年度现金流的 15%。

贷款期限根据贷款对象而不同：个人贷款 18~48 个月；甘蔗生产商贷款 18~54 个月；甘蔗机械设备保养和维修贷款最长期限为 36 个月，可分 3 个周期，每个周期为 12 个月，且不能展期。

（二）咖啡园种植改建融资

该类贷款有明显地域特征，主要用于恰帕斯州、格雷罗州、瓦哈卡州、普埃布拉和韦拉克鲁斯州咖啡种植园改建、苗圃建设。

贷款对象可以是个人或金融中介机构成员。贷款用途为满足咖啡种植园生产在种植园改建、苗圃建设过程中的相关融资需求。贷款按年支付利息，期限最长 8 年，并有 3 年宽限期。

（三）渔业和水产养殖融资

该类贷款对象为生产者个人或金融中介机构。贷款用途为渔业生产基础设施、设备和营运资金，目的是满足渔业和水产养殖部门生产链不同阶段的资金需求。

贷款品种：有固定资产和船舶维护类贷款、营运资金贷款两种。固定资产和船舶维护类贷款,要求自有资金为总项目的30%,有必要的担保;期限最长10年,提供技术援助。营运资金方面,要求自有资金为总项目的20%,有必要的担保;最长期限为10年,提供技术援助。

(四) 农产品供应链融资

该类融资计划主要有两种信贷产品:

1. 农村经济多样化融资。根据农产品生产商和供应商之间形成的产业链关系,支持各个环节,在农村地区创造包容性的发展环境。贷款授信额度根据需求和现金流确定,通过优惠利率提高借款人的竞争力和盈利能力。授信产品将对应部分中间费用。

2. 为农业、畜牧业、水产养殖业和渔业生产提供融资。根据农业、畜牧业、水产养殖业和渔业生产过程的各个阶段确定贷款品种,贷款授信额度根据需求和现金流确定,通过优惠利率提高借款人的竞争力和盈利能力。授信产品将对应部分中间费用。

三、改善农村环境融资

(一) 能源类开发贷款

(1) 无线电开发融资。该贷款通过初期资助方式投放,用于无线电频段开发许可费用资助。贷款期限3~5年,贷款授信额度在10000~400000 UDI[①](3127~125096美元;62121~2484870比索),浮动利率。(2) 技术创新和代替能源的融资。该贷款拥有与联邦政府机构的协调机制,对象为生物能源的生产、生产过程中可持续利用能源和再生能源的项目,该类项目旨在促进替代能源的使用,解决能源问题,减轻气候变化影响。授信额度根据项目需求、现金流、可行性确定,按照可接受的优惠利率,以提高企业生产能力和竞争能力。贷款方式为组合资源项目融资、预授权融资和金融中介公司融资。

---

① 墨西哥 UDI 基金 (Mexican Unidad De Inversion),是墨西哥使用的基金的指数单位。它可以在许多货币市场交易,其价值随着货币而变化。不同于货币,其设计目的是保持购买力,不受通货膨胀的影响。墨西哥的信贷系统使用 UDI 而不是比索,因为它的稳定性。

（二）农村基础设施建设融资

该类贷款简化信贷申请条件，目的在于促进农村基础设施工程建设从而实现资本化和生产效率的提高。授信额度根据项目需求、现金流、可行性确定，利率根据墨西哥央行现行政策确定。贷款期限为 10 年以内。贷款方式灵活，可以是组合资源项目融资或者金融中介公司融资。

（三）森林资源开发融资

该类贷款的主要目的是整合林业部门的产业链，通过为生产者提供不同期限的信贷产品，促进商业性人工林的发展。其贷款用途主要包括：天然森林区的重新造林、维护和收益；林业和农业结合轮作；农、林、牧业结合；天然林区的旅游业；与林业项目相关的替代能源；森林工艺品的生产和销售；商业林场的建立、维护和收益；等等。

贷款方式：可选组合资源项目融资、预授权融资、金融中介公司融资、特别资助等。

（四）改善农村环境预授权融资

该类贷款专门用于为改善农村环境相关的活动提供资金。贷款额度在 7000 ~ 600000UDI （2189 ~ 187644 美元；43485 ~ 3727305 比索）。其特点是：通过标准化特征和资格参数，大规模、快速提供资金，类似于通过绿色通道发放贷款，并建立专门的信贷产品。根据贷款对象、信用程度的不同收取一定的中间费用。

四、履行社会责任融资

（一）扶贫项目和土著人口项目（扶贫贷款）

贷款对象为贫困地区的生产者和土著生产者，目的是促进其生产活动发展。信用额度根据项目需求、现金流、经济可行性确定。贷款利率优惠。

贷款方式：可选价格担保策略、预授权融资、组合资源项目融资、金融中介公司融资。

特别支持和资助：中介机构培训，提供融资和咨询服务；帮助其促进单位信用方案改善；流动性担保；降低信贷成本的一系列措施。

（二）应急援助贷款

该类贷款用于受自然灾害、紧急提供技术援助的项目。目的是支持重新启动生产活动，恢复生产能力，保证项目和客户当前和未来的业务连续性，促进受自然灾害影响的农村地区发展。该贷款可以降低信贷获取成本，并根据实际情况进行贷款重组，减少未偿信贷余额，允许本息延期支付。

墨西哥农发行也开展一般商业性信贷业务，主要涉及的有四类：

第一类，基础信贷。该类贷款用途是满足营运资金需求，为商品生产、服务或贸易和固定资产购置提供资金。贷款期限，营运资金类在 24 个月以内，固定资产合同在 15 年以内。贷款方式为担保，可抵押或质押。根据贷款对象不同收取中间费用。

第二类，循环信贷，即经常账户信贷。该类贷款不规定用途，用于满足短期资金需求；可以是满足日常资金流动性需求或营运资金缺口，避免现金流断裂。作为融资支付，可以是循环形式贷款，授信期最长可达 10 年。该类贷款方式必须为担保，且附加额外担保费用。具体费用根据贷款对象而不同，且需要中间费用。

第三类，美元融资。该类贷款产品满足需要美元融资的借款人的生产活动，单一授信额度 10 万美元，利率可固定、可变动，用于支持农村生产者或公司提高竞争力和盈利能力。

第四类，商业化支持融资。该类贷款用于农村地区产品的收购和流通，减少国内中间环节，确保食品供应，促进生产者获得公平价格。贷款额度根据项目需求、现金流、可行性确定，可采用优惠利率。贷款方式可选价格担保策略、预授权融资、组合资源项目融资、金融中介公司融资。

第四节　贷款方式

墨西哥农发行对不同的支持领域和对象，采取不同的贷款方式。对综合性银行、金融中介机构发放打包贷款，采用信用方式；而对农产品初加工环节、化肥和牲畜的生产销售环节，则多采用担保方式。

一、价格担保贷款方式

根据贷款对象不同采取不同担保策略，以防范风险。一是在农产品初加工环节，生产者、购买者或经营者采用价格期权合约锁定价格，并收取一定手续费。二是项目贷款授信后，采用价格担保，收取100%的手续费，项目参与方作为担保承担主体的一分子，具有相应的责任和义务。三是专项授信担保的前提条件是证明该生产项目存在。

二、存单、债券质押贷款方式

即附买回协议操作，为大额存单和债券质押贷款，范围涉及谷物、化肥和牲畜的生产及销售，对象是从事该类生产销售的生产者和销售商，利率采用可负担的利率。贷款额度的特殊要求是，如果项目大于700000UDI（218918美元；4348523比索），授信额度为90%。

质押评估机构是墨西哥农发行授权的专业公司，以市场价提供标的资产估值服务。

三、批发信用融资

采用信用贷款，属金融中介公司融资计划，即机会支付保证计划。贷款对象主要是综合性银行或融资中介机构。目标是促进生产者、生产组织和农村企业获得信贷支持，发展农业、林业、渔业和农村有关的经济活动，推动农村金融中介机构为生产项目提供和维持融资，在资金短缺时，保证信贷资金获取和持续。

贷款额度在500000UDI（156370美元；3106088比索）至整体项目的50%之间，利率采用可负担利率，并考虑给予一定优惠。其特点是提供资金连续、贷款授信额度大、利率优惠。

第五节　风险管理

墨西哥农发行的风险管理制度是在世界银行的支持下建立起来的，世界银行在2014年参与其法律框架、信用风险手册、信用评估和监测工具的审查。墨西哥农发行风险管理具有稳健、严格程序化的特征。

第一，机构设立。墨西哥农发行设有董事会领导下的整体风险管理委员会（CAIR）、两级公司信用委员会和区域级小组委员会，每个委员会都有其特定的任务授权，并批准最高至合理阈值的信贷额度。此外，墨西哥农发行设有整体风险管理部门（UAIR），负责识别、计量、监控和控制该机构在日常授信过程中可能面临的风险，并通过开发、运用基于技术的方法和模型，最大限度地降低风险评估的主观性。

第二，信用评估。整体风险管理委员会建立了专门综合性信用评估工具和信用风险手册，手册中有详细的信用评估和监测政策与程序。为支持金融中介机构的成员评估甄选，该行有专门从事农村金融的第三方评估人员进行信用评估，同时提交给行内的信用委员会，提供额外的检查。

第三，评估程序。对金融中介机构成员的认证评估过程包括长达一年的多个步骤。主要包括：由该行的信用官员进行预评估；该行签约的独立公司进行初步评估（审查组织结构、风险、行政和财务、战略和运营以及财务绩效等方面）；信用分析员审查信用要求再分析；墨西哥联邦国防部在其法律领域审核；信用委员会（根据涉及的信用额度）考虑该请求，进行信用评估。

第四，授信额度。墨西哥农发行在评估和监测过程中，金融中介机构对其成员的授信标准一般为净资产的 10 倍，涉及国家发展战略的除外。特别规定有：如果是新成员，未进行信用评估，其授信额度仅为净资产的2.5 倍。

第五，风险状况。2018 年以前，墨西哥农发行的不良贷款率较为平稳，保持在 4% 左右。但从 2018 年开始，随着宏观经济增长放缓，经济不确定性增大，其不良贷款率开始攀升，2019 年 6 月末，不良贷款率达到近年来的最高点 10.8%[①]（见图 20 – 4）。

第六，风险监管。考虑到金融中介机构成员构成具有多样性的特点，大部分机构未接受国家金融监管机构的监督，墨西哥农发行建立了严格的监督制度。凡是接受墨西哥农发行融资贷款的金融中介机构成员，必须接受该行的监督。该行每年访问每个金融中介机构成员两次，并发布一次行动计划，针对资金运行特点制订专门计划，并在每次监督访问期间跟踪所

[①] 资料来源：2015—2019 年墨西哥农业发展银行关于经营和财务状况的报告。

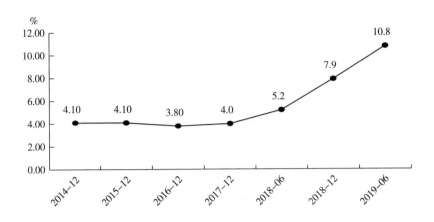

图 20 - 4　2014 年至 2019 年 6 月墨西哥农业发展银行不良贷款率变化趋势

需的行动。一旦出现风险或潜在风险，该行在与金融中介机构的合同中具有停止支付的权力，原因包括不还款、不报告单据、不监督贷款组合、不遵守社会或环境政策或其他法律要求等。某些特殊情况下，墨西哥农发行可以要求立即偿还，并在相关情况下进行法律诉讼。

在信用风险管理方面，墨西哥农发行的整体风险管理部门负责对不同群体进行预期损失分析。此外，还使用人工智能公司提供的未来风险动态模型（RDF）制作风险价值（VaR）报告。该模型主要是运用宏观经济情景模拟对贷款违约概率进行估算，还可用于对贷款组合进行敏感性分析和压力测试。

在市场风险管理方面，整体风险管理部门运用历史法及蒙特卡罗模拟两种方法，每日对风险价值计算最大潜在损失，并报告总经理及负责财务的副总经理。此外，针对潜在的极端风险，该部门每月进行压力测试及敏感性测试，并对风险价值进行回测。

在流动性风险管理方面，通过使用整体风险管理委员会批准的方法，整体风险管理部门按月对来自信贷活动的收入及支出进行预测，并根据流动性及每年确定的债务限额对资金进行统筹安排。

在操作风险管理方面，墨西哥农发行构建了一系列操作风险管理流程对其进行识别和评估。对于每一个操作损失事件（EPOS），整体风险管理部门都会确定其发生的原因，并将其事件特征、对机构的影响及纠正措施等信息记入数据库，建立风险矩阵，将这一过程中形成的风险管理工作计划等文件提交给整体风险管理委员会和董事会。

墨西哥农发行在治理和反腐败上有着良好的记录①。自 2012 年向美洲开发银行发放第一笔贷款以来，没有针对该行的投诉，而且美洲开发银行在 2014 年和 2015 年批准了更多的贷款。墨西哥在世界银行廉正副行长办公室没有公开案件。该行还建立审计委员会，经常组织内部、外部和交叉审计，并规定所有办贷人员接受反洗钱监督。

第六节　简要评价

作为墨西哥农业、牧业、农村发展、渔业和食品部以及商品化服务和农牧业发展局的执行机构，墨西哥农发行致力于巩固融资体系，通过生产者、金融中介机构和其他经济主体，提供适合小生产者和中小企业的贷款和金融服务，为农村提供财政资源支持、培训、援助和咨询服务，保障农业生产活动，改善农村环境，降低国际价格波动影响，提高生产力和农村生活水平。

一、信贷产品设计丰富而现代化

主要体现在：一是贷款品种丰富、范围宽广，涵盖农业、农村、林业及渔业的各个方面，并扩展至能源开发、技术创新等领域；二是贷款方式呈现组合式特征，普遍信贷业务与边缘普惠金融并行，短期贷款与固定设备类中长期贷款并行，贷款与担保授信并行；三是贷款与保险组合发放，并根据贷款对象不同收取不同的中间费用；四是具有政策性、国家发展战略性特征，并提供贷款优惠、服务咨询，可谓多措并举。

二、风险管理流程具有特殊性

前期的信用评估时间长达一年，且评估手续严格，实现风险管理关口前移，有利于实现风险预警管理。一旦确立为贷款对象后，贷款投放节奏较快，类似于绿色通道，且利率可协商，贷款优惠性、可获得性较高。

---

① 资料来源：世界银行墨西哥农村金融延伸报告（2015）。

三、政府予以有力支持

墨西哥政府不但制定实施优惠政策，提供利差补贴、税收优惠等，还直接出资支持该机构的建设发展，从而保证农村金融体系正常运行。但墨西哥政府对该机构的过多干预限制了其规模的扩张，导致其支农效率较低。

四、总体信贷支农规模有限

墨西哥农发行尽管支农产品多、覆盖广、手段丰富，但从2014—2018年财务数据看，其资产规模最高为34.56亿美元，贷款余额未能突破30亿美元，支农能力明显不足，与墨西哥农业发展现状形成强烈反差。分析其原因：一是资金来源受限，不能吸收存款和发债；二是农村地区的信贷深度和广度还不够；三是与其他发展中国家相比，墨西哥农业部门的服务水平较低；四是农产品主要依赖进口，自然资源有限。

第二十一章 印度农业与农村发展银行

印度农业与农村发展银行（National Bank for Agriculture and Rural Development，NABARD，以下简称印度农发行）是印度农村金融体系中最高级别的国家政策性金融机构。该行通过提供多手段、全方位的资金支持及相关服务，促进农业可持续发展，提高农民生活水平，推动农村地区的繁荣昌盛，在印度农村金融体系中起着举足轻重的作用。

第一节 发展演变

印度政府一直非常重视信贷机构在促进农业农村经济发展中的重要作用，从 20 世纪 30 年代开始就不断探索农业信贷组织形态。纵观印度农发行几十年来的发展历程，已从初期的央行职能部门，发展到现在独立且服务手段多元的政策性金融机构。

一、发展历程

（一）央行代为履行相关职责阶段

印度储备银行（Reserve Bank of India，RBI）作为印度的央行，成立于 1935 年，从成立之初，就按政府要求成立农业信贷部（Agricultural Credit Department，ACD），为邦政府和各合作社信贷部门提供指导。印度储备银行于 1963 年成立农业转贷款公司（Agricultural Refinance Corporation，ARC），提供中长期农业信贷，以满足农业发展的投资信贷需求。1975 年，农业转贷款公司更名为农业转贷款和发展公司（Agricultural Refinance and Development Corporation，ARDC），专注农业部门的信贷投入。1979 年 3 月 30 日，在印度政府指导下，印度储备银行牵头成立农业农村发展信贷审查委员会（RPCC），专司审查农业农村发展方面的信贷安排。该委员会于同年 11 月提交一份临时报告，详细阐述成立专门为农业农村发展提供信贷服务的政策性金融机构的必要性。这份报告引起印度政府和议会高度关注。经过慎重研究考虑，印度议会于 1981 年通过第 61 号法案批准成立印度农发行①。

（二）成立独立机构阶段

印度农发行于 1982 年 7 月 12 日正式成立，承接了印度储备银行农业信贷部职能、农业农村发展信贷审查委员会职能与农业转贷款和发展公司转贷款职能。它的初始资本金 10 亿卢比（约 1 亿元人民币②），由印度政府和印度储备银行共同出资，政府持股 99.5%，印度储备银行持股 0.5%。至 2018 年 3 月 31 日③，印度农发行资本金增至 1058 亿卢比④，并改为政府全资持股。

二、在印度农村金融体系中的地位作用

印度农村金融体系由政策性金融、合作性金融和商业性金融组成，机构设置多样化，服务手段多元化，做到从邦到县、从乡到村的农村区域全覆盖（见图 21 – 1）。印度农发行既是服务机构，又是监管机构，在农村金融体系中占有重要地位。

（一）印度农发行对农业农村领域提供全方位金融、非金融服务

印度农发行业务广泛，触及农业农村经济方方面面。从提供转贷款到

---

① 发展历程由农发行 2019 年出访调研团带回印度农发行宣传册整理而来。

② 根据 2019 年 7 月中国银行外汇平均数据，1 元人民币≈10 卢比，下同。

③ NABARD 2017 –2018 Annual Report［EB/OL］. https：//www. nabard. org/financialreport. aspx? cid = 505&id = 24。印度农发行年度报告以财年为标准，从 4 月 1 日开始至来年 3 月 31 日，如 NA-BARD 2017 –2018 Annual Report 即为从 2017 年 4 月 1 日至 2018 年 3 月 31 日数据。该章中数据多为引用 2017—2018 年年报报表数据，截至 2019 年 7 月末，印度农发行 2018—2019 年年报尚未对外公布。

④ NABARD 官方网站。

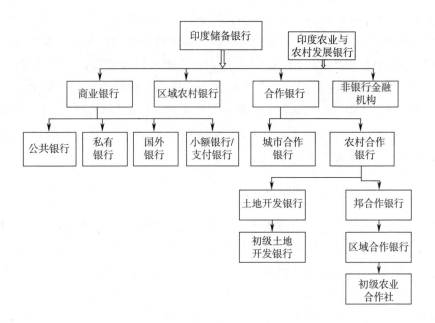

资料来源：由农发行 2019 年出访印度调研团根据印度农发行情况介绍整理而来。

图 21－1　印度农村金融体系组织架构

支持农村基础设施建设；从制订地区层面信贷计划到引导和激励银行业实现这些目标；从监管合作银行和地区农村银行到帮助它们发展健全的银行业务，并引导它们加入核心银行方案（CBS）平台；从设计新的发展计划到实施印度政府的发展计划；从培训手艺人到为他们提供营销平台销售产品。多年来，印度农发行的举措已经影响了印度广大农村居民的生活①。

（二）印度农发行履行监管职责并促进各方合力支农

印度农发行对农村合作社和地方农村银行（Cooperative Banks and Regional Rural Banks）进行监管②，并有权在自愿基础上定期检查邦合作农业和农村发展银行（State Cooperative Agricultural and Rural Development Banks，SCARDBs），促使这些金融机构开展符合相关法案规定的业务，遵守印度政府、储备银行、印度农发行发布的规则，保持财务稳健③。同时，印度农发

---

① 根据 2018 年印度农发行到访中国农发行提供的资料整理而来。

② The National Bank For Agriculture And Rural Development Act 1981.

③ 根据农发行 2019 年印度出访调研团了解情况整理。

行根据农业农村发展需要，可提出加强农村金融机构建设的方法和途径，促进各农村金融机构形成合力，在推动农业农村经济发展方面发挥更有效作用。

（三）印度农发行注重软实力建设，致力于提供智力支持和服务

印度农发行将其自身定位为知识驱动机构[①]，非常重视结合实践开展研究工作，建立了完善的农业信息收集机制，在此基础上每年分专题开展大量研究工作，形成系统性研究报告，为国家、邦政府及相关机构决策提供有价值的意见建议。例如，印度农发行成立 5 亿卢比的研究发展基金，资助行内外对农业和农村金融的深度研究、出版发行书籍刊物等；每年监测和整理各金融机构提供的与农业信贷相关的数据，目前已正式发展成为农村经济数据跟踪系统（RET），可追踪 63 个不同的参数[②]，包括降雨情况、农作物生产、国家冷藏能力、国家畜牧人口、主要畜产品生产、批发价格指数（WPI）和消费者物价指数（CPI）等，将这些信息汇总分析形成报告，提供给印度政府、印度储备银行、农业部门等。印度农发行董事长及部分高管是印度政府、议会、相关政府部门农业农村金融领域问题的咨询顾问，经常与印度邦政府、联邦政策智库就农业信贷、农村发展等事宜进行沟通讨论，与印度储备银行就农业和农村发展以及信贷规划、监测和运营等问题进行沟通。印度农发行每年为各邦制订信贷计划，这是引导相关农村金融机构在各自区域开办信贷业务的重要基础。同时，发布各邦信贷重点（SFP）指南，是邦级银行家委员会（SLBC）制定年度信贷规划和预算的基础[③]。

（四）印度农发行充任农村金融教育培训基地

目前，印度农发行有四个培训机构[④]，即银行家农村发展研究所博尔普尔校区、芒格洛尔校区、勒克瑙校区及印度农发行职工学院。职工学院侧

---

① 根据 2019 年农发行出访印度调研团座谈上印度农发行副行长 H. R. Dave 先生发言整体所得。

② NABARD. Department of Economic Analysis & Research, NABARD Department［DB/OL］. https：//www. nabard. org/about – departments. aspx? id = 5, 2018 – 12 – 01.

③ NABARD. Corporate Planning Department, NABARD Department［DB/OL］. https：//www. nabard. org/about – departments. aspx? id = 5, 2018 – 12 – 1.

④ NABARD 官方网站培训机构整理所得（www. nabard. org）。

重于对印度农发行内部官员、员工的培训，基本做到印度农发行所有官员每年培训全覆盖，以实时更新印度农发行全体工作人员的业务知识；研究所则侧重于对外部人员的培训，包括印度金融系统各方面人员，也承办国际组织、外国金融机构相关培训，如为印度各银行高管、董事、中高层管理者、分支行行长、基层工作者提供不同的培训；为印度非政府组织的负责人、高管、基层员工、新入职员工培训；为印度政府高层管理者、中层管理者和基层员工培训；为印度农村农民生产组织、农民合作组织负责人提供培训等。

第二节　治理结构

印度农发行总行设在孟买市，截至 2019 年 1 月末，共有 26 个部门（见图 21－2），下设 31 个邦级分行（不局限于设置在邦首府，有的设在邦属经济中心城市）。

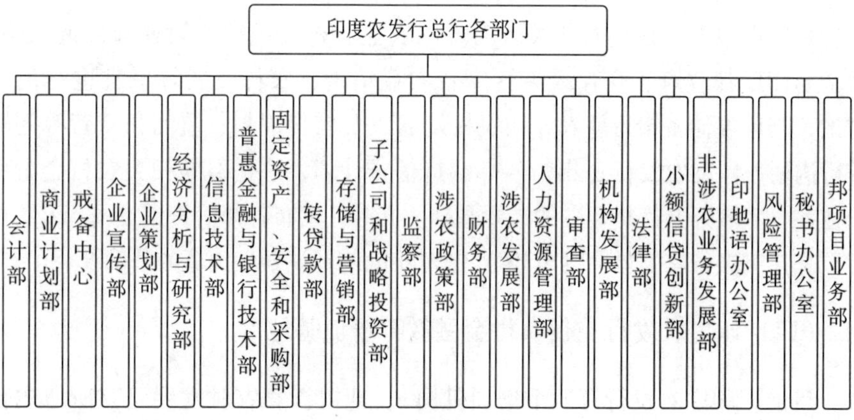

资料来源：根据印度农发行官网资料整理所得（https://www.nabard.org/about－departments.aspx? id＝5）。

图 21－2　印度农发行总行各部门

除总行和邦级分行外，印度农发行有 4 个培训中心、4 个子公司，其中邦级分行有 424 个区域[1]发展经理和 3 个项目管理机构（见图 21 - 3）。全行共有 4078 名员工，由 2640 名官员[2]及 1438 名助理工作人员组成。

　　董事会为印度农发行的最高决策机构，对印度农发行行使一般监督、指导和业务管理等职责，该行董事长、行长、副行长等董事会成员由印度政府任命，其余高级管理人员由本行董事会产生。按照印度农发行法案[3]，董事会应包括 1 名董事长，3 名农村经济、金融、合作银行、商业银行、农村社会学等方面的专家董事，3 名来自印度储备银行的董事，3 名来自印度政府的董事，4 名来自邦政府的董事，2 ~ 4 名全职印度农发行董事[4]。目前，印度农发行设 1 名董事长，2 名专家董事、2 名储备银行董事、3 名印度政府董事、4 名邦政府董事及 2 名印度农发行全职董事。总行各部门、各邦级分行领导层均由 1 名首席总经理、1 名总经理及 2 ~ 3 名副总经理（根据人员职数按需设置）组成，负责开展部门及邦属相关工作[5]。邦级分行根据总行 26 个部室设置对应的条线处室，根据邦级业务量的大小，有 100 ~ 200 名工作人员（含所有官员及助理但不含区域发展经理），并对辖内区域发展经理负责[6]。

---

　　① 印度行政区域划分：现行印度行政区划主体上为四个层次和五个层次并存的格局，大致为邦（一级行政区）（administrative district）、县（tehsil）、乡（市）（block）、村（镇）（village）四级制与邦（一级行政区）（state）、专区（district）、县（tehsil）、乡（市）（block）、村（镇）（village）五级制。实行邦、县、乡（市）、村（镇）四级制的有 16 个邦和国家首都辖区共计 17 个一级行政单位，另外，联邦属地绝大多数也属于四级模式。实行邦、专区、县、乡（市）、村（镇）五级制的有 11 个邦。

　　② The National Bank For Agriculture and Rural Development（Staff）Rules 1982（Updated up to 19 September 2008）。按照印度农发行员工条例，根据工作性质，从入行起可分为官员和助理工作人员，官员需拥有较高的学历背景并可享受较为优渥的福利待遇。相比助理工作人员，印度农发行官员需参加全国统一入职考试，竞争非常激烈。按照工作性质划分，印度农发行员工有 12 类：农业发展官员、经济研究官员、信息科技官员、法律官员、印地语官员、礼宾安保官员、秘书人员、助理人员、打字及速记员、行政服务人员、下属服务人员及杂项服务员等。官员有较为严格的等级制度，从刚入职到总行管理层，共分为 6 个管理层级：助理经理（A）、经理（B）、助理总经理（C）、副总经理（D）、总经理（E）、首席总经理（F）。助理工作人员则分为助理和高级助理、私人秘书和高级秘书、服务助理和服务员、司机和高级司机等。所有官员及工作人员职位的升迁均需在印度农发行工作一定的年限后才有资格申请，在综合考虑工作表现、工作业绩、职位需求等多方面因素的基础上方可升职。但是一般人员只有通过全国统一考试，方可转为官员职位。

　　③ The National Bank For Agriculture And Rural Development Act 1981.

　　④ 按照印度农发行法案规定，普通股本占总股本 10% 以下，设立 2 位全职董事；普通股本占总股本的 10% ~ 25%，设立 3 位全职董事；普通股本占总股本的 25% 以上，设立 4 位全职董事。

　　⑤ 根据农发行 2019 年印度出访调研团了解情况整理所得。

　　⑥ 同注⑤。

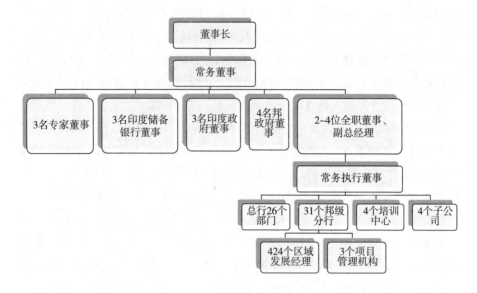

资料来源：根据印度农发行官网、农发行2019年印度出访调研团了解情况整理所得。

图21－3　印度农发行组织架构

第三节　资金来源

目前，印度农发行股权完全由印度政府所有，截至2018年3月末，印度农发行总资金为40664亿①卢比，资金来源主要由注册资本金、存款、发债、国家农业信贷基金和其他等五部分组成，其中存款和发债是主要资金来源，分别占资金总量的52%和28%（见图21－4）。

一、注册资本金

印度农发行成立初期资本为10亿卢比，随着每年注资，如2016年、2017年、2018年分别注资30亿卢比、140亿卢比和388亿卢比②，截至

---

　　① NABARD 2017－2018 Annual Report［EB/OL］. https：//www. nabard. org/financialreport. aspx? cid＝505&id＝24. 该数据按其年报报表统计口径计算，注册资本、储备和盈余共计3831亿卢比，同其官网披露数据不同，具体原因不详。

　　② NABARD 2017－2018 Annual Report［EB/OL］. https：//www. nabard. org/financialreport. aspx? cid＝505&id＝24.

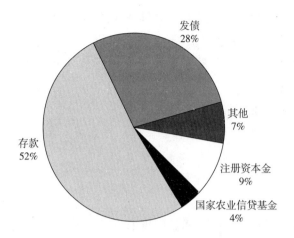

图 21 - 4　印度农发行资金来源

2018 年 3 月 31 日，实收资本 1058 亿卢比，资本充足率 18.85%[1]。随着印度政府和印度储备银行之间股本构成的调整，2017—2018 年度，印度储备银行完成 2 亿卢比股本划转到印度政府的工作，自此印度农发行完全由印度政府所有。为更好地拓展印度农发行业务，实现印度政府提出的 2022 年前农民收入翻番的目标，2018 年 1 月印度议会审议同意印度农发行法定资本为 3000 亿卢比[2]（约合 300 亿元人民币），但具体拨付方案尚未公布。印度农发行认为这次资本金额度提升，对其未来业务发展有着极其重要的意义。

二、存款

印度农发行主要有四个存款品种。截至 2018 年 3 月末，各项存款余额达 20947.9 亿卢比。

1. 短期合作农村信贷（转贷款）基金存款，由未履行优先领域贷款[3]

---

① NABARD 2017 - 2018 Annual Report ［EB/OL］. https：//www. nabard. org/financialreport. aspx? cid = 505&id = 24.

② 印度农发行官网。

③ Reserve Bank of India. 2018 Priority Sector Lending - Targets and Classification ［DB/OL］. https：//m. rbi. org. in/Scripts/FAQView. aspx? Id = 87，2019 - 02 - 15.

的在册商业银行转存①，用于向合作机构提供短期贷款。

2. 长期农村信贷基金存款，由国家农村信贷委员会按优先领域贷款业务不足的程度提供，主要用于向合作银行和农村区域银行提供长期贷款。

3. 茶叶、咖啡和橡胶专项存款。

4. 农村基础设施发展基金存款，由印度农发行调度商业银行的存款而来。

三、发债②

为满足日益增长的发展需求，印度农发行通过市场借款，例如发行公司债券、商业票据、存单、定期借款等拓展其资金来源，截至 2018 年 3 月末，各项债券余额达 11410.3 亿卢比③。（1）债券，如资本收益债券、公司债券、婆罗门—尼尔曼债券（Bhavishya – Nirman Bonds）、长期灌溉基金债券、农村住房项目债券（Bonds for Pradhan Mantri Awaas Yojana – Gramin）等；（2）发行存款凭证；（3）商业票据；（4）短期定期借款（3~6 个月）；（5）免税债券；（6）外币借款。

四、国家农业信贷（长期运作）基金 NRC（LTO）和国家农业信贷（稳定）基金 NRC④

国家农业信贷（长期运作）基金用于投资信贷转贷款，而国家农业信贷（稳定）基金用于转换或重新安排短期信贷转贷款。这些资金通过内部应计利息和印度储备银行拨款而来，2017—2018 年，印度农发行及印度储

---

① 根据印度储备银行要求，为防止农村资金通过商业银行（含国有银行、私营银行、外资银行和小额信贷银行）渠道大量外流，印度境内所有商业银行均需发放"优先领域贷款（Priority Sector Lending，PSL）"，必须将全部贷款的 40% 提供给难以从正式渠道获得金融支持的领域，并对优先领域规定具体贷款投放比例。优先领域包括农业、中小微企业、出口、教育、住房、社会基础设施、可再生能源等，其中用于农业信贷的比例为 18%。如果商业银行投放优先领域的贷款达不到 40% 的比例要求，则须将差额资金以低于市场利率的资金价格存放到印度农发行，由其对地区农村银行和邦农村合作银行进行转贷款，或购买印度农发行债券。

② NABARD 2017 – 2018 Annual Report［EB/OL］. https：//www. nabard. org/financialreport. aspx? cid = 505&id = 24.

③ 同注②。

④ 同注②。

备银行分别向这两只基金转入1000万卢比。截至2018年3月末，国家农业信贷（长期运作）基金为1449.1亿卢比，国家农业信贷（稳定）基金为159.1亿卢比[1]。

第四节　业务范围

印度农发行提供多手段、全方位的金融支持及相关服务，基本职能主要涵盖信贷业务、开发业务、监管业务和其他服务等四大板块[2]。

一、信贷业务

印度农发行协助农村合作社实施一揽子复兴计划，优化农村合作信用体系经营状况，提供品种多样的信贷产品，截至2018年3月末，贷款余额为3.52万亿[3]卢比。根据短期季节性农业和其他业务调整邦合作社信贷限额；为中心合作银行提供短期多用途转贷款支持；支持商业银行季节性农业经营，为初级农业合作社提供资金；建立短期合作农村信贷（转贷款）基金，为合作社提供短期信贷额度等；向邦政府提供农村基础设施发展基金贷款和长期水利灌溉基金贷款等。信贷业务主要有转贷款和直接贷款两种形式，目的在于全方位改善农村融资的整体状况。

（一）转贷款业务

转贷款包括向州政府、商业银行、合作银行和区域农村银行等提供的贷款和预付款，此类融资由上述机构贷款给最终借款人。该贷款是印度农发行收益最高的业务，也是印度农发行最主要的业务。2018年投放1.88万

---

①　NABARD 2017 – 2018 Annual Report［EB/OL］. https：//www. nabard. org/financialreport. aspx? cid = 505&id = 24.

②　根据农发行2019年印度出访调研团了解情况整理。

③　NABARD 2017 – 2018 Annual Report［EB/OL］. https：//www. nabard. org/financialreport. aspx? cid = 505&id = 24。注：印度农发行贷款余额共计3.52万亿卢比，包括转贷款1.88万亿卢比，直接贷款1.64万亿卢比，以及其他占比0.1%的其他类十余种贷款（约合46.44亿卢比）。因其他类贷款占比较小，故不在此次研究中讨论。

亿卢比转贷款，占当年总投放量的 53.4%①；2017 年投放 1.78 万亿卢比转贷款，占当年总投放量的 58.3%②。印度农发行将转贷款以 18 个月为界限，分为短期转贷款及中长期转贷款，根据支持项目种类（如作物贷款）或转贷款主体（如区域农村银行、非银行金融公司等）执行不同的利率，同一时期，印度银行的基准利率为 6.75%，但印度农发行对作物贷款的转贷款实行利率下浮优惠政策，大致在 4.5%（见表 21-1）。

表 21-1　　　　　　　　　　印度农发行转贷款利率③　　　　　　　　　单位：%

序号	详情	利率
1	短期转贷款	
A	邦合作银行作物贷款	4.50
B	区域农村银行作物贷款	4.50
C	区中心合作银行作物直接贷款	4.50
D	商业银行/区域农村银行发放给初级农业合作社的作物贷款	4.50
E	短期—额外季节性农业贷款/短期（其他）贷款/短期（季节性农业）—邦合作农业农村发展银行（年产量）贷款	8.40
F	邦合作银行/区域农村银行—短期作物贷款转为中期贷款（比银行向最终受益人收取的最低利率低 3%）	8.10
2	中长期转贷款	
A	借贷给邦政府的长期贷款，用于合作型信贷机构的股本	8.50
B	区域农村银行/邦合作银行/邦合作农业农村发展银行	
	5 年及以上转贷款	9.00
	3 年至 5 年（不含）转贷款	9.15
	18 个月至 5 年（不含）转贷款	9.00
C	初级城市合作银行	
	5 年及以上转贷款	9.20
	3 年至 5 年（不含）转贷款	9.40
	18 个月至 5 年（不含）转贷款	9.15

---

　　①　NABARD 2017—2018 Annual Report［EB/OL］. https：//www. nabard. org/financialreport. aspx？cid = 505&id = 24.

　　②　NABARD 2016 - 2017 Annual Report［EB/OL］. https：//www. nabard. org/financialreport. aspx？cid = 503&id = 22.

　　③　数据摘自印度农发行官网 2019 年 1 月 19 日公布数据，同一时期银行基准利率为 6.75%。

序号	详情	利率
D	非银行金融公司	
	AAA 级 #	
	5 年及以上长期转贷款	9.80
	3 年至 5 年（不含）中长期转贷款	10.35
	18 个月至 5 年（不含）中长期转贷款	10.15
	AA 级和 A 级（东北/丘陵地区）	
	5 年及以上长期转贷款	10.00
	3 年至 5 年（不含）中长期转贷款	10.55
	18 个月至 3 年（不含）中长期转贷款	10.75
#长期债务工具由印度信用评级信息服务有限公司（CRISIL）评定为最高安全等级 AAA 级，或由印度储备银行/证券交易委员会批准设立的评级机构评定为同等等级。		
E	非银行金融公司—小额金融机构	
	非银行金融公司—小额金融机构（小额金融 R1 等级）	
	5 年及以上长期转贷款	11.50（最低）
	3 年至 5 年（不含）中长期转贷款	12.05（最低）
	18 个月至 3 年（不含）中长期转贷款	11.85（最低）
非银行金融公司—小额金融机构 东北地区（包括锡金邦在内）的非银行金融公司—小额金融机构（小额金融 R2 等级 & R3 等级）		
	5 年及以上长期转贷款	11.60（最低）
	3 年至 5 年（不含）中长期转贷款	12.15（最低）
	18 个月至 3 年（不含）中长期转贷款	12.00（最低）

根据贷款期限不同，转贷款可分为短期转贷款、中长期转贷款、中期转换贷款和对邦政府的长期转贷款四种形式①。

1. 短期转贷款。印度农发行以不超过 18 个月的固定期限向合作银行和区域农村银行提供生产、营销和采购活动的转贷款。短期转贷款的基本目的是补充这些金融机构的资金来源，改善它们的流动性。（1）对邦合作银行和区域农村银行提供季节性农业经营的短期转贷款；（2）对邦合作银行

---

① NABARD. Department of Refinance, NABARD Department［EB/OL］. https：//www. nabard. org/about - departments. aspx？ id = 5，2018 - 12 - 01.

和区域农村银行提供用于季节性农业经营之外的短期转贷款，如农村市场建设、渔业、农业物资批发采购、中小企业运营资金、社会基础设施项目等；（3）对在册商业银行、邦合作银行和区域农村银行提供面向手工艺行业的短期转贷款。

2. 中长期转贷款。印度农发行向以下十个机构提供中长期转贷款，时限从 18 个月到 5 年不等，为农民、农村工匠等农业和非农业投资活动提供信贷支持。（1）在册商业银行；（2）区域农村银行；（3）邦合作银行；（4）区中心合作银行；（5）邦合作农业和农村发展银行；（6）基层城市合作银行；（7）印度农发行子公司；（8）东北部金融发展有限公司（NED-FI）；（9）非银行金融公司；（10）小额信贷组织。

3. 中期转换贷款。印度农发行可视情况，将提供给邦合作银行和区域农村银行的季节性农业经营短期作物贷款转换为中期贷款，以便为因自然灾害而受损的农民提供救济。

4. 对邦政府的长期转贷款。印度农发行向邦政府提供长期贷款，用于支付合作信贷机构股本，以促进这些合作信贷机构为农业农村发展投入更多的信贷资金。

（二）直接贷款业务

直接贷款是印度农发行为邦政府、邦政府担保的金融机构、农村基础设施发展机构、慈善组织、非政府组织或企业等直接提供的贷款。印度农发行的直接贷款多以基金形式发放，如农村基础设施基金、长期灌溉基金、仓储设施基金、农民组织发展基金、食品再加工基金等，利率根据不同的基金业务品种、风险指数，在基准利率基础上进行下浮或上浮调整（见表21-2）。以仓储设施基金（WIF）为例，如贷款主体为邦政府或邦政府担保的公司，其贷款利率在银行基准利率 6.75% 的基准上下浮 1.5 个百分点，即执行 5.25% 的贷款利率；如果贷款主体无邦政府的担保，其贷款利率将在仓储设施基金贷款现有贷款利率（PLR）7.75%[①]的基础上根据风险评估，进行 0.25 个、0.5 个或 0.75 个百分点的上浮。

---

① 该利率不同于银行基准利率，印度农发行根据每只基金品种的不同而定价不同。

表 21 – 2　　　　　　　　　印度农发行部分直接贷款基金利率

序号	详情	利率
	仓储设施基金（WIF）	
	邦政府	银行基准利率下浮 1.50 个百分点
	邦政府公司（有邦政府担保）	银行基准利率下浮 1.50 个百分点
	邦政府/中央政府拥有/援助的实体（无邦政府担保）	WIF 现有贷款利率 + 风险差额
A	其他实体	WIF 现有贷款利率 + 风险差额
	食品加工基金（FPF）	
	邦政府	银行基准利率下浮 1.50 个百分点
	邦政府拥有的实体（有政府担保）	银行基准利率下浮 1.50 个百分点
	邦政府拥有的实体（无政府担保）	FPF 现有贷款利率 + 风险差额
A	其他实体	FPF 现有贷款利率 + 风险差额

注：对于仓储设施基金，银行基准利率为 6.75%，现有贷款利率（PLR）为 7.75%，风险差额根据项目风险水平定为 0.25 个、0.50 个或 0.75 个百分点。对于食品加工基金，银行基准利率为 6.75%，现有贷款利率为 7.25%，风险差额根据项目风险水平定为 0.10 个、0.20 个和 0.35 个百分点。

资料来源：数据摘自印度农发行官网 2019 年 1 月 19 日公布的利率数据。

同理，对于食品加工基金（FPF），如贷款主体为邦政府或邦政府担保的公司，其贷款利率在银行基准利率 6.75% 的基准上下浮 1.5 个百分点，即执行 5.25% 的贷款利率；如果贷款主体无邦政府的担保，其贷款利率将在食品加工基金现有贷款利率 7.25% 的基础上根据风险评估，进行 0.1 个、0.2 个或 0.35 个百分点的上浮。

2018 年，印度农发行共投放直接贷款 1.64 万亿卢比，占全年总投放量的 46.5%，其最大的两只基金——农村基础设施基金和长期灌溉基金 2018 年贷款投放量占直接贷款投放总量的 79.5%，具体情况如下：

1. 农村基础设施基金。该基金的目的是向邦政府和邦属公司提供低成本农村基础设施信贷资金支持。为解决印度农村基础设施建设严重不足和财政资金紧缺问题，1995 年由印度政府主导，国家储备银行出资 200 亿卢比成立该基金。该基金最初只向邦政府提供贷款，贷款利率 13%；自 1999 年开始，基金的应用范围扩大至邦属公司，非政府组织、自助小组等也有资格申请使用，贷款利率下降到 7%①。在印度农发行直接贷款中，农村基

---

① RAJEEV M. Ensuring Rural Infrastructure in India：Role of Rural Infrastructure Development Fund [J/OL]. http：//mpra. ub. uni – muenchen. de/9836/，2019 – 01 – 07.

础设施基金占比最大，2018 年贷款投放量占直接贷款总额的 67%。

农村基础设施基金的资金主要是印度储备银行规定的商业银行按比例提供"优先领域贷款"的不足部分转存过来的，截至 2018 年 8 月 31 日，农村基础设施基金已募集到 2800 亿卢比资金。

该基金成立 14 年来，印度农发行已批准近 64.2 万个项目，累放贷款金额 2.28 万亿卢比，约占邦政府在农村基础设施领域公共资本总额的 1/5。贷款领域几乎涵盖农村基础设施所有重要方面。据统计，44% 为农业和灌溉领域贷款、16% 为民生领域贷款、40% 为农村道路和桥梁领域贷款。该基金对印度农村地区的经济发展起到了至关重要的促进作用[①]：（1）创造约 3251 万公顷土地的灌溉、约 1911 万人口的就业，建造 11.2 万米的桥梁及 46.3 万公里的农村公路；（2）邦政府可继续对未完成融资的项目投资，以确保项目全部完成建设，实现全部效益；（3）印度农发行农村基础设施基金，有力撬动大量社会资金投入印度农业农村基础设施建设。

2. 长期灌溉基金[②]。在印度农发行的直接贷款中，2018 年长期灌溉基金投放量占直接贷款总额的 12.5%。该基金于 2016 年由印度水资源和河流开发部主导设立，初期资金储备为 2000 亿卢比，旨在填补资源缺口，解决不完整的大中型灌溉项目实施问题。根据印度水资源和河流开发部批准的提案，初始资金由政府拨款、印度农发行筹集的政府全面服务债券和印度农发行直接市场借款三部分组成。国家重大灌溉项目，可由国家水资源开发署（NWDA）承贷；邦级灌溉项目，可由邦政府直接承贷。由于每年得到财政部适当金额的无成本资金，该项贷款利率较同期银行基准利率下浮 1.5 个百分点，常年保持在 6% 左右（含 1% 的各方检测、审查、评估、差旅办公费等），基金项下的贷款期限为 15 年，可以延长 3 年。2018 年 3 月末已批准 18 个邦的 99 个项目，累计发放贷款 7790.8 亿卢比。

根据印度中央水利委员会（CWC）对个别项目的评估、技术咨询委员会（TAC）的建议以及政府规划委员会的投资批准，印度农发行在审核各种法定要求/许可证（如环境、森林等）已到位的情况下，方可将其提交至

---

① NABARD. State Project Department, NABARD Department［EB/OL］. https：//www. nabard. org/about – departments. aspx? id = 5, 2018 – 12 – 01.

② NABARD. Ongoing Projects under Implementation［EB/OL］. https：//www. nabard. org/auth/writereaddata/File/Ongoing% 20Projects% 20under% 20Implementation. pdf, 2018 – 02 – 05.

印度农发行项目批准委员会（PSC）批准发放该项基金贷款。所有长期灌溉基金资助的项目由印度中央水利委员会和邦政府共同进行实地评估，且中央水利委员会各区域办事处须每六个月监测一次项目实际进展情况。

根据项目资金需求量大小，由不同审批主体对项目进行评估，从源头规范该项基金贷款的审批权限[①]。（1）如果项目成本超过 200 亿卢比，则由高级别授权委员会审批，该委员会由财政部部长、水资源部部长、农业和农民福利部部长、农村发展部部长和联邦政策智库副主席组成。（2）如果项目成本在 100 亿~200 亿卢比，则由普通授权委员会审批，该委员会由联邦政策智库主席、财政部秘书长、水资源部秘书长、农业和农民福利部秘书长、农村发展部秘书长和印度农发行董事长组成。（3）如果项目成本在100 亿卢比以下，则由特派团审批，特派团由水资源部秘书、农业和农民福利部秘书、农村发展部秘书组成。

二、开发业务

开发业务涵盖印度农村生活方方面面。印度农发行通过建立合作开发基金，从信贷和非信贷等方面支持农户增加经济收益，帮助初级合作社、农村自身建设和基础设施开发等。目前主要有已发展成为世界上最大规模的小微互助信贷组织、促进国家农村支付的惠农卡等金融普惠项目，农民俱乐部、流域开发、农村青年培训等涉农及非涉农发展项目。同时，印度农发行积极践行社会责任，成为联合国认可的印度境内唯一气候金融项目执行方。

三、监管业务[②]

印度农发行对农村合作社和地方农村银行进行监督检查，有权在自愿基础上定期对邦合作农业和农村发展银行、农民纺织协会、营销联合会等邦级合作机构进行定期检查[③]，并协调处理各农村金融机构之间的业务关系和经营活动，监督检查各农业金融机构业务质量，严禁违规违纪经营，保

---

① NABARD. Monitoring Mechanism for RIDF Projects ［EB/OL］. https：//www. nabard. org/，2018 – 02 – 05.

② 根据农发行 2019 年印度出访调研团了解情况整理。

③ *The National Bank For Agriculture And Rural Development Act* 1981.

障农业农村金融业务健康发展。

四、其他服务

如监测农村基本信贷流量，提供咨询顾问服务，提供高质量培训，为印度政府众多惠农计划服务并收取 0.4% 的渠道服务费①，研发创新型利农惠农产品，引导农村金融机构加大支农力度等。同时，根据 2009—2010 年波士顿咨询公司（BCG）为印度农发行提供的全方位发展战略，印度农发行逐步注重利润可持续发展，特别是陆续成立四家子公司对主营业务提供了有力补充②。

（一）印度农发行咨询服务公司 （NABARD Consultancy Services，NABCONS）③

该公司是印度农发行在农业、农村发展和相关领域提供咨询服务的全资子公司，法定资本为 2.5 亿卢比，实收资本为 5000 万卢比。该公司的董事长由印度农发行的董事长担任，有 400 多名员工，其中，20% 为印度农发行内部的专家学者，还有部分特聘知名专家，在全国 30 多个邦拥有下属公司，充分利用印度农发行在农业和农村发展领域，特别是银行、农村金融、机构发展、基础设施建设、技术培训等领域的核心竞争力，为印度国内外提供战略咨询服务。目前，业务已拓展至非洲几个国家，是印度农发行更好地践行实现农村繁荣使命的重要媒介，每年有约 20% 的商业收益。

（二）纳布基桑金融有限公司 （NABKISAN Finance Limited，NKFL）

该公司 1997 年由印度农发行、泰米尔纳杜（Tamilnadu）邦政府、印度银行、印度海外银行、泰米尔纳杜商业银行、卡纳拉（Canara）银行、印度工业信贷投资（ICICI）银行、印度联邦银行、拉克希米维拉斯（Lakshmi

---

① 根据农发行 2019 年印度出访调研团了解情况整理。

② JOG S. BCG to soon start consultations for Nabard's restructuring［J/OL］. https：//www. business－standard. com/article/finance/bcg－to－soon－start－consultations－for－nabard－s－restructuring－110010700012＿1. html，2019－07－03.

③ 四家子公司情况根据农发行 2019 年印度出访调研团了解情况整理。

Vilas）银行和一些公司/个人参股组建，有独立的董事会制度，法定资本为10亿卢比，实收资本为8.69亿卢比。印度储备银行将该公司认定为非银行金融组织，主要是为从事农业、农村非农业企业的推广、扩张和商业化提供信贷支持，为潘查亚特（Panchayat）邦级联合会、信托机构、社团和25家小额信贷公司提供转贷款服务，以更好地帮助农民互助小组、农户联保贷款小组。目前，该公司在16个邦开展业务，重点是支持种植户协会的营运资本和定期贷款业务。

（三）纳巴沙鲁迪金融有限公司（Nabsamruddhi Finance Limited）

该公司1997年由印度农发行、安得拉邦（Andhra）银行、卡纳拉银行、安得拉邦政府、泰兰加纳（Telangana）邦政府、安得拉邦合作银行、泰兰加纳邦合作银行和一些来自该邦的公司法人/个人出资组建，有独立董事会，印度农发行副行长担任董事长，法定资本为7.5亿卢比，实收资本为6.3亿卢比。该公司被印度储备银行认定为非银行金融公司，目前在13个邦开展业务，主要是为企业和个人提供长期信贷支持，以促进当地农业和农业联合活动商业化现代化。

（四）印度农发行金融服务有限公司（NABARD Financial Services Limited，NABFINS）

该公司由印度农发行、卡纳塔克（Karnataka）邦政府、卡纳拉银行、印度联合银行、巴罗达（Baroda）银行、达纳拉克什米（Dhanalakshmi）银行和印度联邦银行出资组建，其中，印度农发行出资占比51%，有独立董事会，致力于成为一个小额金融模式化规范化的小额信贷机构，为小额金融机构设定治理标准，并确保其运作管理的透明性和利率的合理性。目前，该公司在11个邦为66万个家庭服务，主要在农业和小额信贷两大领域提供金融服务，通过小额金融为社会（农村和城市）弱势群体提供服务，保证该地区经济繁荣，以及通过农业信贷促进农业和农业联合活动商业化现代化。

第五节　风险防控

作为专门为农业农村发展提供金融服务的政策性银行，印度农发行近些年来一直保持零不良贷款率及较高的资本充足率。印度农发行高度重视风险管理文化理念，借助信息科技构建系统的风险管理框架，在优化风险防控工具的同时，不断提升印度农发行员工队伍的风险防控意识和能力，强化科学完善的风险管理实践及手段。

一、相关指标情况

（一）不良贷款率

印度农发行不良贷款率为零，这与其信贷业务结构密切相关：大部分是转贷款，这部分贷款提供给其他农村金融机构，而印度农发行同时是这些机构的监管者；印度农发行的直接贷款大部分是给各邦政府及其附属机构，政府信用比较有保证，这部分贷款风险可控[①]。此外，印度农发行一直高度重视风险管控。

（二）资本充足率

印度农发行 2018 财年、2017 财年、2016 财年、2015 财年的资本充足率分别为 18.85%、17.71%、17.59% 和 16.91%，高于印度储备银行规定的 9% 的资本充足率[②]。

二、风险防控机制

印度农发行总行设有风险管理部，负责全行信用风险、资金和投资业务市场风险、总行各部门和邦级分行操作风险和合规风险管理等。该部门首席总经理同时也是全行的首席风险官和首席合规官，邦级分行首席总经理担任本行合规官。同时，建立董事会对邦级分行进行风险管理，且在开展业务时，风险管控始终贯穿于总行各部门、邦级分行及区域办事处，有效控制了各项风险。

---

① 根据农发行 2019 年印度出访调研团了解情况整理。

② NABARD. 2017 – 2018 Annual Report & 2016 – 2017 Annual Report & 2015 – 2016 Annual Report [EB/OL]. https：//www. nabard. org/financialreport. aspx? cid = 505&id = 24.

1. 制定并根据实践及时修订企业风险管理政策①，为全行风险管理工作提供前瞻性政策依据。

2. 适时引入科学的风险管理系统、标准操作程序、风险评级工具和预测机制，并考虑监管要求和商业环境变化及时更新，如为所有风险制定风险评估模型，要求国有/私人商业银行采用新的风险评级模型，以确保印度农发行及时诊断、发现所面临的各种风险，及早采取应对措施，将各种风险保持在可控范围之内。

3. 与印度政府、印度储备银行和评级机构就风险相关事宜经常进行沟通协调，互通信息，确保掌握风险信息的及时性、准确性。

4. 定时向董事会、高管层和风险管理委员会报告企业类风险状况、风险缓解系统等，使本行决策层及时掌握各项贷款的真实情况。

三、主要风险管控措施②

目前，印度农发行受巴塞尔协议Ⅰ监管要求的约束。但为了符合巴塞尔协议Ⅲ的规范，2017—2018 年，毕马威（KPMG）协助印度农发行制订了"企业范围业务连续性管理计划"③，并建立了风险防控长效机制。特别是2018 年下半年，安永会计师事务所与印度农发行签署战略合作协议，根据巴塞尔协议Ⅰ、Ⅱ、Ⅲ及印度储备银行有关要求和指南，研发了更为健全的全面风险管理软件"综合风险管理解决方案"（IRMS），进一步强化了印度农发行现有风险管理框架。自 2015 年 7 月以来，印度农发行实施了涵盖信贷风险、市场风险、操作风险和合规风险的综合风险管理措施。

（一）信贷风险

从印度农发行的业务经营来看，信贷风险主要包括评估风险［借款人

---

① NABARD. Risk Management Department, NABARD Department ［DB/OL］. https：//www. nabard. org/about – departments. aspx？id = 5，2018 – 12 – 01.

② NABARD. Request for Proposal For End to End Software Solution for Implementation of Enterprise – wide Integrated Risk Management Architecture in Accordance with the International Best Practices and Guidelines of RBI on Basel Ⅰ, Basel Ⅱ, Basel Ⅲ, NABARD Tender ［R］. 2018.

③ Muscat, Oman. Risk and Business Continuity Management, KPMG Business Academy ［EB/OL］. https：//home. kpmg/content/dam/kpmg/ae/pdf/Risk – and – business – continuity% 20management – muscat. pdf，2019 – 02 – 15.

风险、项目风险、技术可行性风险、安全风险、文件（法律）风险]、监控风险等。目前，印度农发行为所有客户引入信贷风险评级模块，以确保通过违约预测机制识别、跟踪和监测特别账户（SMAs）及非履约资产/不良资产（NPAs）情况，规范管理风险敞口，确保对贷款组合中的风险进行强有力的标准化处理。

（二）市场风险

印度农发行的市场风险主要分布在投资于政府债券、共同基金和其他经批准的证券方面的风险。印度农发行利用压力测试、资本计算、银行账簿利率风险和证券估值等工具，有效地管理了投资业务组合中的市场风险。

（三）流动性和利率风险

印度农发行资产负债委员会每月召开一次会议，审查资产负债情况，分析产品收益、应急基金计划、流动性缺口和利率变动等问题，并按照印度农发行支持的产品生命周期政策管理资产和负债，同时决定转贷款的利率。

（四）操作风险

印度农发行通过采用全面内部控制机制，主动管理操作风险。为有效降低操作风险，印度农发行建设了企业管理解决方案、业务保障、贷款集中管理、会计管理、财务管理和资产负债管理等六大系统，为全面管控操作风险提供了保障。

（五）合规风险

印度农发行每月召开风险管理委员会会议，每季度召开违约预测和监测委员会会议，以有效预判并管控合规风险。特别是总行各部门和邦级分行风险管理经理、风险协调员在降低风险和建立各种防控机制方面发挥着重要作用。

四、风险管理手段

印度农发行注重在整个组织中创建风险管理文化，通过与客户、合作伙伴及利益相关方的定期互动，不断增强员工的风险防控意识和能力。如区域发展经理的重要职责之一就是对农户、合作社、互助小组开展贷后管理和专业指导，及时了解相关情况，包括风险苗头。同时，印度农发行也资助农技人员为贷款农户提供农作物种植及牲畜养殖培训指导，既提高农户种养殖效益，又从源头上防止因种养殖失败导致贷款出现风险。

印度农发行非常重视对基金贷款的后续管理，为确保所支持项目顺利实施，通过以下四种方式对获批项目进行系统性、持续性地监测。

1. 办公室远程检查。通过看材料、报表等方式识别关键问题，特别是针对非启动项目、开展缓慢项目、问题项目等进行重点检测。

2. 现场监测。邦级分行指定官员和区域发展经理定期进行实地考察，监测项目进展情况，并与区域级项目工作人员接洽沟通。对办公室远程检查有问题的项目，将提高检查频率[①]。一般情况下，对项目按批准贷款金额确定检查方式及频率：（1）贷款金额不超过 2.5 亿卢比的项目，有选择地进行实地监测；（2）贷款金额在 2.5 亿~5 亿卢比的项目，每年实地监测一次；（3）贷款金额超过 5 亿卢比的项目，每年最少实地监测一次。

3. 每季度举行一次决策委员会（HPC）会议，由印度农发行邦级分行首席秘书长主持，各项目执行处室负责人参加，研究分析项目的运作情况，制定进一步跟进措施。

4. 部分邦定时召开补充审查会议，区域发展经理和项目执行处室参加，同时还邀请由地区官员担任主席的地区级审查委员会参加。从实践来看，这些委员会对于解决地方性的各种运营问题非常有帮助。

第六节　监管与支持政策

印度农发行作为印度重要的政策性金融机构，受印度储备银行监管，同时被赋予监管职能，且享有资本补充、税收优惠、利息补贴等众多的优惠支持政策和机制。

一、监管机制

印度储备银行受印度议会委托，对印度农发行直接监管，邦级分行直

---

① NABARD. Ongoing Projects under Implementation [DB/OL]. https：//www. nabard. org/auth/writereaddata/File/Ongoing%20Projects%20under%20Implementation. pdf, 2018 – 02 – 05.

接由总行管理，邦政府对邦级分行进行监督但不进行工作管理[1]。同时，印度农发行对农村合作社和地方农村银行进行监督检查，并有权在自愿基础上定期对邦合作农业和农村发展银行、农民纺织协会、营销联合会等邦级合作机构进行定期检查[2]。

二、支持政策

（一）资本补充机制

截至 2019 年 1 月末，印度农发行资本充足率为 18%，长期以来该行的资本充足率都维持在较高水平。印度农发行的资本金补充主要来自两个方面：自身利润留存和中央财政支持。

该行利润有两个主要去向：（1）补充自身资本金。印度农发行从建行之初的 10 亿卢比到 2018 年 3 月末的 1058 亿卢比注册资本金，其中部分资本金是由利润转存而来。根据 2018 年议会批准的方案，印度农发行资本金将逐步补充至 3000 亿卢比。（2）投向该行设立的各个基金，支持农业农村发展。

印度农发行每次在市场上大量举债时，中央财政都会给予该行大量资本金支持，以保持该行的资本充足率保持在一个较高的水平，降低其发债成本，间接降低农村融资成本[3]。

（二）税收优惠机制

根据 1981 年印度农发行法案，印度农发行享有免交所得税、附加税和其他任何关于收入、利润和收益方面的税收优惠政策，接受的捐赠款项也无须缴纳任何税费。

（三）法律保障机制

自印度农发行成立之初，印度政府就推出印度农发行法案，对印度农发行的性质、资本金、董事会、业务范围、职能、基金、会计审计、员工

---

[1] 根据农发行 2019 年印度出访调研团了解情况整理。
[2] *The National Bank For Agriculture And Rural Development Act* 1981.
[3] 根据农发行 2019 年印度出访调研团了解情况整理。

等都作了明确规定。随着时间推移，印度政府根据情况变化及时修订农发行法案，分别于 1985 年、1988 年、2000 年、2003 年及 2018 年进行多次修订。除此之外，印度农发行还有较为详尽的系统内规章制度、管理办法、守则准则，如养老金规章、债券规章等；同时还有针对合作伙伴修订的各项法案①、准则，如村镇银行法案、村镇银行准则等。

（四）利息补贴机制

印度农发行有大大小小几十个基金项目，利息不等，印度政府会对部分基金给予一定的利息补贴，邦政府也会根据自身财力予以补贴。以占比最大的农村基础设施基金贷款为例②，印度农发行以 8% ~ 8.5% 的利率放款给村镇银行、合作银行或其他金融机构，在放款给农户过程中，印度政府直接提供 2% 利息补贴给放款银行或机构，若农户贷款在 3000 卢比以下，可以 7% 的利息从村镇银行贷款，村镇银行将因此获取 9% 的利息收益（见图 21 - 5）。如果农户能按时还本付息，将额外得到印度政府 3% 的利息补贴，即农户可以 4% 的利率从村镇银行获得贷款。

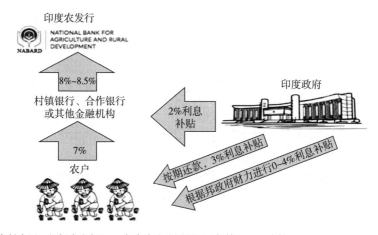

资料来源：根据农发行 2019 年印度出访调研团了解情况整理绘制。

图 21 - 5 农村基础设施建设基金贷款利率流向

---

① NABARD. Law Department，NABARD Department ［DB/OL］. https：//www. nabard. org/about - departments. aspx？id = 5，2018 - 12 - 01。根据印度农发行法规部的介绍，该部门负责修订村镇银行法案［Regional Rural Banks（Amendment）Act 2015］。

② 根据农发行 2019 年印度出访调研团了解情况整理。

第二十二章　泰国农业与
农业合作社银行

　　泰国是东南亚地区重要的新兴市场国家，也是拥有丰富资源的传统农业国，素有"东南亚粮仓"的美名。农业在其国民经济和出口贸易中占有重要地位，农业部门的经济发展多年来一直受到泰国上下的高度重视。历届泰国政府以改善农村面貌、增加农民收入为目标，出台多方面、多维度的措施，构建起较为完善的农业政策体系。作为这一体系的关键组成部分，泰国农业与农业合作社银行（Bank for Agriculture and Agricultural Cooperatives，BAAC，以下简称泰农行）集中体现了农业政策性金融在农业农村事业中的重要作用。

第一节　发展演变

　　泰农行是隶属于泰国财政部的政策性金融机构[①]，也是泰国农村金融体系中居于核心地位的主体银行。自 1966 年成立以来，泰农行通过对高利率非正规信贷市场的逐步取代，确保了农民收入水平提升、生活质量改善的可持续性，充分反映出泰国政府大力扶持农村经济的基本态度和战略倾向。

---

　　① 资料来源：Annual Report 2017（1 April 2017 – 31 March 2018）of BAAC：8 - 9。根据原文，泰农行被定义为隶属于财政部的金融机构（The BAAC is a financial institution affiliated with the Ministry of Finance），按中文习惯，此处译为政策性金融机构。

一、基本情况

泰农行总行设在曼谷，其农村金融服务覆盖泰国境内的全部 75 个府。截至 2018 年 3 月末，泰农行总资产规模为 1.7436 万亿泰铢①，资本充足率为 11.96%，不良贷款率为 4.34%；资产回报率为 0.59%，净资产收益率为 7.46%；吸收存款 1.5297 万亿泰铢，贷款余额 1.3693 万亿泰铢，拥有 1275 家分支机构、22560 名员工，为近 747 万户农业家庭提供金融服务。作为直接体现政府政策意图的重要金融机构，泰农行在接受泰国银行（Bank of Thailand，BOT）监管的同时，由泰国财政部（Ministry of Finance，MOF）直接管理。此外，财政部也是泰农行的绝对控股股东，持有其 99.78% 的股份②。剩余的极小部分股份由泰国境内的部分农业合作社、农户和泰农行员工等主体持有。

目前，泰农行在农村金融领域承担着多项职能，主要集中在三个方面：其一，向从事农业和非农业相关活动的个体农民、农民协会和农业合作社提供资金援助；其二，向农民及其家庭提供必要的知识和技术服务，帮助其提升生活水平；其三，与政府及私营部门合作，支持商业、农业相关活动的开展，促进农户和农业企业增加收入。

二、发展历程

1938 年，泰国政府根据《合作社银行法》设立合作社银行，为当时泰国境内开展信贷业务或其他金融服务的各类农业合作社提供中央一级的资金来源。合作社银行成立后，由于在业务拓展上面临一定障碍，其支持农村信贷的工作成效始终有限，泰国政府因此开始考虑建立一家新的银行，即现在的泰农行来代替原有的合作社银行。具体而言，导致这一决定的主要原因可归纳为以下几个方面：第一，合作社银行只负责向各农业合作社提供信贷服务，但许多未成为合作社成员的农民同样有着不容忽视的信贷需求。根据《合作社银行法》，当时的合作社银行并没有向这部分农民提供信贷服务的权力或职能。第二，合作社银行主要提供长期和中期信贷服务，

---

① 资料来源：Annual Report 2017（1 April 2017 – 31 March 2018）of BAAC：5.

② 资料来源：https：//www.baac.or.th/baac _ en/content – about.php？content _ group _ sub = 24.

但农民在中长期贷款之外也需要流动资金贷款以应对短期周转困难。第三，合作社银行没能起到应有的信贷业务监督作用。第四，合作社银行的资金来源相对不足。

进入 20 世纪 60 年代，泰国的农业产业格局由单一化种植向多元化经营转变，引致了对资金的迫切需求，也使上述矛盾进一步激化。有鉴于此，泰国政府于 1966 年成立泰农行，专门承担泰国国内的农业政策性金融工作。泰农行以广泛地提供农业信贷服务为使命，既向农民开展直接形式的信贷业务，也通过其他农业金融机构和农业组织向农民提供间接形式的信贷支持。自成立至今，泰农行的发展大体上经历了五个十年阶段①。

第一个十年阶段（1966—1976 年）：减少非正规贷款。在成立之初的十年中，泰农行把工作重点放在提高短期和中期贷款的时效性、提高信贷支持对农村地区的覆盖程度方面，目的在于尽量抑制当时市场上以过高利率发放的非正规贷款。为使没有土地或其他资产作为抵押物的农民也能够获得信贷支持，泰农行在这一阶段推出了若干金融创新项目，并以连带责任小组（Joint Liability Group）的形式尝试连带担保的增信机制。

第二个十年阶段（1977—1986 年）：提供更广泛的金融服务。为简化服务流程、提升业务效率，泰农行在这一阶段开始向农民提供现金贷款，农业金融产品的种类得到较大程度的丰富。同时，泰农行发挥政策性银行的桥梁作用，联合其他政府部门和私营机构，为农民和合作社提供优质的农业生产资料和基础设施，以及农产品销售的联络支持。在重点省份的主要城市，泰农行建立起中央市场并启动水稻认捐计划②（paddy pledging scheme），以推迟农产品销售，稳定农产品价格。

第三个十年阶段（1987—1996 年）：强化职能定位，加大支持力度，优化服务质量。此阶段，泰农行扩大原有服务对象的范围，向无法从其他金融机构获取服务的小农和贫困人口提供金融支持，并为部分有贷款需求的

---

① 资料来源：https：//www. baac. or. th/baac_en/content – about. php？ content_group_sub = 0001.

② NAMCHAIDEE K. Policy Corruption：A Case Study of Thailand's Rice – Pledging Scheme ［D］. University of Tasmania，Australia. 2017.

群体制定特殊的贷款政策。考虑到农民个人在农产品销售过程中处于劣势地位，泰农行与隶属于泰国农业和农业合作部的合作社促进局展开协作，帮助农民建立起农产品销售合作社（Agricultural Marketing Cooperatives，AMCs），以便农民在购买生产资料、农机设施和销售农产品时提高议价能力。在服务质量方面，泰农行充分强调员工强化服务意识的重要性，以提供更好的客户体验和提升业务效率。

第四个十年阶段（1997—2006 年）：推进现代化建设，在社会经济发展中充分发挥促进作用。为有效应对金融市场日趋激烈的竞争，泰农行在这一阶段主动调整自身的职能定位和发展战略，修订机构章程、扩大业务范围；在原有服务对象以外，开始为农业相关领域中的非农企业提供金融支持。此外，根据充足经济哲学（SEP）[①]，泰农行要求员工进一步加强与客户之间的沟通联系、不断提升服务水平，并在这一思想的基础上构筑起"生命真理观"[②] 作为全行开展工作的精神指导，教授农民家庭理财知识，鼓励组成或加入合作社。此外，面向泰国境内伊斯兰民众的金融事业也有长足进展，集中体现为伊斯兰银行基金在这一时期指定泰农行下设的若干分行为该群体提供金融服务。

第五个十年阶段（2007 年至今）：进一步扩大服务范围，助力民生改善。随着农村经济的不断发展，充足经济哲学在农业农村事业中的运用日趋成熟，泰国农民的生活质量得到持续改善，长期以来专注于农村金融服务的泰农行功不可没。除满足农民的基础金融需求外，泰农行也在不断开发新的金融产品、扩大金融服务范围，使包括农村基金、社区、农业合作社在内的更多主体都能够得到有效的金融支持。在这一时期，泰农行还开展了"全力服务客户"活动，以提升客户对银行服务的满意程度。

---

① 充足经济哲学是泰国国王普密蓬·阿杜德宣扬的哲学，以有效确保泰国人民福利、人类发展、减贫和保护环境为宗旨。参见：Carlo Vezzoli, et al. Product – Service System Design for Sustainability［M］. Greenleaf, Sheffiled. 2014：381–390.

② 甘地生命真理观，是一种解放自由、享受生命的学说。参见：HICK J，HEMPEL L C. Gandhi's Significance for Today［M］. London：Palgrave Macmillan, 1989：90–108.

第二节 治理结构

泰农行的治理结构具有自身的特色。遍布全国的农业合作社是泰国农业生产经营活动的关键主体，其地位从"农业和农业合作社部"的部委名称中可见一斑；在泰农行的组织架构中，农业合作社的重要性同样有所体现。此外，泰农行受泰国财政部和泰国银行双重监管的特征，也部分影响着其董事会的任命和人员组成。

根据最新修订的《农业和农业合作社银行法案》，泰农行董事长由泰国财政部部长兼任，副董事长和其余董事（不超过 16 名）由部长会议任命。在董事会成员中，至少需要包括 1 名总理办公室代表、1 名财政部代表、1 名农业和农业合作社部代表、1 名合作社代表、1 名农业土地改革办公室代表、1 名泰国银行代表和 1 名农业合作机构股东代表。副董事长及董事任期为 3 年，离任的副董事长或董事可被重新任命。

泰农行董事会下设四个委员会[①]，即审计委员会，风险管理委员会，公司治理、社会责任与创新委员会和其他委员会。其中，审计委员会和风险管理委员会还下设风险管理部和审计部等相关职能部门（见图 22 – 1）。

在组织架构方面，泰农行总行各部门按业务条线划分为六大板块：数据战略与信息科技组、机构战略与人力资源组、财务会计与银行业务组、农民信贷业务与信贷支持组、农民大客户与农业机构信贷组和分行管理组。这些组又被进一步细分为 11 个条线，目前包括数据战略条线、信息科技条线、机构战略条线、人力资源与机构发展条线、综合管理条线、财务会计条线、银行业务条线、农民信贷条线、政府政策条线、涉农企业与农业机构信贷条线、客户与农村发展条线。

在高级管理层的责任方面，泰农行行长对全行工作负责，6 位高级执行副行长对六大板块负责，14 位执行副行长对 11 个条线和地区分行负责，28 位高级副行长对总行各部门负责。

---

① 资料来源：https：//www. baac. or. th/baac _ en/content – about. php？content _ group _ sub = 6. 泰农行将其分支机构按地域划分为 10 个地区分行，分行管理组是各地区分行的统称。各区分行分别是：上北区分行、下北区分行、上东北区分行、下东北区分行、中部区分行、东部区分行、都会区分行、西部区分行、上南区分行、下南区分行。

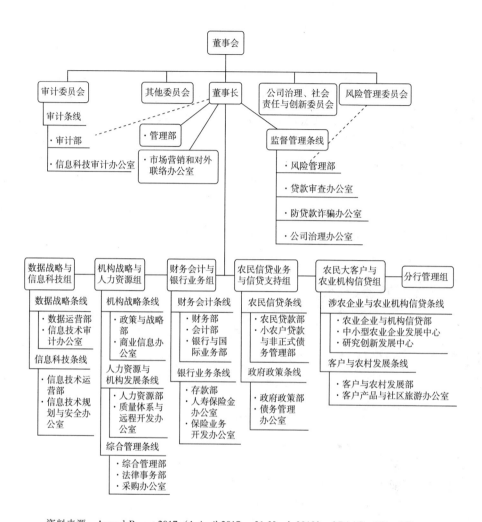

资料来源：Annual Report 2017（1 April 2017 - 31 March 2018）of BAAC：162 - 163.

图 22 - 1　泰农行组织架构

第三节　资金来源

作为一家政策性金融机构，泰农行在经营活动中可以运用的资金首先来源于注册资本，但更主要的部分则是通过吸收存款、发行债券等渠道筹集而来。这与一般商业银行的情形较为相似，即在满足资本充足率要求的前提下，充分利用负债端杠杆聚集资金，以扩大资金运用的规模。

一、资金来源的主要构成

泰农行的资金来源在构成上包括所有者权益和负债两大项内容。截至2019年3月底，泰农行包括资本金在内的所有者权益总计1350亿泰铢，占总资产比重为7.23%；总负债规模达1.738万亿泰铢，占比92.77%[①]，其中细分项目包括（见图22-2）存款1.617万亿泰铢（86.31%）、银行间交易及净货币市场690亿泰铢（3.72%）、已发行债券及贷款[②]100亿泰铢（0.54%）、其他负债410亿泰铢（2.20%）。

需要注意的是，由于泰国国内金融市场不发达，其他国家政策性金融机构较为常见的债券发行尚未成为泰农行的主要融资方式。

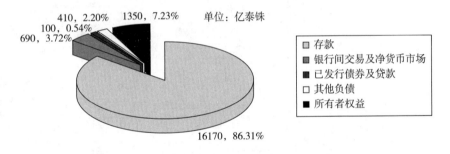

图22-2　泰农行资金来源构成

二、资本金及补充渠道

资本金是泰农行所有者权益的重要组成部分。成立初期，泰农行的股本固定为40亿泰铢，共4000万股，每股价值100泰铢，由银行出售给财政部、农民、农民团体、农业合作社、金融机构以及符合银行规定的其他人员，但金融机构和其他人持有的股份总额不得超过实收股本的10%。根据《农业和农业合作社银行法案》的规定，在确实有必要增加股本的情况下，泰农行可向部长会议提出增资扩股请求。

泰国财政部对于泰农行资本充足率的监管要求为10%[③]。2000年前后，泰农行的资本金可以直接通过财政预算资金得到补充，其规模增长很快。

---

① 资料来源：2019年11月，据泰农行函复得知。

② 泰农行均列支为"Issued Bonds and Loans"，贷款未标明是否从央行贷款。

③ 资料来源：2005—2006年，中国农业发展银行致函国外政策性金融机构，据函复得知。

但在 1997 年亚洲金融危机的冲击之下，泰农行遭受高达 100 亿泰铢的损失，资本充足率一度降至 3%；泰国政府为稳定金融系统和农业经济而对泰农行进行了额外注资，使其资本充足率很快回到 8% 的水平。综上所述，近年来泰农行资本金的增加途径主要有两条：一是每年 10 亿～20 亿泰铢的财政预算资金；二是特殊情形下的额外注资。最新数据显示，2018 年泰农行的资本充足率已达到 11.82%。

三、存款及其性质演变

在泰农行的各类资金来源中，存款一直以来都是最为主要的构成部分。特别是 1975 年泰国央行颁布的《农村信贷投资法》①，更是泰农行通过存款渠道聚集资金的重要保障。该法案明确要求各商业银行要将所吸收存款的一定比例用于农业信贷，这一比例在 1975 年开始实施时为 5%，后期曾提高至 20%（14% 用于农业信贷、6% 用于农村工商业）。如果商业银行的农业贷款比例达不到法案要求，就必须将差额转存到泰农行形成商业银行同业存款，泰农行以相当于 1 年期定期存款利率的水平向农民或农业合作社贷放出去。这项机制在泰农行成立后的第二个十年中发挥了重要的作用，成为当时泰农行聚集资金的首要渠道。

不过，随着金融自由化的深入推进，泰国政府在 1998 年前后的一系列金融改革中停止了这一政策。为应对资金来源方面受到的冲击，泰农行开始在全国范围内广泛设立分支机构，在更好地服务客户的同时，也能够大量吸收个人存款。受资本金政策限制及《农村信贷投资法》改革的影响，存款业务对于泰农行而言有着特殊的意义。从第三个十年到现在，个人存款一直都是泰农行最主要的资金来源，同业存款的比重相较前期已大幅下降。

第四节　业务范围

作为专门服务农业金融的国有机构，泰农行在业务范围上体现出政策性的基本方向。在考察其业务形态时，需要在整体上把握这两大特点。

---

① 资料来源：2005—2006 年，中国农业发展银行致函国外政策性金融机构，据函复得知。

一、业务类型

关于泰农行的业务与职能，可以从两种不同的维度对其进行划分。

（一）根据业务性质划分

根据业务性质，可将泰农行的主要业务划分为一般性业务和政策导向性业务[①]。

泰农行的一般性业务也称核心业务，即具有普通银行业务性质的存款、贷款、债券业务及其他相关的金融服务。具体形态上，主要包括：为农民、农民团体、农民合作组织提供贷款；在农民、农民团体、农民合作组织从其他渠道借款时为其提供担保；提供存款服务；发行、购买或销售可兑换票据或其他可转换工具；购买政府债券；等等。

政策导向性业务的定位是通过发放补贴、覆盖运营费用等资金配套程序为公共政策的顺利执行提供支持，如债务延期计划（Debt Suspension Scheme）、作物认捐计划（Crop Pledging Scheme）、作物保险计划（Crop Insurance Scheme）等。此类业务中，泰农行扮演政府政策工具的角色，政府以泰农行的公共服务账户（Public Service Account）作为渠道，向公共政策的目标主体拨付政策性资金。在账户管理上，泰农行对核心业务账户和公共服务账户实行单独核算，以确保银行账户的安全管理和高透明度。

（二）根据财务制度及客户身份划分

根据财务制度及客户身份，可将泰农行的业务划分为传统银行业务和面向小型客户的特定业务。一方面，泰农行承担传统金融机构的职能，开展信贷、存款和其他相关金融业务（见表22-1）；另一方面，针对小农客户和中小微企业，泰农行设有一系列专项金融服务，以扶持此类弱势群体的发展（见表22-2）。

[①] 资料来源：2019年11月，泰农行到访中国农业发展银行，据相关材料得知。

表 22 − 1 泰农行的传统银行业务

产品/服务	产品/服务详细信息	业务主体
1. 贷款服务	1.1 农业贷款	分行/地区机构
	1.2 非农业贷款	
2. 存款服务	2.1 活期账户	分行/地区机构；网上银行；自动柜员机 ATM/CDM/PAM
	2.2 储蓄账户	
	2.3 特别储蓄账户	分行/地区机构；网上银行
	2.4 定期账户	
3. 其他金融服务	3.1 金融服务 例如，转账，支票签发、保函签发，存款/贷款费用，房地产评估、贷款分析等。	分行/地区机构；电子银行；自动柜员机 ATM/CDM；泰农行公司银行；银行金融网络；泰农行移动电话银行
	3.2 其他机构货款收付 例如，水电费账单、信用卡账单和保险费等。	分行/地区机构；电子银行；自动取款机；泰农行公司银行；银行金融网络
	3.3 人身保险储蓄 例如，普通个人储蓄保险、产业捐赠、团体保险等。	分行/地区机构；电子银行；办公/客户所在地
	3.4 ATM、农民信用卡等	电子卡分行/地区机构

资料来源：Annual Report 2017（1 April 2017 − 31 March 2018）of BAAC：68.

表 22 − 2 泰农行面向小型客户的特定业务

产品/服务	产品/服务详细信息	业务主体
1. 扶持面临非正式债务问题的小型农户发展（SMALL）	为解决非正规债务问题提供贷款支持；向小型农户普及财务知识并拓展其相关职业技能；按需提供紧急贷款支持，提高小农企业主的金融和科技素养	分行/地区机构；学习中心/客户社区；网络/机构/社区企业
2. 利用农业技术扶持农户发展及提高生产力（SMART）	鼓励通过整合大型农田降低成本；与小微企业负责人建立联系，通过生产重组以及对客户的创新活动提供相关科技知识培训，提高其生产效率	贷款业务和农业中小企业开发中心；分行/地区机构；学习中心/客户社区；网络/机构/社区企业
3. 培养农业中小企业家	加强对农业中小企业家的培训；提升其营销推广和联系价值链上下游的能力	贷款业务和小型企业发展中心；小型企业孵化中心；创新发展中心；学习中心/客户社区；网络/机构/社区企业；分行/地区机构

资料来源：Annual Report 2017（1 April 2017 − 31 March 2018）of BAAC：68.

二、典型业务

（一）特色存款业务

泰农行的存款由活期存款、储蓄、特殊储蓄、储蓄存单和定期存款等类型构成。近年来，为增强存款业务的吸引力、保障存款渠道这一主要资金来源的稳定性，泰农行推出了一系列颇具特色的存款业务创新[①]：

1. 老年活期储蓄（Senior Savings）。这是一项面向年满50周岁客户的优惠产品。只要满足年龄要求的客户在泰农行的存款账户上有2万泰铢余额，就可以享受年利率0.99%（高于泰国同类存款产品平均水平）的利息优惠。

2. 快速利息定期存款（Instant Interest Deposit）。这是泰农行于2017年推出的一项创新型存款产品。在存入现金的当日，储户可以立即收到一笔相当于年利率1.4%的利息返还，并且不需要缴纳利息税。

3. 快乐退休定期存款（Happy Retirement Deposit）。这是一项针对已退休人员设计的存款产品。已退休的客户在定期存款账户中存入超过10万泰铢，即可以享受不低于2.15%的定期存款利率，最高（如4年期定期存款）可达3.45%。

（二）主要信贷业务

泰农行的资金运用以信贷业务为主，并可分为直接和间接两种方式。其中，直接运用方式即将贷款直接发放给农户，根据期限又可进一步分为短期、中期和长期贷款。短期贷款的期限一般在1年以内，主要满足农户对流动资金的需求，以适应农业生产的季节性特点；中期贷款的期限一般在1~3年，主要用于支持农户购买农业机械等；长期贷款的期限可达10年以上，多采取分期偿还的还款方式，主要用于帮助农民购买或开发土地，以及购置农用固定资产等。间接运用方式是指通过农业合作社和农协等组织转贷给农民，根据性质又可进一步分为转贷给会员的基金放款（占很大比例）、购买农业生产资料和设备再转售给会员的贷款、购买和销售会员农产

---

① 资料来源：Annual Report 2017（1 April 2017 – 31 March 2018）of BAAC：76.

品的贷款以及供合作社提高生产率的贷款四种类型。

目前泰农行的贷款以直接形式为主，具体包括以下七大品种①：

1. 农产品短期贷款（Short Term Loans for Agricultural Production）。此类贷款专门为满足特定产品的季节性支出（如预耕土地，购买种子、肥料和雇佣劳动力的支出）需要而设立。这类贷款必须在 12 个月内偿付，如有特殊情况，偿付期限可延长至 18 个月。

2. 农产品延迟销售贷款（Loans for the Postponement of the Sale of Farm Produce）。为避免过度供给或价格过低时出售农产品而给农民带来损失，泰农行安排专门的短期贷款以满足农民日常家庭开销需求，目的在于支持农民避开农产品价格低谷时期，实现延迟销售。这类贷款的偿还期限通常为 6 个月。

3. 中期贷款（Medium Term Loans）。中期贷款主要用于支持客户对使用年限超过 1 年的农业固定资产进行投资，例如开垦农业土地投资、购置或升级家畜饲养机械等。这类贷款通常需要在 3 年内偿付，在特殊情况下可以延长至 5 年。

4. 现金信用贷款（Cash Credit Loans）。作为匹配农作物生产周期的短期贷款，现金信用贷款可以为农民客户提供巨大的便利。农民签署该项协议后，即可在五年的协议期内随时办理不超过规定贷款上限的现金支取业务。

5. 旧债再融资长期贷款（Long Term Loans for Refinancing Old Debts）。泰农行设立这一贷款的目的在于维护农民对土地的所有权，支持农民赎回或重置原先归属于自己或配偶、子女、父母的农业土地。在运用方向上，这类贷款主要为首个耕作季的农业费用支出、必要的农业资产购置开销、与不动产抵押有关的费用支出等提供融资便利。

6. 农业投资长期贷款（Long Term Loans for Agricultural Investment）。这类贷款主要用于支持农产品企业的固定资产投资，以帮助其提升现有生产力或扩建新企业。这类投资规模通常较大，企业需要较长的时间才有可能达到收支平衡并产生盈利；相应地，此类贷款的期限通常可以长达 15 年，在一些特定情况下还可申请延长至 20 年，但本金和利息的支付宽限期不得

---

① 资料来源：https：//www. baac. or. th/baac_en/content – product. php? content_group_sub =2.

超过 5 年。

7. 农场相关活动贷款（Loans for Farm – Related Activities）。这类贷款主要用于帮助客户支付与农场生产经营相关的费用或投资成本。实践中，此类贷款的申请者多为从事农副产品加工的小型农业企业。这一贷款业务又可分为两类：短期生产贷款，以及农场相关活动的投资类长期贷款。短期生产贷款一般用于支付流动性生产经营成本，偿还期限通常为 12 个月。农场相关活动的投资类长期贷款主要用于支持相关生产经营活动中的固定资产投资，通常可在 15 年内偿还，特殊情况下可宽限至 20 年。

三、信贷业务资格

鉴于贷款业务的多样性及复杂性，泰农行在贷款申请资格方面有着明确而详细的要求，以控制风险、规范审核，提高支农工作效率：客户必须具有泰国国籍；必须年满 20 周岁；必须拥有泰农行认定的"真正的"农民身份；必须有足够的农田耕作经验或农业领域培训经历；必须是"永久的"居民，即在泰农行分支机构所辖业务区域内，主要开展农业活动的居民；必须能提供充分合理的农产品销售年度报告，以证明其收入足以偿付贷款；必须具有诚实、勤勉、节约的品格；智力健全，拥有完全行为能力；没有破产记录；没有被泰农行及其分支机构强制中止业务关系，且与农业合作组织、农民协会或其他提供贷款的机构没有贷款往来。

四、信贷业务流程

泰农行的贷款发放具有较为清晰的职能分工和工作流程（见图 22 – 3）。总行肩负研究创新金融产品和服务的核心职能；总行之下，目前设有 9 个区域分行和 77 个省（府）级分行，起着传达政策、监测并协助分支机构的承上启下作用；基层的 1272 个分支机构（销售办公室）分布于泰国各地，是泰农行与客户的主要联络节点，农民客户可以在这些分支机构申请贷款或办理存款；另一类基层办公室是外勤办公室，主要作为外勤信贷人员的工作站使用。外勤信贷人员负责会见农民客户、办理贷款文件，也负责为农民普及金融或技术知识。当客户有金融业务需求时，外勤信贷人员首先需要联系分公司开展贷前调查，以规避欺诈风险。

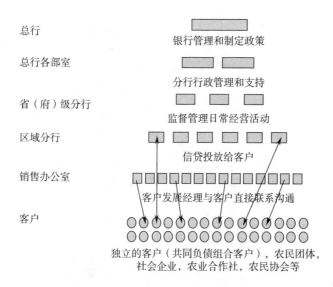

资料来源：2019 年 11 月泰农行访问中国农业发展银行，据相关材料得知。

图 22 - 3　泰农行贷款发放流程

第五节　风险防控

风险是金融部门始终要面对的核心问题。在农业金融领域，由于自然因素复杂多变、客户主体千差万别，信息不对称问题更加不容忽视。而政策性金融机构承担支农重任，风险防控工作需要格外谨慎有序。泰农行在这方面的管理实践可以作为良好的经验借鉴。

一、风险管理架构

泰农行的风险管理组织架构和风险管理流程（见图 22 - 4）建立在整体风险管理原则的基础之上。无论是泰农行董事会、风险管理委员会抑或具体执行人员，均有责任确保自身在风险管理过程中的切实参与，体现出植根于组织文化中的风险管理理念。

风险管理委员会经泰农行董事会任命，由泰农行委员会代表、总裁和高级管理人员组成。其主要职能包括：确定风险管理和内部控制政策、战略和框架；检测风险因素；制定风险和内部控制的战略部署；根据政策和战略方向对风险管理工作进行监控，使其处于可接受的风险水平下；对泰

643

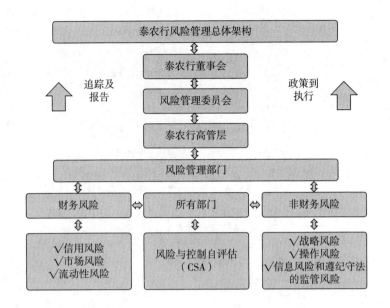

资料来源：Annual Report 2017（1 April 2017 – 31 March 2018）of BAAC：98.

图 22 – 4　泰农行风险管理总体架构

农行内部控制系统进行充分性审查和评估。

　　执行人员在对针对所属部门的风险管理及内部控制工作进行监督时，需要事先经过相关委员会和工作组的批准。资产和负债管理委员会、业务连续性管理委员会、公众关注管理和预警系统工作组均对此负有审批责任。

　　泰农行要求所有部门将风险管理工作分为三个层面。

（一）组织层面

这一层面的风险管理结构特征可以用"三道防线"总结。

　　1. 第一道防线是产生风险或直接受到特定风险影响的部门。这一道防线的主要责任是：作为风险评估者，制订风险管理计划并提供相关建议；定期监测风险评估结果，使特定风险处于可控水平。

　　2. 第二道防线是负责对风险进行整体监控及分析综合的部门。其责任也包括在风险防控工作中向泰农行风险管理委员会和泰农行高管层（执行高管/行长）提出合理建议。

　　3. 第三道防线是负责风险管理、内部控制的评审与绩效考核部门，具有相对的独立性。第三道防线的评估结果将直接提交审计委员会和泰农行董事长，并抄送各风险管理部门；形成最终结论后，还会报送风险管理委员会、泰农行董事会乃至国家审计委员会，以充分反馈相关信息及建议。

（二）部门层面

在部门层面，泰农行的主要风险管理机制是持续开展的风险与控制自评估项目（Control–Self Assessment，CSA）。风险管理委员会、总行办公室、省级办公室等相关部门的风险与控制自评估工作需要自行完成，但如果某些工作内容超出本部门的权限，还需要由上一级主管部门负责主持。

（三）项目方案、产品或服务层面

在项目方案、产品或服务层面，泰农行的风险管理机制主要体现为有针对性的风险评估。泰农行依据用户指南和风险评估结果，确保各个具体项目的价值性和有效性，并在可接受的风险水平下按照既定目标进行业务操作，致力于安全、有效地满足客户的需求。

二、风险类别及管理措施

根据泰国银行和泰国财政部的要求，泰农行对以下七大风险开展分类管理。

（一）信用风险

信用风险是指客户难以按合同约定偿还债务或者无法偿还，继而导致银行流动性和收益受到影响的风险。泰农行素来重视信用风险管理的效率问题，工作人员在分析、监控和报告风险方面具备高水平业务能力，整个信用风险管理体系得以持续完善。

天气、灾害等自然因素的不确定性，可能会以难以预期的方式减少农民的收入，最终影响其偿还债务的能力。为应对这类风险，泰农行向负有债务的农民提供农作物保险、人身终身储蓄存款等金融服务，旨在为其家庭提供持续保障以稳定还款来源。同时，泰农行通过开发债务信息管理系统、培养专业人才、参照巴塞尔协议Ⅱ的标准对大额贷款开展信用级别评估等措施，进一步完善风险评价机制，促进信用风险管理效率的提升。

（二）市场风险

市场风险是指银行因资产负债表内或表外的头寸价值变化而可能遭受的损失。这类风险往往由利率、债券价格、汇率和商品价格的变动而引发，因此可以进一步细分为利率风险、汇率风险、价格风险等方面。针对这些细分情形，泰农行均制定了相应的管理办法。

1. 在利率风险方面，泰农行通过详细分析风险敞口来确定贷款业务的浮动利率和固定利率，并对贷款和存款的组合进行长期管理，使利率结构更加匹配，以应对来自长期利率的波动。

2. 在汇率风险方面，泰农行的应对措施是维持每种货币的净持仓量和总限额，在满足业务运作需要的前提下，尽量减小汇率波动带来的影响。从资金安全角度考虑，泰农行不涉足从汇率变动中套取利润的业务，也不以外币进行债务融资，以严格控制汇率风险。

3. 在价格风险方面，泰农行以审慎的投资策略对其债券安全投资组合进行管理，同时以宏观经济政策变动为线索，密切跟踪债券市场局势，尽可能降低误判及信息不对称带来的价格风险。

（三）流动性风险

泰农行在流动性风险方面的应对措施主要如下：

1. 确保有足够的流动性来支持各种情况下的业务操作。

2. 设计并推出针对流动性危机具体情形的压力测试、针对整体系统性危机的压力测试，以及同时针对两种情形的压力测试。该政策由泰国银行制定，由资产负债管理委员会负责对流动性进行密切监控，并制订明确的修订计划。

3. 开发早期预警系统以监测流动性状况，并对流动性指标进行实时的信号反馈。

（四）战略风险

按照稳健性原则，泰农行针对战略风险开展的管理措施主要有如下几个方面。

1. 风险管理委员会和高层管理者负责针对整体经营计划和经营活动进

行持续监督，并及时提供建议反馈。对于重要的风险管理事务，泰农行要求经风险管理委员会会议和泰农行董事会会议审核通过后方可实施。

2. 高层管理者负责根据内外部环境分析制订战略计划，明确各利益相关者的需求与期望，并及时进行系统汇总；根据泰农行的战略方向，对各部门的风险管理工作进行统筹规划。

3. 各部门主管和高级副行长建立持续沟通的工作机制，以保证全行的业务和运营管理按照既定目标有条不紊地开展。

4. 投资计划部门编写《审查风险管理手册》，并以此为准则对新产品和新服务是否符合既定战略方向进行评估。

5. 在必要的情况下及时进行组织结构调整，以应对外部因素和监管要求的变化所带来的影响。

6. 把优秀项目树立为典型案例，在各分支机构所辖区域内推广实践，以维持基层战略方向的统一性。

7. 根据工作的重要性和紧迫性，适当保证预算审批上的灵活度。特别是人力培训预算方面的灵活性，可以有效提升各级员工培训的质量，有助于综合推动全行全局工作。

8. 成立公众关注管理工作小组进行舆情监测，通过预警系统对必要的信息加以分析评估并开展持续跟踪。

（五）操作风险

泰农行在这方面的具体措施包括：密切关注应用技术与金融业务的发展趋势；开展人力资源管理培训，提高员工的业务水平和个人发展潜力；以成为农业企业财务顾问为导向，辅导员工掌握农业企业财务专业知识与相关能力；允许各部门通过业务连续性管理（BCM）、损失数据库（Loss Data，LD）等关键工具，参与包括风险评估、风险控制、风险跟踪和风险报告等环节在内的操作风险管理全过程。

在上述措施中，值得关注的是业务连续性管理和损失数据库两项独创机制。业务连续性管理是泰农行在面临风险威胁或危机时，持续为客户提供服务的工具。泰农行根据分支机构的建议，将业务连续性管理体系升级成为数据存储工具，以保证对于数据分析连续性的有效辅助。损失数据库是存储来自运营风险的受损数据的系统。无论是现金损失还是非现金损失，一旦超出可接受的水平，就会对泰农行的整体营业收入和资金状况产生影响。借助损失数据库对这类受损数据进行完备的记录，就可以为后续的深入分析及经验总结提供重要支持。

（六）信息风险

为提高金融服务的效率与质量，在数字金融潮流的影响下，泰农行近年来在信息技术方面推出了一系列新兴投资计划，诸如欺诈检测和反洗钱（AMC）发展计划、泰农行移动方案、企业银行系统发展计划、资讯科技保安监察计划等。但这些与计算机技术深度融合的计划中，不可避免地包含着多种多样的信息风险。为此，泰农行通过持续跟踪和综合分析，定位目标需求、优化服务能力、推进业务拓展，在尽可能控制信息风险的前提下，以软硬件两方面的保障措施来提升回应客户诉求的效率。

（七）法律风险

在法律风险方面，泰农行表现出深刻的认识和坚决的态度。泰农行强调，高管和员工必须意识到公司运营应符合相关的规则，必须保证风险管理合规性的切实有效，严格避免因违反监管规则或自身规章制度而引发损失的情形。

第六节　监管及支持政策

作为国家级的农业政策性金融机构，泰农行既具备金融机构的本质特征，也体现着农业部门乃至整个国民经济体系的宏观政策导向。因此，泰农行需要接受泰国银行和泰国财政部的共同监管。

泰国银行是泰国的中央银行，监管对象涵盖国内的商业银行、非银行金融机构、专业金融机构（Specialized Financial Institutions，SFIs）[①] 等各类主体。根据泰国的监管分类方法，泰农行在性质上归为政府性专业金融机

[①] 泰国专业金融机构是受泰国央行监管的一类专业性金融机构，包括泰农行（BAAC）、政府储蓄银行（GSB）、政府住房银行（GHB）、泰国进出口银行（EXIM Bank）、泰国中小企业发展银行（SMEs Bank）、泰国伊斯兰银行（IBT）。

构，其业务开展、资本要求、风险管理等方面的工作需要接受泰国银行的持续督导、审计和跟踪①。

泰国财政部作为泰农行最大和最重要的股东，对泰农行履行主要出资人义务，其监管职责主要体现在公共政策层面②。在泰国财政部国有企业司的委托授权下，第三方评级公司负责对泰农行实施绩效考评，并在此基础上形成了一整套涵盖财务状况、固定资产使用效率、风险管理状况、客户满意度、公司治理水平等指标的标准化评价体系③。评级机构在年初对泰农行的利润率、资产回报率、不良贷款率等运行状况进行分析，并据此提出泰农行在该年度应达到的目标。评级结果共分 5 级，1 级为"应改进"，5级为"最佳"，具体级别与职工工资和奖金挂钩。评级结果经充分协商修订后，需提交泰农行董事会通过，最后报财政部部长批准，并在每年的政府公报中披露。这套考评制度形成了泰国财政部对泰农行的主要监管机制。

需要注意的是，泰国的金融监管体系有一定的特殊性。根据《泰国银行法》及修正案（*Bank of Thailand Act* B. E. 2485 and amended），泰国银行本身还需接受泰国财政部的监管④。这种特殊关系也是决定泰农行双重监管特征的一项制度因素。

在支持政策方面，一方面，现阶段泰国银行和泰国财政部并未为泰农行提供直接的援助措施。例如针对不良贷款问题，两大监管机构只负责督促泰农行将其维持在合理水平上，并不开展直接的资金援助或坏账处置工作⑤。另一方面，对于各专业金融机构投放的信贷，泰国政府承担着事实上的最终救助义务，如 2012 年泰农行执行的水稻认捐计划⑥，体现了监管方对于政策性金融机构的间接支持和信心稳定作用。

---

① 资料来源：2019 年 11 月泰农行到访中国农业发展银行，据交流材料得知。
② 同注①。
③ 资料来源：2005—2006 年中国农业发展银行致函国外政策性金融机构，据函复得知。
④ 资料来源：2019 年 11 月泰农行到访中国农业发展银行，据交流材料得知。
⑤ 同注④。
⑥ 曹素娟. 泰国金融稳定研究［D］. 厦门：厦门大学博士学位论文，2014：87.

参考文献

［1］白钦先．各国开发性政策性金融体制比较［M］．北京：中国金融出版社，2005.

［2］陈阵．美国农业补贴政策研究［M］．北京：经济科学出版社，2013.

［3］陈振骅．农村信用［M］．北京：商务印书馆，1935.

［4］池建新．日本金融体系研究［M］．西安：陕西师范大学出版社，2006.

［5］戴晓芙．日本的银行兼并与经营［M］．上海：复旦大学出版社，2008.

［6］杜楠，吕翔，朱晓禧，等．美国农业现代化历程及其对中国的启示研究［M］．北京：中国农业科学技术出版社，2017.

［7］顾明．外国经济法日本国卷一、卷二［M］．长春：吉林人民出版社，1995.

［8］郭连成，唐朱昌．俄罗斯经济转轨路径与效应［M］．大连：东北财经大学出版社，2009.

［9］国开行和中国人民大学联合课题组．开发性金融论纲［M］．北京：中国人民大学出版社，2006：299.

［10］韩国农村金融研究院．韩国农政50年史第一册［M］．［S.l.］：韩国农林部，1999.

［11］洪民荣．美国农场研究［M］．上海：上海社会科学院出版社，2016.

［12］姜钟满．农村金融的特点及其规模经济分析［M］．［S.l.］：金融研究院，2005.

650

［13］铃木淑夫．日本银行的货币政策及其调节机能——日本银行金融研究所所长、经济学博士铃木淑夫来华讲学报告［M］．王秉荣，马细松，邹燕明等．北京：中国金融出版社，1986．

［14］民国行政院农林复兴委员会编书．日本之农业金融［M］．北京：商务印书馆发行，1935：12－17．

［15］庞宝庆．近代日本金融政策史稿［M］．长春：吉林大学出版社，2010．

［16］裴桂芬．银行监管的理论与模式兼论日本的银行监管［M］．北京：商务印书馆，2005．

［17］日本银行联合会．日本的银行体系［M］．黄强，陈中放，周建松等，西安：陕西出版社，1993：177．

［18］王洪会，张肃，林杰．市场失灵视角下的美国农业保护与支持政策［M］．长春：东北师范大学出版社，2015．

［19］王振泉，于永达．日本银行信贷资金营运技法［M］．长春：吉林大学出版社，1991．

［20］温信祥．日本农村金融及其启示［M］．北京：经济科学出版社，2013．

［21］吴盼文．日本金融制度［M］．北京：中国金融出版社，2016．

［22］徐渊若．日本之农业金融［M］．北京：商务印书馆，1935．

［23］中国银行国际金融研究所，吉林大学日本研究所．日本的银行［M］．北京：中国财政经济出版社，1981．

［24］巴曙松，朱元倩．压力测试在银行风险管理中的应用［J］．经济学家，2010（2）：70－79．

［25］白岩．日本的政策金融机构［J］．国际资料信息，1994（4）：30－31．

［26］鲍静海，杨丽，李巧莎．日本农村合作金融支农的经验及启示［J］．日本问题研究，2006（9）．

［27］蔡芹．农发行支持粮食产业化发展研究——以江西省为例［D］．南昌：江西财经大学，2010．

［28］陈家涛．日本农村合作金融组织模式的分析与借鉴［J］．中州学刊，2011（6）：77－79．

［29］陈建，李进．日本金融体制特在何处？［J］．中国改革，1999
（4）：70－71．

［30］陈梅美，匡远配．财政支农资金整合的国外经验与借鉴［J］．世界农业，2014（4）：47－52．

［31］陈小强．美、日、韩、泰农业政策性金融组织机构的设置与启示［J］．中国农村经济，1997（1）：75－79．

［32］邓直方．法国农业信贷银行在农业现代化中如何发挥信贷职能作用［J］．农业金融研究，1983（9）：39－41．

［33］杜朝运，张洁．农村合作金融的制度安排与绩效：日本经验及借鉴［J］．金融与经济，2006（3）：3－8．

［34］段小丽，王玉春．印度农村金融体系的发展及借鉴［J］．西部金融．2010（4）：46－47．

［35］郭濂．国际三大信用评级机构的比较研究［J］．中南财经政法大学学报，2015（1）．

［36］杭聪．南非土地问题的缘起演进和前景［J］．当代世界，2019（3）：63－67．

［37］何志雄，曲如晓．农业政策性金融供给与农村金融抑制——来自147个县的经验证据［J］．金融研究，2015（2）：148－159．

［38］贺书婕．穆迪公司及信用评级制度（上）［J］．城市金融论坛，2000（8）：46－51．

［39］侯鹏，赵翠萍，余燕．如何用好政策性农村金融——以日本农林渔业金融公库为例［J］．世界农业，2016（12）：111－115．

［40］黄琼．当前农业政策性金融对农村经济增长相关性探讨［J］．农业经济，2012（9）：111－113．

［41］贾康，孟艳．政策性金融演化的国际潮流及中国面临的抉择［J］．当代财经，2010（12）．

［42］金旭，李春姬，刘畅．韩国农村金融发展经验对中国的启示［J］．东疆学刊，2016（4）：101－108．

［43］鞠晴江，庞敏．基础设施对农村经济发展的作用机制分析［J］．经济体制改革，2005（4）：89－92．

［44］李明清，吴庆田．农业政策性金融的功能定位与发展目标选

择——基于农业政策性金融对农村经济增长相关性的实证分析［J］．学术论坛，2008（4）：70－73．

［45］李先德，孙致陆．法国农业合作社发展及其对中国的启示［J］．农业经济与管理，2014（2）：34－42，54．

［46］李相学，金琳，金龙勋．韩国地方农协的现状与前景［J］．农业经济与管理，2014（2）：41－52．

［47］李瑶．借鉴国外经验发展我国农合金融［J］．青海金融，2010（10）：37－39．

［48］李玉潭，袁英华．日本对政策金融机构的重组及其启示［J］．现代日本经济，2007（5）：1－4．

［49］栗华田．印度的农村金融体系和印度农业与农村发展银行［J］．农业发展与金融，2002，7：127－128．

［50］梁润冰，梁江波．政策性银行运营模式比较研究［J］．南方金融，2006（9）：5－14．

［51］林文顺，邱伟丰．日本政策性金融改革述评［J］．中国金融，2013（16）：78－79．

［52］凌激．俄罗斯银行体制概况［J］．东欧中亚市场研究，2002（2）：29－33．

［53］刘克崮．借鉴国际经验加快推进我国政策性银行发展［J］．经济研究参考，2006（47）：17－18．

［54］刘芸芸，刘敏．各国农业金融制度研究［J］．农村金融研究，1988（5）：46－54．

［55］刘振伟．日本涉农法律制度及政策调整［J］．中国农村经济，2018（8）：130－143．

［56］陆强．中国农业政策性金融支农效应实证研究［J］．社会科学家，2014（7）：57－62．

［57］米军，陈菁泉．俄罗斯银行监管制度的发展、特点及启示［J］．国外社会科学，2014（6）：19－26．

［58］米铁男．俄罗斯金融服务市场监管法律制度评介［J］．北方法学，2013，7（4）：150－160．

［59］莫壮才．对日本农业政策与农业政策性金融的思考［J］．农业发

展与金融，2008（11）：57－60.

［60］潘丹，应瑞瑶. 中国水资源与农业经济增长关系研究——基于面板 VAR 模型［J］. 中国人口资源与环境，2012，22（1）：161－166.

［61］潘成龙. 解析俄罗斯开发与对外经济银行的建立与实践［J］. 俄罗斯研究，2013（4）：132－149.

［62］强百发. 韩国农协的发展、问题与方向［J］. 天津农业科学，2009（2）：82－85.

［63］邱兆祥，孙建星. 日本农业政策性银行绩效评价方法分析及经验借鉴［J］. 河北大学学报（哲学社会科学版），2012（3）：100－107.

［64］泉田洋一. 農業構造の変化と農業・農村金融の課題［J］. 日本：農業と経済，2012（10）：5－13.

［65］任军利，黄春磊. 中日农业金融体系的比较及其启示［J］. 江西社会科学，2010（8）：191－196.

［66］申龙均，韩忠富. 韩国综合农协对我国发展农民综合合作社启示［J］. 经济纵横，2014（5）：104－107.

［67］舒莉，李林. 法国及刚果（布）金融监管体系改革及启示［J］. 法国研究，2018（2）：1－13.

［68］宋春光，那娜. 农村金融支持对农业技术效率影响的实证研究［J］. 学术交流，2010（2）：92－98.

［69］宋莉莉，马晓春. 南非农业支持政策及启示［J］. 中国科技论坛，2010（11）：155－160.

［70］宋清华，夏韬. 国外政策性银行商业化改革的经验及其借鉴［J］. 当代经济，2010（6）：86－89.

［71］宋卫健. 中西银行业差距分析［J］. 科技智囊，2000（10）：42－46.

［72］孙少岩，许丹丹. 浅析日本农村金融体系［J］. 现代日本经济，2013（3）：21－28.

［73］唐志刚. 法国农业信贷银行：合作银行的典范［J］. 农村金融研究，1993（10）：64－66.

［74］田艳丽，王鹏杰，郭斌. 德国农业地租银行发展经验对中国农业发展银行的借鉴［J］. 世界农业，2018（2）：79－84.

［75］万众，朱哲毅．政策性金融对农业经济增长的影响研究［J］．经济经纬，2014（2）：153－160．

［76］王博，刘忠瑞．中印金融体系改革、发展与功能比较研究［J］．金融监管改革．2017（12）：35－51．

［77］王红，吴蔚玲，刘纯阳．中国农业政策性金融支农效果分析——基于30个省2005—2009年数据［J］．湖南农业大学学报（社会科学版），2013（4）：10－15．

［78］王璐．论政策性金融对农业基础建设的支撑［J］．上海金融，2010（7）：85－88．

［79］王松军，信杰．国外政策性金融机构风险补偿研究［J］．中国总会计师，2016（4）：59－61．

［80］王伟．论我国农业政策性金融的改革与发展［J］．武汉金融，2007（7）：4－7．

［81］王运喜．国外农业政策性银行的运行经验及借鉴［J］．金融理论与实践，2004（9）．

［82］吴晓轮，田丰，关冬宇．对韩国、日本农村金融的思考［J］．农业发展与金融，2009（1）：77－80．

［83］徐向梅．俄罗斯银行业在转轨中的发展与调整［J］．经济社会体制比较，2004（4）：54－60．

［84］徐振伟，刘金星，魏颖杰．韩国农村金融的发展及对中国乡村振兴战略的启示［J］．农村金融研究，2019（6）：71－76．

［85］杨飞．印度金融监管体系及其发展脉络［J］．杭州金融研修学院学报．2018（5）：66－68．

［86］杨季春．关于财政体制改革的几点思考［J］．城市研究，1994（3X）：8－12．

［87］杨爽．日本政策性金融体系发展改革的经验、教训及启示［J］．北方经济，2013（2）．

［88］银监会政策性金融运行与监管研究课题组．国外政策性金融机构运行与监管比较研究［J］．金融监管研究，2017（1）：1－15．

［89］尹彬．印度农村金融体系的管理模式与经验［J］．世界农业，2014（7）：147－150．

［90］张虎．关于日本农业政策性金融的若干研究［J］．中国乡镇企业会计，2010（11）：51－52．

［91］张龙耀，江春．中国农村金融市场中非价格信贷配给的理论和实证分析［J］．金融研究，2011（7）：98－113．

［92］张楠．法国农业信贷银行在法国农业发展中的作用——兼评对中国农业发展银行管理的启示［J］．法国研究，2008（1）：79－82．

［93］赵可利．日本农村金融发展现状及对中国的启示［J］．世界农业，2008（7）：36－39．

［94］中国人民银行代表团．论合作金融的混合治理结构——从法国农业信贷银行的制度变迁看中国农村信用社体制改革［J］．金融研究，2002（7）：1－9．

［95］宋清华．国外政策性银行商业化改革的经验及其借鉴［J/OL］．https：//wenku．baidu．com/view/5f6f3d12f705cc17542709ae．html．

［96］杜朝运，张洁．农村合作金融的制度安排与绩效——日本经验及借鉴［J］．福建金融管理干部学院学报，2006（6）．

［97］刘大勇．国外政策性金融机构改革发展经验及启示［J］．江苏省社会主义学院学报，2014（10）．

［98］刘叔申．浅议日本有偿性财政资金［J］．安徽财贸学院学报，1988（3）．

［99］刘文贤．谈谈日本土地制度［J］．北京房地产，2006（3）．

［100］庹国柱．美国的农作物保险法［N］．中国保险报，2011－07－18（5）．

［101］吴志新，伊留芳．日本农村合作金融成功经验的研究［J］．江西金融职工大学学报，2008（6）．

［102］尹红．改革进程中的俄罗斯农业［N］．粮油市场报，2010（3）．

［103］蔡晓陶．战后日本银行监管研究［D］．长春：东北师范大学，2009．

［104］陈嘉影．地方中小银行流动性互助机制研究［D］．厦门：厦门大学，2017．

［105］董家庆．新农村建设背景下农业发展银行发展战略研究［D］．

郑州：河南农业大学，2007.

［106］郭新双．国外政策性金融机构研究——以美、日、韩三国为中心［D］．吉林：吉林大学博士学位论文，2005.

［107］姜一帆．日本农村金融的信用风险控制研究［D］．长春：东北师范大学，2017.

［108］李丽．农业发展银行可持续发展的法律路径研究［D］．重庆：西南政法大学，2011.

［109］李祎．我国农业政策性银行发展商业性贷款业务研究［D］．长沙：湖南大学，2008.

［110］林桃子 Havashi Momoko．日本电信法初探［D］．北京：北京邮电大学硕士学位论文，2019.

［111］刘伟．内蒙古农村金融发展与经济增长关系研究［D］．北京：中央民族大学，2010.

［112］宋斌斌．中国农业政策性银行运行机制研究［D］．北京：中国农业大学，2005.

［113］万晨．中外农业政策性金融机构比较研究［D］．北京：对外经济贸易大学，2007.

［114］王玲．泰安市农村金融发展研究［D］．济南：山东农业大学，2014.

［115］王晓婷．吉林省高新技术产业的金融支持研究［D］．长春理工大学硕士学位论文，2014.

［116］谢沛善．中日高新技术产业发展的金融支持研究［D］．大连：东北财经大学博士学位论文，2010.

［117］徐文奇．中国农村金融发展［D］．天津：天津财经大学，2018.

［118］杨浩坤．中国政策性金融发展问题研究［D］．北京：中共中央党校，2017.

［119］杨张欣．农业政策性银行功能发挥的法律对策研究［D］．北京：首都经济贸易大学，2013.

［120］杨子剑．日本政策性金融体系演变及发展趋势研究［D］．沈阳：辽宁大学，2017.

［121］殷佩瑜．我国农业政策性金融改革问题研究［D］．呼和浩特：

内蒙古农业大学，2006.

［122］曾琼芳．日本农村金融制度演变、特征与经验借鉴［J］．世界农业，2014（12）：79－82.

［123］翟芮．中外农业政策性金融机构资金运营制度比较研究［D］．广州：暨南大学，2008.

［124］张团团．美国农业保险制度演进研究［D］．沈阳：辽宁大学学位论文，2011.

［125］张梦洁．常州新北区对外直接投资中的政府职能研究［D］．大连：大连海事大学，2018.

［126］张孝成．农业政策性金融理论及实证研究［D］．重庆：西南农业大学，2002.

［127］王巍．我国证券公司风险偏好体系研究．中国证券业协会．创新与发展：中国证券业2015年论文集［C］．北京：中国证券业协会，2015：1410－1419.新浪财经［EB/OL］.［2019－12－26］. https：//finance. sina. com. cn.

［128］程郁，普蕾喆，徐雪高．美国商品信贷公司政策业务的演变及对我国的启示［R］．调查研究报告，2017.

［129］杨团，孙炳耀，石远成.2012韩国农协考察报告［R/OL］.（2012－03－15）［2019－01－02］https：//wenku. baidu. com/view/50c42f82f 605cc1755270722192e453610665bc3. html.

［130］杨团．韩国农协结构型改革及其对中国的启示——2016韩国农协改革考察报告.［R/OL］.［2019－12－30］. http：//www. 360doc. com/content/18/0704/21/7108612_767747158. shtml.

［131］赵可利．日本农村金融发展现状及对中国的启示［Z/OL］.［2019－01－12］. https：//wenku. baidu. com/view/469143e20975f46527d3e116. html.

［132］日本法条《日本农林渔业金融公库法》．

［133］韩国农协银行北京办事处提供资料．

［134］韩国农协中央会2018年年报．

［135］韩国农协金融集团2016年年报（NH financial group annual report 2016）.

［136］韩国农协金融集团 2017 年年报（NH financial group annual report 2017）.

［137］［法］法国农业信贷银行．法国农业信贷银行致中国农业发展银行法国代表团报告［Z］．法国：巴黎，2016.

［138］［法］马居歇·N 等．法国农业信贷银行［M］．北京：农业出版社，1988.

［139］［日］金泽良雄．经济法概论［M］．满达人译．北京：中国法制出版社，2005.

［140］［日］东乡重兴，［日］川原义仁．日本银行：历史·职能·货币政策［M］．安四洋，赵险峰，译．北京：中国物价出版社，1993.

［141］［日］铃木淑夫．日本的金融政策［M］．张云方等译．北京：中国发展出版社，1995.

［142］［日］鹿野嘉昭．日本的金融制度［M］．余爝宁．北京：中国金融出版社，2003.

［143］［日］生野重夫．朱绍文等校译．现代日本经济历程［M］．北京：中国金融出版社，1993.

［144］［日］高木勇树．日本的农民组织与农村金融［J］．农业经济问题，2006（12）：69 –74s.

［145］［日］株式会社日本农林水产事业部．株式会社日本政策性金融公库法年度报告［Z］．［S. l．：s. n．］，2010.

［146］［日］株式会社日本政策性金融公库法．株式会社日本政策性金融公库法年度报告［Z］．［S. l．：s. n．］，2015 –2018.

［147］BARRY P J, ELLINGER N P. Financial Management in Agriculture［M］. 7th ed. New Jersey：Pearson Prentice Hall，2012：312.

［148］DOERN G & DEVLIN J. Privatization, Public Policy and Public Corporations in Canada［M］．［S. l．］：Institute for research on Public Policy，1988：363 –397.

［149］ELY B. The Farm Credit System：Lending Anywhere But on the Farm［M］. Ely & Company，2006.

［150］GOTHE C. An der Seite der Bauern：Die Geschichte der Rentenbank［M］. Munich：［s. n．］. 2014.

［151］HANS P. Binswanger – Mkhize Camille Bourguignon Rogier van den Brink. Agricultural Land Redistribution Toward Greater Consensus ［M/OL］. Washington：The World Bank，2009. https：//openknowledge. worldbank. org/bitstream/handle/10986/2653/488960pub0replacement0file09780821376270. pdf? sequence = 1.

［152］POHL M，SCHNEIDER A H. Die Rentenbank：Von der RentenmarkzurFörderung der Landwirtschaft ［M］. Münich：Piper，1999.

［153］AANDERUD，WALLACE G. Federal Crop Insurance ［J］. Economics Commentator，1982，178：1 – 3.

［154］FRISCHKNECHT R L. The Commodity Credit Corporation：A Case Study of a Government Corporation ［J］. The Western Political Quarterly，1953，6（3）：565.

［155］JANGRA S. Financial System in India：A Theoretical Aspect ［J］. International Journal of Advance Research in Computer Science and Management Studies，2017，5（2）：79 – 86.

［156］KRAMER R A. Federal crop insurance 1938 – 1982 ［J］. Agricultural History，1983，57（2）：181 – 200.

［157］LEE T Y，KIM D H，ADAMS D W. Savings deposits and credit activities in South Korean agriculture cooperatives 1961 – 1975 ［J］. Asian Survey，1977，17（12）：1182 – 1194.

［158］MARTIN S J，CLAPP J. Finance for Agriculture or Agriculture for Finance? ［J］. Journal of Agrarian Change，2015，15：549 – 559.

［159］PATRICK K，KUHNS R. Trends in Farm Sector Debt Vary by Type of Debt and Lender ［J］. Amber Waves：The Economics of Food，Farming，Natural Resources，and Rural America，2016，6.

［160］SMITH H A，MCKEEN J D. Creating A Process – Centric Organization At FCC：SOA From the Top Down ［J］. Minnesota：University of Minnesota Quarterly Executive，2008，7（2）.

［161］STEINHERR A. Russian Banking Since the Crisis of 1998 ［J］. Economic Change and Restructuring，2008，39（3），235 – 259.

［162］VAN Zyl J，ROOYEN C J.，Kirsten J F，et al. Land Reform in

South Africa: Options to Consider for the Future [J]. Journal of International Development, 1994 (6): 6.

[163] JOG S. BCG to soon start consultations for Nabard's restructuring [N/OL]. https: //www. business – standard. com/article/finance/bcg – to – soon – start – consultations – for – nabard – s – restructuring – 110010700012 _ 1. html, 2019/07/03.

[164] U. S. Senate, Untied States General Accounting office. Commodity Credit Corporation information on the availability use and management of funds: Report to the Chairman, Committee on Agriculture, Nutrition, and forestry. [R]. U. S. Senate, Untied States General Accounting office, 1998.

[165] AgFirst Farm Credit Bank [EB/OL]. [2019 – 12 – 26]. https: // www. agfirst. com/About – Us/Overview. aspx.

[166] ALLEN F, CHAKRABARTIAND R, DE S, et al. Wharton School Working Paper: India's Financial System [R]. University of Pennsylvania, 2006.

[167] Asia LEDS partnership. NABARD Framework for Financing Mitigation Actions in the Agriculture Sector in India [R]. [s. n.]. 2017.

[168] CHIEN M, LEATHAM D. An analysis of the cost efficiency in the farm credit system for direct lending association [R]. Regional Research Committee NC – 1014: Agricultural and Rural Finance Markets in Transition, Cornell University, 1993.

[169] GONZALEZ – VEGA C. On the Viability of Agricultural Development Banks: Conceptual Framework [R]. Ohio: Department of Agricultural Economics and Rural Sociology, the Ohio State University, 1990.

[170] JEYASEELAN N. Risk Management in Microfinance: Emerging Challenges in the Indian Context [R]. FAO International Conference on Rural Finance Research: Moving Results into Policies and Practice, 2007.

[171] LUNA – MARTINEZ J, Vicente C L. Global Survey of Development Banks [R]. Washington DC: The World Bank, 2012.

[172] MONKE J. Farm Credit System [R]. CRS Report, 2005: 5.

[173] SEIBEL H D, GIEHLER T, KARDUCK S. Reforming Agricultural

Development Banks ［R］. Cologne： University of Cologne， 2005： 1.

［174］ SHIELDS D A. Federal crop insurance： Background ［R］. Washington DC： U. S. Congressional Research Service Report， 2013.

［175］ SIBANDA S. Land Reform and Poverty Alleviation in South Africa ［R］. SARPN conference， 2001： 8.

［176］ U. S. Government Printing office. A review of credit availability in rural America ［R］. U. S. Government Printing office， 2014.

［177］ USDA Economic Research Service. Credit in rural America： Appendix B Financial Markets for Agriculture， Housing， Business， and Development ［R］. USDA Economic Research Service， Agricultural Economic Report No. 749.

［178］ World Economic forum. The Global Competitiveness Report ［R］. ［s. n. ］. 2017.

［179］ Land Bank. Land Bank Integrated Report FY2015 ［R/OL］. Land Bank official Website. https： //landbank. co. za/Shared% 20Documents/Annual − Report − 2014 − 2015. pdf.

［180］ Land Bank. Land Bank Integrated Report FY2016 ［R/OL］. Land Bank official Website. https： //landbank. co. za/Shared% 20Documents/Annual − Report − 2015 − 2016. pdf.

［181］ Land Bank. Land Bank Integrated Report FY2017 ［R/OL］. Land Bank official Website. https： //landbank. co. za/Shared% 20Documents/Annual − Report − 2016 − 2017. pdf.

［182］ Land Bank. Land Bank Integrated Report FY2018 ［R/OL］. Land Bank official Website. https： //landbank. co. za/Shared% 20Documents/Annual − Report − 2017 − 2018. pdf.

［183］ Land Bank. Land Bank Integrated Report FY2019 ［R/OL］. Land Bank official Website， https： //landbank. co. za/Shared% 20Documents/Annual − Report − 2018 − 2019. pdf.

［184］ NABARD. 2013 − 2014 Annual Report ［R/OL］. https： // www. nabard. org/financialreport. aspx？ cid = 505&id = 24.

［185］ NABARD. 2014 − 2015 Annual Report ［R/OL］. https： // www. nabard. org/financialreport. aspx？ cid = 505&id = 24.

[186] NABARD. 2015 – 2016 Annual Report [R/OL]. https：// www. nabard. org/financialreport. aspx？ cid = 505&id = 24.

[187] NABARD. 2016 – 2017 Annual Report [R/OL]. https：// www. nabard. org/financialreport. aspx？ cid = 505&id = 24.

[188] NABARD. 2017 – 2018 Annual Report [R/OL]. https：// www. nabard. org/financialreport. aspx？ cid = 505&id = 24.

[189] ANTON J, KIMURA S, MARTINI R. Risk Management in Agriculture in Canada [C]. [S. l.]：OECD Food, Agriculture and Fisheries Working Papers, 2011.

[190] HAVERSON C, LAWS J M. Public and Private Partnerships for Information Delivery to Canadian Farmers – How We Are Now Doing Things Differently in Order to Catch up to the Australians. [C]. Western Australia：14th Congress, Perth, International Farm Management Association, 2003.

[191] POSCHMANN F, BERGEVIN P. Reining in the Risks：Rethinking the Role of Crown Financial Corporations in Canada [C]. [S. l. ：s. n.], C. D. Howe Institute Commentary, C. D. Howe Institute, 2013.

[192] PARLEE W D. The Farm Credit Situation in Canada – Emphasis on the post 1970 Aspects [D]. Michigan：Michigan State University, 1975.

[193] MEENAKSHI R. Ensuring Rural Infrastructure in India：Role of Rural Infrastructure Development fund [D/OL]. Institutefor Social and Economic Change, (2019 – 01 – 07) http：//mpra. ub. uni – muenchen. de/9836/.

[194] Government of India, Ministry of Power. Fact Sheet on Agriculture Demand Side Management (AgDSM) [EB] [S. l. ：s. n.], 2016.

[195] NABARD. Request for Proposal for End to End Software Solution for Implementation of Enterprise – wide Integrated Risk Management Architecture in accordance with the International Best Practices and Guidelines of RBI on Basel Ⅰ, Basel Ⅱ, Basel Ⅲ, NABARD Tender [EB]. [S. l. ：s. n.], 2018.

[196] National Bank for Agriculture and Rural Development. (Additional) General Regulations [EB]. [S. l. ：s. n.], 1984 (Incorporating Amendments Up To 23 May 2018).

[197] National Bank for Agriculture and Rural Development. General Regu-

lations［EB］.［S. l.：s. n.］, 1982（Incorporating Amendments Up To 23 May 2018）.

［198］National Bank for Agriculture and Rural Development. Issue and Management of Bonds：Regulations［EB］.［S. l.：s. n.］, 1987.

［199］National Bank for Agriculture and Rural Development. Pension Regulations［EB］.［S. l.：s. n.］, 1993（Incorporating Amendments Up To 18 December 2014）.

［200］National Bank for Agriculture and Rural Development. Staff Rules［EB］.［S. l.：s. n.］, 1982（Updated upto 19 September 2008）.

［201］Reserve Bank of India. Priority Sector Lending – Targets and Classification［EB/OL］.［2019 – 02 – 15］. Priority Sector Lending – Targets and Classification.

［202］Farmer Mac［EB/OL］.［2019 – 12 – 26］. https：//www. farmermac. com.

［203］CoBank［EB/OL］.［2019 – 12 – 26］. https：//www. cobank. com.

［204］Department of Trade and Industry. Broad – Based Black Economic Empowerment［EB/OL］. http：//www. dti. gov. za/economic _ empowerment/bee. jsp.

［205］Farm Credit［EB/OL］.［2019 – 12 – 26］. https：//www. farmcredit. com.

［206］Farm Credit Administration［EB/OL］.［2019 – 12 – 26］. https：//www. fca. gov.

［207］Farm Credit System Insurance Corporation［EB/OL］.［2019 – 12 – 26］. https：//www. fcsic. gov.

［208］Farmer Mac Funding［EB/OL］.［2019 – 12 – 26］. https：//www. farmcreditfunding. com.

［209］IMF. Staff Report for the 2019 Article Ⅳ Consultation with the Russian Federation［EB/OL］. IMF Country Report No. 19/260, 2019. 08.

［210］Land Bank. Our Business［EB/OL］. Land Bank official Website. https：//landbank. co. za/About – Us/Pages/Our – Business. aspx.

［211］Land Bank. The Land and Agricultural Development Bank of South

Africa Information Manual [DB/OL]. Land Bank official Website. http：//
www. vumelana. org. za/e - library/wp - content/uploads/2015/03/201211 _ Land -
Bank - Access - to - Information - Manual - _ Land - Bank. pdf.

[212] Rentenbank, First Half of 2019 [EB/OL]. https：//
www. rentenbank. de/en/ documents/ Press/2019/2019 - 08 - 22 - PR - First -
half - of - 2019. pdf.

[213] Rentenbank. Annual Report 2018 [EB/OL]. https：//
www. rentenbank. de /en/ documents/ publications/Annual - Report - 2018. pdf.

[214] Rentenbank. Fitch Ratings Report July 2019 [EB/OL]. https：//
www. rentenbank. de/en/ documents/Fitch - Ratings - Report - July -
2019. pdf.

[215] Rentenbank. Governing Law of Landwirtschaftliche Rentenbank
[EB/OL]. https：//www. rentenbank. de/en/documents/Governing - Law -
of - Landwirtschaftliche - Rentenbank. pdf.

[216] Rentenbank. Moody's Investor Service Credit Opinion February 2019
[EB/OL]. https：// www. rentenbank. de/ en/documents/2019. 02 - Moodys -
Investor - Service - Credit - Opinion. pdf.

[217] Rentenbank. Rentenbank - Fiscal Year 2018 [EB/OL]. https：//
www. rentenbank. de/en/documents/Press/2019/Press - Release - Rentenbank -
Fiscal - Year - 2018. pdf.

[218] Rentenbank. Standard & Poor's RatingsDirect _ November 2018
[EB/OL]. https：// www. rentenbank. de/en/documents/Standard - Poors -
RatingsDirect _ November - 2018. pdf.

[219] Rentenbank. Statutes of Landwirtschaftliche Rentenbank [EB/OL].
https：//www. rentenbank. de/en/documents/Statutes - of - Landwirtschaftliche -
Rentenbank. pdf.

[220] Rural Finance and Investment. Land and Agricultural Development
Bank [EB/OL]. http：//www. ruralfinanceandinvestment. org/node/1505.

[221] South Africa Government. Agriculture [EB/OL]. South African
Government official Website. https：//www. gov. za/about - sa/agriculture.

[222] South Africa Government. Land Reform [EB/OL]. South African

Government official Website. https：//www. gov. za/issues/land – reform.

［223］ South Africa Government. National Development Plan 2030 ［EB/
OL］. South African Government official Website. https：//www. gov. za/issues/
national – development – plan – 2030.

［224］ South Africa Government. Rural Development & Land Reform ［EB/
OL］. South African Government official Website. https：//www. drdlr. gov. za/
sites/Internet.

［225］ South African Reserve Bank. Current Market Rates ［EB/OL］.
South African Reserve Bank official Website. https：//www. resbank. co. za/Re-
search/Rates/Pages/CurrentMarketRates. aspx.

［226］ USDA Risk Management Agency, Federal Crop Insurance Corpora-
tion ［EB/OL］. ［2019 – 12 – 26］. https：//www. rma. usda. gov/fcic.

［227］ Wessels Living History Farm ［EB/OL］. ［2019 – 12 – 26］. ht-
tps：//livinghistoryfarm. org.

［228］ Wikipedia ［EB/OL］. ［2019 – 12 – 26］. https：//en. wikipedia.
org.

［229］ Land Bank. Annual Financial Results Presentation year 2019 ［DB/
OL］. LandBankofficial Website. https：//landbank. co. za/Investor% 20 Presen-
tations/ Annual% 20Financial% 20Results% 20Presentation% 20Year% 202019.
pdf.

［230］ Land Bank. Land Bank Financial Results Launch Presentation 2018
［DB/OL］. Land Bank official Website. https：//landbank. co. za/Investor%
20Presentations/Land% 20Bank% 20Financial% 20Results% 20Launch%
20Presentation% 2020082018% 20consolidated% 20final. pdf.

［231］ Land Bank. Land Bank Fixed Income Investor Roadshow September
2019 ［DB/OL］. Land Bank official Website. https：//landbank. co. za/Inves-
tor% 20Presentations/Land% 20bank% 20Fixed% 20Income% 20Investor%
20Roadshow% 20September% 202019. pdf.

［232］ Land Bank. Land Bank Fixed Income Investor Roadshow –
FY2019Q3 ［DB/OL］. Land Bank official Website. https：//landbank. co. za/
Investor% 20Presentations/LB'19 _ Investor% 20Roadshow _ FY2019Q3 _ FINAL _

Amended%20to%20excl. %20Common%20Director. pdf.

［233］South Africa Government. Agriculture Credit Act No. 28 of 1966 ［DB/OL］. South African Government official Website. http：//extwpr-legs1. fao. org/docs/pdf/saf20851. pdf.

［234］South Africa Government. Land and Agricultural Development Bank Act, 2002 ［DB/OL］. Government Gazette. http：//www. treasury. gov. za/leg-islation/acts/2002/a15 - 02. pdf.

［235］TURVEY C, IFFT J E, CARDUNER A. The historical relationship between the U. S. Farm Credit System, Farm Service Agency and Commercial Bank lending ［Z］. Washington, D. C.：2018 Annual Meeting, Agricultural and Applied Economics Association, 2018.

［236］CHOI J H. Agricultural Cooperatives in Asia：Innovations and oppor-tunities in the 21st century ［Z］. ［S. l.］：Agricultural Cooperatives in Korea, 2006.

［237］Department of Finance Canada. Debt Management Report 2017 - 2018 ［Z］. Canada：Department of Finance Canada, 2018.

［238］KELLIE G, CLAIRE W. Strategic Communication Management ［Z］. Chicago：［s. n.］. 2007：20 - 23.

［239］NABARD. Description of every Department ［Z/OL］. （2019 - 07 - 26）. https：//www. nabard. org/about - departments. aspx？id = 5.

［240］NABARD. Ongoing Projects under Implementation ［Z/OL］. （2019 - 02 - 05）. https：//www. nabard. org/auth/writereaddata/File/Ongoing%20 Pro-jects%20under%20Implementation. pdf.

［241］NongHyup Bank, Department of Public Relations. NongHyup Bank Annual Report 2018 ［Z］. ［S. l.］：NongHyup Bank, Department of Public Re-lations, 2019.

［242］USDA. Agricultural Economy and Policy Report, Moscow, Russian Federation ［Z］. ［S. l.］：USDA foreign Agricultural Service, Global Agriculture Information Network, 2018.

［243］Commodity Credit Corporation Annual Report for fiscal year 1990 - 1991.

［244］ Increasing the borrowing power of Commodity Credit Corporation1956.

［245］ Study of storage and processing activities of the commodity credit corporation 1952.

［246］ 2015 Annual Management Report of Commodity Credit Corporation.

［247］ 2017 Annual Management Report of Commodity Credit Corporation.

［248］ 2017 Annual Report of Farm Credit System.

［249］ Agricultural Adjustment Act （1933）.

［250］ Agricultural Credit Act 1923.

［251］ Agriculture and Consumer Protection Act 1973.

［252］ Audit Report Commodity Credit Corporation Financial Statements for Fiscal Years 2003 and 2004.

［253］ Bank for Agriculture and Agricultural Cooperatives Annual Report 2018.

［254］ CoBank 2018 Annual Report.

［255］ Commodity Credit Corporation Annual Report for fiscal year 1990.

［256］ Commodity Credit Corporation Charter Act 1948.

［257］ Commodity Credit Corporation Charter Act 2004.

［258］ Commodity Credit Corporation Charter Act 2012.

［259］ Commodity Credit Corporation Grain Storage Activities 1960.

［260］ Commodity Credit Corporation Managements Discussion and Analysis September 30, 2003.

［261］ Commodity Credit Corporation Annual Report for Fiscal Year 1991.

［262］ Crédit Agricole Group Transparency: Update A01 of the 2018 Registration Document Crédit Agricole Group Financial Statements 2018.

［263］ Crédit Agricole S. A.. Transparency: Annual Financial Report Registration Document 2018.

［264］ Crédit Agricole S. A.. Crédit Agricole Group Financial Statements 2015 – 2018.

［265］ Crédit Agricole S. A.. Engaged and Responsibility Governance. Commitment: 2018 – 2019 Integrated Report.

［266］ Crédit Agricole S. A.. Fourth Quarter and Full Year Results 2015 – 2018.

［267］ Crédit Agricole S. A.. Transparency: Annual Financial Report Registration Document 2018.

［268］ Department of Agriculture Reorganization Act 1994.

［269］ Executive Order 6084: Consolidating Federal Farm Credit Agencies.

［270］ Executive Order 6340: Creating The Commodity Credit Corporation.

［271］ Farm Credit Act 1933.

［272］ Farm Credit Administration. Performance and Accountability Report 2018.

［273］ Farm Credit Canada, 2018 – 2019 Annual Report.

［274］ Farm Credit System Major Financial Indicators, Annual Comparison.

［275］ Federal Agriculture Improvement and Reform Act 1996.

［276］ Federal Farm Loan Act 1916.

［277］ Financial Audit of Commodity Credit Corporation's Financial Statements for 1985 and 1984.

［278］ Financial Audit of Commodity Credit Corporation's Financial Statements for 1986 and 1985.

［279］ Financial Audit of Commodity Credit Corporation's Financial Statements for 1987 and 1986.

［280］ Land Bank 2019 Integrated Annual Report.

［281］ Moody's Investors Service, Rating Action: Land and Agricultural Development Bank Update following rating confirmation at Baa3; outlook stable, 2018.

［282］ Muscat, Oman, Risk and Business Continuity Management, KPMG Business Academy.

［283］ National Industrial Recovery Act (1933).

［284］ Office of the Auditor General of Canada. Farm Credit Canada Special Examination Report – 2012 ［R］. ［S. l. : s. n. ］, 2012.

［285］ Proposals to Change Farm Credit System and Commercial Bank Authorities.

［286］ Report on audit of Commodity Credit Corporation 1951.

［287］ Report on audit of Commodity Credit Corporation for fiscal year ended June 30, 1950. June 25, 1951.

［288］ Ross Rosenfeld: Farmers Home Administration Act (1946).

［289］ Russia Agriculture Bank Annual Report 2018.

［290］ Russian Agricultural Bank, 2016 Annual Report.

［291］ Russian Agricultural Bank, 2017 Annual Report.

［292］ Russian Agricultural Bank, 2018 Annual Report.

［293］ Self – assessment Report of the National Financial Agricultural, Rural, Forest and Fisheries Development Corresponding to the First Semester 2019.

［294］ Summary of the activities of the commodity credit corporation through June 30, 1939.

［295］ The Agricultural Credit Act 1987.

［296］ The Farm Credit System Crisis, March25, 1985.

［297］ United States Department of Agriculture. United States Department of Agriculture FY2018 Budget Summary.

在阅读中疗愈·在疗愈中成长

READING&HEALING&GROWING

同理心是一项非常重要的领导技能

扫码关注，回复书名，聆听专业音频讲解，
教你运用同理心与生活中的每一个人沟通